国士舘大学法学部比較法制研究所［監修］

極東国際軍事裁判審理要録

東京裁判英文公判記録要訳

第 5 巻

松元直歳［編・監訳］
山本昌弘・松元直歳［要訳］

原書房

発刊にあたり

　国士舘大学に法学部が開設されたのは昭和41年である。さらに大学院も設置するよう計画されていたが、当時の国内の大学を取り巻く環境や行政そして本学自体の体制の中で、認可申請の準備に時間がかかる状況にあった。そのため、昭和49年研究体制を確立する必要性もあって、同学部に比較法制研究所が設置された。その後、予定より若干遅れて平成7年大学院法学研究科が開設された。本研究所は、現在に至る国内外法制の組織的な比較研究を通じて、わが国の法学教育や法学界の発展に資することを目的に、業績を積み重ね現在に至っている。

　本研究所が実質的な極東国際軍事裁判研究に取り組んだ経緯について述べる。平成21年、岡山県在住のある篤志家から、「極東国際軍事裁判廣田弘毅弁護史料」が本学に寄贈された。この史料は、廣田の弁護人であった花井忠氏（昭和41年〜昭和47年まで国士舘大学教授）が所持していたもので、平成19年神田の古書店から、前述の篤志家が入手したものである。これまで高名な研究者の方からの貴重本の寄贈は何度か経験しているが、極東軍事裁判に関する第一次史料の大量入手は昭和45年法務省から「英文速記録」「和文証拠資料」「判決及び個別意見（英文）」の史料群からなる「極東国際軍事裁判関係関連資料」を譲渡されて以来であった。当時、いわゆる東京裁判戦犯者靖国問題や皇室典範の改正論などが大きく取り上げられた状況もあり、本研究所としては、真の世界平和を望む寄贈者の熱い心情を酌み取りつつ史料を受贈し、本学附属図書館の貴重書庫に保管している。平成23年度からは、劣化した史料の安定的保存と分類整理に着手し、平成24年度までに電子化とデータベース化を完了し、さらに学内外の研究者等を招いて定期的な研究会も開催している。

　一方、本学附属図書館で既に保有されている「極東国際軍事裁判関係関連資料」についても、「廣田弘毅弁護史料」と同様に電子化し、容易に閲覧できる状態になったが、これら史料が極めて膨大な量であるばかりでなく、多方面からの研究が不可欠との結論に至り、法学部附属の一研究機関ではとても扱いきれないとの判断から、全学的かつ学外の研究者も含めたプロジェクトチームを立ち上げることとなった。

　これらの経緯から平成23年4月、学内の関連学部等（政経学部・法学部・文学部・附属図書館）より構成される『極東軍事裁判研究プロジェクト』が、立ち上げられ、当面は、比較法制研究所が中心となって活動することとされた。本学は平成29（2017）年に創立100周年を迎える。これを記念して同プロジェクトチームでは、本学が保有する史料以外に、国会図書館、国立公文書館さらには米国公文書館等で所蔵されている関連史料を調査、複写物により補うことで最終的には、極東国際軍事裁判研究の一大拠点として関連する学内外の研究者に利用しやすい情報発信基地になることを目指している。

　このプロジェクトチームが発足する直前の研究会において、ある研究者から「日本における極東

国際軍事裁判研究は、正確に史料整理がなされているドイツのニュールンベルク裁判に比べ、散逸した史料の収集・編纂が遅れたり、国民への周知の方法が一方的であったりで全体を総括して研究することが難しい状況が続いている」との指摘がなされた。確かに東京大学、早稲田大学など複数の大学においても資料が分散して所蔵され、また、当時の担当弁護士が個人的に所持していたであろう意見書や証拠資料が相当数埋もれていると考えられる。さらにB・C級裁判の史料も含めれば、世界の各地に未だ公的に把握されていない資料が眠っている可能性もあるわけである。これらも含めて収集、分析、検討し、データベース化を進めなければならない。

　プロジェクトチームでの検討の結果、まずはこの極東国際軍事裁判全般を概観できるものが必要かつ急務であるとの認識に至った。これまで、東京裁判の記録として日本語で書かれたものについては、様々な出版物があるが、全体像を網羅した出版物はない。そこで、「極東国際軍事裁判」の英文速記録を翻訳し、英文速記録と和文速記録の対比に基づいた事実確認をする「要録」を編纂するという膨大な作業に挑むこととなったのである。

　国内外の識者からこの極東国際軍事裁判の本質についての総括がなされていないという指摘を受け続けて、すでに半世紀以上が経過した。そこで我々は、翻訳したものを個々の研究に活かすだけでなく、国際的な日本の地位向上に資するべく、ここに『極東国際軍事裁判審理要録』を刊行することとした。多くの人々に正しい情報を分かりやすく提供しなければならない。このことを強く認識しながら本書の編集を行った。例えば英文速記録と和文速記録の異同を指摘し、原文訳だけでは理解しにくい部分には、関連史料等の注釈を付し、裁判の経緯が明確に把握できるよう努めた。刊行は全4巻を予定しているが、まず第1巻の本書刊行にあたっては、極東国際軍事裁判に至る第二次世界大戦の終結を中心とした経緯を含め、理解しやすいものとした。これは翻訳と編集の労にあたった本学特別研究員の松元直歳氏に負うところ大である。

　本書の刊行にあたっては、国士舘大学法学部附属の比較法制研究所として公正中立な観点から関連史料を収集、発信することに努めた。この姿勢を貫くことが真の社会貢献に資すると考えている。

　本書が、研究者のみならず、多くの方々の手に取られ、未だ世界から根絶することのできない『戦争』について考える一助になることを期待してやまない。最後にこの出版を快諾された㈱原書房社長の成瀬雅人氏と編集部の奈良原眞紀夫氏に感謝の意を表したい。

平成25年2月吉日

国士舘大学法学部比較法制研究所

所長　渡辺　則芳

編・監訳者序

　本書、『極東国際軍事裁判審理要録』は、極東国際軍事裁判の英文速記録を対象原典に抄訳編集し、同裁判審理進行の概要と全体像を把握し、同裁判の本格的研究の第一歩をなす基礎資料たらんと意図するものである。

　編・監訳者は、先に「極東国際軍事裁判」の裁判審理内容の構成と項目を要目化した『東京裁判審理要目』を平成 22（2010）年、雄松堂出版より世に問うたが、予想通り、少数の研究者以外の一般読者からの反応は極めて鈍かった。

　本書は、旧著に比べれば、戦後史に興味を持つ一般読者の広範な関心に応え得るものであると信じるが、旧著「序」の一部を引用しつつ、以下の通り本書の序を記しておきたい。

【極東国際軍事裁判】

　通称「東京裁判」あるいは、いわゆる「A 級戦犯裁判」と称される極東国際軍事裁判は、大東亜・太平洋戦争の戦争犯罪人を裁くとして、米国の主導する対日戦勝の連合国 11 ヵ国によって、1946（昭和 21）年 5 月 3 日より 1948（昭和 23）年 11 月まで、2 年半の時間と日本政府負担の 27 億円の費用を投じて行われた。

　この裁判は、ドイツ・ナチスに対する国際軍事裁判、通称「ニュルンベルク裁判」と並んで、史上初めて、国家行為たる戦争を指導した個人を「事後刑事法」に基づき「国際犯罪責任あり」と判じて、戦勝国によって組織された「国際軍事裁判所」に告発するものであった。総計 423 回（内416 回が審理）の開廷数を数えたが、1948（昭和 23）年 4 月 16 日に全審理を終了（結審）し、同11 月 4 日より 7 日間をかけて、本判決（the Judgment of the Tribunal）、即ち多数意見判決（the majority Judgment of the Tribunal）が朗読された。その最後の 12 日、最終的な被告 25 名に対して「全員有罪の評決」を下した後に、7 人の絞首刑並びに 16 名の終身禁固刑および 2 名の有期禁固刑が宣告された。

　東条英機元首相・大将、文官の広田弘毅元首相・外相を含む 7 名に対して宣告された絞首刑は、当時の皇太子であった平成天皇の誕生日である 12 月 23 日未明に執行された。

　そして、上記判決の申し渡しに際して、即ち具体的には「有罪の評決」を下して「刑の宣告」を申し渡す直前に、裁判長ウェッブは、「裁判所条例の下で、自分の今朗読した判決が本裁判所の判決である」と宣した後に、その「多数意見判決」に対して 5 人の裁判官による個別意見（the Separate Opinion）の提出されたことを付言した。

　即ち、「インド代表（ラダ・ビノード・パル、あるいはパール）判事が、多数意見判決に反対して、その反対理由書を正式に提出した」。次に、「フランス代表（アンリ・ベルナール）とオランダ代表（ベルナルト・V・A・レーリンク）が、多数意見判決に部分的に反対して、その反対理由書を、

正式に提出した」。又、フィリピン代表（ハラニーヨ）は、「多数意見に賛同する個別意見書を、正式に提出した」。そして、裁判長自身もまた、「私自身は、事実（認定）については概ね多数意見に同ずるがしかし、反対意見を述べる事はしないものの、裁判所条例および本裁判所の管轄権を支持する理由についての、並びに刑の宣告を決定するに際して影響力ある若干の一般的見解についての、簡単な申述書（a brief statement）を正式に提出した」のであった。

【極東国際軍事裁判（以下「東京裁判」と略記）研究の必要性】

　東京裁判の審理とそこで提出された資料は、占領軍当局によって東京裁判に対する批判的言論を封殺された七年間の占領期間を過ぎた後は、政治的立場の相違を離れ、日本人によっても自由闊達に、何よりも第一に事実の問題として論じられるべきものであった。即ちそれは、一つには、開闢以来の「日本の敗戦・被占領」をもたらした事実とあの「戦争の発生因」との間の因果関係を追跡するに必須の資料であるからである。二つにはそれは、「武力」と「知力」の双方を存分に駆使した「米国の戦争遂行と日本占領政策」および「日本の戦争遂行と敗戦・被占領」を、即ち戦争に際しての「米国国家と米国人」および「日本国家と日本人」の「考え方と生き方」とをよく教えてくれる資料であるからである。このそれぞれの「考え方と生き方の通則」を、「東京裁判が提供してくれる事実関係」の中から明らかにしておく事は、好むと好まざるとにかかわらず、あの戦争に干与せざるを得なかった時代の日本人の全てに対する、神聖な責務であろうからである。

【東京裁判研究の基礎的資料と編・監訳者の意図】

　さて「東京裁判公判資料」を類型化して示せば、以下の通りである。

①東京裁判の公判審理に先立って、もしくはこれと平行して連合国によって実施された被告および容疑者並びに裁判において証人となった者その他関係者に対する尋問の調書

②検察側および弁護側が収集し、それぞれの資料番号を付し、公判審理の中で法廷に提出し、受理された「法廷証拠（書証）」もしくは却下された「却下文書」、又は自ら撤回した「撤回文書」もしくは「提出を断念しあるいは提出しなかった未提出文書」

③ポツダム宣言と日本の降伏文書・極東国際軍事裁判所設立に関する連合国軍最高司令官特別声明書・極東国際軍事裁判所条例・極東国際軍事裁判手続規定（審理規則）・極東国際軍事裁判裁判官任命書・極東国際軍事裁判起訴状等の裁判の前提的・準備的諸文書

④検察側最終論告書・弁護側最終弁論書（全て朗読された）等の審理関係重要文書

⑤和文・英文それぞれの公判審理速記録

⑥判決書（判決速記録）および裁判官五名の個別意見書

⑦判事控室議事録

⑧その他

　これらの諸資料は、英文と和文の双方を備えているものもあり、又どちらか一方の言語によるもの、さらには、オランダ語、中国語、フランス語等、第三国の言語（東京裁判においては英語と日

本語が公用語とされたが、日・英語以外の言語が審理の中で使われなかった訳ではない）によるものもある。

　編・監訳者はそもそも、先に、極東国際軍事裁判におけるパル判事反対意見判決の調査を思い立ったのであった。当然その前提として、東京裁判全体についての最低水準の理解が必須である。そして東京裁判の概略もしくは一部に関連して著された資料は枚挙にいとまがないものの、その審理の実際を調べるに際しての第一次的資料は、何と言っても、英文と和文の速記録でなくてはならない。しかし、英文にせよ和文にせよ東京裁判の速記録は、余りにも長大である。しかも和英の速記録ともに、内容上の見出し等は皆無といってよい。速記録の解読を始めようにも、まるで大海に浮遊するさまである。

　編・監訳者は、可能な限り一定の価値観に依拠するのではない、事実としての裁判審理の実態を把握したい、と考え、「裁判の審理要録」のようなものを欲するに至った。そして、この要請を満たす資料を、力の及ぶ範囲で調べた結果、以下の事情が判明した。

　和文の資料としては、「東京裁判全体の審理要録」と言いうるものは存在しない。朝日新聞内調査研究室が昭和28年に発刊した「極東国際軍事裁判記録　目録及び索引」なるものがあるが、これは「東京裁判全体の資料」文書の目録であり、そこには、口頭による弁論や証拠の受理と却下を中心とする訴訟指揮の内容については、記すところがない。又、法務省作成の「極東国際軍事裁判資料目録」も、上の「目録及び索引」に依拠するものである。

　裁判全体を扱った報告としては、朝日新聞法廷記者団著・東京裁判刊行会発行『東京裁判（上）（中）（下）』（昭和37年）並びに冨士信夫著・講談社発行講談社学術文庫『私の見た東京裁判（上）（下）』（昭和63年）がある。両者は、東京裁判の法廷を傍聴した者の記録として貴重であり、東京裁判の研究に不可欠のものであるが、しかし共に、「口頭審理」即ち法廷速記録の内容をたどったものではない。

　英文の資料としては、ガーランド出版社刊『東京戦犯裁判——極東国際軍事裁判速記録』完全写本全22巻および索引集5巻」中の「索引集第3巻」がある。「東京裁判口頭審理要目」と題するにふさわしく、英文1141頁に及び、ある程度「事実としての裁判審理の実態を要約」し得ているものの、例えば書証の朗読内容、証人の証言内容等については、審理内容の概略を理解し得るという程の詳細には欠けるものである。さらに実質上「見出し皆無」という「速記録」としての弱点を和・英の速記録との間に共有する。

　編・監訳者は、概略上記のような経過を経て、和文と英文の法廷速記録を対象に、当初より、「速記録の要約」ともいうべき「東京裁判審理要録」の作成を考えたのであったが、独力によっては、量的にも質的にも困難であった。かく考えて、上記諸資料その他を参照して、主として和文速記録を対象に、旧著『東京裁判審理要目』を出版するに至ったものであった。

　そしてこの度、国士舘大学法学部とその比較法制研究所の「国士舘大学100周年事業」の一環として、かつは、原書房〔明治百年史叢書〕刊行の一環として、念願の本書を全4巻の予定で刊行し得る次第となったものである。

編・監訳者序 vii

　本書刊行への最大の理解者、推進者は、国士舘大学法学部比較法制研究所の渡辺則芳所長以下の諸教授と同学部才野基彰事務長並びに原書房である。さらに山本昌弘氏は、その米国における研究者としての経験と高い語学能力によって、本書の多くの部分の翻訳の一次的作業に甚大な貢献をされた。感謝の念に堪えない。残り3巻の作業の完成は遥か遠くにあるが、全力を尽くしたい。

【本書が英文速記録を対象とした理由】

　速記録は、東京裁判の公判関係資料の中の重要な一部を成すものである。しかし速記録より直接的に派生ないしは、これに関連する資料のうちでも、例えば検察側および弁護側が証拠として提出した文書については、法廷は少なからずこれを却下した結果、全てを法廷証拠として受理し記録した訳ではない事——それは特に弁護側提出の書証については顕著であった——並びに両当事者より提出すべく準備されたが結果として提出されなかった文書も、その重要性および量の双方において、無視しうるものでない事も、ともに忘却されるべきではない。当然、これら両種の諸文書は、速記録には読み込まれなかった。さらに、審理の過程において両当事者より提出されて法廷の裁定が求められた審理手続ないしは法廷訴訟指揮に対する各種申立書も、速記録にそのまま読み込まれた訳ではない。加えて、法廷証拠として受理された文書についてすらも、全体的に、もしくは部分的に朗読されなかったものが少なくない——その証拠としての範囲・妥当性については、法廷内で論議の対象となったが、——事も失念されるべきではない。

　しかし反面これらの事は、要するに英米法による裁判は、検察側および弁護側両当事者の弁論と立証並びに裁判官の訴訟指揮は全て「口頭審理」によって進められるものであり、従って原則としてその公判記録は、口頭によって審理された内容を対象とするものである事を示している。

　他方、この極東国際軍事裁判は、その設立を闡明した裁判所条例第9条によって、被告に対する公正な裁判の観点より、英語並びに被告人の言語たる日本語によって審理されるべきであることが定められていた。しかしながら勿論、対日戦勝11カ国の代表を原告としかつ判事としたこの裁判は、その審理の進行並びに諸裁定および判決を判断する基準言語としては実質的に英語に準拠した裁判であったというのが妥当であろう。

　そして実際、和文速記録と英文速記録を照査してみれば、裁判は英語で行われ、従ってその記録も、和文によるものは英文の翻訳である事が、一見して明白である。しかもその翻訳された和文は、驚くほど拙劣にして、重要な部分を含む相当部分が読解に耐え得ないと言ってよいほどである。

　以上より、極東国際軍事裁判、通称東京裁判の審理内容の理解は、基本的には、判決を含めれば4万9858頁に達する英文速記録の解読を必須とするものであると主張することが許されるであろう。かくして本書は、英文速記録を対象原典としたものである。

2013年2月6日

松元 直歳

凡　例

1.　本書は、「極東国際軍事裁判」、通称「東京裁判」の裁判進行の全体像を伝えるように、英文と和文の公判記録のうち、「英文速記録」を、時系列に沿って、日本語へ要訳したものである。

2.　対象原典

　イ.　以下を対象原典とした。
・1969（昭和44）年法務大臣官房司法法制調査部「極東国際軍事裁判速記録（英文）」（国立公文書館電子資料）
　ロ.　参考としたその他の文書

［英文速記録］
① The Tokyo Major War Crimes Trial
　The Records of the International Military Tribunal for the Far East with an Authoritative Commentary and Comprehensive Guide
　A collection in 124 volumes
　Annotated, compiled & edited by R. John Pritchard;
　Published（1998）for The Robert M. W. Kempner Collegium
　Programmes on the History & Jurisprudence of International Criminal Law, International Human Rights and Related Subjects
　By The Edwin Mellen Press（R・ジョン・プリチャード注解・編纂・編集、エドウイン・メレン出版社 1998年刊「東京重要戦争犯罪裁判——解説および総合手引付き極東国際軍事裁判記録全124巻」）
② THE TOKYO WAR CRIMES TRIAL
　The Complete Transcript of the Proceedings of the International Military Tribunal for the Far East in Twenty-two Volumes & The Comprehensive Index and Guide to the Proceedings of the International Military Tribunal for the Far East in Five Volumes Annotated, compiled and edited by R. John Pritchard and Sonia Magbanua Zaide;
　PROJECT DIRECTOR: Donald Cameron Watt in Association with The London School of Economics and Political Science
　Garland Publishing Inc. New York & London 1981（R・ジョン・プリチャード並びにソーニヤ・マグバヌア・ザイデ注解・編纂・編集、ドナルド・キャメロン・ワット企画監督ガーランド出版社刊『東京戦犯裁判—極東国際軍事裁判速記録完全写本全22巻並びに総合索引および手引集5巻』）

［和文速記録］

① 1964（昭和 39）年法務大臣官房司法法制調査部「極東国際軍事裁判速記録（和文）」（国立公文書館電子資料）

② 1968（昭和 43）年雄松堂刊「極東国際軍事裁判速記録」全 10 巻

3. 要訳の作成に当たっては、当然に英文速記録原典主義を採り、和文速記録との関連で付した注意書きもこの方針に沿った内容とする。

4. 見出しその他

・裁判の全過程を以下の六段階に区分けした。

    1. 準備段階
    2. 検察主張立証段階
    3. 弁護側公訴棄却動議
    4. 弁護側反証段階
    5. 審理最終段階（検察側反駁立証・弁護側再反駁立証・検察側最終論告・弁護側最終弁論）
    6. 判　決

・上記六段階を、各段階の必要に応じて、さらに一ないし三段階に再分割し、「1 — 1」、「2 — 2 — 1」さらには「5 — 3 — 1 — 1」のような数字見出しを頭書に付した内容見出しを立てた。

・さらに上記各見出しの中において、(1)、(2)、(3) のごとく（　）に囲まれた順序数を先頭に付して、公判開始後は、

    イ. 検察側および弁護側両当事者による一連の証拠提出行為の一塊り
    ロ. 証人による証言
    ハ. 重要な訴訟指揮もしく両当事者の訴訟行動、又はこれに係って交わされた論議
    ニ. その他、審理内容の重要な塊りを表記した。この表記内容は目次にも抜き出して、読者の概略の理解に益させることを計った。

・上記（　）に囲まれた順序数を先頭に付された表記内容は、さらに、審理上の最小項目並びに証拠もしくは両当事者の提出しようとした文書に分割され、先頭に「＊」を付されて、その内容が記述される。

・1946（昭和 21）年 5 月 3 日より 1948（昭和 23）年 4 月 16 日に至る計 416 日（回）の審理日を、時系列に明示した。

5. 各記載内容に該当する英文速記録および和文速記録上の頁

・英文速記録頁については、「審理速記録部分」と「判決速記録部分」両者の全体に、この順序で通しの頁数値が付されている。

　　上記の各段階の全て並びに（　）に囲まれた順序数を先頭に付された各表記内容に該当する英文速記録上の「通し頁数値」を、「英速録3333～4444頁」のように記載した。

・和文速記録とは実は、1946（昭和21）年5月3日の第1回審理日以降結審の日を経て判決申し渡しの日まで順次、極東国際軍事裁判所より、一法廷日ごとに一冊ずつ発行された「極東国際軍事裁判速記録」のことである（一部別冊で発行されたものもある）。従って前記「和文速記録①」には、「号」数と当該「号ごとの頁番号」数が付されている。この「号」の数と「審理日の回（第一回目の審理より数えて何回目か）」の数は、完全に重なることとなる。直接もしくはデジタル・アクセス等により国会図書館や公文書館他に収蔵の和文速記録と対照しようとする研究者にとっては、「開廷日」並びにこの「開廷審理日順に付された順序数値」が、役に立つであろう。蛇足であるが昭和23年4月16日の結審日は、符丁を合わせたように、第416回目の審理日（第416回）であった。

　　本書では、「和速録第33号2～5頁」もしくは2号以上に跨る場合には「和速録第33号2頁～第35号5頁」のように表示した。

・両者はまとめて、「（英速録2008～2045頁／和速録第26号1～7頁）」等のように表記される。

・また、上記の単位以外でも随意、[E: 1234][J: 35 (7)]のように表示して、適宜、英・和速記録上の該当場所を記載して、読者の便宜を図った。この例で言えば該当部は、「英文速記録上は1234頁以下」に「和文速記録上は、第35号7頁以下」に記載されていることを示す。

6. 「審理要訳」内容の記載内容について

・書証においては、書証内容の「記号と番号」、「名辞」そして「朗読概要」が、証人に対する証言においては証人の出自、証言の概要そして「直接尋問即ち証言内容の概略」が、証拠としての立証内容として記載される。

・検察側もしくは弁護側両当事者のうちの一方当事者側の証人に対する、主として反対当事者側からの反対尋問については、編訳者の旧著『東京裁判審理要目』においては、反対尋問の訴訟法上の効果は「書証および証言を中心とする証拠の受理と却下に比べれば小さい」として、その有無のみを記し、その内容は取り上げなかった。しかし、反対尋問は、証人ないしはその証言内容並びに当該証人を召還した当事者側の主張の信憑性を窺うについても、又証言内容の歴史的な評価の上でも、大いに有意義な内容を持ち得たことも事実である。これが反対尋問の内容を場合によっては相当詳細に取り上げた理由である。

・法廷即ち裁判長ウェッブの訴訟指揮および両当事者の訴訟行動、又はこれに係って交わされた論

議については、審理中の各種裁定もしくは判定、そしてひいては判決に重要な影響を及ぼしたと編訳者において判じた内容を取り上げた。

勿論その中で量的にも質的にも、最も重要なものは、

①法廷による証拠の「受理もしくは却下の決定」（判事多数決による場合と裁判長裁定による場合とがあり、いずれによるか明らかな場合はその旨明示するよう努めたが完全ではない）及び「提出側による撤回」である。次に、

②検察側提出の証拠に対しては弁護側による、又弁護側提出証拠については検察側による、証拠の受理に対する「異議の有無」並びに著者が重要であると判断した「異議内容の概略」を取り上げた。

さらに審理の中で幾度か論議された問題であるが、

③「朗読されたか否かの朗読の有無」（全書証の内容が速記録に記載されている訳ではなく、従って本書において「朗読される」もしくは「抜粋が朗読される」と記載された書証については、速記録からその朗読された限りの内容が読解出来ることとなる）も、実質的に、また後代の探究者や研究者の観点からは極めて、重要である。そして、

④証拠の受理を巡ってもしくはこれに発して行われた「法廷の論議のうち著者が重要であると判断したもの」も取り上げた。

7. 証拠記号と証拠番号の表示、識別証拠について

・検察側より証拠として提出された文書には、全て検察側の文書番号が付されており、そのほとんどの文書の番号が示された。法廷により受理又は却下された、もしくは自ら撤回した書証を含め、「検察側文書 PD1111」のように表示した。

・検察側が提出し、法廷の決定により証拠として受理された文書は、「（検）法廷証 PX1234」（原則的に検察側および弁護側提出の全証拠についての順序数値となっている）のように表示した。

・弁護側が提出し、法廷の決定により結果として証拠として受理された証拠は、「（弁）法廷証 DX3456」（同前）のように表示した。

弁護側より証拠として提出されたが、法廷により却下された、もしくは弁護側が自ら撤回した証拠は、「弁護側文書 DD2222」のように、「弁護側が独自に付した番号」が表示される。

・識別証拠の問題について。最初の「識別証拠」なるものは、（検）法廷証 PX177【被告橋本欣五郎著「世界再建の道」】に与えられた番号であり、英文速記録は 1916 頁に現れる（昭和 21 年 7 月 5 日法廷）。それは元来、証拠文書の原本中から抜粋を証拠として提出し、これが受理されるときに、当該原本を証拠として裁判所書記局に登録するためのものである。

しかし、証拠能力もしくは証拠価値の欠如を理由として却下された証拠についても、弁護側要請によって識別証拠として法廷証番号を振られて書記局に登録することを認められていた一群の

ものがある。

　いずれにしろ識別証拠は、形式上も実質上も法廷証拠ではなく、本書においては概ね「識別番号を付される」等と記載した。

8. 年号の表記並びに裁判長、裁判官、検察官、弁護人、証人の表記

・年号の表記については、裁判の比較的初期の段階で裁判長が西暦年号の使用を指示したが、いずれにしろ本書は英文速記録を対象とするものであるので、法廷に提出された原資料が和文による場合も含めて、基本的に「西暦年（本邦元号年）」の様式で記した。

・人——裁判長および裁判官並びに検察官および弁護人、証人とその表示については、全て原則として、氏名の先頭部に、この裁判における役職・機能を表示するものとして「裁判長」、「裁判官」、「検察官」、「弁護人」を付し、氏名の後に、裁判長ウェッブ以外の検察官と弁護人については、例えば「検察官マンスフィールド判事」、「（被告東条）弁護人清瀬博士」、「（被告東郷）弁護人ブレークニー大佐」などと、可能な限り、出自を示す役職名を付した。文脈上明らかに特定できる時には、より簡略に表示した。

・登場する検察官それぞれが代表する国家については、開廷日5月3日の要録に記される。審理開始後の要録の中では一部任意にしか表示しなかった。

・弁護人については、可能な限り、代表する被告苗字名を先頭に付して表示したが、しかしこれら各弁護人は、被告別のみならず分野別の担当者でもあったので、その氏名が登場する場合常に当該被告を代表して弁じた訳ではないことは、注意を要する。

・裁判長ウェッブが訴訟指揮を執る関係上、ほかの判事の氏名が登場する例はさほど多くはないが、その代表する国家と氏名は次の通りである。（1946年2月15日連合国軍総司令部リチャード・マーシャル少将発出命令）

［裁判官・代表する国家と氏名］
　　　オーストラリア連邦代表　裁判長　ウイリアム・F・ウェッブ卿
　　　カナダ代表　スチュワート・マクドウガル判事
　　　中華民国代表　梅汝璈
　　　フランス代表　アンリ・ベルナール
　　　オランダ王国代表　ベルナルト・V・A・レーリンク教授
　　　ニュージーランド代表　エリマ・H・ノースクロフト判事
　　　ソヴィエト連邦代表　I・M・ザリヤノフ判事
　　　英連合王国代表　パトリック卿
　　　米国代表　ジョン・H・ヒギンズ（後にマイロン・C・クレマー少将に交代する）
　　後日追加

フィリピン代表ハラニーヨ

インド代表パル

・証人の地位と略歴については、厳密には「当時」もしくは「もと」等を付すべきであろうが、省略した。

9. 裁判の前提的・準備的重要文書

幾つかの重要文書について、以下の通り対処した。

①「ポツダム宣言」と「日本の降伏文書」

前者は、判決付属書Ａ―１として判決速記録に添付されているが、両者ともに裁判の淵源をなす文書であるので「１　準備段階」に収録した。

②極東国際軍事裁判所設立に関する連合軍最高司令官特別声明書

判決付属書Ａ―４として、判決速記録に添付されている。「１―２の（2）」に記す。

③極東国際軍事裁判所条例

判決附属書Ａ―５として、判決速記録に添付されているが、重要文書であるので、同じく。「１―２の（2）」に全文を収録した。

④極東国際軍事裁判手続規定（審理規則）

判決附属書にも添付されておらず、勿論、法廷で朗読されることもなく従って速記録にも記載されなかったので、「１―２の（4）」に収録した。

⑤極東国際軍事裁判裁判官任命書

判決附属書にも添付されておらず、勿論、法廷で朗読されることもなく従って速記録にも記載されなかったが、特段の必要性もないと判断して収録しなかったが、上記「8」に概要を示した。

⑥極東国際軍事裁判起訴状

告発の根拠を為す基本文書であり、審理の中で朗読され従って速記録にも記載されており、かつ判決速記録にも添付されたが、本書においても「１―４の（2）」にその概略を記した。

10. 裁判官５名による個別意見は、裁判所条例に「朗読されるべし」旨の規定があったにもかかわらず朗読されなかったので、和・英両速記録には収録されていない。しかし、本書では、参考のために、個別意見を提出した裁判官五名全員の意見書要目を記載する予定である。

凡　例　**xv**

11．その他

・文字を（11級に）小さくした（　）内の注意書きは編・監訳者において付した。小さくしない、
　本文と同じ大きさ（13級）の（　）内の記述は、英文速記録本体に記されたものである。
・第1巻は、「1　準備段階」と「2　検察主張立証」の前半部分を扱った。
　　極東国際軍事裁判は、そもそも裁判として成立するか否かが法上の一大問題であった事並びに
　本巻におけるキーナン主席検察官の冒頭陳述が、戦前の日本の歴史に対する戦後日本国内の体制
　的言論並びに、中国、朝鮮半島の国家のみならず、米英の一部の日本史観を方向付けたと見るな
　らば、その重大性は明白である。

xvi 目 次

極東国際軍事裁判審理要録［第5巻］ 目 次

2 検察主張立証段階（承前）

◆1946（昭和21）年12月20日〜1947（昭和22）年1月15日

（英速録13476〜15290頁／和速録第136号21頁〜第152号15頁）

◆1946（昭和21）年12月20日

（英速録13370〜13480頁／和速録第136号1〜22頁）（途中より）……1

2—13・14—6 検察主張立証第 XIII・XIV 局面「対民間人・戦争捕虜残虐行為」第6部「蘭領東インドでの残虐行為」

（英速録13476〜14104頁／和速録第136号21頁〜第143号16頁）……1

(1) 検察官ダムステ中佐、検察主張立証第 XIII・XIV 局面「対民間人・戦争捕虜残虐行為」第6部「蘭領東インドでの残虐行為（通例の戦争犯罪・人道に対する犯罪）」の検察側立証を、「同地において日本軍に抑留されたオランダ王国と他連合国軍の軍隊・抑留者の概況」についての陳述より開始する。

（英速録13476〜13491頁／和速録第136号21頁〜第137号4頁）……1

【PX1678朗読概要】（1942（昭和17）年9月8日付け外務省発スウェーデン公使経由オランダ政府宛書簡；蘭印総督を捕虜として待遇）……2

◆1946（昭和21）年12月23日

（英速録13481〜13575頁／和速録第137号1〜18頁）……2

【PX1680-A 朗読概要】（ジャワ捕虜収容所長斉藤陸軍少将宣誓供述書抜粋；ジャワ捕虜収容所長としての任務と権限）……3

【PX1681-A 朗読概要】（中田陸軍大佐宣誓供述書抜粋；俘虜収容所の命令系統・管理責任）……4

(2) 検察官ダムステ中佐、検察主張立証第 XIII・XIV 局面「対民間人・戦争捕虜残虐行為」第6部「蘭領東インドでの残虐行為」の検察側立証として、「日本海軍による占領期間中の蘭領東インド・ボルネオでの残虐行為」関連検察側証拠概要・検察側要約書証・検察側書証を提出する。

（英速録 13492〜13528 頁／和速録第 137 号 4〜9 頁）……5

（2-1） 収容戦争捕虜に対する残虐行為……6

（2-1-a） 殺害……6

【PX1685-A 朗読概要】（J・M・J・ミューラー（Muller）オランダ王国蘭印軍軍曹宣誓供述書抜粋；タラカン地区捕虜 30 名の刺殺（1942 ［昭和 17］ 年 1 月））……6

【PX1686-A 朗読概要】（オランダ王国蘭印軍支那人軍医タン・エン・ドン宣誓供述書抜粋；タラカン地区降伏オランダ部隊員 215 名の報復殺害）……7

（2-1-b） 収容所……7

【提出済み PX1686-A 朗読概要】（続き）……8

【提出済み PX1686-A 朗読概要】（続き）……8

【提出済み PX1686-A 朗読概要】（続き）……9

（2-1-c） 処刑……9

（2-2） 民間人に対する残虐行為……10

【PX1696-A 朗読概要】（山本惣一海軍中尉尋問調書抜粋；1943 （昭和 18） 年 10 月〜1944 （昭和 19） 年 6 月のポンティアナクにおける海軍による殺害）……11

【PX1698-A 朗読概要】（日本人 S・林特警隊通訳審問調書抜粋；1944 （昭和 19） 年 8 月のボルネオ西部シンカワンにおける支那人 130 名の処刑）……14

（3） 証人英陸軍中佐ニコラス・リード＝コリンズ−新聞記者を経て英軍砲兵連隊に所属し、戦時中、英軍秘密機関員として日本管轄区域内に入り、日本軍に捕われた捕虜との連絡を業務とし、戦後は、占領軍総司令部法務部英国部長として、蘭領東インド各地の日本軍の戦争捕虜・民間人収容者に対する食糧供給を行う責任を負う−、「蘭領東インドでの日本軍の戦争捕虜と民間人の治療復帰訓練」について、宣誓供述書によらず本来の口頭方式により直接、証言する。

（英速録 13528〜13553 頁／和速録第 137 号 9〜14 頁）……16

【検察側証人コリンズに対する検察側直接尋問】……16

【ブルーエット弁護人による検察側証人コリンズに対する反対尋問】……21

【レビン弁護人及びブルックス弁護人による検察側証人コリンズに対する反対尋問】……22

（4） 証人英インド軍陸軍少佐マイケル・C・G・リンガー−戦前は、九州所在ホルメ・リ

ンガー社の共同経営者で、戦争開始前の昭和1940（昭和15）年7月、スパイ容疑で日本政府に逮捕されて、執行猶予の判決を受け、同年英領インドに入り見習士官としての訓練を受けた後、マレーのクアラルンプル英印軍に情報将校として配属される。シンガポール陥落後バンダ海峡で日本海軍に逮捕されて捕虜となり、バンカ島とパレンバンで捕虜生活を送る。終戦後は、一旦英本国に帰国するも、1946（昭和21）年5月、自ら望んで極東に戻りシンガポールに入り、連合国軍総司令部法務部英国課長として、日本人戦犯容疑者、日本軍による戦争捕虜・被抑留者を尋問する等、戦争捕虜捜査に従事ー、「蘭領東インド・スマトラ島各地捕虜収容所での戦争捕虜虐待」について、宣誓供述書によらず、本来の口頭方式により直接、証言する。

（英速録13554〜13604頁／和速録第137号14〜138号8頁）……22

【検察側証人リンガーに対する検察側直接尋問】……23

◆ 1946（昭和21）年12月24日

（英速録13576〜13613頁／和速録138号1〜9頁）……29

（5）検察官ダムステ中佐、検察主張立証第XIII・XIV局面「対民間人・戦争捕虜残虐行為」第6部「蘭領東インドでの残虐行為」の検察側立証として、「蘭領東インドのジャワでの残虐行為」関連検察側証拠概要・検察側要約書証・検察側書証を提出する。

（英速録13604〜13704頁／和速録第138号8頁〜第139号15頁）……37

（5-1）日本軍拘置下戦争捕虜に対する残虐行為

（英速録13605〜13637頁／和速録第138号8頁〜第139号5頁）……38

【PX1704-A 朗読概要】（ウィレム・モーイ宣誓供述書抜粋；1942（昭和17）年3月の西部ジャワのトジアテル地区における俘虜70名の殺害）……38

◆ 1946（昭和21）年12月26日

（英速録13614〜13746頁／和速録139号1〜24頁）……40

（5-1）戦争捕虜に対する残虐行為（続き）……40

【提出済み PX1705-A 朗読概要】……40

【PX1710 朗読概要】（R・P・ブルコック航空将校宣誓供述書；ヤールマークト（東部ジャワ）・リシュウム（スラバヤ）・サイクル（バタビア）各収容所の悪食・不衛生・強制労働・体刑・殴打致死）……43

【PX1711 朗読概要】（C・W・マイシー軍医中佐宣誓供述書；グロドク（バタビア）監獄内俘虜収容所の劣悪施設と捕虜死亡）……43

【PX1713 朗読概要】（G・J・ディッセフェルト蘭印軍陸軍中尉宣誓供述書；L・O・G収容所（バンドン）

での蘭軍俘虜3名の処刑）……**45**

（5-2）民間人に対する残虐行為

（英速録 13637〜13704 頁／和速録第 139 号 5〜15 頁）……**46**

【PX1719 朗読概要】（A・ホルスト夫人宣誓供述書；中部ジャワのチェボエでの婦女子その他に対する虐
待強姦）……**47**

《検察側文書 PD5759 に関わる検察側申し立て》（映画フィルム『ニッポン・プリゼンツ』）……**50**

【PX1734-A 朗読概要】（ゴーデル宣誓供述書抜粋；クレンダー、タンジョン・プリオクからシンガポー
ルまでの航路輸送及びヘンダーソン収容所での虐待）……**54**

【PX1747-A 朗読概要】（セマラン市長 H・E・ボアセバン博士宣誓供述書抜粋；セラマンとバタビア憲
兵隊の虐待、拷問、劣悪設備）……**57**

【PX1750-A 朗読概要】（リー・ベン・ギオク陳述書抜粋；バイテンゾオルクでの憲兵の虐待、拷問）
……**59**

【PX1752-A 朗読概要】（スイス人技師 R・フラックス報告書抜粋；バンドン憲兵隊による俘虜拷問虐待）
……**60**

【PX1754-A 朗読概要】（A・D・バン・モーク蘭印副総督夫人宣誓供述書抜粋；バタビア憲兵隊（法科大
学建物）での拷問虐待）……**62**

（6）法廷、午後映写予定の映画について論議し、検察主張立証第 XIII・XIV 局面「対民間人・戦争捕虜残虐行為」第 6 部「蘭領東インドでの残虐行為」の検察側立証として、映画を上映する。

（英速録 13704〜13732 頁／和速録 139 号 15〜21 頁）……**64**

【PX1762 朗読概要】（A・B・ブラックバーン陳述書；日本映画『オーストラリアは呼んでいる』演出事情）
……**65**

【PX1763 朗読概要】（シム・バン・デル・レーフ少佐陳述書；「オーストラリアは呼んでいる」押収・「ニ
ッポン・プリゼンツ」製作の事情）……**65**

【PX1765-A〜D 英語台詞・解説朗読概要】（映画フィルム『ニッポン・プリゼンツ』4 巻）……**67**

（7）証人オランダ人コーネリス・C・レーンヘール－現在は英国陸軍少佐相当官軍属、戦前は、在蘭領東インド・スマトラの米国ゴム会社従業員で、スマトラ降伏の 1943（昭和 18）年 3 月より日本軍収容所に拘留され（妻と子供 2 人も別途抑留される）、1945（昭和 20）年 10 月 30 日に解放後、翌年 1 月より第 4 戦争犯罪調査部に配属されて、日本人戦犯容疑者他の尋問にも従事－、証言台に登壇し、検察主張立証第 XIII・XIV 局面「対民間人・戦争捕虜残虐行為」第 6 部「蘭領東インドでの残虐行為」の検察側立証として、「スマトラ島での民間人抑留者の虐待」について、宣誓供述書によら

xx　目　次

ず本来の口頭方式により直接、証言する。

　　　　　　　　　　　　　（英速録 13733〜13780 頁／和速録 139 号 21〜140 号 8 頁）……**74**

【検察側証人レーンヘールに対する検察側直接尋問】……**74**

◆ 1946（昭和 21）年 12 月 27 日

　　　　　　　　　　　　　（英速録 13747〜13876 頁／和速録 140 号 1〜23 頁）……**78**

【ローガン弁護人による検察側証人レーンヘールに対する反対尋問】……**81**

【レビン弁護人による検察側証人レーンヘールに対する反対尋問】……**86**

【島内弁護人による検察側証人レーンヘールに対する反対尋問】……**87**

【検察側証人レーンヘールに対する検察側再直接尋問】……**89**

(8) 検察官ダムステ中佐、検察主張立証第 XIII・XIV 局面「対民間人・戦争捕虜残虐行為」第 6 部「蘭領東インドでの残虐行為」の検察側立証として、「日本軍占領期間中の蘭領東インドのスマトラでの残虐行為」関連検察側要約証拠概要・検察側要約書証・検察側書証を提出する。

　　　　　　　　　　　　　（英速録 13780〜13820 頁／和速録 140 号 8〜15 頁）……**89**

(8-1) 戦争捕虜に対する残虐行為

　　　　　　　　　　　　　（英速録 13781〜13794 頁／和速録第 140 号 9〜10 頁）……**89**

【PX1769-A 朗読概要】（P・S・デイヴィス英空軍中佐報告書抜粋；パカンバル（中央スマトラ）俘虜収容所の状態）……**90**

【PX1771 朗読概要】（蘭印軍 K・E・クリョーグスマン宣誓供述書；コタ・チャネのラウェ・セガラ収容所での蘭印軍捕虜に対する日本軍籍入籍強要と処刑）……**93**

(8-2) 民間人に対する残虐行為

　　　　　　　　　　　　　（英速録 13795〜13820 頁／和速録第 140 号 10〜15 頁）……**94**

【PX1772-A 朗読概要】（A・E・プリンス夫人宣誓供述書抜粋；北部スマトラのブラスタギ婦人収容所の民間人抑留状況）……**94**

【PX1777-A 朗読概要】（ロー・ジエン・ショー医師宣誓供述書抜粋；スマトラ中南部パレンバン憲兵隊による拷問）……**99**

(9) 検察官ダムステ中佐、検察主張立証第 XIII・XIV 局面「対民間人・戦争捕虜残虐行為」第 6 部「蘭領東インドでの残虐行為」の検察側立証として、「日本軍による占領期間中のオランダ・ポルトガル領ティモール・小スンダ諸島での残虐行為」関連検察側要約証拠概要・検察側要約書証・検察側書証を提出する。

（英速録 13821〜13844 頁／和速録 140 号 15〜18 頁）……**102**

（9-1）戦争捕虜に対する残虐行為……**102**

【PX1787-A 朗読概要】（C・H・バン・デル・スロート蘭印軍軍曹宣誓供述書抜粋；クーパン収容所及び
ウサパ・ベセル収容所での虐待処刑）……**104**

（9-2）民間人に対する残虐行為……**105**

【PX1793-A 朗読概要】（Y・田中少将報告書抜粋；1944（昭和 19）年 9 月のルアング・セルマタ島民の
虐待及びルアング地方知事ラジャの処刑と反抗者の殺害）……**107**

（10）ダムステ検察官、検察主張立証第 XIII・XIV 局面「対民間人・戦争捕虜残虐行為」第 6 部「蘭領東インドでの残虐行為」の検察側立証として、「蘭領東インドのセレベス・その近隣諸島領域での残虐行為」関連検察側要約証拠概要・検察側要約書証・検察側書証を提出する。

（英速録 13844〜13927 頁／和速録 140 号 18〜141 号 11 頁）……**108**

（10-1）戦争捕虜に対する残虐行為……**108**

【PX1798-A 朗読概要】（T・オヅムラ（小田村）陸軍少佐尋問調書抜粋；1944（昭和 19）年 9 月のセレ
ベス北東部メナドでの米軍飛行士 1 名の処刑）……**109**

【PX1800-A 朗読概要】（谷口豪介海軍大尉尋問調書抜粋；1944（昭和 19）年 11 月のセレベス南東部ケ
ンダリーでの米飛行士 9 名の処刑）……**111**

【PX1801-A 朗読概要】（シンカン捕虜収容所長中村ミチノリ陸軍大佐尋問調書抜粋；1945（昭和 20）年
7 月のセレベス南東部シンカンにおける米飛行士 5 名の処刑）……**113**

【PX1805-A 朗読概要】（ジュドンネ蘭印軍大尉報告書抜粋；マカッサル俘虜収容所での俘虜拷問と虐待）
……**116**

◆ 1946（昭和 21）年 12 月 30 日

（英速録 13877〜13982 頁／和速録 141 号 1〜20 頁）……**119**

《レビン弁護人の休廷の申し立て》……**119**

《ローガン弁護人の休廷の申し立て》……**120**

《ブルーエット弁護人の休廷の申し立て》……**121**

（10-1）戦争捕虜に対する残虐行為（続き）……**122**

【PX1806 朗読概要】（続き。S・N・パウル英インド軍医大尉宣誓供述書）……**122**

【PX1807-A 朗読概要】（P・E・カー豪州海軍少佐陳述書抜粋；ポメラでの俘虜虐待・マカッサル収容所

での斬首処刑）……128

（10-2）民間人に対する残虐行為……129

（11）検察官モネーヌ中佐、検察主張立証第 XIII・XIV 局面「対民間人・戦争捕虜残虐行為」第 6 部「蘭領東インドでの残虐行為」の検察側立証として、「蘭領東インドのアンボン群島での残虐行為」関連検察側要約証拠概要・検察側要約書証・検察側書証を提出する。

（英速録 13927〜13942 頁／和速録 141 号 11〜12 頁）……131

【PX1819-A 朗読概要】（中川健一海軍中尉証言録抜粋；1945（昭和 20）年 11 月 8 日の東京一般海軍軍法会議及び 1945（昭和 20）年 12 月 22・29 日の東京一般復員法廷でのラハ虐殺事件審理速記録；ラハのソワコードでのオーストラリア・蘭印軍俘虜 400 名の殺害）……132

（12）証人豪州帝国陸軍中尉ジョン・チャールズ・バン・ヌーテン－1942（昭和 17）年 2 月 3 日、豪州歩兵第 21 大隊の一員として、日本軍の捕虜となる－、検察主張立証第 XIII・XIV 局面「対民間人・戦争捕虜残虐行為」第 6 部「蘭領東インドでの残虐行為」の検察側立証として、「蘭領東インドのアンボン群島での捕虜虐待」について、宣誓供述書によらず、本来の口頭方式により直接、証言する。

（英速録 13943〜14051 頁／和速録 141 号 12〜143 号 9 頁）……135

【検察側証人バン・ヌーテンに対する検察側直接尋問】……135

◆ 1946（昭和 21）年 12 月 31 日

（英速録 13983〜14020 頁／和速録 142 号 1〜10 頁）……144

【ブルックス弁護人による検察側証人バン・ヌーテンに対する反対尋問】……146

◆ 1947（昭和 22）年 1 月 2 日

（英速録 14021〜14153 頁／和速録 143 号 1〜22 頁）……156

【ブルーエット弁護人による検察側証人バン・ヌーテンに対する反対尋問】……157
【PD5301 朗読概要】……163
【レビン弁護人による検察側証人バン・ヌーテンに対する反対尋問】……163
【島内弁護人による検察側証人バン・ヌーテンに対する反対尋問】……166
【検察側証人バン・ヌーテンに対する検察側再直接尋問】……169

（13）検察官モネーヌ中佐、検察主張立証第 XIII・XIV 局面「対民間人・戦争捕虜残虐行為」第 6 部「蘭領東インドでの残虐行為」の検察側立証として、「蘭領東インドのア

目　次　xxiii

ンボン群島での残虐行為」関係書証の提出を再開する。

(英速録 14052〜14065 頁／和速録 143 号 9〜10 頁) ……**169**

【PX1824-A 朗読概要】(オランダ王国軍情報部公式報告書抜粋；P・ボーディマン陳述書－豪州軍俘虜・民間人の虐待致死) ……**170**

【PX1826-A 朗読概要】(デニス・ブライアン・メイソン英空軍将校別途宣誓供述書抜粋；ハハト収容所での虐待致死) ……**171**

【PX1828-A 朗読概要】(2/5 オーストラリア総合病院戦時日誌抜粋 (1945〔昭和 20〕年 9 月 12 日；於モロタイ)：オーストラリア・オランダ人俘虜に対する虐待致死) ……**172**

【PX1829-A 朗読概要】(2/5 オーストラリア総合病院医療部担当将校報告抜粋；PX1828 に言及された戦争捕虜についての所見) ……**172**

(14) 検察官モネーヌ中佐、検察主張立証第 XIII・XIV 局面「対民間人・戦争捕虜残虐行為」第 6 部「蘭領東インドでの残虐行為」の検察側立証として、「ニューギニアでの残虐行為」関連検察側要約証拠概要・検察側要約書証・検察側書証を提出する。

(英速録 14066〜14104 頁／和速録 143 号 11〜16 頁) ……**173**

【PX1833-A 朗読概要】(チャールズ・ヘンリー・ビックス豪州軍少佐宣誓供述書抜粋；モテオ・ケベレでの原住民男女刺殺) ……**174**

【PX1834-A 朗読概要】(チャールズ・ウォルター・ケンドール豪州軍大尉宣誓供述書抜粋；ワガワガ・ゴロニ (ミルン湾) での俘虜・原住民虐殺) ……**174**

【PX1835-A 朗読概要】(アラン・S・パーマー豪州軍大尉宣誓供述書抜粋；ラピ布教区 (ニューギニアのミルン湾近く) で発見の原住民男女死体の状況) ……**175**

【PX1836-B 朗読概要】(ATIS 報告集抜粋；捕獲日記 1 冊及び日本人捕虜陳述書抜粋－ダグラス機搭乗員の処刑) ……**176**

【PX1837-A 朗読概要】(辺境警備連隊 1/13 部隊インド原住民兵セポイ・バカン・シング陳述書抜粋；ウェワク、ブト、ボイケン、ランジャ〔での俘虜虐待) ……**178**

【PX1838-A 朗読概要】(ジャット連隊 4／9 隊ジェマダール・アブドゥール・ラティフ宣誓供述書抜粋；ウェワクからホーランディアへの行進の状況) ……**180**

【PX1848-A 朗読概要】(オランダ軍情報部報告書 (写真 2 葉添付) 抜粋；アイタペにおける豪州軍兵及びアンボン人の処刑) ……**182**

【PX1850-A 朗読概要】(ATIS 報告集抜粋；捕虜調査日誌 (部隊不明、日本軍からの押収もしくは鹵獲文書)、及び第 15 工兵大隊員フセイ・イワタロウ陳述録取書－ラエとブナでの俘虜刺殺・斬首) ……**183**

2—13・14—7　検察主張立証第 XIII・XIV 局面「対民間人・戦争捕虜残虐行為」第7部「太平洋諸島での残虐行為」

（英速録 14104〜14153 頁／和速録 143 号 16〜22 頁）……**184**

（1）検察官モネーヌ中佐、検察主張立証第 XIII・XIV 局面「対民間人・戦争捕虜残虐行為」第7部「太平洋諸島での残虐行為」の検察側立証として、「ニューブリテン島での残虐行為」関連検察側要約証拠概要・検察側要約書証・検察側書証を提出する。

（英速録 14104〜14130 頁／和速録 143 号 16〜19 頁）……**184**

【PX1852-A 朗読概要】（豪州軍ウイリアム・クック衛生兵卒宣誓供述書抜粋；トル［Tol］（ニューブリテン）での赤十字腕章着腕豪州兵・民間人への暴行）……**184**

【PX1861-A 朗読概要】（第3野戦義勇軍チュン・イエー・ユー［Cheung Yee Yu］大尉宣誓供述書抜粋；ケレヴァト飛行場での支那兵1名の射殺）……**187**

【PX1865-A 抜粋朗読概要】（米第5空軍ジェームズ・A・マックムリア中尉、ホセ・L・ホルキン少尉及びアルホンセ・D・キノネス少尉3名の合同宣誓供述書抜粋；ラバウル捕虜収容所での虐待致死）……**188**

【PX1866-A 朗読概要】（連合国軍情報部ジョン・J・マーフィー大尉陳述書抜粋；ラバウル俘虜収容所でのニュージーランド空軍兵士虐待致死）……**188**

【PX1867-A 朗読概要】（原住民少年マウタ・レオナルド宣誓供述書抜粋；トベラ飛行場での原住民虐待致死）……**189**

【PX1873-A 朗読概要】（インド軍兵ハビルダー・チャンギ・ラム宣誓供述書抜粋；トタビル地区不時着米飛行士の斬首と食肉）……**190**

（2）検察官モネーヌ中佐、検察主張立証第 XIII・XIV 局面「対民間人・戦争捕虜残虐行為」第7部「太平洋諸島での残虐行為」の検察側立証として、「ソロモン群島・ギルバート・エリス・ナル・オーシャンの諸島での残虐行為」関連検察側要約証拠概要・検察側要約書証・検察側書証を提出する。

（英速録 14130〜14153 頁／和速録 143 号 19〜22 頁）……**190**

【PX1877-A 朗読概要】（支那民間人チェル・チー宣誓供述書抜粋；ブインでの支那人1名の虐待、拷問致死）……**191**

【提出済み PX1850-A 朗読概要】（続き）……**193**

【PX1880-A 朗読概要】（1944（昭和19）年10月のタラワ尋問録抜粋；ベティオでの白人俘虜22名の斬首）……**193**

◆1947（昭和22）年1月3日

（英速録 14154〜14303 頁／和速録第 144 号 1〜22 頁）……**196**

2—13・14—8　検察主張立証第 XIII・XIV 局面「対民間人・戦争捕虜残虐行為」第 8 部「支那での残虐行為」

（英速録 14156〜14196 頁／和速録 144 号 2〜8 頁）……**196**

(1) 検察官コール海軍中佐、検察主張立証第 XIII・XIV 局面「対民間人・戦争捕虜残虐行為」第 8 部「支那での残虐行為」の検察側立証として、関連検察側要約証拠概要・検察側要約書証・検察側書証を提出する。

（英速録 14156〜14196 頁／和速録 144 号 2〜8 頁）……**196**

【PX1888-A 朗読概要】（1946（昭和21）年 3 月 4 日証言アーネスト・P・ヒッグズ宣誓供述書抜粋；上海日本憲兵隊による一般抑留者−調査員ウイリアム・ハットンの殺害）……**197**

【PX1891 朗読概要】（1945（昭和20）年 11 月 4 日付け捕虜に関する連合国中央調査委員会報告書；漢口における 1944（昭和19）年 12 月の米飛行士 3 名の殺害）……**198**

【PX1893-A 朗読概要】（1946（昭和21）年 6 月 6 日証言エドワード・E・ウイリアムソン大尉宣誓供述書抜粋；上海ブリッジハウスでの日本憲兵隊による一般抑留者の拷問）……**199**

【PX1896-A 朗読概要】（1946（昭和21）年 2 月 15 日証言ロバート・マカロック・ブラウン軍曹宣誓供述書抜粋；上海俘虜収容所での米人俘虜 50 名の虐待）……**200**

【PX1899-A 朗読概要】（1945（昭和20）年 10 月 15 日証言ノリス・リットマン伍長宣誓供述書抜粋；奉天収容所での米人俘虜 3 名の斬首）……**201**

【PX1901-A 朗読概要】（1945（昭和20）年 2 月 26 日証言 C・D・スミス海軍中佐宣誓供述書抜粋；呉淞・キヤンワン捕虜収容所での虐待）……**202**

2—13・14—9　検察主張立証第 XIII・XIV 局面「対民間人・戦争捕虜残虐行為」第 9 部「日本内地での残虐行為」

（英速録 14197〜14261 頁／和速録 144 号 8〜16 頁）……**205**

(1) 検察官コール海軍中佐、検察主張立証第 XIII・XIV 局面「対民間人・戦争捕虜残虐行為」第 9 部「日本内地での残虐行為」の検察側立証として、関連検察側要約証拠概要・検察側要約書証・検察側書証を提出する。

（英速録 14197〜14261 頁／和速録 144 号 8〜16 頁）……**205**

【PX1918-A 朗読概要】（1945（昭和20）年 12 月 30 日証言ジョン・H・アレン中尉宣誓供述書抜粋；福

岡 17 号収容所での俘虜処刑）⋯⋯**207**

【PX1921 抜粋朗読概要】（1946（昭和 21）年 1 月 9 日付け捕虜に関する日本政府中央調査委員会報告書；
東部軍管区による連合国軍飛行機搭乗員虐待致死）⋯⋯**208**

【PX1921 朗読概要】（続き）⋯⋯**208**

【PX1922 朗読概要】（1945（昭和 20）年 12 月 26 日付け捕虜に関する日本政府中央調査委員会報告書；
中部軍管区による連合国軍飛行機搭乗員に対する処刑）⋯⋯**209**

【PX1923 朗読概要】（1946（昭和 21）年 3 月 27 日付け捕虜に関する日本政府中央調査委員会報告書；中
部軍管区での飛行機搭乗員捕虜の取扱と処刑）⋯⋯**210**

【PX1924 朗読概要】（1946（昭和 21）年 1 月 23 日付け捕虜に関する日本政府中央調査委員会報告書；西
部軍管区での飛行機搭乗員捕虜の取扱と処刑）⋯⋯**211**

【PX1925-A 朗読概要】（1946（昭和 21）年 2 月 8 日証言荻矢頼雄陸軍法務大尉宣誓供述書抜粋；大阪に
おける米飛行士 2 名の処刑）⋯⋯**212**

【提出済み PX1925-A 抜粋朗読概要】（続き）⋯⋯**213**

【PX1929-A 朗読概要】（1945（昭和 20）年 9 月 16 日証言オーウェン・R・コバート兵卒宣誓供述書抜粋；
大牟田第 17 俘虜収容所での虐待）⋯⋯**213**

【PX1933-A 朗読概要】（1945（昭和 20）年 11 月 27 日証言 A・L・メーア大尉宣誓供述書抜粋；大船俘
虜収容所での虐待）⋯⋯**215**

【PX1936-A 朗読概要】（1945（昭和 20）年 9 月 21 日証言フィリップ・E・サンダース宣誓供述書抜粋；
大阪本町収容所での虐待致死）⋯⋯**215**

【PX1938-A 朗読概要】（1945（昭和 20）年 10 月 4 日証言 W・R・リンダフェルト軍曹宣誓供述書抜粋；
四日市収容所での虐待）⋯⋯**217**

【PX1944-A 朗読概要】（1946（昭和 21）年 8 月 30 日証言オリバー・E・G・ロバーツ宣誓供述書抜粋；
折尾俘虜収容所での虐待）⋯⋯**219**

【PX1946-A 朗読概要】（1945（昭和 20）年 9 月 8 日証言ジョン・H・マーシャル宣誓供述書抜粋；大阪
収容所梅田分所での虐待致死）⋯⋯**219**

【PX1947-A 朗読概要】（1945（昭和 20）年 10 月 6 日証言チャールズ・E・モーラー伍長宣誓供述書抜粋；
大阪収容所梅田分所での虐待致死）⋯⋯**220**

【PX1948-A 朗読概要】（1946（昭和 21）年 9 月 5 日証言アレクサンダー・メレディス宣誓供述書抜粋；
横浜 D1 収容所での捕虜虐待致死）⋯⋯**220**

【PX1949-A 朗読概要】（1946（昭和 21）年 1 月 25 日証言アーノルド・F・キャディ伍長宣誓供述書抜粋；
センデュでの病気俘虜の連合国軍医師による診療拒否と致死）⋯⋯**220**

【PX1952-A 朗読概要】（1946（昭和 21）年 1 月 25 日証言ジョン・W・バイニー宣誓供述書抜粋；川崎
収容所の赤十字医薬品給与拒否・致死）⋯⋯**221**

2—13・14—2　検察主張立証第 XIII・XIV 局面「対民間人・戦争捕虜残行為」第 2 部「B 級・C 級戦争犯罪と日本政府の対応」（第 2 回審理）

（英速録 14261〜14910 頁／和速録第 144 号 16 頁〜149 号 10 頁）……**222**

(2)　検察官ウールワース大佐、検察主張立証第 XIII・XIV 局面「対民間人・戦争捕虜残虐行為」第 2 部「B 級・C 級戦争犯罪と日本政府の対応」の検察側立証として、「日本内地・日本占領領土での B 級戦争犯罪即ち通例の戦争法規・慣例違反に対する被告の個人責任」関係証拠の提出を開始する。

（英速録 14261〜14270 頁／和速録第 144 号 16 頁〜17 頁）……**222**

(3)　証人豪州帝国陸軍歩兵大尉ジェームズ・ストリックランド・チザム－シンガポールにおいて日本軍捕虜となり、1942（昭和 17）年 2 月 15 日より同地において、同年 12 月より 1944（昭和 19）年 8 月までは新潟県直江津で、捕虜生活を送る－、検察主張立証第 XIII・XIV 局面「対民間人・戦争捕虜残虐行為」第 2 部「B 級・C 級戦争犯罪と日本政府の対応」の検察側立証として、「直江津への被告土肥原将軍の訪問を含む自己の体験」について、宣誓供述書によらず本来の口頭方式により、証言する。

（英速録 14270〜14280 頁／和速録第 144 号 17 頁〜19 頁）……**225**

【検察側証人チザムに対する検察側直接尋問】……**225**

【ブルーエット弁護人による検察側証人チザムに対する反対尋問】……**227**

【島内及びレビン弁護人による検察側証人チザムに対する反対尋問】……**228**

(4)　証人陸軍少将田中隆吉－関東軍参謀、朝鮮羅南山砲兵第 25 連隊長、陸軍省兵務課長を経て、対米開戦時同省兵務局長－、1946（昭和 21）年 7 月 5〜9 日に続き 2 度目の証言のために出廷し、検察主張立証第 XIII・XIV 局面「対民間人・戦争捕虜残虐行為」第 2 部「B 級・C 級戦争犯罪と日本政府の対応」の検察側立証として、「陸軍省・大本営の機構、捕虜取扱に関する陸軍省命令」について、宣誓供述書によらず口頭にて、証言する。途次、弁護側申し立てにより、一旦降壇の後、検察官ウールワース大佐による書証提出を挟んで再度、登壇する。

（英速録 14282〜14294 頁／和速録第 144 号 19〜21 頁及び英速録 14308〜14422 頁／和速録第 145 号 2 頁〜第 146 号 6 頁）……**229**

(4-1)　証人陸軍少将田中隆吉の第 2 回目証言のための第 1 次登壇

（英速録 14282〜14294 頁／和速録第 144 号 19〜21 頁）……**230**

xxviii 目 次

【検察側証人田中隆吉に対する検察側直接尋問】……**230**

(6) 検察官ウールワース大佐、検察主張立証第 XIII・XIV 局面「対民間人・戦争捕虜残虐行為」第 2 部「B 級・C 級戦争犯罪と日本政府の対応」の検察側立証として、「日本内地・日本占領領土での B 級戦争犯罪即ち通例の戦争法規・慣例違反に対する被告の個人責任」関係証拠の提出を、再開する。

(英速録 14295〜14303 頁／和速録第 144 号 21 頁〜22 頁)……**233**

【PX1956 朗読概要】(1942 (昭和 17) 年 1 月 29 日付け東郷外相発アルゼンチン代理大使宛書簡；日本は、捕虜取扱に関する 1929 (昭和 4) 年ジュネーブ条約を未批准なるも、英国・英連邦諸国捕虜に対して適切なる変更を加えて準用する)……**233**

【PX1957 朗読概要】(1942 (昭和 17) 年 1 月 29 日付け政府声明；捕虜取扱について PX1956 の回答を行うに至った経緯)……**234**

【PX1958 朗読概要】(1946 (昭和 21) 年 4 月 18 日付け陸軍省議記録に関する中央連絡局発国際検察局宛報告書；捕虜取扱に関して『1929 (昭和 4) 年ジュネーブ条約を適用せず』とした 1942 (昭和 17) 年 5 月 6 日付け陸軍省議記録提出の件」)……**234**

◆ 1947 (昭和 22) 年 1 月 6 日

(英速録 14304〜14393 頁／和速録第 145 号 1〜16 頁)……**235**

(4-2) 証人陸軍少将田中隆吉の第 2 回目証言のための第 2 次登壇

(英速録 14308〜14422 頁／和速録第 145 号 2 頁〜第 146 号 6 頁)……**236**

【ローガン弁護人による検察側証人田中隆吉に対する反対尋問】……**236**

【ブルーエット弁護人による検察側証人田中隆吉に対する反対尋問】……**244**

【弁護人ブルックス大尉による検察側証人田中隆吉に対する反対尋問】(1943 (昭和 18) 年 9 月 3 日付け在カンブリタイ捕虜収容所長発俘虜情報局長官宛電文；捕虜に関する月次報告 (1943 [昭和 18] 年 8 月分))……**250**

【弁護人草野による検察側証人田中隆吉に対する反対尋問】……**253**

【ハワード弁護人よる検察側証人田中隆吉に対する反対尋問】……**255**

◆ 1947 (昭和 22) 年 1 月 7 日

(英速録 14394〜14550 頁／和速録第 146 号 1〜20 頁)……**257**

【レビン弁護人による検察側証人田中隆吉に対する反対尋問】……**261**

【島内弁護人による検察側証人田中隆吉に対する反対尋問】……**261**

目 次　xxix

(6)　検察官ウールワース大佐、検察主張立証第 XIII・XIV 局面「対民間人・戦争捕虜残
　　虐行為」第 2 部「B 級・C 級戦争犯罪と日本政府の対応」の検察側立証として、「日
　　本内地・日本占領領土での B 級戦争犯罪即ち通例の戦争法規・慣例違反に対する被
　　告の個人責任」関係証拠の提出を、さらに、再開する。

　　　　　　　　　　　　（英速録 14422〜14612 頁／和速録第 146 号 6 頁〜147 号 11 頁）……**264**

【PX1960 朗読概要】（1942（昭和 17）年 5 月 30 日付け善通寺師団長宛東条陸相訓示；捕虜取扱－捕虜の
　　活用）……**264**

【PX1961 朗読概要】（1942（昭和 17）年 6 月 3 日付け俘虜管理部長発関係部隊宛通牒；捕虜たる将校士
　　官・下士官の使役）……**264**

【PX1962 朗読概要】（1942（昭和 17）年 6 月 25 日付け新任捕虜収容所長に対する東条陸相訓示；捕虜の
　　取扱）……**265**

【PX1964-A 朗読概要】（俘虜情報局作成俘虜月報抜粋；PX1963 の陸相訓辞・捕虜取扱に関する集合教育）
　　……**265**

【PX1965 朗読概要】（俘虜に関する諸法規類集；俘虜情報局官制・俘虜収容所令・俘虜取扱規則・俘虜労
　　務規則・俘虜処罰法他）……**267**

【PX1965 朗読概要】（続き）……**270**

【PX1966 朗読概要】（第 81 帝国議会衆議院 1943（昭和 18）年 2 月 17 日議事速記録抜粋；木村陸軍次官
　　演説；兵役中改正法律案－俘虜処罰法改正・審議経過）……**275**

【PX1967 朗読概要】（① 1942（昭和 17）年 10 月 2 日付け東部軍参謀長辰巳栄一発東条陸相宛具申文書；
　　② 1942（昭和 17）年 10 月 22 日付け陸相発東部軍司令官宛指令案）……**276**

【PX1968 朗読概要】（1942（昭和 17）年 9 月 1 日付け台湾軍司令官発東条陸相宛報告電文；パーシバル
　　将軍以下捕虜 399 名の台湾への移送）……**277**

【PX1969 朗読概要】（神奈川県知事発厚相・内相・東部軍司令官宛 1942（昭和 17）年 10 月 6・7 日付け
　　報告文書「俘虜就労状況に関する件」及び東部軍司令官発陸軍省宛 1942（昭和 17）年 10 月 21 日付け報
　　告文書）……**278**

【PX1970-A 朗読概要】（満州工作機械（株）の航空緊急整備利用についての調査報告書抜粋；① 1942（昭
　　和 17）年 8 月 22 日付け陸亜密 3129 号② 1942（昭和 17）年 9 月 9 日付け陸亜密 7991 号；木村陸軍次官・
　　笠原関東軍参謀長間往復書簡③ 1942（昭和 17）年 9 月 29 日付け関東軍参謀長発軍務局長宛関参満電 746
　　号；満州工作機械（株）利用・捕虜就労・収容所開設）……**279**

【PX1971-A 朗読概要】（内務省警保局外事課作成「外事月報 1942（昭和 17）年 9 月分」抜粋；捕虜使役
　　状況）……**281**

【PX1972-A 朗読概要】（特高月報 1942（昭和 17）年 8 月分抜粋；労力不足対策としての捕虜使役計画）
　　……**282**

【PX1973 朗読概要】（朝鮮軍参謀長・木村陸軍次官間意見具申・回答往復電文、板垣朝鮮軍司令官発東条
　　陸相宛報告、朝鮮軍参謀長発陸軍次官宛電文（1942［昭和 17］年 3 月 1・5・23 日及び 4 月 22 日付け）；

英米白人捕虜 1000 名の朝鮮内収容）……**283**

【PX1974 朗読概要】（1942（昭和 17）年 5 月 16 日付け陸軍大臣発①南方軍総司令官宛電文案②台湾・朝鮮軍宛電文案；台湾軍・朝鮮軍へ白人等捕虜を引き渡せ）……**284**

【PX1975 朗読概要】（1942（昭和 17）年 8 月 13 日付け朝鮮軍参謀長発木村陸軍次官宛報告文書「英国人俘虜収容に伴う一般民衆の反響」；英米白人捕虜収容への一般民衆の反響は甚大 − 道中観衆朝鮮人 12 万・内地人 5 万 7000）……**284**

【PX1976 朗読概要】（1942（昭和 17）年 9 月 1 日付け朝鮮軍司令官発陸軍大臣宛文書；朝鮮俘虜労役規定）……**286**

【PX1977 朗読概要】（1943（昭和 18）年 12 月 20 日付け陸軍省報道部長発文書；俘虜の報道に関する検閲注意事項）……**288**

【PX1978 朗読概要】（1945（昭和 20）年 3 月 17 日付け陸軍次官通牒；情勢の推移に応ずる俘虜処理要領）……**289**

◆ 1947（昭和 22）年 1 月 8 日

（英速録 14551〜14683 頁／和速録第 147 号 1〜20 頁）……**291**

【PX1979-A 朗読概要】（連合国軍 1946（昭和 21）年 3 月 14 日実施被告東条英機尋問調書抜粋；大本営の組織機構と欠点、陸軍参謀本部と海軍軍令部の関係）……**291**

【PX1980-A 朗読概要】（連合国軍 1946（昭和 21）年 3 月 25 日実施被告東条英機尋問調書抜粋；大東亜戦争開始後の捕虜取扱責任問題）……**293**

【PX1980-B 朗読概要】（同上抜粋；俘虜情報局の設置及びハーグ・ジュネーブ条約）……**293**

【PX1980-C 朗読概要】（同上抜粋；米英捕虜虐待 − 陸軍大臣としての責任）……**295**

【PX1980-D 朗読概要】（同上抜粋；捕虜虐待案件は週 2 回、俘虜情報局の議題とされた）……**296**

【PX1980-E 朗読概要】（同上抜粋；捕虜虐待事実調査のために執った措置・バターン「死の行進」）……**297**

【PX1981-A 朗読概要】（連合国軍 1946（昭和 21）年 3 月 26 日実施被告東条英機尋問調書抜粋；①捕虜取扱に対する基本原則②捕虜取扱の実体上・形式上の責任③「捕虜」に関する欧米と日本の基本的観念の差）……**301**

【PX1981-B 朗読概要】（同上抜粋；捕虜取扱に関する関係各国からの抗議に対する措置）……**302**

【PX1981-C 朗読概要】（同上抜粋；捕虜案件は天皇に奏上せず − 天皇に責任なし）……**303**

【PX1982-A 朗読概要】（連合国軍 1946（昭和 21）年 3 月 27 日実施被告東条英機尋問調書抜粋；1943（昭和 18）年 5・7 月の捕虜取扱に関する南方視察の目的 − バターン死の行進・フィリピン・タイ他）……**304**

【PX1983-A 朗読概要】（連合国軍 1946（昭和 21）年 3 月 28 日実施被告東条英機尋問調書抜粋；俘虜情報局・俘虜管理部の指揮系統・軍務局との関係）……**307**

【PX1983-B 朗読概要】（同上抜粋；外地での捕虜取扱実状・それを知った経路）……**309**

目　次　**xxxi**

【PX1984-A 朗読概要】（連合国軍 1946（昭和 21）年 3 月 29 日実施被告東条英機尋問調書抜粋；日本空
　襲ドゥーリットル航空機搭乗員処刑問題）……**310**

【PX1984-B 朗読概要】（同上抜粋；捕虜に対する食糧・陸軍省局長会議）……**312**

【PX1985 朗読概要】（木戸日記（1942［昭和 17］年 3 月 13 日）；香港対英残虐行為イーデン英外相演説
　－宮相と懇談）……**313**

【PX1986 朗読概要】（木戸日記（1942［昭和 17］年 5 月 21 日）；米人捕虜ドゥーリットル航空機搭乗員
　処分問題）……**313**

【PX1987 朗読概要】（木戸日記（1942［昭和 17］年 10 月 3 日）；同上問題－東条首相より言上の依頼）
　……**314**

【PX1988 朗読概要】（1943（昭和 18）年 9 月 3・7 日付けタイ捕虜収容所長発俘虜情報局長官宛報告電文；
　8 月捕虜状況）……**314**

（7）　証人陸軍法務大尉荻矢頼雄－元中部軍管区司令部法務部に所属し、日本軍捕虜とな
　　　った米軍航空搭乗員に対する軍法会議の参与検察官となり、戦後は逮捕され、出廷時、
　　　巣鴨刑務所に拘置中－、検察主張立証第 XIII・XIV 局面「対民間人・戦争捕虜残虐
　　　行為」第 2 部「B 級・C 級戦争犯罪と日本政府の対応」の検察側立証のために、弁護
　　　側要請により証言台に登壇し、「米軍航空機搭乗員に対する軍法会議」について、宣
　　　誓供述書によらず本来の口頭方式により、弁護側反対尋問に対峙する。

　　　　　　　　　　　　　　　　（英速録 14612～14629 頁／和速録第 147 号 11 頁～13 頁）……**315**

【検察側証人荻矢頼雄に対する検察側直接尋問】……**315**

【草野弁護人による検察側証人荻矢に対する反対尋問】……**316**

【ラザルス弁護人による検察側証人荻矢に対する反対尋問】……**317**

【島内弁護人による検察側証人荻矢に対する反対尋問】……**318**

（8）　証人陸軍中将若松只一－元陸軍参謀本部総務部長、1942（昭和 17）年 12 月同本部第
　　　3 部長、同 1944（昭和 19）年南方軍参謀次長、1945（昭和 20）年 4～7 月まで陸軍
　　　次官－、検察主張立証第 XIII・XIV 局面「対民間人・戦争捕虜残虐行為」第 2 部「B
　　　級・C 級戦争犯罪と日本政府の対応」の検察側立証として、「泰緬（タイ・ビルマ）
　　　鉄道」について、宣誓供述書により証言する。

　　　　　　　　　　　　　　　　（英速録 14629～14655 頁／和速録第 147 号 13 頁～16 頁）……**320**

【検察側証人若松只一に対する検察側直接尋問】……**320**

【PX1989 朗読概要】（1946（昭和 21）年 10 月 31 日付け若松只一宣誓供述書）……**320**

【弁護人清瀬博士による検察側証人若松只一に対する反対尋問】……**321**

【弁護人宗宮による検察側証人若松只一に対する反対尋問】……**324**

【ハワード弁護人による検察側証人若松只一に対する反対尋問】……**325**

(9) 検察官ウールワース大佐、検察主張立証第 XIII・XIV 局面「対民間人・戦争捕虜残虐行為」第 2 部「B 級・C 級戦争犯罪と日本政府の対応」の検察側立証として、「日本内地・日本占領領土での B 級戦争犯罪即ち通例の戦争法規・慣例違反に対する被告の個人責任」関係証拠の提出を、再開する。

(英速録 14657〜14838 頁／和速録第 147 号 17 頁〜148 号 24 頁) ……**326**

【PX1990 朗読概要】(1946（昭和 21）年 11 月 9 日付け泰緬鉄道建設隊指揮官石田栄熊陸軍少将宣誓供述書；泰緬鉄道建設と捕虜使役) ……**326**

【PX1991 朗読概要】(1942（昭和 17）年 8 月 13 日付け支那派遣軍々令；敵航空機搭乗員処罰に関する軍律) ……**327**

【PX1992 朗読概要】(1942（昭和 17）年 7 月 28 日付け陸軍次官発内外地各軍参謀長宛通牒；空襲敵航空機搭乗員取扱) ……**328**

【PX1993 朗読概要】(1942（昭和 17）年 7 月 28 日付け田辺参謀次長発後宮支那派遣軍総参謀長宛通牒；空襲の敵航空機搭乗員取扱) ……**329**

【PX1994 朗読概要】(東海軍管区内連合国軍捕獲飛行搭乗員に対する 1945（昭和 20）年 7 月 11 日軍律会議記録) ……**329**

【PX1995 朗読概要】(中部軍管区内捕獲連合国軍飛行搭乗員に対する 1945（昭和 20）年 7 月 18 日軍律会議記録) ……**330**

【PX1996 朗読概要】(1945（昭和 20）年 8 月 15 日付け陸軍次官発各軍参謀長宛通牒；軍律違反被告事件処断見合わせ) ……**331**

【PX1997 朗読概要】(1945（昭和 20）年 8 月 23 日付け陸軍次官発各軍管区参謀長宛通牒；捕虜釈放) ……**331**

◆ 1947（昭和 22）年 1 月 9 日

(英速録 14684〜14848 頁／和速録第 148 号 1〜25 頁) ……**331**

【PX1998 朗読概要】(1941（昭和 16）年 12 月 8 日〜1945（昭和 20）年 8 月 15 日間の陸軍々法会議処罰俘虜一覧表－計 63 名) ……**332**

【PX1999 朗読概要】(1943（昭和 18）年 7 月 27 日付け俘虜情報局長官発各俘虜収容所長宛命令；処罰された俘虜の銘々票補修に関する件) ……**336**

【PX2000 朗読概要】(1946（昭和 21）年 8 月 5 日付け第 1 復員局文書課長美山要蔵証明書；1945（昭和 20）年 8 月 14 日付け陸相発全陸軍部隊宛命令－機・秘密書類の焼却) ……**336**

【PX2001-A 朗読概要】(鹿児島地区憲兵隊発来書類綴り抜粋；1945（昭和 20）年 8 月 14・20・27 日付け憲兵司令部本部長発各地区憲兵隊司令部宛訓令通牒－機・秘密書類焼却) ……**336**

【PX2002 朗読概要】((検) 法廷証 PX2003〜2015；1946（昭和 21）年 9 月 19 日付け出所・真実性証明書) ……**338**

【PX2003 朗読概要】(1942（昭和 17）年 6 月 5 日付け俘虜管理局長発台湾軍参謀長宛電文；捕虜将校・

目　次　**xxxiii**

准士官の自発的就労を求める）……**338**

【PX2004 朗読概要】（1942（昭和 17）年 4 月 2 日付け俘虜情報局長官発台湾軍参謀長宛電文；捕虜を生
産活動に活用－所要人数要通報）……**338**

【PX2005 朗読概要】（1942（昭和 17）年 4 月 2 日付け台湾軍参謀長発俘虜情報局長官宛電文；PX2004 へ
の回答電文－英米人捕虜 2～3000 名を要望）……**339**

【PX2006 朗読概要】（1942（昭和 17）年 4 月 2 日付け台湾軍参謀長発香港総督部参謀長宛電文；英米人
捕虜 2～3000 名を要望）……**339**

【PX2007 朗読概要】（1942（昭和 17）年 4 月 4 日付け香港総督部参謀長発台湾軍参謀長宛電文；PX2006
への回答－異存なし）……**339**

【PX2008 朗読概要】（1942（昭和 17）年 4 月 7 日付け台湾軍参謀長発俘虜情報局長官宛電文；台湾への
捕虜移管を 7000 名に増員の要望）……**339**

【PX2009 朗読概要】（1942（昭和 17）年 4 月 29 日付け俘虜管理部長発台湾軍参謀長宛電文；台湾に収容
可能な捕虜概数を求める）……**340**

【PX2010 朗読概要】（1942（昭和 17）年 5 月 6 日付け陸軍省副官発台湾軍参謀長宛電文；俘虜処理要領）
……**340**

【PX2011 朗読概要】（1945（昭和 20）年 8 月 20 日付け東京捕虜収容所長発台湾軍参謀長宛電文；捕虜に
悪感情を懐かれている者の転属・不利な書類の焼却その他の処理）……**341**

【PX2012 朗読概要】（日付け不詳台湾軍管区参謀長発在台湾捕虜収容所長宛電文；1945（昭和 20）年 3
月 17 日付け陸軍次官発台湾軍参謀長宛通牒転電；情勢の推移に応ずる俘虜処理要領の件）……**341**

【PX2014 朗読概要】（1945（昭和 20）年 3 月 16 日付け陸軍省副官発台湾軍参謀長宛通牒；俘虜の労務に
関する通牒）……**341**

【PX2015 朗読概要】（台湾俘虜収容所本部日誌抜粋（1944［昭和 19］年 8 月 1 日）；非常事態における台
湾収容捕虜最終処分命令準備）……**342**

【PX2016-A 朗読概要】（1942（昭和 17）年 2 月 12 日～1945（昭和 20）年 7 月 31 日間中の捕虜取扱関連
外務省・駐東京スイス公使間往復外交文書 73 通；要約）……**342**

【提出済み PX2016-A 朗読概要】……**344**

【PX2017 朗読概要】（1943（昭和 18）年 7 月 24 日付け重光外相発駐東京スイス公使宛通牒；タイでの捕
虜取扱・タイ所在収容所への公使訪問は現在のところ許可されない）……**349**

【PX2018 朗読概要】（1943（昭和 18）年 7 月 7 日付け重光外相発駐東京スウェーデン公使宛口頭通牒；
タイ所在捕虜収容所訪問不許可）……**349**

【PX2019 朗読概要】（1943（昭和 18）年 7 月 7 日付け重光外相発駐東京スウェーデン公使宛口頭通牒；
シンガポールのチャンギ抑留所訪問不許可）……**349**

【PX2020 朗読概要】（1943（昭和 18）年 6 月 19 日付け外務省在敵国居留民関係事務室鈴木九萬公使発俘
虜情報局長官宛請訓文書；捕虜取扱に関する米国政府申し入れ）……**349**

【PX2021 朗読概要】（1943（昭和 18）年 6 月 23 日付け俘虜情報局長官発鈴木九萬公使宛回答文書；捕虜

xxxiv 目 次

取扱に関する米国政府申し入れ拒否）……**350**

【PX2022 朗読概要】（駐東京スイス公使・日本外務省間往復文書 22 通；英国・連合国軍の捕虜取扱に対する英国の抗議関連）……**350**

【PX2022 朗読概要】（続き）……**355**

【PX2023-A 朗読概要】（1943（昭和 18）年 7 月 5 日〜1944（昭和 19）年 7 月 20 日間の捕虜取扱に関する重光外相・駐東京スイス公使間往復文書 8 通；タイ国収容英国捕虜取扱に対する英国の抗議関連；要約）……**359**

【PX2024 朗読概要】（1944（昭和 19）年 4 月 24 日〜1945（昭和 20）年 3 月 1 日間の捕虜取扱に関する重光外相・駐東京スイス公使間往復文書 6 通；支那・フィリピン収容米国捕虜取扱に対する米国の抗議関連）……**360**

【PX2024 朗読概要】（続き）……**370**

【PX2025-A 朗読概要】（1942（昭和 17）年 12 月 15 日〜1945（昭和 20）年 8 月 1 日間の捕虜の労役などに関する外相（谷・重光・東郷）・駐東京スイス公使間往復文書 10 通；要約）……**372**

【PX2026 朗読概要】（重光外相・駐東京スイス公使間往復文書 2 通；捕虜に対する食糧給付）……**373**

(10) **証人元陸軍大佐山崎茂−1942（昭和 17）年 1 月〜1943（昭和 18）年 3 月の間、陸軍省俘虜情報局・俘虜管理部高級部員−、検察主張立証第 XIII・XIV 局面「対民間人・戦争捕虜残虐行為」第 2 部「B 級・C 級戦争犯罪と日本政府の対応」の検察側立証として、「陸軍省内の軍務局、俘虜情報局・俘虜管理部の関係」について、宣誓供述書によらず本来の口頭方式により、証言する。**

（英速録 14839〜14890 頁／和速録第 148 号 24 頁〜149 号 7 頁）……**373**

【検察側証人山崎茂に対する検察側直接尋問】……**374**

【弁護人清瀬博士による検察側証人山崎茂に対する反対尋問】……**375**

◆ 1947（昭和 22）年 1 月 10 日

（英速録 14849〜14948 頁／和速録第 149 号 1〜17 頁）……**376**

【草野弁護人による検察側証人山崎茂に対する反対尋問】……**377**

【宗宮弁護人による検察側証人山崎茂に対する反対尋問】……**383**

【宗宮弁護人による検察側証人山崎茂に対する反対尋問】……**384**

(11) **検察官ウールワース大佐、検察主張立証第 XIII・XIV 局面「対民間人・戦争捕虜残虐行為」第 2 部「B 級・C 級戦争犯罪と日本政府の対応」の検察側立証として、「日本内地・日本占領領土での B 級戦争犯罪即ち通例の戦争法規・慣例違反に対する被告の個人責任」関係証拠の提出を続行する。**

（英速録 14891〜14910 頁／和速録第 149 号 7 頁〜10 頁）……**386**

目　次　**xxxv**

【PX2027 朗読概要】（連合国軍報告文書；米国務省特務企画部 E・トムリン・ベイリー 1946（昭和 21）年 6 月 28 日付け証言録取書；捕虜取扱に対する日本政府への抗議録）……**387**

【PX2028 朗読概要】（オーストラリア陸軍報告書；極東に於けるオーストラリア軍捕虜）……**389**

【PX2029 朗読概要】（カナダ軍報告書；カナダ軍捕虜関係報告）……**389**

【PX2030 朗読概要】（1946（昭和 21）年 6 月付け英連合王国公式統計；同国軍の兵力・死傷者数）……**390**

【PX2031 朗読概要】（極東英本国軍・植民地軍の捕虜に関する 1945（昭和 20）年 12 月 31 日付け報告）……**390**

【PX2032 朗読概要】（日本軍によって捕縛されたニュージーランド人捕虜関連報告表）……**390**

【PX2033 朗読概要】（枢軸国に捕われた米国捕虜数内訳）……**391**

2—13・14—10　検察主張立証第 XIII・XIV 局面「対民間人・戦争捕虜残虐行為」第 10 部「ウェークその他の諸島・海上における B 級・C 級戦争犯罪」

（英速録 14910〜15281 頁／和速録第 149 号 10〜152 号 15 頁）……**391**

(1)　証人米軍海兵隊曹長ジェシー・L・スチュアート−1941（昭和 16）年 12 月、ウェーク島において日本軍の捕虜となった後、1945（昭和 20）年 9 月に敦賀において開放されるまでの間、ウェーク島、四国善通寺、東京多摩川、大阪梅田に抑留され、証言時、占領軍総司令部に配属中−、検察主張立証第 XIII・XIV 局面「対民間人・戦争捕虜残虐行為」第 10 部「ウェークその他の諸島・海上における B 級・C 級戦争犯罪」の検察側立証として、「戦争捕虜としての自己の経験」について、宣誓供述書によらず本来の口頭方式により証言する。

（英速録 14911〜14967 頁／和速録第 149 号 10〜150 号 6 頁）……**391**

【検察側証人スチュアートに対する検察側直接尋問】……**392**

【PX2034 朗読概要】（1942（昭和 17）年 4 月 20 日付け東郷外相発駐東京スイス大使宛通牒；ウェーク島米国人捕虜取扱に対する米国政府抗議への回答）……**396**

【ローガン弁護人による検察側証人スチュアートに対する反対尋問】……**397**

【レビン弁護人による検察側証人スチュアートに対する反対尋問】……**400**

◆ 1947（昭和 22）年 1 月 13 日

（英速録 14949〜15106 頁／和速録第 150 号 1〜27 頁）……**401**

【ムーア言語裁定官の申し立てによる速記録の訂正】……**401**

【レビン弁護人による検察側証人スチュアートに対する反対尋問】（続き）……**402**

【ブルーエット弁護人による検察側証人スチュアートに対する反対尋問】……**403**

【検察側証人スチュアートに対する検察側再直接尋問】……**406**

(2) **検察官ロビンソン海軍大佐、検察主張立証第 XIII・XIV 局面「対民間人・戦争捕虜残虐行為」第 10 部「ウェーク島その他諸島・海上での B 級・C 級戦争犯罪」の検察側立証として、「ウェーク島での残虐行為」関連立証を続行する。**

（英速録 14968〜15017 頁／和速録第 150 号 6〜13 頁）……**407**

【PX2035 朗読概要】（1945（昭和 20）年 10 月 18 日付けロバート・ヒュー・ランカスター土掘人夫長宣誓供述書：ウェーク島捕虜取扱）……**408**

【PX2036-A 朗読概要】（酒井原海軍少将・橘海軍少佐・伊藤海軍大尉に対するウェーク島捕虜事件に関する 1945（昭和 20）年 12 月 21 日付け米国軍事委員会審理記録抜粋；酒井原繁松ウェーク島日本軍司令官宣誓供述書−俘虜銃殺命令）……**408**

【PX2036-B 朗読概要】（PX2036 抜粋；橘荘一海軍少佐宣誓供述書−俘虜銃殺命令）……**410**

【PX2036-C 朗読概要】（PX2036 抜粋；伊藤寅司海軍大尉宣誓供述書；俘虜銃殺命令）……**411**

【PX2037 朗読概要】（1947（昭和 22）年 1 月 2 日付け連合国軍最高司令部法務部調査課長ルディシル中佐宣誓供述書所収ジョン・ハマス米海兵隊大尉 1946（昭和 21）年 10 月 1 日付け報告書；俘虜の拷問・虐待・致死）……**411**

【PX2038 朗読概要】（小原寧雄「新田丸」捕虜監視員海兵曹長 1946（昭和 21）年 11 月 19 日付け宣誓供述書）……**414**

【PX2039 朗読概要】（1942（昭和 17）年 5 月 26 日付け駐東京スイス公使発東郷外相宛文書；ウェーク島での米軍俘虜と抑留者の氏名及び抑留場所情報の要求）……**415**

【PX2040 朗読概要】（1942（昭和 17）年 8 月 10 日付け東郷外相発駐東京スイス公使宛回答文書；取調の上詳細回答）……**416**

【PX2041 朗読概要】（1942（昭和 17）年 9 月 21 日付けスイス公使発谷外相宛文書；日本側回答は不満、米国政府が満足しうる一般抑留者と俘虜の状況に付き照会）……**416**

【PX2042 朗読概要】（1942（昭和 17）年 10 月 7 日付けスイス公使発日本外相宛文書；8 月 10 日付け日本政府回答に対する再照会）……**417**

【PX2043 朗読概要】（1943（昭和 18）年 4 月 8 日付けスイス公使発日本外相宛文書；俘虜、一般居留民 400 名に付き至急の通知を希望）……**417**

【PX2044 朗読概要】（1943（昭和 18）年 4 月 19 日付け谷外相発駐東京スイス公使宛口頭申し入れ；ウェーク島米人捕虜については回答済み、未回答 400 名の氏名を知らせられたし）……**417**

【PX2045 朗読概要】（1943（昭和 18）年 8 月 21 日付け駐東京スイス公使発外務省宛文書；昭和 18 年 4 月 19 日付け口頭申し入れについて 423 人の名簿同封）……**418**

【PX2046 朗読概要】（1943（昭和 18）年 10 月 8 日付け駐東京スイス公使発外務省宛文書；昭和 8 月 21 日付け文書の 423 人名簿について再照会）……**418**

【PX2047 朗読概要】（1943（昭和18）年12月10日付け駐東京スイス公使発外務省宛覚書；8月21日付け文書に記載以外の米人俘虜に対する詳細の照会）……**418**

【PX2048 朗読概要】（駐東京スイス公使発外務省宛覚書（1944［昭和19］年2月14日）；未回答の照会に対する督促）……**419**

【PX2050 朗読概要】（1944（昭和19）年11月1日付け駐東京スイス公使発外務省宛覚書；未回答の照会に対する督促）……**419**

【PX2051 朗読概要】（1945（昭和20）年3月19日付け駐東京スイス公使発外務省宛覚書；11月1日付け照会に対する督促）……**419**

【PX2052 朗読概要】（1945（昭和20）年5月15日付け駐東京スイス公使発外務省宛覚書；11月1日及び3月19日付け照会に対する回答の督促）……**420**

(3) 検察官ロビンソン海軍大佐、検察主張立証第 XIII・XIV 局面「対民間人・戦争捕虜残虐行為」第 10 部「ウェークその他の諸島・海上での B 級・C 級戦争犯罪」の検察側立証として、「クェゼリン島において日本軍により犯された B 級・C 級戦争犯罪」関係書証を提出する。

（英速録 15017～15031 頁／和速録第 150 号 13～15 頁）……**420**

【PX2055-A 朗読概要】（阿部海軍中将・小原海軍大佐・内貴海軍少佐に対するクェゼリン島捕虜殺害米国マリアナ軍事委員会審理記録抜粋；小原義雄海軍大佐陳述書ほか－俘虜の処刑）……**420**

【PX2055-B 朗読概要】（PX2055 抜粋；同上小原義雄海軍大佐陳述書－阿部司令官からの処刑命令）……**422**

【PX2055-C 朗読概要】（PX2055 抜粋；阿部孝壮海軍中将尋問録－そのような命令は出していない）……**422**

【PX2055-D 朗読概要】（PX2055 抜粋；阿部孝壮陳述書－海軍最高司令部命令に従った）……**422**

(4) 検察官ロビンソン海軍大佐、検察主張立証第 XIII・XIV 局面「対民間人・戦争捕虜残虐行為」第 10 部「ウェークその他の諸島・海上での B 級・C 級戦争犯罪」の検察側立証として、「父島において日本軍により犯された B 級・C 級戦争犯罪」関係書証を提出する。

（英速録 15031～15047 頁／和速録第 150 号 15～18 頁）……**425**

【PX2056-A 朗読概要】（立花陸軍中将、森（国造）海軍中将、吉井海軍大佐、的場陸軍少佐に対する父島捕虜事件米マリアナ軍事委員会審理記録抜粋；的場末雄少佐の証言録－人肉食）……**425**

【PX2056-B 朗読概要】（PX2056 抜粋；的場末雄少佐宣誓供述書－人肉食に関する命令）……**429**

【PX2057 朗読概要】（ジョン・D・マーフィー米海軍大佐太平洋方面戦犯部長報告書；太平洋諸島での戦犯及び訴追－戦争法規・慣例違背の虐待、殺人、脅迫、殴打、残虐行為）……**429**

xxxviii 目 次

(5) 検察官ロビンソン海軍大佐、検察主張立証第 XIII・XIV 局面「対民間人・戦争捕虜残虐行為」第 10 部「ウェークその他の諸島・海上での B 級・C 級戦争犯罪」の検察側立証として、「病院船中での日本軍の B 級・C 級戦争犯罪」関係書証を提出する。

（英速録 15047〜15088 頁／和速録第 150 号 18〜24 頁）……**431**

【PX2058 朗読概要】（米国政府を代表しての駐東京スイス公使発重光外相宛 1945（昭和 20）年 1 月 29 日付け抗議通牒；日本航空機による米病院船コンフォート（1944［昭和 19］年 10 月 24 日）及びホープ号（同年 12 月 3 日）攻撃）……**431**

【PX2059 朗読概要】（米国政府を代表しての駐東京スイス公使発東郷外相宛 1945（昭和 20）年 4 月 23 日付け抗議通牒；日本航空機による米病院船コンフォート号・ホープ号攻撃事件再発防止公式保証要求）……**432**

【PX2060 朗読概要】（1945（昭和 20）年 5 月 12 日付け東郷外相発駐東京スイス公使経由米政府宛回答通牒；目下調査中）……**432**

【PX2061 朗読概要】（米国政府を代表しての駐東京スイス公使発東郷外相宛 1945（昭和 20）年 5 月 23 日付け抗議通牒；米病院船コンフォート号への 2 回目の攻撃（1945［昭和 20］年 4 月 28 日））……**432**

【PX2062 朗読概要】（1945（昭和 20）年 5 月 19 日付け米太平洋艦隊司令長官発合衆国艦隊司令長官宛書簡；米病院船コンフォートに対する日本航空機 2 回目の攻撃に関する証拠・日本政府への抗議申し入れ進言）……**433**

【PX2063 朗読概要】（1945（昭和 20）年 5 月 2 日付けコンフォート号船長発米陸軍総務局長宛報告；1945（昭和 20）年 4 月 28 日のコンフォート号 2 回目の攻撃−損害・損耗人員）……**434**

【PX2064 朗読概要】（米国政府を代表しての駐東京スイス公使発東郷外相宛 1945（昭和 20）年 6 月 23 日付け抗議文書；コンフォート号攻撃責任者処罰と再発防止の要求）……**434**

【PX2065 朗読概要】（1942（昭和 17）年 2 月 21 日の日本航空機によるオランダ病院船オプ・テン・ノールト号攻撃関係オランダ側公式報告書）……**435**

【PX2067 朗読概要】（1942（昭和 17）年 2 月 22 日付けオプ・テン・ノールト号船長発嶋田海相宛抗議書簡；同船乗組員の強制下船・連行）……**436**

【PX2068 朗読概要】（1944（昭和 19）年 2 月 23 日付けオプ・テン・ノールト号船長発東条首相宛抗議書簡；同船乗組員に対する強制下船・連行）……**437**

【PX2069 朗読概要】（オプ・テン・ノールト号乗組員捕虜への広島県知事演説−日本は捕虜に対して現状での最善を尽くしている）……**437**

【PX2070 朗読概要】（1944（昭和 19）年 6 月 29 日付けオプ・テン・ノールト号軍医長発東条首相宛書簡；不法抑留への抗議）……**438**

【PX2071 朗読概要】（オランダ政府を代表しての駐東京スウェーデン公使発東郷外相宛 1942（昭和 17）年 5 月 28 日付け文書；オプ・テン・ノールト号事件に対する抗議）……**439**

【PX2072 朗読概要】（1942（昭和 17）年 6 月 9 日付け東郷外相発駐東京スウェーデン公使宛オランダ政府のための回答通牒；①オプ・テン・ノールト号は軍事的に使用された②交戦国の指示に従わなかった③

爆撃した事実なく拿捕は国際法違反に基づく）……**440**

【PX2073 朗読概要】（オランダ政府を代表しての駐東京スウェーデン公使発外務省宛 1942（昭和 17）年 9 月 28 日付け文書；PX2072 に対する反駁・乗組員釈放の要求）……**440**

【PX2074 朗読概要】（オランダ政府を代表しての駐東京スウェーデン公使発外務省宛 1945（昭和 20）年 9 月 10 日付け通牒；オプ・テン・ノールト号の所在情報・返還のための即時的措置の要求）……**440**

【PX2075 朗読概要】（1945（昭和 20）年 10 月 30 日付け駐東京スウェーデン公使発オランダ外相宛書簡；広島県三次収容所に抑留された乗組員・同船の状況に関する情報通知）……**441**

(6) 検察官ロビンソン海軍大佐、検察主張立証第 XIII・XIV 局面「対民間人・戦争捕虜残虐行為」第 10 部「ウェークその他の諸島・海上での B 級・C 級戦争犯罪」の検察側立証として、「潜水艦戦において被撃沈連合国軍船舶乗員に加えられた残虐行為」関係書証を提出する。

（英速録 15088〜15106 頁／和速録第 150 号 24〜27 頁）……**441**

【PX2076 朗読概要】（米国政府を代表しての駐東京スイス公使発重光外相宛 1944（昭和 19）年 6 月 19 日付け抗議書簡；日本潜水艦により撃沈された米汽船リチャード・ホービー号乗組員に対する機銃掃射）……**441**

【PX2077 朗読概要】（米国政府を代表しての駐東京スイス公使発重光外相宛 1944（昭和 19）年 9 月 15 日付け書簡；PX2076 に対する回答要求）……**442**

【PX2078 朗読概要】（1944（昭和 19）年 11 月 28 日付け重光外相発駐東京スイス公使宛米国政府のための回答通牒；当方官憲の調査では該当事実なし）……**442**

【PX2079 朗読概要】（米国政府を代表しての駐東京スイス公使発重光外相宛 1945（昭和 20）年 2 月 21 日付け通牒；PX2078 回答に対し米政府は全権利を留保する）……**443**

【PX2080 朗読概要】（米国政府を代表しての駐東京スイス公使発外務省宛 1944（昭和 19）年 12 月 29 日付け抗議書簡；日本潜水艦雷撃による米船ジーン・ニコレット号の沈没・避難乗員拷問）……**443**

【PX2081 朗読概要】（米国政府を代表しての駐東京スイス公使発外務省宛 1944（昭和 19）年 12 月 28 日付け通牒；ニコレット号乗員ニルソンとカーリン 2 名の状況照会）……**444**

【PX2082 朗読概要】（外務省発駐東京スイス公使宛 1945（昭和 20）年 1 月 19 日付け回答通牒；PX2081 文書受領証明）……**444**

【PX2083 朗読概要】（米国政府のための駐東京スイス公使館発外務省宛 1945（昭和 20）年 4 月 19 日付け通牒；ニコレット号乗員関係米政府抗議に対する回答の要求）……**444**

【PX2084 朗読概要】（米国政府を代表しての駐東京スイス公使発鈴木公使宛 1945（昭和 20）年 4 月 28 日付け覚書；ニルソン、カーリン 2 名についての消息情報要求の督促・ニコレット号乗員虐待に対する抗議）……**445**

【PX2086 朗読概要】（東郷外相発駐東京スイス公使宛 1945（昭和 20）年 5 月 15 日付け米国政府のための回答通牒；抗議に該当する事項なし）……**445**

xl 目 次

◆1947（昭和22）年1月14日

（英速録15107〜15219頁／和速録第151号1〜20頁）……**446**

(7) 証人米商船隊乗員ジョン・A・マクドゥーガル−1944（昭和19）年7月、インド洋
において日本軍潜水艦の攻撃を受けたジーン・ニコレット号の生存者で、日本軍の
捕虜となった−、検察主張立証第XIII・XIV局面「対民間人・戦争捕虜残虐行為」
第10部「ウェークその他の諸島・海上でのB級・C級戦争犯罪」の検察側立証として、
「潜水艦戦において被撃沈連合国軍船舶乗員に加えられた残虐行為」関係の「自己の
経験」について、宣誓供述書によらず本来の口頭方式により、証言する。

（英速録15109〜15139頁／和速録第151号2〜8頁）……**446**

【検察側証人マクドゥーガルに対する検察側直接尋問】……**446**

【ローガン弁護人による検察側証人マクドゥーガルに対する反対尋問】……**451**

(8) 検察官ロビンソン海軍大佐、検察主張立証第XIII・XIV局面「対民間人・戦争捕虜
残虐行為」第10部「ウェークその他の諸島・海上でのB級・C級戦争犯罪」の検察
側立証として、「潜水艦戦において被撃沈連合国軍船舶乗員に加えられた残虐行為」
関係書証の提出を続行する。

（英速録15140〜15196頁／和速録第151号8〜17頁）……**454**

【提出済みPX2087抜粋朗読概要】（ジーン・ニコレット号生存者チャールズ・E・パイル宣誓供述書；
生存乗組員虐待・殺害）……**454**

【提出済みPX2088抜粋朗読概要】（ジーン・ニコレット号生存者カルビン・バトラー宣誓供述書；生
存乗組員虐待・殺害）……**455**

【提出済みPX2089抜粋朗読概要】（ジョン・A・ジョンソン号生存者チャールズ・H・ローズ宣誓供述
書；生存乗組員虐待・殺害）……**456**

【提出済みPX2090抜粋朗読概要】（ジョン・A・ジョンソン号生存者ジェームズ・ディクソン・ピア
ソン宣誓供述書；生存乗組員虐待・殺害）……**457**

【PX2092朗読概要】（英国政府を代表しての駐東京スイス公使発重光外相宛1944（昭和19）年6月5日
付け抗議文書；汽船デイジー・モラー号、ブリティッシュ・シバルリー号、サトリー号、アスコット号、
ナンシー・モラー号撃沈時の残虐行為）……**457**

【提出済みPX2094朗読概要】（1943（昭和18）年12月14日付けデイジー・モラー号生存船長R・J・
ウィークス［Weeks］宣誓供述書；日本潜水艦による撃沈時の状況）……**459**

【提出済みPX2095抜粋朗読概要】（ブリティッシュ・シバルリー号航海日誌抜粋；日本潜水艦による
撃沈時（1944［昭和19］年2月22日）の状況）……**459**

【提出済みPX2096抜粋朗読概要】（サトリー号生存者P・H・リース陳述書；日本潜水艦による撃沈時
（1944［昭和19］年2月15日）の状況）……**460**

目　次　xli

【提出済み PX2097 朗読概要】（アスコット号生存者 L・A・シーワード［Seward］英海軍参謀少佐沈没
　　関係報告書：日本潜水艦による撃沈時（1944［昭和 19］年 2 月 29 日）の状況）……**460**

【提出済み PX2098 抜粋朗読概要】（ナンシー・モラー号生存者 2 等運転士 S・K・チュ陳述書：日本潜
　　水艦による撃沈時（1944［昭和 19］年 3 月 18 日）の状況）……**461**

【提出済み PX2099 抜粋朗読概要】（チザラック号生存者 1 等運転士 F・ド・ジョン陳述書；日本潜水
　　艦による撃沈時（1944［昭和 19］年 3 月 26 日）の状況）……**462**

【PX2101 朗読概要】（英国政府を代表しての駐東京スイス公使発重光外相宛 1944（昭和 19）年 9 月 16 日
　　付け抗議覚書；英国商船生存者に対する日本潜水艦の攻撃）……**464**

【PX2102 朗読概要】（重光外相発駐東京スイス公使宛 1944（昭和 19）年 11 月 28 日付け英国政府のため
　　の回答覚書；日本潜水艦が PX2092・PX2093 に云う残虐行為を行った事実なし）……**464**

【PX2103 朗読概要】（英国政府を代表しての駐東京スイス公使発東郷外相宛 1945（昭和 20）年 5 月 19 日
　　付け声明書簡；PX2102 日本側回答に対する抗議）……**464**

【PX2104 抜粋朗読概要】（巡洋艦「利根」副長三井中佐 1946（昭和 21）年 5 月 30 日付け陳述書；英国
　　船ビハール［Behar］号撃沈・ビハール号生存者の殺害）……**465**

【PX2105 抜粋朗読概要】（1943（昭和 18）年 3 月 20 日付け機密第 1 潜水部隊命令作第 2 号；インド洋で
　　の潜水艦作戦－敵船舶要員もまた徹底的に撃滅せよ）……**465**

【PX2106 朗読概要】（連合国軍 1946（昭和 21）年 2 月 1 日実施被告大島浩尋問調書；インド洋潜水艦作
　　戦に関する日独協力）……**466**

(9) 検察官ロビンソン海軍大佐、検察主張立証第 XIII・XIV 局面「対民間人・戦争捕虜
　　残虐行為」第 10 部「ウェーク島その他諸島・海上での B 級・C 級戦争犯罪」の検察
　　側立証として、「フィリピン・パラワン島プエルト・プリンセサでの対戦争捕虜 B 級・
　　C 級戦争犯罪」関係について立証する。

　　　　　　　　　　　　　　　　　（英速録 15196〜15204 頁／和速録第 151 号 17〜18 頁）……**469**

【提出済み PX1485 抜粋朗読概要】（米政府発駐東京スイス政府公使経由日本政府宛 1945（昭和 20）年
　　5 月 19 日付け抗議覚書；パラワン島プエルト・プリンセサでの米人捕虜 150 名の虐殺）……**469**

【PX2107 抜粋朗読概要】（米政府発駐東京スイス政府公使経由日本政府宛 1945（昭和 20）年 6 月 5 日付
　　け抗議書簡；パラワン島びプエルト・プリンセサでの米俘虜虐待）……**470**

【PX2108 朗読概要】（1945（昭和 20）年 6 月 7 日付け米政府発駐東京スイス政府公使経由鈴木公使宛抗
　　議覚書；パラワン島プエルト・プリンセサでの米俘虜虐待）……**470**

(10) 証人米軍海兵隊軍曹ダグラス・ウイリアム・ボーグ－1942（昭和 17）年 5 月、フィ
　　リピン降伏時日本軍の捕虜となった後、1944（昭和 19）年 12 月に逃亡するまでの間、
　　コレヒドール、カバナツアン、プエルト・プリンセサの収容所に抑留される－、検
　　察主張立証第 XIII・XIV 局面「対民間人・戦争捕虜残虐行為」第 10 部「ウェークそ

の他の諸島・海上でのB級・C級戦争犯罪」の検察側立証として、「戦争捕虜としての日本軍の取扱に関する自身の経験」について、宣誓供述書によらず本来の口頭方式によって、証言する。

（英速録15204〜15279頁／和速録第151号18頁〜第152号13頁）……**470**

◆ 1947（昭和22）年1月15日

（英速録15220〜15304頁／和速録第152号1〜17頁）……**473**

【ローガン弁護人による検察側証人ボーグに対する反対尋問】（ダグラス・ウイリアム・ボーグ作成プエルト・プリンセサ収容所地図）……**477**

【ブルーエット弁護人による検察側証人ボーグに対する反対尋問】……**482**

【ブルックス弁護人による検察側証人ボーグに対する反対尋問】……**483**

（11）検察官ロビンソン海軍大佐、検察主張立証第XIII・XIV局面「対民間人・戦争捕虜残虐行為」第10部「ウェークその他の諸島・海上でのB級・C級戦争犯罪」の検察側立証として、「フィリピン・パラワン島プエルト・プリンセサでの対戦争捕虜B級・C級戦争犯罪」関係立証を続行する。

（英速録15279〜15281頁／和速録第152号13〜14頁）……**488**

（12）証人大野勝巳外務省官吏－戦後作成された「1941（昭和16）年7月2日御前会議出席者名簿」即ち提出済み（検）法廷証PX1107【1941（昭和16）年御前会議出席者名簿】の事実上の作成者であるとの理由により、弁護側・検察側合意の下に、弁護側反対尋問のために法廷が出廷を命じていた井口氏に替わって召喚される－「英文速記録10140頁の（検）法廷証PX1107」について、弁護側反対尋問に対峙する。

（英速録15281〜15290頁／和速録第152号14〜15頁）……**489**

【ブルーエット弁護人による検察側証人大野勝巳に対する反対尋問】……**489**

【レビン弁護人による検察側証人大野勝巳に対する反対尋問】……**491**

【検察側証人大野勝巳に対する検察側再直接尋問】……**491**

<1946-12-20>　　　　　　　　　　　　　　　　　　　　　　2　検察主張立証段階　1

2　検察主張立証段階（承前）

◆ 1946（昭和 21）年 12 月 20 日〜1947（昭和 21）年 1 月 15 日
英速録 13476〜15290 頁／和速録第 136 号 21 頁〜第 152 号 15 頁

◆ 1946（昭和 21）年 12 月 20 日

（英速録 13370〜13480 頁／和速録第 136 号 1〜22 頁）（途中より）

2—13・14—6　検察主張立証第 XIII・XIV 局面「対民間人・戦争捕虜残虐行為」第 6 部「蘭領東インドでの残虐行為」

（英速録 13476〜14104 頁／和速録第 136 号 21 頁〜第 143 号 16 頁）

(1)　検察官ダムステ中佐、検察主張立証第 XIII・XIV 局面「対民間人・戦争捕虜残虐行為」第 6 部「蘭領東インドでの残虐行為（通例の戦争犯罪・人道に対する犯罪）」の検察側立証を、「同地において日本軍に抑留されたオランダ王国と他連合国軍の軍隊・抑留者の概況」についての陳述より開始する。

（英速録 13476〜13491 頁／和速録第 136 号 21 頁〜第 137 号 4 頁）

＊検察官ダムステ中佐、「当局面での審理対象事項は、蘭領ボルネオ、ジャワ、スマトラ、ティモール、小スンダ列島及びセレベスの 7 地域（英文速記録 13477 頁のママ。13476 頁で具体的に挙げられているのは 6 地域である）に分割する」、「提出文書中でオランダ本国や蘭印など他の地域での訴追案件のために必要とされているものがある場合には、複写版を使用する」、と前置きし、かつ「これら諸地域全般に共通する諸事実と状況」に法廷の注意を促した上で、自らの申し立ての論旨に沿う陳述に従って、検察主張立証第 XIII・XIV 局面第 6 部の立証を、進めていく。（検察官ダムステ中佐の立証は、この陳述によって提出書証を要約する形で進められていき、後刻、この陳述内容が、裁判長ウェッブの指摘と被告東条弁護人ブルーエットに異議により、（検）法廷証 PX1687【蘭領ボルネオでの日本軍残虐行為検察側証拠要約】＝検察側文書 PD5683 として、証拠として受理されることとなった模様である）

＊検察官ダムステ中佐、陳述に入る。

　1（この段落番号は、「1」のみは和英両速記録に共通する。「2」以降は和文速記録にのみ表れているものであるが便宜上記載しておく）．主にジャワ島に展開していた在蘭印オランダ軍は 1942（昭和 17）年 3 月 9 日に降伏し、続いてオーストラリアと英国軍を主体とし、一部、米、ニュージーランド、カナダ軍によって構成されていた同地域の 8000 名余りの部隊も降伏し、ブラックバーン証人が本年 11 月 29 日と 12 月 2 日に証言した通り、全員捕虜となった。蘭印軍の中で正規軍はほんの一部であり、大部分は民間人で、民兵や本土防衛隊を含む国防義勇軍であったが、それら総数 3 万

7000名余りは死亡した（英文速記録13478頁の記述のママ。和文速記録136号21頁の対応部分では、概要「蘭印各所の収容所に収容された後、1万4000名がタイ・ビルマ方面に、7800名が日本本土に送られ、戦争中に3万7000名の23パーセントに相当する8500名が死亡した」であり、無視し得ぬ差であろう）。これらの数値は、検察側文書PD5737に表れている。

＊（検）法廷証PX1677【蘭領東インド政府移動者取調所長作成；日本軍捕縛蘭領東インド捕虜推定数】＝検察側文書PD5737　証拠として受理される。朗読なし。

＊検察官ダムステ中佐、陳述に戻る。

　1946（昭和21）年12月6日のデ・ウェールド陸軍少佐陳述に引用されている日本側公式報告の数値（死亡者数か？）はさらに大きな数字となっている。また、連合国軍における他国籍の捕虜も蘭軍捕虜と共に日本の支配地域に広く分散収容されていた。

　2．日本側の捕虜の処遇は、これまで明らかにされてきたシンガポール、マレー、ビルマ、タイ、香港、アンダマン、ニコバル、台湾、海南という地域での事例と同様であったが、以下の文書が示す通り、日本側は外部世界には、日本軍の捕虜となることが特権であるかのように喧伝していた。

＊（検）法廷証PX1678【1942（昭和17）年9月8日付け外務省発スウェーデン公使経由オランダ政府宛書簡；蘭印総督を捕虜として待遇】＝検察側文書PD5771　証拠として受理され、抜粋が朗読される。

【PX1678朗読概要】

　敵国国民・市民を捕虜として遇するのは恩恵的行為である。在ロンドンのオランダ政府が「スタルケンベルヒ蘭印総督には捕虜待遇の要なし」との意向を明らかにしたことを帝国政府は了承しているので、同総督への捕虜待遇をいつでも停止し、解放すれば我が国に害を及ぼしかねない通常の敵国抑留者として扱うことができるものと考える。
＊午後4時、裁判長ウェッブ、12月23日午前9時30分までの休廷を宣する。

◆1946（昭和21）年12月23日

(英速録13481〜13575頁／和速録第137号1〜18頁)

＊検察官ダムステ中佐、検察主張立証第XIII・XIV局面「対民間人・戦争捕虜残虐行為」第6部「蘭領東インドでの残虐行為」の検察側立証として、「蘭領東インドにおいて日本軍に抑留された蘭印軍と他連合国軍隊・民間人抑留者の概況」関連証拠書類の提出を、自らの陳述に沿って続行する。

＊検察官ダムステ中佐、陳述に戻る。

　3．以下の文書で日本側はオランダ民間人にも1929（昭和4）年のジュネーブ協定の規則を適

<1946-12-23>　　　　　　　　　　　　　　　　　　　　　2　検察主張立証段階　**3**

用することを約束しているので、このように戦時捕虜と民間人とを区別しようとする理由は明白
ではない。

＊（検）法廷証 PX1679【1942（昭和17）年2月20日付け国際赤十字社発オランダ政府宛電文；
　日本政府は捕虜取扱に関する1929（昭和4）年ジュネーブ条約をオランダ市民被抑留者にも適
　用すると約束した】＝検察側文書 PD5736　証拠として受理される。朗読なし。

＊検察官ダムステ中佐、陳述に戻る。

　ジャワにおける捕虜収容所群の責任者であった斉藤（正鋭）少将と中田（正之）大佐の供述書に
明らかなように、民間人抑留者は捕虜担当部局の管轄下に置かれた1944（昭和19）年3月になっ
って、（日本の基準での）捕虜待遇を受けることとなったが、この措置によって事態はむしろ悪
化したのである。そのことは、斉藤の供述書の内容が明らかにしている。

＊被告東条弁護人ブルーエット、「検察側文書 PD5739 の内容はダムステ検察官の前口上（原英文
　は "introductory remarks"）を証するものではない」として、検察官の「事態はむしろ悪化した」
　との発言に異議を申し立てる。裁判長ウェッブ、「未だ該供述書は朗読されていない。法廷は
　証拠の裏付けのない検察側の発言はすべて排除する」、と裁定する。

＊（検）法廷証 PX1680【ジャワ捕虜収容所長斉藤陸軍少将宣誓供述書】＝検察側文書 PD5739
　識別番号を付される。

＊（検）法廷証 PX1680-A【同上抜粋；ジャワ捕虜収容所長としての任務と権限】　証拠として受
　理され、抜粋が朗読される。

【PX1680-A 朗読概要】

（尋問官の一連の質問に答えてジャワに至るまでの経緯について大略以下のように返答）

答

　自分は1940（昭和15）年10月から1942（昭和17）年6月まで満州の牡丹江にいたが、ジャ
ワの全捕虜収容所の統括責任者に任命されることを電報で知らされ、現地に赴任する前の1942（昭
和17）年7月7～8日に陸軍省での会合に出席した。

問

　その会合で規律違反を犯したり脱走したりした捕虜への処罰について何か決定がなされたか？

答

　その件についての話し合いはなく、印字された訓令が出席者に手渡され、出席者は自分に関係
のある箇所に目を通して質問をし、返答を得ていた。

問

　貴官はその訓令について何か質問をしたか？

答

　戦区から出てきたばかりの自分は捕虜に関する国際法規については何も知らなかったので、何

かの質問をした記憶はない。

＊（検）法廷証 PX1681【中田陸軍大佐宣誓供述書】＝検察側文書 PD5738　識別番号を付される。

＊（検）法廷証 PX1681-A【同上抜粋；俘虜収容所の命令系統・管理責任】　証拠として受理され、抜粋が朗読される。

【PX1681-A 朗読概要】

問

　捕虜や民間人抑留者への対応について貴官に指示を与えていたのは誰か？

答

　自分の直属上官は伯爵寺内元帥であったが、命令は元帥から直接にではなく、バタビアの原田熊吉（第 16）軍司令官を通じて下され、自分の報告も同じ経路で上達された。

問

　寺内伯からの指示はどのようなものであったか？

答

　自分の見解では、厳しくもなく寛容でもなく、中庸的なものであった。

問

　貴官にはその指示に従って行動する義務があったか、それとも自身の責任で動くことができたか？

答

　常に命令に従って任務を遂行し、何事も自身の権限によって処理することはなかった。

問

　貴官はその結果として、捕虜や抑留者の処遇について命令を下し、彼らの移動についても貴官が命令を下していたのか？

答

　その通りで、自分は寺内の命令を受けてすべてを行っていた。自分として言えるのは、捕虜の移送が軍の作戦行動と密接に関連していたということ、そして自分には捕虜・抑留者をどの程度厳しく処遇するかについて完璧な裁量権が与えられていたことである。

＊検察官ダムステ中佐、陳述に戻る。

　4．日本の対オランダ侵攻の局面で明らかにされたように、蘭印外で出生したほとんどすべてのオランダ人は、同地出生の政府高官と共に抑留され、その数は、既に PX1677（＝PD5737）で触れたように、婦女子を含めて 8 万余りに上る。その 13 パーセントに相当する 1 万 500 人ほどが死亡しており、差し引きの生存者 7 万という数値は、デ・ウェールド証人が引用した日本側の言う 6 万 2500 よりも多い。蘭印の捕虜・抑留者が受けた酷い処遇の有様が外部世界に断片的に伝わってきたのを受けて、日本側は現地に食糧などが十分にないことを指摘して、蘭印において

<1946-12-23>　　　　　　　　　　　　　　　　　　　　　　2　検察主張立証段階　**5**

捕虜・抑留者が置かれていた劣悪な環境について弁解した。オランダ政府は、病弱の捕虜・抑留者を連合国内に収容されている日本の捕虜・抑留者と交換することを提案した。次に提出する文書に明らかなように、オランダ政府の代理となっていた駐日スウェーデン公使が、1944（昭和19）年1月24日に該提案を日本政府に手交したが、日本側は、同文書の注釈にあるように、同年2月8日の回答において、「軍事的理由」から該提案を拒絶した。

＊（検）法廷証 PX1682【1944（昭和19）年1月24日付けオランダ政府代理駐日スウェーデン公使発外務省宛覚書；同覚書への 1944（昭和19）年2月8日付け日本側回答】＝検察側文書 PD5757　証拠として受理される。朗読なし。ブルーエット弁護人、「英語版には日本側の回答に触れた『注釈』が付されていない、と申し立てる。検察官ダムステ中佐、「添付されているスウェーデン外交筋の証明書がそれに触れている」、と応答する。

＊検察官ダムステ中佐、陳述に戻る。

　5（この番号はどちらの速記録にも現れていないもので、便宜上要約者の判断で付した）．オランダ政府は、以下の2通の文書が明らかにしているように、戦火に曝される可能性のある危険地帯に捕虜を置いていることに対して日本側に抗議をしており、2通目がビルマ沿岸地帯を具体例として挙げているが、日本外相からの回答は「ビルマは危険な地域ではなく、戦火に曝されることはない」というものであった。

＊（検）法廷証 PX1683【1943（昭和18）年12月30日付けオランダ政府代理駐日スウェーデン公使発日本外相宛抗議通牒；捕虜を危険地帯に置いた】＝検察側文書 PD5772
証拠として受理される。朗読なし。

＊（検）法廷証 PX1684【1944（昭和19）年5月5日付け重光外相発オランダ政府代理駐日スウェーデン公使宛回答通牒；1944（昭和19）年5月5日付け対 PX1683 通牒】＝検察側文書 PD5773　証拠として受理される。朗読なし。

＊検察官ダムステ中佐、陳述に戻る。

　デ・ウェールド証人の陳述した通り、日本側はインドネシア人27万人余りを苦力として島外・国外に強制連行したが、戻ってこられたのは7万ぐらいであった。「労務者」と呼ばれるそれら人士のほとんどはジャワから連れ出されたものであり、これについてはジャワでのB・C級犯罪についての証拠を提出する際に触れる。

（2）検察官ダムステ中佐、検察主張立証第 XIII・XIV 局面「対民間人・戦争捕虜残虐行為」第6部「蘭領東インドでの残虐行為」の検察側立証として、「日本海軍による占領期間中の蘭領東インド・ボルネオでの残虐行為」関連検察側証拠概要・検察側要約書証・検察側書証を提出する。

（英速録 13492〜13528 頁／和速録第 137 号 4〜9 頁）

（2-1）収容戦争捕虜に対する残虐行為
（2-1-a）殺害

＊（検）法廷証 PX1685【J・M・J・ミューラー（Muller）オランダ王国蘭印軍軍曹宣誓供述書】＝
　検察側文書 PD5951　識別番号を付される。

＊（検）法廷証 PX1685-A【同上抜粋：タラカン地区捕虜30名の刺殺（1942［昭和17］年1月）】
　証拠として受理され、抜粋が朗読される。

【PX1685-A 朗読概要】

　1942（昭和17）年1月11日、タラカン［Tarakan］周辺での戦闘の最中、自分とベンデラー
［Bendeler］大尉、デ・ボス［De Vos］中尉を含む32名の歩兵部隊が捕虜となった。タラカンへの
道を訊かれたが、部隊員は白人・現地人いずれも、返答を拒否した。通訳を通じて「教えなけれ
ば殺す」と脅され、日本兵も身振り手振りでその旨を伝えてきたが、我々が応じなかったところ、
各人は両手を縛られ、5～6人単位でまとめて拘束された。1日中、水も食糧も与えられずに湿
地帯を歩かされ、午後8時頃に野営。翌日、タラカンが陥ちた時、自分達は10人1組で野営地
から20～25メートル離れた場所に連れて行かれた。日本人の通訳から氏名と年齢を訊かれた後、
我々は目隠しをされて後ろ手に縛られた上で、15人ほどの日本兵に銃剣で刺され、死んだこと
が確かとなるまで刺され続けた（この人の皮を被った獣はこのようにして格闘戦の訓練を行った）。
（15名の日本兵について、"so-called Star-troops" との説明が括弧で付されているが、何を指すのか不明である。
また和文速記録137号4頁には、「自分は1組目で、5回刺された後に倒れた」との記述があるが、英文速記録
13494頁の対応部分にはない）……

＊検察官ダムステ中佐、陳述に戻る。

　6（この番号は原英文のママ）．タラカンが降伏した時、同地のオランダ軍指揮官は、沿岸砲台の
ひとつに発砲中止を命ずべく将校を派遣した。日本軍が司令部と同砲台とを結ぶ電話線を切断し
たためである。ところが、日本軍が同将校を途中で拘束したために任務は果たされず、降伏を知
らされなかった同砲台が発砲し続けたため、日本の駆逐艦2隻を撃沈（実際に沈んだのは、掃海艇第
13及び14号である）。数週間後、日本側は、報復（原英文は "revenge" で、国際法上、他国からの違法行
為に対する対抗措置として発動されその違法性を阻却されるとされる "reprisals（「復仇措置」）" なる用語は使用
されていない）として、同砲台所属の将兵215名余りを海で溺死させた。このことは、次の宣誓供
述書に明らかである。

＊（検）法廷証 PX1686【オランダ王国蘭印軍支那人軍医タン・エン・ドン［Tan Eng Dhong］宣誓
　供述書】＝検察側文書 PD5952　識別番号を付される。

＊（検）法廷証 PX1686-A【同上抜粋：タラカン地区降伏オランダ部隊員215名の報復殺害】　証
　拠として受理され、抜粋が朗読される。

<1946-12-23>   2　検察主張立証段階　7

【PX1686-A 朗読概要】

　島の中央部にあって、密林を数週間踏破しなければ到達できないロングナワン［Longnawan］
に 1942（昭和 17）年 8 月に到達した日本軍部隊は、降伏の事実を知らずに暫時抵抗を試みた末
に降伏した同地のオランダ軍 35 部隊（原英文は "the 35 Dutch Troops" であるが、"the 35th Dutch
Troops" と解する。和文速記録も同様に表記する）を、殺害した。

＊裁判長ウェッブ、「ダムステ検察官の朗読しているのは提出文書の要約であり、その要約自体
　が法廷に提出されていないために、判事団が朗読内容と提出文書とをつき合わせるのに苦労し
　ている」、と申し渡す。被告東条弁護人ブルーエット、「関連して、PX1685 朗読部分中の『日
　本軍が同将校を途中で拘束した……』との一節は、提出された供述書のいずれにも見当たらな
　い」、と異議を申し立てる。裁判長、ダムステ検察官に対して、「要約も、証拠としてではなく、
　証拠の内容を把握するための証拠指針（a guide to evidence）として提出する」よう命じる。

＊（検）法廷証 PX1687【蘭領ボルネオでの日本軍残虐行為検察側証拠要約】＝検察側文書
　PD5683　裁判長要請に応えて提出され、証拠ではない証拠指針として受理される。

＊裁判長ウェッブ、「判事団の見解として、ブルーエット弁護人の主張は正当である。検察側が
　指摘された点を証明できるまで、該当部分は慮外に置く」と、裁定する。

＊（検）法廷証 PX1688【F・R・オルダム［Oldham］豪州陸軍中尉陳述書】＝検察側文書 PD5265
　識別番号を付される。

＊（検）法廷証 PX1688-A【同上抜粋：1942（昭和 17）年 8 月のロングナワンでの降伏オランダ
　第 35 部隊殺戮】　証拠として受理される。朗読なし。

＊検察官ダムステ中佐、要約による陳述に戻る。

　ロングナワンでの殺害行為は、タラカン上級司令部の特別な命令によって、懲罰的措置（原英
文は "punitive measure"）として行われた。

＊（検）法廷証 PX1689【M・ショージ（和文速記録によれば「東海林」）日本軍中尉陳述書；ロング
　ナワンでの降伏オランダ第 35 部隊殺戮は懲罰のため】＝検察側文書 PD5244　証拠として受理
　される。朗読なし。

＊検察官ダムステ中佐、陳述に戻る。

　以下の陳述の通り、1945（昭和 20）年 2 月、東ボルネオのサマリンダで米軍飛行士 3 名が斬
首された。

＊（検）法廷証 PX1690【日本軍津田准尉陳述；1945（昭和 20）年 2 月のボルネオ東部サマリン
　ダでの米飛行士 3 名の斬首】＝検察側文書 PD5221　証拠として受理される。朗読なし。

（2-1-b）収容所［E: 13500］［J: 137（5）］

＊検察官ダムステ中佐、要約による陳述に戻る。

　収容所は、タラカン、バリクパパン、バンジェルマシン［Bandjermasin］、ポンティアナク［Pon-

tianak] などの数カ所のみに置かれていたが、生活環境は極度に劣悪で、食糧は質量共に不十分。医薬品の供給は十分でなく、軍事目的の過重な労役を強いられ、連合国軍の攻撃に曝される場所に置かれ、虐待され、際限なく殴打された。
＊提出済み（検）法廷証【PX1686-A】 検察官ダムステ中佐、抜粋を朗読する。

【提出済み PX1686-A 朗読概要】（続き）

（英文速記録13500〜01頁。和文速記録137号5頁の対応部分には、大略「連合国軍がタラカンに上陸した場合には、多くを知っている士官である貴官は斬首されると脅された」との一節が収録されている）

　不要な衣服はすべて没収され、捕虜が所持するのを許されていたのはズボン2着のみ。シャツや上着は許可されなかった。頭髪は剃ることが要求され、丸坊主が望ましいとされた。書籍、ノートの類はすべて没収・焼却された。何人たりとも金銭や貴重品を所持することは禁じられていたが、それらの有無は、死活問題であった。それまで自分達は、飢えをしのぎ、ビタミン不足を補うために、カチャン・イジョー［Katjang idjoe（現地で手に入る豆）］やパン、果物などを密かに仕入れることが可能であったが、金がなくなれば、それらを入手することもできなくなるからである。上半身裸で丸坊主のまま労役に従事させられたので、病人が増加した。1944（昭和19）年5〜7月の死亡率が高かったのは、捕虜がこのように肉体的、精神的に追い詰められたためである。
＊裁判長ウェッブ、「検察官の朗読は速過ぎる」との判事団の苦情を報じ、暫時、朗読を中止させる。
＊提出済み（検）法廷証【PX1686-A】 検察官ダムステ中佐、朗読を続行する。

【提出済み PX1686-A 朗読概要】（続き）

　日本側は、時間をかけて我々を餓死させようと意図していたのであろうが、自分はそれに抵抗した。1日に支給されたのは米75グラムとスプーンに2〜3杯のサジョール［sajour（現地の野菜スープ）］に胡瓜という僅少なものであったので、到底生命を維持できるものではなかったが、厨房・看護担当の捕虜の助力を得て密かに運び込んだ食糧のお蔭で、赤痢で死んだ1人を除いて4カ月の間、全員を生き延びさせることができたのである。
＊（検）法廷証PX1691【ボルネオ東部バリクパパン俘虜収容所に関するオランダ軍情報部第7師団参謀部情報班報告書】＝検察側文書PD5267　証拠として受理される。朗読なし。
＊被告東条弁護人ブルーエット、「検察官が要約陳述の中で『軍事目的の過重な労役』と述べた箇所を裏付ける記述は書証中に見当たらない」、と異議を申し立てる。裁判長ウェッブ、「要訳の中の主張を支える証拠が欠如している場合については、それを全部記録しているか？」と、弁護人に質す。弁護人、「証拠が記録に留められるか否か、文書はすべて読んで供述書を調べたが、この要訳（による立証の）問題がもたらす困難については（判事控室で）論議した時から予

<1946-12-23>　　　　　　　　　　　　　　　　　　　　　　2　検察主張立証段階　**9**

想していたものである」と、申し立てる。裁判長ウェッブ、「連日、要訳と補強証拠（supporting evidence）とが（検察側によって）朗読されてきたが、弁護側からは一件も異議は出されなかった。今朝になって弁護側の異議が殺到しているが、少なくともそのひとつは支持され得べきものである。弁護側と検察側がよく話し合って解決するまでは何か他の件に移ることを提案しようと思ったが、それでは順序が狂ってしまうので、このまま進めてその結果を見てみよう」、「判事の１人が同様の見解を明らかにしている」、と申し渡す。

＊提出済み（検）法廷証【PX1686-A】　検察官ダムステ中佐、朗読を続行する。

【提出済み PX1686-A 朗読概要】（続き）

　……それでも、大多数は労役を課せられ、当初 101（日本の石油会社）に配属された。重労働ではあったが余り段打されることはなく、急かされることもなかった。だが、それも突如、終わりを告げ、1942（昭和 17）年９月１日から飛行場での作業が始まった。これは、捕虜にとっては地獄とも呼ぶべきもので、悪魔の島タラカンで捕虜が強いられた労役はボルネオ全土で一番過酷なものであった。サマリンダやバリクパパンなど他の地域から寄せられた報告は、作業も捕虜の取り扱いも、タラカンと比較すればましであったことを示していた。

＊裁判長ウェッブ、「石油会社や飛行場での作業ということを根拠に軍事関係の労役であったというのが検察側の主張であるか？」と、質す。検察官、これを肯う。裁判長、「これまでの事例では軍事関連の作業であった旨の明示的陳述があった」、と指摘する。ダムステ検察官、裁判長見解に同意するも、次の立証に移る許可を求める。裁判長、許可する。

＊検察官ダムステ中佐、要約による陳述に戻る。

（2-1-c）処刑［E: 13507］［J: 137（6）］

　1942（昭和 17）年７月、ボルネオ南東部のバンジェルマシンの収容所で、オランダ（メナド）人の脱走捕虜が、捕獲された後、裁判にかけられずに処刑された。

＊（検）法廷証 PX1692【P・H・アウデアン［Oudemans］宣誓供述書】＝検察側文書 PD5269　識別番号を付される。

＊（検）法廷証 PX1692-A【同上抜粋；1942（昭和 17）年７月の逃亡オランダ人捕虜３名の裁判抜き処刑】　証拠として受理される。朗読なし。

＊提出済み（検）法廷証 PX1691　検察官ダムステ中佐、「1943（昭和 18）年３月にバリクパパン捕虜収容所でオランダ人３名とインド人１名が裁判なしで処刑された旨の記述がある」と、引証する。

＊裁判長ウェッブ、「検察官がどこを朗読しているのか判事団は見極められないでいる」と苦言を呈する。被告小磯国昭弁護人アルフレッド・W・ブルックス、「検察官は朗読した後ではなく、朗読する前に文書番号を明らかにすべきである」と、申し立てる。裁判長、「理に適った要請

である」、と申し渡す。

*（検）法廷証 PX1693【オランダ王国蘭印軍 H・ルーパティ［Loupatty］尋問報告書】＝検察側文書 PD5273　識別番号を付される。

*（検）法廷証 PX1693-A【同上抜粋；1944（昭和 19）年 3 月のバリクパパン捕虜収容所におけるオランダ人俘虜 3 名の斬首処刑】　証拠として受理される。朗読なし。検察官、「提出済みPX1686 で述べられている、1944（昭和 19）年 3 月にオランダ人捕虜が裁判なしで処刑された事実を追認するもの」、と申し立てる。

*（検）法廷証 PX1694【A・M・L・モール［Mohr］蘭印軍軍曹宣誓供述書】＝検察側文書 PD5271　識別番号を付される。

*（検）法廷証 PX1694-A【同上抜粋；西部ボルネオのポンティアナクにおけるオランダ人俘虜及び逃亡者各 3 名の斬首処刑】　証拠として受理される。朗読なし。検察官ダムステ中佐、「1942（昭和 17）年 6 月にボルネオ西部のポンティアナクで、オランダ人の脱走捕虜 3 名が捕獲された後に、裁判にかけられることなく処刑された」、と申し立てる。

*検察官ダムステ中佐、陳述に戻る。

(2-2) 民間人に対する残虐行為

　この地域でも、蘭印外で出生した婦女子を含むオランダ民間人全般が、また政府高官が出生地を問わず、抑留された。

*（検）法廷証 PX1695【ホエット［Hoedt］夫人宣誓供述書】＝検察側文書 PD5953　識別番号を付される。

*（検）法廷証 PX1695-A【同上抜粋；1943（昭和 18）年 10 月のバンジェルマシンにおけるボルネオ知事ハガ博士、官史、婦人の処刑】　証拠として受理される。検察官ダムステ中佐、「1943（昭和 18）年 10 月、バンジェルマシンで蘭領ボルネオのハガ［Haga］知事と政府職員 10 名余りが女性 4 人と共に、裁判とは名ばかりの手続きを経て処刑された。その中には、国際赤十字の公式代表であるスイスの宣教師 C・M・フィッシャー［Vischer］がいた。他の民間人抑留者はどこかへ連れ去られて、消息不明である」と、要訳する。

*被告東条弁護人ブルーエット、「PX1695 にはフィッシャーが殺害されたことを示す記述がない」、と申し立てる。ダムステ検察官、「ハガ知事らと共に殺害された」と、応答する

*午前 10 時 45 分、裁判長ウェッブ、休廷を宣す。

*午前 11 時、法廷、再開する。［E: 13514］［J: 137（7）］

*検察官ダムステ中佐、「ブルーエット弁護人の異議は正しく、指摘された箇所は、法廷に提出することを断念した文書から引用した記述であった」と、謝罪する。

*（検）法廷証 PX1696【山本惣一海軍中尉尋問調書】＝検察側文書 PD5325　識別番号を付される。

*（検）法廷証 PX1696-A【同上抜粋；1943（昭和 18）年 10 月〜1944（昭和 19）年 6 月のポンティアナクにおける海軍による殺害】　証拠として受理され、抜粋が朗読される。

<1946-12-23>　　　　　　　　　　　　　　　　　　　　　2　検察主張立証段階　11

【PX1696-A 朗読概要】

　1943（昭和18）年10月から翌年6月にかけてポンティアナクで大規模な組織的殺害が行われた。日本海軍の憲兵隊に相当する特警隊（海軍特別警備隊）が、陰謀の存在を言い立てて拷問の果てに容疑者から自白を引き出し、65人余りを処刑したのである。このような法手続きの適用を装った事例は例外に属し、そのような手続もなしに処刑された者はマンドル［Mandor］で1000名、スンゲイ・ドリアン［Sunggei Durian］で240名、カタパン［Katapang］で100名にのぼり、ポンティアナクでも若干名いた。犠牲者には、ポンティアナクのスルタンとその2人の息子などボルネオ西部地域の指導者や、裕福な支那人とインドネシア人、オランダ人政府職員が含まれている。これらは、スラバヤの海軍司令部の指示の下で行われたものである。以下は、山本の尋問記録の一部である。

問

　その1340人余りを処刑する命令を下したのは誰か？

答

　1100人は醍醐忠重（海軍中将）、残り240人は鎌田道章（同）の命によるもの。両名ともバリクパパンの海軍（第22特別）根拠地隊司令官で、鎌田は醍醐の後継者。処刑された人数の中で軍法会議にかけられた者は1100人中46人と、240人中の17人であった。

問

　軍法会議にかけられた者がそのように少数であったことの理由は？

答

（軍法会議にかけなかったのは）あってはならないことであったが、容疑者は日本にとって危険な存在だったので、処罰する必要があった。

問

　軍法会議にかけるか否かの決定を下したのはポンティアナクでは誰であったか？

答

　バンジェルマシンの民政部にいたTAKAGATSCHIなど。（このTAKAGATSCHIが誰のことなのかは判然としないが、あるいは第2南遣艦隊司令長官の高橋伊望のことかもしれない）

問

　拘引された者は尋問の最中に拷問されたか？

答

　拷問は行われた。

問

　チャン・フェ・オン［Chan Hwe Ng］社長のヤプ・ソーン［Jap Soen］がどうなったか知っているか？

答

　自分が水責めや電気ショックなどで痛めつけた。

（中略）

問

　陰謀に関与したとする容疑者を処断する際に、いずれの場合でも軍法会議にかけられた者がかくも小数で、大多数が司法手続きもなしに処刑されたのはどういうことか？

答

　全員軍法会議にかけるべきではあったが、1000人近い容疑者を裁くには2～3年を要したであろうし、また当時、敵が近くまで迫っていた。

問

　妙なことを言う。陰謀が発覚したのはいつだったか？

答

　1943（昭和18）年10月。

問

　その当時、どこからも敵は迫っていなかった。ニューギニアのホーランディアが陥落したのは翌年4月になってからであるし、当時蘭印には連合国軍の空襲さえもなかったではないか！（感嘆符は原文のママ）

答

　それはその通りだが、当時カポアス［Kapoeas］河口には潜水艦が出没していた。それでも、蘭印に連合国軍兵力が皆無であったのは事実。

問

　では、何のために1100人余りの容疑者を適正に裁くことなく過酷に取り扱う必要があったのか？

答

　（質問の趣意を誤解したか、正しく通訳がなされなかったのか、質問に直接答えず）既に述べたように、最初の100人は醍醐の命令で処刑され、残りは醍醐の後継者の命によるもの。

問

　1100人余りの容疑者は一斉に拘引されたのか？

答

　全員一斉にではなく、段階的になされた。

問

　最初の拘引が行われた際に、残りの者は来るべきものが来ることを予感していなかったか？

答

　そうではあったが、最初に拘引された者達が自供した名前を基に逮捕することとなった。

問

　容疑者の許から武器は見付かったか？

<1946-12-23>

答

英蘭軍由来のものが 250 余り発見された。

問

ポンティアナクでは日本側に対する反乱はあったか？

答

なかった。陰謀に関する情報はバンジェルマシンからもたらされたもの。

問

拷問すれば容疑者にいかなることでも自白させ得ると思うか？

答

できると思う。

（中略）

問

拘引対象者の一部に死刑を宣告した軍法会議について述べてもらいたい。

答

自分はその内のひとつに立ち会ったことがある。軍法会議の構成員は山路（一行）（海軍か？）大佐（"Colonel Yamaji" は英文速記録原文のママ。Captain とすべきであろう）、高田（海軍）大佐（Captain Takata）、河合（海軍）大佐（Captain Kawei）、荒木書記（registrar Araki）（山路以外が何者であったのか、不分明。ただ、荒木については、スマトラ軍政監部司法部に荒木辰生なる人物がいたので、それである可能性はある）と、名前を記憶していないもう 1 人の（海軍）大佐。山路はバンジェルマシン民政部の次席指揮官で、3 人の海軍大佐はいずれもスラバヤから来ていた。被告が 36 人いたが、午前 8 時 30 分から午後 12 時 30 分までの審理の結果、全員に死刑判決が下された。まず、高田が容疑と取り調べの結果を読み上げ、それを加藤（何者か不明。通訳か？）がマレー語に訳した。次いで、被告が発言を求められると、全員が罪状を認めた。それ以降、被告や証人への尋問などはなく、自分の記憶では、被告の 1 人が自分の子供のことについて何かを話しただけであった。その後、1 時間 30 分余りの審理の末に、軍法会議は被告に死刑の判決を下した。

＊（検）法廷証 PX1697【日本人発行「ボルネオ新聞」1944（昭和 19）年 7 月 1 日付け記事】＝検察側文書 PD5922　識別番号を付される。

＊（検）法廷証 PX1697-A【同上抜粋：ポンティアナクで殺害された著名犠牲者氏名】　証拠として受理される。朗読なし。

＊（検）法廷証 PX1698【日本人 S・林特警隊通訳審問調書】＝検察側文書 PD5921　識別番号を付される。

＊（検）法廷証 PX1698-A【同上抜粋：1944（昭和 19）年 8 月のボルネオ西部シンカワンにおける支那人 130 名の処刑】　証拠として受理される。[E: 13520][J: 137（8）]　検察官ダムステ中佐、「特警隊は 1944〈昭和 19〉年 8 月にボルネオ西部のシンカワン [Singkawang] で支那人 120 名余りを殺害したが、その内裁判にかけられたのは 17 名だけで、その際にもお決まりの

拷問がなされた。殺害の動機となったのは貪欲であった」と、前置きして、抜粋を朗読する。

【PX1698-A 朗読概要】

問

「第二の陰謀」と呼ばれるものについて話してもらいたい。

答

1944（昭和19）年8月にシンカワンで支那人が会合を開いていることを探知。自分が（ポンティアナク海軍警備隊長）岡島（利者大尉）にその旨を報告すると、岡島は逮捕すべき者50名のリストを手交。その50名を逮捕して尋問していく過程で、彼らの友人の名前などを聞き出し、80名余りの人士の名前をふたつのリストにまとめ、それを谷口がポンティアナクの私のオフィスで筆写した。後に岡島の命で、その80名を逮捕。それら合計130名は皆シンカワンの者で、自分の見立てでは、何か罪を犯したからではなく、所有している財産のために逮捕された。この逮捕劇を企てたのは、岡島、永谷（武雄軍曹）、山本（惣一中尉）と自分である。自分の見解では、この陰謀で断罪された者達はせいぜい禁固刑が相当で、斬首されるべきではなかった。

（中略）

問

130人全員が軍法会議に出廷して処刑されたのか？

答

出廷したのはシンカワンの5人とポンティアナクの12人で、関係書類がスラバヤに送られた後に、スラバヤの軍法会議で被告欠席のまま判決が下された。130人の内10人ほどは釈放されたが、残りは軍法会議にかけられた者、かけられなかった者を問わず処刑された。

問

処刑の命令を下したのが誰か知っているか？

答

ポンティアナクの警備隊特警隊長である岡島。岡島自身は、その命令をスラバヤの第2南遣艦隊の法務部から受けた。

問

①貴官が130人の尋問の際に立ち会ったのは通訳としてか、尋問官としてか？ ②特警隊で尋問にあたったのは誰か？ ③尋問の際、容疑者はいかなることを述べたか？

答

①尋問の時の自分の役割は通訳。逮捕したのは特警隊の命令に従ったからで、自分の権限でしたことではないが、自分が危険と認めた人物を逮捕したことはあった。②岡島、山本、古川と自分、それから普通の警察官であった石原。③電気ショックや水責めで拷問したら、日本の統治機構転覆の陰謀を企てたことを自供した。自分は、このような拷問をチャ・コン・ジン〔Cha Kong

<1946-12-23>　　　　　　　　　　　　　　　　　　　　　　2　検察主張立証段階　**15**

Djin］やボン・キム・アン［Bong Kim An］などに自身で行ったことを認める。

問

　130名を尋問した時には調書を取って容疑者に署名させたか？

答

　調書すべてに署名させて、それら調書はスラバヤに送られた。

問

　処刑命令は、それら調書の内容に基づいて下されたのか？　それについて、貴官はどう思うか？

　それら容疑者は強圧的手段で強いられた自白を基に処刑されたのではないのか？　死刑に値する罪状はあったのか？

答

　130名の大部分は無実［innocent］で、処刑されるべきではなかった。（和文速記録137号8頁記載のこの部分では、この返答は記されていない）

問

　容疑者が処刑されたのは、岡島と永谷と山本が何かを企てた事実と関連しているのか？

答

　容疑者の自白を特警隊が録取して、その調書に容疑者が署名しており、その調書の内容を基に死刑判決が下ることは予想していた。容疑者の大半は富裕で重要人物であったから、殺害した方が都合よかった。特警隊がそれら容疑者の金品・貴重品を没収して、岡島に渡したのである。没収したものがその後どこに送られたのかは知らない。自分自身は私腹を肥やしていない。

＊（検）法廷証 PX1699【M・ショージ中尉宣誓供述書】＝検察側文書 PD5958　識別番号を付される。

＊（検）法廷証 PX1699-A【同上抜粋：ボルネオ北東部ベラウにおけるインドネシア人及び仏人夫妻の裁判抜き処刑】　証拠として受理される。検察官ダムステ中佐、「1945（昭和20）年6月にボルネオ北東部のベラウ［Berau］でインドネシア人30人余りとフランス人のトレス［Thorez］夫妻が殺害されたことを明らかにするもの」、と、陳述する。朗読なし。

＊（検）法廷証 PX1700【オランダ軍情報部報告書817号：サイマン［Saiman］尋問調書】＝検察側文書 PD5268　識別番号を付される。

＊（検）法廷証 PX1700-A【同上抜粋：1944（昭和19）年6月のコタバルにおける民間人7名の裁判抜き殺害】　証拠として受理される。検察官ダムステ中佐、「1944（昭和19）年6月、ボルネオ南東部のコタバル［Kota Baru］（英・和両速記録のママ。日本軍のマレー上陸作戦の舞台となったコタバル即ち "Kota Baru" であるならば、「マレー半島の北東部」でなければならないが、単なる不注意による誤記であるのかどうかは不明）で民間人7人が裁判にかけられることなく銃剣で刺殺された」と、陳述する。

＊提出済み PX1688-A・PX1689　検察官ダムステ中佐、引証し、「ロングナワンでは、捕虜のみならず、乳児を含むすべての現地一般住民が殺害された」、と申し立てる。

＊提出済み PX1341　検察官、引証し、「バリクパパンで油田施設を破壊すべからずとの警告が無視された報復として白人住民が殺害された」、と申し立てる。

＊（検）法廷証 PX1701【S・林陳述書】＝検察側文書 PD5326　識別番号を付される。

＊（検）法廷証 PX1701-A【同上抜粋：ポンティアナクにおける強制売淫目的の多数婦人の逮捕】証拠として受理され、検察官ダムステ中佐、「ポンティアナクで、女性が容疑もないのに拘引・投獄され、日本人との性交を強要された」と、陳述する。朗読なし。

＊（検）法廷証 PX1702【オランダ軍検事 J・N・ヘイブロック［Heybroek］大尉報告書：強制売淫の手段】＝検察側文書 PD5330　証拠として受理され、検察官ダムステ中佐、「強制的売春に関するおぞましい実態が記述されている」と、陳述する。朗読なし。

（3）証人英陸軍中佐ニコラス・リード＝コリンズ［Nicholas D. J. Read-Collins］**－新聞記者を経て英軍砲兵連隊に所属し、戦時中、英軍秘密機関員として日本管轄区域内に入り、日本軍に捕われた捕虜との連絡を業務とし、戦後は、占領軍総司令部法務部英国部長として、蘭領東インド各地の日本軍の戦争捕虜・民間人収容者に対する食糧供給を行う責任を負う－、「蘭領東インドでの日本軍の戦争捕虜と民間人の治療復帰訓練」について、宣誓供述書によらず本来の口頭方式により直接、証言する。**

（英速録 13528〜13553 頁／和速録第 137 号 9 〜 14 頁）

＊検察官ダムステ中佐、直接尋問を開始する。

【検察側証人コリンズに対する検察側直接尋問】

（以下、特に断らない限り、検察官の質問を大まかにまとめ、その後に、証人の返答の概略を記す）

検察官審問

　①証人の経歴は？

　②戦後、収容所を訪れた時の第一印象は？

　③男性抑留者の状態は？

証人応答

　①（標題に付した情報の他に）日本の降伏後、ラングーン、シンガポール、パレンバンを回り、バタビアには 1945（昭和 20）年 9 月 18 日頃赴いた。バタビアで証人が食糧供給の対象としていた捕虜・民間人抑留者は 6 万 5000 人に及んでいた。

　②別世界に来たようで、収容されていた人々と接触した時の相手の反応は、成熟した人間のものではなかった。ガリオール［Gwalior］やインドのニューデリーに収容されていた日本人の置かれていたのと同じような環境を予想していたので、実態を見た時には衝撃を受け嫌悪感を催した。それまで自分は、武士道に具現された日本の道徳・社会観念にある程度感銘を受けていたので、バタビアで自分が目の当たりにした光景への驚きの念は倍加した。収容されていた人々は、極度

の栄養失調、飢餓浮腫、マラリア、赤痢などの合併症に苦しめられていた。このような事態は、ジャワやスマトラへの進駐を計画していた時には想定していなかったので、バタビア到着と共に抑留者への対策を練り直す必要があった。

③接触した時の反応が通常と比較して若干異様であったぐらいであった。肉体的には、長期間にわたる栄養失調の兆候を見せ、脚気やマラリアや熱帯性潰瘍を患っていた。考えていることとやることとを一致させることに苦労することが間々あったが、概して女性よりは状態はよく、それにはふたつの理由があったと思われる。第一に、連合国軍捕虜の指揮官が軍隊式の規律を維持していたので、女性の収容所よりも士気を高く保っていたこと。第二に、女性収容所では収容者が自分自身の他に、自分の子供や、親と死別し、もしくは親が別の収容所に入れられている子供の面倒も見なければならなかったのに対し、男性の収容所では収容者が気遣わなければならなかったのが自分自身だけであったことである。特に第10大隊収容所では、米・英国人や重病人をシンガポールに移送したために、環境が若干改善していた。

検察官審問

④女性抑留者の状態は？

証人応答

④大多数の女性は異常な行動様式を見せていた。

＊裁判長ウェッブ、自ら問いを発す。

裁判長審問

④（続き）話題にしている男女の抑留者は欧米人か現地人か？　また民間人か軍人か？

証人応答

④（続き）欧米人。両方。

④（続き）身体的には男性と余り変わらない状態であったが、精神面での異常性が顕著であった。第一に、飢餓が常態となっていて、飢えを充たすこと意外には関心を向けないようになっていたこと。解放後に食糧を運び込んだ時も、「将来配給が減らされた時の用心に貯蔵しておく必要がある」と主張する責任者達を説得して抑留者全員に分配させるのに苦労した。また、女性の大多数は、葉、花、昆虫、蜘蛛、鼠の類すべてを栄養価の観点から綿密に分析していた。第二に、小さな物品を取得・所持することに異様な執着を見せていたこと。例えば、紐の切れ端、煙草の空箱、セルロイドの紙片などを真の所有物として扱っていた。引き揚げていく婦女子を数カ月間見送り続けたが、ほとんど皆、抑留中に所持していた古びたブリキ缶や布切れといった無用の物品を持ち運んでいた。このふたつの傾向はほぼ恒常的に見られ、1946（昭和21）年1月に収容されていた婦女子と一緒に自分がスマトラのペダンからバタビア経由でオランダに向かう途中でも、それら婦女子は収容中に作ったブリキの水容器や調理道具等を抱えており、船上では食事の後で婦人が食卓上の食べかすを掻き集めて持ち去っていたのを見た。訊いてみたところ、皆一様に「収容所での習い性となっていて、どうしてもそうしてしまう」と言っていた。（解放後？）当初は、感情をほとんど表に出すことがなかった。自分の推測では、これは、女性達が性的衝動を抑えて

いて、飢えを充たすことのみに関心を注いでいたためであろう。

＊被告小磯・南・大川弁護人ブルックス大尉、「証人は、結論と見解を述べた。証人は事実のみを証言し、それについての見解・結論は法廷に委ねるべき」と、異議を申し立てる。裁判長ウェッブ、「一部大学では哲学に分類されている心理学を学習したのか？」と質す。証人、「専門的機関の指導を受けない表層的学習のみ」、と応答する。裁判長、「証人は、それら女性の状態について、それを引き起こした原因についての証人自身の見解を交えることなく、事実のみを述べるべきである」、「それら女性達自身が自分達の症状の原因として述べたことを陳述することは可能」、と申し渡す。

検察官審問

　⑤小児抑留者の状態は？

　⑥証人が足を踏み入れた中で最悪の収容所は？

証人応答

　⑤飢餓と栄養失調の症状を呈しており、さほど重症でない者もいたが、中には日光にあたらずに成長した植物のような様相の小児もいた。多くは痩せ衰えていて、度重なるマラリアへの罹患のために皮膚が蒼白であった。大半が赤痢に罹患したことがあり、また、収容所の日本軍看守兵に対して恐怖心を抱いていたと聞かされている。自分が思うに、これは子供達自身が虐待されたためでなく、子供達の母親が殴打にさらされたためであろう（ここでも証人が自身の見解を述べているが、弁護側が異議を申し立てた形跡はない）。当初、子供達は寡黙で、なかなか笑おうとしなかった。

　⑥チデン〔Tjideng〕収容所。1万200人が4分の3平方マイルの区域に押し込められていた。自分の聞いた話では、日本側がバタビアの貧民街の一画を勝手に接収して収容所にした地域であった。

＊午前12時、裁判長ウェッブ、正午の休廷を宣す。

＊午後1時30分、法廷、再開する。〔E: 13537〕〔J: 137（10）〕

＊検察官ダムステ中佐、リード＝コリンズ証人に対する直接尋問を続行する。

検察官審問

　⑦チデン収容所の実状は？

証人応答

　⑦収容所内の多くの家屋は下級の政府職員が居住していたもので、窓やドアがなく壊れかかったようなものが多かった。窓やドアがなかったのは、居住空間を確保するためと、日本側が供給することを拒んだ炊事用の薪にするためであった。各家屋には大勢の婦女子が押し込められていたが、換気設備がなかった。日本側が当初収容所として割り当てた区域は、その後漸次、縮小されたので、酷い過密状態となっていた。一例を挙げると、床面積20×40フィートの場所に84人が居住していた家屋があったし、10馬力の自動車を入れる車庫に3家族15人ぐらいが住むのは極めて当たり前であった。所によっては、全員が横になって寝られる場合もあったが、84人が暮らしていた場所では、夜横になって睡眠をとることは不可能であった。引っ越しを突然命ぜら

<1946-12-23>　　　　　　　　　　　　　　　　　　　　　　　　　　　2　検察主張立証段階　**19**

れることが頻繁で、そのために家具を持ち運んでいく余裕などなく、さらに、居住空間を多くし、かつ燃料に供するために、当初あった家具が壊されて、家具はほとんどなかった。娯楽・教育のための施設など皆無で、子供が遊ぶ場所もなかった。過密状態が酷かったため衛生設備が対応しきれない状態が何カ月も続くことがあり、供給される水も炊事に必要な量を充たすほどしかないことが頻繁にあった。汚水処理槽が溢れて、汚物が家屋の周囲に散乱し、子供がそんな場所に座ったり歩行したりするので、子供の中で赤痢に罹患しない者はいなかった。戦闘後4〜5日経過した戦場を髣髴させるような、吐き気を催すほどの臭気が立ち込めていたし、蝿が大量に飛んでいて、通常の会話をする時にも、口の中に入ってくるのを防ぐためにハンカチを口にあてる必要が間々あった。炊事をしている場所の上空には蝿が集まって、黒い雲霞のようであった。自分ら一行が現地に到着する前に、日本側の指揮官が、現地インドネシア人に同地を掃除するよう命じ、この命令は一部実行されたが、同地の抑留者の女性達は、不衛生な実情を外部の人間に見られるのを恥じて、インドネシア人が入ってくることに異議を唱えた。女性各人は、収容前の生活の思い出の印として、さらには、将来への希望の証として、洋服を一着所持していた。それを着用している者もいたが、多くは下着一式を着たきり雀の状態であり、ほとんどは裸足であった。収容所内で蚊帳が使われているのを見たことはなく、抑留者からの要望事項から判断して、支給されなかったようである。日本側にこの件について質したところ、返ってきた答は「バタビアにはマラリアはない」というものであった。

検察官審問

　⑧バタビアでの疾病は？

　⑨収容所での食糧事情は？

　⑩病院の状態は？

証人応答

　⑧主要なものは栄養失調、脚気浮腫、赤痢、及び種々の神経障害。女性のほぼ全員が熱帯性潰瘍に罹患しており、中には手足など体の一部が侵蝕されてなくなっている者もおり、足の骨が見えるまで潰瘍に侵されている事例を見たことがある。婦女子にはすべてマラリア罹患歴があり、収容中に20回罹患した者もいたと聞く。

　⑨米が主体で、それにごく少量の肉に、タピオカの根から作った粉で焼いた非常に酸っぱい味のする黒パン。それから、「オビ［obi］の葉」と呼ばれた青野菜が相当な量あった。日本の降伏後、食糧の配給量が倍になったと聞いており、チデン収容所の女性達は概してそれに満足している様子であった。しかし、支給されていたのは黒っぽい粥状のもので、自分には食べられるような代物には見えなかった。自分は、バタビアに到着次第、食糧の在庫状況を調査したが、それ以前の半年間に同地が食糧不足に見舞われていた形跡はなく、現地の人々の間にも栄養失調の症状は見られなかった。バタビアには第16軍用に米や肉・果物の缶詰、パン用の小麦粉などが豊富に貯蔵されており、その総量はバタビア全土に収容されている捕虜・抑留者の半年分を賄うのに十分なほどであった。それらを放出しなかった理由として唯一考えられるのは、日本側がジャワやス

マトラへの連合国軍の進攻という非常事態に備えるためで、日本側にとって収容所内での常態は非常事態ではなかったようである。

⑩自分が到着した時にチデンの病院に収容されていたのは1200名であったと記憶するが、患者数がすぐに2000人に増えたため、バタビア中の空き家という空き家が病後療養所〔convalescent home〕に充てられた。重症患者はシンガポールに移送されることとなったが、この移送作業は3日で完了したと記憶する。病院は超過密状態で、多くの場合、患者に病床は割り当てられず、床に横臥していた。寝具、包帯、手術器具、薬品・麻酔など一様に不足を来たしていた。日本側は、降伏以前にも薬品などを供給していたが、量は不十分で、全身麻酔は大掛かりな手術の際にだけ施され、虫垂炎などの手術の場合には局部麻酔に留めたと言う。バタビアにはラトカンプ〔Rath-kamp〕という化学製品製造会社があり、日本の占領期間中は日本側と業務提携関係にあった。自分の記憶する限り、同社からビタミン剤の他、麻酔やマラリア治療薬などが提供されており、それは抑留者や捕虜が必要な量を賄うのに十分な量であったはずである。

検察官審問

⑪日本人や現地人の状態は？

⑫日本軍の虐待行為は？

⑬病人抑留者への対応は？

証人応答

⑪日本人は至って健常・健康な状態であった。インドネシア人や支那人の家を覗いてみたことがあったが、家具・寝具も調っていて、（抑留されていた？）ヨーロッパ人の家屋とは違っていた。

⑫チデン収容所で、食糧の増配を求めた女性が3～14日間懲罰として押し込められた部屋というのを見たが、換気設備がなく、漆黒の闇の中でその期間を過ごすことを余儀なくされたという。憲兵に尋問された女性は段打や水責めといった拷問に一様にさらされ、折に触れて日本軍の看守兵に段打された女性は多数いた。中には、懲罰として樹木の伐採や掘削作業に駆り出された女性もいたが、屋外作業のために彼女らの手足や肩などの肌は非常に荒れており、一部は干魚のようになっていた。日本の降伏と同時に、日本軍の収容所指揮官はその身柄保護のために隔離された。抑留者は、日本軍の看守兵などに内心憎悪を抱いていたようだが、そのような感情は、食糧確保の必要性などのために、ある程度、表出が抑えられていたようである。抑留されていた女性が日本軍の看守兵に如何様な感慨を抱いていたかは必ずしも明らかではない。

⑬日本側が病人に特別食を支給することはなかった。我々は到着次第、栄養的に均衡の取れた食事を提供するよう努めた。収容所を訪れた医師の話では、ビタミン不足のために一時的に鳥目になっている者がいたとのことであった。

＊被告東条弁護人ブルーエット、反対尋問に立つ。〔E: 13549〕〔J: 137（13）〕

<1946-12-23>　　　　　　　　　　　　　　　　　　　　2　検察主張立証段階　21

【ブルーエット弁護人による検察側証人コリンズに対する反対尋問】

弁護人審問

　①証人の経歴は？

証人応答

　①自分は英国砲兵連隊に士官として7年半奉職しており、軍職に就く前はジャーナリストであった。日本の降伏時、自分は日本の管理下にある捕虜・抑留者との連絡を行う組織の一員で、現場を担当していた関係で、ジャワの捕虜・抑留者の面倒を見るよう命ぜられた。

＊裁判長ウェッブ、自ら問いを発す。

裁判長審問

　①（続き）証人は落下傘部隊［paratroopers］の徽章をつけているのか？

証人応答・

　①（続き）その通り。

弁護人審問

　②証人のバタビアでの任務について、

　②-1.　バタビアに（1945［昭和20］年）9月18日に証人が到着した時にはいかなる任務を帯びていたのか

　②-2.　証人が複数の収容所を訪れた際に、捕虜・抑留者はまだそれらの収容所にいたか？

　②-3.　同地域にはどのくらいの期間滞在したか？

証人応答

　②-1.　必要とあらば捕虜・抑留者に給するために日本側の食糧貯蔵状況を調べることと、東南アジア軍司令部［South East Asia Command］から空輸される食糧・医薬品などを受領すること。

　②-2.　いた。

　②-3.　当初の滞在期間は2カ月で、それ以降も何度か短期間の任務で赴いている。

弁護人審問

　③現地の食糧・医薬品事情について、

　③-1.　バタビア現地で調達できた食糧と外部から運び込んだ食糧との割合はどのくらいであったか？

　③-2.　食糧・医薬品の相当量は外部からもたらされたのでは？

証人応答

　③-1.　詳細は記憶していないが、自分がバタビアに滞在していた時分は、ジャワとスマトラに1日にダコタ（Dakota＝Douglas DC-3輸送機）が10機飛来しており、1機あたりの積載量は3500ポンドで、内容物は主に医薬品、ミルク、手術用具などであった。

　③-2.　そうではない。プラズマやアタブリン［atabrine］、麻酔薬以外は、現地のものを使用していた。

＊被告鈴木・賀屋弁護人マイケル・レビン、続けて、被告小磯・南・大川弁護人ブルックス大尉、反対尋問に立つ。［E: 13551］［J: 137（13）］

【レビン弁護人及びブルックス弁護人による検察側証人コリンズに対する反対尋問】

レビン弁護人審問

①-1.「食糧の増配を求めた女性抑留者が懲罰のために真っ暗な部屋に押し込められた」との件について、

①-1. そのような懲罰を受けた女性と実際に会ったのか？

①-2. そのような処遇を受けたのは合計何人か？

証人応答

①-1. そのような処遇を受けた女性2人と話をした。

①-2. 分からない。

ブルックス弁護人審問

②家屋84人居住の事例について、

②-1. この状態はどれほどの期間継続したのか？

②-2. 84人はすべて成人であったか？

③証人が戦時中に属していた組織について

③-1. どのような組織であったか？

③-2. 日本が降伏するまでのどのくらいの期間、その任務についていたか？

証人応答

②-1. 正確な期間は不明。異様なまでの過密状態となったのは、日本の降伏前の約1年間。

②-2. 何人かは子供。

③-1. 戦中に収容所の捕虜と接触を保って、脱走の便宜を図るための軍の秘密組織。

③-2. 約4カ月。

ブルックス弁護人審問

③-3. 証人の任務には、攪乱工作やゲリラ部隊の組織なども含まれていたか？

＊裁判長ウェッブ、「そのようなことをする機会があって、証人がそれをしなかったとしたならば驚くべきことである。返答の要なし」と、質問を却下する。

＊ブルーエット弁護人、弁護側反対尋問の終了を、報じる。検察側、再直接尋問を行わず。

＊リード＝コリンズ証人、退廷する。

（4）証人英インド軍陸軍少佐マイケル・C・G・リンガー ［Ringer］ －戦前は、九州所在ホルメ・リンガー社の共同経営者で、戦争開始前の昭和1940（昭和15）年7月、スパイ容疑で日本政府に逮捕されて、執行猶予の判決を受け、同年英領インドに入り見習士

<1946-12-23>   2　検察主張立証段階　23

官としての訓練を受けた後、マレーのクアラルンプル英印軍に情報将校として配属される。シンガポール陥落後バンダ海峡で日本海軍に逮捕されて捕虜となり、バンカ島とパレンバンで捕虜生活を送る。終戦後は、一旦英本国に帰国するも、1946（昭和21）年5月、自ら望んで極東に戻りシンガポールに入り、連合国軍総司令部法務部英国課長として、日本人戦犯容疑者、日本軍による戦争捕虜・被抑留者を尋問する等、戦争捕虜捜査に従事－、「蘭領東インド・スマトラ島各地捕虜収容所での戦争捕虜虐待」について、宣誓供述書によらず、本来の口頭方式により直接、証言する。

（英速録 13554～13604 頁／和速録第 137 号 14～138 号 8 頁）

＊検察官ダムステ中佐、直接尋問を開始する。

【検察側証人リンガーに対する検察側直接尋問】

検察官審問

　①証人の経歴は（標記情報の他）？

　②戦犯調査の際の日本側の対応について、

　②-1.　メダンの日本軍司令部はどのような態度で対応したか？

　②-2.　将校をかばって、責めを看守兵に負わせていなかったか？

証人応答

　①九州居住中はギリシア名誉副領事を努め、父親の不在中は英国、オランダ、ノルウェー、スウェーデン、ポルトガルの名誉領事も務めた。共同で経営していた会社の主な業務は海運、銀行、保険代理業務であった。日本軍の捕虜となっていた時には、収容所では通訳や作業部隊の担任士官や副官業務をこなしていた。スマトラの収容所についての報告書にはすべて目を通しており、自身の体験と調査を通じて、それら収容所に関しては網羅的知識を有している。

　②-1.　罪状が軽い事案については極めて協力的であったが、重罪事案の場合は態度が頑なであった。

　②-2.　そうであった。

＊被告鈴木・賀屋弁護人マイケル・レビン、「誘導的で、返答すべき事柄を暗示した質問である」と異議を申し立てる。裁判長ウェッブ、同意して「差し障りのないような質問態様にすべきである」と言い渡すも、証人が既に質問に答えた内容については認容する姿勢を示す。レビン弁護人、「その部分を審理録から抹消すべきである」と申し立てる。裁判長、「当該事項について別の質疑応答を行うのは時間の無駄である」、「検察官の質問態様が誘導的であったことに対する異議は容認する」、と申し渡す。

＊午後2時45分、裁判長ウェッブ、休廷を宣す。

＊午後3時、法廷、再開する。[E: 13560] [J: 137（15）]

＊検察官ダムステ中佐、リンガー証人に対する直接尋問を続行する。

検察官審問

③スマトラでの日本人戦犯の訴追状況について、

③-1. 証人は本年 11 月にスマトラを離れたことを確認したが、それまでに同地において戦犯容疑で訴追された日本人は何人おり、どのような判決が下されたか？

証人応答

③-1. 起訴されたのは 24 人で、内 9 人が死刑判決を受け、13 人が有期刑に処せられ、2 人は無罪であった。

＊被告小磯・大川弁護人ブルックス大尉、中途で、「現地での日本人戦犯裁判の結果は、本件との関連性を欠き、重要性もない」と、異議を申し立てる。裁判長ウェッブ、「同様の事項が証拠として採用された前例があり、証拠価値相応のものとして受理される」と、異議を却下する。

検察官審問

③-3. 拘束されて審理を待っている日本人の戦犯容疑者は何人いるか？

＊裁判長ウェッブ、「これに対して異議が申し立てられるならば、容認される」、と申し渡す。ブルックス弁護人、異議を申し立て、検察官の質問、却下される。

検察官審問

④連合国軍捕虜に対する初期の処遇について、

④-1. スマトラに収容されていた連合国軍捕虜の国籍と人数は？

④-2. 日本が降伏するまでに死亡した人数は？

証人応答

④-1. 人数が一番多かった 1944（昭和 19）年初頭の時点では、英国人が 2000 人とオランダ人が 6500 人。

④-2. 約 1400 人。

検察官審問

④-3. 証人自身の体験に基づけば、証人を、日本側は戦時捕虜として扱ったか？

＊被告小磯・南・大川弁護人ブルックス大尉、「法的問題について証人の結論的見解を求めており、法廷の権限を侵害するものである（英文速記録 13561 頁の That evades the province of the court は、"invades" とすべきものを速記者が打ち間違えたものと判断する）」と異議を申し立てる。裁判長ウェッブ、「そのような範疇に属する質問ではない」として異議を却下し、証人に返答を促す。

証人応答

④-3. 1942（昭和 17）年 9 月に宣誓書［parole form］に強制的に署名させられるまでは、犯罪者のような処遇を受けた。

検察官審問

④-4. 宣誓書に署名するに至った経緯は？

証人応答

④-4. 英国人捕虜 650 人が小さな校舎に押し込められ、その中には入院中の病人も含まれてお

<1946-12-23>　　　　　　　　　　　　　　　　　　　　　　　　　　2　検察主張立証段階　**25**

り、先任指揮官は独房に入れられた。5日後、赤痢が発生して捕虜の1人レッガード［Leggard］中尉が死亡。宣誓書には8日経過した後に署名した。

検察官審問

　⑤収容所の数と捕虜の労役については？

証人応答

　⑤1943（昭和18）年10月まではパレンバンとペダンとメダンの3カ所。それ以降は、（主収容所が？）パレンバンとパカンバル［Pakanbaru］の2カ所にあり、主収容所が支収容所を統括する形になっていた。捕虜のほとんどが飛行場や鉄道での作業に従事させられ、作業が終わると新たな飛行場や鉄道の建設が行われる場所に移送された。収容所の状態は、どこでも一様に劣悪であった。

検察官審問

　⑥戦争捕虜の移送について、

　⑥-1．スマトラとの間の捕虜の海上移送はどのような状況であったか？

　⑥-2．そのような船舶には、何か捕虜運搬船の標識が付されていたか？

証人応答

　⑥-1．日本側が使用したのは兵員用の輸送船。パレンバンに到着したオランダ人捕虜の指揮官が輸送の状況について語ったところによれば、捕虜は船倉に恐るべき過密状態に押し込められ、食事は1日に1度しか与えられず、水はバタビアで乗船する際に水筒に入れたものしかなかった。用便施設は極めて不十分で、赤痢や閉所恐怖症［claustrophobia］で死んだ者が数名いた。

　1945（昭和20）年5月にパレンバンからシンガポールに捕虜1600人を移送した際に使用したのは2000トンの石炭運搬船で、同船は石炭を満載していたため、捕虜は直射日光や降雨を遮るものが何もない上甲板で5日間過ごすことを余儀なくされた。

　⑥-2．1944（昭和19）年6月に、連合国軍捕虜700名余りを乗せたバン・ワーウィック［Van Waerwyck］号はマラッカ海峡で潜水艦の雷撃を受け、捕虜の内250名が溺死したが、同船を雷撃したオランダ軍士官の話では、同船には捕虜を輸送していることを示す標識が何も掲示されていなかったと言う。また、同船に座上していた日本側の指揮官によれば、捕虜用の救命具の数は十分ではなく、捕虜は皆船倉に押し込められていて、脱出口となるハッチに至る梯子がひとつしかなかったとのことである。

　1944（昭和19）年9月にスマトラ西岸のベンコーレン［Bencoolen］とパダン間の沖合で雷撃されたジュニア丸（英文速記録13564頁 "Junior Maru" のママ、和文速記録第137号16頁によれば「順洋丸」であるが、史実に従えば「順陽丸」）は捕虜2300人とジャワ人の労務者［coolies］5000人を運んでいたが、海上に投げ出された捕虜と労務者は機銃で掃射され、救命筏に乗り込もうとした者は手を寸断されたり、脳天を打ち砕かれたりした。

＊裁判長ウェッブ、「明らかな伝聞である（恐らくは証人応答の最後の部分をさすものか？）。証拠価値を認めるためには、情報源を知る必要がある」、と申し渡す。証人、「同船に乗っていた者の宣

誓供述書からの引用」、と弁じる。裁判長、「異様な類の〔unusual〕証拠である」、「通常ならば、生存者など、当該供述者より事件の核心に迫り得る人物の宣誓供述書に依拠すべきである」、と申し渡す。

検察官審問

⑥-3. 陸上での捕虜移送はどうであったか？

証人応答

⑥-3. トラックか家畜用の貨車でなされることもあったが、通常は長距離を行軍させられた。

検察官審問

⑦収容所と捕虜の生活環境について、〔E: 13565〕〔J: 137（16）〕

⑦-1. 収容所のまわりの環境は？

⑦-2. 収容所の衛生環境は？

⑦-3. 収容者の衣服は？

証人応答

⑦-1. パレンバンの収容所では、当初は校舎をあてがわれたが、1944（昭和19）年4月以降は密林の中の椰子の葉で葺いた、床もない小屋に住まわされた。竹の寝床があるだけで、屋根は常に雨漏りしていたので、雨が降ると横になって眠ることができなかった。過密状態のために、小屋は害虫、鼠、虱、南京虫の巣窟となっていた。収容所となった地区の周囲の環境は常に劣悪で、パレンバンの市街地の収容所はスラム街の一画、密林では文字通り密林の真っ只中。パカンバルの収容所群は密林と湿地の中にあり、その第1収容所は絶えず洪水に見舞われ、水位が捕虜の胸の上まで来たこともあった。

⑦-2. 校舎に入れられている間は、捕虜600人宛に便器が6つ。密林の収容所では、塹壕の上に竹を被せただけのもので、竹が折れることもしばしであったので、足を突っ込んだり体ごと下に落ちたりすることもあり、パカンバルでは溺死した者も1人いた。体を洗う水は井戸から汲まねばならず、夏の乾期の間はそれさえもできなかった。飲料水は1日1パイントだけで、それも中の泥が容器の底に沈殿するまで飲める代物ではなかった。日本側から殺虫剤などの供与はなく、パカンバルでは防虫対策は何もできなかったが、自分がいた収容所は油田に位置していたので、時に便所に石油を散布することはできた。寝具も蚊帳も提供されず、収容者は盗んできた袋から蚊帳を作ろうと試みていた。

⑦-3. 自分達が捕虜扱いとなる以前、パレンバンには衣服が相当あったので、1人あたり服の上下一式と靴一足の支給を受けた。しかし、1945（昭和20）年6月頃には新たな服の支給もなく、靴も履かず、シャツも着ず、帽子も被らないという「東条ステップイン〔step-ins〕と呼ばれた格好で作業に臨むようになった。ところが、日本側は降伏と同時に必要とする以上の衣服や蚊帳を支給し、日本側の収容所責任者が「英国は名誉を重んじる国であるから、そのような国家の国民が現地人の前で裸体をさらすべきでない」と我々の前で話したものである。既述の沈没船に乗っていた捕虜に対しては、新たな衣服の支給はなく、既に収容されていた捕虜が自分達の衣服から

<1946-12-23>   2　検察主張立証段階　**27**

融通してやる他なかった。

検察官審問

　⑧収容所の医療環境について、

　⑧-1.　収容所で医療体制は？

　⑧-2.　収容所での医薬品の供給は？

　⑧-3.　国際赤十字社支給医薬品の扱いは？

証人応答

　⑧-1.　収容所には日本人の医師が１人配属されていたが、収容所内を歩き回ることしかしなかったので、実際に捕虜の治療に従事したのは捕虜である医師であった。病棟として使われたのは健常者が住まうのと同じ椰子葉小屋で、病人は竹の寝床に横臥するしかなかった。重病人用に板で病床を作るよう日本側医師に要請したが、拒否された。医師自身や収容所看守兵の居住空間はすべて板で作られていたにもかかわらずである。病床用便器（bed pan。所謂「おまる」のことであろう）などなかったので、赤痢患者は30ヤード離れた便所まで歩かねばならず、自分自身も赤痢に罹患した際には、雨の中を高熱に唸りつつ１日に15〜6回、用足しに行かねばならなかった。医療器具については、パカンバルでは若干支給されたが、自分がいた収容所ではそのような支給はなく、それどころか、捕虜の医師が所持していた器具は没収された。ある時、捕虜の中でヘルニアを発症した者がいて、手術器具を持っていない我々は日本側医師に日本軍の病院に収容してもらえるよう掛け合ったが、返ってきた答えは「軍司令部の命によって、捕虜は何人たりとも日本軍の病院に収容することは許されない」というものであった。我々は、収容所で自ら、その捕虜の手術を行ったが、その捕虜はその日の夜、死亡した。

　⑧-2.　収容所で最も多発した疾病はマラリアと赤痢であったが、マラリア用のキニーネや赤痢治療薬はないにも等しかった。自分がいた収容所では、少量のキニーネが支給されたが、必要量には程遠く、パカンバルでは何も支給されなかった。赤痢対策として使用できたのは、自分達で火を焚いた時にできた灰だけであった。収容されていたほとんど誰もが１度は熱帯性潰瘍に侵されたが、包帯用に支給されたのはごく少量の布切れや紙だけであったので、バナナの木の樹皮を代用していた。日本軍の倉庫で医薬品などの在庫調べをするために使役されていた捕虜によれば、日本側が医薬品に事欠いていた徴はなく、現に（日本軍の）降伏と同時にエメチン［emetine］など、我々が必要としていた薬品が提供されたのである。また、病人の捕虜もすべて日本軍の病院に移された。

　⑧-3.　1944（昭和19）年９月に国際赤十字からごく少量の医薬品の提供を受けたが、我方の日本側との連絡担当の将校が実見したところによると、日本側の医師が国際赤十字の支給医薬品の一部を横領していたようである。その日本側の医師は収容所内を週に１度視察していたが、その医師が1945（昭和20）年６月に離任した後は、視察が３週に１度となった。

検察官審問

　⑨収容所の食糧事情について、［E: 13571］［J: 137（17）］

⑨-1. 食事はどのようなものであったか？

⑨-2. 日本軍兵士の食糧と対照すれば？

証人応答

⑨-1. 1日あたりの量が決まっていて、自分がいた収容所では収容者にそれが3食分に分割されていたが、他の収容所では2食分となっていた。自分がいた収容所での献立は、朝食は薄い粥 [watery rice] で、昼食は粥に甘藷の葉を混ぜたもの。夕食は干魚や干肉で味付けの施された米飯であった。日本側の規定による1日あたりの配給量は、1943（昭和18）年10月までは重労働従事者に700グラム、軽作業従事者に500グラム。それ以降（翌年？）5月までは、各々500グラムと300グラムに減らされ、それから降伏までは400グラムと250グラム、入院患者は150グラムとされた。魚肉類と野菜の1日あたりの規定配給量は各々50グラムと250グラムとされていた（検察官の「規定支給量には肉と野菜も含まれているか？」との質問に答えたものであるが、質問への直接の答えとなっておらず、また、時期も特定されていないが、英文速記録13572頁記載の原文のママ）。米の配給は計量器を使ってなされていたが、袋詰めの際の損失などで1割ぐらい減っていたし、倉庫の床に落ちていた米を掃き溜めたものや、石灰混じりの米 [limed rice] が渡された時には、仕分けたり洗浄したりする必要があった。1日あたり平均して10グラム余りの干した魚肉が給されたが、1944（昭和19）年5月以降はそれもなくなった。1度、1週間ぐらい乾燥させたタピオカの根が（主食として？）配給されたことがあり、「食用に適さない」と苦情を申し立てたところ、日本側の担当者が「食えないなら豚にやれ」と言ってきた。

⑨-2. 日本軍兵士の1日の配給量は、米飯600グラムに鮮肉もしくは鮮魚が150グラムで、終戦時までこの量は維持された。収容所内の菜園で栽培した甘藷やタピオカなどは捕虜に属するべきものであったが、それさえも根は日本側が取り、我々には葉だけが与えられた。降伏間際の時期には、1日のカロリー摂取量は650〜700カロリー余りで必要量には程遠く、食材はビタミンBを始めとするビタミンを欠くものであった。日本兵が赤米 [red rice] を嫌っていることは分かっていたので、ビタミンBを補うために、それを支給してくれるよう掛け合った。しかし、返ってきた答えは、「あるもので済ませよ」であった。その結果、捕虜は極度の栄養失調に侵され、ビタミンB不足のためにほぼ全員が脚気に苦しんでいた。1945（昭和20）年5月の時点で、自分がいた収容所には捕虜が1050人いたが、6月に42名が死亡。その後、死亡者数は7月に99人、8月に135人と増えていった。他に栄養失調のための疲労が顕著となり、重労働による心臓発作や、ペラグラ、視力喪失などの症状が見られた。

検察官審問

⑩収容所での疾病への対応については？

⑪捕虜が課せられた労役については？

証人応答

⑩収容所内での病人の割合は、自分のいた収容所では全収容者の25％ぐらいであったが、収容所支所のひとつでは多い時には60％にもなった。収容所長に何度か実状を記した書面で抗議

<1946-12-24>　　　　　　　　　　　　　　　　　　　　　2　検察主張立証段階　**29**

を申し入れたが、状況が改善されることはなく、通訳は「不快だから余り書簡を認めるな」と言ってきた。日本側が我方の死者に対して示した態度は、我々が捕虜の死者5人を埋葬した時の通訳の発言に象徴されている。通訳は「英国人は犬や馬などの動物が病気になったら撃ち殺す。我軍の指揮官の罹病捕虜に対する姿勢も同じ」と言ったものである。

　⑪捕虜は、士官であろうと下士官であろうと、兵士同様に労役を強要され、従わなければ配給は、病人に対する配給量にまで減らされた。自分がいた収容所で課せられたのは、当初は飛行場の建設作業で、それから高射砲や探照灯の台座作り、後には、港湾で米・石灰岩・弾薬の荷降ろし作業をさせられた。精密機械工場で測距儀や飛行機部品の修理をさせられた者もいたし、士官も作業部隊の監督にあたったり、収容所菜園で働いたりしていた。

＊午後4時、裁判長ウェッブ、翌日午前9時30分までの休廷を宣する。

◆ 1946（昭和21）年12月24日

（英速録13576〜13613頁／和速録138号1〜9頁）

＊午前9時30分、法廷、再開する。

＊裁判長ウェッブと被告鈴木・賀屋弁護人マイケル・レビン、「検察側主張立証の終了後に弁護側が提出予定の公訴棄却の申し立て」及び「判事控室での審理の法廷記録としての取扱」について、論議する。裁判長、「法廷は、検察側の主張立証終了後に、弁護側が当該立証の証拠不十分を理由として提出する公訴棄却申し立てを聞くつもりであるが、同申し立ては、各訴因別の各被告宛のものであるか？」、と質す。弁護人、これを肯う。ウェッブ、「同申し立ての書面を同時通訳用として翻訳官に渡し、検察側が反論を迅速に提出できるよう、検察側にも同文面を手交すべきである」、と申し渡す。レビン弁護人、「検察側に事前に手交する必要はない」、と応答するも、裁判長、「検察側の反論も同時通訳に付される必要がある」、「そのために必要な措置である」、と申し渡す。弁護人、「指示に従う準備がある」、と応答する。裁判長、「該申し立て提出に弁護側が費やす時間は？」と、質す。レビン弁護人、「今のところ見当がつかないが、最低1日はかかる」、とした上で、「弁護側の該申し立て提出については判事控室で審理されるとのことであるが、すべて判事控室での審理記録は、法廷審理録の一部であると理解する」、と申し立てる。裁判長ウェッブ、「議論の余地あり」とするも、「当面法廷審理録と同様のものとして保管される」、と応答する。

＊検察官ダムステ中佐、リンガー証人に対する直接尋問を続行する。[E: 13579] [J: 138 (2)]

検察官審問

　⑪捕虜が課せられた労役については？（続き）

証人応答

　⑪白人種にとって炎天下で1日中働かされるのは大変なことで、食糧が不十分であったことも相俟って、体力を著しく消耗した。実例を挙げれば、飛行場での直射日光下での終日の作業、裸

体にセメントの粉を浴びながらの港湾でのセメントの荷降ろし、湿地帯での高射砲・探照灯台の構築、バカンバル地域での鉄道建設などで、すべて手作業であった。自分がいた収容所での労働時間は午前８時から午後１時までと、午後３時から同６時までであったが、これは現地時間よりも２時間早い東京時間でのこと。当初は１週間に１日が休日とされたが、後には半日に減らされ、その半日も収容所内で遺体を埋葬する作業などに費やされた。作業をしなければ配給量が最低限にまで減らされるので、病人も働くこととなり、詰まるところは、死ぬまで働くこととなった。また、毎日現場に送るべき作業員の人数が指定されており、病人がいようといまいとその定数を充たす必要があったので、病人も出さざるを得なかった。

検察官審問

　⑫捕虜に対する懲罰行為について、

　⑫-1.　労役監督官の対応はどのようなものであったか？　ソーンダース伍長の件は？

　⑫-2.　捕虜に対する懲罰行為、拷問の態様は如何？

　⑫-3.　捕虜の監禁の態様は？

　⑫-4.　懲罰における責任のとらせ方は？

　⑫-5.　逃亡して再度捕獲された捕虜に対する懲罰は？

証人応答

　⑫-1.　労役の監督にあたったのは看守兵や捕虜を雇った会社の警備員で、少しでも作業を怠るような態度が見られると、竹や革のベルトで捕虜を殴打したし、時には炎天下で重い丸太を持ち上げて長時間立たせるようなこともした。これらの虐待行為に対しては、当初は書面もしくは口頭で収容所指揮官に抗議をしたが、通訳は、「上級指揮官の手を煩わせるだけ」と言って、やめるよう忠告してきたし、抗議をしたことを理由に捕虜側の指揮官と自分自身が酷く殴打されたこともあった。収容所の規則違反を言い立てられて、その場で懲罰を受け、収容捕虜全員が連帯責任を負わされて罰せられたこともあった。「その場で」が意味するのは、軍法会議や適正な取り調べなしに罰せられたのが常ということである。

　唯一の例外はソーンダース伍長［Corporal Saunders］が日本兵を殴ったとして軍法会議にかけられて禁固５年の刑を言い渡された事例で、同伍長は1943（昭和18）年３月に脚気で死亡した。同伍長への判決については日本側から知らされ、後に正式の死亡通知を受領した。その時に言われたのは、これは見せしめであり、同じようなことが起きれば爾後の刑罰はもっと重いものになるというものであった。

　⑫-2.　体罰は顔面への平手打ちや棒や革ベルトによる打擲で、通常、打擲は倒れるまで続けられ、倒れた後は気を失うまで蹴られた。その結果、腕や脚の骨折や、顎部の損傷、鼓膜破裂などの傷害事例が多数起きた。もっと酷いケースでは、打擲の度合いが酷かったために意気消沈し、３～４週間後に死亡したという事例が２件あった。捕虜への拷問の方法としては、指の間に竹の棒を複数挟んで、指が折れるまで締め付け、正座した状態で膝の下に丸太を置いて看守兵が丸太の両端に飛び乗り、煙草の火を手の平や足の裏に押し付ける、というやり方が行われた。１度、

<1946-12-24>

2　検察主張立証段階　31

自分の目の前で捕虜の1人が唐辛子入りの水［chili water］の入ったバケツに頭を突っ込まれたことがあったが、その捕虜はその後6日間目が見えなかった。このようなことが行われたことは日本側の収容所長も知っており、唐辛子入りの水の一件が起きた時には、所長自身がその場にいた。

⑫-3.　捕虜監禁用には、床面積6×4（ヤードか？）で、天井は椰子の葉で葺かれ鉄条網で囲まれた檻が作られ、赤蟻の巣のある地面の上に直接、置かれた。その檻に捕虜が9人押し込められたことがあったが、食事は規定最低限の量の米と水だけで塩は与えられず、昼は直立不動の姿勢でいることが要求され、夜は夜で腰を下ろす余地がないためにほとんどが立っていなければならなかった。その中の2人は、各々90日と60日の間そのように監禁されることを宣告された者であったが、2人とも全身が熱帯性潰瘍に覆われてしまったため、16日後に病棟に収容することが許された。他の収容所の中には、内部に灯りの全くない木製の独房を設置したところもあった。

⑫-4.　連帯責任を問われて懲罰を受けた事例としては、1度収容所内の捕虜全員宛の3日間の配給が最小規定量である米飯150グラムにされたことがあった。また、収容所内の菜園から誰かがタピオカの根を盗んだとして夜10時に全員が起床させられ、病棟の病人も含めて整列させられた上、犯人が名乗り出るまでそのままでいるように言われ、朝の4時まで立たされていたこともあった。その時は疲労と寒さのために病棟の患者の内3人が翌日死亡した。

⑫-5.　1942（昭和17）年3月にオーストラリア軍捕虜3人が脱走を試みたが捕らえられて連れ戻され、斬首されたが、調査も行われず軍法会議も開かれなかった。また、パカンバル収容所では、精神に異常を来たしていたアルデリング［Aldering］というオランダ軍兵士が収容所の外で捕らえられて、憲兵隊から凄まじい打擲を受けた末に収容所に引き渡され、独房に入れられて水も食糧も与えられないまま死んだ。
＊裁判長ウェッブ、自ら問いを発す。［E: 13587］［J: 138（4）］
裁判長審問
⑫-5.　（続き）斬首された捕虜3人の姓名を知っているか？

証人応答
⑫-5.　（続き）知らないが、1人は准尉、2人は軍曹であった。

検察官審問
⑫-6.　それらの蛮行に対して連合国軍上級士官は、誰かに抗議したか？

証人応答
⑫-6.　アルデリングの一件が起きた際には、連合国軍側の指揮官は、日本側に抗議したが、日本側の指揮官は1943（昭和18）年4月付け東京発の命令を見せるのみであった。そこには、処罰すべき捕虜の行為28項目と、各々への罰則が記されており、脱走企図への処罰は死刑となっていた。

検察官審問
⑬日本軍の現地人に対する態度、残虐行為は如何？

証人応答

⑬空襲への警戒警報が出されている時に、収容所のすぐ外で現地人が焚き火をしているのが見つかり、その現地人は看守兵によって詰所に連れて行かれ、そこで酷い打擲と拷問を受けた。我々の厨房から運び出された熱湯がかけられ、午前３時ぐらいまで悲鳴が聞こえていたが、翌朝、詰所の前で冷たくなって横たわっていた。

＊裁判長ウェッブ、「⑫-5」に戻り、自ら問いを発す。

裁判長審問

⑫-5.（続き）「東京発命令」の詳細は？　「出所として東京の特定の組織・個人が明示されていたか？　「特定の司令部」が発行元となっていなかったか？　処刑された３人のオーストラリア軍捕虜は航空機搭乗員か？

証人応答

⑫-5.（続き）1944（昭和19）年９月にも収容所の掲示板に、「日本兵への暴力行為、スパイ活動、地図の作成」などを規律違反とする旨の命令が貼り出されていた。「東京発1943（昭和18）年４月」と書かれてあっただけ。文書の末尾に日本語で署名がされていたが、自分には意味不明であった。いや、砲兵隊員であった。

検察官審問

⑬（続き）日本軍の現地人に対する態度、残虐行為は如何？

証人応答

⑬（続き）日本が降伏した後で、ジャワ人労務者の一団の責任者が助けを求めにきた。話によると、1943（昭和18）年10月にジャワ人2000人余りが、我々の収容所のすぐ裏手で飛行場を建設するために連れてこられたが、1945（昭和20）年６月に飛行場が完成した際には、日本側は労務者に何の報酬も払わず、食糧を給することもなく放置したとのこと。責任者がこのことを訴えてきた時には、労務者は700人しか残っていなかったが、熱帯性潰瘍に侵された酷い状態で、我々は最善を尽くしたが、多数が死んでしまった。また、自分が市街の作業に出された時には、街路樹や街灯にインドネシア人が縛り付けられているのを多々目にした。通りすがりの日本人は、そのようなインドネシア人を殴ってよいことになっており、現にそうするのが普通であった。３〜４日そのようにして死ぬまで放置されていることがあった。

検察官審問

⑭捕虜の所持物について、

⑭-1.　貴重品・金品についての扱いは？

⑭-2.　捕虜が所持していた普通の物品の扱いは？

証人応答

⑭-1.　収容所から支払われる給与以外、金品などを所持することは許されず、日本側収容所指揮官の許に預けなければならなかった。終戦後、預けたものの内３〜４割ぐらいは戻ってきたが、残余については売却代金として一定額が、降伏後は紙切れ同然となった日本軍のギルダー軍票で

支払われただけであった。収容所内で支払われたのは、1カ月につき上級士官が日本軍の軍票で50ギルダー、下級士官が40ギルダーで、下士官と一般兵士は労役に従事した場合、各々1日に25セントと15セントが支給された。捕虜は、与えられた給与によって支払える限度で、食料や衣服を購入することができたが、シャツ1枚が300ギルダーもするような有様だったので、何も買えなかった。

　⑭-2. 捕虜は、他の収容所に移動させられた時、持ち運べるだけのものしか携行することを許されなかったので、寝具や蚊帳などは置いて行かざるを得なかった。収容所を後にする時も、新しい収容所に入る時も、捕虜は持ち物を検査され、貴重品や看守兵が気に入ったものは取り上げられた。

検察官審問

　⑮捕虜の外部世界との通信に対する扱いは？

証人応答

　⑮捕虜が外部に送ることを許されたのは、1枚につき25語に制限された葉書が年に2回だけであった。それでも、その大部分は宛先に届けられていた。自分がいた収容所に外部から手紙が届くことは稀にしかなかった。解放後に収容所捕虜の連絡係としてシンガポールに行った時に、自分達に届けられることなく同地で足止めされていた数千通の手紙を受け取ったものである。捕虜が死んでも近親者に通知されることはなかった。死亡した捕虜の持ち物は、司令部に届けられて売却され、売却益は近親者が受け取ることとなっていたが、通常行われていたのは、同司令部の士官がそれらを公定価格で買い叩き、市場において闇値で売却することであった。赤十字からは、1942（昭和17）年11月に結構な量の物品を受け取り、2年後の9月にもごく少量を受領したが、1箱を16人で分け合わねばならなかった。赤十字からの1度目の物品の箱が日本側に開けられた形跡はなかったが、2度目の時はほとんどが開封されていて、米国煙草のチェスターフィールドやラッキーストライクなどが抜き取られており、日本側の医師が医療器具箱からM錠剤やB錠剤（何を意味するのか不明）を取り出しているのを、我方の連絡将校が実際に目撃している。

検察官審問

　⑯収容所について、

　⑯-1. 娯楽施設やそこでの活動は？

証人応答

　⑯-1. 入手できた書籍は読むことを許されていたが、すべて「検閲済」の印を押すことを要求され、聖書や礼拝用の書なども例外ではなかった。トランプやブリッジ、チェス、チェッカーなどのゲームをすることは許可されていた。酒保を開くことも許可されていたが、後になってからは、公定価格でのみの購入が義務付けられた。公定価格で手に入るものなど実際なかったにもかかわらずである。スポーツについては、当初はバスケットボールをすることが許されていたが、時間の経過と共に、栄養失調と疲労のため、何もする気力が起こらなくなっていった。

＊裁判長ウェッブ、「ジュネーブ協定違反のすべてについて論及する必要はない」、と申し渡す。

検察官審問

⑯-2. 収容所への空襲時の対応は？

⑯-3. 高級将校の収容所訪問はどうであったか？

証人応答

⑯-2. 収容所には防空用の塹壕がなく、空襲の最中は、何の退避施設もない、椰子葉で葺いた小屋の中で黙然としているしかなかった。1944（昭和19）年8月に空襲があってからは、収容所内での灯火の使用は一切禁止。翌年1月25日の空襲時に、収容所の周辺に爆弾が2個落ち、捕虜数名が負傷したが、それでも防空用の塹壕を掘る許可は下りなかった。

⑯-3. 自分のいた収容所を訪れた将官は、1944（昭和19）年4月に来訪した斉藤少将のみ。少将が収容所を視察している最中、捕虜は1カ所に集められて整列させられ、厳重な監視下に置かれていたので、苦情を申し立てる機会などなかった。斉藤少将の視察の後、収容所内の状態は改善されるどころか、悪化した。まず、捕虜は全員頭髪を剃ることを要求された。そして、捕虜は士官・兵士いずれも日本軍将兵に対しては相手の階級の如何を問わず敬意を表するよう命ぜられたし、捕虜の間でも命令を伝達する際には日本語を使用することが義務付けられた。

検察官審問

⑰日本側の国際協定違反の認識の有無について、終戦後、日本の軍司令部は戦争中の収容所の実情を知っているようであったか？

＊被告東条弁護人ブルーエット、「証人自身が実際に見聞きしたことを証言するのでない限り証人が答えることは不可である」と、異議を申し立てる。証人、「田辺（盛武）中将を始めとする第25軍の参謀将校と会見した」、と申し立てる。裁判長ウェッブ、検察官ダムステ中佐に対して、「捕虜に関する国際協定のすべての詳細事項にわたって日本側は蔑ろにしていたと立証する意図であるのか？」と、質す。検察官、「最重要の詳細条項にわたって。尋問は終わりに近づいている」、と応答する。裁判長、「検察官にその準備があるならば、日本側が国際協定を蔑ろにしたとの検察側主張の立証努力を妨げはしない」、と申し渡す。

＊午前10時45分、裁判長ウェッブ、休廷を宣す。

＊午前11時、法廷、再開する。［E: 13596］［J: 138（6）］

＊検察官ダムステ中佐、リンガー証人に対する直接尋問を続行する。

検察官審問

⑰日本側の国際協定違反の認識の有無について（続き）

⑱捕虜に好意的な日本人は？

証人応答

⑰（続き）田辺は収容所内での拷問や残虐行為については全く知らなかったようだが、食糧の配給量については知っていた。収容所に統制が及ばなかったことについては、多忙故に自身や参謀が収容所を視察する機会がなかったことを理由としていた。

⑱捕虜が（脱走をしない旨の）宣誓書に署名してからは、収容所の指揮官であった松平（紹光）少

佐ができる限りの便宜を図ってくれた。国際赤十字から最初に物品が届いた時には、少佐自らが捕虜に行き渡るように監督したので、横領されたものは皆無であった。我々が該物品の一部を女性抑留者にも届けようとした時、少佐はそれを援助しようとさえしてくれたが、パレンバンの知事（英文速記録13596頁の governor のママ。民政長官のことか？）が申請を却下した。残念ながら松平少佐は 1943（昭和 18）年初頭に離任した。

検察官審問

⑲証人が見聞した残虐行為の他の事例について、

⑲-1. オーストラリア通商弁務官のバウデン［Bowden］については？

⑲-2. 英国空軍マクギャハン［McGahan］伍長が日本軍に降伏した際の経緯は？（これ以降の一節、和英両速記録では段落の区切りもなく、直前の話の続きのように書かれているが、内容から見て別の時期に起きた全く別の事例である可能性が大であるので、ここで区切る）

⑲-3. チャリタス［Charitas］病院に関わる残虐行為については？

証人応答

⑲-1. 自分は、日本側に捕われた日に、シンガポールから来ていたバウデンと同じ小型発動艇に乗り合わせたが、日本語が話せる年長者としてバウデンが通訳を務めていた。1カ月後に大きな映画館に連れて行かれ、そこで日本軍の伍長が荷物検査を始めたが、バウデンは外交官特権を主張。自分から 5 フィート余り離れていた場所にいた件の伍長は、バウデンの顔面を殴打して体に蹴りを入れた。伍長は部下の兵士に銃を持ってくるように言ってバウデンを外に連れ出し、そして銃声が 2 度響いた後、伍長と部下の兵士は映画館に戻ってきて、銃の手入れをすると銃架に戻した。それから自分達は苦力が集まっている場所に連れて行かれ、捕虜も一般抑留者も一緒くたにされた。バウデンに替わって通訳の任は自分が務めることとなった。

⑲-2. 自分が衛兵詰所でマクギャハン伍長の（捕虜としての）登録手続きをしていたところ、伍長は、当人と同僚 2 人が日本軍の斥候隊に降伏した時の経緯を話してくれた。彼らは両手を上げていたにもかかわらず、銃剣で突かれた上、道路脇の側溝に蹴落とされ、さらに銃剣で刺されたのであった。伍長の体には銃剣で刺された痕が 3 カ所あった。数日後、衛兵詰所でストーカー・ロイド［Stoker Loyd］の登録手続きをしていた時に聞いた話しでは、ロイドはバンカ［Bangka］の浜で撃たれたり銃剣で刺されたりした 16 人の一団の、唯一の生存者であるとのことであった。そして、（年不明。1942 年か？）2 月 1 日に手続きをした看護婦のブルウィンケル［Sister Bullwinkle］もバンカの浜で射殺された 22 人の女性の一団の唯一の生存者であった。

⑲-3. 1943（昭和 18）年 7 月のある日、自分達は突如作業場から呼び戻されて収容所内に留め置かれ、チャリタス病院に収容されていた病人も、収容所に入れられた。その日の夜、憲兵隊がビッサー［Visser］中尉とオランダ軍の軍曹を拘束し、さらには病院の先任軍医であったテックレンベルク［Tecklenberg］とカトリックの看護婦（the Roman Catholic nuns）を含むその部下すべてをも拘束。作業は 3 日後に再開されたが、ビッサー中尉と軍曹が収容所に戻されたのは 3 週間後であった。体が酷い状態となっていた 2 人が語るところでは、両名は水責めにされたり煙草の

火を腹部や局部に押し付けられたりして自白を強要されたとのこと。10日余り後に憲兵隊に再び拘引された2人は、軍法会議にかけられて禁固刑に処された。テックレンベルクの部下であった2人の看護婦［Sister］は終戦後に釈放されたが、2人は、テックレンベルクがバンカの鉱山での労役刑を宣告され、そこで死亡したことを伝えた。

＊裁判長ウェッブ、自ら問いを発す。

裁判長審問

⑲-4. これら人士はいかなる容疑で憲兵隊に拘引されたのか？

⑲-5. 逮捕された容疑者の国籍は？

⑲-6. その中で裁判にかけられた者はいたか？

⑲-7. 裁判の態様は？

⑲-8. 被告人は法廷でのやり取りを理解できたのか？

証人応答

⑲-4 アンボン［Ambon］の兵士に連合国軍の上陸に備えて武器を隠匿せよなどと煽動したとか、スパイ活動の拠点として使われていたチャリタス病院を通じてビッサー中尉が通信を送っていたとかの容疑であった。看護婦らがそのような活動に従事していなかったのは明白だが、それでも同じ容疑で追及された。

⑲-5. 全員オランダ人。看護婦（の1人）は殴られて気を失い、正気を取り戻した時に、その夫が連行されてきて、「自白しなければ夫を殺す」と脅された。看護婦の夫は80人余りのアンボン人と共にパレンバンから18マイルほど離れた場所で殺害された。終戦後、その遺体は発掘された。

⑲-6. テックレンベルクとビッサー中尉、それから軍曹は裁判にかけられたが、他は自白を強いられただけで司法手続きには付せられなかった。

⑲-7. 判事5人が臨席する軍法会議で、弁護人は付けられなかった。

⑲-8. 通訳がいたので理解できた。2人の看護婦の内の若い方は、自白を拒否したところ、着衣を剝ぎ取られて全裸にされて憲兵隊の建物の出入り口のところまで連れて行かれ、「自白しなければこのまま市中引き回しの上、街路樹に縛り付けて放置する」と脅された。その看護婦はその時点で自白した。ジャワ人の苦力のリーダーが語ったところでは、（1945年）1月25日の空襲の際に、（連合国軍の）飛行士2人が、飛行場滑走路上空で、落下傘で脱出。滑走路に降りてきた1人はその場で斬首され、もう1人は木に吊された上で、銃剣により刺された。同月29日の空襲では、炎に包まれた1機が飛行場に強行着陸し、乗組員の内2人が燃え盛る機体から逃れ出てきたが、2人は日本兵によって炎の中に投げ込まれた。その2回の空襲の後、飛行士7人が目隠しされた状態で、パレンバン市街で見せしめのためにさらしものになっていたのを自分は見たが、終戦後、その飛行士がどうなったのかを憲兵隊に質した。憲兵隊は知らぬ存ぜぬを通したが、憲兵隊の建物の中を調べてみたところ、監獄に使っていた部屋の壁に飛行士の名前が書かれてあるのが見つかった。その事実を突きつけたところ、シンガポールに移送されたことを認めた。同飛

<1946-12-24>   2　検察主張立証段階　**37**

行士はシンガポールで 1945 （昭和 20）年 6 月に処刑されており、日本側の本件の責任者はすべてを自白した上で自決した。メリディアン作戦（Operation Meridian。連合国軍の空襲作戦のこと）として知られている作戦中の出来事である。

検察官審問

⑲-9．証人は他にどのような残虐行為の事例を知っているか？

証人応答

⑲-9．自分がメダンで調査した事案のひとつでは、パダンから脱走した英軍捕虜 6 人と蘭軍捕虜 2 人が捕獲された後に、シベローフト［Siberoeft］島に連行されて殺害された。去る 8 月に戦犯調査官の 1 人が同島に赴いた際に、8 人の埋葬作業にあたったジャワ人が埋葬場所を教えてくれたので、遺体を発掘した。また、宣誓供述書によれば、スマトラ北岸のサバン島では、オランダ人である同島の知事とその部下の職員 22 人が皆、殺害されている。

検察官審問

⑲-10．証人は他の収容所での類似事例について知っているか？

＊被告鈴木・賀屋弁護人マイケル・レビン、「他の収容所については既に直接の証言が得られており、当該証人が他の収容所について聞いたことを証言したとしても伝聞証拠に過ぎず、既に明らかになった証言内容と重複することにしかならないので、余り価値がない」と、異議を申し立てる。裁判長ウェッブ、（恐らくレビン弁護人に対して）「既出の証言・証拠の内容を追認していることだけを以て特定の証拠・証言が重複的なものと断ずることはできない」と、と申し渡し、（恐らくダムステ検察官に対して）「弁護側が他の証人が証言した内容について争わないのであれば、同じ事案について当該証人を尋問する必要はない」と、申し渡す。裁判長、さらに、「弁護側の姿勢は、反対尋問を行わないという事実に照らしてみれば推断できる」と弁じて、検察官ダムステ中佐に対して、「レビン弁護人の言が参考となろう」と付言する。ダムステ検察官、証人に応答を促す。

証人応答

⑲-10．他に日本側の非違行為について記憶していることはない。

＊被告鈴木・賀屋弁護人マイケル・レビン、弁護側は反対尋問を行わない旨、報じる。

＊リンガー証人、通例の条件で証人としての任を解かれて退廷する。

(5)　検察官ダムステ中佐、検察主張立証第 XIII・XIV 局面「対民間人・戦争捕虜残虐行為」第 6 部「蘭領東インドでの残虐行為」の検察側立証として、「蘭領東インドのジャワでの残虐行為」関連検察側証拠概要・検察側要約書証・検察側書証を提出する。

　　　　　　　　　　　（英速録 13604〜13704 頁／和速録第 138 号 8 頁〜第 139 号 15 頁）

＊（検）法廷証 PX1703【ジャワでの 1942 （昭和 17）年 3 月頃〜1945 （昭和 20）年 9 月 2 日間日本軍残虐行為検察側証拠概要】＝検察側文書 PD5681　証拠として受理される。検察官、朗読を開始する。被告賀屋・鈴木弁護人レビン、「提出予定証拠の概要を述べている第 1 節は、議

論的にして結論的なものであり、『概要を述べるべき部分で自らの主張を含む陳述をすべきではない』との法廷の規則に違背している」と、異議を申し立てる。裁判長ウェッブ、これに同じて、「証拠の要約を提示する時は簡潔になすべきで、その際に内容について判断を下すのは避けるべきである」、「レビン弁護人指摘の箇所は、その原則と相容れないものであり、検察はまず問題となっている供述書自体を朗読すべきである」と申し渡し、「その上でPX1703の該当部分の適否を判断する」、と裁定する。

＊検察官ダムステ中佐、提出済みPX1703【ジャワでの1942（昭和17）年3月頃～1945（昭和20）年9月2日間日本軍残虐行為検察側証拠概要】に従って、立証を進める。

(5-1) 日本軍拘置下戦争捕虜に対する残虐行為
（英速録13605～13637頁／和速録第138号8頁～第139号5頁）

＊（検）法廷証PX1704【ウィレム・モーイ［Willem Mooij］（和文速記録138号8頁によれば蘭印軍付警官）宣誓供述書】＝検察側文書PD5778　識別番号を付される。

＊（検）法廷証PX1704-A【同上抜粋；1942（昭和17）年3月の西部ジャワのトジアテル地区における俘虜70名の殺害】　証拠として受理され、抜粋が朗読される。（供述者の氏名は、英文速記録では本文には現れておらず、目次にのみ出てくる。また、和文速記録の「蘭印軍付警官」との職名は、違和感を与えるものであるが、朗読された供述書の中に「我々士官」［We, officers］との一節があることから判断して、事実は軍の士官で、憲兵ではなかったかとも推測できよう）

【PX1704-A 朗読概要】

1942（昭和17）年3月29日頃、自分は日本軍の捕虜としてバンドンのスマトラ通り［Sumatrastraat］とジャワ通り［Javastraat］が交わる角にある学校の校舎に、軍医数人らと共にいた（英文速記録13607頁にはM.U.L.O.との記述があるが、何の略称かは不明。和文速記録の該当部分には「高等小学校」と書かれている。これ以降の部分は、英文速記録にはあるが、和文速記録には見当たらない）。戦闘のあった地域の道路脇に埋葬されていない遺体があるらしい、と知らされており、さらに軍の病院にいた兵士の1人を通じて、タンホーバン・プラホー［Tanghoeban Prahoe］に至る道路の料金所の近くで大量処刑が行われたと聞かされていた。我々士官一同は、遺棄された遺体を捜し出すようバン・マネン［Van Manen］大佐に促し、相当難儀した挙げ句に3週間後、ヘイステク［Heystek］軍医とその部下からなる30人余りの一団を必要な道具を持たせて派遣する許可を、日本側関係当局から得た（ここまでが和文速記録にはない部分）。5月29日、軍医やウォルトゥイス［Wolthuis］医師や自分を含めた一行は、レンバン［Lembang］からセバン［Soebang］に向かう主要道路から300メートルほど離れたキンキナ［quinquina＝cinchona］の農園に到着。セバン方向への道路から左の方に位置し、料金所から1キロぐらい離れた場所であったが、200×75メートル余りの区域に多数の兵士の遺体が、いくつかの集団に分かれて野ざらしになっており、腐敗が進行していた。近づ

<1946-12-24>　　　　　　　　　　　　　　　　　　　　　　　　　　2　検察主張立証段階　**39**

いて見てみると、3〜5人ぐらいが1組となって、各人が後ろ手に縛られた上でロープやゲートルで一緒に結わえられており、ほとんどの遺体の指が切断されていて指輪が見当たらなかった。そして、遺体の周囲のそこかしこには食べ物の缶詰の空き缶が放置されていた。我々は手分けして、まだ遺体に付けられていた認識票や手帳、給与帳といった所持品を集めた（和文速記録では、これに続いて、虐殺されたのが70人余りで、その指揮官がポスツマ［Postuma］という名であったこと、遺体を共同墓地に埋葬したことなどが記されているが、英文速記録にはない）。

　自分が捕虜であった期間、その部隊の生存者2名と会ったことがある。まず、1943（昭和18）年のある日、バンドンの第15大隊収容所で、オランダ国籍のデ・ヨン［De Jong］とかいう名の30歳ぐらいの兵士から、次のような話を聞かされた。

　　自分の属していたポスツマ中尉の部隊は、戦闘の末にチアテル［Tjiater］で捕虜となり、70人ぐらいの集団と一緒に日本軍の監視下に置かれた。当初、煙草を貰ったりもしていたので日本側に悪意があるようには感得できなかったが、数時間後、監視にあたっていた日本兵の態度が落ち着かなくなっていたのに気付いた。そして、日本兵は機銃を据えて、我々を何組かに分けてゲートルで手荒く繋ぎ合わせた。我々は皆、最期の時が来たことを悟り、1人は祈りを捧げていた。そして、空き地に連れて行かれて機銃で撃たれ、自分自身は脚部に数弾が命中。全員に機銃弾を浴びせた後、日本兵は銃剣を持って倒れた捕虜を見て回っていたが、自分は死人を装い、日本兵が通り過ぎていった後で何とか縛めを解き、苦しみながらさまよった末に幹線道路に出た。そこで、通りかかった日本軍のトラックに便乗させてもらってバンドンに辿り着き、病院に収容された。傷が治癒した後は、バンドンの収容所の［Lands Opvoedings Gesticht（英文速記録13610のママ。和文速記録では判読不可）］に収容され、その後1943（昭和18）年に同市の第15大隊収容所に移された。

　自分が1944（昭和19）年に第10大隊収容所で会った生存者の2人目は、30歳ぐらいのユーラシア人で、次のような話をした。

　　自分は、ポスツマ中尉の従兵であった。部隊は、日本軍と白兵戦を交えるまでの激戦の末に降伏したのであり、白人兵士の1人はクレワング（klewang。インドネシアの片刃刀）を振るって日本軍の心胆を寒からしめた。であるから、ポスツマ中尉が降伏する決断をした時には、皆残念に思った。捕われてから、例の（片刃刀を振るっていた）白人兵士が酷い虐待を受けているのを目にした。ポスツマ中尉は、自分が指揮官であることが判明したら、オランダ軍の展開状況を聞き出すために尋問してくるであろうから、指揮官が誰かを明らかにしないよう指示した。日本側は70名余りの兵と我々を一緒にして草原地帯に連れ出し、3〜5人を1組にしてゲートルやロープで縛り上げた上で、機銃で撃った。自分はポスツマ中尉を含む組の1人であったが、中尉は後頭部に1弾を受け、すぐには死なず、置いてきぼりにしないよう自分に懇願していたが、間もなく息絶えた。自分は致命傷を受けず、縛めを解くことに成功した後に幹線道路に出て、バンドン病院に辿り着いた。

＊裁判長ウェッブ、「当宣誓供述書の内容が真実を伝えるものならば、提出済み PX1703【ジャ

ワでの 1942（昭和 17）年 3 月頃〜1945（昭和 20）年 9 月 2 日間日本軍残虐行為検察側証拠概
要】の記述も正当なものである」と、認めるも、「法廷は自らの判断で独自の結論に到達できる」
として、レビン弁護人の異議を容認し、「PX1703 中で問題となった部分は慮外に置く」、と裁
定する。

＊（検）法廷証 PX1705【蘭印軍 A・メース（Moes）宣誓供述書】＝検察側文書 PD5779　識別番
号を付される。

＊（検）法廷証 PX1705-A【同上抜粋；1942（昭和 17）年 3 月 6 日のレンバンでの降伏兵射殺】
証拠として受理される。検察官ダムステ中佐、朗読を開始し、冒頭部分で「和訳されていない
箇所がある」、と申し立てる。裁判長ウェッブ、朗読を次の開廷日に行うよう、申し渡す。

＊午前 11 時 55 分、裁判長ウェッブ、12 月 26 日木曜日 9 時 30 分までの休廷を宣する。

◆ 1946（昭和 21）年 12 月 26 日

（英速録 13614〜13746 頁／和速録 139 号 1〜24 頁）

＊午前 9 時 30 分、法廷、再開する。
＊検察官ダムステ中佐、検察主張立証第 XIII・XIV 局面「対民間人・戦争捕虜残虐行為」第 6
部「蘭領東インドでの残虐行為」の検察側立証として、提出済み PX1703【ジャワでの 1942（昭
和 17）年 3 月頃〜1945（昭和 20）年 9 月 2 日間日本軍残虐行為検察側証拠概要】に従って、「蘭
領東インドのジャワでの残虐行為」関連書証の提出を続行する。

(5-1) 戦争捕虜に対する残虐行為（続き）
＊提出済み PX1705-A　検察官ダムステ中佐、朗読する。

【提出済み PX1705-A 朗読概要】

　1942（昭和 17）年 3 月 6 日 6 時頃、自分は第 7 旅団セバン［Soebang］第 1 中隊第 3 小隊の軍
曹としてレンバン［Lembang］にいた。小隊長のミューセ［Meeuse］以下 35 名余りは傾斜地で伏
せていて、前方からは日本軍の射撃を受け、後方からは日本軍の戦車が迫っていた。誰がやった
かは知らないが、突如として自分の後方で白旗が揚がり、両軍共に射撃を中止した。我々は武器・
装備を置いて両手を上げて敵の方に歩いていった。敵は握手を求めたり、チョコレートや煙草を
渡してきたりと、友好的姿勢で我々を遇した（日本兵がオランダ軍捕虜にチョコレートを渡すとは不審で
あるが、あるいはどこかで鹵獲もしくは失敬して持ち歩いていたものかもしれない）。西方にいた第 2 小隊は、
我々が降伏したことを知らずに射撃を継続していたが、自分の小隊から 2 名が赴いて状況を知ら
せたところ、射撃を中止した。まだ戦場に負傷者が残されていたので、日本側の許可を得て自分
と他 5 人が収容にあたり、その内の 1 名を搬送中、樹上にいた日本兵が機銃で撃ってきて、その

＜1946-12-26＞　　　　　　　　　　　　　　　　　　　　　　　　2　検察主張立証段階　41

負傷者と搬送していた2名を死に至らしめた。犠牲者と下手人の氏名は不明。1時間ほどその場所に留まった後に、一団の日本兵の後に付いて行進していくよう日本軍の士官に命ぜられ、着いた場所でユーラシア人が白人から分けられた。その上で日本兵は我々から万年筆、時計、金品などの所持品を奪い取り、認識票や軍隊手帳まで取り上げた。オランダ語を話す日本兵が我々一人一人に氏名、年齢、兵種、出身地や、希望の行き先、バンドンへの道順などを訊いてきた。その間、日本軍の飛行機が上空に飛来して通信筒を投下し、中にあった通信文を読んだ日本軍の指揮官は何事かを大声で叫んでいた。何か命令を下しているのは明らかであった。それを受けて即座に日本兵の一団が我々のところにやってくると、ゲートルを解くように命じ、手を背中に回して交差させるように我々に指示すると、3人を1組にして縛り合わせた。一同が整列させられ、件の日本軍指揮官がまた何かを命令するのが聞こえるや、10メートルほど離れたところにあった機銃が我々に向けて発砲を始めた。自分は骨盤のあたりを撃たれたように感じて倒れ、その時に一緒に縛り上げられた2人が自分の上に覆いかぶせってきた。その2人は即死したようであったが、自分自身は気を失っていた。だが、気を失っていたのはほんの一瞬だったようで、正気を取り戻した時、すぐにまた機銃の発砲音を耳にした。何人かがマレー語で「後生だから殺してくれ」と言ったり、祈ったり、呻いたり、助けを求めたりしているのが聞こえた。機銃の発砲が止むと、日本兵が25〜30人着剣してやってきた。自分は死人を装いつつも、その日本兵の動きを目で追っていると、日本兵はまだ呻いたり叫んだりしている者の方に突進していった。そのような呻き・叫び声は次第に少なくなっていき、最後には聞こえなくなった。自分は背後から誰かがやってくる足音を聞いたが、そこで気を失った。恐らく3時間ぐらい気を失っていたと思うが、あたりに何も物音がしないのを確認して「奴等は行ったか？」と大声で3度叫んだところ、「行ったぞ」という誰かの声が返ってきた。そこで自分は縛めを解いて起き上がったが、上着の胸のあたりが血で濡れていることが分かり、調べてみると左右の胸部の1カ所ずつに銃剣創と思しき傷があった。立ち上がろうとしたが、右鼠径部に2弾受けていたためできず、自分は自分の呼びかけに答えた男のところに匍匐前進していった。それは同じ小隊にいたヨンケルス［Jonkers］で、よく知っていた男であったが、脚部に複数の弾を受けていた。自分はヨンケルスの手の縛めを解いてやった。目の前には、第2及び第3小隊の兵士80名余りが、3人ずつ一緒に括られた状態で横たわっており、中には眼球を摘出されたり、斬首されていたり、腹部を切り裂かれていた者もいた。ヨンケルスを自由にしてやってから、2人は灌木のある方へ這っていった。自分は激しい痛みを覚えていたが、出血は止まっていた。翌7日の14時ぐらいまで灌木のところに留まっていたが、ようやく這い出すと、その後3日間苦しみながらさまよった挙げ句、セバンからレンバンに至る幹線道路に出ることができた。

＊（検）法廷証PX1706【ライダー［Leyder］蘭印軍陸軍大尉1945（昭和20）年9月11日付け審問報告】＝検察側文書PD5777　識別番号を付される。

＊（検）法廷証PX1706-A【同上抜粋：西部ジャワのカリ・ジャティにおける大量虐殺】　証拠として受理される。検察官ダムステ中佐、「ジャワ西部のカリ・ジャティ［Kali Djati］で捕虜の殺

害があったことを明らかにしている」、と申し立てる。朗読なし。

* （検）法廷証 PX1707【P・G・デ・フリース［De Vries］宣誓供述書】＝検察側文書 PD5735　識別番号を付される。

* （検）法廷証 PX1707-A【同上抜粋；入院中の蘭印軍航空兵及び防空兵俘虜 20 名の殺害】　証拠として受理される。検察官ダムステ中佐、「病院に収容されていた蘭印空軍及び対空砲部隊隊員の捕虜 20 名が殺害されたことを証言している」、と申し立てる。朗読なし。

* （検）法廷証 PX1708【C・フィジルブリーフ［Vijlbrief］蘭印軍軍曹報告書】＝検察側文書 PD5780　識別番号を付される。

* （検）法廷証 PX1708-A【同上抜粋；東部ジャワ・ケルソノでの俘虜数名の殺害】　証拠として受理され、検察官ダムステ中佐、「ジャワ東部のケルトソノ［Kertosono］で若干名の捕虜が殺害されたことを示している」、と申し立てる。朗読なし。

* （検）法廷証 PX1709【在ジャワ英軍司令官 H・D・W・シトウェル［Sitwell］少将宣誓供述書】＝検察側文書 PD5776　証拠として受理される。検察官ダムステ中佐、該文書の背景について、「供述者は、降伏時に捕虜が適正な待遇を受けられるよう特に配慮して、1929（昭和 4）年の捕虜に関するジュネーブ協定が自分の配下の将兵にも適用されるとの確約を日本側から取り付けた。しかし、これが履行されることはなく、捕虜の処遇は悉くジュネーブ協定を踏みにじるものであった。後に日本側は少将に対して『我が国は協定の内容を我方の利益に適う範囲で適用する』と伝えたが、このことは当該供述書で明らかにされている。脅迫の下での尋問、殴打、拷問、屈辱的待遇、劣悪な食事・衛生環境下での拘留といったことが、ジャワ西部バンドンの日本軍司令部では横行していた。これらについては、当法廷で本年 11 月 29 日と 12 月 2 日にブラックバーン准将が証言している」、と申し立てる。朗読なし。

* 検察官ダムステ中佐、収容所の状態についての証拠の概要として、「捕虜はジャワ全土の様々な収容所に押し込められたが、そのほとんどは捕虜への劣悪な待遇の故に悪名が高くなった。当初から収容環境は悪く、度重なる抗議・要望にもかかわらず、日本側は改善に向けて何もすることはなく、状況はむしろ悪化した。検察は各収容所について証拠を提出する意図はなく、種々の文書を通じて全般的状況を提示することとする」、と申し立てる。（英文速記録 13623 頁のこの部分は、「3. Camps」という見出しのような一行が唐突に出てきて、それに続くもので、何であるか不明であるが、この一節は提出済み PX1703【ジャワでの 1942（昭和 17）年 3 月頃〜1945（昭和 20）年 9 月 2 日間日本軍残虐行為検察側証拠概要】の一部であって、番号はその中で振られたものであると思われる）

* （検）法廷証 PX1710【R・P・ブルコック［Bullcock］航空将校宣誓供述書；ヤールマークト（東部ジャワ）・リシュウム（スラバヤ）・サイクル（バタビア）各収容所の悪食・不衛生・強制労働・体刑・殴打致死】＝検察側文書 PD5789　証拠として受理され、抜粋が朗読される。

<1946-12-26>　　　　　　　　　　　　　　　　　　　　　2　検察主張立証段階　**43**

【PX1710 朗読概要】

スラバヤのヤールマークト［Jaarmarkt］収容所：

居住・衛生環境及び食糧は劣悪で、健康管理への配慮は不適切。医療設備は不足。軍事目的の強制労働があり、労働は過酷。残酷な体罰による失神や外傷。病人に対しても強制労働を課す。

スラバヤのリシュウム［Lyceum］収容所：

同様の全般的状況に加えて、過密状態。

バンドン：

苛烈な殴打。

＊（検）法廷証 PX1711【C・W・マイシー［Meisey］軍医中佐宣誓供述書；グロドク（バタビア）監獄内俘虜収容所の劣悪施設と捕虜死亡】＝検察側文書 PD5787　証拠として受理され、朗読される。［E: 13624］［J: 139（4）］

【PX1711 朗読概要】

自分は 1942（昭和 17）年 3 月 8 日に日本軍の捕虜となり、翌月 10 日にボイエ・グロドク［Boie Glodok］の収容所に入れられ、同所に先任の軍医として 5 月 28 日までいた。同収容所の全般的状態は極めて劣悪。過密状態が著しく、衛生施設は不十分で、食糧は劣悪かつ不適正。主食は米であったが、蛆虫と穀蔵虫が沢山混じっていた。当時、良質の米は潤沢にあったのだが、日本側はそれを提供しようとはしなかった。

医療面での態勢も御粗末で、医薬品が沢山あるにもかかわらず、我方の医師に使わせようとはしなかった。1000 人余りの捕虜が高熱で苦しんでいたのに、我方に 1 週間分として給したアスピリンは 20 錠だけであったことや、収容所から 50 ヤードしか離れていない薬局で入手できたマラリア検知薬を提供することを拒んだことなどが、典型例である。その結果、薬品不足に悩まされることとなった捕虜は相当な苦しみを味わい、体力を消耗していった。

収容所の衛生環境は戦慄すべきもの。日本側が収容所からごみの搬出を禁じる旨の命令を出したので、捕虜が食べられなかった蛆虫入りの米飯を始めとする残飯が大量に放置され、蝿が大量発生した。赤痢が発生することを日本側に警告し、自分や捕虜の側の責任者などが 3 週間ぐらい何度もかけ合った末に、残飯を収容所外に運び出すことを日本側に同意させたが、遅きに失した。自分が同収容所を後にしてから赤痢が猖獗を極めたのである。

4 月の末か 5 月の初旬あたりに英国空軍の捕虜 3 名が脱走を試みた。自分が知る限りでは、その 3 名は自分達が作業をさせられていた近在の飛行場で飛行機を盗む計画を立てていたが、捕まって処刑された。日本側が英国軍捕虜の先任士官であるノーブル［Noble］大尉に語ったところでは、脱走よりも重い罪科の故に処刑されたとのことであったが、その罪科が何であるかは明らかにされなかった。

5月の第1週に、英国空軍の若年の捕虜が急性の腸閉塞になり、直ちに手術をする必要があったが、日本側は、病院に搬送することも、収容所で手術できるよう必要な器具を提供することも拒んだ。その結果、その捕虜は死亡。提供できるものを提供しないという、捕虜の病人に対する日本側の姿勢を象徴する出来事であった。自分の見解では、同収容所での虐待行為と劣悪な環境に責任を負うべきは、医師と呼ばれていた収容所長とバタビアの軍司令官であるが、いずれも名前は知らない。その医師は30歳ぐらいで、身長は5フィート11インチ。体格は良くて毛髪は黒く、結構風采の上がる男であった。

＊（検）法廷証PX1712【C・W・マイシー軍医中佐別途宣誓供述書；L・O・G収容所（バンドン）俘虜取扱状況】＝検察側文書PD5788　証拠として受理される。検察官ダムステ中佐、「バンドンのL・O・G（何の略称か不明）収容所での同様な状態を非難したもの」、と申し立てる。朗読なし。

＊検察官ダムステ中佐、「これらの宣誓供述書は、起訴状附属書D第1～10項所定の犯罪行為の相当部分乃至はすべてが犯されたことを示している」、と申し立てる。被告東条弁護人ブルーエット、「法廷が判断を下すべき事柄である」と異議を申し立てる。裁判長ウェッブ、異議の正当性を認め、「時間を節約し、弁護人が異議を申し立てる手間を省くため」と前置きして、「この類の発言はすべて慮外に置く」、と裁定する。ブルーエット弁護人、「爾後この種の異議を申し立てるのは控える」と、約する。

＊提出済み（検）法廷証PX1677【蘭領東インド政府移動者取調所長作成；日本軍捕縛蘭領東インド捕虜推定数】＝検察側文書PD5737　検察官ダムステ中佐、引証し、PX1703【ジャワでの1942（昭和17）年3月頃～1945（昭和20）年9月2日間日本軍残虐行為検察側証拠概要】に従って、以下の通り申し立てる。

（以前の「3. camps」と同様、英文速記録13629～30頁のこの部分も「4. Transport」で始まっている）

　捕虜を取り巻く劣悪な環境をさらに悪化させたのは、その必要がないのに捕虜を絶え間なく移動させたこと。ほとんどの捕虜が収容所間の移動を経験している他、戦争中万単位の捕虜がジャワ以外に移送された。PX1677は、オランダ軍捕虜だけでも1万4000が泰緬鉄道に、7800が日本本土に送られ、アンボンとフローレス［Flores］にも各々1000人と2000人が移されたことを示している。捕虜の海上輸送日程が事前に連合国側に知らされなかったがために連合国軍の攻撃にさらされることとなり、少なくとも輸送船5隻が雷撃を受け、そのために海に投げ出されたオランダ軍捕虜は2700人に上り、その内1900人が溺死した。そして、後刻示す通り、生き残った者も、（乗船沈没による）肉体的影響もさることながら、衣服や所持品を失ったことで、以前よりも劣悪な環境に置かれることとなった。

（以下は、「5. Executions」で始まっている段落）

　捕縛された脱走捕虜に対する処分は、国際協定では懲罰的処分に留めて軍法会議に付すべきでないことが規定されているにもかかわらず、大多数の場合、裁判なしの死刑であった。蘭印の降伏直後の数カ月でそのような処刑がジャワ全土の数カ所でなされているので、特別な命令が下

<1946-12-26>　　　　　　　　　　　　　　　　　　　　　　　　　2　検察主張立証段階　**45**

された結果そうなったことが推断される。処刑のほとんどは、銃剣による刺殺という嫌悪感を催すような残酷な手段で行われ、受刑者が長時間苦しみ抜いて死ぬようにしていた。のみならず、同じ収容所の捕虜は、その場でその残虐な処刑を見届けることを要求されたのである。以下に提出する宣誓供述書に、そのような処刑の態様を見ることができる。

＊（検）法廷証 PX1713【G・J・ディッセフェルト［Dissevelt］蘭印軍陸軍中尉宣誓供述書】＝検察側文書 PD5781　識別番号を付される。

＊（検）法廷証 PX1713-A【同上抜粋；L・O・G収容所（バンドン）での蘭軍俘虜3名の処刑】証拠として受理され、抜粋が朗読される。［E: 13631］［J: 139（5）］

【PX1713朗読概要】

　カワカツ大尉は「この3人は脱走という重大な違反行為を犯したので、今からそれを償わなければならない。ここにいる士官達も脱走を防げなかったという懈怠の責を負う」と話し、その場にいた我軍の士官に訳して伝えるよう自分に指示した。

　3人は目隠しをされ、カワカツの命令で1人につき日本軍兵士2人、合計6人が着剣した銃を持って列外に出て処刑対象者の正面に立った。カワカツの言っていることや、進められている準備から判断して、処刑が今や不可避なのは明らかであった。自分はカワカツから3人の遺言を書き留める許可を得ると、3人のところに行って、氏名と近親者の名前を聞き出してノートに書き記した。

　後刻、ポウルス［Poulus］中佐に手渡した名前は、ヒエルケマ［Hielkema］、メルクス［Merkus］、カールセン［Karssens］となっていた（原文注：綴りが正しくない可能性あり）。最初の2人はK・N・I・L（何を意味するのか不明）で、もう1人は国民軍水兵［militia sailor］であった。カールセンが目隠しなしで処刑されたいとの意向を示したので、カワカツに伝えたところ認められ、目隠しが取り去られた。

　カワカツが開始の命を与え、日本軍兵士が身構え、カールセンが「女王陛下万歳！」と叫ぶや、銃剣による刺突が始まり、暫く続いた。オランダ人の士官の1人（ランペ［Lampe］軍医）が惨殺の有様を見ているのに耐え切れず、卒倒。その様を日本軍の士官達は面白がって見ていた。少し経つと、傷だらけになった3人は有刺鉄線にぶら下がるようになっていた。恐らくカールセンはすぐに息絶えたが、他の2人の内1人は、傷だらけで流血に覆われた体を引き起こして「俺はまだ死んでないぞ、まだ生きてるぞ」と言っていた。それから、日本兵はまた突き始め、気が済むまで続けた。我々が兵舎に戻るよう言われて戻りかけた時、日本軍の士官の1人が今1人の処刑対象者に近づくと、拳銃で頭を撃ち抜いた。明らかにまだ死んでいなかったのだ。

＊（検）法廷証 PX1714【P・ドールンボス［Doornbos］蘭印軍陸軍少佐報告書】＝検察側文書 PD5782　識別番号を付される。

＊（検）法廷証 PX1714-A【同上抜粋；チマヒ第4・第9大隊収容所での蘭軍俘虜2名の処刑】

証拠として受理される。検察官ダムステ中佐、「ジャワ西部チマヒ［Tjimahi］の第 4 及び 9 大
隊収容所で蘭軍捕虜 2 人が 1942（昭和 17）年 5 月に処刑された」と、要約する。朗読なし。

＊（検）法廷証 PX1715【F・H・テルヘーゲ［Terheege］蘭印軍軍医官陳述書；チマヒ第 6 大隊収
容所でのインドネシア人俘虜 6 名の処刑】＝検察側文書 PD5783　証拠として受理される。検
察官ダムステ中佐、「チマヒの第 6 大隊収容所でインドネシア人捕虜 6 人が 1942（昭和 17）年
5 月に処刑された」、と要約する。朗読なし。

＊（検）法廷証 PX1716【F・M・フォンク［Vonk］蘭印軍軍医官報告書】＝検察側文書 PD5784
識別番号を付される。

＊（検）法廷証 PX-1716-A【同上抜粋；スカブミ農学校収容所（西部ジャワ）での蘭軍俘虜 2 名
の処刑】　証拠として受理され、検察官ダムステ中佐、「ジャワ西部スカブミ［Sukabumi］の農
学校に設けられた収容所で蘭軍捕虜 2 人が 1942（昭和 17）年 5 月に処刑された」と要約する。
朗読なし。

＊（検）法廷証 PX1717【F・J・L・レーメル［Reemer］蘭印軍陸軍少尉陳述書】＝検察側文書
PD5785　識別番号を付される。

＊（検）法廷証 PX1717-A【同上抜粋；ジャチ・ナンゴル（中部ジャワ）での蘭軍俘虜・インド
ネシア人各 3 名の処刑】　証拠として受理され、検察官ダムステ中佐、「ジャワ中部のジャチ・
ナンゴル［Djati Nangor］でオランダ人とインドネシア人の捕虜が 3 人ずつ 1942（昭和 17）年 3
月 31 日に処刑された」と要約する。朗読なし。

＊（検）法廷証 PX1718【学校教員 C・ブレルチェス［Broertjes］陳述書】＝検察側文書 PD5786
識別番号を付される。

＊（検）法廷証 PX1718-A【同上抜粋；ジョグジャカルタ・H・B・S 収容所での蘭人俘虜処刑】
証拠として受理され、検察官ダムステ中佐、「ジャワ中部ヨグジャカルタ［Djoejakarta］の H・B・
S（何を意味するのか不明）収容所で蘭軍捕虜 3 人が 1942（昭和 17）年 5 月に処刑された」と要
約する。朗読なし。

＊提出済み（検）法廷証 PX1711【C・W・マイシー［Meisey］軍医中佐宣誓供述書】＝検察側文
書 PD5787　検察官マイシー（英文速記録 13637 頁 "MAISEY" のママ。恐らくは、引用書証 PX1711 の
供述者名と混同したものであろう）中佐、「英国人捕虜 3 名処刑」と引証する。

（5-2）民間人に対する残虐行為

（英速録 13637〜13704 頁／和速録第 139 号 5〜15 頁）

＊検察官ダムステ中佐、提出済み PX1703【ジャワでの 1942（昭和 17）年 3 月頃〜1945（昭和
20）年 9 月 2 日間日本軍残虐行為検察側証拠概要】に従って、「民間人」の項目に移る。

＊提出済み PX1351【デ・ウェールド宣誓供述書】（和文速記録には記載されていない）　検察官ダム
ステ中佐、引証する。

＊（検）法廷証 PX1719【A・ホルスト［Horst］夫人宣誓供述書】＝検察側文書 PD5767　識別番号

<1946-12-26> 2 検察主張立証段階 **47**

を付される。

＊（検）法廷証 PX1719-A【同上抜粋；中部ジャワのチェポエでの婦女子その他に対する虐待強姦】
証拠として受理される。検察官ダムステ中佐、（恐らく PX1703【ジャワでの 1942（昭和 17）年 3 月頃
〜1945（昭和 20）年 9 月 2 日間日本軍残虐行為検察側証拠概要】に従って）、「ジャワ中部の油田地帯であ
るチェポエ［Tjepoe］を日本軍が制圧した際に、同地の最高位政府職員であるホルストを始め
とする何人かを殺害したが、これは提出済み PX1341 で明らかにされたボルネオ島バリクパパ
ンでの事例と同様、明らかに油田施設を破壊したことへの報復措置である。また、当文書が示
す通り、日本軍現地指揮官の黙認の下で婦女が度重なる暴行を受けた」と、前置きして、抜粋
を朗読する。

【PX1719 朗読概要】

（日本軍の？）到着後、バン・バーケルゲム［Bakerghem］を除く全員が、自分のいる市場地区［ba-
zaar］にやってきた。カブパテン［Kabupaten］では、避難民が一人一人氏名と出生地を訊かれ、
バーケルゲムのみがオランダ出身男性であることが判明。純オランダ人であるが故に死ぬことに
なると言い渡されたバーケルゲムは、跪いて命乞いをしたが、斬首された。これは、ブロラ［Blora］
の執政官［Regent］が同地のフォーゲルサン［Vogelsang］警視に伝えたのを、後に自分がさらに
同警視から聞いた話しである。警視によれば、その処刑の場には執政官もいたとのことである。
　自分達はその日、そのようなことが起きているとは知らなかったが、不吉な予感はしていた。
そして、1942（昭和 17）年 3 月 5 日木曜日、自分達が大部屋で一緒にいたところに、凶暴なオ
ーラを発散した日本兵が入ってきた。
　その夜、アンボン生まれのサルツマン［Salzmann］の義父母が連れ去られて酷い虐待を受け、
その 15 〜 16 歳ぐらいの娘 2 人も酷い目に遭わされた。義父母は同夜に取り乱した様子で戻って
きたが、娘 2 人は日本兵に強姦されて翌朝戻ってきた。（これ以降の部分と意味が繋がらない部分があり、
この辺で何か省略されている箇所があるような印象を受けるが、速記録を見る限りその形跡はない）
　自分と息子のルーカス［Lucas］は 15 分ぐらい倉庫に閉じ込められた後で、自宅に帰ることを
許された。
　その際に、格子越しに別の倉庫の中で夫とディーツェル医師、メブス［Mebus］やクリューセ
［Kryuse］の立っているのが見えたが、日本兵は銃剣を向けてその場を立ち去るよう自分を促した。
　自宅に戻ってみたら、そこには日本兵が沢山いた。30 分ほどして、自分達の中から男性を連
れ出した 3 人の日本兵がやってきたが、内 1 人はディーツェル医師の聴診器を振り回していた。
それを見て、同医師が死んだとすぐに直感し、日本人（Japs）の 1 人に自分の夫がどうなったの
かを問い質したところ、「死んだ。俺が殺した」と言って、紛うことない身振りでそれを示した。
日本（Japs）は「4 人全員を殺した」と言った。
　同じ日に自分は、他の人々のいる救急病院を訪れたが、皆気が立って酷い状態であったので、

その状態をさらに悪化させないために、この一件についてはその時は黙っていた。後に、執政官がすべてを話した。そして、3月7日土曜日、婦女子が一緒にいた救急病院に日本兵がやってきた（この日本兵の説明として英文速記録13641頁にはodd soldiersとの記述があり、和文速記録139号6頁の対応部分では「任意の兵隊」と訳されているが、いずれも意味不明である。命令によらず自分の意思で非違行為を働いていた兵士という意味か？）。婦女が強姦されたが、子供の目の前でではなかった。犠牲になったのは、自分とベルナスコ［Bernasco］、メブス、ディーツェル、デ・グラーフ［De Graaf］、バン・バーゲルゲム、フェルベーク［Verbeek］、ワレラ［Warella］の各夫人であった。

　それから17日までの間、日本人（Japs）により集団で無慈悲な強姦が、通常は夜間に行われたが、偶に昼間にもなされた。最初の夜の後で、支那人のリエム［Liem］医師にこのことを訴えたところ、同医師は日本側の指揮官に掛け合い、その結果ディーツェル夫人と自分に加えて他に1～2人が指揮官の許に呼び出された。指揮官は、非違行為を働いた日本人（Japs）が誰かを特定する機会を与えると言い、その上で下手人を自分達の面前で銃殺刑に処すと付け加えた。

　しかし、何もなされず、1時間後に自分達は救急病院に戻された。

　その夜8時、自分達は近在の学校の教室に移された。日本人（Japs）はそこにはやって来ないので、安全のための措置だと説明された。

　ところが、その晩、自分達が寝入っていた10～12時頃に、件の指揮官を先頭に日本兵の集団が乱入してきた。その指揮官は机の上に座って自身は何もしなかったが、婦人達が一人一人強姦されるために連れて行かれるのを黙って見ていた。

　［A. 抑留民間人に対する残虐行為］　［E: 13642］［J: 139（5）］

＊検察官ダムステ中佐、提出済みPX1703【ジャワでの1942（昭和17）年3月頃～1945（昭和20）年9月2日間日本軍残虐行為検察側証拠概要】に従って、以下の通り、要訳を朗読する。

　民間人の拘束は蘭印の降伏直後から始まり、1942（昭和17）年4月までにオランダ人の政府職員は、一部の泡沫的役職か少数の必要不可欠な役職に就いている者を除いて全員抑留された。その後すぐに、政府職員以外の民間オランダ人も蘭印出生者を除いて拘引された。数カ月後、婦女子の抑留も始まり、ジャワ生まれの子供であっても、両親が抑留されている者は収容された。抑留所に指定された特定区域はすぐに過密状態となり、後には監獄、刑務所、農園、修道院、現地人居住街などが収容所として使用された。少年男子も13歳からは成人と見なされて男性用の収容所に送られたし、11歳、時には9歳ぐらいの男子であっても母親から引き離されて所謂「少年収容所」に入れられた。抑留区域では教育活動はすべて禁止され、婦女子は熱帯の炎天下で長時間の重労働を強いられた。男女用どちらを問わず抑留所の環境は捕虜収容所と同様に極めて非人道的で、それは一連の宣誓供述書の内容からも窺える。

＊（検）法廷証PX1720【元銀行支配人及び在東京名誉オランダ領事J・C・ラインダース・フォルマー［Reinders Folmer］宣誓供述書】＝検察側文書PD5762　識別番号を付される。

＊（検）法廷証PX1720-A【同上抜粋；バンドン・L・O・G収容所、チマヒのバロス収容所の状況】　証拠として受理される。検察官ダムステ中佐、「日本語に習熟していた供述者は通訳とし

<1946-12-26>　　　　　　　　　　　　　　　　　　　　　　　2　検察主張立証段階　**49**

て活動していた」と、前置きして、提出済み PX1703 に従って、以下の通り要約を朗読する。
書証の朗読なし。

　バンドンの L・O・G（何を意味するのか不明）収容所では、抑留者への段打が頻繁に行われ、食糧は質量共に不十分で、衛生状態も悪く、娯楽・礼拝などは禁止され、近親者とであろうと外部との交信は禁じられた。チマヒのバロス［Baros］収容所の状態は、日本の陸軍が同所を含む一般人収容所の管理を引き継いでから悪化していった。食糧は 1 日 1000 カロリー相当で、収容者は自分達の貴重品を売却して得た収入で追加の食物を購入して生き延びていた。鼠や犬は、病院に収容されている重症患者に動物蛋白を与えるためにとっておかれて、その都度調理された。医薬品の支給量は非常に少なかったが、日本が降伏した後に、それまでの全期間を通じて十分な量が蓄えられていたことが判明した。赤十字の物品が届けられたのは 2 回だけで、それも一部を日本側が横領していた。それらの物品が与えられた時、抑留者には缶や容器の内容物をすべてその場で空けるように命じて、実際は全部でどのくらいの量があるのか分からないようにしたのである（空けた中身を 1 カ所に集めて、その一部だけを抑留者に与えたということか？）。抑留者に対する報復行為や連帯責任を問う処罰が横行。

　子供は 11〜12 歳で親から引き離された。ローマ法王から英国人 1 人宛 75 ギルダーが贈られた時、実際に支払われたのはその 3 分の 1 の額であった。日本側が収容者に対して浴びせる悪罵は、「態度が悪い」、「謙虚さに欠ける」、「傲慢で生意気である」、「行儀作法がなっていない」、「誠実でない」、「顔の表情から帝国陸軍を侮辱する態度が窺われる」、「反抗心が顔に滲み出ている」といった酷いものであった。日本側は、このような理由で、些細な違反行為に対しても、もしくは違反行為がなくても、体罰で臨むことを正当化していた。それでも、他の島嶼の収容所と比べればまだ良い方で、日本の赤十字職員はジャワでの待遇が比較的良いのに腹を立てていたとのことであった。

＊（検）法廷証 PX1721【警察官 G・デ・ラング［De Lang］宣誓供述書】＝検察側文書 PD5763
　　識別番号を付される。［E: 13646］［J: 139（7）］

＊（検）法廷証 PX1721-A【同上抜粋；チマヒ収容所における栄養不足・医薬不足による致死】
　　証拠として受理され、検察官ダムステ中佐、提出済み PX1703 に従って、「チマヒの収容所群で、栄養失調、消化器不全、医薬品不足のために 1500 人が死亡」と要約する。

＊（検）法廷証 PX1722【A・M・ドローグ［Droog］夫人宣誓供述書】＝検察側文書 PD5765　識別番号を付される。

＊（検）法廷証 PX1722-A【同上抜粋；婦人収容所患者の残酷輸送】　証拠として受理され、検察官ダムステ中佐、提出済み PX1703 に従って、以下の通り、要約を朗読する。書証の朗読なし。

　患者の搬送は過酷な方法によってなされた。女性 2000 人と 10 歳以下の子供 1200 人、そして11〜13 歳の男児 900 人が強制労働に従事させられ、乳飲み子や幼児のいる母親や 50 歳を越えた女性も例外ではなかった。極度の重労働に就かされた婦人と男児は、各々 500 人と 625 人に上り、そのために健康状態は著しく悪化した。

＊（検）法廷証 PX1723【J・P・リセラダ［Risselada］嬢宣誓供述書】＝検察側文書 PD5766　識別番号を付される。

＊（検）法廷証 PX1723-A【同上抜粋：バンジョビロー（中央ジャワ）収容所での虐待】　証拠として受理される。検察官ダムステ中佐、一部訂正を加えて、「ジャワ中部アンバラワ［Ambara-wa］のバンジョビロー［Banjobiroe］収容所では、1 日の食糧が米飯 90 グラムと僅少で、集団を対象とする非常に残虐な懲罰が課せられた」と、要約する。朗読なし。

＊（検）法廷証 PX1724【M・B・ハベルカンプ［Haverkamp］夫人宣誓供述書】＝検察側文書 PD5769　識別番号を付される。

＊（検）法廷証 PX1724-A【同上抜粋：カラン・パナ（中央ジャワ）収容所での老人・婦人・少女に対する強制労働】　証拠として受理され、提出済み PX1703 に従い、「ジャワ中部セマラン［Semarang］のカラン・パナ［Karang Pana］の実情を記したもの」と、前置きして、以下の通り、要約を朗読する。書証の朗読なし。

日本側は、小児麻痺の発生防止のためとの名目で、超過密状態の礼拝堂に老人の男性 125 人を女性並びにそれら女性の思春期に入った娘と一緒に住まわせた。収容者に対する段打は恒常的。10 歳以上の男児は親から引き離された。重労働を伴う作業に人員が不足した場合、女性が穴埋めをしなければならなかった。食糧はごく少量。同じセマランのランペルサリー［Lampersarie］収容所は、町の一角の現地人居住区から住民を追い出した場所に位置していたが、女性に野外の重労働が義務付けられ、少女達も重い米俵を 500 ヤード以上担いで運ばねばならなかった。集団懲罰が課せられ、7 日間にわたって拷問が続けられたことも 1 度あった。

＊（検）法廷証 PX1725【ベールマン［Beelman］夫人宣誓供述書】＝検察側文書 PD5770　識別番号を付される。

＊（検）法廷証 PX1725-A【同上抜粋：中部ジャワのモエンティラン［Moentilan］での強姦・強制売淫】　証拠として受理される。検察官ダムステ中佐、「モエンティランで、婦女子に対する強姦・強制売春が憲兵隊によってお膳立てされ、強姦の前に医師が犠牲者を検査した」と、要約する。朗読なし。

＊検察側文書 PD5759【映画フィルム『ニッポン・プリゼンツ』［Nippon Presents］（和文速記録は、「ニッポン提供」等とする）】［E: 13652］［J: 139（7）］　検察官ダムステ中佐、日本が宣伝用に作成した映画を提出し、「法廷で上映する」、「これは、該映画が作成された経緯を綴った蘭印陸軍少佐 J・シム・バン・デル・レーフ［Schim Van Der Leef］の供述書である PD5758、及び既にこの件について 12 月 2 日に法廷で証言したブラックバーン准将の供述書である PD5740 に関わるものである」と、前置きして、申し立てる。

《検察側文書 PD5759 に関わる検察側申し立て》

日本の宣伝機関［Propaganda Department］は『オーストラリアは呼んでいる』［Australia Calling］

<1946-12-26>　　　　　　　　　　　　　　　　　　　　　　2　検察主張立証段階　51

という映画を作成したが、その際に豪蘭軍捕虜とオランダ人の民間人抑留者が酷い脅しの下で出演を強要させられた（この映画の作成に関わった柳川宗成の戦後の手記『陸軍諜報員柳川中尉』や遺稿集によれば、本来の題名は『豪州への呼び声』［Calling Australia］というものであったようである。何故に語順が逆となったのかは不明であるが、一貫して法廷で使用されている Australia Calling 及びその和訳語句に従う）。映画の中では、抑留者が贅沢とも言える環境・状況で生活している様が映されているが、すべて偽りである。オーストラリアの戦意を削ぐことを目的として作られたものであるが、オーストラリアで上映できるようにすることはできず、日本の降伏後に押収された。出演を強要された者の何人かが偽りの内容の背後にある真実を証言しており、また、日本の降伏後に連合国軍のカメラマンが撮影したジャワの捕虜収容所や民間人抑留所の実態が盛り込まれており、事実と偽りを対比できるようにしている。法廷の許可を得て、適当な時に映写し、関連する宣誓供述書を朗読したい。

＊裁判長ウェッブ、「法廷には異存がない」と裁定し、「いつ映写できるか」、と質す。検察官ダムステ中佐、「本日の午後」、上映時間は「45分を少し超える程度」、と応答する。ウェッブ裁判長、「午後の休憩後に映写する」、と申し渡す。

＊検察官ダムステ中佐、提出済み PX1703【ジャワでの 1942（昭和 17）年 3 月頃〜1945（昭和20）年 9 月 2 日間日本軍残虐行為検察側証拠概要】に従って、「皆殺し（見出しと思われる）。日本側が国際法に向き合う姿勢がいかなるものであったかを如実に示しているのが、連合国軍上陸の暁に捕虜や民間人抑留者を処分するために立てた計画である。その際には、何等かの騒擾事件が起きるよう予め準備して、その発生を口実に大規模な殺害行為に及ぶことになっていた。このような計画についての証拠は、後刻、他の地域での類似の計画について立証する際に取り上げられる」、と申し立てる。

　　［B.　非抑留民間人に対する残虐行為 – 対労務者］［E: 13654］［J: 139（8）］

＊検察官ダムステ中佐、提出済み PX1703【ジャワでの 1942（昭和 17）年 3 月頃〜1945（昭和20）年 9 月 2 日間日本軍残虐行為検察側証拠概要】に従って、以下の通り、申し立てる。

　日本が樹立した大東亜共栄圏を利すべく利用したもののひとつが、戦争目的を達するためとして組織した強制労働である。労役には、塹壕掘り、防空壕などの軍事施設の構築、道路・鉄道の建設、油田・鉱山での作業などがあった。そのような作業のために特に徴用されたのがジャワ人若年層で、志願労働と呼ばれたものの、実際は強要されたものであった。対象となった若者は、村落の長を通じて駆り集められて拘禁状態に置かれ、捕虜と同様もしくは捕虜よりも劣悪な待遇を受けた。

　そのようにして徴用された労務者は、東南アジア一帯に送られ、行き先地域はスマトラ、ボルネオ、セレベス、アンボンなどはもとより、マラヤ、ビルマ、タイ、フィリピンといった遠隔地にも及んだ。

　海上移送は通常、近海航行用の小型船舶で行われ、航海が数週間にわたることもあったが、その間に与えられた水・食糧が十分であった例はなく、航海の途中で死亡する者も相当数いた。

　課せられた作業は、過酷・峻厳な規律と段打などの体罰が横行する中で行われた重労働であっ

た。食糧が十分とは到底言えなかったので、脚気、ペラグラ、熱帯性潰瘍が多発し、居住・衛生環境が不潔・不衛生で、赤痢、マラリア、疥癬［scabies］が蔓延した。そして、医療・病院関連の対策がすべてなかったか、あっても実にお粗末なものだったので、疾病の進行を食い止めたり、伝染病拡大の防止を可能とするような見込みは、ほとんどなかった。死者に敬意が払われることはなく、これはアダット［adat］という現地人の宗教的習慣を踏みにじるものであった。

　このような事実は、生存者の宣誓供述書に枚挙の暇がないほど記されており、これから提出される。送り出された労務者は合計27万余りで、終戦後戻ってきたのは僅か7万。この数値については、PX1351【デ・ウェールド宣誓供述書】を参照のこと。

＊（検）法廷証 PX1726【泰緬鉄道敷設のための労働者の死亡者数に関するシンガポール法務局長報告書】＝検察側文書 PD5709　証拠として受理され、検察官ダムステ中佐、「概算では、泰緬鉄道建設のために動員された労務者のうちの約8万人が死亡したが、その大多数がジャワ人であった」と、要約する。朗読なし。

＊（検）法廷証 PX1727【ATIS 報告書オーストラリア局東南アジア司令部】＝検察側文書 PD5710　識別番号を付される。

＊（検）法廷証 PX1727-A【同上抜粋：①ボルネオのブルネイ精油所ジャワ人労働者に関する日本の報告書②ジョグジャカルタでの労務者徴用に関する報告書】　証拠として受理され、検察官ダムステ中佐、「ボルネオのブルネイ精油所のジャワ人労務者と、ジョグジャカルタでの労務者徴用に関する日本側の報告書に触れたもので、死者と病人と脱走者の数が掲載され、現地での状況を如実に伝えている」、「従順で宿命を受け入れることを信条とし、西洋人と比べて反抗的態度を余り露わにしない現地人が耐え忍ばざるを得なかった境遇である」と、要約を朗読する。書証の朗読なし。

＊（検）法廷証 PX1728【デラーマロ［Doelahmaro］蘭印王国軍退役軍曹宣誓供述書】＝検察側文書 PD5700　識別番号を付される。

＊（検）法廷証 PX1728-A【同上抜粋；シンガポール近郊ジュロン［Djurong］収容所での虐待致死】証拠として受理され、検察官ダムステ中佐、「供述者は自分の家を立ち退くよう命令され、他の 1700 名余りと共にシンガポール近郊のジュロン収容所に送られた。同収容所の状況は恐るべきもので、質量共に劣悪な食糧のために脚気が蔓延。1700 人中、終戦まで生き延びたのは 600 人のみで、残りは死亡したか脱走した」と、要約を朗読する。書証の朗読なし。

＊（検）法廷証 PX1729【カサ・ビン・サンタミ［Kasa Bin Santami］宣誓供述書】＝検察側文書 PD5701　識別番号を付される。

＊（検）法廷証 PX1729-A【同上抜粋；シンガポール近郊プラウ・セキジャン［Pulau Sekidjang］での虐待致死】　証拠として受理され、検察官ダムステ中佐、「供述者はシンガポール近郊のプラウ・セキジャンで労役に従事するよう日本側に命じられた。労務者への殴打は日常茶飯事で、特に病人に対して酷く、拷問にかけられることもあった。供述者が同地にいた1年の間、750人中 500 人が死亡した」と、要約を朗読する。書証の朗読なし。

＜1946-12-26＞　　　　　　　　　　　　　　　　　　　　　　　　　2　検察主張立証段階　**53**

＊（検）法廷証 PX1730【サンラウィ・ビン・ウィリアスチャ［Sanrawi Bin Wiriastja］宣誓供述書】
　＝検察側文書 PD5702　識別番号を付される。

＊（検）法廷証 PX1730-A【同上抜粋：プラウ・セキジャン収容所の状況】　証拠として受理され、
　検察官ダムステ中佐、「前出プラウ・セキジャン収容所にいた者の宣誓供述で、同人が属して
　いた 500 人余りの集団の中で 200～300 人が死亡。中には酷い拷問を受けて死んだ者がいた」と、
　要約を朗読する。書証の朗読なし。

＊（検）法廷証 PX1731【パルマン・ビン・ジョタレノ［Parman Bin Djotaroeno］宣誓供述書】
　＝検察側文書 PD5706　識別番号を付される。

＊（検）法廷証 PX1731-A【同上抜粋：プラウ・セキジャン収容所の状況】　証拠として受理され、
　検察官ダムステ中佐、（英文速記録 13660～62 頁によれば、以下は、次に出てくる映写予定の映画について
　の議論と、休憩の後に朗読されたものだが、便宜上ここに記す）「同じプラウ・セキジャン収容所に送ら
　れた者の供述で、それによると、供述者が属していた 30 人の集団の内 17 人が死亡し、490 人
　いた苦力の中で 1 年間に死んだ者は 140 人に達した。貧弱な食糧・医療、暴行といった収容所
　ではお決まりの状況が見られた」と、要約を朗読する。書証の朗読なし。

＊裁判長ウェッブ、ダムステ検察官に対して、「検察官は、午後に映画を映写する際に朗読する
　ものがあると申し立てたが、映画の一部である日本語の台詞の訳ならば朗読は可であるが、そ
　れ以外にも何かを読み上げる意図があるのか」、と質す。［E: 13660］［J: 139（9）］　検察官ダ
　ムステ中佐、「映像に出てくる説明も読むつもりである」、と応答する。裁判長、「（映画の内容に
　関する）時・場所についての説明ならば問題ないであろうが、それ以外であれば、弁護側の出
　方によっては問題となる」、と申し渡す。被告鈴木・賀屋弁護人マイケル・レビン、「朗読する
　説明の内容が時・場所に関わる事項を越えて、法廷が下すべき解釈のような事項に及ぶならば」
　として、異議を申し立てる。裁判長ウェッブ、「時・場所以外でも、事実関係の論述に留まる
　場合が有り得るが、許容されるか否かの判断は法廷が下す」、「その場合には、主張される事実
　は、通例の方法で立証されねばならない」、と申し渡す。

＊午前 10 時 45 分、裁判長ウェッブ、休廷を宣す。

＊11 時、法廷、再開する。［E: 13662］［J: 139（9）］

＊検察官ダムステ中佐、検察主張立証第 XIII・XIV 局面「対民間人・戦争捕虜残虐行為」第 6
　部「蘭領東インドでの残虐行為」の検察側立証として、「蘭領東インドのジャワでの残虐行為」
　関連検察側証拠概要・検察側要約書証・検察側書証の提出を続行する。

＊（検）法廷証 PX1732【セレマト・ビン・ジェンシス［Selemat Bin Joences］宣誓供述書】＝検察
　側文書 PD5712　識別番号を付される。

＊（検）法廷証 PX1732-A【同上抜粋：プラウ・セキジャン収容所の状況】　証拠として受理され、
　検察官ダムステ中佐、「供述者はプラウ・セキジャン収容所で苦力が筵に巻かれて火をつけら
　れるという拷問に遭わされているのを目撃した。その後で、件の苦力はさらなる拷問を受け、
　死亡した。拷問をしていたのは日本人の医師である」と、要約を朗読する。書証の朗読なし。

＊（検）法廷証 PX1733【アクマド・ビン・ケタヨーダ［Achmad Bin Ketajoeda］宣誓供述書】＝検察側文書 PD5703　識別番号を付される。

＊（検）法廷証 PX1733-A【シンガポールのカンポン・バロー［Kampong Baroe］の状況】　証拠として受理され、検察官ダムステ中佐、「供述者はシンガポールのカンポン・バローでの労役に従事させられた。そこでは、所在の苦力 2000 人中、働くことができる状態にあったのは 1000 人ぐらいだけであり、毎日 4〜6 人が死亡していった。にもかかわらず、峻烈な規律の下での重労働が強要されていた。シンガポール近郊のパラウ・ボコアムト［Palau Bokoamto］では、連合国軍の空襲があった時に苦力が防空壕に退避することを許されず、その結果多数が死亡した」と、要約を朗読する。書証の朗読なし。

＊（検）法廷証 PX1734【ゴーデル［Goedel］宣誓供述書】＝検察側文書 PD5704　識別番号を付される。

＊（検）法廷証 PX1734-A【同上抜粋：クレンダー［Klender］、タンジョン・プリオク［Tandjoeng Priok］からシンガポールまでの航路輸送及びヘンダーソン［Henderson］収容所での虐待】　証拠として受理され、抜粋が朗読される。

【PX1734-A 朗読概要】

　自分はソロ［Solo］近郊のラピア［Rapiah］にある集落出身のジャワ人である。1 年半ほど前、村長に呼ばれ、クラテン［Klaten］で日本側のために 7 週間ほど労役に従事するよう言われて同地に赴いた。ところが、そこで 1000 人ぐらいの集団に加えられて汽車に乗せられ、バタビアに連れて行かれ、クレンダーという場所で 15 日間、日本兵の監視下に留め置かれた。何人か脱走を試みた者がいたが、日本兵に死にそうになるまで痛めつけられた。クレンダーからタンジョン・プリオクに連れて行かれ、そこで船に乗せられてシンガポールに着くと、ヘンダーソン通りの収容所に入れられて、今に至っている。ここで与えられた食事は米飯にとうもろこしを混ぜたものと甘藷の一種。赤痢、脚気、熱帯性潰瘍に罹患した者は大勢いたし、マラリア患者も非常に多かったが、キニーネなどの薬品は皆無で、病人に与えられた水溶液状の薬品は何の効果もなかった。また、包帯の類もなかった。この収容所は、他の収容所に向かうジャワ人を一時的に留め置くための中継収容所であったが、そのために病人が当収容所に置き去りにされることとなった。毎日 15〜20 人ぐらいが死んでいったのは確実で、正確な数値は不明だが、合計 2000 人ぐらいが死んだと推計する。死体は 2 日ぐらい放置されてからトラックで運び出されたが、行き先は不明である。労役について何か意見をしようものなら、多くの場合、日本兵に殴打された。8 カ月ほど前、自分は身に覚えのない毛布窃盗の容疑をかけられ、イラコボ［IRAKOBO］という名の日本兵にロープを首に巻きつけられ、そのまま一晩放置された。翌朝、そのイラコボとキモト［KIMOTO］という日本兵が自分を痛めつけ、さらには、260 人余りのジャワ人一人一人に帯革で自分を引っ叩かせ続けるという虐待行為が、11 時頃まで続いた。その後、両腕両脚を縛られた上で洗面器

＜1946-12-26＞　　　　　　　　　　　　　　　　　　　　　　　　2　検察主張立証段階　**55**

の水に顔を突っ込まれて溺れかけ、30分ほどでそれが終わると、今度は立ったまま宿舎のひとつの壁に縛り付けられ、そのまま1週間、放置された。その時、自分の背中にはイラコボが現地伝来の刃物で3カ所にわたってつけた傷があり、鉄片による大きな傷を付けられた左足からは出血していた（ここで供述者が尋問官にそれらの傷跡と、緊縛された時にできた上腕部の傷を見せる）。全身傷で覆われた状態で1週間、体を洗うことも傷の手当てをすることも許されず放置され、その間に食事として与えられたのは粥が1日に2回だけであった。1週間後縛めを解かれた時には四肢が酷く腫れ上がって、自力では動けない状態だったので、他の者に担がれて寝所に運ばれた。少し動けるようになるまで1カ月ぐらいを要し、それから徐々に回復していった。この虐待行為によって永続的後遺症が残るような障害は受けなかった。

＊（検）法廷証 PX1735【ボーヨン［Boejong］宣誓供述書】＝検察側文書 PD5705　識別番号を付される。［E: 13667］［J: 139（10）］

＊（検）法廷証 PX1735-A【同上抜粋：シンガポール近郊プラウ・ダマル［Pulau Damar］での体刑致死】　証拠として受理され、検察官ダムステ中佐、「プラウ・ダマルで苦力が酷い虐待を受けた果てに生き埋めにされた」と、要約を朗読する。書証の朗読なし。

＊（検）法廷証 PX1736【レボ［Rebo］宣誓供述書】＝検察側文書 PD5707　識別番号を付される。

＊（検）法廷証 PX1736-A【同上抜粋：タンジョン・ピナン［Tandjong Pinang］での苦力に対する拷問致死】　証拠として受理され、検察官ダムステ中佐、「シンガポール近郊のタンジョン・ピナンで強制労働に従事させられた供述者は、拷問致死の事例について記述している。9カ月の間に同地の苦力 750 人中 400 人が死亡」と、要約を朗読する。書証の朗読なし。

＊（検）法廷証 PX1737【タヒル（Tahir）宣誓供述書】＝検察側文書 PD5711　識別番号を付される。

＊（検）法廷証 PX1737-A【同上抜粋：シンガポール近郊プラウ・バタン［Pulau Batang］での支那人苦力拷問致死】　証拠として受理され、検察官ダムステ中佐、「供述者は、プラウ・バタンで支那人苦力が拷問されたことについて証言している。その苦力は片脚の大腿骨が折れるまで打ち据えられたが何の治療も施されず、同僚の苦力が助けの手を差し伸べることは禁じられた。その苦力は首だけを出した状態で埋められ、さらに後には、まだ生きていたかもしれない状態であったが、海に放り込まれた」と、要約を朗読する。書証の朗読なし。

＊（検）法廷証 PX1738【ダクラン［Dachlan］宣誓供述書】＝検察側文書 PD5723（英文速記録のこの日、即ち 1946（昭和 21）年 12 月 26 日付け審理録の冒頭に先立って付された証拠・証人目録は、「Affidavit of F. H. von Maijenfeld」と記す）識別番号を付される。

＊（検）法廷証 PX1738-A【同上抜粋：セレベスのマカッサル［Macassar］へ輸送中の苦力に対する暴行致死】　証拠として受理され、検察官ダムステ中佐、「当時 18 歳であった供述者がセレベス島のマカッサルに船で送られる際、同乗していた 400 人の苦力の内 4 人が死亡した」と、要約を朗読する。書証の朗読なし。

＊（検）法廷証 PX1739【アマト・ナウィ［Amat Nawi］宣誓供述書】＝検察側文書 PD5724　識別番号を付される。

＊（検）法廷証 PX1739-A【同上抜粋：セレベスのモーナ［Moena］での苦力に対する虐待致死】
証拠として受理され、検察官ダムステ中佐、「当時55歳の供述者は、1500名の苦力の一部を
なす100人の村民のリーダーとしてセレベス島のモーナに送られた。1年間で全集団の内500
人が死亡し、供述者が率いていた一団の中で生き残ったのは60名に過ぎなかった」と、要約
を朗読する。書証の朗読なし。

＊（検）法廷証 PX1740【ニカ・ゲネン［Nica Goenoeng］宣誓供述書；バリクパパン労務者収容所
での酷薄な生活条件】＝検察側文書 PD5728　証拠として受理され、検察官ダムステ中佐、「供
述者が送られたバリクパパンで1500人余りの苦力が置かれた状況は、他の収容所と同様、酷
薄なものであった」と、要約を朗読する。書証の朗読なし。

＊（検）法廷証 PX1741【パイマン［Paiman］宣誓供述書】＝検察側文書 PD5714　識別番号を付さ
れる。

＊（検）法廷証 PX1741-A【同上抜粋：シンガポールに向けての航海中及び埠頭での虐待致死】
証拠として受理され、検察官ダムステ中佐、「供述者がシンガポールに送られる時の航海中、
同乗者の内の30人が死亡し、さらに16人が埠頭で死亡した（航海中に海に投棄された遺体が30で、
到着時に死亡の確認されたのが16人との意味か？）。日本が降伏するまでの2年半の間に少なくとも
1000人が死亡した。遺体はすぐには埋葬されず、その友人・知人が収容所外に運び出して、
空地に筵に包んで放置し、それを数日後に車で搬送していった」と、要約を朗読する。書証の
朗読なし。

＊（検）法廷証 PX1742【アブドゥル・マジド［Abdul Mazid］宣誓供述書】＝検察側文書 PD5726
識別番号を付される。

＊（検）法廷証 PX1742-A【同上抜粋；フィリピン群島、シンガポール、モルッカス［Moluccas］
のハルマヘラ［Halmaheira］、マカッサル、シンカン［Singkang］（セレベス）での悲惨な条件下
での労働】　証拠として受理され、検察官ダムステ中佐、「供述者はシンガポール、モルッカス
のハルマヘラやセレベス島のマカッサルとシンカンなどで悲惨な境遇で労役を強要された」と、
要約を朗読する。書証の朗読なし。

＊（検）法廷証 PX1743【マダリ［Madali］宣誓供述書】＝検察側文書 PD5722　識別番号を付される。

＊（検）法廷証 PX1743-A【同上抜粋；シンガポール、セレベス島のメナド［Menado］、マニラへ
の輸送中の悪労働条件】　証拠として受理され、検察官ダムステ中佐、「供述者はマニラとシン
ガポールや、セレベス島のメナドに送られた」と、要約を朗読する。書証の朗読なし。

＊（検）法廷証 PX1744【コペル［Koper］宣誓供述書；シャムのチンポン［Tjimpon］の苦力の労
働致死】＝検察側文書 PD5708　証拠として受理され、検察官ダムステ中佐、「当時17歳の供
述者は苦力として労役に従事するよう命じられ、最終的にはタイのチンポンに送られたが、そ
こでは労務者のおよそ3割が死亡した」と、要約を朗読する。書証の朗読なし。

＊（検）法廷証 PX1745【シンガポールのセレター［Seleter］収容所付近の写真4葉】＝検察側文書
（写真）PD5715　証拠として受理される。検察官ダムステ中佐、「東南アジア司令部［SEAC］

<1946-12-26>　　　　　　　　　　　　　　　　　　　　　2　検察主張立証段階　**57**

の陸軍動画静止画部 ［Army Film and Photo Section］ が撮影したもので、同部の 1945（昭和 20）年 9 月 19 日付けの書簡に関わるものである」、と申し立てる。

　［B.　非抑留民間人に対する残虐行為 – 憲兵隊］　［E: 13675］［J: 139（11）］

＊提出済み PX1351【デ・ウェールド宣誓供述書】　検察官ダムステ中佐、引証し、「同証言の各所に関連する記述がある」、と申し立てる。

＊（検）法廷証 PX1746【オランダ王国蘭印軍情報部戦争犯罪課長宣誓供述書；日本憲兵隊の虐殺概要】＝検察側文書 PD5731　証拠として受理され、検察官ダムステ中佐、「性別を問わず、数千人が憲兵隊の犠牲となった。ジャワでは軍法会議で 439 人に死刑判決が下されて刑が執行されたが、これには他の地域の憲兵隊が下した死刑宣告やケシリル［Kesilir］収容所で死罪を宣告された 38 人は含まれていない。ジャワの軍法会議で断罪された者は 1175 人に上り、刑期は 1 年から終身刑にまで及んでいる。また、拷問や劣悪な環境のために、判決が下される前に 304 人が死亡している」と、要約を朗読する。書証の朗読なし。

＊（検）法廷証 PX1747【セマラン市長 H・E・ボアセバン［Boissevain］博士宣誓供述書】＝検察側文書 PD5746　識別番号を付される。

＊（検）法廷証 PX1747-A【同上抜粋：セラマンとバタビア憲兵隊の虐待、拷問、劣悪設備】　証拠として受理される。検察官ダムステ中佐、「残虐極まりない非人道的処遇はジャワ全土で組織的になされ、それは憲兵隊本部のみならず、牢獄の中や裁判中の法廷でも行われた」、「セマランとバタビアの憲兵隊での虐待行為を記述している」と、要約を朗読し、「その具体的事例がこれから提示する一連の供述書である」、と申し立てる。抜粋を朗読する。

【PX1747-A 朗読概要】

　……ところが、午後になって、反日謀略を企てた共謀者が誰であるかとか、これまでどのくらいの成果を上げたのかと訊かれた。スパイ活動をしたことがない旨訴えると、カネコ［KANEKO］が竹の棒と犬用の鞭で背中を叩き、通訳は物差しで腕と肩を絶え間なく打ち据えてきた。3 時間にわたる審問［trial］の後、やっと自分の房舎傍の広間まで戻り、水を浴びようとして着衣を脱いだところ、自分の肩や背中の黒痣・青痣を見た房内の者達が一様に見るに堪えないことを訴えるような悲痛な叫びを上げた。水浴した後、倒れないように壁にしがみ付いていなければならなかった自分は看守 2 人に独房に運ばれ、そこで、その日 1943（昭和 18）年 10 月 9 日から判決が下る 1945（昭和 20）1 月 31 日まで孤独を耐え忍ぶこととなった。

　審問は翌日も続けられ、カネコとカツマ［KATSUMA］は、激しく喚き立て、私が否認する度に頭や背中や腕を打擲し、鞭で打ち、顔面を拳で殴り、軍靴で肋骨や向こう脛を蹴ったりした。そのために、私の体の青痣となっていた部位は傷となった。火の点いた煙草を押し付けられ、体に電流を流されて蛙のように飛び跳ねたりして、気絶するまで絶叫し続けた。すべて、彼らが欲するような自白を得るためになされたことである。審問の仕方は野蛮で、対象者の扱いは残忍か

つ人間性を欠き、人道性の欠片もなく、肉体及び精神的苦痛は筆舌に尽くし難いものであった。その時の名残は、今でも自分の顔面を含む体中にはっきりと見ることができる。

こんなことが1週間余り続き、自分が根も葉もない容疑を否認し続けていたある時、カネコが長時間私を引っ叩き続けたため私は気を失っていったが、引っ叩かれる感触と共に「病室へ連れて行け」とのカネコの声を耳にした。

目を覚ましたのは牢獄の中の病室で、自分は粗布を張った寝台の上に横たわっていた。同じ房舎の収監者が傷口にヨードチンキを塗った跡があったが、包帯は巻かれていなかった。汚れて血に染まった自分の着衣は体に貼り付き、寝台は害虫に満ちていた。

そこに数週間臥すことになったが、それでも審理はほぼ毎日続けられ、自力では歩けなかったので看護助手2人に抱えられて拷問部屋に引きずられていった。寝台から起き上がるのにも苦労し、他の寝台につかまりながら用足しや水浴にいった。（中略）

カネコは私を引っ叩いたり、蹴ったり、私の腕を後ろに回して吊り上げたり、体に電流を流したりして、私の意識を朦朧とさせたり、無気力にさせたりした。1度、木製の巨大な釘抜きで手首を折ろうとしてきたこともあった（その時の痕は今でも左手首に歴然としている）。そのような時に、何度か根も葉もない容疑を認めた時もあったが、数日後に心身の状態が良い時に尋問されると、自白を翻したのであった。虐待行為がこのように続き、私が極度に疲弊しきってしまったため、1943（昭和18）年10月のある日、憲兵が2人病棟にやってきて横臥している自分を目にすると、救急車で市の中央病院まで運ぶよう命じた。（中略）

審問が14カ月以上も続き、カネコが厖大な量の報告書を書き続け、公式報告をもっと「説得力」のあるものにして、話の道筋が常識的論理感覚によって受け入れられるようなものに仕上げようとしていた時、バタビアの憲兵隊本部は私の一件に飽き飽きしてきたようである。1943（昭和18）年12月初旬、本部から憲兵が6人やってきて何度か私を尋問して、審問は終了した。当初より短くなった公式報告は日本語で書かれていて、自分は内容を理解することができず、また内容が告げられることもなかったが、署名を強いられた。後刻明らかとなったのは、その報告書は自分らの「自白」に関するもので、自分らが祖母を使って日本軍の兵士を誘惑して秘密を聞き出そうとしたなどという奇妙奇天烈な内容であった。

＊（検）法廷証 PX1748【歯科医学生 W・F・ウィティング［Wijting］陳述書】＝検察側文書 PD5745　識別番号を付される。［E: 13681］［J: 139（12）］

＊（検）法廷証 PX1748-A【同上抜粋：バタビア日本憲兵隊での裁判の模様】　証拠として受理され、検察官ダムステ中佐、「バタビア憲兵隊での自身の体験を綴ったもの」と、要約を朗読する。書証の朗読なし。

＊（検）法廷証 PX1749【A・チンメルマン［Zimmerman］蘭印軍少佐報告書】＝検察側文書 PD5748　識別番号を付される。

＊（検）法廷証 PX1749-A【同上抜粋：ブイテンゾルグ［Buitenzorg］での憲兵の拷問】　証拠として受理され、検察官ダムステ中佐、「ブイテンゾルグ憲兵隊の拷問の仕方には職人的色彩があり、

<1946-12-26>　　　　　　　　　　　　　　　　　　　　　　　　　　　2　検察主張立証段階　**59**

拷問担当者には高度に発達した技巧性が見られた。吊し上げや腎臓部位への蹴り、水責めや電気責めといった各種拷問に通暁した専門職のような者がいたのである」と、要約を朗読する。書証の朗読なし。

*（検）法廷証 PX1750【リー・ベン・ギオク［Lie Beng Giok］陳述書】＝検察側文書 PD5747　識別番号を付される。

*（検）法廷証 PX1750-A【同上抜粋；バイテンゾオルクでの憲兵の虐待、拷問】　証拠として受理され、検察官ダムステ中佐によって、抜粋が朗読される。

【PX1750-A 朗読概要】

　午後になって尋問が再開された。バン（英文速記録 18683～84 頁にかけて BANG と綴られている。文脈から判断して日本人の名前と思われるので、「伴」であろうか？）が、ブイテンゾルグにいるバクイス［Bakhuis］という名の人士などを知らないかを訊いてきて、「同地に知っている者はいない」と答えるや、直径３インチ余りの竹の棒で手、顔、頭など体中を打ち据え始めた。竹の棒が割れてささくれ立ってくると、それを水につけて打ち続けたので、私は酷い痛みを覚え、傷を負った。別の尋問の時には、竹の棒が鉄やゴムの棒に替わった。

　このような尋問が何日も続き、来る日も来る日もバンに打擲された。毎日２回、時には３回呼び出され、ブイテンゾルグでの人脈・友人について質された。ひとつの拷問手段だけではつまらぬと考えたのか、電気責めもしてきて、記憶を確かめるためとして 39 回やられた。

　尋問事項は、自分とバクイスやバン・ダム・ウェルニンク［Van Dam Werninck］との関係や、ブイテンゾルグやバタビアにいる連合国軍もしくは重慶からのスパイとの関係など、あらゆる事項に及んだ。蘭印で活動している重慶スパイ３人の写真を見せられた時に、「見たことがない」と答えると、即座に引っ叩かれた。

　自分から何も自白を引き出せなかったバンは、タマミニ［TAMAMINI］と他２人の日本兵に手伝わせて私を水責めにした。後ろ手に手錠をかけられた状態で長椅子に縛り付けられて（大量の水を飲まされて？）、余りの苦痛に手錠を引きちぎるぐらいになった。日本兵が私の腹を踏みつけて相当の時間、押し続けたため口から水を吐き出した。それを見た日本兵達は揶揄して、今度は火の点いた煙草を押し当ててきた。

*（検）法廷証 PX1751【E・デ・フリース［De Vries］工学博士陳述書】＝検察側文書 PD5750　識別番号を付される。

*（検）法廷証 PX1751-A【同上抜粋；バイテンゾルグでの憲兵拷問】　証拠として受理され、検察官ダムステ中佐、「供述者はブイテンゾルグで拷問にかけられたが、最初のが恐らく一番温和なやり方でなされたもの。しかし、その時でさえも何度か殴打されて水責めにされた。他の者の扱われ方は非常に過酷なもので、ウェルニンク［Werninck］大尉は 47 回拷問にかけられ、その内の 14 回は、殴られて失神した。イェンス［Jens］牧師は拷問された翌日、死亡したし、

インドネシア人医師のカヤドー〔Kayadoe〕は、拷問する側のやり方が未熟であったために拷問の最中に死亡した。セマランではデ・フリースは 2 カ月の間に 22 回水責めにされ、尋問時間は合計 500 時間に及んだ」と、要約を朗読する。書証の朗読なし。

* （検）法廷証 PX1752【スイス人技師 R・フラックス〔Flachs〕報告書】＝検察側文書 PD5751 識別番号を付される。〔E: 13687〕〔J: 139（12）〕

* （検）法廷証 PX1752-A【同上抜粋；バンドン憲兵隊による俘虜拷問虐待】 証拠として受理され、検察官ダムステ中佐、「バンドン憲兵隊について詳述しており、特に牢獄の状態について詳しい」と、前置きして、抜粋を朗読する。

【PX1752-A 朗読概要】

　最初の 35 日間に摂取した食物の栄養価は、科学的に計算してみると、多めに見積もっても 1 日 650 カロリーを超えず、これは必要最小限度の 1560 カロリーに遥かに及ばない。親族が（食物購入用の）金を持ち寄って来てくれるようになってからでさえも、最大で 1120 カロリーに留まり、脂肪分や卵白はほとんど摂取できなかった。（中略）

　100 人に上る被収監者宛に割り当てられたトイレと水道の蛇口はひとつずつ。蛇口は 1 メートルほどの高さに据え付けられ、シャワーの役割も果たした。便所は筆舌に尽くし難いほど不潔で、耐え難いほどの臭気を放ち、赤痢が蔓延した時は特にそれが酷かった。被収容者は順番で絶え間なく便所を使用する必要があった。1 人が 6 分間使用すると仮定すれば、全員で 600 分、つまり 10 時間を要するのであるが、使用が許された時間は午前 8 時から午後 8 時までで、女性には少し長い時間を見積もれば、各人が用を足せるのは 1 日 1 回だけとなるからである。このような不快極まりない状態で房舎が汚染される危険性については言うまでもなく、赤痢感染者がどのような思いであったかは想像を絶する。特に、着替えを得られない者は感染する率が高く、そのような者は多数いた。栄養不足と赤痢による失血のため衰弱が激しいので、同所の規則を曲げて病院に搬送された者もいたが、その多くは病気と虚弱体質のために死亡した。（中略）

　自分を含め、（年不明）6 月 2 日に収監された者はすべて番号を与えられ、自分のは 30 番であった。拘引されてから 3 日後、最初に呼ばれたのは 51 番の男であった。警官が署名したメモから番号を呼んだのは共犯者（accomplice〔E:13689〕。憲兵隊に拘引されて 51 番の男を密告した者ほどの意味か？）であった。51 番は、他の者と同様、自分の無実を確信しており、簡単な取り調べが済めば釈放されると考えていた。51 番は午前 10 時に房を出て、午後 6 時になっても帰ってこなかったので、釈放されたのだと誰もが思っていた。ところが 1 時間後、51 番は顔中血まみれになって、まともに立っていられない状態で戻ってきた。そのような目に遭わせたのは日本軍将校とインドネシア人職員 2 人ずつであった。51 番の状態が状態であったので、どのような扱いを受けたのかを聞けたのは翌日になってからで、その時までには今度は 19 番が呼ばれていた。個々の事例を綴ると際限がないので、通常は尋問がどのようにして行われ、尋問官がどのようにして自白を

<1946-12-26>　　　　　　　　　　　　　　　　　　　　2　検察主張立証段階　**61**

引き出そうとしたのかだけを記述することとする。

　呼ばれるとまず、「何のために逮捕されたか分かるか？」と訊かれ、これに大抵の者は「分からない」と答える。すると、鞭で打たれるのが常で、その回数は 50〜300 回に及んだ。なおも自白しないと、さらなる体罰が加えられるが、その態様は以下のように分類できる。

　（a）鞭打ち

　使われるものは多種多様で、1 本だけからなる棒状の鞭から始まり、様々な太さの籘［rattan］、先端に鉄玉がつけられた複数の革紐からなるもの、などがあったが、最も悪辣な類のものは鉄の棘が付けられているもので、これで叩かれると体の肉が引き剥がされた。被尋問者の悲鳴が外に聞こえないようにするため、最悪の部類に属する虐待行為をなす場合には（現地？）警察が防空壕としても使っていた房舎を利用した。被尋問者は（腕を？）棒に縛り付けられるか、手錠を嵌められて座らせられた。これは、体罰に耐えかねた被尋問者が手向かってくるのを防ぐためで、当初そのような事例が実際にあった。

　（b）電気責め

　110 ボルトの通常の交流電気が使われた。電極のひとつが締め具（英文速記録 13691 頁の calmp は、clamp の誤りと判断する）と一緒に脚などに留められ、もう一方が男の場合は腕に付けられ、なかなか自白しない場合には鼻孔に留められた。女性の場合には乳頭につけられることもあった。

　（c）水責め

　手拭を顎の下から額の方に向けて被せ、そこにバケツで水を何度も注ぐ。そうすると、手拭を伝って水が口、そして鼻まで上がってきて呼吸を困難にさせ、気を失ってしまう。時にはこれが 5〜6 回続けられた。

　（d）指の締め付け

　指と指の間に棒を挟んで包帯か何かで巻きつけて、さらにロープで締め付ける。耐え難いほどの苦痛を与え、指が何日間か腫れ上がって何もできなくなる。

　（e）坊主刈り

　頭髪が剃られた後に、剃刀で切り傷が付けられ、そこにヨードチンキが塗られる。

　（f）煙草による火責め

　よく行われた体罰で、「煙草はどうだ？」と訊かれ、「はい」と答えようが「要らない」と答えようが、火の点いた煙草や葉巻が耳朶の裏側、鼻、顔面など体の各所に押し付けられる。焼かれた部位が爛れて、激しい痛みを与える。

　（g）指折り

　上記の方法でも自白しない者は、指を折られたりした。自分は、他の被収監者の折られたり脱臼したりした指を、継ぎ直してやったことがある。

　（h）蹴り

　酷薄極まりない体罰のひとつが、縛られて床に座らされた者を、体の柔らかい部位を狙って鋲を打った軍靴で蹴り付けることで、大抵内出血を起こす。これをやられて数週間、下血に苦しん

だり、胃からの出血に苦しんだりした者がいた。

（i）4昼夜にわたって水も食べ物も与えられずに立ちっ放しにされ、4時間毎に同僚に引っ叩かれるという体罰もあった。

（k）（jが飛んでいるが、原文のママ）柔道

日本人の内の2人が好んで用いた方法で、50歳の被収監者が部屋の隅から隅まで球のように投げられたことを自分に話してくれたことがある。その者は、落ちる時に注意していて、幸運も手伝って、手足や首に損傷を受けることはなかったが、それから1年ぐらい経った今でも胸部に痛みを感じ、気を失うまで投げ飛ばされ続けたことを思い出す度に戦慄を覚えると言う。（中略）

バンジョー［Bantjeuj］にも憲兵がいて、時々現地人政府職員が尋問に立ち会っていた。既述の警察での拷問方法の他に、尋問官は「首吊り」［hanging］を好んで行った。具体的事例では、既に指を折られたある被収監者が気を失うまでその首を吊り上げ、気を失うと床に降ろし、水をかけてまた吊り上げるといったことを5回繰り返した。この被収監者は、何度か死ぬほど殴打された上に、このような拷問まで受けたので厭世気分に満たされていた。遂には、便槽の溜まり物を飲むことを強要されたために、即座に細菌性（bacilliary）赤痢に罹患した。

＊（検）法廷証 PX1753【H・F・エンゲレン［Engelen］夫人宣誓供述書：スラバヤ及びバタビア憲兵隊による男女別なき拷問】＝検察側文書 PD5754　証拠として受理される。［E: 13694］［J: 139（13）］　検察官ダムステ中佐、「スラバヤ憲兵隊の尋問方法を記したもので、男女を問わず拷問されたことが明らかにされている」と、要約を朗読する。書証の朗読なし。

＊（検）法廷証 PX1754【A・D・バン・モーク［Van Mook］蘭印副総督夫人宣誓供述書】＝検察側文書 PD5741　識別番号を付される。

＊（検）法廷証 PX1754-A【同上抜粋：バタビア憲兵隊（法科大学建物）での拷問虐待】　証拠として受理され、検察官ダムステ中佐、「バタビア憲兵隊は政府高官や財界指導者の夫人を好んで非人道的虐待行為の犠牲者に選んでいた」、「当文書の内容はその一例」と、前置きして、朗読する。

【PX1754-A 朗読概要】

1942（昭和17）年7月21日、バタビア憲兵隊（法科大学の建物）で尋問が終わった後、自分は靴ブラシ［foot scraper］に似た5本の木材の上に正座させられ、午前11時から午後4時まで水も食事も与えられず、そのまま向こう脛を尖った縁に押し付けた状態で放置された。翌日も同じことが午後2時から5時まで繰り返されて、翌日の午前中は、1時間の間に水責めを2回続けてされ、翌日の午後にももう1度繰り返された。

＊（検）法廷証 PX1755【S・M・J・イデンブルグ［Idenburg］総督官房長夫人陳述書】＝検察側文書 PD5742　識別番号を付される。

＊（検）法廷証 PX1755-A【同上抜粋；憲兵隊による拷問の経験】　証拠として受理される。朗読

<1946-12-26>　　　　　　　　　　　　　　　　　　　　　　　　　　　　　　2　検察主張立証段階　**63**

なし。

＊（検）法廷証 PX1756【F・H・ローパテイ［Loupatty］宣誓供述書】＝検察側文書 PD5743　識別番号を付される。

＊（検）法廷証 PX1756-A【同上抜粋；憲兵隊拷問の経験】　証拠として受理される。正午の休憩後に、要約される。朗読なし。

＊（検）法廷証 PX1757【S・パッチナマ［Pattinama］宣誓供述書】＝検察側文書 PD5744　識別番号を付される。

＊（検）法廷証 PX1757-A【同上抜粋；憲兵隊拷問の経験】　証拠として受理される。正午の休憩後に、要約される。朗読なし。

＊裁判長ウェッブ、「検察側が映写予定の映画については、判事団で話し合い、昼の休憩後に法廷で論議する」と、報じる。

＊午前 12 時、裁判長ウェッブ、休廷を宣す。

＊午後 1 時 30 分、法廷、再開する。［E: 13699］［J: 139（14）］

＊提出済み PX1756・PX1757　検察官ダムステ中佐、「自らの受難と、ジャワ銀行参事役［associate director］のバン・ワベレン［Van Waveren］夫人に加えられた吐き気を催すような拷問・虐待を綴ったもので、バン・ワベレン夫人の事例は恐らく最も非人道的なもの。同夫人は極めて悲惨な状況下で絶え間のない拷問を受けた後に絶命した」と、要約を朗読する。書証の朗読なし。

＊（検）法廷証 PX1758【山本茂一郎陸軍少将ジャワ軍政官宣誓供述書】＝検察側文書 PD5733　識別番号を付される。

＊（検）法廷証 PX1758-A【同上抜粋；日本降伏後の民間人 19 名の処刑】　証拠として受理される。検察官ダムステ中佐、要約は「次の書証の要約とまとめる」、と申し立てる。

＊（検）法廷証 PX1759【蘭印政府代表 O・バン・デル・プラス［Van Der Plas］博士宣誓供述書】＝検察側文書 PD5734　識別番号を付される。

＊（検）法廷証 PX1759-A【同上抜粋；日本降伏後の民間人 19 名の処刑】　証拠として受理される。検察官ダムステ中佐、前出の PX1758 と共に「日本が降伏してから 1 週間経った後にスラバヤで民間人 19 名が殺害された特異な事例に関するもので、山本軍政官はこの殺害については当時承知していた」と、要約を朗読する。両書証の朗読なし。

＊（検）法廷証 PX1760【ジャワ憲兵隊本部司令部参謀勝村少佐調査書】＝検察側文書 PD5756　識別番号を付される。

＊（検）法廷証 PX1760-A【同上抜粋；バタビア憲兵隊の捕虜処刑】　証拠として受理され、検察官ダムステ中佐、「ジャワでの憲兵隊の活動を概説したもので、『キ』（もしくは『甲』）事件で 239 人が、裁判に付せられることなく極秘裏に処刑されたことを認めたもの。事件を迅速に処理するため、この一件は現地で処理された。即ち、尋問官が死罪相当か否かを決定し、軍司令部の憲兵隊将校が審査した後、軍司令官の権限によって上層部が決定を承認した」と、要約を朗読する。書証の朗読なし。

＊（検）法廷証 PX1761【オランダ軍情報部犯罪局長提出「日本統治下刑務所の実態に関する概要報告」：蘭印各地における牢獄の状態・死亡者数】＝検察側文書 PD5732　証拠として受理され、検察官ダムステ中佐、以下の通り、要約を朗読する。書証の朗読なし。

　　　憲兵隊本部や出先の憲兵隊支部もさることながら、普通の刑務所も恐怖と惨劇の舞台となっていた。筆舌に尽くし難いその実態は、当報告書の概要を読んだだけで理解できる。当報告書が対象としたのは、日本側が提出した一覧表に載っていたジャワとマヅラ［Madura］にある 104 の刑務所の内の 38 カ所のみであり、しかも、占領期間中の刑務所内での死者すべてを記録しているわけではない。それでも、一覧表によれば、その 38 カ所で 1717 人が死亡しており、その中で死因が特定されているのは 154 人だけである。1940（昭和 15）年の時点で蘭印刑務所での死亡率は平均 1.8％であった。ところが、上記 38 の刑務所のひとつであるバタビア近郊のチピナン［Tjipinang］刑務所での 1943（昭和 18）年 5 月 1 日から翌年同日までの死亡率は 4％。そして、次の 1 年間では平均収監者数 4400 人の内の 2257 が死亡し、51％となっていた。同刑務所の状態の悪化は、月別の死亡率を見ても明らかで、同じ時期で、1％から 10％に増えていた。

＊提出済み（検）法廷証 PX1751-A　検察官ダムステ中佐、引証し、「その中でチピナン刑務所についての記述があり、収監者 4000 人の内 500 人が入れられていた『死の房棟』と呼ばれた区画で生き残ったのは証人と支那人が 1 人のみであること、栄養失調と下痢が蔓延していたが、それを抑えるべき医薬品が支給されず、それが主要な死因であったと述べられていること」に、法廷の注意を喚起する。

（6）法廷、午後映写予定の映画について論議し、検察主張立証第 XIII・XIV 局面「対民間人・戦争捕虜残虐行為」第 6 部「蘭領東インドでの残虐行為」の検察側立証として、映画を上映する。

（英速録 13704〜13732 頁／和速録 139 号 15〜21 頁）

＊裁判長ウェッブ、法廷で映写される同映画が英語の映画であることを確認した上で、「映画中の台詞・解説などはすべて審理録に録取されるべきである」、と申し渡す。検察官ダムステ中佐、「検察側が既にそれらを掘り起こして文書にしてある」、と弁じる。裁判長、再度、「法廷で聞かれた内容のみが速記者によって記録されるべきである」、「速記者が検察側が用意したものと自らが聴取した内容を照合して記録していくことは可とする」、と申し渡す。ダムステ検察官、「検察側は掘り起こしのために同映画を 3〜4 回映写した。映写中の映画の音声を録取する作業は容易ではない」、「弁護側にも掘り起こし原稿を予め手交することには吝かでない」、と弁じる。被告東条弁護人ブルーエット、「映画の中で、話者不明の解説が随所に挿入されている」、「その話し手が誰であるかが特定されない限り法廷は該部分を慮外に置くべきである」、と申し立てる。裁判長ウェッブ、「通常の方法で立証がなされていない部分はすべて慮外に置く」、と申し渡す。

＜1946-12-26＞   2　検察主張立証段階　**65**

＊（検）法廷証 PX1762【A・B・ブラックバーン陳述書；日本映画『オーストラリアは呼んでいる』演出事情】＝検察側文書 PD5740　証拠として受理され、朗読される。

【PX1762 朗読概要】

　『ニッポン・プリゼンツ』［Nippon Presents］は、ジャワの捕虜・女性抑留者の扱われ方について日本側が虚偽宣伝を行う意図で作成した映画を基に作られたもので、この映画の元となった映画では、英豪蘭軍捕虜と英蘭抑留者の婦女子が、冒頭で自分が述べているような態様で演技を強要された。自分が信頼すべき情報として聞いた話しでは、元となった映画のフィルムはバタビア解放時に押収されてオーストラリアに運ばれ、蘭印映写班［Netherlands Indies Film Unit］の肝いりで、出演者の中の日本の占領期を生き抜いた何人かが集まって（元となった映画を改めて映写した上で？）、捕虜収容所や女性用抑留所の実状・実態について意見を述べ合った。自分はここに、『ニッポン・プリゼンツ』の中の解放後にオーストラリアで作成された部分で自分や元の映画の出演者達が行った陳述は、実際に自分やそれら人士が体験した真実に基づいたものであることを証する。また、自分が信頼すべき情報として知らされたところによれば、オーストラリアで付け加えられた箇所の一部は、日本側の他の映画（虚偽宣伝用ではなく、銃後の戦意高揚のために日本軍の勇姿を映したもの）からのものであり、その他はバタビア解放後に収容所の状態が若干改善した頃、連合国軍の撮影班が映したもので、捏造されたものではなく、1945（昭和20）年9月末頃の実状を忠実に記録しているとのことである。
＊裁判長ウェッブ、「該映画の中で日本側の撮影によるものでなく、戦後オーストラリアで挿入・追加された部分については、日本側が撮影した他の映画からの抜粋部分や終戦直後の収容所の様子を連合国軍が撮影した部分以外は慮外に置く旨裁定する可能性がある」、と申し渡す。
＊（検）法廷証 PX1763【シム・バン・デル・レーフ［Schim Van Der Loef］少佐陳述書；「オーストラリアは呼んでいる」押収・「ニッポン・プリゼンツ」製作の事情】＝検察側文書 PD5758　証拠として受理され、朗読される。

【PX1763 朗読概要】

　蘭印軍予備大尉であった自分は 1945（昭和20）年9月中旬、蘭印政府情報部［Netherlands Indies Government Information Service＝NIGIS］の分遣隊主任の立場でパタソン提督［Admiral Patterson］の随員として、映写班員数名と共にバタビア入りした。到着後間もなく、我々は日本側が占領期間中に製作した宣伝映画数本を押収したが、その中に『オーストラリアは呼んでいる』（Australia Calling）という題のものがあった。後刻、東南アジア翻訳通訳部（SEATIC＝Southeast Asia Translation and Interrogation Center）作成の柳川（YANAGAWA）大尉（第16軍参謀部別班の柳川宗成のことであると思われる）の 1945（昭和20）年12月14日付け報告書を読んで、その映画が第16

軍の別班に所属していた当の柳川が製作責任者となって1943（昭和18）年の6月から9月中旬にかけて製作したもので、オーストラリアで反戦気運を起こさせるべく捕虜の日常生活を綴ったものであることを知った。種々論議を重ねた後、NIGISはその映画をオーストラリアに送って、映画に出演を強要された元捕虜・抑留者を集め、日本の占領下で捕虜や抑留者が過ごした日常の実態を示す映像を挿入することに決定した。挿入用に使用した映像は、NIGISや他の撮影班が1945（昭和20）年9月中旬にジャワに到着した際に撮影したもので、特にバタビアの第10大隊兵舎にあった収容所や、同市のマテル・ドロロサ［Mater Dolorosa］とセント・ビンセンティウス［St. Vincentius］という名称の捕虜病院、そしてバタビアのチデン［Tjideng］とカンポン・マカッサル［Kampong Makassar］の女子抑留者用収容所で撮られたものが使用された。他に、押収した日本のニュース映画の中で、戦争初期の日本軍の「赫々たる勝利」と（連合国軍）捕虜の様子を映したものも使用。以上が、『ニッポン・プリゼンツ』を製作した経緯である。ここで自分が断言できるのは、元の日本側の映画に挿入・追加した映像は、日本側のもののような捏造ではなく、1945（昭和20）年9月中旬に自分がバタビアで実見した捕虜収容所や女性抑留者用収容所の実態を示すものだということである。

＊（検）法廷証PX1764【『ニッポン・プリゼンツ』脚本】＝検察側文書PD5759　証拠として受理される。［E: 13711］［J: 139（16）］　朗読なし。

＊被告小磯・南・大川弁護人ブルックス、「法廷で映写されるのは、日本側の製作した『オーストラリアは呼んでいる』であるのか、戦後それに新たな映像を加えた『ニッポン・プリゼンツ』のいずれであるかを明らかにするよう」申し立てる。裁判長ウェッブ、次出PX1765には「戦後オーストラリアで追加された映像部分で交わされている会話には、事実に基づかない内容が見られる」、「そのような箇所は法廷が依拠するには困難を覚える」、と応答する。ブルックス弁護人、「上映されるのは日本側が作成した『オーストラリアが呼んでいる』だとばかり思っていたが、そうではなくて、元の映画からの抜粋に新たな映像を切り貼りしたものである」、「証拠価値を有しない」として、映写に異議を申し立てる。裁判長、「異議があろうとなかろうと、このような証拠にはいかなる法廷であろうとも依拠することはできない」、と申し渡す。

＊（検）法廷証PX1765-A〜D【映画フィルム『ニッポン・プリゼンツ』4巻】　ダムステ検察官、全4巻からなる『ニッポン・プリゼンツ』を提出する。被告小磯・南・大川弁護人ブルックス大尉、改めて「オーストラリアで編集済みのものが証拠として採用されること」に異議を申し立てるが、「元の『オーストラリアは呼んでいる』ならば異議は申し立てない」、と付言する。同弁護人、さらに、「弁護側が同映画の脚本などの文書を受領したのは正午になってからで、すべてに目を通す時間がなかった」、「申し立て済みの異議に加えてさらなる異議を申し立てる可能性がある」、と申し立てる。裁判長ウェッブ、ダムステ検察官に対して、「オーストラリアで追加された映像は映写しない方が賢明である」、と申し渡す。ダムステ検察官、「該映画の全編4巻をまとめて託された自分には、一部を割愛して映写する術がない」、と申し立てる。裁判長、「日本側製作の元の映画の部分と、後にオーストラリアで追加された映像とが明確に区

<1946-12-26>　　　　　　　　　　　　　　　　　　　　　　　2　検察主張立証段階　**67**

別できるようにすべきである」、と申し渡す。検察官、「その区別は明瞭である」、と応答する。
PX1765-A～D、証拠として受理され、上映される。［E: 13714］［J: 139（17）］

【PX1765-A～D 英語台詞・解説朗読概要】

＝巻1＝
画面上の英文序：
　太平洋戦争初期、ジャワを制圧した日本軍は、捕虜がいかに優遇されているかを、占領したオ
ーストラリア領で喧伝すべく映画を製作したが、連合国軍がそれを入手するところとなった。そ
の映画の製作にあたっては英豪蘭軍捕虜・抑留者が出演を強要され、その多くはその後、飢餓・
虐待・疾病の犠牲者となって鬼籍に入ったが、生き残った者もおり、その一部がここに集い、誰
からも強いられることなく、止むに止まれぬ義務感に駆られて、日本側が当映画を作った真実の
経緯を語ったのである。日本側が自ら製作したこの映像証拠が、日本側看守兵の非人間的二枚舌
的態度［duplicity］を明らかにしていることは、この映画を見れば理解できるし、（日本が製作した
元の）映画を見ている者の何人かは、その中に実際に登場している生存者である（少し分かり難いが、
これ以降の英語の台詞や解説から判断して、オーストラリアで戦後製作されて法廷で上映された映画は、日本が
戦時中に製作した映画を登場人物の一部がコメントを言い合いながら見ているのをさらに映しているという内容
になっているようである）。
　画面に登場しないナレーター
　出演は、ブラックバーン准将（豪陸軍歩兵［AIF］、ビクトリア十字章受賞）、デイヴィス中佐
［Wing Commander］（英空軍［RAF］）、シェパート飛行中隊長［Squadron Leader］（RAF、殊勲十字
章［DSC = Distinguished Service Cross］受賞）、ノーブル大佐［Group Captain］（RAF）、キングマ
（Kingma）大尉（蘭印陸軍［RNIA］）、E・J・ジョンストン（オランダ生まれの英国女性）、トーマ
ス少尉［Flight Officer］（豪空軍）、マクナブ（Mcnab）水兵（豪海軍）、リード兵卒（AIF）、ウィラ
ード兵卒（AIF）、エリソン（Ellison）大尉（AIF）、ハリソン軍曹（AIF）、アネミーケ（Annemieke）
　ブラックバーン准将：（以後、原則として「：」印の前に示すのは映画の中で発言している人物で、その後
に続くのはその人物の発言内容）
　諸君はかつて自分が出演したこの映画を再び見たわけである。一般の鑑賞にも供するわけだが、
日本側が意図したようにではない。日本側が撮影したものは、今見た通りのまま映写されるが、
場面毎に、解放直後に連合国軍の撮影班が撮った真実を物語る映像が出てくる。ほとんどの場面
は諸君にとってはお馴染みであろうが、今回は、映画が進むに連れて、諸君自身の発言で真実が
明かされることになっている。自分はデイヴィス中佐などから、諸君が日本側にこの映画の製作
に加わるのを強要されたことや、それを拒否しようとしたことは重々聞かされている。そして、
諸君が耐えられる限度まで抵抗したこと、食事を抜かれても屈しなかったこと、その後で日本人
の狡賢い悪魔達が、諸君の唯一屈せざるを得ない手段を行使してきたことも、自分の知るところ

である。即ち、映画制作に加わることに同意しなければ、収容者全員宛の食糧が減配となり、医薬品の支給が止められると言ってきたことだ。これが実行されれば収容者の多くが死ぬとの見通しを軍医が諸君に伝えたこと、そして部下に出演許可を与えなければ殺害するとの脅迫を貴官デイヴィス中佐がある時点で受けたことを、自分は知っている。（デイヴィス中佐、その事実を認める。）自分は事態の全貌を十分調査しており、諸君らには何等やましい点がないこと、諸君らが諸君ら自身の身柄のみに脅迫が加えられている間は、殺害すると脅迫されても抗うつもりであったことを諒解している。日本側の映画製作に関わらせられた将兵は内心の葛藤に苛まれてきたが、自分は彼らに、思い悩む必要がない旨伝えた。それは、彼らの行いが英雄的抵抗の物語と呼ぶに相応しいからである。即ち、彼らが屈した唯一の理由は戦友・同僚を救おうとしたことであり、なおかつ、彼らは、できる限りの妨害工作をして、可能ならば映画全体が茶番劇となってしまうような工作をしようと決意していたのである。

　デイヴィス中佐：

　自分は他の将兵と話し合った。日本側が何を企んでいるかは明白であったが、食糧が減配され、医薬品の支給が止められたら、多くの者が死ぬと考えたので、従わざるを得なかった。日本側は、映画に登場できるぐらいの健常者を見つけるべく綿密に調査していたが、それも大変な作業であった。収容所の少なくともひとつでは、些細な違反行為を咎められて収容者に絶食の刑が科せられていた。数千人が着ているぼろ布のような服を掻き集めては繕って、選ばれた俳優が見栄えのするような衣装を作り上げ、さらにはバナナも与えた。

　ブラックバーン准将：

　では、これから件の日本の映画と、それに対する偽りのない実像を見ることとする。

　画面に登場しないナレーター：

（和文速記録では、日本側製作の元の映画や、後に挿入された連合国軍側撮影の映像ではどのような場面が映されているのかを解説しているが、英文速記録にはない。以下、和文速記録のその解説部分を、日本側の元の映画のものは｜｜で、連合国軍側のものは〈　〉で補うこととする）

　｜撮影しているカメラマン、游泳の場面、鴨が群がる光景｜

　これは日本側の撮影班が撮ったものだが、カメラよりもブレン銃を持っていた方が似合うような男を登場させたりして、あたかも我軍が撮影したかのようにしている。見るが良い。鴨さえも演技を強いられている。

　｜西部ジャワのチマヒで、士官の捕虜に管理させた農園。図書室や、外科処置室などが映される｜

　この実際にはなかった図書室や外科処置室などで兵士達が時を過ごしている時、収容所では病気が蔓延しており、日本側が手元にあった医薬品の支給を拒んでいたとは、何たる皮肉であろうか。

　｜士官の捕虜同士が歓談している場面｜

　撮影班が撮っている間だけ、このように楽しい様子でいた。

　｜バタビア捕虜第10大隊捕虜収容所で炊煙が立ち昇っている光景。そして、厨房｜

<1946-12-26>　　　　　　　　　　　　　　　　　　　　　　　　　　　　2　検察主張立証段階　**69**

　肉汁たっぷりの牛肉や、湯気が立っているパンなど、夢にまで見たものだった。ここに映し出されているのは収容所の厨房ではなく、日本軍の司令部が置かれていたバタビアの高級ホテルのものである。ある日、オーストラリア人数名が連れ出され、どこかで作業をさせられるのかと思っていたら、ホテルの厨房に連れて行かれた。稀に見る光景を目の当たりにし、食べ物を目にし、手に取り、その匂いを嗅いだが、実際に食べたのは日本人であった。

　〈バタビア第16大隊収容所厨房。ゴミが映される〉

　捕虜が食べさせられたのは、不潔な環境で調えられたもので、ゴミよりもややましといった程度であった。

　＝巻2＝

　画面には登場しないナレーター：

　これから見せるのは、女子抑留者の収容所がこのようなものであると信じ込ませるために日本側が撮ったものである。

　（この後、子供達が歌を歌い、婦人達が語り合っている場面が映し出されていることが英文速記録の説明にも出てくる。その後で、婦人達の会話の台詞が続くが、取り留めのないものであるので、中に「収容所に入る前は体重が減るかと思っていたが、毎日増える一方」という台詞があることを指摘するにとどめて、他は割愛する）

　ジョンストン夫人：

　（英文速記録13720頁ではJOHNSONとなっているが、前出の登場人物の紹介ではJohnstonであり、和文速記録でも「ジョンストン」であるので、それに従う）

　自分がいた収容所では、最初の数カ月間はそんなに悪い状態ではなく、快適な環境にあり、食糧は十分で、適当と思えるぐらいの行動の自由も与えられていた。しかし、これは偽りの楽園に過ぎず、この場面を撮影してからすぐに、その生活は終わりを告げた。自分達がそこから追い払われて入れられたのは、病原菌が繁殖し鼠の巣窟となって不潔極まりない、ごみごみした、害虫だらけのバタビアのスラム街で、そこは現代社会の悲惨さを凝縮したような場所［forlorn mess of modern misery］（E: 13720）で、残忍な暴力と人格の否定が横行し、熱病、穀蔵虫、虱や虫交じりの米と隣り合わせの絶望的な場所であった。自分達にとって、その時以降のジャワとは、そのようなものであった。

　画面に登場しないナレーター：

　〈連合国軍による解放後の女性収容所の風景〉

　この少女がどこから飲料水を得ているのか、見るが良い（具体的にどのような場面だったのか、どちらの速記録にも記述がない）。

　|海水浴場と魚釣りの場面|

　楽しそうな海水浴の様子が映し出されているが、この男の子達が単調かつ惨めな生活を過ごしていた3年半の間、水浴できたのはこの2時間だけであった。釣りをしているように見えるが、11人の男に釣り竿と釣り糸が渡され、彼らがそれを水面に垂らしていただけである。

　デイヴィス中佐：

〈連合国軍解放後に収容所の一部を映した映像〉

収容所の浴場とシャワー室を御目にかける。ご覧の通りで、収容者の大部分が潰瘍や皮膚病に罹ったのは当然である。

シェパード飛行中隊長：

¦収容所の中で、ラジオから第3次ソロモン海戦での米国の損害を訂正して伝える日本側の放送が流れ、その傍らで捕虜の士官達が茶を一服しながら会話を交わしている¦

（ラジオ放送は大本営発表の水増し戦果で、会話の内容は取り留めのないものであるので、途中「米国の宣伝放送が、自分達の多くが死んだと伝えているが、それを聞くのは辛い」との発言があることを指摘しておき、他は割愛する。以下の発言部分は、英文速記録13722頁では、あたかも日本側製作の元の映画で捕虜が喋らされている台詞の一部のようになっているが、内容から判断して、和文速記録139号19頁の通り、オーストラリアで編集した際に付け加えた台詞である）

そのラジオ放送を聴いた時、すべて捏造されたものであると既に自分は悟っていた。耳にしていたのが、近くにある他の部屋から送信されていたものだったのは明らかであった。因みに、収容所にはラジオはなかった。また、1942（昭和17）年以降、宗教的儀式、コンサート、教育的講演などはすべて禁止された。

（この後、再び元の映画の捕虜同士の会話が続く。本国にいる配偶者についての会話で、「手紙を受け取って嬉しい。手紙で妻が『防空演習で忙しい』と言っていた」との台詞があることを指摘するに留め、内容の詳細は省略する）

時日の経過と共に生活環境は悪化し、日本側が我々の処遇について一顧だにしていないことが明らかとなった。国際協定や人道主義の原則など、彼らにとってどうでもよいことだったのだ。幸運に生き永らえた者も、大部分が健康を害していたが、ひとえに強いられた生活環境のためであった。日本側が少しでも我々の福利厚生に気を配っていてくれたら、多くの者が今日まで生き長らえていたであろう。

画面に登場しない誰か：

¦捕虜がテニスをしている場面¦

楽しそうにテニスをしているが、これも監視されている中で調練のようなことをしているに過ぎない。

（この後、オーストラリアで付け加えられた映像の中で、元捕虜達が当時を回想して、カッコウの鳴き声を真似て日本兵が鳥の姿を捜し求めるのを見て面白がり、自分達が勝手に作ったルールに従ってクリケットの試合をして、試合時間を長引かせて楽しんだことを談笑している場面が続くが、詳細は省略する）

＝巻3＝　［E: 13725］［J: 139（19）］

画面に登場しない誰か：

（英文速記録13725頁では誰かが特定されていないが、和文速記録139号19頁の対応部分では「トーマス」と話者が明らかにされている）

〈皮膚病患者などが映し出される〉

我々の中から選ばれた何人かは、その日は楽しく過ごしたが、数カ月後には、走ることなど論

外で、クリケットの棒を持ち上げることもできない者が大多数となっていた。これについては、キングマ医師に語ってもらう。

（画面には登場しない）キングマ医師：

クリケットなどのスポーツをするところではなく、これら悲惨な境遇に落とされた人々は、飢餓に由来する病気すべてに苛まれていた。脚気はその中のひとつに過ぎない。これから見ることになる病院の場面は、1から10まで嘘で塗り固めたもの。即ち、日本側がオーストラリア人の一団をバタビアの病院に連れてきて撮ったもので、それらの者達がまだ健康であったその時分、収容所で本当に病気に苦しんでいた者が緊急に必要としていた治療や医薬品を得られなかったことを考えると、悲劇的である。

¦病院で尼僧と患者が挨拶を交わしている場面¦

微笑ましい場面で、実際、理想的である。が、真実は全くこれとは異なり、自分が勤めていた捕虜病院では、日本側がレントゲンや放射線関連の機器を盗んでいった。その病院の実態がどのようなものであったかは、御自分の目で見るとよい。

（デイヴィス［? 最後の一文だけは、デイヴィスの発言となっているが、それ以外は確かではない]）：

¦山岳地帯を走る汽車、山岳地帯の保養所と、そこのプールやビリヤード場とテニスコート¦

この場面を撮るのに日本側が選んだのが、日本軍司令部高級将校用の、山岳地帯の居心地のよさそうな保養所。ある日、オーストラリア軍収容所の中で快活な体育系男子［happy sportsmen］を演じられそうなぐらい健常な者が選び出された。それらの者は、満ち足りたような顔つきをするよう指示され、その代わり、ビリヤードや水泳やゴルフができ、ビールを飲み、よい食事にもありつけると言われたのである。実際彼らは水泳もビリヤードもできて、快活な体育系男子そのままであったが、その後は、有刺鉄線に囲まれた酷熱の中の塵芥にまみれた単調な生活に戻され、何よりも、日本兵の屑ども［scum］に追い回され、引き回されるという最悪の日常が待っていた。

画面に登場しない誰か：

¦ジャワ以外の場所で、日本軍が捕虜を引き立てている場面¦

ジャワ以外の地で日本の降伏以前に製作されたニュース映画の一部で、我方が押収したもの。かつては大日本帝国全域で自慢げに見せられていたものである。

¦捕虜とその家族との再会の場面。登場人物は、英語ではない言語で話している¦

これから映し出されるのは、全編の中で一番やらせ的な部分。オランダ人捕虜とその配偶者、恋人、子供達が偽りの再会を果たす場面だが、成り行きに任せて抱き合おうとすると引き剝がされ、カメラの前で抱き合うよう強要された。

アネミーケ：

〈解放後に撮影されたバタビア近辺の女性抑留者用収容所の様子〉

自分はオランダ人で、名前はアネミーケ。自分と母はジャワの収容所にいたが、実態は日本側の映画が見せているものより、これに近く、時にはこれよりもさらに劣悪。自分はそんなに御転婆ではなく、母を極力助けようとした。

マクナブ：

｜婚約しているオランダ人の男女が一緒にいる光景。手紙を書いているマクナブ｜

〈それに続き、オーストラリアで撮られた場面でマクナブが語る〉

筆記用具が与えられて、手紙を書くよう言われた。自分は書き始めたが、書いたのは自分が思っていたことではない。英語を話せる日本人の女性が、これから諸君が耳にするような内容を自分に伝え、自分はそれを書き記すよう言われたのだ。もし思うままに書けたなら、次のように書いたであろう。

（以下が日本側に書くことを強要された文面の内容であるのか、マクナブが実際に書きたかったことであるのかは、よく分からないが、内容から判断して、前者であると思われる）

画面に登場しない女性の声：

〈バタビアやその周辺の収容所を映した場面〉

今日は面会日。蘭軍兵士が心待ちにしている日だが、面会者が誰もいない者にとっては悲しみの日。それでも、家族や恋人達が愛と幸福に満ちた雰囲気の中で再会するのを見ていると、君を身近に感じる。これを書きながら、2人一緒だった楽しい時を思い出す。僕が帰ったら、最初に（判読不能箇所）。自分の胸に去来するのは、故郷の家と君とカンガルー、そして風光明媚な海岸。……君は今何をしているのだろう。自分らにはあらゆる便宜が与えられているので、何でも耐えられる（この部分は、日本側が書かせていることを示唆するような一節である）が、君がいないと、この体に魂を留めておくのも空しいような気もする。君の許に帰るのが僕の唯一の願いで、そうなったらもう二度と君を離さない。

マクナブ：

｜マクナブが手紙を書きながら泣いている場面｜

この涙さえも捏造で、自分は目に何かを流し込まれたのだ。効果はてき面で、何日間か涙が止まらなかった。

＝巻4＝　［E: 13729］［J: 139（20）］

画面に登場しない誰か：

｜収容所内の娯楽室。捕虜への報酬金が支給される日｜

富を得たのはほんの一瞬。最初の2枚の封筒には金が入れてあったが、もちろん後で返却。他の封筒は何かで膨らませていただけ。

ハリソン：

｜誰かがビールを飲んでいる場面｜

〈その場面を回想して、リードと話をする〉

今まで飲んだ中で最高のビールだった。あの時、奴等が止める前にもう一本がぶ飲みしたが、覚えているか？

リード：

覚えているとも。日本兵野郎が恐ろしい目つきで睨んでいたので、俺は急いでその場を立ち去

った。

ハリソン：

あの日は君にとって好日だったね。大きなステーキを食べただろう。俺は匂いを嗅いだだけだった。

リード：

本当によかった。日本兵の1人が「1人前食べられるか？」と訊いてきたので、「1人前どころか、2人前食べられる」と答えたら、あの場所に連れていって、ステーキを一切れ出すと「おいしそうに食べろ」と言ってきた。実際は、そうしなかった（英文速記録13729頁のこの部分はI did notと記すが、この後に続くべき動詞がeatなのかenjoyなのか定かではない。和文速記録では前者で訳しているが、この後にリードが話す内容から判断して、後者ではないであろうか？）。カメラに向かって、実際に何が起きたのかを目で伝えようとした。どういうことか分かるであろう。ともあれ、自分の演技は結構良かったようで、日本兵も「ゴト」（英文速記録13729頁"Goto"のママ。和文速記録139号21頁によれば「上等」）と言い、全部食べさせてくれた。

｛リードがステーキを食べている。その後で、収容所の売店とされている場所で収容者が買い物をしている場面｝（英文速記録には買い物の際の会話が記されているが、省略する）

画面に登場しない誰か：

映像の中でテーブルの上に置いてあるのは実際はお茶で、自分とリードが飲んだのだけがビールだった。

画面に登場しない誰か：

何人かの少数の者にとっては好日であったが、他の捕虜はいつもの配給食で飢餓状態のままであった。

エリソン大尉：

｛バンドンの婦人服店で、大尉ともう1人のグレイシー・アレン［Gracie Allen］という名の士官捕虜が、大尉の娘のために服を買おうとしている場面｝（台詞省略）

〈オーストラリアで編集後に挿入された解説の場面〉

バンドンの街中を歩いていた中の1人が自分。冗談みたいな話だが、映画の中で上着を買っていたアレンには娘が1人いて、当時既に18歳だった。自分達は金を持っていなかったので、日本側が軍票を手渡した。この場面を撮り終わったら、すぐに取り上げられたけど。2人の女性店員は抑留者で、特にこの撮影のために衣服を着せられ、髪も整えさせられた。この三文芝居の撮影の最中、着剣した銃を構えた日本兵がカメラに入らないぐらいの距離をとって後からついて来ていた。終わったら捕虜章を我々に返して、有刺鉄線の内側にさっさと戻したものだった。

ノーブル：

｛有刺鉄線の向こう側で集合している捕虜｝

〈オーストラリアで編集後に挿入された解説の場面〉

ある日の明け方、我々の内500人余りが病院の広場に集合させられた。そこには大きな十字架

が立てられていた、その台座には「記憶に留めん」[Lest We Forget] という文句が彫られてあった。斉藤（正鋭少将）とその幕僚がやってきて、宗教的儀式が開始された。感銘を与える光景で、日本人連中も多少の良識は持ち合わせているに違いないと考え始めた。ところが、斉藤が訓辞を読み上げ、撮影班が同じ場面をアップで撮るために近づいて、斉藤がもう1度読んでいた時、手抜き作業で作られた十字架が風で揺れているのが分かり、そして、鉄条網が木の枝で擬装されていて、自分達に向けられている機関銃が遠くの方に隠蔽されているのに気がついた。やはりこれも茶番であったのだ。我々キリスト教徒が信仰心を表すための敬虔な態度は、そこでは欺瞞に過ぎず、倒れた戦友達に対する冒瀆となっていた。

〔斉藤が追悼式典で訓示する場面。画面に英語の訳文：「我々は敵兵を優遇し、保護している。御霊よ、天に安らかに眠りたまえ」〕

画面に登場しない人物：

〈バタビアの墓地の風景〉

解放後、日本側はやむを得ずといった形で、やっと、生き残ることができなかった我等の同僚を実に簡素な方法で埋葬した。彼らのことを我々は忘れない。

＊午後2時50分、裁判長ウェッブ、休廷を宣す。

＊3時5分、法廷、再開する。

（7）証人オランダ人コーネリス [Cornelis]・C・レーンヘール [Leenheer] － 現在は英国陸軍少佐相当官軍属、戦前は、在蘭領東インド・スマトラの米国ゴム会社従業員で、スマトラ降伏の1943（昭和18）年3月より日本軍収容所に拘留され（妻と子供2人も別途抑留される）、1945（昭和20）年10月30日に解放後、翌年1月より第4戦争犯罪調査部に配属されて、日本人戦犯容疑者他の尋問にも従事－、証言台に登壇し、検察主張立証第XIII・XIV局面「対民間人・戦争捕虜残虐行為」第6部「蘭領東インドでの残虐行為」の検察側立証として、「スマトラ島での民間人抑留者の虐待」について、宣誓供述書によらず本来の口頭方式により直接、証言する。

（英速録13733～13780頁／和速録139号21～140号8頁）

＊検察官ダムステ中佐、直接尋問を行う。

【検察側証人レーンヘールに対する検察側直接尋問】

（以下、特に断らない限り、検察官の質問を大まかにまとめ、その後に、証人の返答を記す）

検察官審問

　①証人の経歴・経験について、

　①-1. 戦時中の抑留時期・場所その他は？

　①-2. 終戦後のスマトラでの戦犯調査については？

<1946-12-26>　　　　　　　　　　　　　　　　　　　　　　　　　2　検察主張立証段階　**75**

　①-3.　証人個人の抑留体験は？

証人応答

　①-1.　スマトラ降伏時、自分は同島アチェ［Atje］州ラウェスガラガラ［Lawesegalagala］の、現地人兵士家族を収容、保護する施設で警備の任務に就いていたが、その後会社の仕事に復帰。そして 1943（昭和 18）年 3 月 17 日にメダンのスンゲイ・センコル［Sungei Sengkol］収容所に抑留され、翌年 10 月 1 日にメダンから 200 マイルほど離れたスマトラ北部のランターウ・プラパト［Rantaau Prapat］地区にあるシレンゴレンゴ［Si Rengo Rengo］に移され、そこに終戦までいた。収容所では 2 年間厨房で作業をしていたが、最後の 1 年間は、他に十分に体力のある者がいなかったので、樹木の伐採作業もやっていた。

　①-2.　メダンのリード・コリンズ大佐の下で、戦犯調査・尋問に従事し、その間、ビンジェイ［Bindjei］の日本軍司令部で将校を尋問したり、抑留者から聴取したりしていた。民間人抑留者の収容所については、関連報告書にすべて目を通しているので、網羅的知識を有している。日本軍の司令部は調査に協力的ではあったが、終戦時に南方軍総司令部の命令で文書の原本をすべて焼却してしまっていたので、調査の結果は満足のいくものではなかった。

　①-3.　自分には妻と 2 人の子供がいるが、共に抑留された。妻は自宅に 4 カ月間軟禁された上、1942（昭和 17）年 7 月 17 日にタンジョン・バライ［Tandjong Balai］収容所に入れられ、そこに1945（昭和 20）年 5 月まで抑留された。その後、ランターウ・プラパト地区にあるアイク・パミンケ［Aek Pamin' ke］収容所に移され、その年の 9 月まで直接会うことができなかった。また、妻が抑留されている最中、手紙での交信もできなかった（子供が同じ収容所に抑留されたのかどうかについては言及がない）。

検察官審問

　②スマトラでの民間人抑留の全般的状況は？

証人応答

　②抑留された民間人の総数は 1 万 2000 から 1 万 3000 の間で、大多数がオランダ人だが、英国人 300 人余りや少数の米国人、それに若干名のチェコ人とベルギー人もいた。抑留所は 70 カ所ぐらいあったが、終戦間際には、それらは 3 つの地域に置かれていた。即ち、スマトラ北部のランターウ・プラパト地区と、中部のバンキナン［Bangkinang］収容所、そして南部のプンカル・ピナン［Pungkal Pinang］収容所である。収容者の他の収容所への引っ越しは度々あり、引っ越しの時に運べる荷物は少量しかなかったので、それまで持っていた所持品の多くを処分しなければならず、その結果、引っ越す度に生活状況は悪化していった。

検察官審問

　③収容所間移動の際の状況について、

　③-1.　証人個人の体験は？

証人応答

　③-1.　移動手段には鉄道、トラック、電車、汽車、船などが使われた。自分がスンゲイ・セン

コルからシレンゴレンゴに移動する際には、まず午前5時に起床させられ、所持品を担いで泥だらけの道を5マイル歩かされ、そこで汽車に乗せられた。乗せられたのは7×30フィートの天蓋が半分開いた家畜用の貨車で、各貨車に50人ぐらい押し込められ、12時間の旅の後、キサラン[Kisaran]に夜8時頃、到着。そこで、その日初めての食事と用便の機会が与えられた。そこの駅で1晩を雨と蚊の来襲に苛まれつつ過ごした後、ランターウ・プラパトに向かったが、木炭燃焼の機関から飛び散る火花を浴びて火傷をする者が多数いた。

　午後5時頃にランターウ・プラパトの駅に到着したが、そこから収容所までの5マイルを歩くよう言われた。スマトラの収容所指揮官であるサダ大佐に抗議して、病人や荷物を運ぶためにトラックを用意するよう申し入れたが、サダ大佐は監視にあたっている日本兵と現地人に我々を前進させるよう命じただけであった（スマトラ及びその近郊の捕虜収容所に「サダ大佐」なる人物が指揮をしていた記録はない。ジャワ島の捕虜収容所責任者の中田正之大佐のことかもしれない）。銃床や棒で追い立てられて前進する内に、ついて来ることのできない病人や老人は、我々の中の1人が付き添った上で後に残され、荷物は他の者が担いだ。彼らはその後、トラックで運ばれた。つまり、使用できるトラックはあったのである。

＊証人、裁判長ウェッブに対して「パダン[Padang]の収容所から近郊の刑務所まで婦女子2200名が移送された際の出来事について記した自らの備忘録を読み上げてもよいか？」、と質す。

　　裁判長ウェッブ、「そのような記録を見ながらの証言は、それなしでは記憶を辿れない場合にのみ許容される。何も見ることなく自らの記憶から証言する方が望ましい」、と申し渡す。証人、自らの記憶を基に証言を続行する。

検察官審問

　③-2. 収容所間の移動の際の状況と、移動の理由、証人以外の経験は？

証人応答

　③-2. それらの婦女子達は、朝になって1キロ離れた刑務所まで移動することを告げられ、輸送手段もないまま足を引きずり、荷物を押しながら歩いていった。その間、同所の指揮官であったツカバヤシ中尉は、婦女子が歩いている道を始終笑いながら何度も車で往復していた。2200人の婦女子は、本来は囚人600人を収容すべき施設に押し込められたため、最初の2～3日は、夜も屋内で横になれず、雨と蚊の襲来に苛まれつつ屋外で寝た者が多数いた。移動の理由として日本側は、それまで収容されていた場所を日本軍が使用するためと説明していたが、被収容者側の指導者達によれば、酒保要員として若い女性を提供するよう日本側が要請してきたのを一貫して拒んだがためとのことであった。

＊裁判長ウェッブ、自ら問いを発し、「何をさせるために日本側がそのような若い女性の提供を求めたのか」、と質す。証人、「日本側からの説明はなし」と応答する。

検察官審問

　④収容所の実状について、

　④-1. 居住環境は如何？

<1946-12-26>　　　　　　　　　　　　　　　　　　　　　　　2　検察主張立証段階　**77**

④-2. 衛生関係は？

④-3. 医療関係は？

④-4. 病棟と医療器具関係は？

④-5. 医薬品関係は？

④-6. 日本側の医療器具在庫の状況は？

証人応答

④-1. 自分のいたシレンゴレンゴでは、就寝用に1人宛、広さ2×7フィート高さ5フィートほどのダブルベッド状寝所が与えられた。宿舎は木材と枯れ草でできており、1軒あたりの収容人員は220人ほど。建物は、そもそも非常に粗末な造りであったので、雨季に入って最初の大雨が降った時に9軒あった内の7軒が傾き、以後支柱で支えなければならなかった。因みに、日本が降伏してから数日後、1軒は倒壊した。収容所の中で、ゴム農園のあるような場所にあるものは、樹木に囲まれていたが、谷間に位置していたシレンゴレンゴでは樹木が近くに生えておらず、アルファ草〔alpha grass〕が自生しているだけだったので、日中直射日光を避けるためには、屋内に留まるしかなかった。

④-2. ほとんどの収容所で合格点には程遠い状態。まず、収容された人員が常に建物の収容能力を遥かに上回っていたので、超過密状態となっていて、用便施設や水の供給量が恒常的に不足していた。新たに収容所として建設されたシレンゴレンゴに於いてさえも、2000人宛に便所が20しかなかったし、その便所とは地面に穴を掘っただけのものだったので、抑留者が作り直した。ほとんどの収容所での給水源は井戸や河川。シレンゴレンゴでは、近郊の大きな川に頼っていたが、スマトラの河川の水は常に濁っていたので、そこから汲んできた水も同様であった。

④-3. 収容所には日本側から医療担当員〔medical orderly〕なる者が配属されていたが、医療については全く知識を有していなかった。収容所すべてには連合国人の医師がいたが、緊急の手術のために近郊の病院に病人を搬送する必要がある場合、その医師は件の医療担当員の同意を得る必要があった。

④-4. 収容所すべてには病棟があったが、いずれも病棟の名に値しないぐらい小さく、お粗末な造りであった。そのために、疫病が発生した際には罹患者の2割ぐらいしか収容できず、他は自分達の宿舎に留まるしかなかった。日本側から医療器具が支給されることはなかったが、連合国人の医師の中に自らが所持していた者を収容所に密かに持ち込めた者がいた。

④-5. 収容所で治療を要する疾病の中で最も頻発したのが、マラリアと赤痢と熱帯性潰瘍。これらの治療のために支給された医薬品の量は極めて乏しかった。例えば、シレンゴレンゴで支給されたキニーネは、2カ月分として1錠3分の1グラムの錠剤が1500。つまり、合計500グラムとなり、1カ月あたり250グラムがマラリア発作を起こしている患者200人余りに与えられることになるが、現実には、収容されている2000人中600人ぐらいが常時マラリアに罹患していた。自分自身がマラリアに罹った時は22日間待ち、その間発作を11回繰り返した後に、キニーネ1グラムを摂取できた。赤痢用の薬はなく、1945（昭和20）年6〜7月に赤痢が大流行した際には、

病棟に患者を収容して見守ることだけが唯一の対抗策であった。包帯用に使用したのは使い古しの布切れやバナナの葉から作った代用品であった。

④-6. 日本の降伏が公になった時、キニーネを始めとする大量の薬品が収容所に送られてきたし、終戦後、メダンやセアンタル［Seantar］の集積所にはあらゆる類の医療器具が厖大な量、蓄積されているのも見付かった。それらは日本側が戦前に製造したもので、医師達の話では、スマトラの全人口宛、通常では2年間で消費される量のキニーネがあったとのことである。また、赤十字から1度だけ医療器具が提供されたが、医師達によれば、取るに足らないぐらいのものであったとのことである。

＊午後4時、裁判長ウェッブ、翌日午前9時半までの休廷を宣する。

◆ 1946（昭和21）年12月27日

(英速録 13747〜13876 頁／和速録 140 号 1〜23 頁)

＊午前9時30分、法廷、再開する。
＊ダムステ検察官、検察主張立証第 XIII・XIV 局面「対民間人・戦争捕虜残虐行為」第6部「蘭領東インドでの残虐行為（通例の戦争犯罪・人道に対する犯罪）」の検察側立証として、コーネリス・C・レーンヘール証人に対する直接尋問を続行する。

検察官審問
④-7. 日本側による収容所の視察は？

証人応答
④-7. 第25軍軍医部長の深谷（鉄夫）大佐は、「スマトラ中部のバンキナン収容所を2度視察しており、他の収容所にも足を運ぶつもりだったが、しなかった」と言っている。また、スマトラ南部担当のヤマダ医官（南方第17陸軍病院部隊病院長の山田規矩三のことかもしれないが、定かではない）が自分に語るには、「収容所視察には師団長の許可が必要」とのことだったが、当人は許可を申請したことも実際に視察に行ったこともなかった。

検察官審問
④-8. 収容所の食事は？

証人応答
④-8. 食事は1日に2〜3回で、通常（1日3食の場合）、朝食は白米が2オンスで、昼食がとうもろこし4オンスに野菜、そして夕食が米飯4オンスに野菜であった。1944（昭和19）年5月以降［After April］は、肉の支給は皆無。週に2〜4回海産物が出たが、それは牡蠣のようなもので、1度に1人につき50グラム（2オンス）（英文速記録13749頁の記述のママ。和文速記録140号3頁では「15グラム」となっているが、fifty を fifteen と聞き間違えたものであろう）と、公定配給量には達していたが、食べられるのはその内の3％だけで、大部分が殻であった。

　因みに公定配給量は、1942〜43（昭和17〜18）年は（1日？）大体、米が18オンスと肉が2オ

ンス、野菜が8オンスと砂糖1オンスと決められていたが、既に1943（昭和18）年に1日の総量が11オンスに減らされ、その内容も米ととうもろこしにサゴ［sago］もしくはタピオカの粉末になっていた。

　食糧は常に不足していたが、収容所の補給担当士官によれば、糧秣貯蔵所からの配給総量が公定量より1割少なくても規定上問題にされることはないとのことで、不足分が15〜20％に上ることもあった。野菜は規定量が支給されていたが、全体の9割ぐらいが腐っていることが間々あった。1944（昭和19）年11月には7オンス配給されるはずの野菜が1オンスだけとなったが、翌年には収容所で自分達が耕した菜園から甘藷の葉を我々の食卓の主要野菜として収穫でき、野菜事情は良くなった。

検察官審問

　⑤蘭印統治時代との比較と食糧不足の身体への影響は？

証人応答

　⑤スマトラで政府が（現場作業の？）男子労働者宛配給食糧の公定量としたのは、1日あたり（総量？）1と2分の1ポンドで、関連する会社などが1カ月毎にまとめて支給することとされていた。それ以外にも、独自に耕した菜園で、芋や米を年に一回収穫でき、また野菜も豊富に入手でき、魚肉類も1日に3〜5オンス摂取していた。（これに比べれば）収容者に与えられていた食事は、栄養・ビタミン価や蛋白質摂取量の観点から見て不十分であったというのが医師の見立てであり、実際に収容者は、肉体・精神上の疾患に苦しみ、ペラグラやビタミン欠乏症、熱帯性潰瘍や脚気などあらゆる疾病に罹患していた。収容者の中の病人の割合は当初は10〜15％ぐらいであったが、後には40〜45％まで跳ね上がった。このような実情を訴えて収容者側の指導者達は日本側に、連日のように抗議を申し入れていた。バンキナンで指導的立場にあったホッペンブロウアー神父［Frater Hoppenbrouwer］は2年半にわたる抑留期間中400通もの抗議文書を認めたが、梨の礫であった。

検察官審問

　⑥労役は？

証人応答

　⑥収容者は自分達の菜園を耕したり樹木の伐採をしたりといった作業の他、1942（昭和17）年12月から翌年1月にかけて、男子がセアンタルの飛行場で強制労働に従事させられたし、タンジョン・バライ収容所では女子が近隣村落の街路清掃を強要された。

検察官審問

　⑦懲罰は？　［E: 13751］［J: 140（3）］

証人応答

　⑦規則・命令違反に対する懲罰は、段打などの体刑。女子も例外ではなく、タンジョン・バライでは規則違反があったとの理由で2日間食事が抜かれた。

　違反行為とされた事項について適切な調査がなされた後に懲罰措置が執られた事例で自分が知

っているのは、2件しかない。ひとつは、ブラスタギ［Brastagi］収容所で食糧不足のために女性が脱走した事例で、もうひとつは、プラウブラヤン［Pulaubrayan］収容所で、女性達が同所で出された命令に抗議して衛兵詰所の前に集合した時の事件。後者の事件では、衛兵の1人が棒を振り回して女性を追い払おうとしたが、逆に棒を奪われて、したたかに引っ叩かれた（何ともだらしない日本兵である。年配の補充兵か？）。

　調査を行うことなく懲罰に付した事例については、日本側の収容所指揮官もそのことを知っており、自身がその懲罰を行ってさえいた。

検察官審問

　⑧日本軍の現地住民に対する態度は？

証人応答

　⑧スマトラ中部の収容所の担当であったメッシング［Messing］医師の挙げた一例では、犯罪を犯した労務者は、赤痢病棟に入れられて死ぬまで放置された。いまひとつの事例では、杭に縛り付けられて24時間放置された上に、熱湯をかけられた。

＊裁判長ウェッブ、自ら問いを発し、「犯罪行為とはいかなる行為を指しているのか」、「殺人の類か」、と質す。証人、否定して、「命令違反が自分の言う犯罪行為に相当する」と、応答する。裁判長、さらに、「どのような行為が懲罰の対象となったか」、と質す。証人、「労役に際しての規則違反や、日本人に対して欠礼したなど、些細な行為」と答える。

検察官審問

　⑨収容所での貴重品の扱いは？　また収容所での死亡率は？

証人応答

　⑨1943（昭和18）年5月1日に、収容者が所持していた貴重品・金品はすべて没収された。金品は戻ってこなかったが、貴重品の一部は日本の降伏後に返却された。死亡率は、自分のいた収容所では6～8％。スマトラ南部（の1収容所？）では全体の28％に相当する364人が死亡。パレンバンでは英国人の死者が102人に達し、死亡率は53％にも上った。

検察官審問

　⑩日本軍高官と赤十字の収容所視察は？

　⑪終戦後の収容者の様子は？

証人応答

　⑩高官の視察は時々あり、1945（昭和20）年7月にシレンゴレンゴ収容所に第25軍参謀長の谷萩（那華雄少将）が来たのを記憶している。田辺第25軍司令官の視察も計画されていたが、アイク・パミンケで3カ所の女子収容所を訪れた時点で疲れてしまい、来られなかった、と聞かされた。谷萩が来た時にしたことは、収容所の中で収容者全員が整列している中を一往復しただけで、収容者の指導的立場にいる者にさえも話しかけることはなかったし、また収容者は話しかけることを禁じられていた。赤十字による収容所訪問を何度か要請したが、実現しなかった。

　⑪極度に痩せているか、そうでなければペラグラのために体が結構腫れ上がっていた。子供は

<1946-12-27>　　　　　　　　　　　　　　　　　　　　2　検察主張立証段階　**81**

成長が停止しており、抑留されている間会えなかった自分の息子は、別れた時 10 歳で再会した時 12 歳半ぐらいだったが、1 インチたりとも背が伸びていなかった。

検察官審問

⑫他の殺害・残虐行為の事例は？

証人応答

⑫1942（昭和 17）年 3 月 13 日にメダンで憲兵隊が支那人 5 人を斬首して、その首を杭に刺してさらし首にした。これについては複数の目撃者の証言がある。

また、同月 15 日にセアンタル近郊のシンボロン農園［Sinbolon Estate］で英国民間人 3 人が殺害されたが、この 1 件を調査するよう命令されたオランダ人警察官は、同年 4 月 9 日に自分にこのことを語っており、1945（昭和 20）年（終戦後？）に報告書を提出している。その報告によれば、該警官は、いずれもハリソン＆クロスフィールド社の社員であるキャメロン、ブルース、キャンベルの 3 人が殺害された件を捜査するよう、憲兵隊に命じられたが、下手人が日本人であることを憲兵隊に伝えると、捜査の終了を告げられ、その後それについて 2 度と耳にすることはなかった。

さらに、1942（昭和 17）年 3 月 14 日にセアンタル北方 30 マイルに位置するティガ・ルング（Tiga Rungu）で、オランダ軍民兵隊［home guard］将兵 22 人が捕虜となったが、翌朝、殺害された。22 人が捕虜になったのは自分がその現場を通りかかった直後で、殺害されたことを自分は翌朝と翌月 9 日に聞いており、さらに戦後の戦犯調査の過程で現地人の目撃証言も得ている。

＊裁判長ウェッブ、自ら問いを発し、「この件（最後の件か？）についての証拠を法廷に提出したか」、と質す。証人、否定する。

検察官審問

⑬日本側に有利な材料は？

証人応答

⑬アサハン州［Asahan Province］在住のコシという日本の民間人は、同地の女性抑留者の苦難を和らげようと最善を尽くしていた。

＊被告木戸弁護人ローガン、レーンヘール証人に対する反対尋問に立つ。［E: 13758］［J: 140（4）］

【ローガン弁護人による検察側証人レーンヘールに対する反対尋問】

弁護人審問

①スンゲイ・センコル収容所の建物について、

①-1.　建造したのは誰か？

①-2.　証人が同収容所に入るまで同所には何も手が加えられなかったのでは？

①-3.　建物の造りや便所などは、病院として使われていた時のままでなかったか？

①-4.　収容されていた抑留者が屋根の修繕などを試みたか？

証人応答

①-1. 1910（明治43）年頃にアレンズバーグ煙草社［Arendsburg Tobacco Company］が病院として建てたもので、8棟の建物からなり、開戦時まで労務者用の病院として使用されていた。

①-2. そうではない。収容所として同所は、1943（昭和18）年3月15日に改めて開所しており、自分がそこに入ったのはその2日後であった。

①-3. 便所の数などは、それ以前のままであったが、屋根が藁葺きで毎年葺き替えねばならぬのに1年間ぐらい空き家となっていたためそれがなされず、修繕・管理もなされていなかったので、建物が相当傷んでいた。

①-4. 試みた。屋根の修繕をするための資材を請求したが、それが認められて修繕ができたのは1944（昭和19）年になってからであった。

弁護人審問

①-5. 収容所の建物は日本側が収容所として使用するために建てたものではない、というのは正しいか？

＊裁判長ウェッブ、「言わずもがな［That follows］」と（恐らく皮肉交じりで）口を挟む。

証人応答

①-5. その通り、正しい。

弁護人審問

②シレンゴレンゴ収容所の建物について、

②-1. 同建物も抑留施設として使用される前から存在していたものか？

②-2. それは、戦争時に抑留者のために使用されたほかの建物に似たものであったか？

②-3. 現地の気候に適した建物であったか？

証人応答

②-1. それは抑留者向けに建てられた病院（英文速記録13760頁のママ。「病院」とは、証言者もしくは速記者の誤りであるかもしれない。和文速記録は「収容所」と記す）であった。自分の知る限り、支那人の業者が現地の労働者を雇って建てた。

②-2. 相違があった。

②-3. 枯れ草で葺いた小屋は、昼暑く、夜は寒かった。

弁護人審問

③他の収容所についての証人の証言について、

③-1. これらはすべて証人自らが目にしたものではなく、他の誰かが証人に話した内容や、他の者の記録から得たものであるか？

③-2. 他の収容所の食糧事情についての証人の知識も同様であるか？

証人応答

③-1. いや違う。戦犯調査の過程で宣誓供述書などから得たものである。

③-2. その場にいたわけではないから、自分が生で得た知識ではない。

<1946-12-27>　　　　　　　　　　　　　　　　　　　　　　　　2　検察主張立証段階　**83**

弁護人審問［E: 13761］［J: 140（5）］

　④収容所の食糧事情が悪化した原因について、

　④-1.　戦時中、時日の経過と共に、証人のいた収容所での食糧事情は悪化していったか？

　④-2.　蘭印（政府）が、その島の住民に十分な食糧を供給できていなかったことは事実ではないか？

　④-3.　証人は蘭印の食糧輸入状況を調べたことがあるか？

　④-4.　「戦時中に輸入が杜絶したことが食糧不足の原因であった可能性」について証人は、調査したか否か？　そしてもしも答が「否」ならば、なぜその可能性を追求しなかったのか？

　④-5.　山本少将はその理由として、「連合国軍の潜水艦攻撃によって食糧を運搬する船舶が多数沈められた」ことを挙げなかったか？

　④-6.　食糧不足を補うために収容所では抑留者自らが菜園を耕して野菜を収穫していたか？

証人応答

　④-1.　その通り。特にシレンゴレンゴは、首都及び再近辺２カ所の食糧集積所から200マイル離れていた。

　④-2.　その点について調べたことがないので、答えられない。

　④-3.　戦前はビルマとタイから米を輸入していたが、戦中については何も知らない。

　④-4.　外部からの食糧輸入の杜絶が収容所の食糧事情に影響を与えたと思考した事例は１件だけ。即ち以下の通り。

　ムントク［Muntok］にいた抑留者のルブクリンガウ［Lubuklingau］への移送を第25軍が報じた時、同軍経理部長［Chief of the Intendance］であった山本（省三）少将が挙げた理由が、食糧を（それまで）パレンバンからムントクまで運んでいた（が、何等かの事情でできなくなった？）ということであった。

　④-5.　そのようなことは全然言わなかった。

　④-6.　その通り。甘藷の葉を得た。

弁護人審問

　⑤伝聞証言について、

　⑤-1.　他の収容所での強制労働や、女性を含む収容者に対する暴力・懲罰行為について証人が語った内容はすべて、伝聞によるものであるか？

　⑤-2.　証人がそれらの事例を知るに至ったのは戦後ではないか？

　⑤-3.　証人は、女性抑留者が暴行を受けているのを目撃した者から直接に、供述書を録取したのか？

　⑤-4.　日本軍収容所指揮官自らが懲罰行為の実行者となっていたとの証人の証言は、証人自身は実見していないのではないか？

　⑤-5.　他の収容所での女性に対する暴力行為についてはどうか？

　⑤-6.　スンゲイ・センコルで少年を引っ叩いた指揮官の階級は？

⑤-7. 日本軍の中で上官が部下を殴るのを見、もしくはそのようなことがあったとの話を聞いたことがあるか？

⑤-8. 何かの犯罪行為を咎められて赤痢病棟に放置された労務者の件は、証人は実見したものでないのか？

⑤-9. 件の労務者や杭に繋がれた労務者は、いかなる犯罪行為のためにそのような懲罰を受けたのか？

証人応答

⑤-1. その通り、正しい。

⑤-2. そうではない。抑留されている期間中に聞いた。

⑤-3. そうではない。

⑤-4. スンゲイ・センコルで日本軍の指揮官が抑留者の少年を1人引っ叩くのを見たことがある。

⑤-5. 自身では見ていない。

⑤-6. 軍曹。

⑤-7. ない。

⑤-8. 実見してはいない。既に述べた通り、メッシング医師の陳述書から引いたものである。

⑤-9. いずれについても知らない。

弁護人審問［E: 13766］［J: 140（6）］

⑥収容所での死亡率について、

⑥-1. 証言の中で証人が列挙した関連数値は、証人自身が計算して弾き出したものなのか、他の誰かが作成したデータを転載したものなのか？

⑥-2.「6〜8%」の根拠となったのは？

証人応答

⑥-1. 収容所の連合国人側指導者・医師達がまとめたものを引用したものであるが、自身が抑留されていた収容所の死亡率については自身でまとめたものである。

⑥-2. 10カ月の内に2000人余りの中の123人が死んだという事実である。

弁護人審問

⑦軍高官の収容所視察について、

⑦-1. 1945（昭和20）年7月の谷萩少将の視察の際には、収容所は、飾り立てられたのか？

⑦-2. 将官がやって来た時、収容所は最良の状態にあったということか？

⑦-3. 全員がシャツを持っていたのか？

⑦-4. 収容所の指揮官が「少将が収容所について好印象を抱いて帰ってほしい」というようなことを証人に言ったか？

⑦-5. そのような見方は推測に過ぎないであろう、先の質問に対する答は？

<1946-12-27>　　　　　　　　　　　　　　　　　　　　　　　　　2　検察主張立証段階　**85**

証人応答

　⑦-1.　同少将がやってくる10日ほど前に、日本人の文官が1人やって来て、将官の視察に備えて収容所の清掃をするよう指示した。それ以降、その文官が目を光らせている傍で、収容者の一部が朝な夕なに、排水溝や収容所敷地内の清掃をしなければならなかった。

　⑦-2.　最悪の環境の中で最良の状態だったという意味では、その通り。抑留者は、その折はシャツを着ることを義務付けられた。

　⑦-3.　皆シャツのようなものは持っていた。

　⑦-4.　少将が来る前に文官がやってきた。そのような（上層部におもねるような）目論見を抱いていたのは（文官の方で？）収容所の指揮官ではない。

　⑦-5.　そのようなことは1度も聞いたことがない。

弁護人審問

　⑧証人が列挙した日本軍の殺害行為（検察官審問⑫を参照）について、

　⑧-1.　すべて1942（昭和17）年3月13日と15日に起きているが、（蘭印軍が）降伏した時か？

証人応答

　⑧-1.　そうではない。日本軍のスマトラ進攻は3月12日に始まり、同島のオランダ軍が降伏したのは3月27日であった。

＊午前10時45分、法廷、休憩に入り、11時に再開する。［E: 13769］［J: 140（6）］

＊被告木戸弁護人ローガン、レーンヘール証人に対する反対尋問を続行する。

弁護人審問

　⑧証人が列挙した日本軍の殺害行為について（続き）、

　⑧-2.　それらの事件が蘭印軍の降伏前に起きたことを証人は確認したが、その中で証人が実際に目撃したものはあるか？

　⑧-3.　支那人5人が殺害された件については、証人自らが供述書を録取したか？　目撃者と直接話しをしたか？

　⑧-4.　英国の民間人3人が殺された事件に関して証人が録取した供述書はオランダ人警察官のものひとつだけであったのは正しいか？

　⑧-5.　オランダ軍捕虜の殺害についても同様か？

　⑧-6.　それら捕虜が戦闘中に死亡した可能性を念頭に置いて調査しなかったか？

　⑧-7.　目撃者などに聴取して独自に調査したか？

証人応答

　⑧-2.　目撃したものはない。

　⑧-3.　いずれもそうではない。

　⑧-4.　自身では何も録取しておらず、オランダ人警官2人から聴取する時に通訳をしただけ。直接尋問で証言した内容は通訳時に聞き知ったことである。

　⑧-5.　自身が供述書を録取したことはない。同事件関連で目を通したのは供述書と報告書各々

1通である。

⑧-6. そのような線で調査した。捕虜となって1晩留め置かれた後に殺害されたのだから戦死したのではない。

⑧-7. 自身のスマトラ滞在中に事件現場に足を運ぶことは不可能であった。

弁護人審問

⑨証人の子息については？

証人応答

⑨2人の子供の内、息子は抑留直前に片方の眼の視力を失い、抑留中に（もう片方の眼の？）視力を完全に失った。医者によれば、蛋白質の摂取不足が原因。その後オランダで手術を受けて視力を8割方回復したが、一方、収容所で罹ったマラリアに今でも苦しめられている。娘の方は、2歳半で抑留され、出てきた時には5歳半ぐらいであったが、極めて健康である。

弁護人審問

⑩収容所への医療・医薬品の配給について、

⑩-1. その状況は如何であったか？

⑩-2. 実際は、それら物品はどこかに貯蔵されていて、入手可能だったのか？

⑩-3. 戦時中にそれらが貯蔵されていた場所はどこか？　戦時中、その場所にずっと置かれていたものであるのか？

⑩-4. 日本側は、そこに医療・医薬品があることを知っていたのか？

⑪疾病・疫病で死亡した日本軍将兵がどのくらいいたかを確かめたか？

証人応答

⑩-1. ごく僅か。

⑩-2. 大量に蓄積されていたのが終戦後に見付かり、日蘭両国製のキニーネが収容所に大量に運び込まれてきた。（直接尋問での証言内容を繰り返す）

⑩-3. 貯蔵場所はメダンとセアンタル、そして位置不明のもう1カ所。オランダの蓄積所のものについては戦前から置いてあったのであろうが、他については不明。

⑩-4. 日本側の管理下にあったもので、日本人の担当官が現場にいた。

⑪確かめなかった。

＊被告賀屋・鈴木弁護人レビン、レーンヘール証人に対する反対尋問に立つ。［E: 13773］［J: 130（7）］

【レビン弁護人による検察側証人レーンヘールに対する反対尋問】

弁護人審問

①捕虜が厨房での作業をするのは通例となっていなかったか？

②証人の行った戦犯調査の範囲について、

<1946-12-27>　　　　　　　　　　　　　　　　　　　　　　　　2　検察主張立証段階　**87**

②-1.　調査対象とするよう指示されたのは、捕虜や抑留者が不当な扱いを受けたとの報告が寄せられた場所だけであったか？

②-2.　日本側が抑留者などを適正に処遇した旨の報告は目にしなかったか？

②-3.　捕虜や抑留者の処遇方法、態様について日本軍上層部がまとめたような文書を見たことがないか？

証人応答

①供述書の内容を読めばその通りだが、自分は捕虜ではなかったので、自分の実体験に即して言うことはできない（弁護人が普段証人に突き付けてくる質問の逆手を取ったようである）。

②-1.　そんなことはない、すべての抑留施設が対象であった。

②-2.　直接尋問で触れた１件だけ。

②-3.　終戦時に公文書が焼却されてしまったので、第25軍司令部から得られたものの中には、原本に基づくものでなく、関係者の記憶に基づくものが混じっていた。それらの一部には、抑留者は捕虜と同等に扱う旨書かれていた。

＊被告大島弁護人島内、レーンヘール証人に対する反対尋問に立つ。[E: 13774]［J: 140（8）]

【島内弁護人による検察側証人レーンヘールに対する反対尋問】

弁護人審問

①ペダンでの婦女子の移送についての情報源は？

②日本側が貯蔵していた医療・医薬品が戦後大量に発見されたとの情報源は？

③英国人３人の殺害事件について、

③-1.　オランダ人警察官の証言以外の証拠の有無は？

③-2.　その警察官は証言の中で３人が殺された理由に言及しているか？

③-3.　証人自らがこの件について調査したか？

証人応答

①カトリック神父（裁判長ウェッブの審問に対する応答による）のホッペンブロウアーの供述書。

②日本側がオランダ側に医療・医薬品をすべて引き渡す際に、メダンにあったラトカンプ社の主任薬剤師が在庫品の調査をしており、その薬剤師の証言によるものである。

③-1 現場での調査が困難だったので、今のところなし。オランダ人警察官の証言によれば、事件が起きた５日ほど後に同警察官が遺体を掘り起こして調べてみたところ、射殺されたものであることが判明した。

③-2.　否。

③-3.　調査した。件の警察官も事件が起きた時現場にいたわけではないので、何も知らなかった。

弁護人審問

④オランダ軍捕虜の殺害事件について、

④-1. 直接尋問の中で言及した現地人の供述書以外の証拠を調査したか？

④-2. どのような場所で殺害されたかを調べたか？

④-3. 遺体を見たか？

証人応答

④-1. 自分自身は現地には行っていない。事件発生当時、自分は現場から4マイルほど離れた場所にいたが、近くの村落に120名余りのオランダ軍部隊が集結していた。

④-2. セリボエドロク［Seriboedolok］村から30マイルほど離れたティガロエンゴル［Tigaroenggol］地区の小さな集落が現場で、セアンタルからブラスタギ［Brastagi］に向かう幹線道路脇。

④-3. 現場に行くことができなかったので、見ていない。

＊裁判長ウェッブ、「証人の証言は伝聞に基づくもので、自身は何も見ていないものと理解する」、と裁定する。証人、「伝聞ではなく、公式の宣誓供述書から引用した内容である」、と応答する。裁判長ウェッブ、「それはまさしく伝聞である」、と申し渡す。

弁護人審問

④-4. 現地人の供述書に殺害された理由は示されていたか？

証人応答

④-4. 否。

弁護人審問

⑤証人の戦犯調査官としての適格性について、

⑤-1. 証人が戦前民間の会社で勤務していた時期は？

証人応答

⑤-1. 1928（昭和3）年以降。

＊裁判長ウェッブ、弁護人に質問の趣意を質す。弁護人、「戦犯調査官としての証人の適格性を究めたい」、と応答する。

弁護人審問

⑤-2. 戦前、検察官や弁護士として法曹関係での実務経験があったか？

⑥証人の子息は抑留中に病気になったとのことであるが、証人の妻の収容所での病歴は？

証人応答

⑤-2. 否。

⑥抑留されていた2年間の間に腎臓障害を患い、働けなくなった。日本の降伏から本年11月初旬までの半年間（計算が合わないが、英文速記録13779頁の記述のママ）入院していた。

弁護人審問

⑦証人が戦犯調査に加わった動機は？

＊裁判長ウェッブ、「返答の要なし」と、質問を却下する。

<1946-12-27>　　　　　　　　　　　　　　　　　　　　　　　　　2　検察主張立証段階　**89**

＊被告大島弁護人島内、弁護側反対尋問の終了を報じる。

＊ダムステ検察官、レーンヘール証人に対する再直接尋問を行う。［E: 13779］［J: 140（8）］

【検察側証人レーンヘールに対する検察側再直接尋問】

検察官審問

　①ムントク収容所への食糧搬入について、

　①-1. 同収容所向けの食糧がすべてパレンバンから海上輸送されていたと、証人は証言したが確かか？

　①-2. それらの主食となる穀物をムントク収容所では1カ月にどのくらい必要としていたか？

　②日本人の健康状態はどうであったか？

証人応答

　①-1. 米・とうもろこしといった主食については、その通り。

　①-2. 抑留者1200人の一人一人に1日300グラムとして30日分とすれば、総計11トンほど。支那製の小型のプラウ（prau。マラヤ方面で使われていた小型の舟）でも使えば運べたはずである。

　②全般的に見て、良い食事にありつけており、身なりも良かった。

＊検察官ダムステ中佐、検察側再直接尋問の終了を、報じる。

＊裁判長ウェッブ、証人を通例の条件で証人の任から解くことを宣する。

＊レーンヘール証人、退廷する。

(8)　検察官ダムステ中佐、検察主張立証第 XIII・XIV 局面「対民間人・戦争捕虜残虐行為」第6部「蘭領東インドでの残虐行為」の検察側立証として、「日本軍占領期間中の蘭領東インドのスマトラでの残虐行為」関連検察側要約証拠概要・検察側要約書証・検察側書証を提出する。

（英速録 13780〜13820 頁／和速録 140 号 8〜15 頁）

＊（検）法廷証 PX1766【スマトラでの日本軍残虐行為検察側証拠概要】＝検察側文書 PD5685　証拠として受理される。検察官ダムステ中佐、「降伏した捕虜を殺害した事例が数件あり、処刑の態様はほとんどの場合残虐なものであった」、と申し立てる。朗読なし。

(8-1)　戦争捕虜に対する残虐行為

（英速録 13781〜13794 頁／和速録第 140 号 9〜10 頁）

＊（検）法廷証 PX1767【E・アレクサンダー・ロイド［Alexander Lloyd］宣誓供述書】＝検察側文書 PD5617　識別番号を付される。

＊（検）法廷証 PX1767-A【同上抜粋：1946（昭和21）年12月20日、証言に立った証人豪州陸軍看護婦隊大尉ヴィヴィアン・ブルウィンケル証言と同一内容】　証拠として受理される。裁

判長ウェッブ、「内容が12月20日のブルウィンケル証言と重なる」と指摘する。ダムステ検察官、「若干の相違がある」、と申し立てる。朗読を省略する。被告木戸弁護人ローガン、「当該供述書の内容によれば、殺害された者達が切羽詰まった状況で逃亡を企てたことが窺われるので、『理解不能の理由で』海に追い込まれ（て殺害された）たとの（供述書中の）表現は事実を反映したものではない」と、申し立てる。裁判長ウェッブ、「留意する」、と申し渡す。

＊（検）法廷証 PX1768【M・ラツペリッサ［Latuperissa］蘭印軍軍曹宣誓供述書】＝検察側文書 PD5619　識別番号を付される。

＊（検）法廷証 PX1768-A【同上抜粋：1942（昭和17）年3月18日のコタラジャユタラッジャ（北スマトラ）での蘭人俘虜50名の殺害】　証拠として受理され、検察官ダムステ中佐、「スマトラ北部のコタラジャ［Kotaradja］で1942（昭和17）年3月18日に、既に数日前に降伏したオランダ軍捕虜や欧州人、アンボン人ら50人余りがスループ［sloop］型帆船に押し込められて外海に連れ出されて、射殺された」と、要約を朗読する。書証の朗読なし。

＊検察官ダムステ中佐、同種の事件の例として、「レーンヘール証人が証言した同年3月15日に起きたスマトラ北東部でのオランダ軍捕虜22人の殺害」に言及する。

＊（検）法廷証 PX1769【P・S・デイヴィス英空軍中佐報告書】＝検察側文書 PD5604　検察官ダムステ中佐、「既にリンガー証言や他の証拠で明らかにされている捕虜収容所の実態について追加の証拠を提出する」と、前置きして提出する。識別番号を付される。

＊（検）法廷証 PX1769-A【同上抜粋：パカンバル（中央スマトラ）俘虜収容所の状態】　証拠として受理され、要約と抜粋が朗読される。

【PX1769-A 朗読概要】

《要約》

当供述書は、スマトラ中部のパカンバル［Pakan Baru］地区にあった捕虜収容所複数に関するもので、当初収容されていたのは英蘭軍捕虜2000人余り。過酷な海上・陸上輸送で疲れきった状態で同所に送り込まれて、不潔な環境に置かれ、劣悪な居住施設に住まわされた捕虜達は、粗末な食事を少量しか与えられないまま、直ちに重労働を課せられた。労役は鉄道建設で、監督にあたったのが泰緬鉄道の建設工事にも従事した日本兵の一団であったので、既に当法廷で故ワイルド大佐やコーツ中佐が証言したように、捕虜を奴隷扱いするような残虐性が同地でも発揮された。

また、同地に至る途中で捕虜達は、ほとんどが赤痢に罹患していた現地の苦力と一緒に、超過密状態の牢獄に押し込められていたので、赤痢に罹患するのは必至の状態であった。にもかかわらず、薬品の類の支給はほぼ皆無で、包帯もなかった（日本の降伏後、それらは大量に放出）。そのために、栄養失調に由来する脚気、ペラグラ、ビタミン欠乏症や熱帯性潰瘍に加えて、赤痢やマラリアに罹患する者が増え、捕虜全体に占める病人の割合が4割近くまでになった。そして、

病人であっても症状が軽い者は、収容所内の菜園で作業をしなければならなかった。

　沈没船の生存者170人余りが収容所にやって来たが、受けるべき看護と介護が受けられなかったため、その多くが死亡した。食糧不足と重労働のために、死者の数は1カ月に80乃至はそれを上回る数に上ったが、それでも、課せられた労役の量は増していった。（英文速記録13786頁でdeath rateという表現が使われているのを、和文速記録140号9頁では「死亡率」と訳し、英文速記録で「80」とのみ出されている数字に「パーセント」を補っているが、ここでいうrateとは、どのくらいのペースで人が死んでいったのかを意味する言葉に過ぎず、80という数字も単なる人数であると判断する。泰緬鉄道でさえも「死亡率」は8割に達するほど高くはなかった）日本軍の収容所指揮官は、このような実態に関心を向けることは全くなく、それどころか、捕虜に対する虐待と酷使が、時には死者を出すほどにまで横行していた。

《抜粋》

　……自分の受けた通告は、「第2収容所は病人用とし、働ける者は（第2収容所から？）奥地[up-country]の収容所を拠点として鉄道建設作業にあたること。病人は、当（第2）収容所に戻し、代替要員や作業要員として働けるようになるまで留め置くこと」というものであった。コフィー[Coffey]空軍中佐と先任軍医官、及び自分は、日本側（ミヤサキ大尉）に収容所の状態を改善し、労働量を減らし、食糧・医薬品の支給量を増やすよう重ねて掛け合ったが梨の礫で、返ってきた答えは「食糧が十分にない」というものであった。また、捕虜収容所配属のイシイ軍医は、コフィー中佐に「医薬品がないので、収容所で薬草を栽培して自家製のものを作るように」と言って来た。病人でも病状がそんなに重くない者は菜園での作業を強いられた。これは、「65キロ離れた食糧集積所である直近の町バンキナンから食糧を運ぶ運搬手段が不足しているが故に食糧事情が悪化している」との、ドイ[DOI]中尉の言を受けての措置であった。この時期、収容所の連合国人医師は、厖大な数の病人への対応に苦慮していた。病人の総数は800人余りに上り、その大部分は赤痢、マラリア、脚気、ビタミン欠乏症、ペラグラなどの罹患者であったが、中には結核患者もいたし、熱帯性潰瘍を患っている者も多数いた。こんな状態で、医薬品や包帯はないに等しかった。

　1944（昭和19）年9月17日に、近い内に重病人が運び込まれるとの予告を受けたが、朝鮮人看守兵から聞いた話では、ジャワとパダンの間でまた船が雷撃されて沈み、死傷者が多数出たとのことであった。その2日後、救急車が20人余りを搬送してきたが、そのほとんどが一両日中に死んでしまった。残りの生存者はパダンの牢獄と病院に収容されていると聞かされたが、実際にはその後、第4及び第5収容所に送られて、その中の病人や死にかけている者150人余りが、その約1週間後の深夜に自分の収容所に搬送されてきた。そして、それまでの3年間、日本側から衣服の支給など皆無であったのに、それらの生存者用に衣服を提供するよう命じてきた。日本側の言い分は「日本側にも余分な衣服がなく、船を沈めたのは英国（潜水艦？）であるから、連合国側で何等かの措置を講ずるべき」というものであった。我々は、できる限りのことをしたが、第4収容所の状態は極度に悪化していた（英文速記録13788頁の記述のママ。文脈から見て、供述者は当

時第2収容所にいたようだから、「第2」ならば辻褄が合うが、いきなり「第4」が出てくる。誤記か？）。

　同年11月末に、北部スマトラのアチェブ［Atjeb］での道路建設のため8カ月ほど前にメダンから移送された人員を収容するための第6収容所が開設されたとの通告を受けた。その一団を監督していたのは、英語が話せるミラ［MIRA］という、非常に性質の悪いタイプの日本軍士官であった。第6収容所の捕虜は、相当衰弱した状態で同所に辿り着いたのだが、にもかかわらず、鉄道建設作業に直ちに駆り出された。ムラ［MURA］中尉（前出の「ミラ」と同一人物であることはほぼ間違いない。実際は「三浦」か？）は、自身（「三浦」）の監督下にある英国人捕虜の指揮にあたらせるべく、自分（供述者）のいる収容所から英国人の士官1人を出すよう言ってきた。既にオランダ軍捕虜の監督には、バン・デル・ランデ［Van Der Lande］という有能な大尉があたっていた。そこで自分は、ゴードン大尉を派遣することとし、同大尉は翌日発った。

　この頃、捕虜を取り巻く全般的状況は急速に悪化していたので、自分はドイ中尉に改善策を講じるよう繰り返し訴えかけたが、聞き入れられることはなかった。我々は、食糧不足と重労働に由来する毎月の死亡者が80人にも上ることを示す統計表を作成して見せたのだが、それに対するドイの返事は、「士官が皆もっと働くべきである。貴官と貴官の部下は日本の戦争遂行努力を妨害しているに過ぎない」というものであった。奥地の収容所から病気になった者が第2収容所に送られ、その交代要員として同収容所から送られたのが回復途上［semi-fit］の者だけだったので、状況はさらに悪化し、死者も増えていった。

　1945（昭和20）年7月16日頃、「鉄道の竣工期限が8月15日なので、歩ける者はすべて労役のために派遣すべし」との通知を受けた。我々の抗議も虚しく、軍医による労役可能人員の選別（英文速記録13790頁に出て来る medical parade なる表現は、このような意味であると解釈する）の後に、（選別された者は）労役を強いられた。自分がいた地域全体で、（捕虜の）全般的健康状態は急速に悪化していった。医薬品は皆無で、誰もが疲労困憊しきっており、日本側の看守兵や鉄道職員による絶え間ない奴隷扱いによって、皆精神的に極度に消沈した状態となっていた。憲兵隊（日本の秘密警察［英文速記録13790頁原文の Japanese Secret Police のママ］）による監視が強まっていたのが感得され、規律強化を名目としたありとあらゆる措置によって我々に対する締め付けが強化されていった。

＊（検）法廷証 PX1770【W・ハジェドールン［Hagedoorn］蘭印軍兵卒宣誓供述書】＝検察側文書PD5601　識別番号を付される。［E: 13790］［J: 140（10）］

＊（検）法廷証 PX1770-A【同上抜粋；1944（昭和19）年10月のコタ・チャナ［Kota Tjana］地方（北スマトラ）での捕虜強行軍】　証拠として受理され、検察官ダムステ中佐、「1944（昭和19）年10月、スマトラ北部のコタ・チャナ地区で、捕虜が90マイルの距離を昼夜を分かたず68時間行進することを強要され、倒れた者は、起き上がって本隊に追い付けるまで殴打され続けた」と、要約を朗読する。書証の朗読なし。

＊（検）法廷証 PX1771【蘭印軍 K・E・クリョーグスマン［Krijogsman］宣誓供述書：コタ・チャネ［Kota Tjane］（前出の Kota Tjana と最後の母音を除いて同じであるので、同じ地名であり、どちらかの綴

<1946-12-27>　　　　　　　　　　　　　　　　　　　　　　　　　2　検察主張立証段階　**93**

りが誤っている可能性が濃厚であるが、そのまま記しておく）のラウェ・セガラ［Lawe Segala］収容所での蘭印軍捕虜に対する日本軍籍入籍強要と処刑】＝検察側文書 PD5623　証拠として受理され、朗読される。

【PX1771 朗読概要】

　自分は、1942（昭和 17）年 3 月 17 日にパダン・パンジャン［Padang Pandjang］で日本軍の捕虜となり、紆余曲折を経て同年 6 月にラウェ・セガラ収容所に入れられた。翌年 5 月のある日、収容所長のミヤサキ［MIUASAKI］が我々捕虜一同に、「近々日本軍に兵補として徴集される」旨言い渡してきた。そして、同月 29 日午後 5 時頃、コタ・チャネ軍政部からススキ［SUSUKI］中尉が、ブラスタギ［Brastagi］から氏名不詳の憲兵隊員がやってきて、捕虜全員を整列させると、イワサキ［IWASAKI］通訳を通じて、「日本軍に奉職するか否か、5 分間で決めよ」と命じた。5 分後、捕虜は（A）身体検査で不適格とされた者、（B）志願した者、（C）志願を拒否した者、の 3 つに分けられ、自分自身は（B）の 1 人であった。（B）の志願者の名前が記録された後、全員が宿舎に戻ることを許された。軍曹のクレース［Croes］とシュトルツ［Stolz］、及びウォルフ［Wolff］兵卒が志願を拒否した。

　その 3 人ともう 1 人は 29 日 20 時 30 分頃、日本人とインドネシア人の警察官がコタ・チャネに連行した。もう 1 人はフォス（Voss）軍曹で、やはり志願拒否組だったが、何のためか事前に拘引されていた。自分がこのことを知っているのは、自分がその時、収容所指揮官のミヤサキの運転手として、ススキと氏名不詳の憲兵隊員や、拘引された志願拒否者を乗せてコタ・チャネまで運転したからである。4 人は手足を縛られた状態で村の広場に引き立てられ、集められた村民の前に姿をさらすこととなった。4 人が処刑されたのは同日 23 時頃で、日本軍の命令によって村民はそれを見守らねばならなかったし、自分自身はミヤサキの運転手をしていたので、見物人の最前列に位置していた。「最後に何か願い事はあるか？」と訊かれたフォスは、「体をオランダ国旗で覆われて死にたい」と言い、その願いは聞き入れられた。それからフォスは、マレー語で日本に対する自らの所見を述べ、日本を罵った。すべてを話し終わったところで、日本兵はフォスに目隠しをしようとしたが、フォスはそれを拒み、「自分はオランダ人である。死を恐れない」と言い放った。銃殺刑の執行にあたった憲兵将校は銃をフォスに向けて 2 回撃ったが、フォスにはまだ息があり、「女王陛下万歳！」と叫んだ。憲兵将校は今度は頭部を撃って、止めを刺した。

　同じ憲兵将校が今度はクレース軍曹を刀で斬首しようとしたが、狙いを外して肩を打ったので、拳銃でクレースの頭を撃った。その後、やはり拳銃で件の将校がウォルフとシュトルツも撃ち殺した。自分は事の成り行きを正確には記憶していないが、この処刑なるものは、自分の見解では、殺人である。自分が知る限り、ミヤサキとススキもその場にいた。

＊午前 12 時、裁判長ウェッブ、正午の休廷を宣す。

＊午後 1 時 35 分、法廷、再開する。［E: 13795］［J: 140（10）］

94 2—13・14—6 検察主張立証第 XIII・XIV 局面「対民間人・戦争捕虜残虐行為」第6部「蘭領東インドでの残虐行為」

（8-2）民間人に対する残虐行為

（英速録 13795〜13820 頁／和速録第 140 号 10〜15 頁）

［A. 抑留民間人に対する残虐行為］

＊検察官ダムステ中佐、レーンヘール、ブルウィンケル、リンガー各証人の証言を引証して、民間人抑留者に加えられた虐待行為や、収容所の劣悪な環境全般については、既に法廷に証拠数点が提出されていることに、法廷の注意を喚起する。

＊（検）法廷証 PX1772【A・E・プリンス［Prins］夫人宣誓供述書】＝検察側文書 PD5646　識別番号を付される。

＊（検）法廷証 PX1772-A【同上抜粋：北部スマトラのブラスタギ婦人収容所の民間人抑留状況】証拠として受理され、要約と抜粋が朗読される。

【PX1772-A 朗読概要】

《要約》

　スマトラ北部のブラスタギにあった女性収容所では、1944（昭和 19）年 11 月には、1 日の食糧配給量は、米飯が大人 140 グラムと子供 80 グラムで、野菜が 20 グラムとなっていた。このような食糧事情のために、厳罰に処されるであろうことも顧みず、同所の女性数百人が食糧を求めて収容所から一時的に抜け出した。憲兵隊が事件を調査し、その際、女性 2 人が、「死刑にする」との脅しを含む虐待行為を受けた。

《抜粋》

　1944（昭和 19）年 9 月の当時、収容所の管理責任者となっていたのはアイケンス［Aikens］夫人と自分であった。日本側から与えられていた食糧は著しく劣悪で、2 カ月半もの間、糖・脂肪質の食糧は支給されなかった。日本側から通告されていた 1 日の公定配給量は米飯が大人 200 グラムと子供 100 グラム、加えて野菜が 50 グラムであったが、実際に受け取っていたのは米飯が各々 140 グラムと 80 グラム、野菜が 20 グラムであった。このような現状について我方は収容所指揮官に苦情を申し立て続けていたが、埒が明かなかったので、タナカ［TANAKA］という食糧配給担当士官に面会できるよう要請した。指揮官は「できない」の一言でこの申し出を却下したが、ある日タナカが収容所にやってきた時、自分達はタナカと話しをした（こ英文速記録 13797 頁は he talked to him と記すが、文脈に照らしてみて、最初の he は we とするべきものを誤って打ったものと判断し、和文速記録 140 号 11 頁の訳に倣い、このような訳とする）。タナカが立ち去った後、日本側指揮官は烈火の如く怒って、自分達 2 人を平手打ちにした。収容所内での食糧不足に対する不満は日々募っていき、収容者達は所外に抜け出して自分達で食糧を確保することを仄めかしてきた。それに対して自分達は、収容者の中で一番痩せ衰えている者を所属班のリーダー同伴の上で連れて行き、日本側の責任者に食糧事情の実態を見せることを提案し、それを実行した。指揮官は、メダンに赴いてできることをする旨約束したが、状況が改善することはなかった。そこで我方は、収容者自

<1946-12-27>　　　　　　　　　　　　　　　　　　　　　　　　　　　　2　検察主張立証段階　**95**

らが収容所外で物々交換によって食糧を得ることができるよう、指揮官に許可を求めたが、一言
の下に拒否された。このようにして 11 月中旬まで時日が経過し、収容所内の不満は益々大きく
なっていった。

　不満が爆発するのが不可避であることは分かっていたが、爆発する時期を少しでも先に延ばそ
うと、我々は、収容所外への脱走計画実行を 11 月 25 日まで待つよう収容者に提案し、それまで
に事態が改善されることを願った。収容者達がこの提案に同意したので、自分達は再び指揮官の
許に赴いて、次の食糧配給日である 11 月 20 日に食糧事情が改善されなければ、収容者が所外に
脱走するのを抑えることができない旨伝えた。この時、我々が指揮官に、「抑えが効かない事態
となれば、指揮官が（責任を問われて）メダン（の司令部）と厄介なことになるのは確実であろう」
と警告したところ、指揮官は、我々を悪党［Kapala Boesoek ＝ bad head］（E: 13798）呼ばわりした。
それを受けて自分達が、収容者側の管理職の任から自分達を解いて他の者に替えるよう要請した
が、それに対する答えは「メダン（の司令部）がそれを許さない」というものであった。それでも、
指揮官は最後に、当方の食糧増配要求には 11 月 20 日に回答することを約束した。その 20 日が
やって来たが、配給された食糧の量は従前通り。それ以降、連日指揮官の許に行って苦情を申し
立てたが、約束をしては何もなされずの繰り返しの末に、25 日がやってきた。

　我々はそこで、各班から何人かを出して総勢 40 人が翌 26 日に収容所を抜け出すことで合意し
た。だが、この合意は遵守されず、翌日の（午前？）3 時頃、合計 386 人の女性抑留者が大脱走を
敢行したのである。呼ばれる前に自分達の方から指揮官の許に行ったところ、指揮官は収容所か
ら出て行く女性抑留者の群れを眺めつつ、「どういうことか？」と訊き、自分達を再び「悪党」
呼ばわりした後に、直ちに連れ戻すよう命じた。そして、「直ちに戻って来るなら、事件として
扱うことはしない」とも言った。そこで自分達が出向いて説得にあたったが、皆一様に「要求が
通るまで戻らない」と答えた。日本兵と兵補も彼女らを連れ戻そうと努力したが、埒が明かなか
った。後に分かったことだが、その時、収容所の向かいにある病院からは、この様子がよく見え
ていたので、そこの誰かがカバン・ジャヘ［Kaban Djahe］の憲兵隊に電話で報告していたのであ
った。収容者がすべて所内に戻ったのは、午後 9 時頃であったが、それまでに既に 1 人目と 2 人
目の容疑者がトカセ［TOKASE］という名の日本人と共にやって来ていた（「容疑者」の部分は、英文
速記録 13799 頁の first and second suspect のママ。当供述書が作成された時点で既に戦犯容疑者として逮捕され
ていた日本人の誰かを指していると思われる。これ以降頻出するので、煩雑を避けるため、各々「容①」「容②」
とする）。アイケンス夫人と自分が呼ばれて、容①が通訳を介して尋問し、通訳はその内容を録取
していた。自分達が、今回の事件の真の原因が何であったのかを話すと、容①は「女共を煽動し
た」と責め立てて、我々の耳のあたりを平手で打ってきたが、そんなに痛くはなかった。一旦宿
舎に返されたが、すぐに呼び戻された。メダンから憲兵隊がやって来たからで、脱走した者すべ
てを整列させるよう命じてきた。それに応えて出てきたのは、収容されていた女性全員であった。
収容所内の女性すべてが規則に従わなかったことなど有り得ないということは日本側も理解して
おり、図らずも、収容所内の女性全体の意思がどのようなものであるかを目の当たりにすること

になった。これに日本人の1人が激怒して、私の頭を鉄のゴルフクラブで引っ叩いたので、若干の出血を伴う傷を負った。15分ぐらいで解散となったが、アイケンス夫人と自分が残ることとなったのを見て、抗議の声が上がった。

再び日本側の担当者から、脱走の理由が何であるかと、また自分達がこの件に如何様に関与していたのかと訊かれたが、自分達は当然の如く従前と同じ答えをした。その間、容②は私の顔を10回ぐらい平手で打ち、私とアイケンス夫人の背中を乱暴に踏み付けた。これは痛かった。その後で、罪に問われるべき者の名前をすべて書き出して、その名簿を翌日提出するよう命じられ、この日は深夜3時半頃解放された。疲労困憊し切った状態で宿舎に戻ると、班長〔block leader〕全員に収容されている者すべての名前を書き出すよう頼んで就寝。翌27日午前7時に名簿を持参して指揮官の許に行くと、そこには昨晩いた連中がすべて揃っていた。そこへ、班長達も呼ばれた。班長達は、代わる代わる別の部屋に憲兵隊による尋問のために呼ばれていったが、それらの部屋からは苦痛を訴える悲鳴が聞こえてきた。その間、アイケンス夫人と自分、尋問の順番を待っている班長達は、容①と容②が尋問の指揮を執っている部屋の隣で座っていた。

そうこうしている内に、隣の部屋から50歳ぐらいになる看護婦のシュッデボーム〔Shuddeboom〕が残虐な扱いを受けている様子が聞こえて来たので、開いているドアから入ろうとしたが、そこを固めている日本兵数名によって阻止された。同看護婦が部屋から（他の出入り口から？）出されたのが分かったので、その部屋に入る許可を得てから入ったところ、机の上には長さ1メートル太さ2.5センチぐらいのカーテン用の棒が置いてあり、シュッデボームはこれで痛めつけられたと想像したが、訊いて見たところ、その通りであることが判明した。これに対して自分は厳重な抗議を申し入れたが、容①は「こちらが言う通りに罪を認めれば、調査は打ち切る」と言ってきた。

これに対して自分が「罪を犯したのは日本側だ」と激しく言い返したところ、容①は、怒りまくって木のカーテン棒で私の背中と肩、首のあたりを6回思い切り打ち据えてきた。そのために、件の棒は折れてしまった。この間に、班長に対する尋問は終了し、6時頃に、散々悪罵を浴びせられた後に解放された。自分は介添えなしでは歩けず、体のあちこちに痛みを覚えていたが、痛みが一番激しかったのは肩と首であった。常識的に見れば、何日間は日常の職務もこなせないような状態であった。

自分はその日の夕方再び来るように言われたが、「歩けないので行けない」との伝言を伝えさせた。翌28日朝、アイケンス夫人と自分は、他6人の女性と共に呼び出され、車とバスに分乗させられると、カバン・ジャヘの刑務所に連れて行かれた。到着するや、コートやヘアピンを着けていた者は、それらを没収され、アイケンス夫人と自分は小さな独房に、他の者は大部屋に一緒に監禁された。

自分とアイケンス夫人が入れられた独房には灯りも換気設備もなく、床は以前に収監されていた者が排泄した尿で湿っていて、壁には大便が付着していた。後刻自分が聞いた話では、それらは、移送途中の精神異常者を収容した房とのことで、寝台も便器もなかった。翌11月29日の朝、

<1946-12-27>　　　　　　　　　　　　　　　　　　　　　　　　2　検察主張立証段階　**97**

自分は刑務官によって房から出されると、刑務所の裏手にある建物の中の1室に連れて行かれた。そこには容①と容②がいて、机の上には各種の棍棒やベルト、鞭などが置かれ、床には炭火の中に鉄(棒？)が入れられていた(英文速記録13804頁のcoal-fire with ironsとは、このような意味であろう)。自分は、そこが拷問部屋であることを悟った。窓からは余り陽がさしてこなかった。

　容①が従前と同じ質問を繰り返し、そこにある器具を指差しながら「罪を認めるのを拒み続けるならば拷問にかける」と脅してきた。それでも効果がないと分かると、容①は、私を椅子の上に立たせて両の手首を後ろ手にして固く縛り、それを真上の滑車から下りているロープと結びつけて、私の爪先が椅子に着かなくなるぐらいまでロープを引っ張った。私が肩の関節を少し下げて爪先が椅子に着くぐらいになると、その度にロープが少しずつ引き上げられた。その間、容①は自分の前にやって来ては、罪を認めるかを訊いてきた。それに答えて自分が「悪いのは日本側だ」と言う度に、容①はゴムの棒で背中を強打し、その回数は10回を超えた。10分ぐらいこのようにされたところで自分が「白人の士官はこのようなことはしない」と叫んだところ、自分はいきなり床に落とされ、そのために耐えがたい痛みを覚えたし、大量の鼻血を出していた。そこに呼ばれたインドネシア人の警察官2人が、私を房に連れ戻したが、2人は私の介添えをしてくれて、無言で私への同情と(日本側への)抗議の念を示していた。自分の房に辿り着くと、残忍な刑務官が私の背中を乱暴に押して房の中に入れたため、私は汚れた床の上にうつ伏せに倒れこんで、暫く起き上がれなかった。体が完全に麻痺していたのだ。

(同日午後？)9時頃、刑務官が再び私を拷問部屋に連行し、そこでまた宙吊りの拷問にかけられ、容①がこれまでと同じことを何度も何度も問い続けたが、私を打擲することはなく、また宙吊りにされた時間も午前中よりは短かった。そうこうしている内に、憲兵隊長が入ってきて、「日本軍の士官について何か言ったか？」と訊いてきた。私が「日本軍の士官については何も言っておらず、言ったのはオランダ軍の士官についてだ」と口を開くや、憲兵隊長は私の顔を平手で打ち、隊長の執務室までついて来るように命じた。

　執務室に着くと、隊長は部下にタイプライターを持ってこさせ、私に脱走に参加した女性抑留者の名前をすべてタイプするよう命じた。「手が酷く腫れ上がっていて、腕や体も耐え難いほど痛いので、できない」と私が訴えると、そこにいたインドネシア人の看守兵に(名前をタイプできるよう)口頭で聞かせるよう言ってきたので、自分が覚えている限りの全収容者の名前を伝えた。その作業に夜中の3時までかかり、独房に戻された時、同所に連行されて以来始めて食事が与えられた。食事はとうもろこしで、72粒だけであった。そのことを大声でアイケンス夫人に伝えると、同夫人は「こちらは78粒」と応答してきた。水は与えられなかった。翌11月30日早朝、房から出されると憲兵隊長の許に連れて行かれ、容②が通訳しつつ容①が、憲兵隊長とタカセ[TAKASE(既出のTOKASEと同じ人物のようである。「高瀬」か？)]も立ち会う中で、これまでと同じ点につき尋問してきた。虐待行為はなかった。暫くして言われたのは、「国際協定に従えば、脱走に対する懲罰として、死刑に処すこともできる」ということであった。自分はそこで房に戻されたが、入れ替わりにアイケンス夫人が連れて行かれ、後刻聞いたところでは、やはり死刑宣告

を受けたとのことであった。

　１時間ほど後に自分達は、他の女性抑留者と共にバスに乗せられて収容所に戻され、兵補の詰所の前に立って待機させられた。アイケンス夫人と自分は、体の状態が状態であったので、まともに立っていることができず、その内に地面に座ることが許された。他の者達は宿舎に帰されたが、アイケンス夫人と自分と、もう１人、テン・ブレーメンダール［ten Bloemendaal］夫人が英蘭人の（戦前使っていた？）バンガローの中の大部屋に入れられたので、そこで銃殺されるものと思っていた。自分、ブレーメンダール及びアイケンス両夫人の順で並び、壁に顔を付けて立たされ、後ろ手に縛られた。自分が２人に「嫌な予感がする」と言うと、ブレーメンダール夫人は「不思議と泣けてこないものだ」と応えていた。次に耳にしたのは、日本兵が３人入ってきて、背後で銃の安全装置を外す音であった。そして、４人目が入ってきて、何かを叫んだ。それが、ドラマでよくあるような「撃てっ！」の号令だと自分達は考えて、最期の時を待っていた。が、何も起きなかった。ブレーメンダール夫人が好奇心を抑えきれずに、気付かれないように後ろを見ると、「銃口に栓がしてあるから、撃てない」と囁いた。４人目がまた何か命令を発し、兵士の１人が私達を銃でつついて回れ右をさせて別の部屋に連れて行くと、そこには班長達がいた。自分達は、その時点で宿舎に戻されたが、その後数日の間、連日のように班長達がなす自白［declarations］についての尋問のためにバンガローに呼び出された（意味が不明だが、日本側が主たる尋問・拷問の対象を１ランク下の者に移し、最高責任者である供述者達は、それ以降は参考情報を引き出すためのみに呼ばれたということであろうか？）。

　自分の首、腕、背中と大腿部には黒痣が１カ月間残っていたし、その間の最初の10日ぐらいは、手足を動かすことができなかったので、体を洗う時は他の人にやってもらうしかなかった。疲労困憊していて、自分の職務をこなすことは到底できなかった。アイケンス夫人が自身の受難を語った内容によれば、自分と同様頑強に抵抗したので、同じような目に遭ったようであった。黒痣があるのを見せてくれたし、虐待行為の後遺症で、３週間、何もできなかったのである。

　　［B. 非抑留民間人に対する残虐行為－労務者］　［E: 13808］［J: 140（13）］

＊（検）法廷証 PX1773【アミル・ビン・サロディン［Amir Bin Sarodin］宣誓供述書】＝検察側文書 PD5716　識別番号を付される。［E: 13809］［J: 140（13）］

＊（検）法廷証 PX1773-A【同上抜粋：スマトラ原住民（aborigines）に対する強制労働】　証拠として受理され、検察官ダムステ中佐、「大東亜共栄圏の他の地域への送致などにより強制労働に従事させられたのは、ジャワ人だけではなく、スマトラの原住民も奴隷のような扱いを受けており、そのことはシンガポールで絶望的状況下で働かされた当供述者の証言が明らかにしている」と、要約を朗読し、「ジャワ地域での事案に触れた宣誓供述書の内容を綴った労務者の何人かは、スマトラでも虐待を受けていた」との事実に、法廷の注意を喚起する。朗読なし。

　　［B. 非抑留民間人に対する残虐行為－憲兵隊］　［E: 13810］［J: 140（13）］

＊提出済み（検）法廷証 PX1760-A【ジャワ憲兵隊本部司令部参謀勝村少佐調査書抜粋】

　検察官ダムステ中佐、引用し、「スマトラの憲兵隊が用いた手法は、同憲兵隊が支援を仰いで

<1946-12-27>　　　　　　　　　　　　　　　　　　　　　　　　　2　検察主張立証段階　**99**

いたジャワ憲兵隊のものと本質的に変わるところはなく、該書証が明らかにしているような手法が執られた。即ち、容疑者を軍法会議にかけても審理を非常に速く進め、尋問・拷問担当官の見解により罪状が明白に立証されており、死刑相当と判断された場合は、軍当局の判断で刑を執行するという手法である。刑は2週間毎に出先の部隊で秘密裏に執行され、憲兵隊司令部そして軍司令部へと報告された」、と申し立てる。

＊（検）法廷証 PX1774【G・L・エメルス［Emmels］宣誓供述書】＝検察側文書 PD5625　識別番号を付される。

＊（検）法廷証 PX1774-A【同上抜粋；スマトラ北東部メダンでの拷問】　証拠として受理され、検察官ダムステ中佐、「スマトラ北東部のメダンで当供述者の体験が示しているのは、同地での尋問・拷問がジャワでのものと同様の水責めや過酷な段打という態様で行われ、被尋問者を自殺に追い込むほど酷いものであった」と、要約を朗読する。被告木戸弁護人ローガン、朗読された要約の最期の一節に触れ、「該供述書によれば、自殺者は1人も出ておらず、未遂が1件あっただけである」、検察官の要約は「該収容所の収容者全員が自殺を図ったような誤解を与えかねないものである」と、異議を申し立てる。裁判長、「留意する」、と裁定する。

＊（検）法廷証 PX1775【A・サイケル［Suyker］警部宣誓供述書】＝検察側文書 PD5635　識別番号を付される。

＊（検）法廷証 PX1775-A【同上抜粋；スマトラ北西部シボルガ［Shibolga］での拷問】　証拠として受理され、検察官ダムステ中佐、「シボルガでの段打、袋叩き、拷問、傷害、水責め、全裸にした上での衆人環視の場での放置、その他の虐待行為を綴ったもの」と、要約を朗読する。書証の朗読なし。

＊（検）法廷証 PX1776【J・C・テールリンク［Teerlink］宣誓供述書】＝検察側文書 PD5636　識別番号を付される。

＊（検）法廷証 PX1776-A【同上抜粋；スマトラ南部タンジョン・カラン［Tandjong Karang］での拷問】　証拠として受理され、検察官ダムステ中佐、「タンジョン・カランでの段打、口髭への火責めなどの拷問を綴ったもので、前出証拠と共に、これらの虐待行為を憲兵隊の士官が容認していたことを窺わせるもの」と、要約を朗読する。書証の朗読なし。

＊（検）法廷証 PX1777【ロー・ジエン・ショー［Lo Djien Sioe］医師宣誓供述書】＝検察側文書 PD5632　識別番号を付される。

＊（検）法廷証 PX1777-A【同上抜粋；スマトラ中南部パレンバン憲兵隊による拷問】　証拠として受理され、要約と抜粋が朗読される。

【PX1777-A 朗読概要】

《要約》

　スマトラ中南部のパレンバンで、自ら憲兵隊の拷問に遭い、かつ他の拷問被害者の治療にあた

ることを余儀なくされた支那人医師の供述。ここでも、「種々の態様での過酷な段打、（被尋問者が死亡した事例もあった）時には３ガロンもの石鹸水を飲ませる水責め、宙吊り、火責め、斬首刑に処するとの脅し、現地人を球に見立ててのいたぶり」のような拷問が行われていた。

《抜粋》

……スマトラのケルトパティ［Kertopati］駅に着いたのは深夜。そこから車で憲兵隊に連れて行かれた。到着するや食事を与えられ、そのあと和やかな雰囲気で会話をし始めたが、通訳のハヤシ［HAYASHI、台湾人で現地での呼び名は Liem Sik Tjong］がいきなり拳で頭を殴ってきて、気が遠くなって倒れるまで殴り続けた。

翌1943（昭和18）年８月17日夜、次いでヤマシタ［YAMASHITA］伍長が尋問したが、ハヤシ同様、私の頭を殴ることから始め、次に乗馬用の鞭で背中を引っ叩いてきて、私が血を吐くまで続けた。私は飲み物を与えられ、頭に水をかけられた後、体にかけるものも与えられずに一晩コンクリートの床の上に放置された。翌日、とある房に入れられると、驚いたことに、そこには自分を護送してきたアンボン人警察官２人も反日謀略に関与した容疑で収監されていた。そこにいた７日の間、目眩がして気分が悪く、戻し続けていた。ハヤシは収監者が横になることを許せない性分のようで、自分を見かける度に正座するよう命じては、蹴りを入れてくるのであった。

食事は白米に胡瓜の切れ端を少々混ぜたお粗末なものが１日３回出されたが、１日あたりの栄養価が500カロリーにも及ばないものであった。飲み水は、フィンガー・ボウルに入れたものを、時には12人を超える同房の者と分け合わねばならなかった。房は広さ2×4メートル足らずで、鮨詰めの状態でくっ付き合って寝なければならず、当然のことながら衛生環境は極度に劣悪であった。

身体の状態が良くなったところで、再びヤマシタの痛め付けが始まり、今度はバックル付の幅の広いベルトで臀部から足首にかけてを打ち据えてきた。そのために、その部位は紫色になって、座っていることができなくなり、房内では立っているか、うつ伏せで寝る他なかった。

自転車窃盗の容疑で連行されてきたインドネシア人は、日本人が輪になって並んだ中心に立たされて、ボール代わりにされている様子を自分は房内から見た。そうやって痛め付けられたにもかかわらず、当人は容疑を否認し続けたため、今度は水責めにされた。この様子は見ることができなかったが、自分の房の背後の方から水を吐き出している音が聞こえたし、後刻当人が自分の房の前を通り過ぎる時に、ずぶ濡れになっている姿が見えた。その後で、またしても最初のと同一の拷問の加えられているのが、段打されている音で分かったが、これは相当こたえたようで、哀れにもその男は意識を失ってしまった。そのまま私の房の前に放置されていたが、意識を回復することなく夜中の２時頃に息を引き取った。遺体は車のトランクに入れられて、どこかへ運び去られた。

同所で会ったオランダ人の中で最も酷い目に遭わされたのは、ステフェンス［Stevens］で、水責めや逆さ吊りの他に、煙草や蚊取り線香を使っての火責めも度々受けていた。自分は当人から話を聞いたし、その傷跡も見たが、火傷の痕は私の治療を１カ月受けてやっと治癒した。

<1946-12-27>　　　　　　　　　　　　　　　　　　　　　　　　2　検察主張立証段階　**101**

　直径5センチの棒や乗馬用の鞭、あるいは束ねたロープを使っての打擲は、収監者にとっては日課のようなものであった。それによる呻き声や叫び声は、毎日と言うよりは毎時響き渡っていた。特別な拷問がなされる部屋がいくつかあったが、最も温和な拷問方法は、朝1度食事を与えただけで直射日光の下で1日中立たせるというものであった。

　1943（昭和18）年8〜9月に、反日謀略が発覚したとの容疑でアンボン人を対象として、憲兵隊のみならず警務部も参加した一斉検挙が行われ、自分のアンボン人の友人の中で、これから逃れたのは僅かであった。その後の過酷な拷問は、ほとんどの憲兵隊員が責を負うべきものである。

　事がうまく進まなかったという点では、私とて例外ではなく、自分が当初罪を問われた案件に関しての尋問のみならず、他の支那人容疑者についての情報などを提供するよう迫られたり、ほとんど面識のない人物について訊かれたりしたのである。そんな質問にうまく答えられようもない自分は、やはり拷問にかけられた。

　他に、スパイの密告があったとして、火器を所持していた容疑がかけられたが、持っていないものは持っていないので、私の自宅を捜査しても何も出てこなかった。自分が最後にさらされた拷問は、一種の威嚇行為であった。ある晩、自分は車に乗せられて相当の距離を移動させられた挙げ句、とある農園に連れて来られた。そこで、インドネシア人の運転手が穴を掘り、自分はその縁に跪かされ、サザキ［SAZAKI］が刀を首に置くようにしてきた。自分には何等やましいところはなかったので、奇跡的にも殺されることはなかった（「奇跡的にも」は、英文速記録13818頁miraculouslyのママ）。

　1943（昭和18）年9月末頃に、著名人の多くが検束されたが、その身柄はほとんど軍政部（英文速記録13818頁のBUNSEIBUは、これを意味するものと判断する）が預かった。

　そうこうしている内に、自分は憲兵隊の信用を得て、収監者を定期的に診ることとなり、虐待の結果受けた傷などの他に、マラリア、脚気、赤痢など通常の疾病の治療にも、できる限りのことをした。

　自分が最初に診た患者は死にかけていた。酷い虐待をされたらしく、同人の臀部から足首にかけて炎症を伴う火傷の跡が見られた。ジャンビ［Djambi］在住のA・コー［Koh］という支那人で、反日スパイ活動の容疑をかけられた者だったが、半年間の治療の後でも、歩く時にはゴリラのような姿勢で歩くようになっていた。恐らく、再び通常の状態に回復することはないであろう。

＊検察官ダムステ中佐、供述書に記載されている憲兵隊の虐待行為による被害者で、供述者が治療した者のリストを読み上げようとする。裁判長ウェッブ、これを制止する。

＊（検）法廷証PX1778【デリー煙草会社総支配人F・R・クレイマー［Kramer］宣誓供述書；スマトラ北東部ペマトラ・シアンタル牢獄での虐待致死】＝検察側文書PD5634　証拠として受理され、検察官ダムステ中佐、「スマトラ北東部のペマトラ・シアンタル［Pematra Siantar］監獄では、2年間に、550人の収監者の内の300人が死亡した。死因は、赤痢や栄養失調が原因の症状など、多種多様。死期が迫った者は特別な房に入れられ、さらに、死期を早めるため熱

帯の炎天下に放置された」と、要約を朗読する。書証の朗読なし。

(9) 検察官ダムステ中佐、検察主張立証第 XIII・XIV 局面「対民間人・戦争捕虜残虐行為」第6部「蘭領東インドでの残虐行為」の検察側立証として、「日本軍による占領期間中のオランダ・ポルトガル領ティモール・小スンダ諸島での残虐行為」関連検察側要約証拠概要・検察側要約書証・検察側書証を提出する。

（英速録 13821〜13844 頁／和速録 140 号 15〜18 頁）

＊（検）法廷証 PX1779【ティモール・小スンダ諸島での日本軍残虐行為検察側証拠概要】＝検察側文書 PD5682　証拠として受理される。朗読なし。

(9-1) 戦争捕虜に対する残虐行為 ［E: 13821］［J: 140（15）］

＊（検）法廷証 PX1780【R・B・クロウ［Crow］豪州軍兵卒宣誓供述書】＝検察側文書 PD5571　識別番号を付される。

＊（検）法廷証 PX1780-A【同上抜粋；1942（昭和 17）年2月のウサパ・ベセル［Oesapa Beser］での豪州人捕虜8名の処刑】　証拠として受理され、検察官ダムステ中佐、「1942（昭和 17）年2月頃、蘭領ティモールのウサパ・ベセルでオーストラリア軍捕虜8人が法的審理に付されることなく射殺された」と、要約を朗読する。書証の朗読なし。

＊（検）法廷証 PX1781【T・W・ビンダーマン［Binderman］豪州軍従軍牧師宣誓供述書】＝検察側文書 PD5573　識別番号を付される。

＊（検）法廷証 PX1781-A【同上抜粋；1942（昭和 17）年2月のバブー［Babaoe］での豪州軍医伍長絞殺】　証拠として受理され、検察官ダムステ中佐、「1942（昭和 17）年2月頃、蘭領ティモールのバブーで、病院に任務のために残置されたオーストラリア軍軍医伍長が絞首刑にされた上、喉笛を切られた」と、要約を朗読する。書証の朗読なし。

＊（検）法廷証 PX1782【W・W・レガット［Leggatt］中佐宣誓供述書】＝検察側文書 PD5579　識別番号を付される。

＊（検）法廷証 PX1782-A【同上抜粋；1942（昭和 17）年2月のバブーでの豪州軍兵殺害】　証拠として受理され、検察官ダムステ中佐、「同じ頃、同じバブーで、オーストラリア軍捕虜3人が互いの手首を結び付けられた状態で喉笛を切られて殺害された」と、要約を朗読する。書証の朗読なし。

＊（検）法廷証 PX1783【S・グラカ［Graca］宣誓供述書】＝検察側文書 PD5802　識別番号を付される。

＊（検）法廷証 PX1783-A【同上抜粋；1942（昭和 17）年2・3月のタツ・メタ［Tatu Meta］での豪州兵捕虜7名の及び同ポルトガル領ティモールのディリ［Dilli］での蘭印将校1名の殺害】　証拠として受理され、検察官ダムステ中佐、「1942（昭和 17）年2月にポルトガル領ティモールのタツ・メタで日本兵が、捕らえたオーストラリア兵7名の手首に電話線を刺し通して後ろ

<1946-12-27>　　　　　　　　　　　　　　　　　　　　　　　　　2　検察主張立証段階　**103**

手に縛り、銃剣で刺殺。銃剣による刺突は、7名が息絶えるまで20分間続けられた。ディリ
では同年3月に、オランダ軍の士官が木に縛り付けられて、日本軍の士官の銃剣による刺突を
20分にわたって受け、胸部と腹部を何度も刺された挙げ句、殺された」と、要約を朗読する。
書証の朗読なし。

＊（検）法廷証PX1784【M・オーガスタン［Augustun］通訳宣誓供述書；1942（昭和17）年8月
　のセーウェイでの蘭印軍少尉斬首】＝検察側文書PD5585　証拠として受理され、検察官ダム
　ステ中佐、「1942（昭和17）年8月にポルトガル領ティモールのセーウェイで、日本軍大尉の
　指揮する部隊が、捕虜にしたオランダ軍少尉スティーフケンス［Stiefkens］を斬首した」と、
　要約を朗読する。書証の朗読なし。

＊提出済み（検）法廷証PX1782　検察官ダムステ中佐、引証し、「ウスバ・ベサル［Oesapa Be-
　sar］の捕虜収容所は食糧、給水施設や居住・衛生環境などが何から何まで劣悪で、医薬品も供
　給されなかったが、偶々捕虜は自分達用に十分な量を保持していた」、と申し立てる。（地名は、
　前出のウサパ・ベセル［Oesapa Beser］と同一であろうが、そのまま記した）

＊（検）法廷証PX1785【A・C・J・デ・トゥアール［De Thouars］蘭印軍大尉及びH・H・J・デ・
　フリース［De Vries］蘭印軍少尉宣誓供述書】＝検察側文書PD5578　識別番号を付される。

＊（検）法廷証PX1785-A【同上抜粋：フローレス［Flores］島での俘虜虐待】　証拠として受理さ
　れ、検察官ダムステ中佐、以下の通り、要約を朗読する。書証の朗読なし。

　　ティモール西部のフローレス島の状態は恐るべきものであった。最初の数カ月間は住居もなく、
捕虜は病人も含め野外で起居していた。また、衛生・防疫・医療面での実態は戦慄すべきもので
あった。重病患者用の病棟でも携帯便器はなく、病床の横に小さな穴を掘った上で病人が寝返る
ようにしてそこで用を足すしかなかった。排便の回数が1日40〜60回になることも珍しくなか
ったので、病床の周囲に新しい穴をいくつも掘らねばならず、仕舞いには穴を掘る場所がなくな
って、新しい病床となる場所を見つけねばならなかった。患者が寝返りを打てないほど衰弱して
いる場合には、敷布団に穴をあけてその下に穴を掘った。食事がお粗末であったために、捕虜の
半数が病気になったが、病人にも労役が強いられた。当初オランダ軍捕虜は2079人いたが、1
年も経たぬ内に211人が病死した。規律遵守が厳格に励行され、違反に対する体罰が頻繁であっ
たので、傷害事例どころか、間接的ながら、それが元となって死者が出ることもあった。捕虜を
空襲から保護する措置が執られることはなかった。

＊（検）法廷証PX1786【L・L・マッケンジー［Mckenzie］豪州軍飛行大尉宣誓供述書】＝検察側
　文書PD5583　識別番号を付される。

＊（検）法廷証PX1786-A【同上抜粋：センバ［Soemba］島での脅迫尋問】　証拠として受理され、
　検察官ダムステ中佐、「ティモール西部のセンバ島では、尋問の際には殴打・脅迫が付き物で
　あった」と、要約を朗読する。書証の朗読なし。

＊（検）法廷証PX1787【C・H・バン・デル・スロート［Van Der Sloot］蘭印軍軍曹宣誓供述書】
　＝検察側文書PD5597　識別番号を付される。

＊（検）法廷証 PX1787-A【同上抜粋：クーパン［Koepang］収容所及びウサパ・ベセル収容所での虐待処刑】　証拠として受理され、検察官ダムステ中佐、「蘭領ティモールのクーパン［Koepang］捕虜収容所では、捕虜が激しく打ち据えられながら行軍することを強要された。食糧、衛生、医療の質はすべて劣悪で、課せられた労役は体力を著しく消耗させるものであった」と、要約を朗読する。抜粋が朗読される。［E: 13827］［J: 140（16）］

【PX1787-A 朗読概要】

　1942（昭和 17）年 2 月 16 日、自分はオランダ軍のジャワ軍兵士 20 人と共に船でティモールに連れて来られた。5 日間の航海中に与えられた食物は粗末なもので、水が全然与えられない日も 1 日あった。上陸後、クーパン飛行場が目的地と知らされたが、そこに到達するまでの 5 日間、後ろ手に縛られた状態で歩かされ、着いた時には疲労の極に達していたので、そのまま倒れ込んで 5 時間ぐらい気を失っていた。翌日、自分は日本軍と同地にいた 1000 名以上のオーストラリア軍捕虜との通訳をさせられた。

　オーストラリア軍の軍医が、自軍の中に多数いる負傷者やマラリア・赤痢患者を治療し、薬品を支給するよう日本側に求めたが、フカダ［FUKADA］という名の士官は、一言の下にその要請をはねつけた。そのオーストラリア軍捕虜達は、有刺鉄線と竹で囲まれた広さ 2 エーカーほどの場所に、野宿同然の状態で暮らしていた。自分はそこに 2 週間ぐらいいたが、その間に 50 人余りが死亡し、遺体はその場に埋葬せざるを得なかった。与えられた食物は生米だけで、肉・野菜はなし。炊飯は自分でしなければならず、調理器具が足りなかったために粥を主体とする朝食の準備に午前 6 時から 11 時までかかっていた。オーストラリア軍の中佐が事態の改善を要望するため、自分の通訳を通じてフカダにかけ合ったが、やはりけんもほろろの対応であった。自分がその場所にいた 2 週間の間、件のオーストラリア軍中佐の要望で何度か改善措置実施を要請し、1 度自分自身の発意で同趣旨の申し入れをしたが、梨の礫であった。

　それどころか、日本側は道路の補修、樹木の伐採、掘削作業のために、1 日あたり 500 人を労役に出すよう要求してきた。しかし、作業ができるほどの健常者はせいぜい 300 人ぐらいで、残りは病人か衰弱の甚だしい者ばかりであった。（労役をした者に？）出された食糧は、1 日 1 人あたり粥 1 リットルであった。

　自分がオーストラリア軍捕虜と共に過ごした 2 週間の間、30 人余りの負傷者が砲弾の破片などを摘出するための手術を受けたが、野外で行われた手術は、自軍の軍医によって患者を椅子に縛りつけた状態で麻酔なしで行われた。日本側に手術や患者のクーパンの病院への収容、麻酔の供与などを要請したが、断られたためである。

　1942（昭和 17）年 7 月、ティモールの現地人 1 人が日本軍の電話線を切断したが、下手人は現行犯逮捕され、偶々近くにいたデヌー［Denoe］兄弟も逮捕された。自分は、21 歳と 16 歳の兄弟は無罪であると今でも確信しているが、3 人は即日死刑を言い渡され、その決定は以下のよう

に下された。まず、自分の通訳を通じて、電話線を切った者が、問われるままに氏名を伝え、犯行に及んだ理由を「自分個人の用に供するため」と述べた。しかし、デヌー兄弟には何も尋問がなされなかった。同じ日に、裁判も開かれることなく、カワケ［KAWAKE（説明なし。現地の部隊指揮官か？）］の命令によって、自分は3人への死刑宣告を記した文書をマレー語で作成した。それが高札に書かれて市場に掲示された。現地の住民は処刑の場に居合わせるよう指示され、族長［Rajas］達や自分も立ち会うことを要求された。その場に行ってみると、既に墓穴が3つ掘られていた。

　間もなく、両手を後ろ手に縛られた3人が引き出され、順々に墓穴の前に銃殺隊と群衆の方を向いて座らせられた。目隠しはされていなかった。カワケ中尉が日本語で宣告を読み上げ、「妨害工作をする者は、誰であろうと銃殺される」との警告を伝えている間、自分はそれを通訳して群衆にマレー語で伝えていた。そして、3人とも銃弾を受け、後ろ向けに穴の中に倒れ込んでいった。兄弟の内16歳の方は即死し、21歳の方は止めの1弾を受けた。容疑者はまだ息があり、呻いていたが、日本兵の1人が、群衆の1人に銃剣を突きつけて、かなりの重さの石をその頭にぶつけるよう強要した。余りの光景にショックを受けた自分は、その場を立ち去った。後刻自分が聞いたところでは、日本側の命に従って、立ち会わされた群衆が墓穴を埋めたそうである。この処刑を指揮したのは、カワケ中尉といずれも伍長のカワサキ［KAWASAKI］とカトー［KATO］である。

＊提出済み（検）法廷証 PX1782-A　検察官ダムステ中佐、引証し、「そこに、チェサパ・ベサル［Cesapa Besar］収容所で、日本軍の下士官に襲い掛かって脱走したオーストラリア軍捕虜が殺害された1件が記されており、それについて説明した日本軍の伍長の書簡が引用されて、『日本軍では上官である士官・下士官に暴行を加えた者は例外なく死刑に処せられる』と書かれていた」、「この1件では、裁判が開かれることもなく、司令部からの指示のみに基づいて処刑が行われた」、と申し立てる。

＊提出済み（検）法廷証 PX1785-A　検察官ダムステ中佐、引証し、「フローレスの収容所でも捕虜2人が裁判手続きを経ずに処刑された」、と申し立てる。

(9-2) 民間人に対する残虐行為 ［E: 13833］［J: 140（16）］

［A．抑留民間人に対する残虐行為］

＊（検）法廷証 PX1788【W・F・H・プラス［Plas］市政官宣誓供述書；スンバ［Soemba］収容所の不良設備、所持品掠奪、虐待】＝検察側文書 PD5596　証拠として受理され、検察官ダムステ中佐、「収容者の数は少なかったものの、スンバ収容所の居住・食糧事情は不適正。所持品は強奪され、障害を起こすような過酷な段打が横行した」と、要約を朗読する。書証の朗読なし。

＊（検）法廷証 PX1789【C・J・セクエーラ［Sequeira］宣誓供述書】＝検察側文書 PD5803　識別番号を付される。

＊（検）法廷証 PX1789-A【同上抜粋；リキチャ［Liquica］でのポルトガル民間人虐待】　証拠として受理され、検察官ダムステ中佐、「ポルトガル領ティモールのリキチャに抑留されていたポルトガル人民間人は、劣悪な居住・食糧・医療事情というお決まりの環境に置かれていた他、病院付近からの対空砲火が空襲を誘引する中、それに対して捕虜を保護する備えが全くなかった」と、要約を朗読する。書証の朗読なし。

＊提出済み（検）法廷証 PX1783-A　検察官ダムステ中佐、「前出証拠と同じ内容を伝えるものとして」、引証する。

　［B．非抑留民間人に対する残虐行為］　［E: 13835］［J: 140（17）］

＊（検）法廷証 PX1790【ポルトガル軍 E・シムス［Simoes］兵卒宣誓供述書；1942（昭和 17）年 9 月のアイリューでのポルトガル護衛兵の射殺】＝検察側文書 PD5804　証拠として受理され、検察官ダムステ中佐、「1942（昭和 17）年 9 月にポルトガル領ティモールで、日本兵が現地人を使嗾した上で、非番のポルトガル軍警備兵に襲い掛かり、そのほとんどを殺害したと、虐殺の生存者である当供述者が証言した」と、要約を朗読する。書証の朗読なし。

＊（検）法廷証 PX1791【W・A・ビーティー［Beattie］豪州空軍中尉宣誓供述書；1942（昭和 17）年 12 月のアイナロ［Ainaro］・アチャベ［Atsabe］における牧師と原住民の射殺】＝検察側文書 PD5805　証拠として受理され、検察官ダムステ中佐、「1942（昭和 17）年 10 月にポルトガル領ティモールのアイナロで、カトリックの神父 2 人が殺害された。同年 12 月、アチャベでは、日本軍が現地住民 50 ～ 60 人余りを盾にしてオーストラリア軍を攻撃したため、その住民の相当数が死亡。また、カラチ［Karati］山付近の集落を焼却した際に、逃げ回る婦女子を射殺したが、そんなに珍しいことではなかった」と、要約を朗読する。書証の朗読なし。

＊（検）法廷証 PX1792【ポルトガル人 L・A・N・ロドリゲス［Rodreigues］宣誓供述書】＝検察側文書 PD5806　識別番号を付される。

＊（検）法廷証 PX1792-A【同上抜粋：ポルトガル領ティモールのケリカイ・ナハレカ村での無差別機銃掃射と掠奪】　証拠として受理され、検察官ダムステ中佐、「ポルトガル領ティモールで日本軍が機銃掃射で現地人集落を襲撃・壊滅させた」と、要約を朗読する。書証の朗読なし。

＊提出済み PX1787-A・PX1781-A　検察官ダムステ中佐、引証し、「現地人がクーパンで 2 人、ウサパで 1 人、法的手続きなしで処刑された」、と申し立てる。

＊（検）法廷証 PX1793【Y・田中少将報告書】＝検察側文書 PD5594　識別番号を付される。（英文速記録 13838 頁の Y・田中とは台湾歩兵第 2 連隊長の田中透陸軍少将のことであると思われる。Y は T と書いたのを写し間違えたものか？　田中は 1948［昭和 23］年 1 月 10 日に当該事件を裁く戦犯法廷で死刑判決を受け、同年 4 月 7 日に処刑されている）

＊（検）法廷証 PX1793-A【同上抜粋；1944（昭和 19）年 9 月のルアング［Loeang］・セルマタ［Sermata］島民の虐待及びルアング地方知事ラジャ［Rajah］の処刑と反抗者の殺害】　証拠として受理され、検察官ダムステ中佐、「1944（昭和 19）年 9 月に田中は、憲兵隊員数名が現地住民に殺害されたことに対して、ティモール東部のルアング及びセルマタ島への膺懲作戦を下命。

<1946-12-27>　　　　　　　　　　　　　　　　　　　　　　　　　　2　検察主張立証段階　**107**

　ルアンの族長は「蜂起軍」[mutineers] の首領を探し出すよう命じられたが、それができなかったために処刑された。反乱集団の指導者と他2人がポルトガル領ティモールのラウテム [Lautem] で死刑となり、ルアング方面のモア [Moe] 島で34人が、セルマタ方面では650人の反乱集団員の中の60人が殺された、と要約し、抜粋を朗読する。

【PX1793-A 朗読概要】

　討伐隊は1944（昭和19）年9月29日にスルマタ（Sulmata。綴りは、英文速記録13839頁記載のママだが、前出のSermataと同じ地名である公算が大）島の北西端及び北岸の中間地点の2カ所に上陸。住民のほとんどは山間部に逃げ込んでいたが、中には弓や刀や槍で抵抗し、道の両側の家屋を燃やして我方の進軍を遅らせようとする者もいた。討伐隊は残った現地人の何人かを捕獲して情報を得ることができた。即ち、事件全体の中心となって動いていたのは族長の息子であるヨース [Yoos] で、我軍が上陸した際に、ヨースは北岸から南岸に東岸沿いに移動していったこと、「有力なオーストラリア軍が複数地点から上陸してくる」という偽の情報を流して現地住民を煽動していたこと、などである。討伐隊はヨースの跡を追ったが、その居場所は容易には把握できなかった。族長達に訊いてもなかなか口を割らず、（レラン [Leran] の村長を除く）族長達の非協力的態度のために、捜索活動は著しく困難になっていった。捜索は、隊を割って多方向に分進させつつ続行された。

　討伐隊の一部はルアン [Luan] 島に上陸。小銃による攻撃を受けたので応射。その夜、同地の族長とその家族達が弓で同隊を射ようとしてきたが、これを撃退した上で、族長とその家族、並びに部下達を捕獲してスルマタ島に帰還した。

　討伐隊の主力は2週間捜索してもヨースを見付けることができなかったため、族長に島の男すべてを動員して3日以内に探し出すよう命じ、見つけられなかった場合には死刑に処すと伝えた。族長は命令に服して捜索を始めたが、期日内に見付け出せなかったため、処刑された。その後、我隊の兵士の1人が山中の洞窟の入口に現地人が見張りとして立っているのを見付け、その報を受けて討伐隊は同地を包囲。発見されたヨースは拳銃で抵抗したが、我隊は同人を捕縛した。

　ヨースを捕獲した後、事件の全貌が明らかとなり、討伐隊は関わった者の大部分を拘引し、同隊の指揮官は自分の指示を仰いできた。これに応えて自分は、ヨースと他の首謀者をラウテムに連行した上で、反乱の謀議に加わって住民を煽動した者を処刑し、レランの村長を次の族長に任命することを命じた（Rajah が村長と同じものなのか、不明瞭。この部分では明らかに両者を区別している）。この結果、ヨースを含む首謀者3人がラウテムで処刑された。

　ルアン島の住民は殊のほか凶暴で、自分達が住む島からスルマタ島に渡って同島の防空監視所の襲撃に加わり、ルアン島では憲兵隊を襲いもし、討伐隊が上陸した時も頑強に抵抗した。自分は、その中の主要構成員42人をラウテムに連行するよう命じたが、いくつかの小舟に分乗させる際に8人が逃走。よって、自分は残る34人をモア島で処刑させた。

スルマタ島の蜂起に加わった650人中、60人を死罪に処した。処刑を実行した者の名前は自分の知るところではない。

＊（検）法廷証 PX1794【S・オハラ日本軍中尉陳述書；モア島での原住民殺戮・原住民婦人の強制売淫】＝検察側文書 PD5591　証拠として受理され、検察官ダムステ中佐、「モア［Moa］島では、日本兵21人が現地住民を3人ずつ銃剣で処刑していった。供述者自身は慰安所を開設して、現地人女性5人に父親の罪を贖わせるためとして売春を強要した」と、要約を朗読する。書証の朗読なし。

＊午後2時45分、裁判長ウェッブ、休廷を宣す。

＊3時、法廷、再開する。［E: 13843］［J: 140（18）］

＊提出済み PX1792-A　検察官ダムステ中佐、引証し、「この地域での憲兵隊の尋問・拷問・懲罰方法も他の地域の憲兵隊と同様、煙草による火責め、水責め、宙吊りや、尖った岩の上への正座の強要、激しい殴打などで、時には死者も出た」、「ポルトガル領ティモールのオッス［Ossu］で行われた具体例がある」、「同書証には、日本軍が現地集落の長に女性を慰安所に提供するよう強いたことが記されている」、と申し立てる。

＊（検）法廷証 PX1795【支那人ディリ［Dilli］憲兵隊通訳チュン・ハイ・チェン［Chung Hai Cheng］陳述書】＝検察側文書 PD5807　識別番号を付される。

＊（検）法廷証 PX1795-A【同上抜粋：ディリ監獄での俘虜の虐待とマナトウト（ポルトガル領ティモール）でのポルトガル行政官殺害】　証拠として受理され、検察官ダムステ中佐、「ディリの監獄の状態は非常に劣悪で、収容者は衰弱・消耗し、男女を問わず殴打されていた」と、要約を朗読する。書証の朗読なし。

＊提出済み PX1791　検察官ダムステ中佐、引証し、「ポルトガル領ティモールのマナット［Manatuto］で憲兵が同地の行政官を殺害し、切断した遺体を袋詰めにして妻に送付した旨の記述がある」、と申し立てる。

(10)　ダムステ検察官、検察主張立証第 XIII・XIV 局面「対民間人・戦争捕虜残虐行為」第6部「蘭領東インドでの残虐行為」の検察側立証として、「蘭領東インドのセレベス・その近隣諸島領域での残虐行為」関連検察側要約証拠概要・検察側要約書証・検察側書証を提出する。

（英速録 13844〜13927頁／和速録 140号 18〜141号 11頁）

＊（検）法廷証 PX1796【セレベス島及び近隣諸島領域での日本軍残虐行為検察側証拠概要】＝検察側文書 PD5684　証拠として受理される。朗読なし。

(10-1)　戦争捕虜に対する残虐行為［E: 13845］［J: 140（18）］

＊検察官ダムステ中佐、「捕虜は、裁判手続きを経るどころか、容疑も告げられずに処刑されており、特に飛行士の捕虜がそのような扱いを受けた。処刑命令は陸海軍の上層部が下していた」

＜1946-12-27＞　　　　　　　　　　　　　　　　　　　　　　　　　2　検察主張立証段階　**109**

と、要約を朗読する。

* （検）法廷証 PX1797【ミンゲレン［Mingelen］蘭印軍軍医官陳述書】＝検察側文書 PD5518　識別番号を付される。

* （検）法廷証 PX1797-A【同上抜粋；1942（昭和17）年3月のセレベス南西部ララ［Ralla］での蘭軍捕虜の刺殺】　証拠として受理され、検察官ダムステ中佐、「1942（昭和17）年3月にセレベス島南西部のララでオランダ軍捕虜8人が銃剣で刺殺された」と、要約を朗読する。書証の朗読なし。

* （検）法廷証 PX1798【T・オヅムラ（小田村）陸軍少佐尋問調書】＝検察側文書 PD5520　識別番号を付される。

* （検）法廷証 PX1798-A【同上抜粋；1944（昭和19）年9月のセレベス北東部メナドでの米軍飛行士1名の処刑】　証拠として受理され、検察官ダムステ中佐、「1944（昭和19）年9月に捕虜となった米軍飛行士2名がセレベス島北東部メナド近郊のトモホン（Tomohon）でコダマツ（KODZAMUTSU と当初書かれているが、これ以降は KODAMATSU となっている）中佐の命で処刑された」と、要約する。抜粋が朗読される。

【PX1798-A 朗読概要】

問

　米国人2人をランガン［Languan］からトモホンに連行してからの一連の出来事を、貴官が交わし、耳にした会話の内容も含めて、すべて述べよ。

答

　自分がランガンから米国人捕虜2人を連行してきてから、コダマツ（大佐）が捕虜に会ったのは、連れて来た当日に1回と、それ以降処刑されるまで2回。1度は直に尋問していた。マツモト准尉は捕虜を殺したがっていて、何度かその許可を求めてきたが、最初にその許可を求めて来た時に、自分は、「自分には権限がないので、司令部の指示を仰がねばならない」と言った。自分は司令部に行かなかったが、マツモトは、司令部に行って許可を得るよう3回にわたって求めてきた。その当日の朝、マツモトがまたしても司令部に行くようせがんで来たので、司令部に行ってコダマツ大佐に会った。余人を介さず自分と大佐の2人だけで大佐の執務室で話し合った際、自分は「捕虜はジャワの収容所に移送するのが妥当」と言ったが、大佐は「戦況がそれを許さないし、米軍が上陸してきた際に件の捕虜が我軍の機密を喋るかもしれないから、処刑する必要がある」との意見であった。自分は「国際法に反するから、そんなことはすべきでない」として異論を唱えたが、大佐は「捕虜に対する管轄権は第2方面軍にあり、憲兵隊は同方面軍が処分を決定するまで暫定的にその身柄を預かっているに過ぎない」とした上で、「捕虜を処刑する必要がある」と断じた。自分は「失礼します」と言って立ち去った。

問

　それから何が起きたか？

答

　同じ日の夕食後、薄暮れ時、自分が入浴している時にコダマツ大佐がやって来て、入浴中の自分にも聞こえるぐらいの声で、「米軍捕虜を本日中に処刑する」ことを告げていた。マツモト准尉がコダマツ大佐の来着を知らせに来て、自分が大佐に会うと、大佐は改めて処刑命令を伝え、その後、妾宅［house of his girl friend］に行った。それから自分は、「このようなことは自分の意に沿わない。貴官に任せる」とマツモトに言ったところ、マツモトは「自分がやります」と答えた。その後、自分は家に戻ると、夜もすがら麻雀をしていた。

問

　その夜マツモトは何をしたのか？

答

　家に戻ってからマツモトには会わなかったので、何をしたのか分からない。それでも、自分の執務室に翌日午後１時にマツモトがやって来て、「すべて終わりました」と報告したので、それが何を意味するのかは分かった。しかし、詳細を聞こうとは思わなかった。自分はマツモトにコダマツ大佐に報告するよう命じた。

（中略）

問

　件の米国人捕虜２人が捕われてから処刑の決定が下されるまでの間に、裁判、軍法会議、査問会といった司法手続が踏まれたか否か、知っているか？

答

　自分が知る限り踏まれなかった。

＊被告木戸弁護人ローガン、「書証の中で言及されている事件と第２方面軍司令部との関わりについて問う目的で小田村証人を反対尋問したい」、と申し立てる。検察官ダムステ中佐、「証人が存命ならば、法廷に喚問することに便宜を図ることに吝かでない」、と応答する。ローガン弁護人、証人の消息について質す。裁判長ウェッブ、「本年３月25日まで蘭印で生存していたことは確か」、「今後の審理の進行状況を鑑みつつ、喚問の是非を検討する」、と裁定する。

＊（検）法廷証 PX1799【Ｙ・ハヤシ宣誓供述書】＝検察側文書 PD5535　識別番号を付される。

＊（検）法廷証 PX1799-A【同上抜粋；1944（昭和19）年10月のセレベス南西部トリトリ［To-li-Toli］での米飛行士８名の処刑】　証拠として受理され、検察官ダムステ中佐、「1944（昭和19）年10月にセレベス島北西部のトリトリで、捕虜となった米軍飛行士８人が処刑された」と、要約を朗読する。書証の朗読なし。

＊（検）法廷証 PX1800【谷口豪介海軍大尉［captain］尋問調書】＝検察側文書 PD5532　識別番号を付される。

＊（検）法廷証 PX1800-A【同上抜粋；1944（昭和19）年11月のセレベス南東部ケンダリー

＜1946-12-27＞　　　　　　　　　　　　　　　　　　　　　2　検察主張立証段階　111

[Kendari]での米飛行士9名の処刑】　証拠として受理され、検察官ダムステ中佐、「1944（昭和19）年11月にセレベス島南東部のケンダリーで、捕虜の米国人飛行士9人がオオスギ提督（Admiral OSUGI。第23特別根拠地隊司令官の大杉守一中将のことであろう）の命によって処刑された」と、要約し、抜粋を朗読する。

【PX1800-A 朗読概要】

問

ケンダリーに拘留された米国人について知っていることはあるか？

答

1944（昭和19）年10月当時9人、翌年1月に1人、同2月に2人いた。

問

最初の9人について知っていることを話してもらいたい。

答

彼らは、1944（昭和19）年10月1日にモロタイ島からセレベス方面に飛来してきたPBYの乗組員で、同機は我軍の対空砲火を受けて、セレベス島東岸のケンダリーの北方に位置する島の沖合に墜落。11人の乗組員中2人がその折に死亡し、残り9人が、その島にたどり着いた旨の報告を現地住民から受け、70～80トンぐらいの船に10人ほどの我方の人員を乗せて送り、その9人を収容させた。ケンダリーに連行した後、身柄は特警隊隊長のタキタ・サブロー[Saburo TAKITA]中尉に預け、このことをマカッサルの第23海軍特別根拠地隊[23rd special naval base]司令のオオスギ・ノリカズ（ママ）提督と第23航空戦隊[23rd Air Unit]司令官の古川保提督に報告した。

（中略）

問

9人は特警隊に6～7週間留め置かれていたとのことだが、その後どうなったのか？

　答（以下、上記質問のみならず、それに続く一連の質問に答えた内容）：同年11月23日頃、大杉提督から処刑命令を無電で受領した。正確な内容は記憶していないが、捕虜を処分もしくは処刑せよとのもので、どちらの言葉が使われていたか定かでないが、その意味を違えて解釈できるような文言ではなかった。

問

その命令を受領してから貴官はいかなる行動に出たか？

答

命令文を自分の許に持ってきたタキタに実行する旨伝えたところ、タキタが「自分が手配する」と言ったので、一任した。タキタが同日後刻、「明日乃至は明後日の日没時に処刑するための準備を調えた」旨報告してきたので、自分はそれを承認すると共に、武士道に則って行うよう言い

渡した。同じ頃、ケンダリーの第23航空戦隊のソノカワ司令［Commander SONOKAWA］（原文のママ。「古川」の誤りか?）から特警隊宛に、「当方で処刑するので、捕虜を4人移送すべし」との命令が来たことを、タキタが自分に伝えてきた。自分自身はその命令を見ておらず、どのような経緯で出されたのか定かでないが、大杉提督の命令は捕虜9人を処刑せよとしか言っていなかったから、誰がどこで処刑するかは重大問題ではないと考え、反対はしなかった。自分が聞いたところでは、車で1時間ほど離れた場所にある同飛行隊から車がやって来て捕虜を連れていったとのことである。

問

　残りの5人はどうなったのか?

答

　翌日もしくは翌々日に処刑された。自分は処刑の現場に立ち会っておらず、タキタから報告を受けただけ。また、タキタ自身も立ち会っておらず、中馬［CHUMA］少尉にやらせたとのことで、当時自分は中馬が5人全員を殺したと思っていた。だが、後刻知らされたのは、中馬が殺したのは1人だけで、残りは他の4人（氏名省略）が捕虜を1人ずつ殺したということであった。

（中略）

問

　処刑について他に知っていることは?

答

　タキタが処刑完了を報告し、（上層部に送るべき）無電通信の文面に承諾の署名を自分に求めてきたので、「命令通りに処刑」した旨の文面に発信日時を示す番号を振って署名し、該電文は大杉提督宛に送られた。その後どうなったかは自分の知るところではない。

問

　9人を処刑したことを大杉に通知したとのことだが、ソノカワ（ママ）の許に送られた4人が処刑されたことをいかにして知ったのか?

答

　自分の部下の1人が第23航空戦隊から「同じ日に4人を処刑した」との報告を受けている。報告が電話で伝えられたのか、伝令が伝えて来たのかは不明で、報告の発信者や受領者が誰かも自分の知るところではない。

＊被告木戸弁護人ローガン、「① PX1799 と PX1800 の供述者であるハヤシとタニグチを法廷に召喚してもらいたい②法廷の命により、両名が（戦争犯罪人として）訴追されているか、もしくは有罪判決を受けて処刑されているかを検察側に確かめて欲しい」と、申し立てる。[E: 13857]［J: 140（20）］　裁判長ウェッブ、「①法廷は、直前の裁定と同様、今後の審理の進行態様を見極めた上で決定する②検察側は弁護側が求めている情報を入手すべく努めるべきである」、と申し渡す。

＊（検）法廷証 PX1801【シンカン［Singkang］捕虜収容所長中村ミチノリ陸軍大佐（恐らく、第5

\<1946-12-27\>　　　　　　　　　　　　　　　　　　　　　　　　2　検察主張立証段階　**113**

野戦憲兵隊長の中村通則大佐）尋問調書】＝検察側文書 PD5521　識別番号を付される。

*（検）法廷証 PX1801-A【同上抜粋；1945（昭和 20）年 7 月のセレベス南東部（英文速記録
　13858 頁のママであるが、地理上シンカンは、セレベス島の「南西部」に位置する「南スラウエン」に属する）
　シンカンにおける米飛行士 5 名の処刑】　証拠として受理され、検察官ダムステ中佐、「1945（昭
　和 20）年 7 月にセレベス島南東部のシンカンで（第 2 軍司令官）豊嶋（てしま）（房太郎）中将の
　ものと思われる命令の下、米軍飛行士の捕虜 5 人が処刑された」と、要約し、抜粋を朗読する。

【PX1801-A 朗読概要】

問

　そのような処刑について知っている限りすべてを、時系列的に述べてほしい。

答

　自分が視察旅行からシンカンに戻った 1945（昭和 20）年 7 月 23 日に、米軍飛行士 5 人を憲兵
隊の監獄から第 2 軍の管轄下に移すべく、小田村少佐を再び豊嶋中将の参謀の 1 人である ISHI-
RO、Shigeru（和文速記録記述によれば「猪代茂」。当時の第 2 軍司令部にはその名は見受けられないようであ
るが……）中佐の許に派遣した。これは、自分が 6 月にシンカンに赴任して以来の要望事項であ
ったが、理由は、その捕虜の監視のために兵員を割かねばならず、憲兵隊が原住民を尋問するの
に干渉したからである（英文速記録 13859 頁の "they interfered with the Kempeitai questioning of natives
. . ." のママ。和文速記録 140 号 20 頁もほぼ同様の意味を記すが、両者ともに、あたかも米軍捕虜が直接憲兵隊の
任務遂行に容喙しているような表現であり、いかにも不自然である。恐らく原本和文書証は、「そのために憲兵隊
本来の任務や現地住民への尋問任務などに支障を来たしていたからである」というほどの意味であったのであろう。
英語と異なって主語が明示されないことの多い日本語の特性のために、この部分を英語に訳する際に翻訳者が意
味を正しく取れなかったのか、もしくはこの部分の和文速記録は、原本和文書証から直接写し取るのではなく、
英文によるダムステ検察官の朗読内容を再度日本語に訳しなおしたのではないだろうか？）。それに、自分は、
その 5 人を第 2 軍の捕虜と見なしていたので、第 2 軍が管理すべきと考えていた。そこで 23 日
の小田村少佐の派遣となったのだが、この時は猪代中佐が不在で当人に会えなかったとのことで
あったので、後にもう 1 度小田村を派遣した。これがいつだったか正確には覚えていないが、小
田村がその日の内に戻って来て、処刑がその 3 日後に行われたこと、日付が 1945（昭和 20）年
7 月晦日の 2〜3 日前であったことは記憶している。

　実際の経緯はこうである。小田村が 2 度目に司令部に赴いた際に、猪代から「憲兵隊が捕虜を
始末してはどうか？」と言われた旨、自分に報告してきた。自分の見解では、このような言い回
しは命令であるから、自分は小田村に米軍捕虜の処刑を命じた。自分が小田村に処刑の手順を決
めるよう命令したのかどうか、小田村がそれに関する案を自分の承諾を得るべく持って来たのか
どうか、などは記憶に残っていない。小田村は、その時自分に、処刑の日時及び処刑の場所がハ
ンセン氏病患者用の病院［Leper Hospital］の裏手になることを、伝えてきた。正確な日付は覚え

ておらず、随分前のことなので（蛇足ながら、単純に計算すれば、２年も経過していないので、不自然とも言える供述である。これ以降も記憶の曖昧さを強調する供述が相次いでおり、部下をかばっていたのかもしれない）、処刑手順の案を書面で提出したのか、口頭で伝えてきたのかも記憶になく、その詳細についても記憶が相当に曖昧である。小田村が南部セレベス憲兵隊長として自分の任務が何たるかは承知していると思ったので、時間をかけてその内容を検討することはなかった。

　はっきり覚えているのは、その３日ほど後に自分が６時頃起床してから小田村とカミスキ・コタロー［KAMISUKI, Kotaro］中尉、その他８〜12名を同伴して、憲兵隊司令部を後にしたことである。その他の同伴者については、マツモト・クニオ准尉とオカザキ・カズアキ軍曹以外は氏名・顔付きなどを思い出せない。道をワタンポネ［Watampone］まで進み、第２軍刑務所を過ぎたところで左折して野原を横切ると、そこが処刑場であった。樹木と灌木に囲まれた狭い空地で、空地の一方の端には大木が聳え、反対側の端には小さな木が２本生えていた。木と木の間に墓穴が掘られてあり、小田村とカミスキと自分は、小さい木が２本生えてあるところに立っていた。米軍捕虜は、大木のところに目隠しをされて引き据えられていた。まだかなり暗かったが、徐々に明るくなってきた頃であった。自分の記憶では、米軍捕虜は１人ずつ墓穴の前に連れてこられて跪かされ、処刑された。一人一人の処刑の模様は見ていたが、処刑を行った者の氏名・顔付きなどは覚えていないし、今面通しをされても分からないと思う。処刑の最中、小雨が降っており、通常の服装で同地に赴いた自分に誰かが雨合羽を渡してくれたのは覚えている。自分がその時軍刀を帯びていたとは思わない。処刑の後、自分とカミスキは歩いて憲兵隊本部に戻ったが、小田村は一緒ではなかったと思う。朝食がまだだったので、戻ると、執務室ではなく起居している小屋に向かった。第２軍司令部に処刑の報告をするよう小田村に同じ日に命じたことについては、はっきりと覚えているし、そのような報告をした旨小田村から伝えられたことも記憶しているが、小田村からそれを伝えられたのがいつかは記憶にない。

（中略）

問

　米兵捕虜５人が処刑される前に軍法会議は開かれたか？

答

　否。その５人を対象とした軍法会議、査問会、裁判等のような法的手続きは全く執られなかった。軍法会議なしで処刑することができないこと、及び憲兵隊にはいかなる捕虜であろうと軍法会議の決定や上層部からの命令なしに処刑する権限のないことは、自分は承知していた。

問

　これまでの陳述に付け加えたいことはあるか？

答

　ある。テシマが処刑命令を出したと自分が思った今ひとつの理由は、常々小田村に言っていたことだが、現地人でさえも処刑前に軍法会議や査問会にかけたはずであり、その前例に従えば、米兵捕虜の場合も、そうしたはずだからである（意味が若干分かりにくいが、「そのような前例を無視し

<1946-12-27>　　　　　　　　　　　　　　　　　　　　　　　　　　2　検察主張立証段階　**115**

てなされた処刑の命令を下せたのは司令官だけ」との意味合いであろうか？　さらに、英文速記録のこの部分では、後半部分の主語が供述者自身のような文になっており、やはり日本語の主語が曖昧であるが故の誤訳の可能性がある）。それから、処刑の現場に立ち会っていた者の内の少なくとも2人は第2軍監獄の兵士であった。その2名の氏名は不明で、今面通ししても分からないであろう。

＊被告東条弁護人ブルーエット、前出書証の供述者を反対尋問のために召喚すべきことを申し立てる。裁判長ウェッブ、「軍の高位にあった者による供述をめぐって供述者を召喚することの是非を法廷が検討する」と、報じる。

＊（検）法廷証 PX1802【コバ陸軍大佐（第32師団衛生隊長の木場茂大佐か？）陳述書；1945（昭和20）年3・6月のセレベス北方タラウド [Talaud] 島ベオ [Beo]・ライニス [Rainis] での連合国軍飛行士処刑】＝検察側文書 PD5564　証拠として受理される。[E: 13864] [J: 140 (21)] 検察官ダムステ中佐、「1945（昭和20）年3月にセレベス北部に位置するタラウド諸島のベオで、カツラ将軍（何者か不明）の命によって連合国軍飛行士4人が容疑も告げられず、裁判にもかけられることもなく、処罰のような形で死刑に処された。同年6月、同じタラウドのライニスでも、同様にして連合国軍飛行士が1人処刑された」と、要約を朗読する。書証の朗読なし。

＊被告東条弁護人ブルーエット、「前出書証の供述者であるコバ大佐についても、法廷への召喚申請をする」、と申し立てる。裁判長ウェッブ、「同種の供述書の場合、直前の裁定が自動的に適用される」、「弁護側の申請がなくとも、重要性を考慮して法廷が独自に召喚手続きに踏み切る可能性はある」、と申し渡す。

＊（検）法廷証 PX1803【Y・中村海軍大尉宣誓供述書】＝検察側文書 PD5533　識別番号を付される。

＊（検）法廷証 PX1803-A【同上抜粋；1945（昭和20）年7月のセレベス南西部マカッサルでの連合国軍飛行士の処刑】　証拠として受理され、検察官ダムステ中佐、「1945（昭和20）年7月にセレベス南西部マカッサル近郊のマロス [Maros] で、イシダ海軍少佐 [Lt. Commander] の命により、捕虜の連合国軍飛行士4人が処刑された」と、要約を朗読する。書証の朗読なし。

＊（検）法廷証 PX1804【G・T・クーパー [Cooper] 英海軍少佐宣誓供述書】＝検察側文書 PD5503　識別番号を付される。

＊（検）法廷証 PX1804-A【同上抜粋；マカッサル俘虜収容所の劣悪施設と収容状況】　証拠として受理され、検察官ダムステ中佐、「セレベス南西部マカッサルの捕虜収容所の実態は次の通り。即ち、居住環境は劣悪で、家具、寝具、衣服もなく、収容所内は超過密状態。体力を極度に消耗させる労役や、軍事関連の労役が強要され、老人や労働に適しない者も働かされた。食糧は質量共に不十分。衛生環境は悪く、赤痢・マラリアが多発したにもかかわらず、医薬・医療器具の支給は不適正。栄養失調のために健康を害する者多く、死者が多数出た。赤十字の物資は配給されず、娯楽の施設も機会もなく、歌を歌うことさえも禁止。郵便物の発送・受取はなし。頻繁かつ峻厳な体罰を通じて恐怖を与えることによる規律維持が常態であった」と、要約を朗読する。書証の朗読なし。

＊（検）法廷証 PX1805【ジュドンネ［Dieudonne］蘭印軍大尉報告書】＝検察側文書 PD5504　識別番号を付される。

＊（検）法廷証 PX1805-A【同上抜粋：マカッサル俘虜収容所での俘虜拷問と虐待】　証拠として受理され、検察官ダムステ中佐、「収容所の捕虜指揮官が綴った日本軍による暴行・虐待の概要は、次の通り。即ち、捕虜が赤蟻だらけの木に登らされ、降りることを許されない。様々な手段による拷問。失神に至るまでの激しい殴打と、それに起因する肋骨の骨折や植皮を要するような挫傷。収容所指揮官自らが殴打。宙吊り、水責め、極めて劣悪な環境にある獄房への監禁。病人にも労役を強要」と、要約を朗読し、抜粋を朗読する。

【PX1805-A 朗読概要】

1942（昭和 17）年 10 月 28 日：

キバ［Ciba］で作業班に加わっていた A・J・スミット［Smit］陸軍軍曹、認識番号 91509、に日本兵が話しかけ、その仕事振りについて何か言っていた時、軍曹は、その日本兵に非礼とならないよう座っていた体勢から素早く立ち上がり、作業に使う道具を持ったまま気を付けの姿勢になった。その動きに日本兵がびびった模様で、スミットの態度が攻撃的、威嚇的であると難詰して、地面に腕立て伏せの体勢をとるよう命じ、棍棒で 37 回叩いた。収容所に戻ったその夜に、それについて報告を受けたヨシダが今度は 50 回打擲した。自力で立っていられなくなったスミットは、ヨシダに命じられた他の捕虜によって木に寄りかかるようにして立たされたまま打たれ続け、支えている捕虜まで打ち据えられた。この野獣の仕打ちとも言うべき懲罰行為は、血がスミットのシャツを朱に染め、脚を伝って流れてくるほど過酷なものであった。スミットは病院に収容され、歩けるようになるまで相当期間入院していた。

1943（昭和 18）年 1 月 2 日：

病院の敷地を取り巻く鉄線の柵のあたりで作業を監視していたヨシダは、30 メートルほど離れた渡り廊下を通り過ぎていく病院看護士（hospital attendant）の A・ルイス［Lewis］に大声で呼びかけた。声をかけられたのが自分だと分からなかったルイスが自分の仕事に戻ろうと、そのまま進んでいったところ、後ろからヨシダに殴り倒され、さらに酷く打ち据えられた。病院の当直であったナニング［Nanning］医師が、その物音を聞きつけてドアのところにやって来たところ、ヨシダに呼びつけられた。ヨシダの言っていることがマレー語と日本語のちゃんぽんのような言葉で、ナニング医師がほとんど理解できなかったことが火に油を注ぎ、同医師はルイスと共にその場で狂気のような殴打を受け、さらにバケツで水を何度もかけられてずぶ濡れの状態で何時間か直立不動の姿勢で立たされた。

（中略）

（日付不詳）：

班長の 1 人である工兵隊のタレンスキーン［Tarenskeen］1 等軍曹は、棍棒で 20 回打ち据え

<1946-12-27>　　　　　　　　　　　　　　　　　　　　　　　　　　2　検察主張立証段階　**117**

られた後に、レスリングの実験台にされて体の急所や頭部などを蹴られたり殴られたりし、さらには首を絞められ、休む間もなくバケツの水を何杯か口に浴びせられた。その後で、仕上げとばかりに40回打擲された。他3人の班長もほぼ同じような目に遭わされ、それから直立不動の姿勢で立たされた（内2人は、地面に伸びていたが）。

　1944（昭和19）年8月4日：

　「頭右」[eyes right] を、ヨシダが気に入るような仕方でできなかったという理由で、英国人の1人が70回引っ叩かれていた。

　同月5日：

　英国海軍機関水兵J・ウィルキンソン[Wilkinson] が、所属英国人部隊士官より与えられた命令の遂行を躊躇するところがあったために、作業隊の一班が出門する際、人員が1名不足することとなり、ヨシダとその一味はウィルキンソンを207回も殴打した。ウィルキンソンが示した心身の異様な強靭さに激昂したヨシダは、ウィルキンソンを徹底的に打ちのめそうとしたが、ウィルキンソンは、ふらつきながらも、それから2時間以上もの間、直立し続けたのである。

　1945（昭和20）年1月12日：

　「ギャリー・モリソ」['Galley Moriso'] 班の班長が、昼食用の米飯を飯盒に入れたまま収容所に帰ってきたことを咎めて、看守兵のカコイ[KAKOI] 軍曹が、ほとんどが年配の捕虜である班員全員を、部下に激しく打ち据えさせた。W・テン・ハフェ[ten Have] 軍曹が後日（2月18日）死亡したが、これが原因でないとは言えないであろう。同じ日、無線通信作業班の総員120人が、ヨシダの指揮の下で看守兵全員による熾烈な殴打を受けた。殴打されてのびている何人かをヨシダが長靴で蹴り続け、顔面から血が流れるまでになっていた。理由は、誰かが砂糖を盗んだというものであった。当時の食糧事情は極めて劣悪であった。

　同月24日：

　カコイ軍曹が、さしたる理由もなしに、作業から戻ってきた捕虜の多くを殴りつけていた。

　同年2月18日：

　イシダ・ヒコイチ[HIKOICHI ISHIDA] 守備隊長が収容所内の徹底捜索を命令し、余剰の食糧を隠匿していた者の氏名が記録された。その夜、収容所内の全収容者が整列させられ、氏名を録取された者が35～110回ほども、激しく棍棒で殴打され、続いて舎長、班長全員が同じ目に遭った。多くは気を失って倒れたが、のびているところをさらに体中を蹴られた。看守兵全員がこの加虐的乱行をするよう命じられた。

　同月20日：

　英国海兵隊員のA・ドッズ[Dodds] は、追加の食糧を必要とする病人用に外部から搬入された卵を袋に入れて持っていたところを捕まった。収容者全員がドッズに対する筆舌に尽くし難い拷問を見守ることを強要され、ドッズが属していた作業班の班員は全員が腕立て伏せを1時間ほどもやらされた上に、極めて残忍な仕打ちを受け、英国人の士官と従軍神父全員もこの洗礼を受けた。ドッズにはヨシダが死刑を宣告し、斬首されることとなった。「エグゼター」[Exeter]（ス

ラバヤ沖海戦で沈んだ英巡洋艦のことであろう）の従軍神父が死に行く者に捧げる祈りの指揮を執るよう命じられた。儀式終了後、赤痢の症状が篤かったドッズは、レンガ小屋に入れられ、そこで相当期間留め置かれることとなった（斬首にはされなかったのか？）。

同月 21 日：

日本人医師の 1 人が収容所内の病棟を視察中、ゴミ箱を覗いた際に残飯を発見。先任軍医のバッカー［Bakker］医師とウィティッチ［Wittich］大尉、及びケテル［Ketel］中尉は、ゴミ箱を覗くような姿勢で相当長い時間、立っているよう命じられた。病棟の医師と看護士全員が門のところに集合させられると、激しく殴打された。赤十字職員の多くが気を失うまで殴られ、その後、鼻を摘まれた状態で口に水を注ぎ込まれるという責めに遭った。

（中略）

同年 3 月 14 日：

この日、Q、P 及び O 病棟や労役免除棟の病人全員をヨシダが整列させたが、惨めな様の人間を実に残酷な態様で集合させたという点で、前代未聞であった。Q 棟は赤痢や脚気の症状が酷い者、P は赤痢などの感染症に罹患した疑いのある者、O は Q・P 棟から出された回復途上にある者、労役免除棟はマラリアや障害などによって数日間肉体労働のできない者を収容していたのである。この日は雨が降っていたが、介添えなしでは歩けない者を含む全員が呼集された。デュードネ［Dieudonne］大尉は、この無慈悲な命令に強く抗議し、危篤状態にある患者数名については、これに加わらせることを拒否したために、倒れるまで木の板で打ち据えられた。5 列に並ばされた患者達は門まで歩かされたが、体調が体調だけに、支え合っていなければ立って進むことができなかった。Q 棟から 150 メートルほど離れた門に到達する頃には、雨は土砂降りとなっていて、患者のほとんどは粗末な寝具を着ていただけだったので、すぐにずぶ濡れとなった。約 15 分ほど整列させた後、ヨシダは解散を宣したが、これが数件の死亡事例の間接もしくは直接の死因となったことは、想像に難くない。また、英国兵の患者の面倒を見ていた英国士官が酷く殴打されたことも付け加えておく。

＊（検）法廷証 PX1806【S・N・パウル［Paul］英インド軍医大尉宣誓供述書；テラガン［Teragan］での俘虜虐待】＝検察側文書 PD5538　証拠として受理される。［E: 13875］［J: 140（23）］検察官ダムステ中佐、「モルッカ島ハルマヘラのテラガンに置かれた英軍インド兵捕虜収容所について述べたものである。1945（昭和 20）年 2 月に、インド人捕虜は軍中央の命により帝国陸軍の一翼を担う旨伝えられた。抗議を申し入れたにもかかわらず、捕虜達は体罰を含む峻厳な規律の下で苦役や軍事教練を強いられ、殴打されて人事不省に陥り、時には死亡する事例もあった。治療すれば助かる病人もいたが、軍医は適切な処置を施すことを妨げられた。食糧は粗末なもので、捕虜のほとんどが脚気に罹っていた。そのような病人も整列することを強要されたため、倒れる者が続出。そして、そのような者でさえ労役を強要された」と、要約を朗読する。書証の朗読なし。

＊検察官ダムステ中佐、「相当の長文にわたる当文書の全文を朗読する意図である」と、報じる。

<1946-12-30>　　　　　　　　　　　　　　　　　　　　　　　2　検察主張立証段階　**119**

＊午後4時、裁判長ウェッブ、翌日9時30分までの休廷を宣す。

◆1946（昭和21）年12月30日

（英速録13877〜13982頁／和速録141号1〜20頁）

＊午前9時30分、法廷、再開する。
＊被告賀屋・鈴木弁護人レビン、「検察主張立証終了後の1ヵ月間の休廷」を、法廷に求める。
　レビン弁護人、「10月2日、被告東条弁護人清瀬が検察側立証終了時に、弁護側の反証準備の
ために暫時休廷すべきであると提議した。あらためて日米両国の弁護人を代表して、この点に
つき敷衍したい」、と弁じる。続けて被告木戸弁護人ローガン、被告東条弁護人ブルーエット、
交々立って、被告弁護に付きまとう困難を説明し、レビン弁護人の申し立ての趣旨を敷衍する。

《レビン弁護人の休廷の申し立て》

　①11ヵ国の代表からなる検察側の立証内容を予見することは、立証対象時期の史実に明るい
日本人弁護人にとっても不可能であった。
　②米国人弁護人は来日してから様々な手続きを済ませねばならず、それからすぐに首席検察官
の冒頭陳述への対応を余儀なくされ、審理が連日続く中、個々の担当被告人の事案に通暁する時
間が余りなかった。
　③分野毎に担当者が分かれている検察側と比較して弁護人は各々独立して弁護をしているが故
に、日々の審理に出席すると同時に、検察側が提出する文書ひとつひとつを、たとえそのさわり
だけであろうとも一読しておく必要がある。同時に、弁護側全般の動向にも配慮して弁護団で会
合を連日開いたりしている。これらの作業のために、完璧な準備をして法廷での審理に臨むこと
ができなくなっている。
　④法廷が弁護側にこれまで認めてきた証人の召喚と尋問は、言葉の問題や交通事情のために、
時間を要するものとなっており、これまでほとんど実行できていない。
　⑤弁護側が提出する予定の公訴棄却動議の朗読には最低でも1日を要し、それに対して法廷が
裁定を下すまで相当の時日を要するであろうから、その期間を休廷期間とすることができる。
　⑥20日間の休廷期間があったニュルンベルク法廷の審理は160日続き、その審理録は450万
語に及んでいるが、当法廷の審理も既に140日を費やし、控室の論議を除いても審理録は400万
語に達している。そして、検察側の立証が終了するまでさらなる時日が経過することを考慮すべ
きである。
　⑦通常の刑事裁判では、このような休廷期間を設けることはないが、審理案件が特定され、審
理期間が短く、陪審員を長期間拘束することが不可能な通常の刑事法廷の要素は当法廷には存在
しない。

⑧弁護側に反証の準備期間を与えることは、公正な[fair]裁判の要請に適うものであると同時に、弁護側にその立証事実を整理する時間を与えることは迅速な裁判の要請にも応え、かえって時間を節約することにもなる。

⑨弁護団は、早期に帰国したいという意思よりも、弁護人として被告人のために適正な弁護をして法廷の審理に寄与することを優先事項と考えており、この歴史的裁判で法廷が公正な判断を下すためにも、その判断の基となる弁護側の反証過程が完璧、適切なものであることが担保されるべきである。弁護人の主張は即ち、英国王ヘンリー5世よりの使者に対してフランス王ヘンリーが応じた言葉、「ほどなく、公正な条件の付いた返事を返して進ぜよう。このように重大な案件に回答するには、一晩は、ほんの一息の如きもので、余りにも短すぎる」との言葉の通りである（シェイクスピアの歴史劇「ヘンリー5世」第2幕第4場より採ったものと思われる）。

《ローガン弁護人の休廷の申し立て》[E: 13886][J: 141（4）]

最低1カ月間の休廷が認められなければ公正な裁判は不可能である、というのが全弁護人熟慮の上の見解である。その理由は、以下の通りである。

①検察側提出予定の文書がどれであるかを、弁護側は最近まで特定できず、それが判明して後に文書の処理作業を急いでいるが、担当人員が不足している。即ち、検察側は日本人の翻訳官を150人有しているのに対し、弁護側は50人である。さらに深刻なのは、文書校正員[checker]の人数で、検察側が文官15人と士官10人を有しているのに対して、弁護側は米国人文官4人のみである。因みに、文書を完璧に処理するのに要する時間は、およそ1人1日1頁である。

②被告人の数の多さや、言語上の問題、厖大な量の文書という、通常の法廷では見られない諸点の故に、通常の法廷での手続きに拘泥するのは適切ではない。否、通常の法廷審理でさえも、弁護側の証拠収集や立証準備のために休廷するのは珍しいことではない。

③米国人弁護人の多くが複数の被告を掛け持ちし、日々出廷して、提出される厖大な量の証拠と向き合わねばならないため、弁護の準備は週末や夜間でなければできなくなっており、それも検察側が提出予定の文書を事前に検討する作業と並行して行わなければならない。そのために、弁護人が被告人と面談できるのは、開廷日の休憩時間や週末に限定され、そのような時間も、検察側証人の証言内容に関する話し合いに大部分が費やされてきた。休廷が認められれば、被告人との面談時間を十分に取れて、提出予定の証拠について話し合い、必要な供述書・陳述書の準備も可能である。

④弁護人数の不足により、弁護側は局面毎に弁護人を割り当てるようなことができず、かつ起訴状の特質からして、弁護人は、各被告人に対する起訴事実のみならず、検察側主張の全体像をも把握する必要がある。そのため弁護人は、担当被告に直接の関連はなくとも被告に対する起訴事実を理解するには必ず必要な事案にも、通暁しておかねばならない。加えて、各弁護人は、被告人全員に関わる全般的弁護の準備をもなさねばならないのであり、それにも時間を取られてい

<1946-12-30> 2 検察主張立証段階 **121**

る。

　⑤法廷が供述書の録取を許可した証人の多くとは、ほんの僅かの例を除いては、面談する機会も時間も手段も未だになく、証人がいる場所に行くための交通の便も不足しているのが現状である。

　⑥豊富な人員を抱えている検察側と比べて速記者が弁護人２人に１人だけであり、この現状が弁護側の作業を滞らせている。

　⑦石炭が不足しているため、暖房のない夜間に執務室で作業することができず、自宅でするしかないし、昼間でも４時間しか暖房がないため、寒くて速記者がタイプできない。

＊被告東条弁護人ブルーエット、「検察側立証終結時に30日以上の休廷期間を設けるよう」申し立てる。

《ブルーエット弁護人の休廷の申し立て》[E: 13889] [J: 141 (4)]

　被告東条の米人弁護人としての、同僚弁護人と協議の上での申し立ての理由は、以下の通り。

　1.　この要請は、慎重かつ真剣に熟慮を重ねた上でのものであり、かつは被告に対する公正にして公平な裁判を担保するために、我が国政府によって選任された法律家としての誠実にかけて行うものである。

　2.　我々の能力と法律上の訓練、経験の限りを尽くして、簡明、真正にして完璧な弁護を提供することが法廷吏員としての我々の決心であり義務である。この目的を達成し、我々の陸軍長官及び真に平和を願うすべての国民が我々に託した大いなる責任を果たすためには、適正にして整然だった準備が不可欠である。

　3.　起訴内容は、余りにも広い範囲にわたっており、しかも未だ完結していない。これでは準備書面（原英文は"a trial brief"で、事実及び法の適用についての弁護人の見解を提出する書面）がどれだけ長文に及ぼうとも、不完全なものとなってしまうであろう。弁護側は、検察側立証の全体像を把握して綿密にそれを検討し、弁護側の反証を、整合性ある、法的、論理的に問題のないものにしなければならない。１カ月余りの休廷は、全世界、そして自由を愛する人々すべてが注視する当法廷にとっては、取るに足らない期間である。

＊ヒギンズ検察官、裁判長の慫慂に応じて、「検察側は立証を、来年１月13日から始まる週に終了する意向である。弁護側のこの特別の申し立てについては、弁護側にその準備のために認められるべきであると法廷が考えるであろう適切な時間を認めることについて、検察側は支持すべきでも否定すべきでもない、と感じる」、と応答する。

＊裁判長ウェッブ、「弁護側が触れた速記者、通訳官、翻訳官及び文書校正員の不足について、検察側の人員を弁護側に融通すること」に対する検察側の意向を質す。ヒギンズ検察官、「法廷の事務官と検察側の事務官とは異なる管轄下にあるが、もし必要ならば、最高司令官の裁可取得を条件として、よろこんでこれら必要人材を移籍し、弁護側に協力する」、と応答する。

122　2—13・14—6　検察主張立証第 XIII・XIV 局面「対民間人・戦争捕虜残虐行為」第 6 部「蘭領東インドでの残虐行為」

＊裁判長ウェッブ、「弁護側も知る通り個人的には本職は、判事控室での協議ですべての類の休廷に対しては反対した。自身が刑事法廷に関わってきた 21 年の間に、弁護側の準備の都合で休廷期間を設けたことはなかった。しかし当法廷の特異性に鑑み、この件については決定を留保し、同僚判事の多数決に委ねる」、と申し渡す。

＊ダムステ検察官、検察主張立証第 XIII・XIV 局面「対民間人・戦争捕虜残虐行為」第 6 部「蘭領東インドでの残虐行為」の検察側立証として、「蘭領東インドのセレベス・その近隣諸島領域での残虐行為」関連検察側要約証拠概要・検察側要約書証・検察側書証の提出を続行する。

(10-1)　戦争捕虜に対する残虐行為（続き）

＊提出済み PX1806【S・N・パウル英インド軍医大尉宣誓供述書】＝検察側文書 PD5538　検察官ダムステ中佐、朗読を続行する。［E: 13894］［J: 141（5）］

【PX1806 朗読概要】（続き）（以下、数値番号を付した見出しは、要約者が付した）

1. 日本側捕虜収容所責任者の群像

　自分がティジュク［Tijuk］収容所に到着した時の同収容所の責任者はコブタ（英文速記録 13894 頁以降に頻出する KOBUTA より。KUBOTA とすべきものを供述者が言い間違えたか、速記者が録取する際に綴り間違えた公算が高いが、記述通り）中尉で、他にイカイ［IKAI］伍長とコワナ（これも KUWANA の誤りである可能性が大きいが、原文の KOWANA のママとする）1 等兵がいた。コブタは、第 6 輸送隊（英文速記録記載の No. 6 Transport Unit の直訳。実際の部隊名称は不明）の一員で、同収容所に自分がいた間、指揮官として日本人とインド人捕虜双方に命令を出していた。自分は 1944（昭和 19）年 8 月に 1.5 マイルほど離れた場所の名称不詳の収容所に移されたが、上述の日本軍士官、下士官、兵も同時に移ってきて、少し後にイトウ［ITO］中尉とタナカ［TANAKA］上等兵がそれに加わった。自分の見たところでは、コブタ中尉は依然として収容所の責任者であったが、次席指揮官は、他に階級が上位の者がいたにもかかわらず、タナカ上等兵であった。自分が見ている傍でタナカはコブタと話し合い、コブタの命令を他の日本人やインド人捕虜に伝えていたからである。

2. インド人捕虜の日本軍への編入

　1945（昭和 20）年 2 月に、タナカは自分を含めたインド人捕虜の何人かに「上層部の命令によって、インド人捕虜は日本軍の一部となる」旨伝えてきた。その場にいた自分と他の 2 人は、「交戦法規に違反する措置であり、自分達は日本軍の一部となることを欲しない」として抗議したが、タナカは、日本語で「問答無用」［You have just got to be.］と言うのみであった。

3. 捕虜の待遇

3-1. 捕虜に課せられた労役

　それ以降、タナカは捕虜を整列させては、日本軍の慣行、慣習を捕虜に教え込み始めた。午前 7 時頃から、薬品や食料品が入った重い箱を 2〜3 マイル先まで運ぶ作業を 1 日に 3〜4 回させられ、

<1946-12-30>　　　　　　　　　　　　　　　　　　　　　　　　　　　2　検察主張立証段階　**123**

終わるのは午後6時ぐらいであった。他に、菜園での作業をさせられた捕虜もいた。

3-2. 捕虜の食事

1日の最初の食事は、食べるものがあれば朝の6時30分ぐらいに出たが、最後の3カ月ほどは、朝食はなかった。自分達には独自の厨房があり、茶と砂糖と塩の蓄えはあったが、労役を始める前に口に入れられたのは飲み物だけで、食べるものは何もなかった。1日の最初の食事となる昼食は、日本側から支給された米飯で、当初の支給量は10オンスであったが、後には5オンスほどにまで減らされていった。缶詰の乾燥野菜も支給されたが、自分達が主に食したのは、密林に自生する木の葉であった。食事の時間は1時間。その時間になったら、その場で作業を中断して食事にした。夕食は灯りのない宿舎に戻った後の7時頃で、内容は昼食の残り。

3-3. 軍事教練と体罰

食事の前に30分間の軍事教練が課せられたが、常に指導していたのはタナカで、コブタは、時々やって来ては様子を見ていた。その最中に、タナカがインド人捕虜を平手打ちにしたり、棒で打ち据えたりするのをよく目にしたが、棒で打ち据える時には頭部を打つことが多かった。毎日、教練の最中に20人ぐらいがタナカに殴打されていた。平手打ちは相当な強さで、打たれた者が倒れ伏すほどであった。棒は太さ1インチぐらいの長い散歩用のステッキで、タナカはしばしば「お前は頭が悪いから、俺が叩き直してやる」[Your brain is not all right so I am going to fix it up.]と言っては、その棒で捕虜の頭を叩いていた。

4. 捕虜の虐待

4-1. 捕虜の虐待（1）

1945（昭和20）年の3月頃、菜園で労役に従事していた3人の捕虜の仕事振りが良くないと言って、タナカが自分にその3人を診察するよう言ってきた。自分は日本語と手振りで「脚気と全身衰弱」との診断を告げたが、タナカは、3人を倒れるまで平手打ちにし、その後3人を立たせると、今度は棒で手首、膝、頭部などを打ち、3人が気絶するまで続けた。このような殴打が30分ほども加えられた後、3人の1人アリ・ハイダー［Ali Haider］は重篤な症状になり、その旨タナカに告げたが、タナカはハイダーに菜園での野菜運びの作業を命じた。ハイダーは翌朝、他のインド人捕虜に搬送されて収容所に戻ってきたが、その時には意識がなく衰弱した状態で、自分は注射などをして延命措置を試みたが、1時間半後に死亡した（英文速記録13899頁のこの記述では、ハイダーは虐待行為を受けた翌日に死亡したこととなるが、この直前には「1週間乃至は10日後に死亡」との相反する記述もある）。医者・軍医として各々3年間の経験を有する自分の見立てでは、ハイダーの死因は殴打である。自分はハイダーの埋葬に立ち会った。3人の他の2人のマホメッド・シャフィ［Mahomed Shafi］とツファイル・モハメッド［Tufail Mohamed］も殴打されて体調を崩していたが、ハイダーほど酷くはなく、軽作業に従事していた。ツファイルは病状が相当に悪化したため、毒を処方して死なせてくれるよう自分に頼んできたが、無論自分はそれに応じず、ツファイルの病状は後に快方に向かっていった。シャフィは陸軍病院に収容されている。3人への虐待行為には、他に目撃者が2人いる。

4-2. 捕虜の虐待 (2)

1945 (昭和 20) 年 7 月頃、ムンシ・カーン [Munshi Khan] は、タナカとコワナに、薪に使う腕の太さほどの木片で 15 分も頭や膝などを殴打されてから、後ろ手に縛られて木の幹に縛り付けられ、24 時間そのまま放置された（この後に、殴打したのは「タナカとコブタ」という記述があり、どちらが真実なのか不明である）。カーンは、その間、立ったまま排泄することを余儀なくされた。殴打されている現場をインド人捕虜 2 人が目撃している。

4-3. 捕虜の虐待 (3)

1945 (昭和 20) 年 7 月頃、タナカとコワナが太い棒でマホメッド・シャフィを 30 分以上にわたって殴打していた。その間、コブタは傍でその様子を無言で見守っていた。シャフィが気絶すると顔に水をかけて正気に戻し、再び気絶するまで殴打が繰り返された。その後、タナカとコワナはシャフィを後ろ手に縛って、膝の後ろに薪を一本挟ませて数本の薪の上に跪かせた上で、頭や体を打ち据え始めた。そのような状態で身を起こしたままでいることはできず、しばしば倒れ込んだが、その度に 2 人はシャフィの身を引き起こしては打ち続けた。このようなことが 30 分ぐらい続いている最中に、コワナはシャフィの足に石油をかけて火を点けていた。その後、シャフィは後ろ手に縛られたまま木の幹に縛り付けられ、一晩中、放置された。自分を含む数人が夜中、密かに水と食べ物をシャフィに与えた。シャフィをこのような目に遭わせた理由としてタナカは、「シャフィは、食糧を窃盗した容疑を認めたが、他の窃盗犯の名を挙げることを拒否し、窃盗犯は自分だけであると言い張っている」ことを述べた。シャフィがヒンズー語で「他の誰をも巻き込まず、自分 1 人が死ぬ」と言ったので、自分はそれを日本語に訳してタナカに伝えた。翌朝、タナカはシャフィを斬首する意向であることを自分と他 2 人に伝え、こちらの意見を質してきた。これに対して自分は「既に多くの者が斬首されており、この上シャフィを斬首するのは無益。シャフィには他の罰が与えられるべき」と答えた。この結果、シャフィは斬首されず、タナカとコブタは、シャフィの処罰を我方に委ねた。我々は、シャフィの顔を煤で黒く塗り、ある日整列する際に靴を首にかけさせた。その上で、今後は窃盗をしない旨、誓約させた。

4-4. 捕虜の虐待 (4)

ジェム・モハン・シンは、腹水の症状で 1945 (昭和 20) 年 4 月頃から苦しんでいたが、8 月 13 もしくは 14 日に死亡。その間、彼は腹部に水が溜まって腫れ上がり、激痛に苦しむと共に呼吸困難を訴えていたので、腹部から水を取り除く必要があった。自分がタナカとコブタに、それに必要な器具と薬品を提供してくれるか、当人を入院させるよう何度か掛け合ったが、いずれも拒否された。後に、日本軍衛生兵の 1 人が注射針のような非常に小さな 20cc 針を提供してくれたが、腹部の水の一部を除去するのに 8 ～ 10 時間を費やし、その際に座り続けていなければならなかった当人は非常に苦しんだ。自分が有している医学上の知見と自分が当人を診断・治療した際の見立てに基づき、適切な治療・薬品投与がなされていれば命を救えた可能性があると判断する。

<1946-12-30>　　　　　　　　　　　　　　　　　　　　　　　2　検察主張立証段階　**125**

4-5. 捕虜の虐待（5）

　1945（昭和20）年2月頃、クボタがマホメッド・アクラム［Mahomed Akrum］の不服従な態度を咎めて幕舎ふたつと庭を造るよう命じた。アクラムはこの件を上層部に訴えることを示唆してタナカ及びコブタと言い争っていたが、タナカが「憲兵隊には俺の友人がいる。必要とあらば、お前の首を斬ることだってできる」と言った。アクラムは上層部に訴えることはしないと伝え、タナカは「自分は怒ってはいない。赦してやる。これまで通り働け」と言った。後刻、憲兵が1人、通訳を連れてやって来て、私服を着て座っているアクラムを見咎めて、その理由を問い質したので、自分がそれを通訳していると、通訳し終える前に憲兵がアクラムを平手打ちにし始め、15分ぐらいそれが続いた。その後10日間、アクラムに配給される食糧は半分に減らされ、その間タナカが連日のようにやって来ては、アクラムは種々の犯罪行為を犯したと言い立て、その旨を自白する宣誓書に当人が署名するよう要求し、応じなければ斬首すると警告した。自分はこのことをアクラムに伝えると、アクラムは宣誓書に署名した。

5. 捕虜の斬首・処刑

5-1. 捕虜の斬首・処刑（1）

　1945（昭和20）年3月頃のある日、倉庫から魚の缶詰を窃取したことを認めたマホメッド・ディン［Mahomed Din］は午後4時頃、収容所内で木に縛り付けられた。その後、その場所あたりから段打するような音やディンの悲鳴が聞こえてきたが、実際に段打されている現場を自分は目撃していない。午後10時頃には、ディンの姿はその場所にはなく、探したがどこにも見当たらなかった。数日後、タナカが言うには、ディンは捕獲されて憲兵隊に斬首されたとのことであった。日本が降伏した後の8月28～29日頃、タナカは自分や他の捕虜に、「ディンは自然死した」旨の文書に署名するよう言ってきた。その際に拳銃と軍刀を携行していたタナカは、「記録ではディンは窃盗で断罪の上斬首となっているが、自然死したことに変更したい」と述べ、理由として「窃盗で処罰されたとなれば、ディンの親族にとっても不名誉なことになる」ことを挙げた。アクラムと自分は、事実が記録されるべきことを主張したが、丸腰の自分達は、武装しているタナカに斬首もしくは射殺されることを恐れて、署名した。

5-2. 捕虜の斬首・処刑（2）

　（年の特定なし）4月10日頃、チナヅリー［Chinadury］、サイド・グル［Said Gul］、ミラジ・ディン［Miraj Din］、カリム・イラヒ［Karim Ilahi］の4人は、収容所から連れ出され、3～4日後に憲兵隊によって連れ戻されてきたが、その時には体調を酷く崩していた。皆、頭部に打撲傷と腫れがあり、疲弊しきった状態で、内2人は血を吐き出していた。コブタは自分に、「窃盗を犯した捕虜がどうなるか、見せしめのために斬首する」と言ってきた。後刻、氏名不詳の憲兵隊員が、4人を連行していったが、その行き先は、以前捕虜が何人かスコップを持って看守兵と共に行った場所であった。翌朝集合した際に、コブタは自分と他の捕虜に「他の者が窃盗しないための見せしめとして4人を斬首した」ことを告げた。

5-3. 捕虜の斬首・処刑（3）

1945（昭和20）年7月頃、マホメッド・アフサル［Mahomed Afsar］とヤクブ・カーン［Yakub Khan］が薬品を窃取したとして、タナカは、2人を斬首することに決したと伝えてきた。2人はある日の午後4時から翌朝10時まで縛り上げられて水も食料も与えられず、そのままの状態で排泄行為をすることを余儀なくされた。いずれも軍刀を持ったタナカと看守兵2人が、2人の縛めを解くと着衣を脱がせてどこかへ連れていった。後刻、タナカは、2人が斬首されたことを伝えたが、誰が手を下したかは明らかにしなかった。

5-4. 捕虜の斬首・処刑（4）

1945（昭和20）年8月、日本が降伏する数週間前のこと。マホメッド・ラムザン［Mahomed Ramzan］が木に一晩中縛り付けられていた。タナカが言うには、ラムザンがタピオカを盗んだ上、そのことについて虚言を弄して事実を認めようとしないので、斬首するとのことであった。軍刀を帯びたタナカがラムザンを連れ去っていったのが、ラムザンの姿を見た最後であった。後刻、タナカは自身がラムザンの首を刎ねたと語った。

5-5. 捕虜の斬首・処刑（5）

前出（3）の処刑が行われる少し前に、マホメッド・フセイン［Mahomed Hussein］とウメル・ディン［Umer Din］が脱走したが、捕獲され、憲兵隊によって斬首された。脱走した後、両名の姿は目にしていない。

6. 赤痢の蔓延

自分達がハルマヘラに移された後の1943（昭和18）年9月に赤痢が発生。自分は病院に行って、担当のウシダ［USHIDA］大尉などに赤痢治療用の薬品を供給してくれるよう掛け合ったが、与えられたのは鎮痛用のクレオソートだけであった。

7. 捕虜宛食糧不十分の責任

捕虜に十分な食糧が行き渡らなかった責任は、タナカとコブタが負うべきものである。食糧は、捕虜宛のものも日本兵宛のものも同じ倉庫から出されていたが、そこから捕虜に渡されたのは米と塩と乾燥野菜だけで、毎月第6輸送隊宛に送られてくる乾パンやビスケットや青豆などが配給されることはなかった。2、3日毎にタナカとコブタが看守兵と憲兵の合計8人用に乾パンの箱を取り出しているのを自分は見たし、1カ月に40袋搬入される米は、15袋が日本側の8人用に、25袋が捕虜190人用となった。また、タナカとコブタが友人や台湾兵や憲兵に乾パンや煙草を与えているのを自分は目にしている。

⑧病人の捕虜に対する処遇

⑧-1. 病人の捕虜に対する処遇（1）

タナカは折に触れて、「自分は憲兵隊に友人がいるから、司令部の許可を得なくても、やりたいままに捕虜を処罰できる」と言っていた。食糧が不足していたため捕虜は脚気に罹って衰弱していき、それが原因で死ぬ者もいた。病人が沢山いて、病院での治療や入手できない薬品を必要とする者も多かったが、タナカは捕虜を病院に連れて行くことを許さなかった。病院はインドネシア人の兵補（日本軍が組織した現地人補助兵）を受け入れていたにもかかわらずである。これにつ

＜1946-12-30＞ 2　検察主張立証段階　**127**

いて抗議したが、返ってきた答えは、「インド人は病院に行かせない」というものであった。最期の半年間、タナカとコブタは、午前中の労役の際に、病人を実に過酷に取り扱った。病状にかかわりなく、捕虜は朝の点呼に出ることを強要され、コブタかタナカの訓示を 10〜15 分間、直立不動の姿勢で聞いていなければならなかったが、病状の重い者の中には途中で倒れる者がいた。倒れた者は、その場に残され、他は点呼終了後に労役に出ていったが、倒れた人数分を、やはり労役に適しない病人の中から補充しなければならなかった。コブタとタナカに、労役に従事できないほどに病の篤い者が沢山いることを、幾度となく自分が訴えていたにもかかわらずである。

⑧-2.　病人の捕虜に対する処遇（2）

　点呼が終わるとコブタとタナカは、倒れた者の頭や膝を打ったり蹴ったりして、仮病を使っていないか確かめていた。中には休みたいが故に病を装っていた者もいたかもしれないが、ほとんどは本当の病人であった。それから、タナカとコブタは、病人の捕虜の中でカンフル注射を処方すべき者を選び出していったが、病状が重くて労役に堪えられない者を対象外としていった。カンフル注射は、1 時間ぐらい心臓に活力を与えるもので、処方しないと死亡するような患者にするものであり、タナカ、コブタもしくは日本軍の衛生兵が支給し、処方するのは衛生兵か自分であった。重病人などカンフル注射を必要とする者で、タナカやコブタが選定しなかった者に処方できたこともしばしばであったが、それは密かに盗み取ったのを使用したもので、タナカやコブタがいるところではできなかった。このように隠密裏にカンフル注射を処方して、タナカやコブタの命令に従っていたら死んだであろう者を多数救ったのであった。

⑧-3.　病人の捕虜に対する処遇（3）

　捕虜の中には、虫歯が悪化して抜歯を必要とするものも多数いたが、自分自身は必要な器具を所持していなかったので、そのような者が歯科治療を緊急に受けられるようタナカに訴えたが、タナカは「捕虜は労役に必要」と言うだけで、拒否した。

　日本側の人員構成について。当初、日本側の人員はタナカとコブタの他に 6 人であったが、最後の 2 週間は、コワナ［KOWANA］、カギシマ（「萩島」かもしれないが、英文速記録 13914 頁記載の KH-AGI SHIMA に従う）、アダチ［ADACHI］、オオタケ［OTAKE］、衛生兵のオカナ［OKANA］の 5 人が新たに加わった。自分は、コワナとカギシマとアダチが手や棒で捕虜を激しく殴打しているのを、しばしば目にした。これら名前を特定した日本兵は、顔を見ればすべて分かる。

⑧-4.　病人の捕虜に対する処遇（4）

　シャケイン・ペグ［Shakein Peg］とグーラム・ヤシン［Ghulam Yasin］が、アメーバ赤痢の症状に苦しんでいたので、自分は治療のためにエメチンを支給してくれるようタナカに掛け合ったが、返ってきた答えは「入手不能」というものであった。しかし、10 日前に近郊の他の部隊から受領したことがあるので、あることは分かっていた。治療しなければ 2 人が死ぬことは明らかなので、自分は薬品の支給か 2 人の入院を認めるよう要請したが、タナカはいずれも拒否した。そのために、2 人は 1945（昭和 20）年の 3 月末か 4 月初旬に死亡した。自分の医者としての経験と 2 人の病状の観察・診察結果に鑑み、エメチンを処方していたら 2 人の命を救うことができたと判

断する。

⑧-5. 病人の捕虜に対する処遇（5）

ハルマヘラに到着した時、インド人捕虜の３分の２は靴がなく、裸足で作業しなければならなかったため、足部や脚部に感染症を発し、それが急速に拡大して不治の障害を引き起こし、死亡する者さえ出た。自分は日本側の担当士官に靴を支給してくれるよう要請したが、拒否された。その士官はタケダ隊［Thakeda Tai］の大尉であったが、１～２度会っただけなので、見ても分からないであろう。

＊（検）法廷証 PX1807【Ｐ・Ｅ・カー［Carr］豪州海軍少佐陳述書：ポメラ［Pomela］での俘虜虐待・マカッサル収容所での斬首処刑】＝検察側文書 PD5517　識別番号を付される。

＊（検）法廷証 PX1807-A【同上抜粋】　証拠として受理され、朗読される。［E: 13916］［J: 141（9）］

【PX1807-A 朗読概要】

1943（昭和18）年10月にケンダリー近郊のポメラで、オーストラリア軍の航空将校が、尋問の際に、国際法上必要とされる限度を超える情報を提供することを拒んだがために、適切な治療が施されず、放置されて死亡した。

1942（昭和17）年９月にマカッサルの捕虜収容所で脱走の後捕獲されたオランダ軍捕虜３人が裁判にかけられることなく斬首された。同じ時期、別のオランダ軍捕虜３人も１週間余り虐待された後に斬首された。

＊提出済み PX1805-A　検察官ダムステ中佐、PX1807-A の後半部に関わるものとして、引証する。

＊（検）法廷証 PX1808【Ｒ・Ｊ・ヘンセル［Hensel］蘭印軍中尉陳述書；メナド捕虜収容所での蘭印軍下士官５名の処刑】＝検察側文書 PD5514　証拠として受理され、検察官ダムステ中佐、「1942（昭和17）年３月にメナドの捕虜収容所で、ゲリラ活動に参加したが最終的には投降したオランダ軍下士官５人が、処刑された」と、要約を朗読する。書証の朗読なし。

＊（検）法廷証 PX1809【Ｗ・Ｃ・バン・デン・ベルク［Van Den Berg］蘭印軍中佐宣誓供述書】＝検察側文書 PD5563　識別番号を付される。

＊（検）法廷証 PX1809-A【同上抜粋；蘭印軍下士官捕虜２名の虐待・斬首】　証拠として受理され、検察官ダムステ中佐、以下の通り、要訳を朗読する。書証の朗読なし。

飛行場を守備したオランダ軍下士官２人が、酷い虐待を受けた挙げ句に斬首された。

テラガンではインド人が裁判にかけられることなく、1945（昭和20）年に次のように処刑されている。

モハマッド・ディン（前出では Mahomed と記されていたが、ここでは Mohamad となっているので、これに従う）は、３月に魚の缶詰を窃取した罪を問われて斬首される。４月に捕虜４人が過酷な虐待を受けた後に斬首。７月に捕虜２人が斬首。７月もしくは８月に脱走捕虜２人が斬首。８月にマホ

<1946-12-30> 　　　　　　　　　　　　　　　　　　　　　　2　検察主張立証段階　**129**

メッド・ラムザンが斬首。

　他の地域でと同様に、抑留されたオランダ民間人も、不必要なまでに過酷な目に遭った。（この一節は、英文速記録 13919 頁では PX1809 の一部として記載されているが、和文速記録 141 号 9 頁の対応部分では、次に証拠提出された PX1810 の冒頭部分となっている。内容から判断して、和文速記録の方が正しいと思われるが、英文速記録の記述のまま、ここに記しておく）

＊提出済み PX1806　検察官ダムステ中佐、インド人の処刑を述べている箇所に触れて、引証する、

(10-2)　民間人に対する残虐行為 ［E: 13920］［J: 141 (9)］

＊（検）法廷証 PX1810【メナド市長 H・ダリンガ［Dallinga］陳述書；メナドのテリング［Teling］民間人収容所の状況】＝検察側文書 PD5544　証拠として受理され、検察官ダムステ中佐、以下の通り要約を朗読する。書証の朗読なし。

　メナドのテリング男子収容所の食糧は質量共に劣悪で、当初は主に炒り米であった。赤痢が発生しても薬品が供与されることはなく、そのために約 150 人の収容者中 10 人が死亡した。規律違反は過酷な殴打、拷問、悲惨な状況下での監禁という恐怖感を植えつける手法で罰せられた。

　1942（昭和 17）年 7 月 3 日にテリングで抑留者 2 人が処刑され、他の場所でも米軍の大佐が 1 人、カトリックの神父と修道士［brother］の 3 人が処刑され、そして後日、もう 1 人が死刑に処された。

　（次の一節が The same party of prisoners ... という句ではじまっているが、これが何を指すのかが不明である。何かが省略されているのかもしれないが、省略があったことは明示されていない。あるいは、テリング収容所の収容者のことか？）その捕虜の一団は監獄に移されて 6 週間過ごしたが、最初の 3 日間は水も食糧も与えられず、その後与えられたのも少量であった。赤痢が発生していたが、何等の医療措置も施されることはなかった。収容所に戻された抑留者に与えられた食事は、1 日 1 回の米飯のみで、依然として医薬品は支給されなかった。病人は監獄に送られ、そこで飢えと疾病による死を待つしかなかった。日本人の医師が収容所にやって来た時、やったのは抑留者から時計を買い取ろうとしたことだけであった。

　1945（昭和 20）年 6 月 19 日に、抑留者 2 人が処刑された。

＊（検）法廷証 PX1811【H・J・コルツ［Koerts］司政官報告書】＝検察側文書 PD5547　識別番号を付される。

＊（検）法廷証 PX1811-A【同上抜粋；パレパレ［Pare-Pare］・ボディチェ［Bodice］収容所での虐待】証拠として受理され、検察官ダムステ中佐、「セレベス南西部のパレパレの男子収容所では、収容者が過酷な殴打にさらされ、カトリックの神父でさえも殴打されて死にそうになった。同じ地域のボディチェの収容所では、収容者は牛舎や豚小屋という非常に劣悪な衛生環境下で生活することを余儀なくされ、同地域のボロング［Bolong］収容所同様、食糧は不十分であった」と、要約を朗読する。書証の朗読なし。

＊（検）法廷証 PX1812【オランダ人収容所長夫人 A・L・ロルフ［Rolff］宣誓供述書；エアメデ

ィディ［Aermedidi］女子収容所での虐待】＝検察側文書 PD5555　証拠として受理され、検察官ダムステ中佐、「メナドのエアメディディ女子収容所では、収容者に対する殴打が常態となっていた。13〜18歳の女子4人が激しく殴打された後に、日本軍の収容所本部の前で昼夜を分かたず食糧も与えられないまま1週間も立たされ続けたことがあった。配給された食糧も不十分だったので、多くの収容者が脚気で死亡した。医薬品の支給も十分ではなかったが、これについての日本側の言い分は、『お前らに薬をやって何になる？　お前らが死ぬのは早ければ早いほどよい。その方がこちらにとっては好都合』というものであった。衛生環境は劣悪であった」と、要約を朗読する。書証の朗読なし。

＊（検）法廷証 PX1813【CH・H・ウエンスヴェーン［Wensveen］宣誓供述書；トホモン刑務所他メナド各地での残虐行為】＝検察側文書 PD5522　証拠として受理される。

＊午前10時45分、裁判長ウェッブ、休廷を宣す。

＊11時、法廷、再開する。［E: 13924］［J: 141（10）］

＊裁判長ウェッブ、「検察側立証終了後、被告・弁護側の立証準備のため2週間休廷する旨の判事団の決定」を申し渡す。

＊提出済み PX1813　検察官ダムステ中佐、以下の通り、要約を朗読する。書証の朗読なし。

　メナドの特警隊本部に収監された容疑者は恐るべき状況下に置かれていた。即ち、過密状態の房に入れられて1日中立たされ、一言も会話をすることは許されず、食糧は質量共に劣悪。過酷な殴打を繰り返され、2週間にわたって1日中殴打された事例もあり、夜間に行われることもあった。足を縛られて逆様に吊され、火責めや強姦も行われた。メナドの陸軍監獄の状況も同様で、2〜3日間、何も食糧が与えられなかった病人が赤痢や飢餓で死亡していった。セレベス南西部のマカレ［Makale］では、食糧は極めて少量しかなく、医薬品の支給は皆無であった。マカッサルの特警隊監獄では、収監者は3〜4日に1度しか用便の機会が与えられず、それも1度に2分間だけであった。石鹸の使用は禁じられていた。マカッサルの軍司令部では体罰を伴う虐待行為が頻繁に行われていた。

＊提出済み（検）法廷証 PX1809-A　検察官ダムステ中佐、引証し、「メナド近郊のトモホン［Tomohon］監獄での収監者に恐怖感を植え付けるような処遇態様と、食糧不足によるおぞましき実態」に言及する。

＊提出済み（検）法廷証 PX1808　検察官ダムステ中佐、引証し、「1942（昭和17）年2〜3月にメナドにおいて、ほとんどが現地人で構成される18人が『死房』［death cell］と呼ばれた房に入れられ、背中合わせに縛り合わされて熱帯の炎天下に連日放置されるという酷い虐待を受けた。倒れたら、蹴られたり鞭で打たれたりして立たされ、6日間食事も与えられなかった。18人は穴を掘ることを命ぜられ、その後処刑された」との事例に言及する。

＊（検）法廷証 PX1814【ジョン・サンポク［Djon Sampok］陳述書；ハルマヘラ島ロロバタ［Lolobata］でのメナド人1名の処刑】＝検察側文書 PD5523　証拠として受理され、検察官ダムステ中佐、「1944（昭和19）年3月にハルマヘラのロロバタでメナド住民1人が裁判にかけられる

ことなく斬首された」と、要約を朗読する。書証の朗読なし。

＊（検）法廷証 PX1815【フシン・ビン・アブダラ［Hoesin Bin Abdullah］陳述書；ハルマヘラ島フーリー［Foelie］でのジャワ人及びブギ人［Buginese］殺害】＝検察側文書 PD5529　証拠として受理され、検察官ダムステ中佐、「1943（昭和 18）年 9 月にハルマヘラのフーリーで日本軍が裁判にかけることなくジャワ人とブギ人を 1 人ずつ殺害した」と、要約を朗読する。書証の朗読なし。

＊（検）法廷証 PX1816【ヨハン・マイルフ［Johan Mairuhu］陳述書；モロタイ島ソエギ［Soegi］での原住民 2 名の斬首】＝検察側文書 PD5530　証拠として受理され、検察官ダムステ中佐、「1944（昭和 19）年 9 月にモロタイ島のソエギで現地人 4 人が裁判にかけられることなく斬首されたが、内 1 人が生き残って当陳述書で犯罪事実を報告」と、要約を朗読する。書証の朗読なし。

（11）　検察官モネーヌ中佐、検察主張立証第 XIII・XIV 局面「対民間人・戦争捕虜残虐行為」第 6 部「蘭領東インドでの残虐行為」の検察側立証として、「蘭領東インドのアンボン群島での残虐行為」関連検察側要約証拠概要・検察側要約書証・検察側書証を提出する。

（英速録 13927〜13942 頁／和速録 141 号 11〜12 頁）

＊（検）法廷証 PX1817【アンボン群島での日本軍残虐行為検察側証拠概要】＝検察側文書 PD5440　証拠として受理される。朗読なし。

＊（検）法廷証 PX1818【ジョージ・デ・バードン・ウェストリー［George De Vardon Westley］豪州陸軍歩兵第 21 大隊少佐宣誓供述書】＝検察側文書 PD5419　識別番号を付される。

＊（検）法廷証 PX1818-A【同上抜粋；アンボイナ島ラハ［Laha］での豪州軍俘虜 200 名の殺害】証拠として受理され、検察官モネーヌ中佐、「供述者は 1942（昭和 17）年 2 月に日本軍が上陸した当時アンボイナ島に駐留しており、日本軍の捕虜となって、日本が降伏するまで同島に留まっていた。同島のオーストラリア軍はアンボン方面に 800 名、ラハ方面に 300 名いたが、供述者は捕虜となっていた期間ラハ方面の部隊の消息について何も耳にすることがなかった。1945（昭和 20）年 9 月に同方面に一隊を派遣して、その足跡をたどろうとしたが、何も発見できなかった。日本軍の軍医がある石塚［cairn］を指差して『その下に約 200 人が埋葬されている』と言ったが、埋葬されているのがオーストラリア人なのか日本人なのかは明らかにし得なかった」と、要約を朗読する。書証の朗読なし。

＊（検）法廷証 PX1819【中川健一海軍中尉証言録；1945（昭和 20）年 11 月 8 日の東京一般海軍軍法会議及び 1945（昭和 20）年 12 月 22・29 日の東京一般復員法廷でのラハ虐殺事件審理速記録】＝検察側文書 PD5333　識別番号を付される。

＊（検）法廷証 PX1819-A【同上抜粋；ラハのソワコードでのオーストラリア・蘭印軍俘虜 400 名の殺害】＝検察側文書 PD5333-A　証拠として受理され、抜粋が朗読される。［E: 13929］［J:

141（11）〕

【PX1819-A 朗読概要】

答

　ラハ攻略部隊は、1942（昭和17）年1月31日午前2時にピトラマ（「綴りが確かではない」との断りと下にPitlamaと記されている）に上陸し、2月3日の午前7時までに飛行場を制圧したが、我方の死傷者は100名以上に上った。飛行場で得た捕虜はオーストラリア軍約210名、オランダ軍約60名と現地人兵士の合計約400名。

問

　ラハの飛行場を攻略する過程で捕らえた捕虜について述べよ。

答

　2月1日午前に我方の斥候隊が、オーストラリア軍少尉の率いる10名を捕虜にし、ソワコード〔Sowacoad〕に連行。この他、2日に我方の野営地にオーストラリア兵50名ほどが投降して来た。

問

　それらの捕虜をどのように処置したか？

答

　①1日、先鋒部隊支援に赴くためにソワコードを離れる際に、最初の10名は銃剣で刺殺。自分も畠山（国登）（和文速記録141号11頁では「富山」となっているが、英文速記録13932頁のHATAKEYAMAが正しい）副官も飛行場突入先鋒部隊の攻撃を指揮していたので処刑の現場を見てはいないが、後にサカモト少尉が自分に語ったところによれば、（第24特別根拠地隊）司令官の畠山（耕一郎）少将が、捕虜の存在が部隊の作戦行動を掣肘しかねないと考えて処刑を命じたと言う。

　②50名ほどの捕虜については、ソワコードにいたサカモト少尉が4日に、言葉の問題に由来する誤解から捕虜が反抗したり脱走したりして、監視にあたる人数が少ないので苦慮している旨、畠山少将に報告して来た。その報に接して憤慨した少将は、その日の夜、自分と畠山副官を飛行場の司令部に呼び、翌日捕虜を処刑するよう命じた。この命令を実行すべく、自分は将兵〔petty officers and men〕30名余りと共にソワコードに赴いた。その30名余りがどこの小隊の人員であったかは思い出せない。ソワコードから飛行場の方向に200メートルほど行った地点のココナツ林で穴を掘り、捕虜を軍刀もしくは銃剣を使って午前10時から2時間ぐらいかけて処刑した。処刑の際には30名を3隊に分け、1隊目が、捕虜を一時的に収容していた民家から連れ出し、2隊目が、捕虜が途中で暴れださないよう監視し、3隊目が、捕虜の斬殺、刺殺を実行した。捕虜には目隠しをして1人ずつ処刑場所に連れていって跪かせ、第3隊の人員が1人ずつ軍刀、銃剣で殺害した。4～5名の士官を含む捕虜はすべてオーストラリア人で、中に少佐がいたが、氏名は不詳。遺体はすべて穴に埋めた。処刑にあたった将兵の名前は全く記憶にないが、民家と処刑場の中間地点あたりにいて全般の指揮を執っていた自分以外、現場に士官、准士官が1人もいなか

ったのは確かである（前出の「将兵30名余り」との一節と矛盾するようであるが、英文速記録13934頁の記述のママ。あるいは、第3隊のみについて言っているのか？）。最後の1名が処刑された後で、自分は処刑の現場に赴いた。池内（正清）通訳官は、民家にあって捕虜を送り出す役割を果たしていた。

問

　処刑完了の報告はしたか？

答

　その日の内に畠山少将の副官に報告し、同副官が同少将に報告したと思う。

（中略）

問

　これまでに触れた件以外の捕虜の殺害について述べよ。

答

　③飛行場の兵舎に収容した捕虜は、オーストラリア軍200名余りとオランダ軍60名ほど。飛行場に突入した我軍の部隊が170名ぐらいの小規模であったことに気が付いた捕虜の中には、池内通訳官を通じて「日本軍の兵力がこんなに僅少であったと知っていたならば、降伏しないで戦い続けた。そうしたなら、日本側の損害も相当なものとなっていただろう」というような見解を表明する者もいた。加えて、言葉の問題も相俟って、与えられた作業を怠って不服従の態度を示す者がおり、30人余りが特にそのような態度を顕わにしていた。このことを知った司令は、2月5日の夕刻、畠山副官と自分に、その30人余りの捕虜を殺害するよう命令を発した。

　翌日の午後3時頃、下士官・兵20人ぐらいに、その30人余りを殺させたが、自分の記憶が正しければ、場所は飛行場から700メートルぐらい離れたタウリ［Tauli］の椰子林の中であった。処刑を行った20人の所属小隊がどれであったかは思い出せない。この時も、捕虜を一旦民家に収容した上で1人ずつ呼び出して、銃剣もしくは軍刀で殺害して穴に埋めるという、前回同様の方法が採られ、自分も前回同様、処刑の最中は中間地点にあって全般の指揮を執った後に、最後の1名を処刑するのを見届けてから、処刑の完了を畠山副官に報告した。この時処刑した捕虜の中にオランダ兵がいたかどうかは定かでないが、すべて下士官・兵であったのは確かである。

　④2月17日か18日にアンボンで昼食を摂っている最中に、林（呉鎮守府第1特別陸戦隊）司令が、残りの捕虜全員を処刑する意向を明らかにした。そうすべき理由として司令は、「我軍の兵力が340～350人ぐらいしかない上に、その中から各地区の警備人員を割かねばならない中で、既に捕虜の脱走も報告されており、現地人の間では連合国軍の攻撃が間近いとの噂が流れている。実際に、敵機が偵察にやって来ている。このような状況で、脱走した捕虜が我方の実情を暴露したら、我方の立場が非常に不利となり、危ういものとなる」ことを述べた。自分がここで司令に、国際法上「俘虜」を敵として扱うべきでない点につき司令の見解を質したところ、司令は、自分の見解の正しさを認めた上で、当地で抑留しているのが「捕虜」と呼称・定義すべき者であって「俘虜」ではない旨を述べて、殺害しても国際法違反にはあたらないとの見解を示した。

　数日後、司令及び副官と夕食を共にしていた時に、司令官からラハにいる捕虜を全員殺害する

よう命じられた。

　自分の記憶が正しければ、翌2月20日に呉一特（英文速記録13938頁は1-KNSLPと記すが、NSLPとは海軍特別陸戦隊の英訳としてのNaval Special Landing Partyの略称か？）の各小隊から選抜して、合計60名余りを掻き集め、さらに、乗艦が沈没したために呉一特の兵舎に居候していた第9号掃海艇乗組員の中から30人を、同艦の予備士官の承諾を得た上で加えた。

　自分は20日の午後1時頃、その合計90名を率いてアンボンからラハに赴き、タウリのココナツ林に穴を掘った。そこは、以前処刑が行われた地点からは140〜150メートル、ラハ分遣隊司令部からは200メートルぐらい離れていた。自分は、90人を9隊に分けた。即ち、2隊が実際の処刑を行い、3隊が処刑場に連行する際に捕虜を監視し、2隊が捕虜の兵舎からの連れ出しを担当。1隊が処刑場での監視にあたり、残り1隊は緊急時の予備である。捕虜は兵舎からトラックで500メートルほど離れた分遣隊司令部まで運び、そこから処刑場まで歩かせた。その後は、以前と同様に目隠しをして跪かせ、軍刀もしくは銃剣で処刑。

　その合計数は、オーストラリア軍士官数名を含む220名。池内通訳官は前回同様、捕虜を宿舎から送り出す役割を果たし、自分は分遣隊の建物で全般の指揮にあたり、処刑の終了を現場で見届けた。午後6時に始まって9時30分頃に終わり、ほとんどは掘った穴に埋めたが、入りきらなかったために近郊の防空壕も利用した。その日の内に、司令と副官に次第を直接、報告した。
問
　捕虜処刑命令は林司令が自らの裁量で発出したものか？
答
　①〜③では畠山少将が命令を出したことに疑いの余地はないが、④については、林司令自身の発意で命令を出したのか、林が畠山少将の意向に沿うべく命令を出したのか、定かでない。

＊（検）法廷証PX1819-B【同上PX1819抜粋：畠山国登海軍大尉証言録−1945（昭和20）年11月8日の東京一般海軍軍法会議並びに1945（昭和20）年12月24日及び1946（昭和21）年2月12日の東京一般復員法廷】＝検察側文書PD5333-B　証拠として受理される。検察官モネーヌ中佐、「ラハでの捕虜殺害に言及しているもの」、と申し立てる。朗読なし。（和文速記録141号12頁では、畠山国登の階級が「少将」となっているが、英文速記録13940頁にあるCommander［＝大尉］が正しい。名字が同じ畠山耕一郎と混同したようである。ただし、「大尉」は事件当時の階級で、終戦までに当人は中佐に昇進していた）

＊（検）法廷証PX1820【ジョージ・デ・バードン・ウェストリー［George De Verdon Westley］豪州軍少佐別途宣誓供述書】＝検察側文書PD5418　識別番号を付される。

＊（検）法廷証PX1820-A【同上抜粋：アンボンでの俘虜の取扱】　証拠として受理される。検察官モネーヌ中佐、「法廷の指示がなければ、当文書は朗読せず、同じ事案に関わる証人の尋問に移りたい」、と申し立てる。裁判長ウェッブ、「当文書の内容が証人の証言と重複するものである場合、文書を朗読しなければならない理由があるか？」、と質す。検察官、「証人に対して弁護側が未朗読の文書の内容について反対尋問を行うという事態を避けるためには有用」、と

＜1946-12-30＞   2　検察主張立証段階　**135**

応答する。裁判長、「先に証人の尋問を行い、その後で当供述書の朗読が必要か否かの判断を下す」、と申し渡す。裁判長ウェッブさらに、「判事団の１人の質問として、PX1819-A で言及されている海軍少将は戦犯に問われたのか、もしそうならば、どのような判決が下されたのか」と質す。検察官、「同少将は戦死したとの情報を得ている」、「それは確認する」、と応答する。（畠山少将は、後に中将に昇進し、1945［昭和20］年１月15日に第２遣支艦隊司令として赴任する途中、搭乗機が撃墜されて戦死している）

（12）　証人豪州帝国陸軍中尉ジョン・チャールズ・バン・ヌーテン［John Charles Van Nooten］**－1942（昭和17）年２月３日、豪州歩兵第21大隊の一員として、日本軍の捕虜となる－、検察主張立証第 XIII・XIV 局面「対民間人・戦争捕虜残虐行為」第６部「蘭領東インドでの残虐行為」の検察側立証として、「蘭領東インドのアンボン群島での捕虜虐待」について、宣誓供述書によらず、本来の口頭方式により直接、証言する。**

　　　　　　　　　　　　　（英速録 13943〜14051 頁／和速録 141 号 12〜143 号 9 頁）
＊検察官モネーヌ中佐、直接尋問を行う。

【検察側証人バン・ヌーテンに対する検察側直接尋問】

（以下、特に断らない限り、検察官の質問を大まかにまとめ、その後に証人の返答を要約する）

検察官審問

　①アンボイナ島における連合国軍捕虜の状況は？

証人応答

　①同島で捕虜になったのは、ラハ方面の捕虜を除くと、オーストラリア軍 809 名と、オランダ軍約 300 名。自分は、アンボンから２マイルほど離れたガララ［Galala］村近くのタン・トイ［Tan Toey］兵舎に収容されたが、オランダ軍捕虜は、同じ場所の別の収容所に入れられた。有刺鉄線で隔てられていただけだったので、オランダ軍捕虜の兵舎もよく見えた。1942（昭和17）年 10 月 26 日にオーストラリア軍捕虜 267 人とオランダ軍捕虜 233 人がアンボンから移送されたが、行き先は海南島だったと後刻、聞かされた。タン・トイに残ったオーストラリア軍捕虜は 528 人であったが、それに米国人 14 人とオランダ人 6 人が加わったので、総勢 548 人であった。因みに、同年 2 月 3 日から 10 月 26 日までに、オーストラリア軍捕虜中の 1 名が死亡し、13 名が脱走した。我々がアンボンで解放されたのは 1945（昭和20）年 9 月 10 日である。

検察官審問

　②収容所の食糧事情は？

証人応答

　②最初の 3〜4 カ月間は質量共にかなり良かった。それから翌年 7 月ぐらいまでは、健康状態を保つためには十分であったが、重労働をこなすには足りないものとなった。

内容は、1日に米飯が17オンスで、時たま魚肉類と生鮮野菜が付いた。それ以降は1日あたりの米飯の量が10、8、6オンスと漸次減少し、最後の6～8カ月ぐらいは4オンスとなった。副食は、魚肉類がなくなって、質の良くない甘藷4オンスぐらいとなり、甘藷の葉や茎も出された。

これに対して、日本軍将兵は十分な量を食しており、最後の6～8カ月間は米飯の量が1日15もしくは17オンスに減らされたとは言え、常に魚は欲しいままに食べていたし、アンボンやセラム（Ceram）島の菜園で栽培した野菜も豊富にあった。1945（昭和20）年の初頭、及び日本の降伏後、日本側経理担当員から聞いた話では、日本側には3000から1万人の日本兵が1年から1年半自活できるほどの食糧備蓄があったということである。

（この後、検察官が、そのような食事が捕虜にどのような影響を与えたかを質したところ、証人は質問の趣意を誤解したようで、以下のように答える）

最後の8カ月ぐらいは、主食の米がタピオカ粉に替わったり、米とタピオカ粉とを混ぜ合わせたものになったりもした。

（検察官が改めて同じ質問を繰り返したところ、以下のように答える）

明らかな栄養失調の症状を引き起こし、体重が減り、死者の数が1945（昭和20）年5～7月の各月に42、72、94人と増えていった。これと比較して、日本軍将兵は極めて良好な健康状態を維持しており、脚気などの症状も通常の状態で考えられる以上には顕われていなかった。

検察官審問

③収容所の居住環境は？

証人応答

③当初は、日本軍の進攻以前に自分達が起居していた兵舎に収容されていたので、居住環境は良好であった。1942（昭和17）年7月頃に日本側が兵舎の建物の6～8棟を、小火器・弾薬や食糧の貯蔵庫として使うために接収したが、これも余り居住環境に影響を与えることはなかった。ところが、日本側は同年11月頃に収容所の敷地内に合計20万ポンドの高性能爆弾や鉄鋼弾の集積所を設けた。

＊裁判長ウェッブ、正午の休廷を宣す。

＊午後1時30分、法廷、再開する。[E: 13949][J: 141（14）]

＊検察官モネーヌ中佐、バン・ヌーテン証人に対する直接尋問を続行する。

検察官審問

③収容所の居住環境は？（続き）

証人応答

③高性能爆弾や鉄鋼弾の集積所は、収容所の病棟から200フィート、オーストラリア軍士官の宿舎から15フィートも離れておらず、さらに、オランダ人婦女子200～250人余りが居住していた収容所から75フィート以内の距離にあった。そのオランダ人婦女子は、以前はアンボンに抑留されていたが、オランダ軍捕虜の一部が海南島に移送されて空いた建物に移されてきた者達であった。この措置に対して何度か抗議を申し入れ、1度は自分が立ち会っている場で、副官のフ

ック［Hook］大尉が、池内通訳官に申し入れたが、返ってきた答えは、「捕虜としての身のほど
をわきまえろ。お前らには何の権利もない。国際法や赤十字協約など死文となっている」という
ものであった。これ以外にも、捕虜収容所であることを明らかにする標識を描き、病棟に赤十字
を描くよう要請したが、返ってきた答えは似たようなものであった。申し入れは、我々の唯一の
交渉窓口である池内に対してなされ、上層部に伝達するよう頼んだが、ほとんどその要請は拒否
され、偶に「司令部に伝える」と答えることもあったが、多くの場合「司令部の命令」と言うの
みであった。

検察官審問

④1943（昭和18）年2月15日の惨事については？

証人応答

④この日、連合国軍機の爆撃があり、爆撃の直接の影響で負傷したのはオーストラリア軍捕虜
2人とオランダ人婦女子数名だけであったが、午前11時30分頃、爆弾集積所の建物や、爆弾を
収納してある木箱に火が燃え移った。集積所がいずれ爆発を起こすことは明白であったので、収
容所病棟の患者やオランダ人婦女子を200ヤードほど離れた場所に避難させるべく、懸命の措置
が執られたが、病棟の患者50人余りの中には担架で搬送しなければならない者もいた。2分後、
集積所で爆発が起き、オーストラリア軍士官6名と同下士官・兵4名、オランダ人婦女子27人
が即死した。オーストラリア軍捕虜の負傷者は重傷20名、軽傷70名に及び、オランダ人婦女子
の多くも負傷し、それら負傷者の内、オーストラリア軍士官1名とオランダ人婦人2人が後刻死
亡した。

50棟余りの収容所内の建物は、3棟を除いて倒壊し、その残った3棟も酷く損壊していた。そ
の残った3棟を収容所病棟とした上で、日本側に対して、その病棟に赤十字の標識を付けるべく、
強硬な申し入れを行った。この要請は受け入れられ、病棟に赤十字の標識が付けられた。数時間
後、4発の飛行艇が飛来して、病棟の上空を何度か低空で飛行していた。写真を撮っているよう
であった。その数時間後、病棟の赤十字標識を取り外せとの命令が出され、実行された。

＊被告賀屋・鈴木弁護人レビン、証人の「（飛行艇は）写真を撮っているようであったとの部分は
慮外に置くべきである」と、異議を申し立てる。裁判長ウェッブ、「証人は、士官としてその
ような見立てができる経験を有している可能性がある」、「弁護人は後刻、反対尋問において証
人の資質について質すことができる」として、異議を却下する。証人、応答を続行する。

証人応答

④（続き）収容所内にいたオランダ人婦女子は、その後アンボンの旧ベタニー［Bethany］教会
の建物に移されたが、そこは超過密状態で、用便施設は急造の側溝しかなく、その地区は、連合
国軍機が続けざまに空襲していたにもかかわらず、防空対策は皆無であった。婦女子達は、2週
間ほど後にマカッサルに移送されたと、後刻、聞かされた。

検察官審問

⑤収容所の再建と再度の空襲については？

証人応答

⑤収容所の建物の再建に際して日本側が提供したのは、屋根を葺くための椰子葉ぐらいのもので、他はすべて自分達で調達しなければならなかった。結果として建てたのは長さ100フィート幅20フィートの建物複数で、1棟毎に52人を収容すれば、全員を収容できることとなった。

1944（昭和19）年8月28日に、収容所の位置するアンボン地区をB-24の編隊が爆撃。この時、収容所の敷地内には依然として小火器・食糧の貯蔵所があったのみならず、銃座がいくつか設けられており、周囲には対空砲陣地もあった。爆撃の結果、収容所の大部分は再び破壊され、オーストラリア軍捕虜3名が死亡し、15人が負傷した。この空襲に先立って、捕虜収容所であることを示す標識は付けられていなかった。収容所の建物は、破壊された建物の木材や自分達で集めた椰子の葉で、病気がちな捕虜の手によって建て直さなければならなかったが、何とか8棟を建てて、以前と同じ程度の居住環境を確保できた。その中の1棟を病棟としたが、そこに収容する病人でさえも、日本側は病人とは見なさなかった。

検察官審問

⑥衣服と靴については？　［E: 13957］［J: 141（16）］

証人応答

⑥着衣については、日本側は捕虜1人宛に十分な量のラプラプ（lap-lap。南太平洋地域の現地住民が着用していた腰巻のようなもの）と、カーキ色のシャツを作るための生地を3ボルト（bolt。反物の長さの単位。長さは反物の種類によってまちまち）支給したが、履物は常に不足していた。日本軍の進攻以前には、オーストラリア軍仕様の軍靴が多く蓄えてあったが、日本軍はその中のサイズが小さなものを（自分達用に）取り去った。残りについては、何度かにわたって我方に放出してくれたが、我方の需要を満たすには程遠かった。日本が降伏して解放された時点で、合計123人の捕虜の内、急ごしらえのサンダルや木靴でないものを履いていたのは全体の3分の1ほどで、それもほとんど使い物にならない代物ばかりであった。下穿きについては、全員、日本側の支給した生地により短パンを作って所持していた。全般的に見て、被服は何とか身を覆うには十分であったが、適切と言うには程遠かった。

検察官審問

⑦医療と医薬品については？

証人応答

⑦収容所の病棟は軍医のデビッドソン［Davidson］大尉の指揮下にあったが、同大尉は、1943（昭和18）年2月15日の空襲で死亡した。

医療・医薬品で必要とするものを毎月書面で日本側に通知し、特別な折に追加で何かが必要な場合には、その度に要請書を提出していたが、要求がすべて適えられたことは1度もなく、むしろ不要なものがより多く［more unnecessary items］支給されたことがあった（この部分は後刻、少し問題となる。英文速記録14003〜04頁参照）。

1943（昭和18）年になって脚気に罹る患者が増えたが、対応策として支給されたものは何も

<1946-12-30>

なかった。同じ時期、熱帯性潰瘍に罹患する者も目立ち始め、翌年末あたりから終戦まで、捕虜の大多数が酷い症状の熱帯性潰瘍を患うようになっていたが、これに対処するために支給されたのは少量のヨードフォルムと包帯だけであった。

軽微な症状のものから脚全体を覆うような重篤の潰瘍という様々な症状を、200人ほどの者が患うという時期もあったが、収容者全体に1カ月分として支給された包帯は、1巻だけであった。

手術用の器具が提供されたことはなく、ある時、切断手術を要する患者が出たので、必要な器具を貸与してくれるよう頼んだところ、提供するとの約束をしたにもかかわらず、3日間何の音沙汰もなく、この間に患者の容態が悪化して、結局、死亡した。我方が所持していた数少ない器具は手術には不向きなもので、熱帯性潰瘍には刃が鋭くない鋏やメスを使い、膝から4インチ上の部位で切断手術をした時には、肉切り用の包丁と鋸を使用した。

麻酔薬については、何度か支給してもらったことはあったが、局部麻酔を受け取ったことは1度もなく、多くの場合クロロフォルムで、エーテルであったことはなかった。

捕虜が死亡すると、日本側に一人一人について死亡診断書を提出する必要があり、氏名、階級、近親者の名前を書き入れる他に死因を特定することとなっていたが、我方の軍医が「飢餓」、「栄養失調」などと書くと、日本側が即座に「脚気」などの他の死因に書き換えるよう強要してきた。
＊裁判長ウェッブ、「脚気の原因は何であったか」と、自ら問いを発す。証人、「ビタミンB-1の欠乏」と答える。検察官モネーヌ中佐、審問を続行する。

検察官審問
⑧日本側が行った医療実験については？

証人応答
⑧1945（昭和20）年4月に、日本側は、同じような症状の捕虜10人を1組として9組に分けて実験を行った。例えば、脚気の入院患者ばかりを1組にしたり、脚気を患っているが入院に至らない者ばかりを10人集めた組を作ったり、健常者ばかりで構成される1組を編成したりした。日本軍医将校は、各組の構成員の血液を採取した上で、ビタミンBとカゼイン（caseineと綴られているが、正しくは恐らくcaseinで、牛乳やチーズなどの乳製品の主成分である蛋白質のことであると思われる）の注射だと思われる［supposed to be］ものを処方し、2〜3日後に今度はTAB注射（TABは恐らくtyphoid-paratyphoid A and B vaccine の略で、抗チフスワクチンのことであろう）を処方した（偽薬を注射された組もあったということか？）。これを1カ月ほど続け、その間、特定の組には（1日あたり？）甘藷150グラム、サゴ椰子200グラムを増配して与えた。そして、1カ月が経過して生き延びていた者から血液採取を行ったのである。この実験期間に合計50人余りが死亡しており、入院を要するような重病患者の中で生き延びた者はごく少数であった。

検察官審問［E: 13962］［J: 141（16）］
⑨捕虜に課せられた労役については？

証人応答
⑨-1.　最初の2〜3カ月間は余り労役を課せられなかったが、その後、道路の建設、補修、塹

壕とトンネルの掘削、船荷の積み込み・積み下ろしなどをやらされた。取り扱った積荷の中には、砲弾と弾薬、ガソリン、石炭、食糧、商品などが含まれていた。

　他に、不発弾の処理や地雷原の地雷除去、砲弾・弾薬の輸送という軍事関連の作業もやらされた。

　そのような作業に従事する捕虜の健康状態は、1943（昭和18）年末頃から漸次悪化していき、翌年中頃には、痩せこけて筆舌に尽くし難いほどの状態となった。多くは杖や松葉杖なしでは歩行できず、ほとんどが体重を減らしていたが、160ポンドあった者が80〜90ポンドぐらいになっていてもまだ労役をさせられていた。

　無理な労役を強要されて死んだ者もおり、例えば、タレット［Tullett］兵卒は、1943（昭和18）年12月8日に造船所で働かされていたが、泳いで木材を沖合の船から岸まで運ぶ作業をしている最中に溺死した。また、捕虜5人からなる1団は500ポンドの高性能爆弾からピクリン酸爆発性化合物を金槌と鏨［metal gad］を使って取り出す作業を強要され、その最中に爆弾が炸裂して1名が即死、他3人が酷い怪我をして、その3人は、それから2日の内に皆、死亡した。

　⑨-2.　捕虜が長距離搬送（ロング・キャリー；［long carry］と呼んだ労役は、1944（昭和19）年11月に行われた。アンボン北東部の海岸にあるヒトエモリ［Hitoemori］という村からバトーゴン［Batoegon］という別の村にセメントと爆弾を運ぶ作業で、8マイルの非常に険阻な陸路を、まず90ポンドのセメントの袋を担いで歩かされた。3週間でこれが終わると、今度は150ポンドの爆弾を2人で運ばなければならなかった。作業開始が朝6時30分で、終わるのが午後7時30分。道の状態が状態だったので、四つん這いになって進まなければならない場所も多かった。道中、軽装備の日本兵が捕虜を駆り立てていた。このような作業を1週間続けた捕虜達のほとんどは疲労困憊の極に達し、医者の見立てでは作業続行ができない状態となったが、それでも作業は継続させられた。1日の作業が終わって収容所に戻って来た時には、担ぎ込まれる者も多く、中には意識を失っている者もいたし、病院にそのまま搬送されたが、そのまま意識を取り戻さなかった者も少なくとも1人いた。

　連日、日本側は我方が出せる人員より10〜15人多い人数を作業に出すよう要求し、毎朝病人を呼集しては、作業可能と判断した捕虜を連れ出していった。このようにして、実際は杖を突いてしか歩けない捕虜達が「長距離搬送（ロング・キャリー）」の道を、荷を担ぎながら歩かされたのである。そして、この時期には、配給された食糧は米飯ではなく、タピオカ粉が9オンスのみであった。日本側は上陸用舟艇などを多数有しており、ふたつの村落は海浜に面していたのだから、それらを使えばもっと容易に輸送できたはずなのだが、ヒトエモリまでそれらの物資を舟艇で運び入れたことが1度あっただけで、その後使用されることはなかった。

＊裁判長ウェッブ、「そこまで健康状態が悪くなっていた捕虜にいかにして作業を継続させることができたのか？」と、自ら問いを発す。証人、「監視にあたっていた日本兵は拳銃で武装した上に鶴嘴のようなものを持って捕虜を駆り立てていた」、と応答する。

＊午後2時45分、裁判長ウェッブ、休廷を宣す。

\<1946-12-30\>

＊午後3時、法廷、再開する。［E: 13968］［J: 141（18）］
＊検察官モネーヌ中佐、バン・ヌーテン証人に対する直接尋問を続行する。

検察官審問
　⑩病人への労役の強要に関しては？

証人応答
　⑩-1. 我方が、日本側の要求する人数を労役に供与できなかった多くの場合、病棟に赴いて病床で臥せている病人に起床するよう命じ、「働けない」と訴えた者は床から離れるまで打ち据えられた。

　ウィルキンソン［Wilkinson］兵卒は病人であったが、日本側の判断では病棟に収容すべきでないとして、連日、宿舎から労役に駆り出されていた。ある朝、我方が、日本側の労役に必要とする人数を提供できなかった時、看守兵が宿舎を回り、横臥している者がいたら、外に出てくるまで殴打していた。看守兵の1人は、ウィルキンソン兵卒が毛布を被って寝ているのを見付けると、毛布を引き剥がして殴り始めたが、何回か殴って、死んでいるのに気が付いた。ウィルキンソンは病棟に収容されることなく栄養失調、脚気、過労で死んでいったのである。

　我方の軍医は再三再四、病人を労役に出さないよう訴えたが、聞き入れられることはほとんどなかった。そのような申し入れをすると、何等かの処罰が下されると脅されるようなこともしばしばであったが、軍医が実際に暴力を受けたのを自分が見たのは1回だけである。

　⑩-2. 日本側に選ばれた病棟の病人達は、作業班と一緒に整列させられ、収容所を後にした。作業させられることについて不平を言い立てると殴られたし、立っていられなくなって倒れると、立ち上がるまで蹴られた。

　スミス兵卒は、そのような犠牲者の一例である。同兵卒は重病で作業不能とされていたが、ある日、作業班に配属されていた者が何人か倒れたため、代わりを務めるよう命じられた。スミスは作業隊に加わって立っている時も杖を突いていて、熱帯性潰瘍に侵されて非常な苦痛に苛まれていたことは明らかであったし、痩せこけて衰弱していた。そんなスミスは、「何か問題があるのか？」と問われて、「熱帯性潰瘍で働けない」と収容所管理官池内に訴えると、殴打され、倒れ込んだところで池内は意図的に、潰瘍に侵された部位を蹴った。殴打と蹴りは、スミスが再び立ち上がれるまで続いた。作業班は2マイルほど離れた菜園まで歩いて行かなければならなかったが、スミスは200ヤードぐらい進んだところで倒れ、またしても池内の殴打と蹴りの洗礼を受けた。そこから収容所に戻ることは許されたが、1日中看守兵が見ている傍で他の作業をすることを強要された。

＊裁判長ウェッブ、「長距離搬送（ロング・キャリー）に関しては証言し終わったのか」と、自ら問いを発す。検察官モネーヌ中佐、肯う。

裁判長審問
　⑨-3. （捕虜に課せられた労役について）（続き）そのためにどのくらいの死者が出たのか？

証人応答

⑨-3. その最中に死んだ者は 1 人だけであったが、それが原因で、解放の時を迎えるまでに、参加した人員の少なくとも 6 割がその後、死亡した。

検察官審問

⑪郵便物の扱いは？

証人応答

⑪1943（昭和 18）年 12 月に 800 通ほどの手紙が収容所に届いたが、中には海南島に移送された捕虜宛のものや、ラバウルやティモール部隊の構成員宛のものもあり、当時収容所にいた捕虜宛の手紙は、400 通余りであった。しかし、その後 1 週間の内に捕虜に届けられたのは 20〜30 通ほどのみで、それ以降は、病棟で死にかけている捕虜にだけ手紙を渡すという方針が採られ、400 通の大部分は、日本が降伏する 2 週間ぐらい前に渡された。外部への要請、通信は、宛先が本国であろうとも、利益代表国であろうとも発信することを許可されなかった。

検察官審問

⑫捕虜に対する体罰・処刑については？　［E: 13972］［J: 141（19）］

証人応答

⑫-1. 規律違反を犯した者に対しては、その場で殴打、蹴り、軽微な拷問が加えられた。

　軽微な拷問には、頭の上に手で重い岩を抱え上げて 1〜3 時間立たせるとか、長時間膝を少し曲げた状態で不動の姿勢を取らせるとか、卒倒するまで腹部圧迫［body press］の姿勢を取らせるといった手法があった。

　このような体罰は、最後の 1 年ぐらいは日常茶飯事となっていたが、初期にも行われた。1942（昭和 17）年 7 月に、オランダ軍捕虜の士官・下士官 30 人余りがアンボンの街に抑留されている妻に手紙を届けようとしたのが見つかり、その 30 人は、収容所から 20 ヤードほど離れた本部の前に連れて行かれた。そこで、看守兵や海軍陸戦隊警備隊［marine police］40 人ほどが鶴嘴、鉄の柵棒［iron start pickets］、鎖、杖、針金の束など、手に持てるあらゆるもので、2〜3 時間殴打し続けた。このために、オランダ軍捕虜 3 人が死亡し、18 人が担架で搬送され、多くが骨折や擦過傷、挫傷を負った。これを行うよう命令を下したのは、（第 20）警備隊司令の安藤（登）大佐である（英文速記録 13975 頁の Naval Captain ANDO のママ。実際は、安藤は当時同警備隊の副長で階級は大尉、司令は白水洋大佐であった。安藤は終戦から 1 カ月後に自決。白水はそれからさらに 2 年ほど後に刑死している）。

⑫-2. 1942（昭和 17）年 11 月のある日の夜、オーストラリア軍捕虜 4 人が収容所の敷地外にいるところを発見され、司令部に連行されると、夜通し殴打されて、他に収容所外に出た者の名を言うよう迫られた。4 人が何も話さなかったため、日本側は捕虜全員を整列させて、所外に無断で出たことがある者は名乗り出るよう命じ、その罪を認めれば、軽微な罰で済ませると報じた。名乗り出た捕虜が何人かいたが、日本側は違反者がもっといると判断して、近郊の村落の現地人を呼び、面通しを行った。

　その結果、日本側は、25 人を容疑者として選び出し、2〜11 日間、殴ったりして拷問、尋問を

<1946-12-30>　　　　　　　　　　　　　　　　　　　　　　　　　　　　　2　検察主張立証段階　**143**

し、その上で何人かの捕虜を収容所に戻してきたが、最終的に11人を留め置き、1カ月後に全員を処刑したと伝えてきた。

　終戦後に日本側から知らされたのは、その11人が1942（昭和17）年11月26日に斬首されたということであった。処刑されなかった14人も尋問の最中に鼻腔や耳の穴や背中などに煙草の火を押し付けられたり、両手を針金で縛られて爪先が辛うじて地面に突くような状態で木に吊されたりといった拷問を受けた。その中の1人であるケネディー工兵は、腎臓のあたりを損傷し、脳震盪も起こしていて、3週間入院した。

　⑫-3. テイト［Tait］兵卒は、作業班の一員に加わっていた最中に双眼鏡を失敬しようとして捕まり、その場で看守兵から罰を受け、さらに収容所長、管理官にこの1件が報告された。テイトは看守兵詰所の前において、鶴嘴で100回叩かれるという罰を受けることとなり、自分はその場に立ち会うことを要求された。途中でテイトは立っていられなくなって倒れたが、そうなっても殴打は続き、気を失うと水をかけられて正気に戻され、殴打が再開されるということが2度繰り返された。

　この間、自分はテイトへの処罰を軽減させようと訴えたが、その度に殴られた。

　テイトが3度目に気を失った時、自分は何とか病棟に収容させる許可を得て、テイトはそこで意識を取り戻した。翌朝、管理官の池内が病棟にやって来て、病床に臥せているテイトを見つけると、杖で打ち据えた挙げ句、コンクリートの床の上に毛布1枚で寝るよう指示した。テイトは、この1件が起きる以前から軽い脚気の症状に苦しんでいたが、これ以降、症状が悪化して酷く苦しむようになり、半年後に死亡した。

　⑫-4. 1945（昭和20）年4月のある日、シェーファー［Shaefer］とエルモア［Elmore］の両兵卒が脱走。シェーファーは2週間ぐらい後に捕獲されて連れ戻され、脱走の方法や理由などを自白させられてから、どこかへ連れ去られていった。数日後、日本側からシェーファーが斬首されたことを知らされた。エルモアもシェーファーが捕獲されてから1週間ほど後になって捕まり、当時日本側から寄せられた報告によれば、赤痢が悪化して翌日死亡したとのことであった。

　⑫-5. （何年かの特定なし）4月18日、15名ほどからなる作業班が日本軍の糧秣倉庫の傍でトンネルを掘削する作業をしていた際に、何人かが倉庫から食糧を失敬して、その場で食したり、収容所に持ち帰ったりした。日本側の陸戦隊警備兵が食糧の一部が紛失しているのに気が付いて収容所を捜索したところ、所内にそれらしき痕跡が見付かったので、糧秣倉庫付近で作業をしていた捕虜を呼集して尋問。罪を認めれば厳罰には処さないとの約束がなされた上で、ソロモン伍長、ワダム［Wadham］兵卒、モリソン工兵、運転手のシンプソンの4人が名乗り出たが、その後4人は、収容所内で10日間重労働をさせられた後に、後ろ手に縛られてどこかへ連れ出されていった。

　数日後、4人が斬首されたことを池内から聞かされた。この事実は、終戦後収容所司令からも通訳を通じて知らされ、4人が埋葬された場所も教えられた。同時に司令は、シェーファーの処刑を担当した士官の名前を挙げたが、先の11人を処刑した際に誰が指揮を執ったかについては

記録がないと言っていた。ホンジ［HONJI］とウエダ［UEDA］の両中尉が異なる処刑の場で各々指揮を執っていたそうである。

⑫-6. ボイス［Boyce］兵卒は、1945（昭和20）年7月11日に作業班の一員として作業している最中に食糧を窃取、所持していたのを咎められて、その場で懲罰を受け、さらにラテリ［Lateri］の警備本部に連行され、縛り上げられて尋問された。後に収容所に戻されて、後ろ手に縛られて独房に入れられた。独房に10日間入れられていた最中、1日に食事は1回のみで、極度に悪化した熱帯性潰瘍の治療は2日に1度許されただけであった。

ボイスは、所内で食糧をもっと得ようとして独房を抜け出したが、それに気付いた看守兵が捕獲して、今度は看守兵詰所前の柱に縛り付けた。翌朝、ボイスは小銃を携行した看守兵の1隊と鶴嘴、シャベルを持った他の1隊と共にトラックに乗せられて連れ出されていった。約1週間後、ボイスが処刑されたことを池内が伝えた。終戦後、警備隊司令の白水の参謀であったカツダ［KATSUDA］から、ボイスの銃殺の指揮を執ったのが収容所指揮官のシマカワ［SHIMAKAWA］であったことを知らされた。

＊午後4時、裁判長ウェッブ、翌朝9時30分までの休廷を宣する。

◆ 1946（昭和21）年12月31日

（英速録13983～14020頁／和速録142号1～10頁）

＊午前9時30分、法廷、再開する。
＊検察官モネーヌ中佐、バン・ヌーテン証人に対する直接尋問を続行する。
検察官審問
　⑫-6. 捕虜に対する体罰・処刑（続き）
証人応答
　⑫-6. 収容所管理官の池内が、指定した時間までに出頭するようにとの自分宛の命令をオーストラリア軍捕虜の1人に託した際に、その捕虜は、米陸軍捕虜であるグレインジャー［Grainger］少尉に自分がそれを伝達するよう依頼した。同少尉が自分に伝えた出頭時間が、池内の指定した時間より30分遅いものだったので、自分は本部に遅れて出頭することになり、殴られた。池内は、命令を自分に伝えたのがグレインジャー少尉であることを知って、収容所内で同少尉を見つけると、棍棒で頭を殴りつけ、地面に昏倒させ、数分後意識を取り戻したところで、看守兵詰所の前で炎天下、帽子も被らせずに2～3時間立たせた。その間、少尉は幾度となく倒れた。
検察官審問
　⑬司令・高官の収容所視察については？
証人応答
　⑬1943（昭和18）年の中頃まで、安藤司令（既述のように、実際は白水であったと思われる）は、定期的に視察に来ていたし、海軍の中将・大将級の将官も何度かやって来たが、司令が替わってか

<1946-12-31> 　　　　　　　　　　　　　　　　　　　　　　　　2　検察主張立証段階　**145**

らは、それほど頻繁にはやって来なかった。1度、天皇の弟だと管理官から聞かされた海軍士官（高松宮であろう）がやって来たことがあり、その少し後には侍従だと聞かされた者も来訪した。

これらの視察は皆おざなりなもので、病人を屋内の見えないところに置いて、捕虜を整列させるだけであった。視察が行われた時の収容所の状況は、後半の2年間と比べれば良い方であり、居住環境は良好で所内は清潔に保たれていた。それでも、病弱の者が常時50〜60人ぐらい病棟に収容されていた。所内の状態について自分は、自らの手で要望書もしくは苦情書を認めて上層部に伝達してくれるよう、池内に頼んだが、池内は大抵その場でそれを破いて、自分の顔に叩きつけ、「苦情など聞く耳持たぬ。日本は必ず勝つのだから、そんなことに耳を貸す必要などない」と、言ったものであった。

検察官審問

⑭日本軍の現地住民に対する態度については？

⑮連合国軍飛行士の取り扱いについては？

証人応答

⑭日本軍の歩哨や収容所の指揮官、管理官などが、顔面の平手打ち、拳による殴打、蹴り入れ、鶴嘴の柄のような棒での打擲といった手段で、何の理由もなしに現地住民を虐待しているのを、頻繁に見かけた。そのような懲罰行為を受けた後で、現地住民は片足立ちといった状態で長時間立っていることを強要されたりした。

明らかに妊娠していると思われる現地人女性が看守兵に殴られて地面に倒され、さらに腹部を蹴られたことがあったが、他の非番の看守兵はその様子を面白がって見ているだけであった。気を失ったその女性は、看守兵の指示で、通りすがりの現地人男性が自宅に連れて行くこととなった。

ゴスポリス［Gosporis］家は、アンボンのラジャ［Rajah］の家系であったが、子息の1人が1942（昭和17）年に、オーストラリア軍捕虜11名が処刑された頃に処刑され、他の子息の1人は、酷い殴打を受けたために、治癒不能な不具者となってしまった。

⑮1943（昭和18）年2月から翌々年の7月にかけて、アンボン上空で撃墜された連合国軍機の飛行士が、4度にわたって収容所に連行されてきたが、厳重な監視下に置かれていたがために、接触することはできなかった。いずれもすぐに、武装した看守兵及び鶴嘴とシャベルを携行した日本人作業班と一緒に収容所から連れ出され、その後見かけることはなかった。その中のオーストラリア軍飛行士4人と米軍飛行士3人については、アンボンの街の近くの墓地に遺体が埋められていたのが発見された。

検察官審問

⑯日本軍による病院船の悪用については？

証人応答

⑯リオデジャネイロ丸という大型の船舶が、赤十字の標識を付けて、仮装巡洋艦として武装し、患者と共に戦闘員をも運んでいるのを見たことがある（大戦中に海軍に徴用されて特設潜水母艦や特設

運送船として運航された「りおで志゛やねろ丸」のことであろう）。

また、1944（昭和19）年のある日、オーストラリア軍捕虜の作業班が埠頭で小型舟艇を使っての船荷の積み込み・積み降ろし作業をさせられたが、該作業班に配属されていた士官が、収容所に戻ってから自分に、病院船から爆弾・弾薬が積み降ろされるのを見たと、報告した。

⑰在アンボン捕虜の終戦時の人数は？

⑰1942（昭和17）年10月26日の時点で、アンボンには528人のオーストラリア軍捕虜がいたが、収容所が解放された1945（昭和20）年9月10日に生き残っていたのは123人。因みに、日本が降伏してから解放の日までに5人が死亡しており、また、解放後に捕虜はモロタイ島に移送されたが、3〜4日の内に2人がさらに死亡した。当初14人いた米軍捕虜の内、死亡したのは5人であった。

⑱

＊検察官モネーヌ中佐、「解放時の捕虜の状況」に関して、証人に、PX1676＝PD5294の中の複数の写真を見せ、それらが捕虜であったS・D・ストーラー［Storer］曹長、モロタイ島で死亡したR・T・クック［Cook］兵卒、H・J・ライト［Wright］兵卒、J・E・エリス［Ellis］がアンボンで解放後にモロタイ島に移送されてきた時に写されたものであり、当時写真に見られるような状態であったことを、証人に確認する。

＊被告小磯・南・大川弁護人ブルックス、バン・ヌーテン証人に対する反対尋問に立つ。［E: 13993］［J: 142（4）］

【ブルックス弁護人による検察側証人バン・ヌーテンに対する反対尋問】

弁護人審問

①モロタイ島で撮った捕虜の写真について、

①-1. 写真を撮影した時に証人はその場にいたのか？

①-2. いつ撮ったものか？

証人応答

①-1. いなかった。

①-2. モロタイ島到着後の最初の2〜3日間のいつか。

弁護人審問

②日本軍の経理担当員が語った食糧備蓄について（英文速記録13946頁参照）、

②-1. 証人は、どのような折にどのくらいの時間その経理担当員と話したのか？

②-2. 終戦後に届けられた食糧は、その経理担当員が話していた備蓄食糧の一部だったのか？

②-3. では、缶詰は備蓄の一部ではなかったのか？

②-4. それらの食糧はどのくらいの期間備蓄されていたのか？

②-5. 戦時中はずっと緊急時に備えて食糧を備蓄していたと言えるのではないか？

<1946-12-31>

②-6. 戦争中は、そのことを知らなかったのではないか？

②-7. 証人は、日本側の食糧も減配になったことに触れていた（英文速記録 13946 頁参照）が、それは正しいか？

証人応答

②-1. 1 度目は、1944（昭和 19）年の暮れのある日に 5 分ぐらい話した。2 度目は、終戦後に極めて大量の食糧が捕虜用に収容所に届けられた時、彼がその場に居合わせたので話をした。

②-2. その時は米と大量の缶詰が届けられたが、経理担当員が備蓄食糧として話題に上らせたは米のみ。

②-3. 恐らく備蓄の一部ではあったろうが、経理担当員と自分が話題にしたのは米についてのみ。

②-4. 経理担当員の言によれば、戦争中は 1〜1 年半分の食糧を備蓄しておくことが要求されていたが、終戦後はその必要がなくなったとの由である。

②-5. 経理担当員から聞いた内容より判断して、終戦時にそのような備蓄食糧があったと考えた。

②-6. 最後の 1〜1 年半ぐらいの間は、島に輸送されてきた米の量がごく少量であったことは知っていた。

②-7. 1944（昭和 19）年の 11 月もしくは 12 月に（1 日の米飯が？）約 17 オンスに減らされていた（「17 オンス」は英文速記録 13995 頁記述のママ。和文速記録 142 号 4 頁対応部では「14 オンス」。直接尋問の最中に証人の挙げた数値は「15 もしくは 17 オンス」で、まちまちである）

弁護人審問

③医薬品の支給について、

③-1. 日本側は医薬品についても非常時に備えて備蓄していたか？

③-2. 証人は、「不要」[unnecessary] な薬品が支給されたことがあった（英文速記録 13958 頁参照）と証言したが、「必要度が余り高くない [less essential]」と言うべきものではないか？

③-3. 捕虜側の必要としている医薬品などは、日本側でも需要度、必要性の高いもので、そのために日本側の在庫状況が逼迫していたというのは正しいか？

証人応答

③-1. 終戦の数日後に医薬品の請求書を出したところ、請求がすべて通った。

③-2. そうではあるが、過マンガン酸カリウム [permanganate of potash] のように、我方が相当の量を所持しているものが、それらに該当する。

③-3. 日本側の需要・供給状況に関しては、自分の知るところではない。

弁護人審問 [E: 13997]［J: 142（5）]

④病棟に赤十字を描くことが許可されなかったことについて、

④-1. 何等かの方法で病院の印が付されたことはなかったのか？

④-2. 近郊の日本軍の建物の中で、上空から視認できるような赤十字の標識を付けたものの有

無は？

　④-3.　そのふたつの病院に対する空襲被害の有無は？

　④-4.　赤十字の印は建物の保護に役立ったか？

　④-5.　病棟には日本軍の人員もいなかったか？

　④-6.　視察に来たのは日本側の誰であるか？

　④-7.　日本軍の軍医の視察が短時間で終わったは、連合国軍の空襲を避けるためか？

　④-8.　収容所内での看守兵の配置状況は？

　④-9.　収容所の本部の位置は？

証人応答

　④-1.　病棟のドアに普通の宿舎ではないことを示す赤十字を自分達で描いたのが唯一のもの。

　④-2.　収容所から５マイルほど離れた場所にある日本軍の病院と日本側が管理するインドネシア人用の病院には、屋根に赤十字の印が塗られていた。

　④-3.　それらは、島内で爆撃の被害を受けなかった数少ない建物の中のふたつであった。

　④-4.　そのように思われる。

　④-5.　収容所の病棟で勤務していたのは連合国軍捕虜のみで、日本側の人員は偶に視察に来るだけであった。

　④-6.　労役に出すべき者を病棟内に引き止めていないかを管理官が確かめに来た。また、稀にではあるが、日本軍の軍医が病棟内をごく短時間で見回ることがあった。

　④-7.　必ずしもそうではない。連合国軍機が近づいている時に病棟に入るのはごく稀であった。

　④-8.　収容所の周囲の６カ所に歩哨所があり、収容所の中心部にある看守兵詰所の前にも１人、立哨していた。

　④-9.　収容所の敷地から20ヤードほど離れた収容所を見下ろす小丘の上にあった。

弁護人審問

　⑤手術を要する捕虜への対応について、

　⑤-1.　そのような捕虜が収容所外の病院に移送されたことがあるか？

　⑤-2.　日本側の医師が収容所にやって来て手術を行った事例の有無は？

　⑤-3.　その他に緊急の手術をするために日本人医師が収容所に来たことはなかったか？

　⑤-4.　そのような折にその医師達は手術に必要な医療器具を持ってこなかったか？

　⑤-5.　手術などの必要に応じて、そのような器具が提供されたのではないのか？

　⑤-6.　それら日本側の医療器具は軍隊仕様のものであったのではないか？

証人応答

　⑤-1.　収容所内の爆弾集積所で大爆発が起きた日の翌日、1943（昭和18）年２月16日に、大腿骨骨折の治療のためにオーストラリア軍士官と下士卒１名ずつが日本軍の病院に収容された。

　⑤-2.　その前日に、日本人の医師が何人かやって来てキャンベル［Campbell］中尉の脚を切断する手術を行ったが、術式が終わって数分後にキャンベルは死亡した。

<1946-12-31>　　　　　　　　　　　　　　　　　　　　　　　　2　検察主張立証段階　**149**

⑤-3.　緊急手術のために来たことは、それ以外にはなかったが、作業の最中に爆発が起きた際には負傷者5人を治療してくれた。

⑤-4.　持ってきたように思う。

⑤-5.　何度かそのような器具を貸与してくれるよう要請したことがあるが、そうしてもらえず、1度提供してくれたこともあったが、遅きに失した。

⑤-6.　そう思う。

弁護人審問

⑥日本側が行った医療実験について、（英文速記録13961〜62頁参照）

⑥-1.　実験台にされた捕虜の人数や実験の態様は？

⑥-2.　病棟に収容されていない者で健康を害していた者が実験対象とならなかったか？

⑥-3.　実験の最中に被験者に処方された注射を、証人自身は処方されたことがあったか？

証人応答

⑥-1.　病棟に収容されていた60〜75人余りは10人ほどを除いてすべて実験台となり、その他に、病棟に収容されていなかった者も30〜40人ほどが実験に使われた。実験期間中も、病弱な者には日本軍の菜園での作業が、日本側が健常と認めた者にはトンネル、防御陣地の構築や道路の補修という重労働が課せられ、大多数が労役をさせられていた。

⑥-2.　数名、いたかもしれない。

⑥-3.　自身が射たれたことはなかったが、注射をしている衛生兵に効能を確かめるために自分にも処方してほしいと頼んだことは2度あった。

＊裁判長ウェッブ、「英文速記録13958頁、前日のバン・ヌーテン証人に対する検察側直接尋問の際に、日本側が捕虜側に提供した医薬品について述べている箇所で、『不要なものがより多く』［more unnecessary items］という一節のmore unnecessaryの部分は、『必要度が低い』［less necessary］もしくは「重要度に欠ける」［less essential］とするべきである」、と申し渡す。

＊午前10時45分、裁判長ウェッブ、休廷を宣す。

＊午前11時、法廷、再開する。［E: 14004］［J: 142（6）］

＊ブルックス弁護人、休憩前の裁判長の発言に触れて、「自身が前日書き留めていた記録によれば『不要なものだけ』［only unnecessary items］であるが、onlyよりもmoreの方が、意味が通る」、と申し立てる。

＊ブルックス弁護人、バン・ヌーテン証人に対する反対尋問を続行する。

弁護人審問

⑥-4.　（日本側が行った医療実験について）（続き）日本側では経口のビタミン剤よりもビタミン液を注射で処方するのが常だったのでは？

⑥-5.　注射の効果については？

⑥-6.　日本側が健常者と目した被験者の中で、実験が基で死亡したのは何人ぐらいか？

⑥-7.　証人は軍医ではないのではないか？

証人応答

⑥-4. 液体・粉末のビタミン剤はあったが、錠剤はなかった。

⑥-5. 特になし。ビタミン B1 注射であれば、焼きたてのパンやイーストのような特有の臭いがあるはずなのだが、それがなかった。

⑥-6. 該実験のみが原因で死亡したと特定できる事例は皆無。

⑥-7. その通り、軍医ではない。しかし捕虜の軍医と緊密な連絡を保って、その軍医から度々報告を受けていた。

弁護人審問

④-10. （病棟に赤十字を描くことが許可されなかったことについて）（続き）日本が降伏するまで収容所の病棟に赤十字の標識が付けられることはなかったか？

④-11. その臨時病棟は、（所外の）大きな病院の附属施設であったのか？

証人応答

④-10. 爆撃の際に臨時に設けられた病棟に数時間付けられた時以外はなかった。

④-11. そうではなかった。捕虜が収容されたのは収容所内の病棟のみで、病棟から所外の病院に移送された患者は皆無。空襲の際に負傷して所外の病院に搬送された 2 人が唯一の例外で、収容所内の病棟に収容される前に直接搬送されていった。

弁護人審問

⑦爆弾から爆薬を取り出す作業について（英文速記録 13965 頁参照）:

⑦-1. この作業に従事していた作業班の取り扱っていたのが「長距離搬送（ロング・キャリー）」で運んだ 150 ポンド爆弾だったのか？

⑦-2. その作業の行われた期間はどのくらいであったか？

⑦-3. 作業班は何人で構成され、どのくらいの数の爆弾を処理したか？

⑦-4. 爆発事故の際に日本側にも死傷者が出なかったか？

証人応答

⑦-1. そうではない、爆薬取り出し作業の対象は 500 ポンド爆弾であった。

⑦-2. 合計 15〜20 日ぐらいであったが、毎日ぶっ続けで作業していたわけではない。

⑦-3. その班は普通 5 人で構成され、恐らく 1 日あたり 2〜3 個の爆弾を処理していたであろう。

⑦-4. 監視にあたっていた下士官が 1 人負傷した。

弁護人審問

⑧「長距離搬送（ロング・キャリー）」について、（英文速記録 13965〜67、13971 頁参照）

⑧-1. この輸送作業の出発点と到着点は？

⑧-2. 各地点は収容所からどのくらい離れていたか？

⑧-3. 証人は、「四つん這いになって進まなければならない場所も多かった」と直接尋問で証言したが、そうしなければならなかった箇所は、どのくらいあったのか？

<1946-12-31>

2 検察主張立証段階 **151**

証人応答

⑧-1. バトーゴンからヒトエモリまで（英文速記録 13965 頁を見る限り、直接尋問では逆になっている）。

⑧-2. バトーゴンまでは 8〜10 マイル、ヒトエモリまではさらに 8 マイル。海上ルートを使わないのであれば、「長距離搬送（ロング・キャリー）」で使った陸路が 2 地点間を結ぶ唯一の交通路。

⑧-3. 作業班の人員から受けた報告によると、険峻な丘陵地帯の斜面を越えていく 3 〜 4 カ所。

＊裁判長ウェッブ、自ら問いを発す。

裁判長審問

⑧-4. 尾根が海に突き出しているような地形の場所か？

証人応答

⑧-4. その通り。

弁護人審問

⑧-5. 急峻過ぎるために四つん這いで行かなければならなかった場所は皆無なのではなかったか？

＊裁判長ウェッブ、「そのような詳細に立ち入る必要なし」、「行程の途中で海岸線を通る場所があったと、証人は言っている」と、質問を却下する。

弁護人審問

⑧-6. 問題の地形は、海岸の平坦な場所から丘陵地帯に戻っていく場所であったのか？

＊裁判長ウェッブ、弁護人の質問を却下して、自ら問いを発す。

裁判長審問

⑧-7. 砂浜の途中に尾根が割り込んでいるような地形ではなかったのか？

証人応答

⑧-7 その通り、短い距離ではあったが、砂浜の途中で丘を越えなければならないような場所がいくつかあった。

弁護人審問

⑧-8. 四つん這いになって進まなければならない場所は、斜面を登るか下るかする場所であったのか？

⑧-9. セメント袋を捕虜が運ぶ時には、肩に何等かの方法で縛り付けていたのか？

⑧-10. 150 ポンドの爆弾を 2 人でどのようにして運んだのか？

⑧-11. 作業は現地人や日本兵も手伝ったか？

⑧-12. この作業の継続した期間は？

⑧-13. 証人は、「セメント袋の搬送作業はすべて終わった」と、直接尋問で証言しているが、爆弾も集積された分のすべてを運び終えたのか？

⑧-14. 搬送作業が捕虜の作業班に割り当てられる前に、日本側によって運ばれたセメント袋や爆弾はなかったか？

証人応答

⑧-8. その通り。

⑧-9. そうではない。米・麦の袋を運ぶ時と同じ要領で担いでいた。

⑧-10. 棒に吊して、その棒を2人が担いだ。

⑧-11. この作業をしたのはオーストラリア軍捕虜だけで、日本兵は監視にあたっていた。

⑧-12. 約6週間続いたが、途中2～3日間、中断することが何度かあった。ただし、その中断期間には他の重労働作業が課せられた。

⑧-13. 自分の知る限り、運び終えた。

⑧-14. 第1回目の作業班にいた先任下士官が言うには、ヒトエモリに到着した時、そこには何も集積されていなかったとのことであった。

弁護人審問

⑧-15. 「長距離搬送（ロング・キャリー）」の作業班の人数は？

⑧-16. 監視にあたった日本兵の人数は？

⑧-17. 合計8人であったのか？

⑧-18. 1日に何往復したか？

証人応答

⑧-15. 第1回目は120人であったが、6週目の終わりぐらいには80人になっていた。

⑧-16. 第1回目の作業班は30人ずつの4組に分けられ、各組に日本兵が2人ついた。

⑧-17. 8人いたことは確かで、10人いたかもしれない。

⑧-18. 1往復のみ可能。朝の6時半に荷物と共に出発して、バトーゴンには大抵午後7時頃に手ぶらで帰着し、夜7時半にトラックに乗せられて収容所に戻って来た。

＊裁判長ウェッブ、自ら問いを発す。［E: 14011］［J: 142（8）］

裁判長審問

⑧-19. 週に何日その作業をしたのか？

証人応答

⑧-19. ほとんどの作業員は、4日連続してやった後で他の労役をさせられ、その後3～4日またやらされた。

弁護人審問

⑧-20. 朝出発する時もトラックで（バトーゴンまで）運ばれていたと、証人は認めたが、作業開始時間の午前6時半は、トラックで収容所を発つ時間であったのか？

⑧-21. 荷物を搬送している最中の食事はどのように配給されたのか？

証人応答

⑧-20. その通り。

⑧-21. 1組の30人は荷物を運ぶ26人と水・食糧を運ぶ4人とに分けられた。

<1946-12-31>　　　　　　　　　　　　　　　　　　　　　　　　2　検察主張立証段階　**153**

弁護人審問

⑧-22. 証人は、この「長距離搬送（ロング・キャリー）」作業の最中に捕虜が1人死亡したと直接尋問の中で証言したが、どこでどのような状況で死んだのか？

＊裁判長ウェッブ、弁護人の質問を却下して、自ら問いを発す。

裁判長審問

⑧-23. それは病床で息を引き取ったウィルキンソンではないのか？

⑧-24. ではスミスか？

証人応答

⑧-23. それは違う。

⑧-24. それも違う。戻る途中で倒れ、同僚に担がれてバトーゴンまで運ばれ、そこからトラックで収容所まで搬送された者で、意識がない状態で病棟に収容された。日本側の死亡診断書では死因が脚気となっていたが、実際には栄養失調と過労が原因であった。自分の記憶では、A・D・ウイリアムズという名前で、23歳ぐらいであった。

弁護人審問

⑨捕虜の収容所外部との交信について、（英文速記録13971〜72頁参照）

⑨-1. 証人は、収容所で郵便物を受け取ったか？

⑨-2. 証人の家族は、証人が捕虜となっている最中にそのことについて通知を受けたか？

⑨-3. では証人は、どのようにして家族からの手紙を受領できたのか？

⑨-4. 証人は家族宛に手紙を何通書いたか？

⑨-5. 自国もしくは、それ以外の国の政府の代表者と接触できるよう日本側に要請を出したか？

⑨-6. その要請は受け入れられたことがあったか？

証人応答

⑨-1. 手紙を2通。

⑨-2. 自分が解放された日から数えて2日後まで、家族は、自分の消息について何も知らせや通知を受けていなかった。

⑨-3. まずオーストラリア軍当局が、自分が「行方不明で、捕虜になっていると思われる」旨を家族に伝え、その後オーストラリア赤十字が、「最後の所属部隊気付にして手紙を送れば届けられるかもしれない」と、家族に助言した。

⑨-4. 収容所外に手紙や葉書を出したり、何か情報を伝達したりすることは許可されていなかった。

⑨-5. 最低2回は書面でそのような要請を出した。

⑨-6. 1度もなかった。

弁護人審問

⑩捕虜に対する体罰・処刑について、

⑩-1. 岩を両手で頭上に持ち上げたまま立たされる体罰（英文速記録13973頁参照）は自身にも科

せられたか？

　⑩-2.　オーストラリア軍捕虜４人が収容所外にいるところを見付かった事件（英文速記録13975〜77頁参照）では、その４人は所外で何をしていたのか？

　⑩-3.　その４人は処刑された25人の一部か？

　⑩-4.　双眼鏡を失敬しようとして咎められて鶴嘴で打擲されたテイト兵卒の事例（英文速記録13977〜78頁参照）では、その鶴嘴の大きさは？

　⑩-5.　看守兵は常にその鶴嘴を携行していたのか？

　⑩-6.　証人は直接尋問で、「テイトへの処罰を軽減させようと訴えたが、その度に殴られた」と述べているが、どこで起きた出来事か？

　⑩-7.　どのような理由で証人はその場に居合わせたのか？

　⑩-8.　「違反者と同じ罰を受けた」とのことであるが？

証人応答

　⑩-1.　それはなかった。

　⑩-2.　現地人から生鮮果実などの食糧を得ようとしていたのだと思う。

　⑩-3.　その通り、４人は処刑された（英文速記録13976頁に現れている直接尋問のやり取りでは、25人が連座したが、処刑されたのは11人と記されている）。

　⑩-4.　幅３フィートで長さは６〜９フィート、厚さは最も厚いところで２インチで柄の先端部分では１インチ。

　⑩-5.　木刀を持ち歩いている時もあったが、手にしようと思えば、いつでも鶴嘴を手にできた。

　⑩-6.　看守兵詰所でテイトが打擲されている現場で。

　⑩-7.　捕虜による非違行為があった場合、日本側は、収容所の連合国軍側の副官的立場にあった自分の責任を追及してきて、違反者を罰する時に立ち会うことを要求し、また自分にも同じ罰を与えることがあった。

　⑩-8.　そういうこともしばしばあったが、多くの場合、罰を受けている者のために割って入ろうとしたがために罰を受けた。

弁護人審問

　⑪証人が収容所内で有していた権限について、

　⑪-1.　証人は、収容所内でどのような権限を付与されていたか？

　⑪-2.　自身で処罰し、規律・規則違反を未然に防ぐための措置を執る権限はなかったのか？

　⑪-3.　では、証人の上官には、捕虜の間での規律を維持するためのある種の懲罰権限があったのではないか？

　⑪-4.　捕虜間の内規に基づく処罰の具体的内容は？

　⑪-5.　そのような処罰を科したことを日本側に報告したか？

　⑪-6.　捕虜間の内規に基づく処罰に際しては、営倉への監禁などは行われなかったのか？

<1946-12-31>　　　　　　　　　　　　　　　　　　　　　2　検察主張立証段階　**155**

証人応答

⑪-1.　捕虜の誰かが処罰される場に立ち会うことは許されていたが、処罰を止めさせる権限は有していなかった。

⑪-2.　（捕虜の中の自身の）上官から、必要とあらば、そのような措置を執る権限は与えられていた。

⑪-3.　それは、捕虜の間での内規によるものであり、日本側の定めた規律に捕虜が違反した場合に、違反者を罰する権限は我方にはなかった。

⑪-4.　例として、同じ労役に就かせて交替させないようにすること。

⑪-5.　当然のことだが、しなかった。

⑪-6.　そうするためには日本側の許可が必要であったが、内規違反に基づく処罰に際して日本側の許可を求めたことはなかった。

弁護人審問

⑫捕虜の死因、処刑の理由について、

⑫-1.　証人は、テイト兵卒が事件の半年後に死亡したという事実に触れたが、その死因は？

⑫-2.　証人は、ソロモン伍長他3名に関わる事件（英文速記録13979～81頁参照）で、4人が10日間の重労働に科せられた後、斬首されたと、証言したが、彼らは、重労働を開始してから処刑されるまでの間に、脱走などの重罰に処すべき重大な違反行為を犯したのではないか？

⑫-3.　その10日間の最中に重罰に値するような行為を4人がなしたか、証人自身は知らないのか？

証人応答

⑫-1.　栄養失調と脚気と熱帯性潰瘍。

⑫-2.　そんなことはない。10日間の重労働で処罰は終わりと考えられていた。

⑫-3.　自分が知っているのは、4人が自らの立場を危うくするようなことは決してしなかったということ。

＊裁判長ウェッブ、自ら問いを発す。

裁判長審問

⑫-4.　4人がそのような行為を犯したと日本側が言っていなかったか？

証人応答

⑫-4.　4人が収容所から連れ去られた後に、日本側が言うには、4人がさらなる窃盗事案を自白したとのことであった。

弁護人審問

⑫-5.　何を窃取したかを日本側が明かしたか？

⑫-6.　4人は捕らえられた時に何か武器を携行していたか？

証人応答

⑫-5.　鮭の缶詰が入った箱をいくつかと、肉の缶詰箱ひとつに、40キロの米袋を4～5個。

⑫-6. 4人は捕らえられたのではなく、作業班に加わって整列している最中に窃盗の事実の有無を問われて自白しただけ。

弁護人審問

⑬高官の収容所視察と日本側への請願について、（英文速記録13985〜86頁参照）

⑬-1. 高官が収容所に視察に来た際に捕虜が何等かの苦情を訴えることが許されていたか？

⑬-2. 証人は日本語を話せるか？

⑬-3. 高官が視察に来た際に、視察者が見えるところで殴打・虐待された捕虜はいたか？

⑬-4. 自分が問うているのは、収容所外から来た高官による視察であって、収容所内部の者による視察ではないが？

証人応答

⑬-1. 日本側への苦情については、捕虜は、収容所内では、通訳・管理官である池内を通じてのみ訴えることができ、上層部への直訴は許可されていなかった。収容所外では、作業班の監視にあたっていた看守兵に見張られていた（それ故、直訴の機会などなかった）。

⑬-2. 話せない。

⑬-3. そのようなことはなかったが、収容所長の安藤が視察に来た時には、安藤自らが捕虜を殴打するよう指示することがあった。

＊裁判長ウェッブ、弁護人の質問を却下して、自ら問いを発す。

裁判長審問

⑬-5. 安藤は陸軍大尉［army captain］か？

証人応答

⑬-5. そうではない。現地の2000名余りの守備隊を指揮する海軍大佐［naval captain］。（英文速記録14020頁の記述のママ。既に述べたが、当時の司令官は白水大佐で、安藤はその下で副官を勤めていた大尉であった）

＊正午、裁判長ウェッブ、翌年1月2日午前9時30分までの休廷を宣す。

◆ 1947（昭和22）年1月2日

（英速録14021〜14153頁／和速録143号1〜22頁）

＊午前9時30分、法廷、再開する。

＊被告小磯・南・大川弁護人ブルックス大尉、検察主張立証第 XIII・XIV 局面「対民間人・戦争捕虜残虐行為」第6部「蘭領東インドでの残虐行為」の検察側立証としての、「蘭領東インドのアンボン群島での捕虜虐待」に関する、バン・ヌーテン証人の証言に対する反対尋問を続行する。

弁護人審問

⑭高官の収容所視察時の日本側の対応について、

<1947-1-2>　　　　　　　　　　　　　　　　　　　　　　2　検察主張立証段階　**157**

⑭-1.　そのような折には捕虜への食糧の増配がなかったか？

⑭-2.　他に収容所の見てくれをよくすべく執られた措置があったか？

⑭-3.　軍装を調えるためのシャツ、半ズボン、軍靴、長靴下、ゲートル、軍帽などがない場合は、どのように対応したのか？

証人応答

⑭-1.　1度もなかった。

⑭-2.　「捕虜は軍装か、それに近い服装でいるように」との指示以外、なかった。

⑭-3.　そのような者は、なるべく軍装に近い服装でいるようにさせ、整列の際には後列に置いた。

弁護人審問

⑮日本側が病院船を悪用したことについて、（英文速記録 13990 頁参照）

⑮-1.　証人が見たリオデジャネイロ丸に乗船していた戦闘員の数と比較して、同船に収容されていた傷病者は何人ぐらいであったか？

⑮-2.　同船に乗っていた戦闘員の兵種は？

⑮-3.　捕虜輸送船であることを標識で示していた船舶を見たことがあるか？

証人応答

⑮-1.　実際は仮装巡洋艦であった同船には相当数の傷病者が乗っていたが、何人か数えてはみなかった。

⑮-2.　海軍陸戦隊であったと記憶する。

⑮-3.　ない。

＊被告東条弁護人ブルーエット、バン・ヌーテン証人に対する反対尋問に立つ。［E: 14024］［J: 143（3）］

【ブルーエット弁護人による検察側証人バン・ヌーテンに対する反対尋問】

弁護人審問

①島の名称・広さについて、

①-1.　証人が捕虜として過ごした島はアンボン島かアンボイナ島か？

①-2.　同島の面積は？

②降伏時の状況について、

②-1.　証人の部隊はどのような状況、条件の下で日本軍に降伏したのか？

②-2.　降伏後に、降伏の是非・時機について異論が出なかったか？

②-3.　上陸してきた日本軍と連合国軍守備部隊の兵力比は？

証人応答

①-1.　どちらの名称も使われていた。

①-2. 長さ 32 マイルほどで、幅は一番広いところで 16 マイル。中心部に大きな湾と内海がある。

②-1. アンボン地区にあった自分の部隊は、上陸して来た陸軍に降伏して、武器を手渡すことで降伏の印とした。

②-2. 自分の知る限り、そのようなことはなかった。

②-3. 同島を守備していた連合国軍は、オーストラリア軍 1194 名と、大半が現地人で構成されていたオランダ軍約 2000 名。(アンボン地区に) 上陸してきた日本軍は、陸軍の約 1 個師団で、ラハ地区に上陸したのは海軍特別陸戦隊であったと聞いている (実際には、アンボン攻略の主体となった陸軍部隊は第 38 師団歩兵第 228 連隊を基幹とする東方支隊で、兵力は 5300 余りである)。

弁護人審問

③ラハ地区での出来事について、

③-1. 降伏後、ラハ地区で起きたことについて何か聞き及んでいたか?

③-2. 脱出・反乱を企てて日本軍に制圧されたという連合国軍部隊の動静について耳にしたことはなかったか?

③-3. 証人の属していた部隊は当時、(ラハ事件の責任者の 1 人である) 畠山などと接触したことがあるか?

証人応答

③-1. 半年後に、丘陵地帯に潜んでいたオーストラリア兵 2 名が投降するまで、確たる情報は伝わってこなかった。その 2 名は、戦闘で負傷した直後から 16 カ月間 (英文速記録 14025 頁の記述のママ。恐らく「6 カ月」の誤りであろう)、丘陵地帯に身を潜めていたが、体調を崩して投降してきた者である。所属していた (ラハの) 部隊が降伏する前に潜伏を始めたので、その部隊がその後どうなったかについては知らなかった。

③-2. 解放されるまで、ラハの部隊について聞いたのは、これまで証言した話のみである。

③-3. 1942 (昭和 17) 年 2 月 27 日頃、自分の部隊は海軍陸戦隊に引き渡されて、その後終戦まで海軍の捕虜となっていたが、その海軍人員の中には、その当初から終戦まで現地にいた者もあり、ことに事務方の人員がそうであった。

弁護人審問

④アンボン収容所の日本側人員について、

④-1. 林中佐はタン・トイ収容所を管理する立場にあったか?

④-2. 証人は、直接尋問の中で守備隊長の名を挙げていたが?

④-3. 証人が証言の中で収容所管理官 [Camp Manager] と呼んでいた日本人とは?

④-4. 池内は民間人だったのか?

証人応答

④-1. 収容所が開設された初期の段階では、日本側人員と直接の接触がなかったので、収容所本部の事務担当員を除いては名前が分からず、当人がそこにいたとしても分からなかった。

<1947-1-2>   2　検察主張立証段階　**159**

④-2.　数カ月後に着任した安藤海軍大佐（ママ）のことには言及した。

④-3.　それは池内のことで、実際は通訳であったが、後に大きな権限を有するようになって、収容所管理官とか海軍監督官［Naval Commissioner］などと自称するようになった。

④-4.　民間人で海軍の軍属であったが、制服を着て軍刀を吊しており、自身が語るには少佐待遇を受けていたとのことであった。

弁護人審問

⑤連合国軍降伏直後の情勢について、

⑤-1.　1942（昭和17）年2月18日頃、連合国軍機が島の上空に飛来したか？

⑤-2.　アンボイナ島の連合国軍守備隊が降伏した2月、その直後には、相当な数の捕虜が収容所から脱営［desertions］しなかったか？

⑤-3.　証人の語句の定義に関する訂正を受け入れる。脱走した捕虜達が連合国軍側に、在島日本軍に関する情報を伝えることを日本側が恐れていたということを、耳にしなかったか？

⑤-4.　降伏直後は、連合国軍人員の方が日本軍人数よりも多かったのではないか？

⑤-5.　（守備隊として残留した日本軍の兵力と）当初上陸した日本軍兵力との比較では如何？

⑤-6.　降伏後にゲリラ戦を展開して者がいたか？

証人応答

⑤-1.　その時期、PBY-4を2機見かけた。

⑤-2.　捕虜収容所からの脱営というのはない。あったのは、公に認められた3組の脱走［escape］である。

⑤-3.　日本側が我方に伝えようとしたのは、脱走者の中で島から抜け出ることができたのは皆無であったということで、脱走を試みた者はすべて捕獲したと言っていた。

⑤-4.　それは明らかな誤り。島にいた日本兵は数千名を数えた。

⑤-5.　当初の上陸兵力よりは少なくなっていたと考える。

⑤-6.　自分の知る限り、いなかった。

弁護人審問

⑥連合国軍降伏直後の日本軍の捕虜に対する処遇について、［E: 14029］［J: 143（4）］

⑥-1.　（証人とのやり取りの末に）証人を含むアンボン地区の連合国軍捕虜は1942（昭和17）年2月4〜27日の間は日本陸軍の管理下にあり、27日に海軍の管轄下に引き渡されたと、証人は確認したが、陸軍の捕虜に対する処遇はどうであったか？

⑥-2.　降伏後、元の兵舎に起居していた期間に所持することを許可された装備、用具は？

証人応答

⑥-1.　陸海軍を問わず、当初の待遇は極めて良かった。

⑥-2.　私物・衣服の所持は許されたが、鉄兜及びガスマスクは押収された。

弁護人審問

⑦1943（昭和18）年2月15日空襲の直前の状況について、

⑦-1 収容所内に爆弾の集積所が造られたのが1942（昭和17）年の11月であったことを、証人は確認したが、その時から翌年2月15日までの期間、連合国軍の偵察機は島の上空に飛来してきたか？

⑦-2 その当時の収容所の外観はどうなっていたか？

⑦-3 当時収容所の周囲に有刺鉄線が張られていなかったか？

⑦-4 そのような状態であったならば、証人の見解と経験に照らしてみて、捕虜収容所であると認識できたとは考えられないか？

⑦-5 2月15日に至るまで空襲は相当に激しかったのではないか？

⑦-6 当時の日本側航空機の配備状況は？

証人応答

⑦-1 定期的にやって来た。

⑦-2 軍の兵営と変わりなかったであろう。

⑦-3 張られていた。

⑦-4 それは可能であった。しかし、1942（昭和17）年10月26日、捕虜の一部が移送された際に、連合国軍の情報機関が、この収容所からの人員の移動を察知して、全員が他所に移ったと判断した可能性もある。

⑦-5 空襲はすべてB-24の編隊によるものであった。

⑦-6 アンボンから湾を挟んだ対岸9〜10マイルに位置するラハには陸上機が配され、収容所から15マイルほど離れた北岸のリアン［Liang］飛行場には戦闘機が配備され、収容所の北東3〜4マイルのハロン［Halong］には水上機の基地があった。

弁護人審問

⑧2月15日の空襲当日の事態の推移について、

⑧-1 この日の米軍機の空襲に対して日本側の迎撃はあったか？

証人応答

⑧-1 自分の記憶が正しければ、6〜7機の戦闘機が発進し、爆撃が終わった後で攻撃したが、戦果はなかった。

弁護人審問

⑧-2 空襲直後に収容所上空に飛来した日本機は、収容所から日本側に何か申し入れをしたが故にやって来たのか？

＊証人、質問の意味を理解できず、「そのようなことを言った覚えはない」、と応答する。裁判長ウェッブ、「収容所の写真を撮っていたと証人が語った飛行機のことではないか？」と質し、さらに弁護人に対して、「同機が写真を撮っていたことを何故に証人が知っているのかを質問する意図であるのか？」、と質す。弁護人、これを肯う。

証人応答

⑧-2 同機はハロンを根拠地としていたものであったが、我方が病棟と捕虜収容所であるとの

<1947-1-2>　　　　　　　　　　　　　　　　　　　　　　　2　検察主張立証段階　**161**

標識を描くよう、苦情と要請を申し入れていたので、電話でハロンに何か伝えられたことはあり得るが、自分自身は何も知らない。

弁護人審問

　⑧-3.　同機の型は？

　⑧-4.　戦闘機か偵察機か？

　⑧-5.　証人は飛行士としての経験を有しているか？

　⑧-6.　証言によれば、証人は砲兵隊に所属していたのでは？

証人応答

　⑧-3.　川西と呼ばれた型の4発飛行艇。

　⑧-4.　4発の飛行艇であり、偵察もしくは爆撃のいずれにも使用可能

　⑧-5.　否。

　⑧-6.　歩兵将校。

弁護人審問

　⑨空襲当日に飛来した日本飛行艇の飛行目的について、

　⑨-1.　日本機が1機だけで収容所の上空に飛来するというのは珍しいことであったか？

　⑨-2.　証人のいた場所から同機が写真撮影をしていたと判断できたか？

証人応答

　⑨-1.　その通り。いつもは決まったコースを行き来していたのに、収容所の上空を行ったり来たりしていたのは極めて異例であった。

　⑨-2.　同機は一定の高度を保ちつつ、同じコースを行き来することを4度繰り返していた。

弁護人審問

　⑨-3.　空襲の後、日本軍機はどのようにして空襲の被害の程度を調査していたか？

＊裁判長ウェッブ、弁護人の質問に対する証人の応答の前に、自ら問いを発す。

裁判長審問

　⑨-4.　それ以前にも空襲はあったのか？

証人応答

　⑨-4.　あった。

　⑨-3.　小さな島なので、航空写真を撮らずとも陸上から、被害の程度は視認できる。

＊裁判長ウェッブ、再び、自ら問いを発す

裁判長審問

　⑨-5.　写真を撮る理由は何か？

　⑨-6.　空襲があってから飛行艇が来るまでの時間は？

証人応答

　⑨-5.　宣伝用に必要であったとしか言いようがない。

　⑨-6.　約4時間後で、収容所はまだ火炎に包まれている最中であった。

弁護人審問

⑨-7. この一件をめぐって写真が何等かの宣伝に使用されたか否か知っているか？

証人応答

⑨-7. 知らない。

弁護人審問

⑩日本軍が出し惜しみした資材・物品について、

⑩-1. 収容所の再建に必要な資材で、島内にあったにもかかわらず日本側が提供を拒否したものがあったか？

⑩-2. そのような資材の提供を申し入れて拒まれたのか？

⑩-3. 証人は以前、島の全域が連合国軍の空襲によって丸焼けになったという証言をした（英文速記録13997頁参照）が、それは正しいか？

⑩-4. 衣服・靴などで、在庫があるにもかかわらず日本側が支給するのを拒否していた物品があったか？

証人応答

⑩-1. 我方に課した建設作業の際に、日本側は木材、角材や釘などをふんだんに使用していたし、セメントも沢山あった。

⑩-2. 日本側から返ってきた答えは「建築資材が不足していて節約しなければならぬので、あるもので済ませよ」というものであった。

⑩-3. 人の居住していたほとんどの地域がそうなった。

⑩-4. 終戦から1週間ほど後に、日本側が自軍仕様の様々な種類の衣服、靴、帽子などを、我方に大量に放出してきたが、これらは島内に少なくとも2年ぐらい蓄積されていたものであった。

弁護人審問

⑪証人の戦後の任務について、

⑪-1. 戦後、証人はどのような資格を以て、収容所で活動していたか？

⑪-2. 証人がカツダ（KATSUDA）大佐（和文速記録6頁は「津田大佐」と記す）と話をしたのは、その公務の関係上のことであったか？

証人応答

⑪-1. 捕虜・抑留者に関する事務手続きや、収容所での必要な事務に従事していた。

⑪-2. その通り。シロズ（SHIROZU）大佐と話をしたのも同様（この部分は、何を話題にしているのか不明。SHIROZUは白水か？　和文速記録6頁は、「音訳」として、各「瀧田」及び「？（判読不明）津」とする）。

弁護人審問

⑫「長距離搬送（ロング・キャリー）」について、

⑫-1. 証人はジョン・L・シーラント［Searant］兵卒を知っているか？

証人応答

⑫-1. 知っている。

<1947-1-2>　　　　　　　　　　　　　　　　　　　　　2　検察主張立証段階　**163**

＊検察側文書 PD5301　被告東条弁護人ブルーエット、検察側が提出を予定しているジョン・L・シーラント兵卒の宣誓供述書である PD5301（後刻、PX1823 として受理される。英文速記録 14054 頁参照）の一部を朗読する許可を求める。裁判長ウェッブ、許可する。弁護人、朗読する。[E:14036] [J: 143（4）]

【PD5301 朗読概要】

　1944（昭和 19）年に、自分は長距離搬送（ロング・キャリー）を 13 回やらされ、一番最後はクリスマス直前であった。約 8 マイルの珊瑚礁のでこぼこ道で、途中急峻な谷あり山ありで、山道を登る時には四つん這いにならなければならなかった。荷物を担いで 5 時間の行程で、自分が運ばれたのはセメント袋と爆弾であった。94 ポンドの重さがあったセメント袋は、2 人が交替交替で担いだ。監視にあたっていた日本兵は、自分達を叩くことはなかったが、急かすことはした。我々を楽に歩かせてくれた気立ての良い日本兵もいたが、監視にあたっていた朝鮮人兵の中には我々を休みなしに歩かせたのもいた。

＊被告東条弁護人ブルーエット、バン・ヌーテンに対する反対尋問を続行する。

弁護人審問

　⑫-2.　これは長距離搬送（ロング・キャリー）についての嘘偽りのない記述であろうか？

証人応答

　⑫-2　これは、一兵卒の個人的体験談であり、当人の視点からは正確なものであろう。自分の証言は、長距離搬送（ロング・キャリー）について正確な情報をもたらすべく特に配した下士官複数からのものである。

＊被告賀屋・鈴木弁護人レビン、バン・ヌーテン証人に対する反対尋問に立つ。[E: 14037] [J:143（6）]

【レビン弁護人による検察側証人バン・ヌーテンに対する反対尋問】

弁護人審問

　①日本飛行艇の収容所上空飛行について、証人は、飛行中の航空機が何をしているかを肉眼で確認できるだけの特殊な訓練を受け、もしくは資格を有しているか？

＊裁判長ウェッブ、「唯一の可能性として挙げられているのが宣伝用の写真撮影で、それ自体が犯罪行為を構成しないのであれば、この点を追及しても意味がない」と、質問を却下する。

弁護人審問

　②日本兵による体罰・虐待について、

　①-1.　証人は、日本兵が倒れた捕虜に蹴りを入れていた事例（英文速記録 13969〜70 頁参照）について証言したが、そのようなことは散発的に起きたことか、よくあることだったか？

①-2. その頻度は、１日に１〜２回ぐらいか、もっと多かったか？

①-3. 日本兵が妊婦に暴力を振るった事件（英文速記録13988頁参照）については、そうしなければならない何等かの理由があったか知っているか？

①-4. それは歩哨もしくは看守兵の行動であったか？

証人応答

①-1. 最後の１年半が特にそうであったが、蹴りいれや鉄拳制裁や打擲などは日常茶飯事であった。

①-2. １日に最低１〜２回はあったし、それよりもずっと多い時もあった。

①-3. 否。件の女性は歩哨に正しくお辞儀をし、何も規則違反を犯してはいないように見えた。

①-4. 看守兵詰所で立哨していた下士官で、収容所の中でも先任の者が詰めていた。

＊裁判長ウェッブ、自ら問いを発す。

裁判長審問

①-5. 暴行を受けた妊婦は腹部を蹴られたと、証人は確認したが、その一件は日本側収容所長に報告されたか？

①-6. 日本側は何等かの対応措置を執ったか？

証人応答

①-5. 管理官に報告されたと思う。

①-6. 自分の知る限り執られなかった。

弁護人審問

①-7. 証人の知る限りで、他にそのような扱いを受けた女性はいたか？

証人応答

①-7. それまでも平手打ちにされたり殴打されたりした女性はいたが、妊婦がそのような酷い扱いを受けたのを見たのはその時が初めてであった。

弁護人審問

②消息不明となった米軍飛行士について（英文速記録13989頁）、

②-1. それらの飛行士がどこかに連れ去られていくのを実際に見たか？

②-2. それが起きたのは昼間であったか夜間であったか？

証人応答

②-1. 最初から最後まで見ていた。

②-2. 昼間であった。

＊被告鈴木弁護人マイケル・レビン、検察側文書 PD5302 から引用する許可を裁判長に求める。検察官モネーヌ中佐、「後刻検察側が該文書を証拠として提出する予定である」、と申し立てる。裁判長ウェッブ、「弁護側が該文書について証人に反対尋問を行うことは可能である」、と申し渡す。レビン弁護人、「オランダ軍捕虜の虐待に触れた箇所」として、「オランダ軍捕虜を虐待した看守兵は、その収容所の看守兵ではなかった。後刻異動させられた」との一節を朗読し、

<1947-1-2>　　　　　　　　　　　　　　　　　　　　　　　　　２　検察主張立証段階　**165**

「日本側が、虐待行為を行った日本軍兵士を罰した可能性について」、審問を続行する。
弁護人審問
　③この異動がオランダ軍捕虜を虐待したがためであったか否か、証人は知っているか？
証人応答
　③集団で行った段打のいずれの事例に於いても、我方が「虐待専任者」［expert bashers］と呼んだ者達がやって来て虐待行為を行った（そして、終われば去っていった？）。
弁護人審問
　④日本側の食糧集積状況について、
　④-1．証人は、「日本側には3000から1万人の日本兵が1年から1年半自活できるぐらいの食糧備蓄があった」と、日本側経理担当員から聞いたと証言した（英文速記録13946頁参照）が、数値に相当の幅がある。それはどのような理由のためであるか？
証人応答
　④-1．自分が見たところでは、アンボンには現地の守備隊以外に、休暇中の前線将兵もいたようである。
＊午前10時45分、裁判長ウェッブ、休廷を宣す。
＊11時、法廷、再開する。［E: 14042］［J: 143（7）］
＊レビン弁護人、バン・ヌーテン証人に対する反対尋問を続行する。
弁護人審問
　④（日本側の食糧の集積状況について）（続き）
　④-2．証人が捕虜であった期間の内、後半の2年間は、日本側が食糧の補給に困難を覚えていたか？
証人応答
　④-2．島外あるいは群島内の他の島から追加の食糧を得るのは困難であった。
弁護人審問
　⑤日本軍将兵の健康状態について、
　⑤-1．証人は日本側人員の健康状態を観察・判断できるような立場にあったか？
　⑤-2．証人の証言（英文速記録13947頁参照）はそのような自身の観察に基づくものか？
証人応答
　⑤-1．そのような立場にあった。
　⑤-2．そのような証言をした覚えがない……（弁護人の再度の質問に対して）自分の観察では、日本側人員の健康状態は良かった。
弁護人審問
　⑥「命令」の出所及び証人の年齢について、
　⑥-1．日本側の池内通訳などが捕虜側の抗議や要請を拒否する際に口にした、「司令部の命令」（英文速記録13951頁参照）は、どこの司令部の命令であったのか？

⑥-2. では、どこの司令部から発せられた命令だったのか確たることは知らなかったのではないか？

⑥-3. 証人の年齢は？

証人応答

⑥-1. 島内の海軍部隊の司令部だったかもしれないし、あるいはマカッサルの（第二）南遣艦隊司令部だったかもしれない。

⑥-2. その通り、知らなかった。自分が池内に言われたのが「司令部の命令だから、言った通りにせよ」ということであった。

⑥-3. 28歳。

＊被告大島弁護人島内、バン・ヌーテン証人に対する反対尋問に立つ。［E：14043］［J：143（7）］

【島内弁護人による検察側証人バン・ヌーテンに対する反対尋問】

弁護人審問

①捕虜への食糧配給量について、

①-1. 証人は、「1943（昭和18）年7月以降は米飯が1日10オンスを下回る量となって食糧事情が悪化した」と証言した（英文速記録13945頁参照）が、実際には1944（昭和19）年8月まで1日17オンスではなかったか？

①-2. ジョージ・ウェストリー［George Westley］少佐を知っているか？

①-3. 同少佐は「捕虜宛の1日あたりの配給食糧は1944（昭和19）年8月まで17オンス」と言っているが、この点についての証人の記憶は如何？

証人応答

①-1. そうではない。17オンスは1943（昭和18）年7月までのこと。

①-2. 知っている。収容所内オーストラリア軍捕虜の先任将校であった。

①-3. 1日あたりの米飯の量は、1943（昭和18）年7月から10、8、6オンスと漸次減少し、翌年8～9月頃には4オンスになった（この部分は、速記録を見る限り証言内容に若干の変遷があり、直接尋問の際には「最後の6～8カ月ぐらいは4オンス」［英文速記録13945頁参照］であり、4オンスに減らされたのは終戦の年になってからのような意味合いとなっている）。

＊被告大島弁護人島内、提出済み（検）法廷証PX1820-A【ジョージ・デ・バードン・ウェストリー豪州軍少佐別途宣誓供述書抜粋】の中に「1944（昭和19）年8月まで捕虜1人あたりの食糧は1日17オンスであった」との記述があることに、法廷の注意を喚起する。

弁護人審問

①-4. 日本軍将兵宛の食糧支給量も1944（昭和19）年暮れから減らされたことを承知しているか？

<1947-1-2>　　　　　　　　　　　　　　　　　　　　　　　2　検察主張立証段階　**167**

証人応答

　①-4.　その通り。以前に、「その頃に15〜17オンスに減らされた」と証言した（英文速記録13995頁参照）。

弁護人審問

　②空襲後に民間人抑留者が一時収容されていた教会の建物について（英文速記録13954〜55頁参照）、

　②-1.　証人は、タン・トイの収容所からオランダ人婦女子が移されたその教会の建物に何日ぐらいいたか？

　②-2.　では、どのようにして同所の状態を知ることができたのか？

証人応答

　②-1.　自分自身はそこに滞在したことはない。

　②-2.　トラックで近くを通り過ぎた時に望見しており、後刻接触したオランダ人婦人の1人から報告を受けた。

弁護人審問

　③空襲後の再建作業における資材不足について（英文速記録13955〜56頁参照）、

　③-1.　1944（昭和19）年8月の空襲時にアンボン市街が被った被害の程度は如何？

　③-2.　同市の住民は家屋を再建したか？

　③-3.　収容所内で新たに建てられた宿舎をそのような仮設住宅と比較すればどうであったか？

　③-4.　空襲前のアンボン市街には何軒ぐらいの家屋があったのか？

　③-5.　空襲後で建築資材が不足していたのではないか？

証人応答

　③-1.　市街はほとんど破壊された。

　③-2.　再建したが、以前と同じような家屋ではなく、仮設住宅を建てた。

　③-3.　広範な地域より資材を集めることができた現地住民に比べて、自分達捕虜は収容所内の破壊された建物の残骸の中から資材をかき集めて、それで建築資材を賄わねばならなかった。

　③-4.　人口1万ぐらい（問に対する正面からの回答ではないが、英文速記録14046頁のママ）。

　③-5.　その通りであるが、現地人の多くは、市街と山間部の2カ所に家屋を有していており、（空襲後は）山間部の家屋に避難している者が多かったので、現地人が建築資材を大量に必要としていたとは必ずしも言えない。

弁護人審問

　④医療器具と医薬品の不足について、

　④-1.　1943（昭和18）年2月の空襲時に、収容所内の病棟も破壊されたか？

　④-2.　その時に、医療器具と医薬品も喪失したのではないか？

　⑤収容所外の病院の状態について、

　⑤-1.　度重なる空襲によって、収容所外にあった病院と薬局も焼失したか？

　⑤-2.　そのふたつの病院には患者が沢山収容されていたか？

証人応答

④-1. 倒壊された後に焼き尽くされた。

④-2. 燃えないものは残ったが、大半が失われた。

⑤-1. 日本軍の病院及び日本側管理下にあった現地人用病院は、全く被害を受けなかった。

⑤-2. 自分の見たところによれば、その通りであった。

弁護人審問

⑥日本軍のアンボンへの補給について、

⑥-1. タン・トイへの空襲後、アンボンに来着した日本軍の輸送船はあったか？

⑥-2. 米軍の飛行機と潜水艦が日本側の通商破壊を行った事例を知っているか？

証人応答

⑥-1. 1944（昭和19）年8月28日の空襲後、大型の輸送船が来ることはなく、積載量200トンぐらいまでの小型の木造船舶のみがやって来た。

⑥-2. 自分自身は直接そのような事実を知らなかったが、日本側が島の周囲の封鎖を破るのは容易なことではなかったと考える。

弁護人審問

⑦収容所地区外に出ていたのを発見されたオーストラリア軍捕虜4人について（英文速記録13975〜77頁参照）、

⑦-1. その4人が収容所地区外に出ていた理由は？

⑦-2. 日本側の許可を得た上でか？

証人応答

⑦-1. 生鮮果実など、追加の食糧を得ようとした。

⑦-2. そうではない、隠密裏に。

弁護人審問

⑦-3. 4人は収容所から脱走したのか？

＊裁判長ウェッブ、「この件については論議が尽くされている」と、質問を却下する。

弁護人審問

⑧日本軍内部での体罰、制裁について、

⑧-1. 日本軍兵士が自軍の兵士を殴打したり、蹴ったりしていることを、実際に見たり、聞いたりしたことがあるか？

⑧-2. 頻繁に起きたことか？

⑧-3. そのようなことを行った理由は何か？

証人応答

⑧-1. ある。

⑧-2. 相当頻繁に起きていた。

⑧-3. 軍隊内で通常行われていることの一環であり、規律違反を咎めてその場で処罰する意味

<1947-1-2> 2 検察主張立証段階 **169**

合いでなされていたと考える。

＊被告大島弁護人島内、弁護側反対尋問の終了を報じる。

＊検察官モネーヌ中佐、「弁護側反対尋問により生じたいくつかの問題について」、バン・ヌーテン証人に対する再直接尋問に立つ。［E: 14050］［J: 143（8）］

【検察側証人バン・ヌーテンに対する検察側再直接尋問】

検察官審問

　①捕虜宛の食糧支給量について、

　①-1. どのような機会に量を確かめることができたのか？

証人応答

　①-1. 収容所に配達される食糧を受け取る際に常に自分は立ち会っていたし、捕虜一人一人に配られる時にも注意を払っていた。

＊裁判長ウェッブ、自ら問いを発す。

裁判長審問

　①-2. ウェストリー少佐も同様な立場にあったか？

証人応答

　①-2. 常にそうとは限らなかった。

検察官審問

　②捕虜を使っての医療実験について（英文速記録13961～62頁参照）、（捕虜側の？）軍医から、捕虜に処方されている注射の内容物についてなにか聞かされたか？

証人応答

　②軍医が自分に度々言ったのは、「注射の内容物は日本側が言うようなものではない」ということで、「処方されている者が死期を早めているように見受けられるので、止めさせるよう強く訴えるべきである」と何度も言ってきた。

＊検察官モネーヌ中佐、検察側の再直接尋問終了を告げる。

＊裁判長ウェッブ、証人の任を解く。

＊バン・ヌーテン証人、退廷する。

(13) 検察官モネーヌ中佐、検察主張立証第 XIII・XIV 局面「対民間人・戦争捕虜残虐行為」第 6 部「蘭領東インドでの残虐行為」の検察側立証として、「蘭領東インドのアンボン群島での残虐行為」関係書証の提出を再開する。

（英速録 14052～14065 頁／和速録 143 号 9～10 頁）

＊提出済み（検）法廷証 PX1820-A【ジョージ・デ・バードン・ウェストリー豪州軍少佐別途宣誓供述書抜粋】　検察官モネーヌ中佐、「法廷が必要としなければ朗読しない」、と申し立てる。

裁判長ウェッブ、「朗読不要」、と申し渡す。

＊（検）法廷証 PX1821【イアン・ファーカー・マクレイ［Ian Farquhar Macrae］豪州軍少佐宣誓供述書】＝検察側文書 PD5417　識別番号を付される。

＊（検）法廷証 PX1821-A【同上抜粋】　証拠として受理される。朗読なし。

＊（検）法廷証 PX1822【バードン・クライブ・ボール［Verdun Clive Ball］豪州軍兵卒宣誓供述書】＝検察側文書 PD5302　識別番号を付される。

＊（検）法廷証 PX1822-A【同上抜粋；豪州軍俘虜に対する拷問虐待】　証拠として受理され、検察官モネーヌ中佐、「供述者と他22名のオーストラリア軍捕虜が収容所の境界線外に出たとの理由で殴られるなどの暴行を受け、このために供述者は3〜4カ月ほど満足に歩行できなかった」と、要約を朗読する。書証の朗読なし。

＊（検）法廷証 PX1823【ジョン・レスリー・シーラント［John Leslie Searant］豪州軍兵卒宣誓供述書】＝検察側文書 PD5301　識別番号を付される。

＊（検）法廷証 PX1823-A【同上抜粋；豪州軍俘虜に対する拷問虐待】　証拠として受理される。朗読なし。

＊（検）法廷証 PX1824【オランダ王国軍情報部公式報告書】＝検察側文書 PD5306　識別番号を付される。

＊（検）法廷証 PX1824-A【同上抜粋；P・ボーディマン［Boediman］陳述書－豪州軍俘虜・民間人の虐待致死】　証拠として受理され、抜粋が朗読される。

【PX1824-A 朗読概要】

　サンギリ［Sangirese］人で狙撃兵［fusilier］であった自分P・ボーディマンは、コンポンベンティン［Kompoeng Benting］の元オランダ軍砲兵隊兵舎に入れられて、兵補として働いていたが、1943（昭和18）年7月に、オーストラリア軍捕虜5人、現地のアンボン人の民間人男性15人、及び女性4人が後ろ手に縛られて、スコップや軍刀を持った多数の日本兵に監視されつつ、件の兵舎の前を通り過ぎるのを目撃した。連行されていった人々がその後どうなったかは見届けなかったが、間もなく、監視にあたっていた日本兵は、それらの捕虜・民間人を連れずに、スコップや軍刀を持ったままで戻ってきた。自分は、後ろ手に縛られて連行されていったのは、オーストラリア軍捕虜に食糧などを与えたが故に日本軍に斬首された者（及び、食糧を受け取った捕虜）であったと考えており、この考えは確信に近いものである。

＊（検）法廷証 PX1825【デニス・ブライアン・メイソン［Denis Brian Mason］英空軍将校宣誓供述書】＝検察側文書 PD5297　識別番号を付される。

＊（検）法廷証 PX1825-A【同上抜粋；ハルク島俘虜収容所での疾病と飢餓のための死亡】　証拠として受理され、検察官モネーヌ中佐、以下の通り、要約を朗読する。書証の朗読なし。

　供述者を含む2050名余りの捕虜は、1943（昭和18）年5月5日にハローコー［Haroekoe］島

<1947-1-2>

に到着したが、収容所は一部しか完成していなかったため、雨風を十分にしのぐことができなかった。捕虜は飢えに苦しみ、殴打にさらされ、ほとんどが病人であったにもかかわらず、主に飛行場建設のために1日10時間の労役を強いられた。衣服や靴も支給されないまま、多くの者が脚気やマラリアや赤痢に罹患し、病棟に収容された患者は飢えをしのぐため、鼠や犬・猫やカタツムリなどで食糧不足を補っていた。医療・医薬品は何も与えられず、用便施設として最初の1年間に造ることを許されたのは、屋外での側溝のみだったので、赤痢が蔓延した。15カ月の間に、疾病と飢餓による死者は386人に上った。

＊（検）法廷証PX1826【デニス・ブライアン・メイソン英空軍将校別途宣誓供述書】＝検察側文書PD5298　識別番号を付される。

＊（検）法廷証PX1826-A【同上抜粋：ハハト［Hahat］収容所での虐待致死】　証拠として受理され、抜粋が朗読される。［E: 14056］［J: 143（9）］

【PX1826-A 朗読概要】

　自分がアンボイナの街からハハトの収容所に着いた1944（昭和19）年8月18日当時、同収容所は、既に酷い過密状態で、自分が所属していた1団の入り込む余地はなかった。日本側は、収容所のはずれにあったジャワ人労務者が使用していた小屋複数を割り当ててきた。

　小屋の中には腐敗したジャワ人の遺体が置き去りにされていたものもあったので、まずそれらを処分して英蘭両軍捕虜の居住する場所を確保しなければならなかった。

　こうして、その区画は既存の収容所の一部となった。

（中略）

　収容所は4000人の捕虜で満たされたために驚愕すべきほどの過密状態となり、1人宛12フィートの空間が確保されれば幸運な方であった。因みに、自分が所属していた1団は、地面の上に横になることを余儀なくされた。水は泉から得られたので、相応の量を確保できたが、食糧は1日150グラム余りの米飯だけで他に何もないという劣悪なものであった。船荷の積載作業が主であった労役は引き続き課せられていたが、衣服、靴、寝具などの支給は皆無であった。

　娯楽や教会での礼拝などは全く許可されず、同所にいる間、郵便物や赤十字の物品などを受け取ったことは1度もなかった。医療品、医薬品もほとんど入手できず、あったのは、積荷の作業をしている間に日本軍の集積物の中から失敬したものだけであった。

　重病人を含め、英軍の士官捕虜でさえも全員、日本軍用の防空壕を造る作業に駆り出された。

　同所にいた日本人の中では、厨房で雇われていたカミノカ（KAMINOKA。神岡もしくは上岡か？）という朝鮮人が特に粗暴、残虐で、自分は、それ以前に居たリアン［Liang］の収容所で同人に酷く殴打されたことがあった。同人は英国軍捕虜をいたぶるのを特に楽しみにしていて、2人の空軍将校を殺しかけたことがあった。その両名とも既に死亡している。（和文速記録143号10頁の対応部分には、「カミノカは『片目』と綽名されていた」との記述がこの後に続くが、英文速記録14059頁にはない）

＊（検）法廷証 PX1827【ヘンリー・キッテリンガム［Henry Kitteringham］英空軍航空兵［Aircraftsman］宣誓供述書】＝検察側文書 PD5299　識別番号を付される。

＊（検）法廷証 PX1827-A【同上抜粋；リアンでの重労働・海路輸送中の致死】　証拠として受理され、検察官モネーヌ中佐、以下の通り、要約を朗読する。書証の朗読なし。

　1943（昭和 18）年 5 月にアンボン島リアンの収容所に捕虜 1000 名が到着したが、同地の宿営施設は水漏れのするテントがほとんどという劣悪な状態で、食糧は適切と言うには程遠いものであった。捕虜は飛行場の建設作業をやらされたが、作業内容が重労働であった上に、看守兵による酷い殴打にさらされた。医薬品の支給は不十分。チャンピオンという男が殺害された。翌年 10 月に 600 人が海路でジャワに送り返されたが、乗せられた船は過密状態で、飲み水は 1 人当たり 1 日 3 分の 1 パイントしか与えられず、航海の最中に 28 人が死亡した。

＊（検）法廷証 PX1828【2/5 オーストラリア総合病院戦時日誌抜粋（1945［昭和 20］年 9 月 12 日：於モロタイ）】＝検察側文書 PD5300　識別番号を付される。

＊（検）法廷証 PX1828-A【同上抜粋：オーストラリア・オランダ人俘虜に対する虐待致死】　証拠として受理され、抜粋が朗読される

【PX1828-A 朗読概要】

　解放されたオーストラリア軍及びオランダ軍捕虜 64 名が、アンボイナから来着。内、担架で搬送されてきた者が 38 名。非常に衰弱し、痩せ衰えた状態で、全員が栄養失調の症状に苦しんでおり、症状が重篤な者も多数。13 日早朝、内 1 名が死亡。未明の時点では、病床 1020 の内、572 が使用中で、空きが 448。

＊（検）法廷証 PX1829【2/5 オーストラリア総合病院医療部担当将校報告】＝検察側文書 PD5399　識別番号を付される。

＊（検）法廷証 PX1829-A【同上抜粋；PX1828 に言及された戦争捕虜についての所見】　証拠として受理され、抜粋が朗読される。

【PX1829-A 朗読概要】

　以下は、件の 65 名を観察した際の最初の 48 時間の所見。

　内 15 人は極度に痩せており目が窪み、顔面蒼白。腹部と踵に腫れが見られ、手足の先端部が極度に化膿していた。この一団はベルゼン（Belsen。ナチの強制収容所で解放されたユダヤ人のことを指しているのか？）を想起させるもので、衰弱状態が著しかった 1 名は、意識を十分に回復することなく死亡し、他 4 人も憂慮すべき症状で、危険な状態から脱していない。（65 名中）過半数を占める 45 人の集団は、栄養失調や脚気、熱帯性潰瘍、貧血［anaemia］などの様々な段階の症状を呈しているが、中には収容所やモロタイに運ばれてくる途中の艦上で介添えがあれば歩ける者もい

＜1947-1-2＞　　　　　　　　　　　　　　　　　　　　　　　　　2　検察主張立証段階　**173**

た。残りの6～8名は、体重が減ったことを除いては、良好な状態にある。

＊（検）法廷証 PX1830【ポール・アルフレッド・スタンズベリー［Paul Alfred Stansbury］米陸軍
　航空隊中尉宣誓供述書】＝検察側文書 PD5303　識別番号を付される。

＊（検）法廷証 PX1830-A【同上抜粋；カイ島で墜落した B24 搭乗員に対する虐待】　証拠とし
　て受理され、検察官モネーヌ中佐、以下の通り、要約を朗読する。書証の朗読なし。

　供述者は、B-24 爆撃機の爆撃手で、1943（昭和 18）年 9 月 21 日に搭乗機がカイ諸島［Kai Is-
lands］で、深さ 3 フィートの珊瑚礁の海面に不時着。その際に、乗組員は皆重傷を負い、航空士
は操縦席から脱出できなくなった。日本軍の舟艇がやって来て、航空士を除いて捕虜にし、航空
士はそのまま放置されて死ぬこととなった。捕虜となった乗組員はアンボンに連れて行かれ、蚊
が多く飛び交う房の中に毛布も寝具も蚊帳も与えられずに留置された。房には日光が差し込まず、
換気装置もなく、穀蔵虫入りの米飯だけを食べさせられた乗組員は飢えに苦しみ、傷の治療など
は全くされなかった。そして、68 日間、尋問されている最中、ほぼ連日のように殴打されていた。
後に、自分と副操縦士は日本に送られたが、途中の航海の最中も度々看守兵に殴打され、脚気に
罹っていたにもかかわらず、60 日間の航海の間、何の治療も施されなかった。そのために、供
述者は 9 カ月間、副操縦士は 20 カ月間、身体が麻痺状態となっていた。

＊（検）法廷証 PX1831【日本海軍ヨシザキ・キヨサト（吉崎清里）准士官［warrant officer］尋問録】
　＝検察側文書 PD5223　識別番号を付される。

＊（検）法廷証 PX1831-A【同上抜粋；サララ俘虜収容所での米飛行士 3 名の斬首】　証拠として
　受理され、検察官モネーヌ中佐、「1944（昭和 19）年 8 月 29 日に、供述者は上官の命により
　サララ［Sarara］捕虜収容所で米軍飛行士 3 人を斬首して処刑するのに加わった。前日、同地
　域は米軍機による空襲を受けていた」と、要約を朗読する。書証の朗読なし。

＊裁判長ウェッブ、正午の休廷を宣す。

＊午後 1 時 30 分、法廷、再開する。［E: 14066］［J: 143（11）］

**（14）検察官モネーヌ中佐、検察主張立証第 XIII・XIV 局面「対民間人・戦争捕虜残虐
行為」第 6 部「蘭領東インドでの残虐行為」の検察側立証として、「ニューギニアでの
残虐行為」関連検察側要約証拠概要・検察側要約書証・検察側書証を提出する。**

（英速録 14066～14104 頁／和速録 143 号 11～16 頁）

＊（検）法廷証 PX1832【ニューギニアでの日本軍残虐行為検察側証拠概要】＝検察側文書
　PD5442　証拠として受理される。朗読なし。

＊（検）法廷証 PX1833【チャールズ・ヘンリー・ビックス［Charles Henry Bix］豪州軍少佐宣誓供
　述書】＝検察側文書 PD5379　識別番号を付される。

＊（検）法廷証 PX1833-A【同上抜粋；モテオ［Moteo］・ケベレ［Koebele］での原住民男女刺殺】
　証拠として受理され、抜粋が朗読される。

【PX1833-A 朗読概要】

自分は、日本軍がミルン湾［Milne Bay］に上陸してきた 1942（昭和 17）年 8 月 25 日当時、現地にいて、その日から 31 日までの日本軍との戦闘に参加した。30 日、自分は他 4 名と共に、日本軍が制圧している地域に向かって斥候に出発したが、26 日夜、戦闘のあったモテオという場所で、道の真ん中に原住民が 1 人、通信線で後ろ手に縛られて倒れているのを見付けた。その現地人の体には 3〜4 カ所に貫通銃創があったほか、腹部に 3 カ所銃剣で刺された痕があった。その現地人の身元は不明であったが、同地域の住民のようであった。自分の見立てでは、同人が縛り上げられた後、銃剣で刺されて撃たれたことは確かである。

さらに同地区を進んでいったところ、同じ村落の近くで、通信線で後ろ手に縛られて、両足を杭に括り付けられた原住民女性の遺体を目にした。仰向けで裸体となって横たわっていたが、腹部からその上にかけてナイフか銃剣で切り上げられたようであった。

さらに進んで、27 日の夜に戦闘があったケベレの近くでは、オーストラリア軍兵士 6 人の遺体を発見した（和文速記録 143 号 11 頁は「7 人」と記す）。皆、通信線で後ろ手に縛られ、腹部を銃剣で刺されており、内 2 名は腕が至近距離からの小銃弾の発砲で打ち砕かれ、全員膝を立てた状態で倒れていた。認識票を探したが、すべて取り去られていた。

＊（検）法廷証 PX1834【チャールズ・ウォルター・ケンドール［Charles Walter Kendall］豪州軍大尉宣誓供述書】＝検察側文書 PD5378　識別番号を付される。

＊（検）法廷証 PX1834-A【同上抜粋：ワガワガ［Waga Waga］・ゴロニ［Goroni］（ミルン湾）での俘虜・原住民虐殺】　証拠として受理され、抜粋が朗読される。

【PX1834-A 朗読概要】

1942（昭和 17）年 9 月 1〜2 日頃、ミルン湾のワガワガで我軍は、日本の陸戦隊部隊［Marine Regiment］の司令部を攻略。防御陣地を調えるため、その周囲の密林を伐開していたところ、オーストラリア軍第 61 民兵大隊［Militia Battalion］所属の兵士 2 人の遺体を発見。

1 人は手を胸の方で縛り合わされ、ズボンを膝のあたりまで下げられてベルトを軍靴に結わえた状態で倒れていた。耳の上部が切り取られ、身体にはナイフか銃剣による傷跡が 20 カ所余りあった。また、胸部と上腕部には身をかばおうとした時に付けられたような傷もあり、臀部と局部は痛ましいまでの損傷を受けていた。

そこから 6 フィート余り離れた場所で見付かった今 1 人の遺体は、後ろ手に縛られて木に縛り付けられていた。上腕部の 6 カ所ぐらいに軽傷が見られ、そこに何日間か縛られたまま放置されていたのであろうか、木の根元あたりが荒らされたような状態になっていた。

どちらの遺体も、我軍が占拠した司令部から 50 ヤード以内の距離にあったものである。

ワガワガからリリヒ［Lillihi］に向かう途中の路上に、今 1 人のオーストラリア軍兵士の遺体が、

<1947-1-2>　　　　　　　　　　　　　　　　　　　　　　2　検察主張立証段階　**175**

後ろ手に紐で縛られて、うつ伏せの状態で放置されていた。その左脚には仮包帯が巻かれた傷が
あり、後方から大きなナイフか軍刀で切られたのか、頭頂部が身体の前の方に切り落とされて落
ちていた。背中と肩にもナイフか刀で滅多切りにされた痕があり、シャツを切り裂いて傷口が肉
まで達していた。

　ワガワガとゴロニの村の間にあった日本軍の無線通信所の近くには、現地人の 20 歳ぐらいの
女性の遺体が、地面に打ち込まれた杭に手首と足首を紐で結び付けられた状態で裸体で放置され
ていたが、両の乳房が切り取られて、ひとつは顔の上に、もうひとつは腹部の上に置かれていた。
死んで間もないように見受けられた。自分の見立てでは、乳房はナイフで乱暴に切り取られたよ
うであった。

　一両日の内に、アヒオマ［Ahioma］で日本兵が 1 人捕虜となり、英語が話せたその日本兵に自
分は既述のオーストラリア軍兵士 2 人の遺体を見せた。その捕虜が話すには、当人は上陸した部
隊の一員で、それら兵士に対する虐待と拷問は、士官の命令によって行われたとのことであった。
即ち、オーストラリア軍兵士にそのような残虐行為を行えば、同じ運命が、日本軍兵士が捕虜と
なった場合にも待ち受けているであろうから、日本兵は降伏せずに戦い続けることになる、との
考慮によるものであった。

＊（検）法廷証 PX1835【アラン・S・パーマー［Alan S. Palmer］豪州軍大尉宣誓供述書】＝検察側
　　文書 PD5388　識別番号を付される。［E: 14072］［J: 143（11）］
＊（検）法廷証 PX1835-A【同上抜粋：ラピ布教区（ニューギニアのミルン湾近く）で発見の原
　　住民男女死体の状況】　証拠として受理され、抜粋が朗読される。

【PX1835-A 朗読概要】

　1942（昭和 17）年 8 月某日、自分がニューギニアのミルン湾近辺で警備の任に就いて、ラビ
［Rabi］の布教所から半マイルほど内陸に入った場所にある現地人集落に通りかかったところ、そ
の集落のはずれで、現地人の男女 8 人が死んでいるのを発見した。銃で射殺されたか銃剣で刺殺
されたかしたようで、死後 2～5 日経過していた模様。

　集落にさらに入っていくと、オーストラリア軍兵士 1 人が、腕を後ろに回されて括り付けられ
るような体勢で、椰子の木に電話線で縛り付けられていた。電話線が手首に食い込んでいる状態
だったので、木に縛り付けられた時には生きていたものと思われる。破れかかった半ズボンを穿
いているだけの裸体に近い状態で、身体には銃創がいくつもあった。現地人の遺体も相当数あり、
その中の女性 2 人と男性 1 人は木に縛り付けられていたが、いずれも刀か銃剣で刺殺された者で
あった。

＊（検）法廷証 PX1836【ATIS 報告集】＝検察側文書 PD405　識別番号を付される。
＊（検）法廷証 PX1836-A【同上抜粋：日本人捕虜 2 名の尋問書及び日本人 6 名の日記抜粋：ブ
　　ナ近辺での豪州人男女・子供の処刑】　証拠として受理され、検察官モネーヌ中佐、「（1942［昭

和17〕年？）8月中旬頃、ブナ〔Buna〕で女性4人と子供1人を含むオーストラリア人9人が日本軍に捕らえられ、翌日処刑された模様」と、要約を朗読する。書証の朗読なし。

＊（検）法廷証 PX1836-B【同上抜粋；捕獲日記1冊及び日本人捕虜陳述書抜粋－ダグラス機搭乗員の処刑】＝検察側文書 PD405-A　証拠として受理され、抜粋が朗読される。

【PX1836-B 朗読概要】

　1943（昭和18）年5月29日、クロカワ〔KUROKAWA〕技官、ニシグチ〔NISHIGUCHI〕、ヤワタ〔YAWATA〕と自分の4人全員が、午後3時、司令部前に集合。去る18日に対空砲火で墜とされたダグラス輸送機乗組員2人の内の1人が第7根拠地隊〔the 7th Base Force〕で何日間か尋問を受けた後に、サラマウア〔Salamaua〕の守備隊に戻されてきていたが、その捕虜を処刑することに決定。コマイ〔KOMAI〕隊長は、本日監視所に来た時に「日本の武士道精神に従い、武士の情けで、捕虜は自分が愛用の刀で処断する」と語った。それを見届けるために自分達は集まったのである。10分少々待ったところで、トラック（英文速記録14076頁は truce とするが、単純な錯誤とみて、和文速記録の記述に倣う）がやって来た。

　衛兵詰所脇にいた捕虜は末期の水などを与えられている。軍医長、コマイ隊長、司令部付小隊長が軍刀を帯びて将校集会所から出てきた。時間が来て、腕を縛られて長髪を刈り込まれた捕虜が、よろめきながら歩き出す。多分、これから何が起きるのか薄々感づいているのであろう。トラックに乗せられ、我々一行は目的地に向かって出発した。自分は軍医長の隣に座る。監視のために兵士10名が同行。快調なエンジン音と共に、夕闇が迫る中、速度を上げて走行する。夕日が西の山々の背後に沈み、前方には巨大な雲が立ちのぼってきて、あたりは暗くなってきた。もう間もなくである。これから目撃するであろう光景を心に描いている内に、胸の鼓動が速くなってきた。

　チラッと捕虜を見た。自分の運命を諦観しているようで、この世に別れを告げるかのように、トラックに座った捕虜は山や海を見つめ、深い瞑想にひたっているようにも見える。憐憫の情が湧き上がってくるのを感じて、自分は目を逸らした。

　去年、分隊長を火葬にした場所に通りかかった。ニシグチ技官も同じことを考えていたのであろう。「最後にここに来てから随分経った」と言っていた。本当に久しぶりであった。監視所から毎日見られる場所なのに、来る機会は1度もなかった。あれからおよそ1年になるのだ。我ながら感傷的になって、そこを通過する際に黙禱して、シミズ分隊長の冥福を祈った。

　トラックは海浜を走って海軍の守備地区を後にし、陸軍の守備地区に入った。草原のそこかしこに歩哨が立っている。通り過ぎていく際に、心の中で「ご苦労さん」と言っていた。昨夜空襲があったのであろう。道路脇に大きな穴がいくつかできていて、雨水が溜まっていた。20分ほどで到着し、全員、下車。

　コマイ隊長が立ち上がって捕虜に「今から処刑する」と伝え、「武士道に則って日本刀で処刑

＜1947-1-2＞　　　　　　　　　　　　　　　　　　　　　　　　2　検察主張立証段階　**177**

する。2～3分の猶予を与える」と告げている最中、捕虜は頭を垂れて聞いていた。何かを小さな声で言っていた。one という語を聞き分けることができたので、「一撃［one stroke］で殺してほしい」と言ったのであろう。隊長は緊張した面持ちになって「イエス」と答えていた。

　時が来た。捕虜は、水が溜まった爆弾の破孔の縁に座らされる。観念している様子であった。用心のために、着剣して銃を構えた兵士が周囲を取り囲んでいるが、捕虜は、暴れる様子はない。それどころか、首を前に差し伸べるような姿勢を取っている。実に勇敢である。自分を捕虜の身に置き換えて、あと1分でこの世とおさらばすると考えてみる。日々の空襲の際には敵愾心を燃やす自分だが、普通の人間としての情感を以てしては、彼に憐れみを覚える。隊長が自分の愛刀を抜いた。監視所で見せてくれた名高いオサムネ［OSAMUNE］である（英文速記録14078頁の記述のママ。実際は、備前長船［おさふね］長光か？　それとも正宗か？）。その刃の光を見て背筋に寒気が走るのを覚えた。刃の峰で捕虜の首を軽く叩くと、両手で頭の上に刀を振り上げて一閃にうち下ろした。

　自分は、身体を硬くして立っていたが、その刹那、目を閉じていた。

　「シュー！」という音は、動脈から血が逆る音であろう。そして、何かが切られる音と共に、身体は前のめりに倒れていった。見事であった。一撃で殺されていた。見守っていた者達は、前の方に寄り集まってきた。胴から離れた首は前の方に転がり、胴からはどす黒い血が「シュッ、シュッ」と噴き出している。

　すべてが終わった。首は人形の首のように白い色になっていた。少し前までの残忍な心持ちはなくなり、日本の武士道本来の情けより他に胸に去来するものはなかった。古参の伍長の1人が大声で笑って、「これで奴も極楽往生だ」と言っていた。この時、衛生兵の1人が軍医長の刀を借りて、意趣返しとばかりに、捕虜の首のない胴体を転がして仰向けにすると、下腹部を一閃した。「毛唐の皮膚は厚い。腹の皮までも厚い」と言っていた。胴からは一滴の血も流れ出て来ず、穴に転げ落されると、埋められた。

　風が葬送曲のように吹き渡り、心の中に今見た光景がよみがえる。トラックに乗って帰途に就く。既に暗くなっている。司令部の前で降りると、コマイ隊長に別れを告げて、クロカワ技官と一緒に丘を登る。自分は生涯このことを忘れないだろう。生きて戻ったら良き語り草となるだろうから、書き留めておくこととした。

　サラマウア監視所にて、1943（昭和18）年3月30日午前1時10分、深夜に波の音を聴きつつ。（注：本日処刑した捕虜は、モレスビーから飛来した空軍大尉で、当年23歳。モレスビーでは空軍訓練隊［英文速記録14080頁ではATC。Airforce Training Corps の略称か？　和文速記録143号12頁の訳語に倣う］の教官であった）

＊（検）法廷証 PX1837【辺境警備連隊1/13部隊インド原住民兵セポイ・バカン・シング［Sepoy Bachan Sing］陳述書】＝検察側文書 PD5390　識別番号を付される。

＊（検）法廷証 PX1837-A【同上抜粋：ウェワク［Wewak］、ブト［But］、ボイケン［Boiken］、ランジャ［Ranja］での俘虜虐待】　証拠として受理され、抜粋が朗読される。（英文速記録14080頁

には、部隊名とし F.F.R. とあり、和文速記録 143 号 12 頁の対応部分では「第一線連隊」となっているが、英文速記録 14090 頁には、記載されている別の文書の供述者の所属部隊として Frontier Force なる記述があり、F.F.R. は Frontier Force Regiment の略である可能性があるので、それに則して訳しておく）

【PX1837-A 朗読概要】

　1943（昭和 18）年 5 月 5 日、自分はニューギニアまで日本軍の捕虜として移送されるべく、船に乗せられてシンガポールを発った。自分の属する一行 595 人がその航海の途中で味わった苦しみは、筆舌に尽くし難いものであった。水浴、洗濯には海水を使用することを余儀なくされ、食糧は僅少。寝るための空間は 10 フィート四方しかなかったので、横になることも座ることもできなかった。これが 10 日間続いたのである。

　5 月 16 日にニューギニアのウェワクで下船させられたが、それから 2 日間、起居する場所も与えられず、食糧も衣服も支給されなかったので、蚊の襲来に苦しめられ、何人かが病気になった。食糧が不足している旨、我方の士官が日本側に掛け合ったところ、日本側の 1 人はその士官を殴った上に、「それは我々の側の問題だ。我々のやっていることはすべて正しい」と、答えてきた。2 日後、3 マイルほど離れた場所に連れて行かれると、密林の草木を利用して自分達で宿舎を建てるよう命じられた。米軍機の来襲を恐れるが故に、昼間は煙を、夜間は火を出すことが許されず、この規則に違反した者は処刑された。1 週間ぐらい経過した頃から、我々一行の中で熱病、赤痢、脚気などで死亡する者が出始めたが、その時、一行の内、病人を除いた 350 人がウェワクからブトに移動させられることとなった。ウェワクに残留する病人には、食糧・医薬品の手配などは何もなかった。

　自分は 350 人の 1 人としてブトに赴いたが、その後 3 カ月間、そこでは健常者は食糧の配給を受けたが、病人には何も支給されなかったので、病人には健常者の分を分け与えていた。昼も夜も休む暇もないほど働かされ、8 日間休みなく労役をさせられたこともあった。このため、毎日 5〜6 人が死んでいったが、火葬、埋葬という遺体の処理は何もなされなかった。労役を免除されたのは、死期が 1〜2 日後に迫って働けなくなった者だけであった。我方の士官が苦情を申し立てると、酷く殴打され、いかなる苦情や報告であろうと取り上げられることはなかった。

　12 月 14 日午前 1 時頃に 1 回目の爆撃をしに飛来して以降、米軍機が定期的にやって来るようになった。これを機に、我方の士官が日本側担当士官であるタカノ中佐に、捕虜収容所であることを示す標識を掲げるべきことを進言したが、返ってきた答えは「政府からは、そのような許可を得ていない」というものであった。

　おまけに、空襲の最中にも我々は、飛行場での作業を中断することを許されなかったので、この点について我方の士官が苦情を申し入れたが、やはり受け入れられなかった。飛行機が近づいてくると、日本軍の将兵は皆、密林の中に逃げ込んだが、我々は一歩たりとも動くことは許されず、これに違反しようものなら、激しく殴打されたのである。このために、数日間、夜には眠れ

＜1947-1-2＞　　　　　　　　　　　　　　　　　　　　　　　　　　　　2　検察主張立証段階　**179**

なかったことがある。

　12月15日にブトの飛行場で作業をしている最中に大規模な空襲があり、そのために我方の5人が死亡し、10人が負傷した。負傷者は治療もされず、食糧も与えられなかった。後に、日本側の病院に連れて行かれて、何人かは毒物を注射されて殺された。自分がブトで作業をさせられていた10カ月間、1日宛の食糧は乾パン4個と米飯5（オンス？《疑問符は英文速記録14083頁のママ》）だけであった。我々は、やがてウェワクに戻されたが、それまでに当初の350人の内160人が死亡した。そして、ウェワクに残していった病人も全員死亡していた。我々は2日後、ブトとウェワクのおよそ中間地点にあるボイケンに移送された。

　1944（昭和19）年4月25日に、今度は、歩行可能な者すべてが、300マイルほど離れたランジャ（英文速記録には、その後に括弧付けで「Aitape?」とある）に、日本軍の貯蔵物資と1カ月分の食糧を携行して移動する準備をするよう命じられた。各人米12ポンドと塩半ポンドを1カ月分として支給された他は、食糧の手配は自分でするよう言われ、「移動中に病気などで落伍した場合には、射殺する以外の面倒は見ない」と言い渡された。

　自分達の指揮・監督にあたった日本軍の責任者は、ヤマホコ［YAMAHOKO］中尉で、次席がナカド［NAKADO］中尉。その下にヤマモトとヤマシタがいた。最初の3人は我々一行の多くの者を殴打し、移動の最中に何人かを置き去りにして見殺しにした。ヤマシタは非常に良い将校で、自身で誰かを殴ることはなかった。ボイケンを発ってブトまで来たところで行進が止められ、戻るように言われた。聞くところによれば、米軍がホーランディアに上陸したので、戻るとのことであった。連合国軍が上陸したと聞いて、自分は嬉しかった。ボイケンに戻ると、同地に残されていた病人と合流し、そこで18日間、過ごした。

　5月4日に、健常者は日本軍と共に密林に入るよう言われ、自分を含めた病人は、ボイケンから4マイルほど離れた病院に収容されて、日本軍軍医の看護を受けると言い渡された。健常者達のその後の消息は不明である。そして、名前は知らないが顔を見れば分かるその軍医は午後5時に、「病が最も重い30人を1マイルほどの距離にある日本側の大きな病院に移す」と言ってきた。自分はその30人には含まれていなかったので、どこに連れて行かれたのか知らなかったが、その夜、内2人が酷い傷を負って這うように戻ってきた。2人が言うには、他の28人は日本軍が、銃剣や小銃で殺害し、運良く生き残ったのは彼らだけとのことである。我方の士官が日本軍の士官に、28人は何のため殺されたのかを質したが、返ってきた答えは、「2人は嘘をついている。皆生きており、3日経てば戻ってくる」というものであった。

　5月10日に、軍医が、病状の一番重い35人を大きい病院に移すよう命じたが、前回と同じような経緯を辿った。夜10時ぐらいに、内1人が胸に銃剣による傷を負い、土まみれになった状態で戻ってきて語るには、「他の34人は銃剣で刺されて塹壕に埋められ、自分だけが埋められた後に意識を取り戻して戻ってきた」とのことで、「命は助かったが、この傷では余り望みはない。日本の奴らは順繰り順繰りに我々を殺そうとするだろうから、気を付けろ」とも言った。

　そこで自分達は、殺されるより脱走した方が良いと考えて、深夜にバラバラになって思い思い

の方角に走り去っていった。自分は、他20人ぐらいと一緒に密林の中に居場所を定めて生きていくことにしたが、別れた他の面々や、日本軍部隊の消息は不明である。翌1945（昭和20）年5月22日にオーストラリア軍に救出されるまでの1年と9日間、自分は密林の植物を食みつつ、惨憺たる逃亡生活を送っていた。自分と当初一緒だった20人の内、救出されてオーストラリアに到着できたのは5人だけである。他は、日本軍が狩り出して殺害した。

＊（検）法廷証 PX1838【ジャット［Jat］連隊4/9隊ジェマダール・アブドゥール・ラティフ［Jemadar Abdul Latif］宣誓供述書】＝検察側文書 PD5384　識別番号を付される。

＊（検）法廷証 PX1838-A【同上抜粋：ウェワクからホーランディアへの行進の状況】　証拠として受理され、抜粋が朗読される。

【PX1838-A 朗読概要】

　1944（昭和19）年4月某日、自分はインド軍捕虜第26作業班の一員として、ウェワクからホーランディアに向かう途中であった。この時、他の一員であるファテ・カーン［Fateh Khan］兵卒が、ボイケンの近くで、我々の班の監督にあたっているカシモト［KASHIMOTO］中尉に、「衰弱して荷を担げないので軽くしてほしい」と訴えたところ、カシモトはヤマダ［YAMADA］伍長（既に死亡）と他の日本軍兵士に、カーンの手足を縛って海に放り込むよう命じた。日本軍兵士4人がそうやってカーンを海に放り込み、カーンはカシモトらが見守る中で溺死した。自分や、既に死亡しているインド軍捕虜などが、この事件を目撃している。

＊（検）法廷証 PX1839【ドグラ［Dogra］連隊3/17隊上等兵ディナ・ナート［Dina Nath］宣誓供述書】＝検察側文書 PD5391　識別番号を付される。［E: 14089］［J: 143（14）］

＊（検）法廷証 PX1839-A【同上抜粋：ブトでの病人俘虜の殺戮】　証拠として受理され、検察官モネーヌ中佐、「供述者は、インド軍捕虜第18作業班の一員であった。1944（昭和19）年5月某日、その作業班の大部は、ブトに病人100人を残してラバン［Rabang］に赴いた。約1カ月ほど後に、その100人と一緒に残留していた日本軍のタカシ上等兵が言うには、100人の中のグルカ兵数名が、連合国軍機に合図を送った報復措置として、機銃と手榴弾で全員殺されたとのことであった」と、要約を朗読する。書証の朗読なし。

＊（検）法廷証 PX1840【インド第2/12辺境部隊兵卒チェイン・シン［Chain Sing］陳述書】＝検察側文書 PD5382　識別番号を付される。

＊（検）法廷証 PX1840-A【同上抜粋：インド人俘虜2名の虐待】　証拠として受理され、検察官モネーヌ中佐、「1944（昭和19）年8月某日、インド軍捕虜2人、ワリアム・シン［Wariam Singh］軍曹とハザラ・シン［Hazara Singh］上等兵が、スコップや棒で日本兵に殴打され、どこかへ連れて行かれた。その後の消息は不明である」と、要約を朗読する。書証の朗読なし。

＊（検）法廷証 PX1841【陸軍第19特別給水中隊ヤスサカ・マサジ［YASUSAKA, MASAJI］2等兵陳述書】＝検察側文書 PD5383　識別番号を付される。

<1947-1-2>　　　　　　　　　　　　　　　　　　　　　2　検察主張立証段階　**181**

＊（検）法廷証 PX1841-A【同上抜粋；インド人俘虜2名の銃殺】　証拠として受理され、検察官モネーヌ中佐、「陳述者は、もう1人の日本兵と共に、前出 PX1840-A に言及のインド軍捕虜2名を射殺したことを認めている」と、要約を朗読する（和文速記録143号14頁では、名前が「安崎正治」となっているが、英文速記録14091頁の記述に従う）。書証の朗読なし。

＊（検）法廷証 PX1842【ヤスサカ2等兵陳述書】＝検察側文書 PD5380　識別番号を付される。

＊（検）法廷証 PX1842-A【同上抜粋；ラニンボアでのインド人銃殺】　証拠として受理され、検察官モネーヌ中佐、「1944（昭和19）年9月某日、インド軍士官のレシド・モード［Reshid Mohd］と下士官1人が、『日本兵が煙草と靴を奪い取った』と他の日本兵に苦情を申し立てたところ、陳述者と他のもう1人の日本兵が2人を縛り上げて、藪の中に連れ込んで射殺した」と、要約を朗読する（PX1841と違う日に録取された陳述書であるがために、異なった文書番号となっているのであろうか？）。書証の朗読なし。

＊（検）法廷証 PX1843【ラクー・ラム［Lakhu Ram］兵卒陳述書】＝検察側文書 PD5381　識別番号を付される。

＊（検）法廷証 PX1843-A【同上抜粋；ラニンボアでのインド人の銃殺】　証拠として受理される。検察官モネーヌ中佐、「前出 PX1842-A で触れている事件と同じ事件に言及している」、と申し立てる。朗読なし。

＊（検）法廷証 PX1844【インド第2/12辺境部隊ジェマダール・チント・シン［Jemadar Chint Singh］陳述書】＝検察側文書 PD5386　識別番号を付される。

＊（検）法廷証 PX1844-A【同上抜粋；クルリンゲでのインド人俘虜拷問致死】　証拠として受理され、検察官モネーヌ中佐、「1945（昭和20）年2月某日、日本兵がインド軍捕虜1人を殴打して卒倒させ、その捕虜は、それがもとで3週間後に死亡した」と、要約を朗読する。書証の朗読なし。

＊（検）法廷証 PX1845【インド第2/12辺境部隊ハミール・シング［Hamir Singh］軍曹陳述書】＝検察側文書 PD5387　識別番号を付される。

＊（検）法廷証 PX1845-A【同上抜粋；ヤワ［Yawa］でのインド人将校4名の射殺】　証拠として受理され、検察官モネーヌ中佐、「1945（昭和20）年2月某日、ニューギニアのヤワで、日本軍が病気のインド軍将校捕虜4人を射殺した」と、要約を朗読する。書証の朗読なし。

＊（検）法廷証 PX1846【第2軍第36師団第53野戦高射砲大隊小野悟［ONO, Satoru］陸軍大尉尋問録】＝検察側文書 PD5229（姓名の漢字は、和文速記録に現れているもので、正確なものであるとは限らない。以下、同じ）　識別番号を付される。

＊（検）法廷証 PX1846-A【同上抜粋；俘虜2名の斬首】　証拠として受理され、検察官モネーヌ中佐、「ヨシノ［YOSHINO］部隊長に、処刑用の米軍捕虜を提供してくれるよう具申したところ、2名与えられたので、銃剣で刺した上、斬首した。内1人は、最後はスコップで首を切り落とした。以上は、1944（昭和19）年の某日の出来事である。自身の対空砲陣地に米軍機の空襲があったが故に、強い敵意を抱いていたがためにしたことであった」と、要約を朗読する。書

証の朗読なし。

＊（検）法廷証 PX1847【藤村部隊加藤喜八郎陸軍大尉尋問録】＝検察側文書 PD5385　識別番号を付される。

＊（検）法廷証 PX1847-A【同上抜粋；オタクワ［Otakwa］での豪州軍捕虜の処刑】　証拠として受理され、検察官モネーヌ中佐、「師団参謀長の命に従い、1944（昭和19）年11月12日頃にオタクワで捕らえたオーストラリア軍兵士1名を処刑した」と、要約を朗読する。書証の朗読なし。

＊（検）法廷証 PX1848【オランダ軍情報部報告書（写真2葉添付）】＝検察側文書 PD5314　識別番号を付される。［E: 14097］［J: 143（15）］

＊（検）法廷証 PX1848-A【同上抜粋；アイタペにおける豪州軍兵及びアンボン人の処刑】　証拠として受理され、抜粋が朗読される。朗読後、検察官モネーヌ中佐、「写真の内の1枚は、まさに斬首されようとしている現地人の姿を写したものである」、と申し立てる。

【PX1848-A 朗読概要】

《捕虜となった日本兵ユノメ・クニオ［YUNOME, Kunio］の陳述》

　1943（昭和18）年9月頃、アイタペのシナガワ司令官（英文速記録14098頁では SHINGAWA で、次頁では SHINAGOWA となっているが、恐らく、これが正しいであろう。どの部隊の司令官かは不明）から、支隊本部のあるナロエ［Naroe］に行くよう命じられた。ナロエ支隊の指揮官は、海軍陸戦隊のヒロエ（HIROE。部隊名や指揮官の階級など、不詳）で、同地には、将兵6人と軍属2人からなるタカサ［TAKASA］部隊もあった。

　同地の現地人から「山の裏側に敵の偵察隊あり」との報告を受けて、ヒロエ隊長とタカサ部隊と自分は、現地人を道案内に立てて、その地域を捜索したが、敵を見付けることができなかった。そこでヒロエが現地人に、「敵を捕らえた者には篤く褒賞する」と伝えたところ、およそ2週間後に、10人ほどの現地人がヒロエの許にオーストラリア軍の軍曹1人とアンボン人2人を連行して来た。ヒロエの要請で、自分が通訳して尋問し、その際の報告書はアイタペのシナガワに送付した。そして、その3人の身柄はアイタペに送られ、それについて（どこかの分遣隊の？）守備隊長のワタナベ［WATANABE］曹長がウェワクの司令部に無電で報告。ヤスノ（YASUNO。何者かの説明なし）によれば、司令部からは折り返し無電で「処刑せよ」との命令が返ってきたとのことである。

　10月24日にワタナベ曹長は、海岸の砂浜に複数の穴を掘るよう現地人に命じ、同曹長の他、ヤスノ軍曹と自分、ミツバシ［MITSUBASHI］とアダチ［ADACHI］に、タカサ部隊の6人、及び海軍守備部隊の25〜26人ぐらいが処刑の場にやって来た。現地人も何人か居合わせた。最初に、ヤスノがオーストラリア軍の軍曹を刀で斬首し、次いで、ヤスノの命令に従って、アンボン人の1人を自分が刀で切り落とした（下線は、英文速記録14099頁のママ）。そして、ミツバシが同様にし

＜1947-1-2＞　　　　　　　　　　　　　　　　　　　　　　　　　2　検察主張立証段階　**183**

てもう1人のアンボン人を処刑した。処刑の模様を収めた写真を撮ったのは、軍属のアダチだと思う。その後、自分達は遺体を埋めて、その上に砂をかぶせた。ヤスノから聞いた話では、処刑した理由は、3人が周辺地域を偵察して無電で秘密情報を送っていた罪を問われたためであったとのことで、アンボン人はスパイとして活動していた模様である。

＊（検）法廷証 PX1849【オランダ軍情報部報告書】＝検察側文書 PD5389　識別番号を付される。

＊（検）法廷証 PX1849-A【同上抜粋；ナウィ・ビン・ギマン［Nawi bin Giman］狙撃兵［Fusilier］陳述書；ノームフォール［Noemfoor］島でのインドネシア人16名の刺殺】　証拠として受理され、検察官モネーヌ中佐、「1944（昭和19）年7月某日、陳述者と他16名のインドネシア人は、ノームフォール島で日本軍によって縛り上げられた上に、銃剣で刺された。陳述者ともう1人が死んだ振りをして何とか危地を逃れたが、残りの少なくとも14人は死亡した」と、要約を朗読する。書証の朗読なし。

＊（検）法廷証 PX1850【ATIS 報告集】＝検察側文書 PD409　識別番号を付される。

＊（検）法廷証 PX1850-A【同上抜粋；捕虜調査日誌（部隊不明、日本軍からの押収もしくは鹵獲文書）、及び第15工兵大隊［15 Pioneer Battalion］員フセイ・イワタロウ［FUSEI、Iwataro］陳述録取書－ラエとブナでの俘虜刺殺・斬首】　証拠として受理され、抜粋が朗読される。検察官モネーヌ中佐、「被告側に証拠文書を提供する場合には、証拠文書全体の複写版ではなく、抜粋部分のみの提供で足りるとした1946（昭和21）年11月25日付け極東国際軍事裁判指令を含んだ578番文書が添付されている」、と申し立てる。

【PX1850-A 朗読概要】

《捕虜調査日誌（1942［昭和17］年3月8日～5月14日）抜粋》

4月28日：

本日、山砲隊の歩哨所で再び尋問するも、自白せず。マヒ［Mahi］や他の現地人は他の道を通って当地に来たので、後者は彼らを見ていないのかもしれない（何を話題にしているのか不明）。それでも、将来のことを考慮して、1人は第4航空隊医務隊［No. 4 Air Medical Unit］の軍医長に医療上の実験に供するため引き渡し、他の5人は刺殺した。

《フセイ・イワタロウ陳述録取書》

1943（昭和18）年1月3日にブナ近郊で投降した同人は、以下のように述べている：

オーストラリア軍の少尉1名が（前年？）9月にブナで捕虜となり、佐藤通訳が尋問して連合国軍が（日本軍の）捕虜をどのように扱っているかを質したところ、「収容所に入れて厚遇している」と答えた。尋問終了後、同じ日の夜に、同少尉は斬首された。処刑は、第14工兵大隊の軍医が自らの軍刀を使って行った。

米軍兵士2人が捕虜となったが、1人は自分がメキシコ人であると言い張っていた。詳細は不明だが、佐藤通訳が自分に語ったところでは、2人は目隠しをされたまま尋問され、後刻、やは

り第14工兵大隊の軍医が自らの軍刀で斬首したと言う。

＊検察官モネーヌ中佐、ニューギニア関連証拠提出の終了を、報じる。裁判長ウェッブ、「PX1850 所収の文書はすべて精査済みか？　朗読予定の文書をすべて朗読し終えたか？」、と質す。検察官、「ニューギニア関連では」とのただし書きを付けてこれを肯い、さらに「裁判長が審理を益すると判断するものがあれば、朗読することに吝かではない」、「ガダルカナルやソロモン群島関連の局面で、同文書から抜粋して提出する予定である」、と申し立てる。

2—13・14—7　検察主張立証第 XIII・XIV 局面「対民間人・戦争捕虜残虐行為」第 7 部「太平洋諸島での残虐行為」

(英速録 14104～14153 頁／和速録 143 号 16～22 頁)

(1)　検察官モネーヌ中佐、検察主張立証第 XIII・XIV 局面「対民間人・戦争捕虜残虐行為」第 7 部「太平洋諸島での残虐行為」の検察側立証として、「ニューブリテン島での残虐行為」関連検察側要約証拠概要・検察側要約書証・検察側書証を提出する。

(英速録 14104～14130 頁／和速録 143 号 16～19 頁)

＊（検）法廷証 PX1851【ニューブリテン島での日本軍残虐行為検察側証拠概要】＝検察側文書 PD5445　証拠として受理される。朗読なし。

＊（検）法廷証 PX1852【豪州軍ウイリアム・クック［William Cook］衛生兵卒宣誓供述書】＝検察側文書 PD5311　識別番号を付される。

＊（検）法廷証 PX1852-A【同上抜粋；トル［Tol］（ニューブリテン）での赤十字腕章着腕豪州兵・民間人への暴行】　証拠として受理され、抜粋が朗読される。

【PX1852-A 朗読概要】

1942（昭和 17）年 2 月 4 日、ニューブリテン島のトル近郊でオーストラリア兵 22 人が投降。一行には途中、ラバウルの欧州人警察官 1 人と兵士 1 名が加わり、総勢 25 人となった。

トルに着くと、背嚢やポケットの中のものなどはすべて調べられ、ヘルメットと指輪や時計などは奪われた。我々は釣り糸で両の親指を後手に縛られて 2～3 人ずつ一緒に繋がれ、警察官とは別にされた。そのあと、トルからラバウル方向へ半マイルほどの場所の農園に連行された。途中、日本兵は警察官に何事かを尋ねているようであった。手振りにより、農園の傍の坂の上で座るように言われた。この時、衛生兵であった我々は、赤十字の腕章を示してそのように扱われることに抗議したが、日本兵の一団を指揮する士官は、腕章を剥ぎ取った。それから、先頭の 1 人が別にされた他は 2～3 人毎に繋がれて連れて行かれた。自分は最後から 2 番目の 3 人からなる

＜1947-1-2＞　　　　　　　　　　　　　　　　　　　　2　検察主張立証段階　**185**

集団の一員であった。

　それから、その士官は手振りで、銃殺と刺殺のどちらが良いかと訊いてきた。自分達は銃殺を選んだ。しかし、坂を降り切ったところで、着剣した日本兵3人が背後から突いて来て、倒れたところをさらに何度か刺された。自分自身は5回刺された。自分は死んだ振りをして息を止めていた。

　自分の隣で倒れていた兵が呻き声を上げたので日本兵が戻ってきて、その兵士を再び刺した。自分は息を止めていることができなくなってしまって息継ぎをし、それを聞き付けた日本兵が今度は自分を6回刺した。最後の一撃は顔を耳から口に刺し貫いて動脈を切断し、口の中に血が溢れ出た。日本兵はそれから自分達3人の上に椰子の葉や蔓を被せた。その後、自分達の背後を歩いていた2人が撃たれる銃声を聞いた。

　その場で1時間じっとした後で自分と他の者を繋いでいた布を解き、50ヤードほど離れた海に向かって歩き始めたが、すぐに気を失って倒れてしまった。すぐに正気に戻って、今度は自分の両の親指を縛り合わせている縛めを解こうと靴の踵で結び目を押したが、親指の付け根が腫れていてできなかった。それから何とか足を両手の間に入れて結び目を噛んで解き（後手に縛られていた状態でどのようにしてそうしたのか不明である）、砂の上に血痕を残さないように歩いて海に入り、塩水で血を洗い流した。夕暮れ時に密林の中で焚き火の煙が上がるのを見て、その方向に歩き出した。

＊（検）法廷証 PX1853【豪州軍ウイルキー・デズモンド・コリンズ［Wilkie Desmond Collins］衛生隊運転手陳述書】＝検察側文書 PD5312　識別番号を付される。

＊（検）法廷証 PX1853-A【同上抜粋：トル（ニューブリテン）での豪州軍捕虜虐殺】　証拠として受理され、検察官モネーヌ中佐、「陳述者は日本軍の捕虜となった豪州兵士132人の一団の1人。一団は10〜12人毎の集団に分けられて木立の中に連れて行かれ、陳述者が属していた集団はそこで銃剣で刺されたり銃で撃たれたりした。陳述者自身も撃たれたが、死んだ振りをして、後にその場を離れた」と、要約する。朗読なし。

＊（検）法廷証 PX1854【豪州軍ヒュー・ジョセフ・ウェブスター［Hugh Joseph Webster］兵卒陳述書】＝検察側文書 PD5313　識別番号を付される。

＊（検）法廷証 PX1854-A【同上抜粋：ワイタヴロ［Waitavlo］（ニューブリテン）でのオーストラリア兵俘虜11名の射殺】　証拠として受理され、検察官モネーヌ中佐、「陳述者は1942（昭和17）年2月4日にニューブリテン島のワイタヴロで他11名の豪州軍兵士と共に捕虜となったが、その後、縛り上げられて銃で撃たれた。10人が死亡し、陳述者ともう1人は負傷した」と、要約する。朗読なし。

＊検察官モネーヌ中佐、「当時トルで日本軍部隊の大隊長をしていた人物とその大隊の軍医が尋問のために召喚を予定されていたが、両名とも自殺した」、「この件について証人を1人法廷に呼びたい」、と申し立てる。裁判長ウェッブ、「その証人は、自殺した両名が何等かの罪状を自白したことを証言できる者なのか？」、と質す。検察官、「元大隊長は死ぬまでの11日間、日

記をつけており、その中で『自分の大隊が行ったことすべての責任は自分にある』と述べていると聞いた。しかし、日記はまだ全部が翻訳されてはおらず、特定の事件に言及しているかは定かでない」、と応答する。裁判長ウェッブ、「単にその人物が自殺したということだけで何かを証明できるわけではない」として、証人召喚申請の申し立てを却下する。

＊（検）法廷証 PX1855【支那国民軍（Chinese National Army）第 67 師団 200 大隊ウォング・ヨウ・シン［Wong Yo SIn］中尉宣誓供述書】＝検察側文書 PD5400　識別番号を付される。

＊（検）法廷証 PX1855-A【同上抜粋：ラバウルでの病気支那兵 10 名の射殺】　証拠として受理され、検察官モネーヌ中佐、「1943（昭和 18）年 1 月 29 日、ラバウルで日本軍は供述者の知っている支那兵 10 人が病弱で働けなくなったとして殺害した」と、要約を朗読する。書証の朗読なし。

＊検察官モネーヌ中佐、「ブルーエット弁護人の指摘による」として、「殺害された人数は 2 人で、日付は 25 日であったと訂正する」、と申し立てる。

＊（検）法廷証 PX1856【支那国民軍第 3 野戦義勇軍リー・ウェイ・シン［Lee Wai Sin］少佐宣誓供述書】＝検察側文書 PD5401　識別番号を付される（Wai は Wei である可能性が大だが、英文速記録 14112 頁の記述のママ）。

＊（検）法廷証 PX1856-A【同上抜粋：ラバウルでの支那兵銃殺】　証拠として受理され、検察官モネーヌ中佐、「1943（昭和 18）年 1 月 29 日、ラバウルで日本軍は供述者の知っている支那兵 10 人が病弱で働けなくなったとして殺害した」と、要約を朗読する。書証の朗読なし。（前出証拠と内容が全く同じであるが、英文速記録 14112 頁の原文のママ。なお、和文速記録 143（13）頁の対応部分では、供述者の名前が記されておらず、階級が「中佐」となっている。次に提出される証拠と供述者の名前が同じなので、それと混同したものか？　それにしては、弁護側も判事も何も発言していないのが不審である。あるいは、速記者の書き間違いか？）

＊（検）法廷証 PX1857【支那国民軍第 3 野戦義勇軍リー・ウェイ・シン少佐宣誓供述書】＝検察側文書 PD5402　識別番号を付される。

＊（検）法廷証 PX1857-A【同上抜粋：ラバウルでの病気支那将兵 6 名の射殺】　証拠として受理され、検察官モネーヌ中佐、「1943（昭和 18）年 2 月 4 日、ラバウルで日本軍は支那人将兵 6 人が病弱で働けなくなったとして銃殺した」と、要約を朗読する。書証の朗読なし。

＊（検）法廷証 PX1858【リュー・ウェイ・パオ［Lee Wei Pao］支那国民軍（national army）大尉陳述書】＝検察側文書 PD5393　識別番号を付される。

＊（検）法廷証 PX1858-A【同上抜粋：ラバウルでの病気支那兵 24 名の射殺】　証拠として受理され、検察官モネーヌ中佐、「1943（昭和 18）年 3 月 3 日、ラバウルで日本軍は病棟から支那兵 24 人を連れ出し、既に掘ってあった穴に入れた上で射殺した。同月 10 日にも同様なことがなされた」と、要約を朗読する。書証の朗読なし。

＊午後 2 時 45 分、裁判長ウェッブ、15 分間の休廷を宣す。

＊午後 3 時、法廷、再開する。［E: 14116］［J: 143（17）］

＜1947-1-2＞　　　　　　　　　　　　　　　　　　　　　　　2　検察主張立証段階　**187**

＊（検）法廷証 PX1859【支那中央義勇軍陸軍司令部ヨン・パン・フエ［Yung Pang Fae］大尉宣誓供述書】＝検察側文書 PD5404　識別番号を付される。

＊（検）法廷証 PX1859-A【同上抜粋；病気支那兵 21 名の射殺】　証拠として受理され、検察官モネーヌ中佐、「1943（昭和 18）年 4 月 3 日、支那兵 11 人が病弱で働けなくなったとして刀剣で処刑された」と、要約を朗読する。書証の朗読なし。

＊（検）法廷証 PX1660【シェー・チエン・ツエ［Shieh Tschen Tse］支那国民軍伍長陳述書】＝検察側文書 PD5405　識別番号を付される。

＊（検）法廷証 PX1860-A【同上抜粋；ココポ［Kokopo］での支那兵の処刑】　証拠として受理される。検察官モネーヌ中佐、「前出証拠と同じ事例に触れたもので、場所をココポと特定している」、と申し立てる。朗読なし。

＊（検）法廷証 PX1861【第 3 野戦義勇軍（the Third Field Volunteer Army）チュン・イエー・ユー［Cheung Yee Yu］大尉宣誓供述書】＝検察側文書 PD5406　識別番号を付される。

＊（検）法廷証 PX1861-A【同上抜粋；ケレヴァト［Kerevat］飛行場での支那兵 1 名の射殺】　証拠として受理され、抜粋が朗読される。

【PX1861-A 朗読概要】

　自分と同じ隊にいたロー・ヤン・チュン［Lo Yan Cheung］は病弱で働けなくなったとして、1943（昭和 18）年 10 月 9 日に銃殺された。殺したのはケレヴァト飛行場第 9644 部隊ササキ中尉である。チュンは飛行場で作業をさせられていたが、奴隷のように扱われ、不潔な場所に住まわされて蚊に食われて病気になった者である。働けなくなったのは、病気になったのに治療もされず薬も投与されず、十分な食糧も与えられなかったからなのだが、チュンが属していた作業班の監督にあたっていたササキは、チュンを木立の中に連れて行くと頭部を撃って殺した。自分は、その現場を目撃した。

＊（検）法廷証 PX1862【支那中央義勇軍（Central Chinese Volunteer Army）タン・バイ・ミン［Tan Bai Ming］中尉宣誓供述書】＝検察側文書 PD5407　識別番号を付される。

＊（検）法廷証 PX1862-A【同上抜粋；カカワト［Kakawat］飛行場での支那兵 1 名の射殺】　証拠として受理され、検察官モネーヌ中佐、「1943（昭和 18）年 11 月 2 日、日本軍は病弱で働けなくなった支那兵 1 人をカカワト飛行場で射殺した」と、要約を朗読する。書証の朗読なし。

＊（検）法廷証 PX1863【支那国民軍第 88 師団パンン・ナム・テイン［Pang Nam Ting］伍長宣誓供述書】＝検察側文書 PD5408　識別番号を付される。

＊（検）法廷証 PX1863-A【同上抜粋；ラバウルでの病気支那兵 1 名の撲殺】　証拠として受理され、検察官モネーヌ中佐、「1944（昭和 19）年 7 月 26 日、ラバウルで支那人兵士 1 人が病弱で働けなくなったとして日本軍によって撲殺された」と、要約を朗読する。書証の朗読なし。

＊（検）法廷証 PX1864【ラバウル支那人街在住リー・イッサイ・クンヤン［Lee Yitsai Kunyang］

夫人陳述書】＝検察側文書 PD5409　識別番号を付される。

＊（検）法廷証 PX1864-A【同上抜粋；証人・息子 6 人の受けた虐待と 1 名の斬首】　証拠として
受理され、検察官モネーネ中佐、「陳述者は現在 59 歳。1943（昭和 18）年 4 月のある日、陳
述者はラジオを所有していたという理由で日本兵に気を失うまで殴打された。陳述者の息子 6
人も暴行を受け、1 人は斬首された」と、要約を朗読する。書証の朗読なし。

＊（検）法廷証 PX1865【米第 5 空軍ジェームズ・A・マックムリア［James A. McMurria］中尉、
ホセ・L・ホルキン［Jose L. Holquin］少尉及びアルホンセ・D・キノネス［Alphonse D. Quinones］
少尉 3 名の合同宣誓供述書】＝検察側文書 PD5217　識別番号を付される。

＊（検）法廷証 PX1865-A【同上抜粋；ラバウル捕虜収容所での虐待致死】　証拠として受理され、
抜粋が朗読される。

【PX1865-A 抜粋朗読概要】

　ラバウルでは小さな木造小屋に入れられ、床に直に寝ていたが、過密状態が酷くて全員が同時
に横になって眠れないこともあった。食事は、コーヒーカップに 4 分の 3 ぐらいの米飯とカップ
半分ぐらいの汁が 1 日 3 回。些細な規則違反で殴られるのは日常茶飯事で、何の理由もなく殴ら
れることも多かった。殴り方は時に非常に激しく、竹刀、銃剣の鞘、ベルト、小銃手入れ用の棒
などを使ったり、素手で殴ったり、銃床で叩くこともあった。そして、殴られた者が倒れると睾
丸を蹴飛ばした。日本兵の中でも一番残酷な殴り方をしたのがワダ伍長で、「雄牛」［the Bull］と
いう綽名を奉られていた。治療もなく薬品も与えられなかった。当初、収容所には連合国軍捕虜
が 64 人いたが、日本側によれば 40 人が別の収容所に送られる途中、爆撃で死亡。そして、米軍
捕虜 12 人と米国人抑留者 5 人は、医療加護が与えられなかったことと相俟って飢餓、脚気、赤
痢などで死亡した。収容所が 1945（昭和 20）年 9 月 7 日に解放された時、生きていた捕虜は 6
人だけであった。

＊（検）法廷証 PX1866【連合国軍情報部ジョン・J・マーフィー［John J. Murphy］大尉陳述書】＝
検察側文書 PD5438　識別番号を付される。［E: 14122］［J: 143（18）］

＊（検）法廷証 PX1866-A【同上抜粋；ラバウル俘虜収容所でのニュージーランド空軍兵士虐待
致死】　証拠として受理され、抜粋が朗読される。

【PX1866-A 朗読概要】

　ニュージーランド空軍のノーマン・ビッカーズ［Norman Vickers］は、自分とラバウルのトンネ
ル・ヒル・ロード［Tunnel Hill Road］で捕虜生活を送っていた。ブーゲンビル［Bougainville］・ショ
ートランド［Shortlands］空域で乗機が墜とされたと言っていた。捕虜にされた時、ビッカーズ
は残酷な取扱を受けた。釣り針の取り付けられたロープが頭部に巻かれ、頭を動かすと針が顔に

<1947-1-2>   2 検察主張立証段階 **189**

突き刺さるようにされたのである。ビッカーズの健康状態は悪化し、1944（昭和19）年7月に
自分が看取っている間に栄養失調と赤痢のために死亡した。

＊（検）法廷証 PX1867【原住民少年マウタ・レオナルド［Mauta Leonard］宣誓供述書】＝検察側
　　文書 PD5410　識別番号を付される。

＊（検）法廷証 PX1867-A【同上抜粋；トベラ［Tobera］飛行場での原住民虐待致死】　証拠とし
　　て受理され、要約が朗読される。

【PX1867-A 朗読概要】

　　トベラ飛行場で、日本人に刃向かって目のあたりを殴りつけた現地人の少年が、その日本兵に
よって殴り倒された。その後、日本人はその少年と他の4人の少年を縛り上げると頭部を木槌で
打ちすえた。これによって3人は死亡。遺体は、まだ息のあった2人と共に埋められた。

＊（検）法廷証 PX1868【日本海軍軍属キカワ・ハルオの豪州軍法会議法廷速記録】＝検察側文書
　　PD5433　識別番号を付される。

＊（検）法廷証 PX1868-A【同上抜粋；トベラ飛行場での虐待致死】　証拠として受理される。検
　　察官モネーヌ中佐、「前出証拠で触れられている事件についてのもので、事件が起きた時期を
　　1943（昭和18）年8月に特定している」、と申し立てる。

＊（検）法廷証 PX1869【英インド軍ギアニ［Giani］掃海隊員及びルンギ・コベ［Kobe］工兵宣誓
　　供述書】＝検察側文書 PD5412　識別番号を付される。

＊（検）法廷証 PX1869-A【同上抜粋；インド兵1名の殴打絞殺】　証拠として受理され、検察官
　　モネーヌ中佐、「1944（昭和19）年5月のある日、ファキラ［Fakira］というインド人が日本
　　兵に殴打された上で、首吊りにされた」と、要約を朗読する。書証の朗読なし。

＊（検）法廷証 PX1870【ハイデラバード［Hyderabad］歩兵第1大隊ジェム・クタブディン［Jem
　　Qutubuddin］陳述書】＝検察側文書 PD5414　識別番号を付される。

＊（検）法廷証 PX1870-A【同上抜粋；ニシザキヤマ［Nishizakiyama］でのインド兵俘虜虐待処刑】
　　証拠として受理され、検察官モネーヌ中佐、「陳述者は1944（昭和19）年11月の時点で他35
　　名のインド兵と共に、西崎山で日本軍の捕虜となっていたが、収容者は飢餓状態に陥っていた。
　　米を盗んだと追及されたインド兵2人が連行され、裁判にかけられることもなく処刑された」
　　と、要約を朗読する。書証の朗読なし。

＊（検）法廷証 PX1871【原住民ヌマ［Numa］陳述書】＝検察側文書 PD5413　識別番号を付される。

＊（検）法廷証 PX1871-A【同上抜粋；ナンガグワ［Nangagua］におけるインド兵3名の斬首】
　　証拠として受理され、検察官モネーヌ中佐、「1944（昭和19）年12月から翌年3月までのあ
　　る時期に、日本兵がインド兵捕虜3人から蚊帳とキャラコ［calico］を奪った。捕虜がこれに抗
　　議したところ、斬首された」と、要約を朗読する。書証の朗読なし。

＊（検）法廷証 PX1872【インド軍工兵パラスラム［Parasuram］宣誓供述書】＝検察側文書 PD5411

識別番号を付される。

* （検）法廷証 PX1872-A【同上抜粋；インド兵1名の虐待致死】 証拠として受理され、検察官モネーヌ中佐、「1945（昭和20）年2月12日、インド人ビンドゥ・ミストリ［Bindhu Mistri］が作業中に疲れ切ってしまったため、日本軍部隊の指揮官に休む許可を求めたところ、指揮官に気を失うまで殴られた。これが原因で同人は2日後に死亡した」と、要約を朗読する。書証の朗読なし。

* （検）法廷証 PX1873【インド軍兵ハビルダー・チャンギ・ラム［Havildar Chadgi Ram］宣誓供述書】＝検察側文書 PD5416 識別番号を付される。

* （検）法廷証 PX1873-A【同上抜粋；トタビル［Totabil］地区不時着米飛行士の斬首と食肉】 証拠として受理され、抜粋が朗読される。

【PX1873-A 朗読概要】

1944（昭和19）年11月12日、自分はトタビル地区で日本軍用の塹壕を掘っていた。午後4時頃、米軍の単発機が、100ヤードほど離れた地点に不時着。同機の19歳ぐらいの搭乗員が自力で飛行機から降りてきたところを、現地の日本軍部隊が取り押さえた。同地には、イナモラ将軍（第8方面軍司令官今村均のことか？）の指揮する軍司令部もあった。

不時着から約30分後、憲兵隊が搭乗員を斬首した。自分はその時、樹木の背後から見ていたが、日本兵は搭乗員の体の各部から肉を切り取っていた。衝撃を受けた自分は、切り取った肉をどうするのだろうかと思って跡をつけてみたところ、肉を細かく切って焼いていた。午後6時頃、日本軍の少将が、ほとんどが士官からなる150人ぐらいの集団に話しをしていたが、それが終わるとその場にいた全員にその肉が振る舞われた。

(2) 検察官モネーヌ中佐、検察主張立証第XIII・XIV局面「対民間人・戦争捕虜残虐行為」第7部「太平洋諸島での残虐行為」の検察側立証として、「ソロモン群島・ギルバート・エリス・ナル・オーシャンの諸島での残虐行為」関連検察側要約証拠概要・検察側要約書証・検察側書証を提出する。

（英速録 14130〜14153頁／和速録 143号 19〜22頁）

* （検）法廷証 PX1874【ギルバート・エリス島・ナウル・オーシャン島での日本軍残虐行為検察側証拠概要】＝検察側文書 PD5446 証拠として受理される。朗読なし。

* （検）法廷証 PX1875【憲兵隊第17部隊渡辺薫大尉及び伊藤太一少佐尋問記録】＝検察側文書 PD5447 識別番号を付される。

* （検）法廷証 PX1875-A【同上抜粋；不時着米兵飛行士2名の斬首】 証拠として受理され、検察官モネーヌ中佐、「タイオフ［Taiof］島とブーゲンビル島ポートン［Porton］との間の海上に不時着した米軍機搭乗員2人は、第17軍司令部の命令により1943（昭和18）年12月のある

<1947-1-2>　　　　　　　　　　　　　　　　　　　　　　　　2　検察主張立証段階　**191**

日に処刑された」と、要約を朗読する。書証の朗読なし。

＊（検）法廷証 PX1876【オランダ軍情報部報告書】＝検察側文書 PD5452　識別番号を付される。

＊（検）法廷証 PX1876-A【同上抜粋；食物窃取アンボン人蘭印軍兵 9 名の処刑】　証拠として受理され、検察官モネーヌ中佐、「1944（昭和 19）年のある日、ブーゲンビル島で蘭印軍のアンボン人捕虜が食物を窃取したとして日本軍により処刑された」と、要約を朗読する。書証の朗読なし。

＊（検）法廷証 PX1877【支那民間人チェル・チー［Cher Chee］宣誓供述書】＝検察側文書 PD5262　識別番号を付される。

＊（検）法廷証 PX1877-A【同上抜粋；ブイン［Buin］での支那人 1 名の虐待、拷問致死】　証拠として受理され、抜粋が朗読される。

【PX1877-A 朗読概要】

　自分は香港に住んでいたが、1941（昭和 16）年 12 月に日本軍の捕虜となった。それから、広東、サイゴン、バタビア、スラバヤ、シンガポール、ラバウル、ツラギを経て、1942（昭和 17）年 11 月にブインに連れて来られ、終戦まで同地で田中大隊の作業隊の一員として働かされた。

　1943（昭和 18）年 4〜5 月のある日、カヒリ［Kahili］から 1 マイルほど離れた路上での作業中、支那人の 1 人が病気になって働けなくなった。すると、監視兵が 3〜4 人やって来てその支那人の両の親指を後ろ手に縛り合わせて滑車で吊り上げた。20 分間そのままにしておかれた後で降ろされたが、数分後にその男は死んでしまった。自分を含め 10 人ぐらいがこれを目撃している。この日に自分達の監視の任にあたった兵は初めて見る兵卒達で、面通ししても見分けられないであろう。遺体は、別な場所に埋葬した。

　この事件があったすぐ後に、別の支那人が病気になって熱を出した。連合国軍機が上空に飛来すると、その男は恐怖と熱にうなされて大声を上げた。その様子を見た監視兵の 1 人が立ち去ると、2〜3 人の日本兵と共に戻ってきて、支那人の何人かに穴を掘るように命じたのを耳にした。穴を掘りに行かされた者達が戻って来て言うには、病気で大声を上げていた者が生き埋めにされたとのことであった。その支那人が起居していたのは半マイルほど離れた小屋で、自分はこの事件の現場を見ておらず、話の大部分は伝聞によるものである。

　1944（昭和 19）年のある時期、自分はムグアイ［Muguai］の教会近くの庭園を流れる小川に橋を架けるために木を伐採する作業に使役されていた。我々は、木を 2 人で運ぶのは重過ぎると監視兵に訴えた。監視兵は筆談で、自分達は口頭で、意思疎通を図ろうとした。そうしたところが、監視兵の中の 3 人が自分の顔を平手で 5 分ぐらい叩き続けた。このために、歯が 12 本折れた。その場にいたもう 1 人の支那人チャン・キュー・イー［Chang Kew Ye］も同様に叩かれたが、そんなに激しい叩かれ方ではなかった。監視兵の所属部隊は 4801 部隊で、第 76 病院の警備をしていた。

1943（昭和18）年4〜5月のある日、カヒリ近辺で自分と同じ小屋に起居している支那人が4〜5日病気で労役に出られなくなった。監視兵の1人が「労役を逃れるために仮病を使っている」と決め付け、その男の腹が膨れ上がるほどまで大量の水を喉から流し込んだ。その上で他の2人の監視兵を呼ぶと男の腹の上に板を載せて、板の両側に監視兵が1人ずつ乗っかった。男は大量の水を口から吐き、数分後に死亡した。その兵士は田中大隊の兵卒で、名前は分からないが、水責めを行った兵卒の顔は覚えている。支那人4人が遺体を運んで埋葬した。

同年5月、ブインの近くで飛行機の搭乗員が着るようなカーキ色のオーバーを着ている若い白人が、後手に縛られて地面に座らされていた。日本兵はそのすぐ横でドラム缶に熱湯を沸かし、それをブリキ缶に入れては白人に代わる代わるかけていた。その男は悲鳴を上げていたが、その内に倒れておとなしくなり、死んだようであった。熱湯をかけていたのは将校ではなく兵卒であった。白人は背が高くて中肉、髭を綺麗に剃って身綺麗にしていた。支那人の中でこれを見たのは自分だけである。

ショートランド島で白人捕虜300人が日本軍に処刑されたもしくは収容中に死んだことを証言できる支那人が複数存在する。

＊（検）法廷証 PX1878【台湾人金城福完尋問録】＝検察側文書 PD5263　識別番号を付される。［E: 14137］［J: 143（20）］

＊（検）法廷証 PX1878-A【同上抜粋：バラレ［Ballah］島での白人俘虜600名の殺害】　証拠として受理され、検察官モネーヌ中佐、「1942（昭和17）年12月乃至は翌年1月、バラ島に白人の捕虜600人が到着したが、着いたその夜に、オザキという日本兵がその内の1人を斬首したという。1943（昭和18）年6月30日に同島は艦砲射撃を受け、連合国軍の上陸が近いと判断した日本軍は生き残っていた捕虜を銃剣・刀剣で殺害した」と、要約を朗読する。書証の朗読なし。

＊（検）法廷証 PX1879【海軍第18設営隊長尾崎憲彦中尉宣誓供述書】＝検察側文書 PD5425　識別番号を付される（氏名の漢字表記は和文速記録143（20）頁記載のもの。英文速記録14138頁のローマ字表記は Osaka Toshiziko）。

＊（検）法廷証 PX1879-A【同上抜粋；バラレ島での俘虜刺殺】　証拠として受理され、検察官モネーヌ中佐、以下の通り、要約を朗読する。

1942（昭和17）年暮れ、白人捕虜527人が飛行場建設の作業要員としてバラ島に送られてきた。輸送船から降りてくる捕虜達を見てみると、中には元気な者もいたが、多くは他の者の介添えなしでは歩けないほどに衰弱していた。その夜、脱走を図った捕虜1人が、供述者の命令によって処刑された。捕虜は病気のため次々と死んでいき、1日に3人ぐらいの割合で死亡者が出た時期もあった。また、連合国軍の爆撃で殺された者も多かった。策定された島の防衛計画では、連合国軍が上陸してきた際には捕虜を殺すこととなっていた。1943（昭和18）年4月に連合国軍の艦隊が接近しているとの報に接し、計画に従い、生き残っていた捕虜90名余りを銃剣で刺殺した。

＊提出済み（検）法廷証 PX1850-A 抜粋「予備尋問－アフリカ人捕虜他の生体解剖」　検察官モ

<1947-1-2>　　　　　　　　　　　　　　　　　　　　　2　検察主張立証段階　**193**

ネーヌ中佐、引証し、朗読する。

【提出済み PX1850-A 朗読概要】

　a.　カンドク［Khandok］で、B-363（認識番号か何かであろうか？）は、傷を負っていない健常なアフリカ人の捕虜（米軍の黒人兵の意味か？）が以下のようにされるのと目撃した。

　その男は光機関の建物の外で木に縛り付けられ、その周囲を軍医１人と見習医官が取り囲んでいた。まず、指の爪を剥ぎ取り、それから開胸して心臓を取り出した上で、実験をしていた。

　b.　日本軍士官のものと思われる日記からの抜粋。ガダルカナルのコクンボナ［Kokumbona］地区で生体実験が行われたことが綴られている。

1942（昭和17）年９月24日：

捕虜が２人脱走。各隊に通報され、払暁まで捜索。

同26日：

脱走した捕虜を密林内で発見・捕獲。警備中隊に監視させる。２度と脱走できないように拳銃で足を撃ち抜こうとするが、なかなか命中しない。２人の捕虜は、ヤマジ軍医が生きたまま解剖して肝臓を取り出した。人間の内臓を見たのは初めてで、参考になった。

＊（検）法廷証 PX1880【1944（昭和19）年10月のタラワ尋問録】＝検察側文書 PD5398　識別番号を付される。

＊（検）法廷証 PX1880-A【同上抜粋：ベティオ［Betio］での白人俘虜22名の斬首】　証拠として受理される。検察官モネーヌ中佐、「検視官によれば、1942（昭和17）年10月15日前後にタラワのベティオで捕虜22人が殺されたとのことである。同島周辺の船舶が米軍機の空爆を受けた直後に殺された者で、内18人はニュージーランド政府の沿岸監視員であった」と、前置きする。抜粋が朗読される。

【PX1880-A 朗読概要】

《フランク・ハイランドの宣誓供述》

　自分と妻は、米艦が10月15日にベティオを砲撃する１～２週間前に、ベティオに３日間いた。サッド［Sadd］牧師、マッカーサーという名の商人、ニュージーランド軍捕虜２名と民間人１名が後手に縛られ、ロープの反対側は椰子の木に結わえられていた。きつく縛られて両手が腫れ上がっているニュージーランド人の１人に日本兵が「少し弛めてやろうか？」と訊いたところ、返って来た答えは「いい具合に締めてくれたので、そのままで良い」であった。しかし、同じことを聞かれたマッカーサーは、「きつ過ぎる」と言っていた。食事の時は縛めを解かれていたが、雨が降ったその晩は椰子の木の下で寝かされていた。

　彼らは３日目の晩も縛られたままで、自分と妻は彼らに近づくことを許されなかった。同じ日

の昼、彼らは縛めを解かれて、クリーリー［Cleary］、モーガン［Morgan］、ハンドリー［Handley］大尉と一緒に精神病院の建物に入れられた。クリーリーは自分が書いた手紙で石を包み、自分に投げて寄越した。内容は「砂糖か、砂糖がなければ糖蜜をくれ」というものであった。その時、日本兵が駆け寄ってきて自分を棒で殴るような様子だったので、その場を立ち去った。手紙は焼き捨てた。ベティオを離れてエイタ［Eita］に戻り、糖蜜2瓶と日本兵が私の子供に与えた砂糖を持って再びベティオに行った。精神病院の建物に近づくと柵越しに砂糖を投げ込んだ。すると、モーガンが、私に付いて来ている女の子を門のところにいる監視兵の方に行かせるよう手振りで指示した。監視兵が女の子と話をしている最中に自分が外から、クリーリーが内側から柵をよじ登って、糖蜜の瓶を渡した。これを見届けたサッド牧師は、ビスケットの缶を柵越しに投げて、私と一緒にいた少年達に「君達のだよ」と言った。これを見た監視兵が、私達を追い払った。

その後、自分はベティオを後にした。ベティオが艦砲射撃を受けた3日後、欧州人の捕虜が殺されたと聞いた自分は、現地人の少年何人かと一緒に赴き、その現場がどこかを現地の労務者に訊いた。案内されたのは、精神病院の建物の西側の柵の裏手200ヤードぐらいの地点だったが、その時は日本兵が沢山いたので、翌朝9時に警察官［constable］のタカウア［Takaua］と共に赴いた。そこにあった竪穴のひとつが椰子の葉や波状鉄板で覆われており、その下に一部焼け焦げた遺体が複数あったが、いずれも首がなかった。首は穴の中の別な場所にまとめて置かれていた。

《ミカエレ［Mikaere］の宣誓供述》

米軍機が最初にベティオに飛来したのはある日の午後2時頃で、港内の日本の船舶を爆撃していた。現地の労務者は皆、砂州の方に逃げていた。米軍機が去ると、現地人はかつて英国政庁の建物のあった場所に戻って来た。自分は司教の家に司教と共にいた。日本兵の1人が欧州人の1人が精神病院の建物から逃げたことを告げて、現地人を地方官庁舎［district office］に向かわせたが、間もなく欧州人が捕まったので宿舎に帰らせた。

その後、旧現地人部落の方から、多分将校であると思われる日本の軍人が1人、自分のいる司教の家にやって来て、血糊の付いた刀を見せ、「欧州人をこれで殺してきた」と言った。その男は旧英国政庁の方へ立ち去っていった。午後5時過ぎ、自分は椰子の樹液を採集するために精神病院の方に行ったが、一帯が騒がしく、病院の建物の中には日本兵が沢山いた。何事ならんと敷地内に入り、以前は病人を世話する現地人が住んでいた小屋まで行ってみると、敷地内に欧州人が一列に並んで座らせられていた。小屋の中から見ていると、建物の中からハンドリー大尉と思しき人が引き出されてきたが既に死んでいたようで、血塗れになっていた。一列に並べられた人達の前にその遺体が置かれると、日本兵の1人が次々と並べられた人々を斬首していった。3人ぐらいが首を斬られるのを見たところで私は卒倒してしまった。正気に戻った時には、日本兵は遺体を建物の西側の方にあるふたつの竪穴に運んでいた。何体あったのかは分からなかった。その時、殺された欧州人の衣服をいっぱいに入れた缶を持った日本人の軍属が走ってきて、小屋の側で倒れ込んだ。軍属は缶をそこに置くと、遺体の運搬を手伝いに戻っていった。自分は、衣服の入った缶を司教の家に持って帰り、欧州人が殺されたことを伝えた。その後、その衣服は半ズ

ボンとシャツ１着ずつを除いて現地人が持ち去っていった。

これがいつ起きたかについては、記憶にない。

＊（検）法廷証 PX1881【民間人タウア［Taua］宣誓供述書】＝検察側文書 PD5248　識別番号を付される。

＊（検）法廷証 PX1881-A【同上抜粋；白人俘虜５名の斬首】　証拠として受理され、検察官モネーヌ中佐、「ナウル［Nauru］が連合国軍機による最初の空爆を受けた夜、シャルマーズ［Chalmers］大佐を始めとする白人捕虜５人が斬首された」と、要約を朗読する。書証の朗読なし。

＊（検）法廷証 PX1882【支那人リー・チョン・ウォン［Lee Chong Wong］陳述書】＝検察側文書 PD5252　識別番号を付される。

＊（検）法廷証 PX1882-A【同上抜粋；白人俘虜殺害】　証拠として受理され、検察官モネーヌ中佐、「陳述者はシャルマーズ大佐の使用人であった。1943（昭和 18）年３月 25 日に米軍機による空襲があったが、その日を境にシャルマーズ大佐も他の白人捕虜もいなくなった。他の白人捕虜が住んでいた家の床には血痕があった」と、要約を朗読する。書証の朗読なし。

＊（検）法廷証 PX1883【ギルバート島人デビット・マードック［David Murdock］尋問録】＝検察側文書 PD5246　識別番号を付される。

＊（検）法廷証 PX1883-A【同上抜粋；オーシャン島での虐待致死】　証拠として受理され、検察官モネーヌ中佐、「証人は 1943（昭和 18）年７月までオーシャン島に在住。島には欧州人が６人いたが、皆日本軍による暴行を受け、飢えに苦しんだ。その内２人は自分が島を去る時までに死亡。同年、日本軍はオオマ［Ooma］岬の周囲に電線を敷設した上で、現地人３人に電線の方に走っていくよう指示した。３人は電線に触れた途端に感電死した」と、要約を朗読する。書証の朗読なし。

＊（検）法廷証 PX1884【ニクナウ［Nikunau］島人カブナレ［Kabunare］尋問録】＝検察側文書 PD5245　識別番号を付される。

＊（検）法廷証 PX1884-A【同上抜粋；オーシャン島での西洋人殺害】　証拠として受理され、検察官モネーヌ中佐、「オーシャン島在住の欧州人はすべて死亡するか殺害された。同島の現地住民は終戦時 100 人余り。日本軍は島民をいくつかの集団に分け、カブナレが入れられた集団は全員が手を縛られて崖の縁に立たされ、そこで日本軍の発砲を受けた。海上で正気を取り戻したカブナレの周囲には死体が沢山漂っていた。カブナレは、洞窟に身を潜めた。日本兵は死体を船で曳いて外洋に出していた。カブナレは、連合国軍が島を占領したことを 1945（昭和 20）年 12 月２日に知るまで洞窟に隠れていた」と、要約を朗読する。書証の朗読なし。

＊（検）法廷証 PX1885【第 67 守備隊坂田次郎中尉尋問録】＝検察側文書 PD5247　識別番号を付される。

＊（検）法廷証 PX1885-A【同上抜粋；オーシャン島での現地人射殺】　証拠として受理され、検察官モネーヌ中佐、「1944（昭和 19）年 10 月、日本軍は同島の 100 人余りの島民を集めて殺害した」と、要約を朗読する。書証の朗読なし。要約が朗読される。

＊（検）法廷証 PX1886【荒井角蔵兵曹長陳述書】＝検察側文書 PD5427　識別番号を付される。

＊（検）法廷証 PX1886-A【同上抜粋：オーシャン島での現地人の殺害】　証拠として受理され、検察官モネーヌ中佐、「8月20日（何年か特定されていない）、オーシャン島で島民8人が殺害された」と、要約を朗読する。書証の朗読なし。

＊検察官モネーヌ中佐、次の段階の立証担当検察官 C・T・コール［Cole］米海軍大佐を紹介する。

＊午後3時55分、裁判長ウェッブ、翌日午前9時半までの休廷を宣する。

◆1947（昭和22）年1月3日

（英速録 14154〜14303頁／和速録第 144号 1〜22頁）

＊午前9時半、法廷、再開する。

＊裁判長ウェッブ、被告大川及び被告永野の病気による欠席、並びに巣鴨拘置所医官発行の証明書が提出されている旨を報じる。

2—13・14—8　検察主張立証第 XIII・XIV 局面「対民間人・戦争捕虜残虐行為」第8部「支那での残虐行為」

（英速録 14156〜14196頁／和速録 144号 2〜8頁）

（「支那関連の残虐行為」についての検察側主張立証の構成は、やや錯雑としている。即ち、本裁判告発の対象事項としての「支那関連の残虐行為」については、既に検察主張立証第 V 局面「中国《編訳者としては、「支那」と修正する》関連残虐行為《通例の戦争犯罪》」において、5度にわたり審理された《第1巻及び第2巻参照》にもかかわらず、ここでまた検察主張立証第 XIII・XIV 局面「対民間人・戦争捕虜残虐行為」のその第8部「支那での残虐行為」として、重層して審理されるが、内容上は米国人を中心とする欧米人を対象とするものに限られているように見受けられる）

（1）検察官コール海軍中佐、検察主張立証第 XIII・XIV 局面「対民間人・戦争捕虜残虐行為」第8部「支那での残虐行為」の検察側立証として、関連検察側要約証拠概要・検察側要約書証・検察側書証を提出する。（この「2—13・14—8　検察主張立証第 XIII・XIV 局面「対民間人・戦争捕虜残虐行為」第8部「支那での残虐行為」における（ ）単位の審理要目は、ただ（1）だけに限られる）

（英速録14156〜14196頁／和速録144号2〜8頁）

＊（検）法廷証 PX1887【支那・満州での日本軍残虐行為検察側証拠概要】＝検察側文書 PD8392　証拠として受理される。朗読なし。

＊（検）法廷証 PX1888【1946（昭和21）年3月4日証言アーネスト・P・ヒッグズ［Ernest P.

<1947-1-3>

Higgs] 宣誓供述書】＝検察側文書 PD8187　識別番号を付される。

＊（検）法廷証 PX1888-A【同上抜粋；上海日本憲兵隊による一般抑留者－調査員ウイリアム・ハットン［William Hutton］の殺害】　証拠として受理され、抜粋が朗読される。

【PX1888-A 朗読概要】

　ウイリアム・ハットン警部補［Inspector］は、上海のハイフォン［Haiphong］・ロード収容所から尋問のために憲兵隊に連行され、収容所に戻された時には意識不明の状態であった。ハットンの体の傷跡から判断して、剃刀の刃で小さな傷を無数に付けられた模様である。ハットンは数日後に死亡した。その詳細は以下の通り。

　ワトソン［Watson］という男が、収容所の本部に連れて行かれて、収容所の外部と連絡を取っている容疑で取り調べられた。本部の日本軍関係者はワトソンの隣に座っていたという男に注目して探し、容疑者１人を拘束したが、翌朝ハットンは、自ら本部に出頭して自分がワトソンの隣にいた者であると申し出た。その後、両名ともジェスフィールド［Jessfield］・ロードの憲兵隊本部に連行された。数日後に戻された時には、ワトソンは介添え付きで何とか歩ける状態であったが、収容所の病棟に入院した結果１週間ぐらいで相当に回復した。しかし、ハットンは送り返されてきた時、車の中にパンツ１枚を穿いたままで横たわっていて意識がなかった。担架で医務室、それからさらに病棟に運ばれた。手首の痣から判断して、その部分で拘束されていたようである。そして、両脚の踵から臀部にかけて剃刀の刃のような鋭利なもので切り刻まれた痕があった。体の他の部分は見なかったが、自分の隣でいつも就寝する収容者が言うには、胸部にも同じような傷跡があったとのことである。ハットンが他にも腎臓や局部に傷を負っており、拷問のために精神に異常を来たしたというのは収容所内では周知の事実であった。3〜4日収容所内の病棟にいた後、ハットンはロシア人医師が経営する精神病院に送られたが、その夜死亡した。

＊（検）法廷証 PX1889【1946（昭和21）年5月18日証言アーネスト・ソロモン［Ernest Solomon］宣誓供述書】＝検察側文書 PD8180　識別番号を付される。

＊（検）法廷証 PX1889-A【同上抜粋；同上調査員ウイリアム・ハットンの殺害】　証拠として受理される。検察官コール海軍中佐、「前出証拠の内容を確認するもの」、と申し立てる。書証の朗読なし。

＊（検）法廷証 PX1890【1945（昭和20）年10月6日証言ジェームズ・H・コール［James H. Cole］宣誓供述書】＝検察側文書 PD8137　識別番号を付される。

＊（検）法廷証 PX1890-A【同上抜粋；上海俘虜収容所での米人射殺】　証拠として受理され、検察官コール海軍中佐、以下の通り、要約を朗読する。書証の朗読なし。

　1942（昭和17）年3月のある日、上海の捕虜収容所で日本軍の監視兵が米国の民間人抑留者を射殺した。その時、その民間人は収容所の柵の側に立っていただけで、何も挑発的行為はしていなかった。供述者は、砲弾を磨く作業をさせられ、1日に16箱分を磨き終わらないと棒や銃

床で殴られた。日本人に会った時に敬礼や御辞儀をしなかったというような些細な規律違反に対してさえも、真冬の氷点下の屋外で着衣を取られて3〜4時間直立不動で立たされるといった罰直（現在では死語に近いであろうか？）が課せられた。これで肺炎を患った者が何人かいる。

＊（検）法廷証PX1891【1945（昭和20）年11月4日付け捕虜に関する連合国中央調査委員会（原英文"Investigation Committee"のママ。和文速記録は「諮問委員会」）報告書；漢口における1944（昭和19）年12月の米飛行士3名の殺害】＝検察側文書PD2662 第12部 証拠として受理される。

＊（検）法廷証PX1892【リチャード・E・ラディシル［Richard E. Rudisill］連合国軍最高司令部法務部調査課長署名PX1891他同種報告書の出所・真実性証明書】＝検察側文書PD2662 証拠として受理され、PX1891が朗読される。

【PX1891朗読概要】

1944（昭和19）年12月に漢口で捕獲された米軍航空機搭乗員3人が、後ろ手に縛られて激しく打ち据えられながら漢口の街中を歩かされた挙げ句に、ガソリンをかけられて焼き殺された。第34軍参謀長の鏑木（正隆）少将（戦後1946年4月22日に上海にて刑死）は、その報告書で、殺害事件の詳細については知らないとするも、捕虜に街中を歩かせることについては軍司令官の許可が下りていたことを明らかにしている。以下が、鏑木少将の1945（昭和20）年11月4日付け報告書内容の一部である。

事件の概要：

1. 昨年の秋頃から行われていた漢口市街への（連合国軍側の）無差別銃爆撃によって市内の家屋が相当な損害を被ると同時に軍民の死傷者も多く出て、市民は怒りの念を強くしていた。

2. 漢口市青年団は、上記無差別銃爆撃に対する報復措置として、爆撃に参加した米軍機の搭乗員に漢口の街中を歩かせることとし、その間、往来の市民が殴打など暴力行為を働いた。その折の残虐行為の手段・方法・程度などは自分の知悉するところではない。

3. この件が生起する前に、漢口青年団が第34軍司令部に、これを行うにつき許可申請を出してきたが、司令官の佐野（忠義）中将は、捕虜の虐待は国際法違反であると共に、米国抑留中の日本人の処遇に悪影響を与える可能性があるとして、許可を与えなかった。しかし、青年団は「無差別銃爆撃に対する報復措置として支那人の責任で行うものであり、日本側に迷惑はかけない」として繰り返し許可を求めてきたので、最終的に許可を出した。

＊（検）法廷証PX1893【1946（昭和21）年6月6日証言エドワード・E・ウイリアムソン［Edward E. Williamson］大尉宣誓供述書】＝検察側文書PD8172 識別番号を付される。

＊（検）法廷証PX1893-A【同上抜粋；上海ブリッジハウスでの日本憲兵隊による一般抑留者の拷問】 証拠として受理される。

＊（検）法廷証PX1894【1945（昭和20）年2月21日証言ウイリアム・S・バンギー［William S. Bungey］宣誓供述書】＝検察側文書PD8175 識別番号を付される。

\<1947-1-3\>

2　検察主張立証段階　**199**

＊（検）法廷証 PX1894-A【同上抜粋：上海ブリッジハウスでの日本憲兵隊の拷問】　証拠として
　受理される。
＊検察官コール海軍中佐、「（検）法廷証 PX1893 及び PX1894 の宣誓供述書は、上海ブリッジハ
　ウスで憲兵が民間人抑留者を尋問する際に行った拷問の態様を記述するもの」と、と付言する。
　PX1893 の抜粋を朗読する。

【PX1893-A 朗読概要】

　1937（昭和12）年の日支事変勃発以来、上海の憲兵隊はブリッジハウスと呼ばれるアパート
を本部としていたが、同市の国際租界を日本軍が占領すると同時に、憲兵隊は長年収集した情報
を基に同市在住の主要な連合国人を逮捕して、そこに収監していった。まず、害虫の巣窟となっ
ている不潔な房に入れられたが、そこには既に 10〜15 人ぐらいが男女の性別に関わらず入れら
れていて、用を足す際には房の隅に置いてある男女共用のバケツで済まさざるを得なかった。食
事は粥と薄い茶だけで、十分な量には程遠かった。過密状態が酷く、全員が同時に横になれなか
ったので、睡眠を取ることもできず、ひとつの房につき虫だらけの毛布 1 枚しか与えられなかっ
た。
　尋問される前の日に、収監者は大抵拷問が行われる部屋の隣室に入れられ、拷問されている者
の悲鳴と泣き声、断末魔の声とも思われるような呻き声を耳にするのであった。このような処遇
は、収監者の抵抗心と士気を喪失させるために、意図的、計画的になされた非人道的行為であり、
自分の「尋問」の順番を待つ収監者の心身に恐怖心を植え付けるものであった。
拷問：（下線は英文速記録本文のママ。以下同じ）
　尋問の最中に行われた拷問方法の中で最たるものは水責めである。尋問対象者を長椅子の上に
置いて頭をその端から少し下げさせ、漏斗を使って腹腔と肺に水を注ぎ込んだ上で、腹の上に飛
び乗られるのである。これをされると、あたかも溺れているような感覚に襲われる。
電気拷問は、尋問対象者をペンキ塗りの際に使用する梯子に磔にして、局部や鼻の周囲などに電
極をあてがうものである。開始される前に全身に冷水がかけられる。
殴打には数種類あり、（1）棒やホースを使っての背部・臀部の打擲、（2）顔面の平手打ち、（3）
局部などへの執拗な足蹴りなどである。
その他に、足の親指の爪を麻酔もかけずに剝ぎ取ったり、ラック［rack］を使った拷問（手足を引
き伸ばす）など、枚挙に暇がない。
　民間人抑留施設のすべてに於いて、食事と居住環境は劣悪で、暴力行為は頻繁に行われた。そ
して、多くが軍事施設と隣接した地域にあったので、空襲に遭った。
＊（検）法廷証 PX1895【1946（昭和21）年 1 月 4 日証言ジェームズ・S・ブラウニング［James
　S. Browning］宣誓供述書】＝検察側文書 PD8127　識別番号を付される。
＊（検）法廷証 PX1895-A【同上抜粋：上海俘虜収容所での米人俘虜 50 名の虐待】　証拠として

受理され、検察官コール海軍中佐、「1944（昭和19）年2月、上海の捕虜収容所で米軍捕虜50人余りが自分達の持ち物と交換に支那人から金銭を得ようとしたという理由で拷問にかけられた。雪が積もる外に出されて水責めにされ、気を失うと柱に縛り付けられて冷水を浴びせかけられ、鉛を仕込んだ乗馬用の鞭［riding crop loaded with lead］で叩かれもした」と、要約を朗読する。書証の朗読なし。

＊（検）法廷証 PX1896【1946（昭和21）年2月15日証言ロバート・マカロック・ブラウン［Robert McCuloch Brown］軍曹宣誓供述書】＝検察側文書 PD8033　識別番号を付される。

＊（検）法廷証 PX1896-A【同上抜粋；上海俘虜収容所での米人俘虜50名の虐待】　証拠として受理される。検察官コール海軍中佐、「前出証拠の内容を敷衍するもの」と前置きして、抜粋を朗読する。

【PX1896-A 朗読概要】

……まず、石原と宮崎にこっ酷く殴られた。その際には、石原がいつも懲罰用に使う乗馬用の鞭も使われた。その後で、一人一人が床に寝かされ、鼻を摘まれた上で気絶するまで口の中に水を注ぎ込まれた（水を吐き出させることが書かれていないが、原文のママ）。気絶すると、顔を平手打ちにされたり、冷水をかけられたりして正気に戻された。1944（昭和19）年1月、非常に寒い日のことであったので、これをやられた者の体調に影響を与えないはずはなかった。捕虜の内5人は、これ以上やったら死ぬと判断した日本兵が止めるまで、12日間も続けてこれをやられた。5人は入院となったが、その後回復した。

＊（検）法廷証 PX1897【1946（昭和21）年2月15日証言ジョン・F・ライアン［John F. Ryan］証言録】＝検察側文書 PD8007-A　識別番号を付される。

＊（検）法廷証 PX1897-A【同上抜粋；呉淞収容所での捕虜100名の虐待】　証拠として受理され、検察官コール海軍中佐、「証人は1942（昭和17）年9月、呉淞で海兵隊員の捕虜4人が脱走したことへの連帯責任を問われて虐待的処罰を受けた100人の1人。非常に寒い日に100人は暖房もない1室に入れられ、満足な食事も与えられなかった。これについて責任を負うべきは収容所長である」と、要約を朗読する。書証の朗読なし。

＊（検）法廷証 PX1898【1945（昭和20）年10月8日証言カール・E・ステグマイアー［Carl E. Stegmaier］宣誓供述書】＝検察側文書 PD8130　識別番号を付される。

＊（検）法廷証 PX1898-A【同上抜粋；キアンワン（「江湾」か？）収容所での捕虜5名の虐待】　証拠として受理され、検察官コール海軍中佐、「証人は1945（昭和20）年1月に江湾収容所で、米軍機の空襲中に衛兵に銃剣で突かれた5人の捕虜の1人である。そのようにされた理由は、空襲中に喝采したというものであった」と、要約を朗読する。書証の朗読なし。

＊（検）法廷証 PX1899【1945（昭和20）年10月15日証言ノリス・リットマン［Norris Littman］伍長宣誓供述書】＝検察側文書 PD8072-A　識別番号を付される。

<1947-1-3>   2 検察主張立証段階 **201**

＊（検）法廷証 PX1899-A【同上抜粋；奉天収容所での米人俘虜3名の斬首】 証拠として受理さ
　れ、抜粋が朗読される。

【PX1899-A 朗読概要】

　1943（昭和18）年4月中旬、奉天収容所から米軍捕虜3名が脱走。各々違う宿舎から脱走し
た3人がいないのが分かったのは、朝の点呼の時であった。名前は記憶していない。3日後ぐら
いに3人は捕獲されたが、監視にあたる日本兵に促されて一列縦隊で戻ってきた彼らは、ほとん
ど自力では歩けない様子だった。1人は頭に血がべっとり付いた布切れを巻き、皆、上着の背中
の部分が破けて出血していた。両の踵が鎖で繋がれていたので歩幅が小さかった。鎖は背中の方
に伸ばされていて、両手も鎖で繋がれていた。その日、作業の後で3人は捕虜の前に出され、脱
走を手引きしたり助けたりした捕虜と日本人を特定するよう言われたが、何も言わず、そのまま
収容所から連れ出されていった。2日後、3人の名前を書いた十字架を作業場で作るよう指示が
出された。できあがった十字架は、墓地の真新しい墓の上に立てられた。監視兵が語るには、3
人は日本刀で斬首されたとのことである。3人が捕らえられた翌日から2週間、脱走者を出した
兵舎の捕虜は全員ベッドの縁に結跏趺坐で座って過ごすよう命じられた。

＊（検）法廷証 PX1900【1945（昭和20）年11月26日証言ウィンフィールド・S・カニンガム
　［Winfield S. Cunningham］米海軍大佐証言録】＝検察側文書 PD8209　識別番号を付される。［E:
　14178］［J: 144（5）］

＊（検）法廷証 PX1900-A【同上抜粋；呉淞俘虜収容所での虐待】 証拠として受理され、検察官
　コール海軍中佐、以下の通り、要約を朗読する。書証の朗読なし。

　証人は、呉淞の捕虜収容所から1942（昭和17）年3月に脱走したが捕獲され、ブリッジハウ
スで1カ月ほど監禁された後に軍法会議にかけられ、日本の軍律によって日本軍脱走兵として裁
かれた。証人は、国際協定では脱走した捕虜に課せられる最高刑は30日の独房入りであること
を指摘したが、日本側はジュネーブ協定には拘束されないとして、証人に禁固10年の判決を言
い渡した。証人は1944（昭和19）年10月に、今度はウォード［Ward］・ロード刑務所から脱走
して再び捕まったが、この時に言い渡された刑は終身禁固であった。……捕虜に余り体力をつけ
させないために、意図的に十分な食糧を与えなかったようである。

＊（検）法廷証 PX1901【1945（昭和20）年2月26日証言C・D・スミス海軍中佐宣誓供述書】（日
　付は英文速記録14179頁記載のママ）＝検察側文書 PD8279　識別番号を付される。

＊（検）法廷証 PX1901-A【同上抜粋；呉淞・キヤンワン捕虜収容所での虐待】 証拠として受理
　され、抜粋が朗読される。

【PX1901-A 朗読概要】

　証人は呉淞収容所から脱走して捕獲され、ブリッジハウスに30日間拘留された後、江湾収容所で53日間、独房に入れられた後に、軍法会議において「戦時敵前逃亡罪」に問われて、禁固10年並びに軍人としての特権剥奪を言い渡された。……

　ブリッジハウスでは日本人、支那人や他の外国人など18人と一緒にひとつの房に入れられた。混み合っていたので、夜は、ハンセン病患者と体をくっつけて寝なければならなかった。食事は朝に粥、日中にパンが4オンス。飲み物はお茶が1日に小椀に2杯。

　肉体的苦痛もさることながら、精神的に追い込まれることの方がこたえた。3月の寒い時期に寝具として与えられたのは、毛布1枚だけ。剥き出しの床の上に直に寝る身には不十分などというものではなかった。日中は結跏趺坐で、背もたれもなしで座ることを強要され、時には意地の悪い監視兵が見回りに来て、6～8時間ぐらい正座させられることもあった。……

　ブリッジハウスで尋問のために呼び出されて廊下（英文速記録14181頁のcar doorsとはcorridorsを聞き間違えたものか？　和文速記録では「廊下」と訳してあるので、それに従う）を通過する際に、いくつか拷問の一端を垣間見ることができた。水責め、火が点いた煙草を押し付けること、電撃拷問、棒や刀剣の峰などによる打擲といったものである。軍靴で蹴り上げるなどは拷問とは見なされないぐらい日常茶飯事であったが、これで脚の骨を折った支那人が何人かいた。

　水責めをする際には、まず尋問対象者を机の上に仰向けに縛り付ける。それからタオルなどを口と鼻のまわりに巻きつけるようにして尋問をし、満足の行く答えが返って来なかったら、排泄物や灯油などを混ぜた水5ガロンをタオルで囲まれたところに流し込む。そうなると、その水を飲み込むか肺に吸い込んで窒息するしかなくなる。これが、被尋問者が気を失うまで続けられるが、その直前に腹部を鉄棒で打たれたりされる。気を失うと、逆様に吊されて水を吐き出すようにされる。そして、また同じことが繰り返されるのである。……

　戦後、ブリッジハウスで拷問された欧米人30人余りの名簿を作成したが、生死は不明である。その中で米国人はヒーリー［Healy］という名の者1人だけであった。……

　日本軍の当局者がそのような拷問でどのような情報を得ようとしていたのか不明である。何のために拷問されているのか分かっている者は稀であった。何かの拍子に、何もしておらず、何も知らない人間を逮捕してくることがしばしばあった。尋問の際によくなされた質問は「利敵もしくは反日活動に関わっているのではないか？」というもので、このような意味のない質問が何時間にもわたって繰り返された。尋問の厳しさの度合いは、担当の下士官と通訳によって異なった。気分次第では、1回の拷問で済む場合もあるし、10回以上やられることもある。この点については、担当下士官が完全な裁量権を与えられていた。支那人の中には、酷く殴打されたために房に戻されてから死んだ者もいた。自分の印象では、担当下士官の上官である士官は、尋問に際して明確な指示を与えることはせず、単に「これについて調べよ」と命じているだけのようであった。被尋問者を必要に応じて痛めつけるというのは、日本側関係者の間では当然の諒解事項であるよ

<1947-1-3>　　　　　　　　　　　　　　　　　　　　　　　　　　　　　2　検察主張立証段階　**203**

うであった。ブリッジハウスの内部では常に悲鳴、呻き声や殴打の音がこだましていたのだから、そこで何が起きていたのかを憲兵隊付の士官が知っていたことは間違いない。

*（検）法廷証 PX1902【1945（昭和20）年12月12日証言ハロルド・J・ホーグ［Harold J. Hogue］軍曹宣誓供述書】＝検察側文書 PD8194　識別番号を付される。

*（検）法廷証 PX1902-A【同上抜粋；ヨチョウでの空軍兵捕虜虐待】　証拠として受理され、検察官コール海軍中佐、「乗機が撃墜されて支那のヨチョウ［Yochow］で捕虜となった証人は、何も情報を漏らさなかったために拳で殴られたり竹刀で叩かれたりした。それから、梯子に縛り付けられて水責めにされて打たれ、翌日手錠をされて村中を、衆人環視の下で歩かされた」と、要約を朗読する。書証の朗読なし。

*（検）法廷証 PX1903【1945（昭和20）年12月5日証言ハロルド・K・クロータ［Harold J. Klota］中尉宣誓供述書】＝検察側文書 PD8193　識別番号を付される。

*（検）法廷証 PX1903-A【同上抜粋；落下傘降下兵に対する拷問】　証拠として受理され、検察官コール海軍中佐、「証人は支那上空で、乗機から脱出して日本軍の捕虜となった。その際、右脚を負傷し、踝の上数インチあたりから切断する手術を受けたが、手術は日本人の民間人医師が粗末な刃物で麻酔も使わずに行った。その数日後、証人がまだ病床にある時に日本軍の士官が尋問に来たが、証人が質問に答えないでいると3度にわたって刀剣が入った鞘で意識を失うまで殴り付けられた」と、要約を朗読する。書証の朗読なし。

*（検）法廷証 PX1904【1946（昭和21）年2月18日証言ジョン・R・デララ［John R. deLara］証言録】＝検察側文書 PD8024　識別番号を付される。

*（検）法廷証 PX1904-A【同上抜粋；浦東抑留所に置ける虐待】　証拠として受理され、検察官コール海軍中佐、「1944〜45（昭和19〜20）年の冬、浦東の民間人抑留所では気温が華氏20度ぐらいまで下がることがあったが、日本軍の監視兵が使用していた暖房設備が収容者に与えられることはなかった。衣服の支給はなく、食糧の支給量は漸次減らされて、最終的には肉の量が当初と比べて4分の1になった。空襲の危険にさらされていたが、終戦の1週間前まで建物に抑留施設であることを示す標識を描くことは許可されなかった」と、要約を朗読する。書証の朗読なし。

*（検）法廷証 PX1905【1945（昭和20）年11月2日証言エルマー・A・モース［Elmer A. Morse］軍曹証言録】＝検察側文書 PD8211-A　識別番号を付される。

*（検）法廷証 PX1905-A【同上抜粋；奉天捕虜収容所の状況】　証拠として受理される。

*（検）法廷証 PX1906【1945（昭和20）年10月10日証言ヘルマン・E・ファイアル［Herman E. Fayal］伍長宣誓供述書】＝検察側文書 PD8220　識別番号を付される。

*（検）法廷証 PX1906-A【同上抜粋；奉天俘虜収容所の状況】　証拠として受理される。検察官コール海軍中佐、PX1905とPX1906について、「奉天の収容所の状況を綴ったもの」と、前置きして、「栄養不良、医療の不足、燃料の不足などにより200人余りの捕虜が死亡。石炭が豊富にあったにもかかわらず、宿舎内の暖房は甚だしく不十分。最初の1カ月半に与えられた1

日の食糧は、とうもろこしとキャベツのスープに酸っぱくなったパン２切れであったが、汚れが酷くて食べられないことがしばしばあった。食糧、燃料、医薬品の増配を求めたが、すべて拒否された」と、要約を朗読する。書証の朗読なし。

＊（検）法廷証 PX1907【1946（昭和21）年１月23日証言ジョン・Ｂ・Ｌ・アンダーソン［John B. L. Anderson］宣誓供述書】＝検察側文書 PD8123　識別番号を付される。［E: 14188］［J: 144（6）］

＊（検）法廷証 PX1907-A【同上抜粋；キヤンワン俘虜収容所での虐待】　証拠として受理され、検察官コール海軍中佐、「江湾収容所では、食事が粗末な反面、重労働を課せられ、証人は体重を40ポンド近く減らした。労役は、日本軍の射撃場建設や、砲弾磨き、それから戦車・トラックの修理などを課せられた。フェン・タイ［Feng Tai］収容所では、床に直接寝かされ、支給された１日３度の食事は、米飯乃至は小麦粉が御椀に１杯と薄いスープであった」と、要約を朗読する。書証の朗読なし。

＊（検）法廷証 PX1908【1945（昭和20）年10月20日証言ジョン・Ｆ・ブロナー［John F. Bronner］宣誓供述書】＝検察側文書 PD8063　識別番号を付される。

＊（検）法廷証 PX1908-A【同上抜粋；浦東収容所での虐待】　証拠として受理され、検察官コール海軍中佐、「浦東収容所では、1944（昭和19）年間に、収容者向けの食糧の支給量が35％減らされた」と、要約を朗読する。書証の朗読なし。

＊（検）法廷証 PX1909【1946（昭和21）年３月５日証言ロジャー・Ｄ・バムフォード［Roger D. Bamford］軍曹宣誓供述書】＝検察側文書 PD8004　識別番号を付される（ミドルネームのイニシャルが英文速記録 14190 頁では P、次頁では D となっている。和文速記録では共に D となっているので、D に統一する）。

＊（検）法廷証 PX1909-A【同上抜粋；キヤンワン俘虜収容所での虐待致死】　証拠として受理される。

＊（検）法廷証 PX1910【1946（昭和21）年12月27日証言連合国軍最高司令部法務部犯罪登記課副課長 C・W・ウイロビー［Willoughby］陸軍大尉署名（検）法廷証 PX1909 その他検察側文書出所・真実性証明書】＝検察側文書 PD8450　証拠として受理される。朗読なし。

＊（検）法廷証 PX1911【1946（昭和21）年３月５日証言ロジャー・Ｄ・バムフォード軍曹別途宣誓供述書】＝検察側文書 PD8004B　識別番号を付される。

＊（検）法廷証 PX1911-A【同上抜粋；キヤンワン及び呉淞俘虜収容所での俘虜の取扱】　証拠として受理される。検察官コール海軍中佐、PX1909 と PX1911 について「江湾と呉淞の収容所の状況を記述するもの」と、前置きして、「どちらの収容所でも食事は米飯を小さな御椀に１日３度、薄いスープ少量を１日に２度だけであった。収容者は納屋の地面の上に暖房もなく寝かされた。日本側が医療加護を施そうとしたことはなく、すべて捕虜の中の軍医がするしかなかった。江湾では４〜５人、呉淞では30〜40人が栄養失調、脚気、赤痢によって死亡した」と、要約を朗読する。書証の朗読なし。

＊（検）法廷証 PX1912【1945（昭和20）年11月14日証言ジェームズ・Ａ・ギルバート［James

<1947-1-3>　　　　　　　　　　　　　　　　　　　　　　　　　　　2　検察主張立証段階　205

A. Gilbert〕兵卒証言録】＝検察側文書 PD8218　識別番号を付される。

＊（検）法廷証 PX1912-A【同上抜粋；奉天収容所でのアメリカ人俘虜に対する虐待】　証拠として受理され、検察官コール海軍中佐、「証人が奉天の収容所で過ごした最初の数カ月の間に、米軍捕虜約 250 人が飢餓もしくは赤痢のために死亡。医薬品は全くなく、食事はとうもろこしと大豆。捕虜は近在の工場で労役を強いられ、日本軍のヘルメットや航空機部品、大口径砲の装具などを作らされた。証人は鉄鋼工場で 1 日 16 時間働かされた。奉天にいた間に、過酷な労働と粗食のために証人の体重は 60 ポンド減った」と、要約を朗読する。書証の朗読なし。

＊（検）法廷証 PX1913【1945（昭和 20）年 10 月 5 日証言ヘルマン・ホール〔Herman Hall〕伍長証言録】＝検察側文書 PD8206　識別番号を付される。

＊（検）法廷証 PX1913-A【同上抜粋；奉天収容所の状況】　証拠として受理され、検察官コール海軍中佐、「証人は奉天の収容所に入れられていた。同収容所は大規模な弾薬工場から 600 ヤードほどの距離にあったが、捕虜収容所であることを示す標識などは何も掲げられていなかった。B-29 による空襲があった時、捕虜の中で 19 人が死亡し 30 人余りが負傷した」と、要約を朗読する。書証の朗読なし。

＊（検）法廷証 PX1914【1945（昭和 20）年 12 月 17 日証言フロイド・H・コンフォート〔Floyd H. Comfort〕証言録】＝検察側文書 PD8312　識別番号を付される。

＊（検）法廷証 PX1914-A【同上抜粋；呉淞収容所及び江湾収容所での兵器修理への捕虜使役】証拠として受理され、検察官コール海軍中佐、「呉淞と江湾の収容所の捕虜は、あらゆる種類の軍用車の修理工場で働かされ、かつは砲弾磨きをさせられた」と、要約を朗読する。書証の朗読なし。

＊（検）法廷証 PX1915【1945（昭和 20）年 10 月 16 日証言スティーブン・M・ジフコ〔Stephen M. Zivko〕宣誓供述書】＝検察側文書 PD8136　識別番号を付される。

＊（検）法廷証 PX1915-A【同上抜粋；江湾収容所俘虜を小銃射撃場建設と自動車部品の修理に使役】　証拠として受理され、検察官コール海軍中佐、「江湾に収容されていた捕虜は、射撃場建設と日本軍車両部品の修理に使役されていた。空襲中も、爆撃機が真上に来るまで退避することが許されなかった。宿舎ではレンガの床の上に寝る際に筵しか与えられなかった」と、要約を朗読する。書証の朗読なし。

2—13・14—9　検察主張立証第 XIII・XIV 局面「対民間人・戦争捕虜残虐行為」第 9 部「日本内地での残虐行為」

（英速録 14197〜14261 頁／和速録 144 号 8〜16 頁）

（1）検察官コール海軍中佐、検察主張立証第 XIII・XIV 局面「対民間人・戦争捕虜残

虐行為」第9部「日本内地での残虐行為」の検察側立証として、関連検察側要約証拠概要・検察側要約書証・検察側書証を提出する。（この「2—13・14—9　検察主張立証第ⅩⅢ・ⅩⅣ局面「対民間人・戦争捕虜残虐行為」第9部「日本内地での残虐行為」」においても、（　）単位の審理要目は、ただ（1）だけに限られる）

（英速録14197〜14261頁／和速録144号8〜16頁）

＊（検）法廷証PX1916【日本本土での日本軍残虐行為検察側証拠概要】＝検察側文書PD8391　証拠として受理される。朗読なし。

＊（検）法廷証PX1917【1945（昭和20）年10月2日証言トーマス・H・ヒューレット〔Thomas H. Hewlett〕陸軍少佐宣誓供述書】＝検察側文書PD8006　識別番号を付される。

＊（検）法廷証PX1917-A【同上抜粋：福岡17号収容所での対俘虜残忍待遇・処刑・虐待致死】証拠として受理され、検察官コール海軍中佐、以下の通り、要約を朗読する。書証の朗読なし。

証人は、福岡の第17収容所（大牟田市所在）で先任軍医将校であったが、同収容所に収監されていた捕虜に対する虐待行為として、以下の事例を挙げている。

（A）ジェームズ・G・パブロコス〔James G. Pavlokos〕海兵隊伍長は、1943（昭和18）年12月に窃盗の罪で営倉に入れられ、35日間の絶食を強いられて死亡。証人の検案では、同人の体重は170ポンドから55ポンドに減少していた。

（B）ノア・C・ハード兵卒〔Noah C. Heard〕は、食糧の窃盗を何度も繰り返したがために、1944（昭和19）年5月に銃剣で刺殺された。

（C）ウォルター・ジョンソン〔Walter Johnson〕伍長は、日本人の民間人炭鉱夫に話しかけたことを理由に1945（昭和20）年4月、営倉に入れられ、絶食を強いられると共に日夜殴打され、その結果死亡した。証人が検死したところ、激しい殴打の痕跡が見られた。

（D）ウイリアム・N・ナイト〔William N. Knight〕兵卒は、食堂でパンを盗んだとの理由で1945（昭和20）年5月に営倉入りとされ、繰り返し殴打、拷問された末に15日後の頃、死亡した。証人は、検死をすることを許可されなかったが、死因は飢餓であると思われ、肺炎により症状が悪化した可能性もある。

（E）ワールドリー〔Worldly〕兵卒は、亜鉛の欠片を所持していたとして1945（昭和20）年春頃に営倉入りとされた。死後の検死の結果は、死因が殴打によるものであることを示していた。収容所内で捕虜は、太さ2×4インチ、長さ野球バットほどの棒で、殴打されていた。

（F）1944（昭和19）年3月に捕虜2人が営倉に入れられた際に、長時間、竹の上に正座させられたために壊疽を起こしてしまった。1人は両足を、もう1人は足の指3本を切断せざるを得なかった。

（G）1944（昭和19）年10月、証人は、日本人の医師に対して、病人を炭鉱で働かせることについて書面で抗議したところ、6日間の営倉入りとされた。

（H）証人がこの収容所にいた2年の間、収容された捕虜の数は最大1780人に達したが、この期間に赤十字から支給された薬品は500人宛3カ月分だけであった。証人は手袋も満足な機器も

＜1947-1-3＞　　　　　　　　　　　　　　　　　　　　　　　　　　2　検察主張立証段階

なしに大きな手術を 135 件行った。

＊（検）法廷証 PX1918【1945（昭和 20）年 12 月 30 日証言ジョン・H・アレン［John H. Allen］中
　尉宣誓供述書】＝検察側文書 PD8022　識別番号を付される。

＊（検）法廷証 PX1918-A【同上抜粋：福岡 17 号収容所での俘虜処刑】　証拠として受理される。
　検察官コール海軍中佐、「前出証拠で触れられているハード兵卒の処刑の模様を記述したもので、
　処刑は裁判もなしに行われた」と、前置きして、抜粋を朗読する。

【PX1918-A 朗読概要】

　窓から見てみたら、監視兵がハードの背後で半円状に集まり、ユリ・ケン少尉の命令でその内
の 1 人が、ハードの背中の真中あたりを銃剣で刺した。ハードは前のめりに倒れこんで、猛獣の
断末魔の足掻きとも見えるような動作をし始め、やがて仰向けに倒れて体の右側部を、半円形に
集まった監視兵の方にさらした。最初に刺した 1 人が半円の方に戻ると、ユリ少尉の命令で 2 人
目が歩み出てハードの右側部を刺した。刺した 2 人の名前は不明である。この後、軍医やユリ少
尉や監視兵の一部などがハードの周囲に寄って来てハードの様子を窺っていた。その時既にハー
ドの動きはそんなに激しいものではなかったが、手足に若干の痙攣が走るのが認められた。次い
で、これも名前が分からない 3 人目の監視兵が、銃剣をハードの喉に垂直に突き刺し、さらに腹
部を切り裂いた。

＊（検）法廷証 PX1919【1946（昭和 21）年 2 月 4 日証言フュージリアー［Fusilier］連隊ウイリア
　ム・ジョンソン［William Johnson］宣誓供述書】＝検察側文書 PD8117　識別番号を付される。

＊（検）法廷証 PX1919-A【同上抜粋：仙台第 1B 収容所での虐待致死】　証拠として受理され、
　検察官コール海軍中佐、「仙台の 1B 収容所における 1945（昭和 20）年 2 月 4 日の出来事。脚
　気と栄養失調で極度に衰弱した捕虜が軍医の診察を求めたところ、監視兵に殴り倒され、さら
　に腹部を蹴られた。その捕虜は同じ日の夜に死亡した」と、要約を朗読する。書証の朗読なし。

＊（検）法廷証 PX1920【1946（昭和 21）年 4 月 12 日証言イアン・ダグラス・ニューランズ［Ian
　Douglas Newlands］宣誓供述書】＝検察側文書 PD8026　識別番号を付される。

＊（検）法廷証 PX1920-A【同上抜粋：門司及び函館各第 1 俘虜収容所での虐待致死】　証拠とし
　て受理され、検察官コール海軍中佐、以下の通り、要約を朗読する。

　門司の病院には捕虜が 180 人ほども収容されていたが、証人がそこにいた 2 カ月の間に、治療
がなされないことが主な理由で 50 人が死亡した。

　函館の第 1 収容所で証人は、窃盗の嫌疑をかけられたオランダ人捕虜が殺害されるのを目撃し
た。その捕虜は食糧も与えられないまま営倉に入れられ、数時間おきに出されては拳や棒やベル
トなどで叩かれていた。数日後に死亡。証人自身は、捕虜ができないような労役を課すことを拒
否した時に激しく殴打された。当時捕虜達は、砲身を製造している室蘭製鉄所で働かされていた。
些細な規律違反に対しても連帯責任が問われ、収容者全員が一晩中立たされた後で、翌朝の作業

に出されたこともあった。

＊（検）法廷証PX1921【1946（昭和21）年1月9日付け捕虜に関する日本政府中央調査委員会（原英文 "Investigation Committee" のママ。和文速記録は「諮問委員会」）報告書；東部軍管区による連合国軍飛行機搭乗員虐待致死】＝検察側文書 PD2662（23） 証拠として受理され、抜粋が朗読される。

【PX1921 抜粋朗読概要】

　東部軍管区で捕獲された連合国軍飛行士は、軍律違反の疑いがある場合には軍法会議にかけられて処分され、無罪と判断された場合は普通の捕虜として扱われた。しかしながら、軍法会議にかけられた場合には、判決が下るまでの間、身柄を東部軍憲兵隊司令部に拘束されていた。……憲兵隊司令部拘束中に死亡した者は 17 名に上る。……

　1945（昭和20）年 5 月 25 日、軍律違反の疑いで東京の陸軍刑務所に収監されていた連合国軍飛行士 62 人は、空襲で死亡。

　千葉県日吉村に墜落した B-29 搭乗員の 1 人は、重傷を負っていたが、同年 5 月 26 日、捜索隊大尉（英文速記録 14205 では階級が captain となっており、これは陸軍ならば大尉、海軍ならば大佐で、和文速記録では後者となっているが、前者が妥当と判断する）の命により斬首された。報告によれば、遺体には死後銃剣で刺された形跡もあったとのことである。……

　東海軍管区が設置された 1945（昭和20）年 2 月 11 日から終戦までに同管区内に降下してきた連合国軍飛行士は 44 人。この内、初期に降下してきた 6 人は、その搭乗機が軍事目標を攻撃していたことが明らかであったので、捕虜として収容。5 月 14 日に乗機から脱出した 11 人は、無差別爆撃を敢行した者で戦時重罪犯の容疑が濃厚であり軍法会議に送致された。それ以降捕らえられた 27 名は、非人道的な無差別爆撃を行ったことが明白で、当時の状況に鑑み正式な軍法会議の手続きを経ることなく軍律に従って処断した。

＊午前 10 時 45 分、裁判長ウェッブ、15 分間の休廷を宣す。

＊午前 11 時、法廷、再開する。

＊検察官コール海軍中佐、証拠の提出を続行し、提出済み PX1921 の朗読を続行する。[E: 14207]［J: 144（9）］

【PX1921 朗読概要】（続き）

　5 月頃、第 13 方面軍（東海軍管区にあって、ほとんどの司令部要員は軍管区司令部要員も兼任）は、8 月に予想される連合国軍の本土上陸を迎撃する準備に忙殺されていた。その最中、5 月 14 日に、名古屋地区の無差別爆撃を行った爆撃隊の飛行士 11 人がその司令部に送られてきて、軍律会議に付すことについて審議が進行中であった。しかし、空襲が激化するに連れて捕虜とな

<1947-1-3> 2 検察主張立証段階 **209**

る飛行士も増え、かつ5月の末になってくると空襲も、無差別にして非人道的性向を強め、その目標は、民間の家屋に集中して焼夷弾による民間人の死傷者も増加してきた。このような傾向は、飛行士に対する尋問からも窺えた。時間の経過と共に作戦準備が益々繁忙となると同時に無差別爆撃による被害も甚大となっていき、爆撃を行った側への敵意も増してきた。そして、捕虜となった飛行士の管理も困難となっていったのである。それ故、方面軍は当時の状況下に於いて捕虜の飛行士を煩雑な手続を要し時間がかかる軍律会議に付するのは無理と判断した。その結果、11名は、6月28日、瀬戸市赤津町の宮地山中で、他の16名は7月14日に司令部第2庁舎裏で、処刑された。

＊（検）法廷証 PX1922【1945（昭和20）年12月26日付け捕虜に関する日本政府中央調査委員会報告書：中部軍管区による連合国軍飛行機搭乗員に対する処刑】＝検察側文書 PD2662（24）証拠として受理され、検察官コール海軍中佐、「中部軍管区内で捕虜となった連合国軍飛行士は49名で、その内3人は東京に送致、6人は傷または病気で死亡、2人は軍律会議を経て処刑、38人は軍律会議を経ずに処刑。38人が軍律会議なしで処刑された理由は、軍関係者が空襲への対応や本土決戦の準備に忙殺され、法務部も一般の軍紀違反の事例に対応する必要があったためである」と、要約する。抜粋が朗読される。

【PX1922 朗読概要】

6月以降の空襲の激化に伴い捕虜となる飛行士も漸増し、中部憲兵隊はそれらの飛行士に対する軍律違反の証拠をまとめてきたが、第15方面軍司令部（中部軍管区にあって、ほとんどの司令部要員は軍管区司令部要員も兼任）は空襲への対応や本土決戦への準備に忙しく、また法務部も軍紀違反の事例の処理に追われて、それら飛行士を軍律会議に付すことができなかった。

当時、前年秋以来の空襲の激化、取り分け本年3月来の東京、名古屋、大阪、神戸などに対する無差別焼夷弾攻撃による人命と財産の甚大な喪失の故に、国民の連合国軍飛行士に対する怒りが沸騰しているというのが、中部軍管区司令部内の見立てであった。

以上の状況の故に中部憲兵隊は、中部軍管区司令部から捕虜の処置について何の指示も受けなかったので東京憲兵司令部と連絡を取り、そして7月初旬の1回目の処刑の時には軍管区司令部と連絡を取った上で、処刑を実行した。既述の43人（数が合わないが、原文のママ）は、大阪府泉北郡信太山と東区射撃場の何カ所かで7月上旬から8月中旬にかけて処刑し、遺体は処刑した場所に埋葬した。

＊（検）法廷証 PX1923【1946（昭和21）年3月27日付け捕虜に関する日本政府中央調査委員会報告書：中部軍管区での飛行機搭乗員捕虜の取扱と処刑】＝検察側文書 PD2662（27） 証拠として受理され、検察官コール海軍中佐、「前出証拠の『6人は傷または病気が原因で死亡、2人は軍律会議を経て処刑』との部分を追認する内容であるが、それ以外に処刑された飛行士の数は、38人ではなく41人であることを示している。それから、憲兵隊司令官大城戸三治中将が

1945（昭和20）年6月に『捕虜となった飛行士の処分を軍律会議で迅速に決定できない場合には、他の手段を執ることも止むを得ない』と軍管区憲兵隊司令部に通達していることにも触れている」と、要約し、抜粋を朗読する。

【PX1923朗読概要】

《捕獲飛行機搭乗員に対する国民一般の感情について》

日本本土に対する空襲が始まって人命と財産の喪失がもたらされると共に、国民の敵意と反感も高まり、その傾向は東京、名古屋、大阪、神戸などの大都市が焼夷弾による無差別爆撃を受けて大量の死者を出すに及んで、益々顕著となった。そして、捕虜となった飛行士に対する国民全般の怒りと復讐の念は、最大限にまで高まった。そのために、一見して見分けがつかないために、パラシュートで降下した日本軍の飛行士すら危害を加えられそうになったことがあった。……

《処刑に関する中部憲兵隊司令部と憲兵司令部との関係》

本土への空襲が1945（昭和20）年の春から夏にかけて急激に増加するに連れて、捕虜となる飛行士の数も増加。しかしながら、諸般の事情によりそれら飛行士を迅速に軍律会議にかけることができず、そのために各地の憲兵隊司令部は、捕虜の収容場所を見付けるのに苦慮していた。同年6月頃、大城戸三治中将は、諸般の事情を考慮した末に、憲兵司令部外事課長山村義雄の名で、捕虜飛行士の取扱に関する私信を、各軍管区憲兵司令官に送ったが、関係者の記憶によれば、その内容は以下のようなものであった。

《私信要旨》

捕虜飛行士に対する軍律会議は概ね停滞しているので、憲兵隊に収容している捕虜などの人員が増えた結果、各地でその対応に苦慮している。軍律会議を開いて迅速に処理してもらいたいのが憲兵隊側の意向であるが、捕虜の中には非人道的無差別爆撃を行った者もいるであろうから、それらの者は軍律に従って早急に厳罰に処すのが妥当と認める。

軍律会議による迅速な処理が不可能ならば、他の手段に訴えることも止むを得ないが、どちらの手段を採るかは憲兵隊ではなく軍管区司令部の決定に委ねるべきであるから、必要に応じて軍管区参謀長と連絡を取り、参謀長の自主的判断を待つべきである。

中部憲兵隊司令官長友次男少将は、この私信の意味するところは捕虜を即時処断することであるとして、部下に然るべき準備を進めるよう指示した。

《処罰に関する中部憲兵隊司令部と中部軍管区司令部との関係》

6月下旬もしくは7月初旬、長友少将は、中部軍管区参謀長国武三千雄中将を訪ねて、「捕虜飛行士の供述は皆、似通っているので、今後憲兵隊から一々情報を提出することはせず、捕虜は適当に処置することにしたい」と申し出た。

国武中将は、これが憲兵司令官の出した私信に基づく捕虜の処刑という重要事項に関わるものとは夢にも思わず、単に情報処理に関する報告だと思って、「承知した」と返答し、すぐに本土

<1947-1-3>   2　検察主張立証段階　**211**

決戦準備や空襲への対応という諸事に忙殺された。

　同年6月のある日、中部憲兵隊司令部の志内猪虎麿少佐は、軍管区司令部の参謀大庭小二郎大佐を訪ね、「憲兵司令部からの連絡があったので、現在中部憲兵隊に抑留中の捕虜を処刑する」と言って来た。大庭大佐が、「すべて無差別爆撃を行ったと判断された者か?」と問うと、志内少佐は、「そうだ」と答えたようである。大庭大佐はこの時、処刑は中部憲兵隊がその管轄下にある捕虜を上級の憲兵隊司令部の意図に従って、軍律に照らして行われるものと考えていたようで、それ故に「憲兵隊で処刑するのも止むを得ない」と言ったようである。

＊(検) 法廷証 PX1924【1946(昭和21)年1月23日付け捕虜に関する日本政府中央調査委員会報告書:西部軍管区での飛行機搭乗員捕虜の取扱と処刑】＝検察側文書 PD2662(25)　証拠として受理され、抜粋が朗読される。

【PX1924 朗読概要】

　西部軍管区で捕虜となった連合国軍飛行士の内、8人が1945(昭和20)年6月20日に(第1組)、8人余りが同年8月12日に(第2組)、15人ぐらいが同月15日に(第3組)、同軍管区司令部の要員によって処刑された。

　1944(昭和19)年暮れ頃から日本の主要都市が次々と、連合国軍機による焼夷弾爆撃を受けるに連れ、軍官民全般の敵愾心は漸次強まり、特に西部軍管区司令部の御膝元である福岡が1945(昭和20)年6月19日に空襲を受けて市街の枢要部が灰燼に帰し、多数の犠牲者が出たのを目の当たりにしたことにより、その敵愾心は一層の高まりを見せた。

　第1組の処刑は、このような状況下で6月20日に、軍管区司令部の敷地内で行われた。

　8月に広島と長崎が相次いで原爆の被害を受けて住民の大半が犠牲となり、その筆舌に尽くし難い惨状が明らかになるに連れ、一般の敵愾心はまたしても沸騰点に達した。このような状況下で第2組は、8月12日、福岡市西南にある油山火葬場付近の山中で軍管区司令部要員によって処刑された。

　8月15日の終戦と共に、九州地方一帯に連合国軍が既に上陸したというような誤報を始めとした様々な流言飛語が飛び交い、婦女子が安全な場所を求めて避難するなど、名状し難い混乱状態が現出し、それらを目の当たりにした軍管区司令部の一部将校が、強い敵愾心を燃やすに至った。このような状況下で第3組は8月15日に福岡市の西南にある油山火葬場付近の山中で、軍管区司令部要員によって処刑された。

＊(検) 法廷証 PX1925【1946(昭和21)年2月8日証言荻矢頼雄陸軍法務大尉宣誓供述書】＝検察側文書 PD8223　識別番号を付される。[E: 14221] [J: 144 (11)]

＊(検) 法廷証 PX1925-A【同上抜粋:大阪における米飛行士2名の処刑】　証拠として受理される。検察官コール海軍中佐、「PX1922で触れられている処刑された飛行士2名に関するもので、処刑された日付は1945(昭和20)年7月18日。供述者は2人の軍律会議の折に検察官の任に

就いて、死刑を求刑した。以下は、供述者が当時飛行士にいかなる尋問をしたかについて触れた部分である」と、前置きして、抜粋を朗読する。

【PX1925-A 朗読概要】（質問に答えた供述者の返答のみを要約する）

自分が質問したのは（1）飛行士らの所属部隊・任務・氏名・階級・年齢・学歴・職業、（2）爆撃した都市、（3）レーダーについてであった。（2）への答えは、1945（昭和20）年3月9日に東京、同14日大阪、同17日神戸。（3）について訊かれたネルソン［Nelson］は、「爆撃したのは事実だが、命令に従っただけ」とのみ返答した。軍律会議の判決としては、ネルソン少尉とオーガナス［Auganus］軍曹が共に銃殺刑であった。

＊（検）法廷証 PX1926【1945（昭和20）年10月7日証言マーシャル・S・シェルハート［Marshall S. Shellhart］軍曹宣誓供述書】＝検察側文書 PD8285　識別番号を付される。

＊（検）法廷証 PX1926-A【同上抜粋；川崎俘虜収容所5Dでの拷問】　証拠として受理され、検察官コール海軍中佐、「川崎の5D収容所では、監視兵が捕虜を棍棒や鉄棒などで気を失うまで殴り、水をかけて意識が戻ったらまた気を失うまで殴るといったことをやっていた。『治療をしてやる』と言って燃えさしを押し付けることも多々あった。水がいっぱい入ったバケツや豆が沢山入った袋を持たせて腕を伸ばさせて、疲労で気を失うまで、そのままの姿勢でいさせるということも強要した」と、要約を朗読する。書証の朗読なし。

＊（検）法廷証 PX1927【1945（昭和20）年10月2日証言ジョン・B・リパード［John B. Lipard］伍長宣誓供述書】＝検察側文書 PD8071　識別番号を付される。

＊（検）法廷証 PX1927-A【同上抜粋；神岡俘虜収容所での拷問】　証拠として受理され、検察官コール海軍中佐、「神岡収容所では、燃えさしを手首や腹部、頸部などに押し当てるというような拷問が通例となっていた。それをやられた捕虜が身じろいだり倒れたりすると、殴打された。供述者もこれをやられた」と、要約を朗読する。書証の朗読なし。

＊（検）法廷証 PX1928【1945（昭和20）年11月3日証言ジョン・B・マリンズ［John B. Mullins］砲兵兵卒宣誓供述書】＝検察側文書 PD8263　識別番号を付される。

＊（検）法廷証 PX1928-A【同上抜粋；ヤマニ俘虜収容所での拷問】　証拠として受理され、検察官コール海軍中佐、以下の通り要約を朗読する。書証の朗読なし。

1945（昭和20）年3月頃、四国のヤマニ収容所（英文速記録14225頁にYamaniとあり、和文速記録ではカタカナ表記となっている。善通寺俘虜収容所第3分所山根分宿所のことであろう）で、バジル・ジョーンズ［Basil Jones］とアラン・オール［Allan Orr］が砂糖を盗んだ罪に問われた。「ハッピー・ジャック」という綽名を奉られていた准士官に尋問された2人は、「赤十字の小包にあった煙草と交換して監視兵の1人から受け取ったものだ」と説明したが聞き入れられず、机の上に置かれた手の指の付け根のあたりを千枚通しで何度か刺し貫かれた。そして、ペーパーナイフを梃子にして両名の指の爪が剥がされていった。同収容所の労働環境は劣悪で1日12時間労働を強いられ、

<1947-1-3>　　　　　　　　　　　　　　　　　　　　　　　2　検察主張立証段階　213

休日は1カ月に1日だけ。与えられる食事は少量の米と大麦だけで、他の食物は1日の労働で得られる僅かの金銭で購わなければならなかった。飢えに苛まれて捕虜達は、犬の内臓や馬肉まで食べた。

＊裁判長ウェッブ、「提出済み PX1925-A には、被告畑を含む高級将校や陸軍省への言及がある」、と質す。検察官コール海軍中佐、該当部分を朗読する。

【提出済み PX1925-A 抜粋朗読概要】（続き）

問

死刑を求刑するよう貴官に命令してきたのは誰か？

答

太田原（清美）少将が、自らの調査の結果に基づいた見解を中部軍司令官内山英太郎大将に提出し、内山大将の承認を得た後に、第2総軍司令長官畑大将と陸軍省の承認を得、それに基づいて自分が7月18日に軍律会議で死刑を求刑した。

問

軍律会議でネルソンとオーガナスは自分の弁護のために発言を許可されたか？

答

自分が覚えているのは、ネルソンが「自分は上官の命令に従って日本本土を爆撃しただけ」と陳述したことで、オーガナスが何か言ったかどうかは記憶にない。

＊被告東条弁護人ブルーエット、「当供述書では被告の1人に言及がなされていることに鑑み、供述者が法廷に喚問されるべきである」、と申し立てる。裁判長ウェッブ、これに同意する。コール検察官、「喚問するために尽力する」、と応答する。

＊（検）法廷証 PX1929【1945（昭和20）年9月16日証言オーウェン・R・コバート［Owen R. Kobert］兵卒宣誓供述書】＝検察側文書 PD8284　識別番号を付される。

＊（検）法廷証 PX1929-A【同上抜粋；大牟田第17俘虜収容所での虐待】　証拠として受理され、検察官コール海軍中佐、以下の通り、要約を朗読する。書証の朗読なし。

【PX1929-A 朗読概要】

供述者は大牟田の第17収容所にいた時に、複数の竹の棒の上に5時間余り正座させられ、幅6インチ厚さ1.5インチで長さが野球のバットぐらいの棒で叩かれた。同じような目に遭わされた豪州軍の捕虜は、凍傷［froze］のために、両足を踝の上のあたりから切断しなければならなかった。他にも、長さ3～4フィート厚さ半インチぐらいの鉄の棒で叩かれた者、また水たまりの中に立たされた上で110ボルトの電流を流されて意識を失った者がいた。さらに、冬季に作業に出る際に冷水を浴びせかけられて肺炎になった者もいた。

＊（検）法廷証 PX1930【1945（昭和 20）年 11 月 1 日証言 A・L・オーエンズ［Owens］伍長宣誓供述書】＝検察側文書 PD8051　識別番号を付される。［E: 14229］［J: 144（12）］

＊（検）法廷証 PX1930-A【同上抜粋；日立第 8 俘虜収容所での米海兵拷問】　証拠として受理され、検察官コール海軍中佐、以下の通り、要約を朗読する。書証の朗読なし。

　1945（昭和 20）年 6 月のある日、ヒタシ（英文速記録 14230 頁の表記は Hitashi、和文速記録ではカタカナ表記の後に括弧の中に「日立？」と書き込みがある。一時、日立大雄院分所が東京俘虜収容所第 8 分所となっていたので、それを指すのかもしれない）第 8 収容所で、10 人ぐらいの監視兵が米海兵隊の兵卒を棍棒や素手などで殴打し、気を失ったら水をかけて正気に戻すといったことを繰り返し、5 時間にわたってそれを続けた。殴られ方が相当酷かったので、その兵士を診た米陸軍軍医は最初、助からないとの診立てをした。

＊（検）法廷証 PX1931【1946（昭和 21）年 5 月 18 日証言ジェームズ・ガトリー［James Gatley］准尉宣誓供述書】＝検察側文書 PD8142　識別番号を付される。

＊（検）法廷証 PX1931-A【同上抜粋；神戸での俘虜の虐待致死】　証拠として受理され、検察官コール海軍中佐、以下の通り、要約を朗読する。書証の朗読なし。

　1944（昭和 19）年 12 月、神戸で捕虜の 1 人が日本人労務者にレインコートを売ったことを咎められて、日本軍の中尉 1 人と監視兵 12 人余りに拳、銃床、木刀などで滅多打ちにされ、服も着せられずに毛布 1 枚だけで営倉に入れられた。当時の平均気温は華氏で 20 度ぐらいであった。その捕虜はその後 19 日間、毎日 30 分ぐらい殴打され、精神に異常を来たして死亡した。

＊（検）法廷証 PX1932【1946（昭和 21）年 1 月 24 日証言 C・E・バッケ［Bucke］中尉宣誓供述書】＝検察側文書 PD8016　識別番号を付される。

＊（検）法廷証 PX1932-A【同上抜粋；宮田鉱山俘虜収容所での虐待】　証拠として受理され、検察官コール海軍中佐、以下の通り、要約を朗読する。書証の朗読なし。

　ミヤタ鉱山収容所（福岡俘虜収容所第 20 分所である宮田分所のことであると思われる。収容されていた捕虜は炭鉱で使役されていた）では、捕虜は、士官も下士卒も毎日 13 時間、米や石炭の荷降ろしや糞尿の汲み取りという野外作業を課せられた。士官宛の 1 日の食糧配給は、米飯 360 グラムと小麦粉 190 グラム。士官は最初の 2 週間で体重を平均 6 ポンド減らした。日本人には軍人・民間人を問わず、捕虜が何か規律違反を犯した場合、また実際に犯していなくても彼らが犯したと判断した場合、体罰を与えることが許されていた。16 歳の少年を含めてすべての日本人に対しては、時間に関わらず、たとえ暗闇の中でも、敬礼することを要求された。

　医療環境は甚だ劣悪であったが、供述者の見解では、日本側はやろうと思えばそれを格段に改善できたはずである。オランダ軍の軍医複数が捕虜の医療関係事項を担当していたが、医学の知識が全くない日本軍の下士官が彼らの監督権限を有していた。

　1945（昭和 20）年 8 月 7 日、英軍の捕虜士官 90 ～ 100 名ばかりは、捕虜先任将校が収容所長に配給食糧の 1 割削減に対して抗議を申し入れようとしたとの理由で、竹などの棒で殴られた。

＊（検）法廷証 PX1933【1945（昭和 20）年 11 月 27 日証言 A・L・メーア［Maher］大尉宣誓供

＜1947-1-3＞　　　　　　　　　　　　　　　　　　　　　　　2　検察主張立証段階　**215**

述書】＝検察側文書 PD8077　識別番号を付される。

＊（検）法廷証 PX1933-A【同上抜粋：大船俘虜収容所での虐待】　証拠として受理され、抜粋が
　朗読される。

【PX1933-A 朗読概要】

　大船収容所での捕虜虐待の例：

　捕虜を中庭に並ばせると、監視兵が長さ 4 フィート 1 辺 1.5 インチの木の角棒を両手に持って
代わる代わる打ち据えた。どこかから拾って来たものではなく、監視兵に官給品として支給され
ていたものである。このような暴力行為の多くは監視兵の加虐性向によるものだが、収容所長や
その上官である海軍の上級士官の指示によるものもあった。そのような懲罰と暴力行為の名目は、
体を鍛え直すというものであった。長時間走らされ、落伍した者は例の棒で叩かれ、腕立て伏せ
のような運動を長々とさせられたこともあった。そして、監視兵の満足の行くように「運動」が
できないと、やはり殴られたのである。

＊（検）法廷証 PX1934【1945（昭和 20）年 10 月 26 日証言ウイリアム・R・リーボルド［William
　R. Leibold］宣誓供述書】＝検察側文書 PD8043　識別番号を付される。

＊（検）法廷証 PX1934-A【同上抜粋；大船俘虜収容所での虐待致死】　証拠として受理される。
　検察官コール海軍中佐、「大船収容所での捕虜の虐待の実相を追認するもので、捕虜となった
　飛行士が虐待されて死んだ例をいくつか挙げている」、と申し立てる。

＊（検）法廷証 PX1935【1945（昭和 20）年 10 月 9 日証言ジョージ・S・マクリー［George S.
　McRae］宣誓供述書】＝検察側文書 PD8289　識別番号を付される。

＊（検）法廷証 PX1935-A【同上抜粋：大阪俘虜収容所での虐待】　証拠として受理され、検察官
　コール海軍中佐、「1945（昭和 20）年 4 月のある日、B-29 による空襲の後に大阪の本部収容
　所（英文速記録 14236 頁のママ）で、500〜600 人の捕虜が点呼を取られ、その際に「29」の番号
　で返事をした者が列から出され、竹刀で激しく引っ叩かれ、さらに砂利の上に 1 時間半、正座
　させられた」と、要約を朗読する。書証の朗読なし。

＊（検）法廷証 PX1936【1945（昭和 20）年 9 月 21 日証言フィリップ・E・サンダース［Philip E.
　Sanders］宣誓供述書】＝検察側文書 PD8234　識別番号を付される。

＊（検）法廷証 PX1936-A【同上抜粋；大阪本町収容所での虐待致死】　証拠として受理される。
　検察官コール海軍中佐、「大阪本町の本部収容所（英文速記録 14236 頁のママ）での状況を記述し、
　前出証拠の内容を追認するもの」、と付言する。抜粋を朗読する。

【PX1936-A 朗読概要】

　この収容所の捕虜は、戦車、トラック、艦船の部品を製造する大阪各所の鉄工所で働かされ、

弾薬、戦車及び飛行機の部品、小銃などという軍需品の荷揚げ・荷降ろしをさせられた。収容所は、軍事関連の倉庫や船着場や埠頭から数区画しか離れておらず、捕虜収容所であることを示す標識も描かれていなかったので、1945（昭和20）年6月、その地区がB-29の空襲を受けた際に、周辺のそれら施設と共に焼失した。

捕虜に対する殴打は当たり前のことで、供述者はこの収容所にいる間に最低25回は殴られた。捕虜全体の95％が1度は殴打されている。その内25〜30人ぐらいは頭部に激しい殴打を受けたために鼓膜が破かれている。

他に日本側が好んで課した処罰は、食事制限で、時には1〜2日絶食を強いることもあったし、1人が規律違反を犯したという理由でその宿舎内の捕虜全員の食事量を削減したりもした。その他に、砂をいっぱい入れたバケツを、両手を伸ばして頭の上に持ち上げさせたり、非常に尖った敷石の上に2〜3時間正座させたり、夜中に防火用水槽に入れたりといった罰が与えられた。その水槽には5フィートほどの水が入れてあり、寒い時でも行われた。1日に2〜3人は刀剣の鞘、銃、棒など手近にあるものなら何でも使って殴られていた。

本町の収容所には常時平均して650〜700人ぐらいの入所者がいたが、2年半の間に120人乃至はそれを上回る数の人間が死んでいった。死因の大多数は肺炎、脚気、赤痢であった。自分が思うに、その内の15人ぐらいは病気であるのに無理に働かせて治療をしなかったが故に死んだ者である。

日本側は捕虜に対して、医療もしくは手術器具をほとんど提供しなかった。捕虜の中には傷病者の扱いに習熟した者がいたが、その腕を活かせる器具がなかったのである。1943（昭和18）年3月に、赤十字から大阪地区の22の捕虜収容所向けに40箱分の医薬品と医療品が届けられたが、日本側はごく少量を除いては、本町の本部収容所以外に分け与える許可を与えなかった。収容所が空襲で焼失した1945（昭和20）年6月1日の時点でまだその9割が残っていた。それが有用に使われていれば、大坂の他の収容所の捕虜達の生命を救い、苦痛から解放させることができたはずである。

＊（検）法廷証 PX1937【1945（昭和20）年10月6日証言 H・H・ポーリー[Pauley] 宣誓供述書】＝検察側文書 PD8197　識別番号を付される。[E: 14239]［J: 144（13）]

＊（検）法廷証 PX1937-A【同上抜粋；神戸第3号収容所での医療加護不足による致死】　証拠として受理され、検察官コール海軍中佐、「神戸第3収容所では最初の冬に60人の死者が出たが、その大部分は医療加護の不足と栄養失調によるものであった」と、要約を朗読する。書証の朗読なし。

＊（検）法廷証 PX1938【1945（昭和20）年10月4日証言 W・R・リンダフェルト［Linderfelt]軍曹宣誓供述書】＝検察側文書 PD8074　識別番号を付される。

＊（検）法廷証 PX1938-A【同上抜粋；四日市収容所での虐待】　証拠として受理され、抜粋が朗読される。

<1947-1-3>　　　　　　　　　　　　　　　　　　　　　　　　　　　2　検察主張立証段階　**217**

【PX1938-A 朗読概要】

　梯子に手を縛り付けられて足が地面に付かないようにさせられた状態で1日の内の3～4時間そのままにさせられ、数日間これが続けられるといった体罰がなされているのを、3回ほど見た。合計5人がこれをやられた。時には、脚に重しが吊されることもあり、さらにその体勢で棒、ベルト、拳で殴られた。そして、殴られてできた傷には塩が塗られる。この間、食物は与えられない。5人の内3人は、食物を窃取した者で、他の2人は空襲中に収容所から逃げようとした者であった。余りに過酷なので、やられた者は「殺してくれ」と哀願していた。

＊（検）法廷証 PX1939【1945（昭和20）年10月8日証言フランク・E・ピック［Frank E. Pick］軍曹宣誓供述書】＝検察側文書 PD8291　識別番号を付される。

＊（検）法廷証 PX1939-A【同上抜粋：広畑収容所での集団懲罰】　証拠として受理され、検察官コール海軍中佐、以下の通り、要約を朗読する。書証の朗読なし。

　1945（昭和20）年5月、ヒロハタ収容所（大阪俘虜収容所神戸分所広畑分遣所のことであると思われる）で、食物の窃盗があったとして捕虜全員が6時間余り正座させられた。その時点で窃盗を自白した9人の捕虜は、野球のバット、棒、ロープ、消火用のホースなどで1時間半余り打たれ続けた。途中、1人が気を失ったが、正気に戻された後に再び叩かれ始めた。他の折に、供述者は監視兵に敬礼し忘れたのを咎められて1時間にわたって水責めにされた上、気を失うまで殴打された。

＊午前12時、裁判長ウェッブ、正午の休廷を宣す。

＊午後1時30分、法廷、再開する。［E: 14243］［J: 144（13）］

＊検察官コール海軍中佐、検察主張立証第 XIII・XIV 局面「対民間人・戦争捕虜残虐行為」第9部「日本内地での残虐行為」の検察側立証として、証拠の提出を続行する。

＊（検）法廷証 PX1940【1946（昭和21）年3月12日証言ウイリアム・マホーニー［William Mahoney］1等兵曹宣誓供述書】＝検察側文書 PD8078　識別番号を付される。

＊（検）法廷証 PX1940-A【同上抜粋；福岡第3収容所での俘虜の集団懲罰】　証拠として受理され、検察官コール海軍中佐、以下の通り、要約を朗読する。書証の朗読なし。

　福岡第3収容所で1人の捕虜が魚3尾を窃取したことを理由に、収容所内の捕虜全員が、2食抜きとなった。そして、犯人のみならず全員が激しく殴られた。日本兵のシャツを窃取した捕虜にまつわる別の事案では、犯人のいた兵舎に起居していた捕虜全員が一晩中立たされ、翌日の朝食が抜きとなった。そして、同じ兵舎にいた中の6人が犯人を名指しして申し出なかったという咎で激しく殴打された。このような集団懲罰は収容所長がその場にやって来て命じるのが常であった。これに対して抗議を申し入れたが、何も返答はなかった。

＊（検）法廷証 PX1941【1945（昭和20）年10月3日証言マッシュー・D・モンク［Matthew D. Monk］軍曹宣誓供述書】＝検察側文書 PD8095　識別番号を付される。

＊（検）法廷証 PX1941-A【同上抜粋；ノリマ収容所での拷問致死】　証拠として受理され、検察官コール海軍中佐、以下の通り、要約を朗読する。書証の朗読なし。

名古屋に近いノリマ収容所（名古屋俘虜収容所第2分所の鳴海分所のことであると思われる）で、ワグナー〔Wagner〕という名の捕虜が、空腹に耐えかねて炊事場から食物を2度にわたって窃取したが2度目に見付かった。ワグナーは懲罰嫌さに自殺を図った。出血多量で弱っていたワグナーに以下のような拷問が加えられた。

（A）収容所長と下士官の1人及び通訳が、地面に倒れているワグナーの頭部を4〜5回足蹴にした。

（B）手脚を縛られて監視兵詰所の前で72時間、水も食糧も与えられずに座らされ、その間、監視兵に棍棒で打たれた。

（C）それから1日米1匙と御茶を御椀に半分与えられるだけでの30日間の営倉入りを言い渡された。

（D）この期間の終了間際に、日本側はワグナーが死亡したと発表。検死することは許可されなかったが、棺桶に入れられたワグナーを見た捕虜は、ワグナーがまだ息をしていたと言っている。

＊（検）法廷証 PX1942【1945（昭和20）年10月13日証言アレクシス・J・モット〔Alexis J. Mott〕伍長宣誓供述書】＝検察側文書 PD8171　識別番号を付される。

＊（検）法廷証 PX1942-A【同上抜粋；横浜D1収容所における艦船建造への俘虜使役】　証拠として受理され、検察官コール海軍中佐、「横浜のD1収容所の捕虜は、巡洋艦、空母、水上機母艦など種々の軍艦の建造・整備に使役され、その間、地上に掘った塹壕以外捕虜に対する防空対策は執られなかった」と、要約を朗読する。書証の朗読なし。

＊（検）法廷証 PX1943【1946（昭和21）年1月29日証言ロビン・R・ペトリー〔Robin R. Petrie〕中佐宣誓供述書】＝検察側文書 PD8118　識別番号を付される。

＊（検）法廷証 PX1943-A【同上抜粋；本山収容所での俘虜強制労働・殴打】　証拠として受理され、検察官コール海軍中佐、以下の通り要約を朗読する。書証の朗読なし。

モトヤマ収容所（捕虜が炭鉱で働かされていた旨の記述から判断して、宇部炭鉱が近くにあった福岡俘虜収容所宇部分所本山派遣所のことであると思われる）の捕虜は、炭鉱で1日平均12時間の労働を強要された。炭鉱の安全対策は極めて不十分で、このために出なくても良い負傷者を出した。炭鉱では水が1フィートぐらい溜まっていることがあった。供述者は1943（昭和18）年の春、赤十字社の代表が視察に来た際に、安全対策が不十分な中で長時間労働を強いられていることや、この1カ月の間に休日が1日もなかったことなどを訴えたが、この直後に、些細な収容所規則違反を言い立てられて、収容所の下士官に殴打された。1カ月後に再び赤十字社の視察があった時、供述者は同じ理由で5日間の独房入りとされた。再び赤十字社に苦情を申し立てることを阻止せんがための措置である。

＊（検）法廷証 PX1944【1946（昭和21）年8月30日証言オリバー・E・G・ロバーツ〔Oliver E. G. Roberts〕宣誓供述書】＝検察側文書 PD8266　識別番号を付される。

＊（検）法廷証 PX1944-A【同上抜粋；折尾俘虜収容所での虐待】　証拠として受理され、抜粋が

<1947-1-3>　　　　　　　　　　　　　　　　　　　　　　　　　　2　検察主張立証段階　**219**

朗読される。

【PX1944-A 朗読概要】

　折尾収容所（福岡俘虜収容所第15分所である折尾［乃至は水巻］分所）の捕虜は、労働環境劣悪な炭鉱で働かされた。坑内では出水が多く、坑道の天井を支える設備も十分でなく、落盤で2〜3人死亡したこともあった。1日の労働時間は10時間で、21日間連続で働かされたこともあった。……

　冬の寒さが厳しい中で寝具として渡されたのは、薄い毛布1枚で、寒さをしのぐには不十分。肺炎に罹った者が多数あり、オーストラリア人捕虜5〜6名がそれによって死亡した。日本側からの医薬品の支給はほとんどなく、このためにも死者が多数出た。赤十字から収容所に送られた物品のほとんどは、日本側に横取りされた。収容所内の「デガス」とかいう名の日本兵は、捕虜の着ているものに付いている虱を摘んでは、捕虜に食べさせていた。

＊（検）法廷証 PX1945【1946（昭和21）年1月20日証言ジェームズ・F・ローレンス［James F. Lawrence］大尉宣誓供述書】＝検察側文書 PD8029　識別番号を付される。

＊（検）法廷証 PX1945-A【同上抜粋：ホサクラ収容所での虐待致死】　証拠として受理され、検察官コール海軍中佐、以下の通り、要約を朗読する。書証の朗読なし。

　ホサクラ収容所（仙台俘虜収容所第3分所である宮城県の細倉分所のことであると思われる）には、シンガポールから夏服でやって来た捕虜が収容されたが、当地の日本の労務者が着ているような暖かい服は支給されなかった。捕虜は炭鉱内での過酷な手作業に使役され、配給された食糧が不十分だったために皆、栄養失調となった。1945（昭和20）年2月には1週間に2人の割合で肺炎による死亡者が出、合計で60人ぐらいが飢餓と非人道的扱いのために命を落とした。

＊（検）法廷証 PX1946【1945（昭和20）年9月8日証言ジョン・H・マーシャル［John H. Marshall］宣誓供述書】＝検察側文書 PD8082　識別番号を付される。［E: 14250］［J: 144（14）］

＊（検）法廷証 PX1946-A【同上抜粋：大阪収容所梅田分所での虐待致死】　証拠として受理され、抜粋が朗読される。

【PX1946-A 朗読概要】

　大阪収容所梅田分所の捕虜は、作業場で軍民の監督官に殴られたり蹴られたりなどの暴行を受けた。大阪に到着してから4カ月余りで全体の25%が死亡したが、自分の見解では、その原因は飢餓と寒気や、栄養失調及び残虐な殴打によってもたらされた疾病に由来するものである。

＊（検）法廷証 PX1947【1945（昭和20）年10月6日証言チャールズ・E・モーラー［Charles E. Maurer］伍長宣誓供述書】＝検察側文書 PD8065　識別番号を付される。

＊（検）法廷証 PX1947-A【同上抜粋：大阪収容所梅田分所での虐待致死】　証拠として受理され、

抜粋が朗読される。

【PX1947-A 朗読概要】

　大阪収容所梅田分所には、当初捕虜が458人いたが、飢餓と寒気のために最初の4カ月間に120人が死亡。1日の食糧は1人あたり米飯570グラムで、労役をする者にとっては不十分。労役に出ない者には量がさらに減らされ、病棟に収容されていた患者への配給量は最後は、1日米飯300グラムに減らされた。日本側は着るものをほとんど支給してくれなかった。

＊（検）法廷証 PX1948【1946（昭和21）年9月5日証言アレクサンダー・メレディス［Alexander Meredith］宣誓供述書】＝検察側文書 PD8104　識別番号を付される。

＊（検）法廷証 PX1948-A【同上抜粋；横浜 D1 収容所での捕虜虐待致死】　証拠として受理され、抜粋が朗読される。

【PX1948-A 朗読概要】

　横浜の D1 収容所では、1943（昭和18）年1月の時点で捕虜の半分以上が赤痢とマラリアに罹患していた。……

　自分達は横浜の三菱造船所の修理工として働かされ、毎日朝6時半に収容所を後にし、戻るのは午後5時。病人も働かされ、最初の3カ月で45人が肺炎と栄養失調で死亡した。適切な医薬品投与と医療措置がなされ衣食が足りていたならば、死なないで済んだ者達であった。

　食糧は収容期間全部を通じて適正と言うには程遠いレベルであったが、1943（昭和18）年の夏には、その貧弱な食糧配給量がさらに半減された。その結果、脚気を患うものが増え、ほぼ全員が欠乏症に苦しんだ。

＊（検）法廷証 PX1949【1946（昭和21）年1月25日証言アーノルド・F・キャディ［Arnold F. Caddy］伍長宣誓供述書】＝検察側文書 PD8203　識別番号を付される。

＊（検）法廷証 PX1949-A【同上抜粋；センデュでの病気俘虜の連合国軍医師による診療拒否と致死】　証拠として受理され、抜粋が朗読される。

【PX1949-A 朗読概要】

　Sendeyu（英文速記録14254頁の表記のママ。和文速記録ではそのカタカナ表記。「仙台」のどこかの収容所であろうか？）の収容所では、連合国軍軍医による捕虜の治療を日本軍軍医が許可しない点で一貫していた。死亡した捕虜の中で少なくとも1人は、これが原因で死んだ者である。日本中の収容所での処遇から判断して、収容所の責任者とその部下が飢餓、虐待、侮蔑的行為などを通じて、捕虜を心身共に萎えさせるという方針を採っていたことは明らかである。

<1947-1-3>　　　　　　　　　　　　　　　　　　　　　　　2　検察主張立証段階　**221**

＊（検）法廷証 PX1950【1946（昭和 21）年 1 月 23 日証言フランシス・J・マレー少佐［Francis J. Murray］宣誓供述書】＝検察側文書 PD8119　識別番号を付される。

＊（検）法廷証 PX1950-A【同上抜粋；函館収容所第 1 支部の俘虜病気治療拒否】　証拠として受理され、検察官コール海軍中佐、以下の通り、要約を朗読する。書証の朗読なし。

　供述者は、函館捕虜収容所第 1 分所病棟に配されていたが、1943（昭和 12）年 12 月のある日、捕虜の 1 人が左膝の痛みを訴えてきた。供述者は急性骨髄炎との診断を下し、直ちに手術を要するとして、手術設備が調っている近在の工場病院への移送を、収容所当局に掛け合ったが、許可は下りなかった。そこで、供述者自らが収容所内で手術するために必要な手術用具を取り寄せてくれるよう要請したが、これも許可されず、このためにその捕虜は、数日後に死亡した。この収容所では日本軍の医療関係者が捕虜に何百枚もの医薬品伝票にサインさせていたが、サインした当人には何も支給されなかった。転売したか知人に渡したようである。

＊（検）法廷証 PX1951【1946（昭和 21）年 1 月 31 日証言アラン・バークレー［Allan Berkeley］陸軍大尉宣誓供述書】＝検察側文書 PD8116　識別番号を付される。

＊（検）法廷証 PX1951-A【同上抜粋；福岡第 4 収容所での医薬品不足による致死】　証拠として受理され、検察官コール海軍中佐、「福岡第 4 収容所には医薬品が沢山あったが、捕虜に必要な量が行き渡ることは決してなかった。そのために少なくとも 1 人が死亡している」と、要約を朗読する。書証の朗読なし。

＊（検）法廷証 PX1952【1946（昭和 21）年 1 月 25 日証言ジョン・W・バイニー［John W. Viney］宣誓供述書】＝検察側文書 PD8161　識別番号を付される。

＊（検）法廷証 PX1952-A【同上抜粋；川崎収容所の赤十字医薬品給与拒否・致死】　証拠として受理され、抜粋が朗読される。

【PX1952-A 朗読概要】

　倉庫には米国赤十字から送られた物品が山と積まれていたが、度重なる要請にもかかわらずオオサワ軍医軍曹は、それらを捕虜に与えることを拒否し続けた。その中にあった手術用具についても同様であり、そのために捕虜側の軍医は、鍛冶屋に頼んで作れるものを作ってもらうしかなかった。オオサワは、病人に治療を施すことを一貫して拒否し続けた。このことも相俟って、3 年の間に 13 人が死亡。果物などの食べ物を盗み出すことができなければ、もっと多くの者が脚気で死んでいたであろう。

＊（検）法廷証 PX1953【1945（昭和 20）年 10 月 19 日証言マイケル・J・ロバートソン［Michael J. Robertson］軍曹宣誓供述書】＝検察側文書 PD8107　識別番号を付される。

＊（検）法廷証 PX1953-A【同上抜粋；B29 米飛行士への医療拒否・致死】　証拠として受理され、検察官コール海軍中佐、以下の通り、要約を朗読する。書証の朗読なし。

　供述者は、東京上空で B-29 爆撃機から脱出して落下傘降下した者で、日本人男女の暴徒に殴

られた後で憲兵隊本部に連行されて竹刀で殴打された。この時、供述者は片脚を骨折し、両脚共に高射砲弾の破片による重傷を負っていたが、何等の治療も施されなかった。憲兵隊で入れられた房にもう１人、半ば精神錯乱に陥っている飛行士が運び込まれてきたが、その手には拷問された痕があった。何も治療はされず、その夜その飛行士は死亡した。

＊（検）法廷証 PX1954【1945（昭和 20）年 10 月 12 日証言ハリー・スレーター［Harry Slater］軍曹宣誓供述書】＝検察側文書 PD8163　識別番号を付される。

＊（検）法廷証 PX1954-A【同上抜粋：捕虜に対する医療手当拒否】　証拠として受理される。検察官コール海軍中佐、「捕虜の飛行士への治療がなされなかった実例を示すもの」、と申し立てる。

＊（検）法廷証 PX1955【1946（昭和 21）年 4 月 12 日証言フィリップ・E・サンダース［Philip E. Sanders］米海軍掌帆員［CBM］宣誓供述書】＝検察側文書 PD8349　識別番号を付される。

＊（検）法廷証 PX1955-A【同上抜粋；米軍日本上陸時には俘虜全員殺害との脅迫】　証拠として受理され、検察官コール海軍中佐、以下の通り、要約を朗読する。書証の朗読なし。

　1945（昭和 20）年 4〜5 月頃、「米国が戦争に勝ったら、捕虜は皆殺される」との噂がしきりに流れていた。また、日本人の通訳が供述者に、「日本本土への上陸があったら、捕虜は自国の土を踏むことは決してない」と言っていた。米軍の空襲があるたびに捕虜に対する虐待行為はその激しさを増していった。

2―13・14―2　検察主張立証第 XIII・XIV 局面「対民間人・戦争捕虜残行為」第 2 部「Ｂ級・Ｃ級戦争犯罪と日本政府の対応」（第 2 回審理）

（英速録 14261〜14910 頁／和速録第 144 号 16 頁〜149 号 10 頁）（第 4 巻 670〜671 頁の（第 1 回審理）の審理要目 (1) に続く）

＊検察官マンスフィールド判事、「これより検察官 G・S・ウールワース大佐［Colonel Woolworth］が、本第 XIII・XIV 局面「対民間人・戦争捕虜残虐行為」における被告の個人責任に関する立証（＝第 2 部「Ｂ級・Ｃ級戦争犯罪と日本政府の対応」の一部）を行い」、「その後にロビンソン検察官が、同 XIII・XIV 局面の「海上・太平洋諸島領域における Ｂ級・Ｃ級戦争犯罪（＝第 10 部）」について立証する」、と申し立てる。

(2)　検察官ウールワース大佐、検察主張立証第 XIII・XIV 局面「対民間人・戦争捕虜残虐行為」第 2 部「Ｂ級・Ｃ級戦争犯罪と日本政府の対応」の検察側立証として、「日本内地・日本占領領土でのＢ級戦争犯罪即ち通例の戦争法規・慣例違反に対する被告の個人責任」関係証拠の提出を開始する。

（英速録 14261〜14270 頁／和速録第 144 号 16 頁〜17 頁）

＊検察官ウールワース大佐、「これまで立証されてきた日本本土や占領地での捕虜・民間人抑留
　者及び現地人に対するB-C級戦争犯罪に共通性が見られることに鑑み、軍民の中央及び現地
　責任者に刑事責任の存することが推断される」として、「重複を厭わずここに、追加の証拠を
　例示して提出する」、と申し立てる。検察官ウールワース大佐、都合5点にわたる追加証拠に
　ついて弁じる。
　①第一に、これら戦争犯罪が発生した時期に枢要な地位を占めていた被告の名前と、それら被
　告の当時の職務を明らかにする。B-C級戦争犯罪発生時の被告名とその職務は以下の通り。（詳
細かつ正確な日付が記されていない場合もあるが、英文速記録原文のママ）
　A.（東京）
　東条：首相兼陸相（1941～44［昭和16～19］年）、1942（昭和17）年9月2日～10月1日は
外相兼摂
　荒木：陸相（1931［昭和6］年12月～1934［昭和9］年7月）
　平沼：首相（1939［昭和14］年1～9月）
　広田：外相（1933［昭和8］年9月～1936［昭和11］年3月）、首相兼外相（1936［昭和11］
年3月～1937［昭和12］年2月）、外相（1937［昭和12］年6月～1938［昭和13］年5月）
　松岡：満鉄総裁（1935～39［昭和10～14］年）、外相（1940［昭和15］年7月～1941［昭和
16］年7月）
　南：陸相（1931［昭和6］年4～12月）、関東軍司令官（1934～36［昭和9～11］年）
　木村：陸軍省次官（1941～44［昭和16～19］年）（これについては、弁護側が後刻、訂正を申し入れる）
　武藤：陸軍省軍務局長（1939［昭和14］年10月～1942［昭和17］年4月）
　佐藤：陸軍省軍務局長（1942［昭和17］年4月～1944［昭和19］年12月）
　小磯：首相（1944［昭和19］年7月～1945［昭和20］年4月）
　梅津：参謀総長（1944［昭和19］年7月～終戦）
　嶋田：海相（1941［昭和16］年10月～1944［昭和19］年2月）、軍令部総長（1944［昭和
19］年2～7月）（和英両速記録記述のママ。実際には、軍令部総長の任期とされている期間中は、海相も兼摂
していた）
　永野：軍令部総長（1941［昭和16］～1944［昭和19］年2月）
　岡：海軍省軍務局長（1940～44［昭和15～19］年）
　東郷：外相（1941［昭和16］年10月～1942［昭和17］年9月2日、1945［昭和20］年4～8月）
　重光：外相（1943［昭和18］年4月～1945［昭和20］年4月）
　木戸：内大臣（1940～45［昭和15～20］年）
　B.（軍指揮官）
　松井：在支日本軍司令官（1937［昭和12］年10月～1937［昭和13］年2月）（南京略奪、
1937［昭和12］年12月）（英速録14264頁は、“Rape of Nanking, December 1937”と記すので、文脈も考
慮の上、この訳語を採る。和文速記録144号16頁は、「南京暴行事件」としており、印象的にはやや違法性を薄

めた訳語ではあろうが誤訳とまでは言えないであろう。従って現在しばしば用いられる「南京大虐殺」なる和語の方が、極東国際軍事裁判速記録のこの部分で用いられている英語"Rape of Nanking"の和訳語としては適切ではない、と断言できよう。松井の官職が和速録では「支那派遣軍最高指揮官」となっているが、支那派遣軍が創設されるのは1939［昭和14］年9月になってからであり、厳密には松井が司令官を務めていたのは当初は上海派遣軍、後に中支那方面軍である）

　土肥原：東部軍司令官（1943〜44［昭和18〜19］年）、シンガポール第7方面軍司令官（1944［昭和19］年〜1945［昭和20］年4月）

　橋本：1937（昭和12）年にレディーバード号を砲撃した砲兵連隊（正確には、野戦砲兵第13連隊）の指揮官

　畑：中支派遣軍司令官（1940［昭和15］年7月〜1944［昭和19］年）（実際には、中支那派遣軍司令官になったのは1938［昭和13］年2月で、その後、軍事参議官、侍従武官長、陸相などを歴任した後、1941［昭和16］年3月に支那派遣軍総司令官となり、1944［昭和19］年11月に教育総監になるまでその地位に留まっている）

　板垣：朝鮮軍司令官（1941［昭和16］年7月〜1945［昭和20］年3月）、シンガポール第7方面軍司令官（1945［昭和20］年4〜8月）

　木村：ビルマ方面軍司令官（1944［昭和19］年3月〜終戦）（これについては、後刻弁護側が訂正を申し入れる）

　武藤：在スマトラ近衛第2師団長（1943［昭和18］年）、在フィリピン第14方面軍（山下大将指揮）参謀長（1944［昭和19］年）（英速録14265頁で軍職名がChiefとなっているが、Chief of staffの誤りであると、法廷により認識されていたと判断する）

　佐藤：支那派遣軍総司令部参謀副長（1945［昭和20］年1月）、その後、終戦まで在仏印・タイ第37師団長

　梅津：関東軍司令官（1939［昭和14］年〜1944［昭和19］年6月）

　②俘虜取り扱いに関するジュネーブ条約を遵守し、かつこれを可能な限り民間人抑留者に適用するとの、米・英・カナダ・豪州及びニュージーランドに対してなした日本国の合意及び保証は、既に証拠として受理された。これよりは公式の日本国政府の記録によって、日本側がこれら国際協定の遵守を誓約していたにもかかわらず、これへの違反を構成する諸命令を発出していたこと、及びこれに責任あった被告を示す。

　③捕虜・抑留者に対しての保護義務違反［neglect］、虐待、不法な処罰行為などが行われていたのを被告の多くが知悉していたことを、日本の公文書によって示す。

　④捕虜収容所への訪問を許可し非人道的処遇を禁絶すべき立場にあった被告の多くが、（中立国等を通じて寄せられた）米国及び英国のための抗議を受領していたことを、（日本国の）利益保護国たるスイス国、日本の外務省及び俘虜情報局の公文書によって示す。

　⑤死亡した捕虜と抑留者に関する統計値は、豪州、カナダ、英国、ニュージーランド及び米国の公式記録によって証される。

<1947-1-3>   2　検察主張立証段階　**225**

＊被告星野・木村弁護人ハワード、提出済み（検）法廷証 PX113【木村兵太郎履歴書（内閣官房人事課記録）】を引証し、「検察官ウールワース大佐が述べた木村の経歴中、陸軍省次官の在任期間は誤っており、実際は 1941（昭和 16）年 4 月 10 日から 1943（昭和 18）年 3 月 11 日までであった」、と申し立てる。裁判長ウェッブ、「弁護側の立証段階でなすべきことである」とするも、検察側の見解を質す。検察官ウールワース大佐、「そのような記述の誤りは故意によるものではなく、翌週月曜までに訂正を行い、結果を報告する。また PX113 の記述に従うことに吝かではない」、と応答する。裁判長ウェッブ、「別段の事実が提示されない限り、PX113 の記述を正しいものと見なす」、と裁定する。ハワード弁護人、「同種の誤りがまだある」として、裁判長の許可を得た上で、「木村がビルマ方面軍司令官に就任した時期は『1944（昭和 19）年 3 月』ではなく、PX113 によれば『1944（昭和 19）年 8 月 30 日』である」、と弁じる。

(3)　証人豪州帝国陸軍歩兵大尉ジェームズ・ストリックランド・チザム〔James Strickland Chisholm〕−シンガポールにおいて日本軍捕虜となり、1942（昭和 17）年 2 月 15 日より同地において、同年 12 月より 1944（昭和 19）年 8 月までは新潟県直江津で、捕虜生活を送る−検察主張立証第 XIII・XIV 局面「対民間人・戦争捕虜残虐行為」第 2 部「B 級・C 級戦争犯罪と日本政府の対応」の検察側立証として、「直江津への被告土肥原将軍の訪問を含む自己の体験」について、宣誓供述書によらず本来の口頭方式により、証言する。

(英速録 14270〜14280 頁／和速録第 144 号 17 頁〜19 頁)

＊検察官ウールワース大佐、直接尋問を行う。

【検察側証人チザムに対する検察側直接尋問】

(以下、特に断らない限り、検察官の質問を大まかにまとめ、その後に、証人返答の概略を記す)

　人定質問で上述の履歴を述べた後、

検察官審問

　①捕虜の食事について、

　①-1.　直江津収容所に収容されていたオーストラリア軍捕虜の人数は？

　①-2.　どんな食糧が提供されたか？

　①-3.　食糧の量は通常、どのくらいであったか？

証人応答

　①-1.　当初は 300 人。

　①-2.　不十分。

　①-3.　時期によって異なった。米が 15％に大麦が 60％、残りはとうもろこしや粟など。

＊裁判長ウェッブ、自ら問いを発す。

裁判長審問

①-4. 重量はどのくらいであったか？

証人応答

①-4. 軽作業に従事する者には500グラムで、長時間シフトで作業をする者には若干の増量があった。

検察官審問

②収容所の捕虜にはどのような作業が課されたか？

③死亡した捕虜の人数と死因について、

③-1. 直江津に収容されていた時期に死んだ捕虜の人数は？

③-2. その死因は？

③-3. 「虐待」とはどんなものであったか？

③-4. 衣服は十分に支給されたか？

証人応答

②製鉄所と化学工場に各々捕虜の半分ずつが配置された。各々で製造されていたのは、シャッター用鋼鈑［rolling steel plate］と鋼塊［ingots of steel］、電気アーク［electric arcs］用のカーボンであった。夏期には、船からの荷の積み降ろしや、石炭の汽車への積み込みをさせられた捕虜もいた。

③-1. 60人。

③-2. 食糧不足、虐待、長時間労働。

③-3. 看守兵と収容所要員による絶え間のない暴行行為。

③-4. 否。

検察官審問

④将官の直江津収容所訪問について、

④-1. 将官の誰かが訪問して来たか？

④-2. それはいつのことであったか？

④-3. 当時の土肥原将軍は、公式上どのような立場で収容所にやってきたか？

④-4. 土肥原に話しかけられた捕虜はいたか？

④-5. 土肥原訪問時の収容所と捕虜の状態はどうであったか？

証人応答

④-1. 直江津の収容所には将官が何人か訪問してきたことがあり、その1人が土肥原であった。

④-2. 自分の日記は他の法廷で証拠として使われているために、正確なことは言えない。1943（昭和18）年の9月か10月であった。

④-3. 知らない。

④-4. いたとは記憶していない。

④-5. 収容所全体の状態は非常に劣悪。証人自身の体重はそれ以前と比べて40ポンド余り減

<1947-1-3>　　　　　　　　　　　　　　　　　　　　　　　　2　検察主張立証段階　227

少していた。捕虜は2カ月間入浴することもなく、虱などの害虫に塗れ、便所は蛆虫だらけであるという悲惨な状態に置かれていた。

＊被告賀屋・鈴木弁護人レビン、「証人は何かのメモに依拠して証言をしているのか？」、と質す。

　証人、「この証言台では何も見ていない」、と応答する。

検察官審問

　④-6.　土肥原が訪問してきた時期に死んだ捕虜がいたか？

　④-7.　捕虜の着用していた被服はどのようなものであったか？

　④-8.　土肥原の訪問後に捕虜の処遇に改善は見られたか？

証人応答

　④-6.　居た。

　④-7.　何着あったか正確には覚えていない。英国の軍服は収容期間全部を通じて着ていた。外套を一着支給されていたが、作業時以外着用は許可されなかった。赤十字から送られた長靴が3〜400足ぐらいあったにもかかわらず、雪が5フィートも積もる中で、捕虜には支給されず、時には裸足で歩くことを余儀なくされた。

　④-8.　全くなかった。

＊裁判長ウェッブ、自ら問いを発す。

裁判長審問

　④-9.　土肥原はどのような視察を行ったのか？

証人応答

　④-9.　収容所内の通り一遍の［routine］視察のみで、収容所内の病人や士官に会っていた。

検察官審問

　⑤他の高官の収容所視察について、

　⑤-1.　土肥原以外で収容所を訪れた高官の名を承知しているか？

　⑤-2.　徳川は日本赤十字の代表であったか？

証人応答

　⑤-1.　徳川侯爵［Prince Tokugawa］。

　⑤-2.　そう思っている。当時は誰だか知らなかったが。（この徳川は、当時日本赤十字社社長であった徳川圀順［くにゆき］のことであろうと思われるが、和文速記録にある「侯爵」は誤りで、当時は「公爵」であった）

＊被告東条弁護人ブルーエット、反対尋問に立つ。［E: 14276］［J: 144（18）］

【ブルーエット弁護人による検察側証人チザムに対する反対尋問】

弁護人審問

　①直江津収容所の名称、場所は？

②土肥原の収容所訪問について、

②-1. 証人は、「雪が積もった収容所内で捕虜が長靴が支給されなかったために裸足で歩いていた」と証言した、土肥原が収容所を訪れたのはそのような時期であったのか？

②-2. 土肥原訪問の際には、事前に収容所内を取り繕うような準備がなされたか？

②-3. 土肥原は訪問時、収容所にどれほどの時間留まっていたか？

②-4. 証人は、土肥原の姿を実際に見たか？

証人応答

①同収容所は正式には「直江津東京4B収容所」と呼ばれていたが、東京ではなく、日本海側の新潟県にあった。

②-1. 長靴の話は、土肥原の訪問とは無関係。

②-2. そのような訪問がある際には、所内を10〜15回ほど、徹底的に清掃させられた。

②-3. 覚えていない。

②-4. 見た。

＊裁判長ウェッブ、証人に対して、被告席の中の土肥原を指差すよう求める。証人、被告土肥原を指差す。

弁護人審問

②-5. 証人は、土肥原が「通り一遍の〔cursory〕視察しかしなかった」と証言したが、その通りか？

証人応答

②-5. 自分達は屋内で整列させられており、土肥原が実際どのくらい滞在していたのかは知らないし、病人や士官に会った以外何を見て回ったのかも分からない。

＊被告大島弁護人島内、続けて被告賀屋・鈴木弁護人レビン、反対尋問に立つ。〔E: 14278〕〔J: 144（19）〕

【島内及びレビン弁護人による検察側証人チザムに対する反対尋問】

島内弁護人審問

①日本兵の間での制裁行為について、

①-1. 直江津で日本兵が他の日本兵を殴打したり足蹴にしたりしたのを見たことがあるか？

①-2. 聞いたことはあるか？

①-3. シンガポールの収容所についてはどうか？

①-4. 日本兵の間での制裁行為をシンガポールで見たか？

②収容所の衛生状態について、

②-1. 証人は、「土肥原訪問前に清掃が行われた」と証言したが、病棟も清掃されたか？

②-2. 証人はまた、直接尋問の中で「収容所内は虱などの害虫だらけ」と証言したが、日本兵

<1947-1-3>　　　　　　　　　　　　　　　　　　　　　　　　　　　2　検察主張立証段階　229

の宿営していた区画も同様であったか？

②-3.　そうではなかったとなぜ分かるのか？

②-4.　その通訳の姓名は？

証人応答

①-1.　この眼で実際に見たことは1度もない。

①-2.　幾度も。

①-3.　（恐らくは、質問の趣意を誤解して）（直江津と）比較すると、極めて良かった。

①-4.　見たことはなかった。

②-1.　そう思う。

②-2.　自分の知る限り、そうではなかった。

②-3.　通訳がいつも虫を怖がっていたから。

②-4.　カノ［Kano］。名前は知らない。

　　　［E: 14280］［J: 144（19）］

レビン弁護人審問

①これまで何件の残虐行為について証言したか？

証人応答

①2件。

＊被告賀屋・鈴木弁護人レビン、弁護側反対尋問の終了を報じる。検察官ウールワース大佐、「検察側は再直接尋問を行わない」と、報じる。

＊裁判長ウェッブ、チザム証人の任を通例の条件下で解くことを宣する。

＊チザム証人、退廷する。

＊午後2時50分、裁判長ウェッブ、休廷を宣す。

＊午後3時5分、法廷、再開する。

（4）証人陸軍少将田中隆吉－関東軍参謀、朝鮮羅南山砲兵第25連隊長、陸軍省兵務課長を経て、対米開戦時同省兵務局長－、1946（昭和21）年7月5〜9日に続き2度目の証言のために出廷し、検察主張立証第XIII・XIV局面「対民間人・戦争捕虜残虐行為」第2部「B級・C級戦争犯罪と日本政府の対応」の検察側立証として、「陸軍省・大本営の機構、捕虜取扱に関する陸軍省命令」について、宣誓供述書によらず口頭にて、証言する。途次、弁護側申し立てにより、一旦降壇の後、検察官ウールワース大佐による書証提出を挟んで再度、登壇する。

　（英速録14282〜14294頁／和速録第144号19〜21頁及び英速録14308〜14422頁／和

　　　　　　　　　　　　　　　　　　　　　　速録第145号2頁〜第146号6頁）

＊法廷、検察側の予定する証人田中隆吉の2度目の出廷について、論議する。被告荒木弁護人マクマナス、検察側が次に田中隆吉証人を再喚問することに対して、「①該証人は昨年7月5、6、8、

９日に法廷で十分な証言を行っており、かつ、②検察側は該証人の任が解かれる際に再喚問に必要な手続・申請をしていない」として、異議を申し立てる。検察官マンスフィールド判事、「前回喚問した時とは異なった局面について尋問するのを妨げる謂れはなく、弁護側は反対尋問をなす権利を有する」と、弁じる。マクマナス弁護人、「該証人の喚問が可能となるのは、新たに発見された証拠について証言する場合に限定すべきである」、「前回法廷で証言した時に触れた事実に関連する項目について証言することは不可とすべきである」と、申し立てる。被告木戸弁護人ローガン、「既に出廷済みの証人が、他の事案でも自らの立証のために有用な証人だと認めて再出廷させるような慣行を検察側に許容すべきでない」と、補足の異議を申し立て、さらに、マクマナス弁護人の②の論点を繰り返す。裁判長ウェッブ、「検察側は、証人が複数の局面で証言する可能性に言及していたが、田中証人をその１人として挙げていたとは記憶していない」としつつも、「他の局面で新たな内容の証言を提示することを条件とした下で、法廷の裁量権を行使して、田中証人の再喚問を容認する」と、裁定する。

（4-1）証人陸軍少将田中隆吉の第２回目証言のための第１次登壇

（英速録 14282〜14294 頁／和速録第 144 号 19〜21 頁）
＊検察官ウールワース大佐、直接尋問を開始する。[E: 14285]［J: 144（20）］

【検察側証人田中隆吉に対する検察側直接尋問】

検察官審問
　①陸軍省内における軍務局の地位について、
　①-1. 1940〜45（昭和 15〜20）年にかけての陸軍省内部局の構成・所管事項については承知しているか？
証人応答
　①-1. 知っている。
検察官審問
　①-2. 陸軍省内で最も重要な部局はどこか？　そこが最重要である理由は？
＊被告木戸弁護人ローガン、「質問の態様」に異議を申し立てる。裁判長、異議を却下する。
証人応答
　①-1. 最も重要なのは軍務局で、その理由は、同局が軍の予算・編成・装備や、国内外での計画策定、宣伝、調査といった最重要事項を管掌していたから。
検察官審問
　①-2. 軍に関わる国際関係上の問題に軍務局は関わりがあったか？
　②捕虜関連事項の担当部局として、捕虜収容所の配置、建設を管掌していた部局はどこか？

＜1947-1-3＞　　　　　　　　　　　　　　　　　　　　　　　　　2　検察主張立証段階　**231**

証人応答

　①-2.　それは軍務局軍務課の担当事項。

　②陸相が責任を負う事項であるが、実際の事務を取り扱っていたのは軍務局軍務課。

＊被告木戸弁護人ローガン、「直前の証人返答の前段部分は法廷が判断を下すべき事項である」
　として、該当箇所の審理録からの抹消を申し立てる。裁判長ウェッブ、「証人が返答し得る類の、
　事実関係をめぐる質問である」と、異議を却下する。

検察官審問

　③捕虜関係の抗議・要請の対処過程について、

　③-1.　海外から捕虜の処遇に関して抗議、要請が外務省に寄せられた場合、陸軍省に回された
のか？

　③-2.　陸軍省に送られたそのような文書は、省内でどのように処理されたか？

　③-3.　抗議などへの回答が必要と判断された場合の手続は？

証人応答

　③-1.　外務省から、陸軍省と内務省及び海軍省に送られた。

　③-2.　副官部にまず送られ、そこから軍務課に送付された。その中で、捕虜関係のものは、同
課から俘虜情報局（必ずしも完全にではないとしても原則として、「捕虜」なる語句を使うが、「俘虜情報局」
と「俘虜管理部」は部局名で固有名詞扱いとすべきものとして、例外とする）に転送された。

　③-3.　省外への回答を作成するのは軍務局軍務課で、作成された後に副官部に送られ、大臣・
次官の決裁を経た後に、外務省に送られた。

検察官審問

　④陸軍省内での捕虜問題についての商議について、

　④-1.　証人が兵務局長をしていた時期、陸軍省内で局長会議は開かれていたか？　開かれてい
たなら、その頻度は？

　④-2.　そのような折に捕虜の処遇が議題となったことがあるか？

証人応答

　④-1.　週に2回。

　④-2.　バターン半島戦があった直後の4月末にあった。南方諸地域の戦域で獲得した多数の捕
虜の処遇」が問題となった（この「4月末」という時期については、反対尋問の過程で、実際は1カ月ほど
後であった可能性があることを証人が示唆する。英文速記録14353頁参照）。

検察官審問

　④-3.　俘虜情報局長官の上村（幹男）は出席していたか？

＊裁判長ウェッブ、質問の態様が「甚だ好ましくない〔grossly objectionable〕」と断じて、ローガ
　ン弁護人に対して、「異議を申し立てる必要はない」と伝え、検察官ウールワース大佐に対し
　ては、「出席者の名前を質すよう」、申し渡す。検察官、質問を撤回する。

検察官審問

　④-4.　同会議の出席者は誰であったか？

　④-5.　会議の内容と下された決定は？

証人応答

　④-4.　東条陸相、木村次官、富永（恭次）人事局長、佐藤軍務局長、自身、菅（晴次）兵器局長、吉積（正雄）整備局長、栗橋（保正）経理局長、三木（良英）医務局長、大山（文雄）法務局長、中村（明人）憲兵司令官、本多（政材）機甲本部長、松村（秀逸）報道部長、加えて大臣・次官の秘書官。これで全員（和英両速記録14289頁及び144号20頁の記述のママ。後述のように、上村も出席していたはずであるが、その名前が見当たらない。この点については、後に反対尋問の過程で弁護側の追及に応えて証人が説明をし、当時の報道部長が実際は谷萩那華雄であったこと、及び、松村の当時の役職が内閣情報局第一部長であったことなどについて訂正を申し入れ、さらに、河辺虎四郎航空総監部総務部長も出席していたことを付け加えている。英文速記録14326～39頁、14356～58頁参照。また、この時期の機甲本部長は吉田悳であったはずであり、これも田中の記憶違いであった可能性が高い）。

　④-5.　大略以下の通り。

　上村俘虜情報局長官の要請に応えて、東条陸相が下した決定は、「労働力の効率的運用を図り、かつ、『働かざる者食うべからず』との当時の標語に沿うために、捕虜を強制労働に就かせる」というものであった。上村は、「准士官以上の捕虜に労役を強いるのはジュネーブ協定違反」と述べたが、東条陸相は、「政府の方針は該協定の精神を尊重するというものであるが、我が国は同協定を批准していない」として、捕虜を労働力として活用することが決まった。そして、収容所を南方地域のみならず、日本本土や台湾、朝鮮、支那、満州にも設置して、そこに捕虜を送り込むことによって現地住民の日本への信頼感を増幅させることとした（「日本への信頼感、云々」は英文速記録14291頁の enhancing the trust and confidence of the peoples in Asia in Japan によったが、和文速記録144号21頁の対応部分は、「多年白色人種には、絶対にかなわないと諦めておった東亜各種の民族に、日本に対する信頼感を起こさせる」となっていて、英訳は相当省略された形となっているのが分かる。このような省略は、直後のブルーエット弁護人の申し立ての内容と関連している可能性がある）。

＊被告東条弁護人ブルーエット、「証人応答が長文に及ぶことが多く、メモを取り難いので、短い文章で応答し、文毎に間を置いてほしい」と申し立てる。[E: 14291] [J: 144 (21)]　裁判長ウェッブ、その旨証人に指示する。被告南弁護人岡本（敏）、同趣旨の要請を「当証人の重要性に鑑み」裁判長に申し立てると同時に、通訳官に細心の注意を払って通訳するよう要請する。

検察官審問

　④-6.　証人は大本営令の内容を知悉しているか？

証人応答

　④-6.　知っている。

＜1947-1-3＞　　　　　　　　　　　　　　　　　　　　　　　　　2　検察主張立証段階　**233**

検察官審問

　④-7.　どのような内容か？

＊被告木戸弁護人ローガン、「既に証拠として採用されている」、と申し立てる。検察官ウールワース大佐、「それは PX80 である」として、質問を撤回する。

検察官審問

　⑤大本営の構成について、

　⑤-1.　構成員は？

証人応答

　⑤-1.　大本営は陸軍部と海軍部とに分かれ、各々参謀本部と軍令部に相当する。この他に陸海両相が構成員となっており、両省の次官、軍務局長や他の局長が必要に応じて加わる。陸海軍部各々の頂点に位置するのが両総長で、その次に統帥部の次長、陸海両相、統帥部の第一作戦部長が続く。

検察官審問

　⑤-2.　陸海両軍に関わる事項については、両総長や両相が適宜会同して決定を下すのか？

＊被告木戸弁護人ローガン、「誘導的質問である」として異議を申し立てる。裁判長ウェッブ、「質問は証人の応答を確認するためのものと理解する」が、「当証人の重要性に鑑み、誘導的質問は慎むべきである」と検察官に注意する。検察官ウールワース大佐、質問を撤回する。

＊検察官ウールワース大佐、直接尋問の終了を報じる。

＊被告賀屋・鈴木弁護人レビン、「弁護側反対尋問を翌週月曜日（1月6日）に行うよう」要請する。裁判長ウェッブ、要請を容れる。

＊田中隆吉証人、その際の再出廷を条件として、退廷を許可される。

(6)　検察官ウールワース大佐、検察主張立証第 XIII・XIV 局面「対民間人・戦争捕虜残虐行為」第 2 部「B 級・C 級戦争犯罪と日本政府の対応」の検察側立証として、「日本内地・日本占領領土での B 級戦争犯罪即ち通例の戦争法規・慣例違反に対する被告の個人責任」関係証拠の提出を、再開する。

　　　　　　　　　　　　　　　　　　　（英速録 14295〜14303 頁／和速録第 144 号 21 頁〜22 頁）

＊（検）法廷証 PX1956【1942（昭和 17）年 1 月 29 日付け東郷外相発アルゼンチン代理大使宛書簡；日本は、捕虜取扱に関する 1929（昭和 4）年ジュネーブ条約を未批准なるも、英国・英連邦諸国捕虜に対して適切なる変更を加えて準用する】＝検察側文書 PD847-F　証拠として受理され、朗読される。

【PX1956 朗読概要】

　捕虜の処遇に関する帝国政府の方針を説明する。

1. 我が国政府は、1929（昭和4）年7月27日付け捕虜の処遇に関するジュネーブ協定を批准していないので、同協定に拘束されない次第であるが、我が国の管理下にある英国、カナダ、オーストラリア、ニュージーランド人捕虜に対しては、必要なる変更を加えた上で［mutatis mutandis］、同協定の条文を適用する。

2. 捕虜の被服と食糧の給付については、相互主義の精神に基づき、捕虜の国民的及び人種的の慣行を考慮して行う。

以上を、英国、カナダ、オーストラリア、ニュージーランド政府に伝達することを願う。

＊（検）法廷証 PX1957【1942（昭和17）年1月29日付け政府声明；捕虜取扱について PX1956 の回答を行うに至った経緯】＝検察側文書 PD1465-B　証拠として受理され、朗読される。

【PX1957 朗読概要】

1942（昭和17）年1月3日に英国政府が在東京アルゼンチン代理大使を通じて、「英国、カナダ、オーストラリア、及びニュージーランド政府は、日本軍捕虜の処遇に関しては、1929（昭和4）年のジュネーブ協定の条項を遵守する意向である」旨伝えてきて、我方に同様の声明を発出する意図があるか否かを質してきた。そして、その2日後には、「同協定第11〜12条に従って捕虜に食糧と被服を供与する際に捕虜の国民的及び人種的の慣習と慣行を考慮すべきである」との提案が届いた。我が国は、それら諸国の政府に向けてアルゼンチン代理大使を通じて、以下の回答を送った。（以下、内容は PX1956 と概ね同じであるので省略する）

＊裁判長ウェッブ、「添付証明書によれば、PX1957 は外務省の文書である」、と申し渡す。

＊（検）法廷証 PX1958【1946（昭和21）年4月18日付け陸軍省議記録に関する中央連絡局発国際検察局宛報告書；捕虜取扱に関して『1929（昭和4）年ジュネーブ条約を適用せず』とした 1942（昭和17）年5月6日付け陸軍省議記録提出の件】＝検察側文書 PD1465-A　証拠として受理され、朗読される。

【PX1958 朗読概要】

ジュネーブ協定を適用せずとの決定が下された 1942（昭和17）年5月6日の陸軍省での会議の記録と、その決定に基づいて出された命令に関しては、そのような会議が開催されたことを確認できる資料が見当たらなかった。しかしながら、以下の記録については、ここに提示できる。（以上は、英文速記録 14299〜300 頁には出ているが、和文速記録 144 号 22 頁には収録されていない部分で、日本側の中央連絡局［Central Liaison Office］のオオタから国際検察局文書収集担当［Document Acquisition］の A・F・ミグノン［Mignone］宛の 1946［昭和21］年4月18日付け報告書という表題になっている）

1. 1942（昭和17）年1月13日と16日に、外務次官が米英などからの照会電文を陸軍省に伝達。（陸軍）省内で何度か会議を行った後に決定（別紙1）に達し、それを1月23日に外務次官に伝

<1947-1-6>   2　検察主張立証段階　**235**

えている。ただし、そのような会議の記録はない。

　2.　1943（昭和18）年1月27日に、捕虜に関する協定を抑留非戦闘員（英文速記録14300頁 "non-combatant internees"、和文速記録22頁）に適用するか否かについての照会が外務次官からあった。（陸軍）省で会議を1度行った後に、決定（別紙2）に達し、2月6日付けでそれを外務次官宛に伝達している。ただし、同省の会議記録はない。

　3.　1941（昭和16）年12月12日付けで外務省が、国際赤十字委員会委員長マックス・フーダー［Max Huder］からの捕虜関連情報の収集と伝達についての申し入れを転送。（陸軍）省で会議を1度行った後に決定（別紙3）に達し、それを外務省に送っている。

　4.　上記諸決定は、陸軍省がそれまでの捕虜関係事項を指導する際の根本原則と方針に沿ったもので、それらの決定を基として発せられた指令はなかった模様。（現存資料を調査してみたが、はっきりとしたことは分からない）

　別紙1：1942（昭和17）年1月23日付け陸軍次官発外務次官宛回答。

　我が国がジュネーブ協定を批准していないことに鑑みれば、同協定を遵守する旨の声明を発することはできず、捕虜の処遇に際して同協定に準拠する旨を世界に向けて宣命するのが無難であろう。捕虜の国民的もしくは民族的習慣と慣行に応じて食糧と被服の供給を行うという点については、異存はない。

　別紙2：抑留非戦闘員への捕虜に関する協定適用の可否に関する件（1942［昭和17］年2月6日付け）。

　1929（昭和4）年の捕虜の処遇に関するジュネーブ協定に、我が国は何等拘束されるものではないが、同協定の条項を可能な範囲で抑留非戦闘員に適用することに異存はない。ただし、本人の意思に反して労役に就かせないことを条件とする。

　別紙3：国際赤十字委員会委員長からの捕虜関連情報の収集と伝達についての申し入れの件（1941［昭和16］年12月28日付け）。

　当申し入れに同意する。ただし、1929（昭和4）年協定の条項を「事実上適用する用意がある」のではなく、「情報伝達の便宜上利用する」との趣旨とし、情報伝達手段は電報やその他の手段によるものとする。

＊午後4時、裁判長ウェッブ、1月6日午前9時30分までの休廷を宣する。

◆ 1947（昭和22）年1月6日

                                （英速録14304～14393頁／和速録第145号1～16頁）

＊午前9時30分、法廷、再開する。

＊被告永野弁護人ブラナン、「被告永野修身が前日（1月5日）午前11時50分に死亡した」と、報じる。裁判長ウェッブ、「関連する証明書を朗読するよう」、同弁護人に申し渡す。

＊（弁）法廷証DX1959【①1947（昭和22）年1月3日付け永野修身診断書、②同1月5日付け

遺体確認書、③同日付け死亡診断書】　弁護側証拠として受理される。被告永野弁護人ブラノン、①は「病気治療のため出廷し得ないこと」との、②は「第361野戦病院［station hospital］にて遺体が永野のものであることを確認した」との、③は「同病院にて1月5日午前11時50分死亡し、死因は、気管支肺炎［bronchial pneumonia］、動脈硬化性心臓疾患［arteriosclerotic heart disease］、肺結核［tuberculosis, pulmonary］である」との内容を、朗読する。

＊裁判長ウェッブ、「上記書証を被告永野が死亡した証拠として受理し、永野に関する起訴が取り下げられ、同被告の名前が起訴状及び被告人名簿から抹消される」と、宣する。ウェッブ裁判長、さらにブラノン弁護人に対して、「被告永野の遺体が近親者に引き渡されることを希望する旨の意思」を確認して、「（連合国軍）最高司令官の（定める）要件（requirements）と許可を条件として、適宜その点について指示する」、と申し渡す。

(4-2)　証人陸軍少将田中隆吉の第2回目証言のための第2次登壇

（英速録14308～14422頁／和速録第145号2頁～第146号6頁）

＊証人田中隆吉による検察主張立証第XIII・XIV局面「対民間人・戦争捕虜残虐行為」第2部「B級・C級戦争犯罪と日本政府の対応」の「陸軍省・大本営の機構、捕虜取扱に関する陸軍省命令」についての検察側立証、再開し、証人、再度、登壇する。

＊弁護側、田中隆吉証人に対する反対尋問を開始する。

＊被告木戸弁護人ローガン、反対尋問に立つ。

【ローガン弁護人による検察側証人田中隆吉に対する反対尋問】

弁護人審問

　①証人は陸軍省の内部事情に精通していたか否か、について、

　①-1.　証人が陸軍省兵務局に在任した期間はいつであったか？

　①-2.　入院前に兵務局を離任した日付は1942（昭和17）年9月21日であったことを証人は今、証言したが、その時点から終戦まで、陸軍省内諸部局の機構や管掌事項に通じていたことはなかったのではないというのは、それは真実か？

　①-3.　では、証人は直接尋問において「1940～45（昭和15～20）年にかけての陸軍省内部局の構成と所管事項について知悉している」と証言したが、その発言は誤りか？

　①-4.　詳細については知らないのみならず、直接知り得たことも皆無ではなかったか？

証人応答

　①-1.　1938（昭和13）年12月から1940（昭和15）年3月まで兵務課長、同年12月から1942（昭和17）年9月まで兵務局長。

　①-2.　その通り。

　①-3.　辞任後も多くの部下が自宅を訪れてきて、省内の機構改革などについて話してくれたの

<1947-1-6>　　　　　　　　　　　　　　　　　　　　2　検察主張立証段階　**237**

で、兵務局長時代ほどではないにせよ、省内の事情には概ね通暁していた。

　①-4．その通り。

弁護人審問

　②軍務局が国際法関連事項を管掌した法的根拠について、

　②-1．証人は直接尋問で、軍務局が「軍に関わる国際上の規約・規程にまつわる事項」を管掌していたと証言したが、それを明記した文書の有無は？

　②-2．質問に答えていない。（弁護人、同じ質問を繰り返す）

　③軍務局軍務課が捕虜収容所関連事項を管掌した法的根拠について、

　③-1．証人は直接尋問で、「捕虜収容所の配置と建設は軍務局軍務課が管掌していた」と証言したが、それを規定した文書を知っているか？

証人応答

　②-1．官制には明記されていなかったが、実際上、軍務局軍務課が扱っていた。

　②-2．陸軍省官制に関する条例。

　③-1．軍務課は予算関連事項を扱っており、捕虜収容所の配置・建設に関わる予算の支出には同課の同意が必要であった。

＊被告木戸弁護人ローガン、「質問に答えることに専念するよう、証人に命じて欲しい。弁護人は文書について知っているか否かを質しているのであり、陸軍省の組織について質しているのではない」と、裁判長ウェッブに、申し立てる。裁判長ウェッブ、証人に対して、「証人は質問をよく聞き、余分なことに触れず質問を満足させる返答をせよ」、と申し渡す。

弁護人審問

　④捕虜関連文書の取扱について、

　④-1．捕虜関連文書の陸軍省内での取り扱いに関し、

　④-1-1．証人は、兵務局長であった時期に、捕虜関連の文書を自身が受領したことがあったのを、確認したが、それは誰から受領したのか？

　④-1-2．そのような文書は俘虜情報局宛のもので、証人が受領したのはその写しであったのではないか？

証人応答

　④-1-1　それは、軍務局によって回覧に付された。

　④-1-2．その通り。

弁護人審問

　④-2．捕虜関連文書の省庁間での取り扱いに関し、

　④-2-1．証人は直接尋問で、「捕虜関連文書は外務省から、陸軍省と内務省及び海軍省宛に送られた」と証言したが、当時の慣行を述べただけであるのか、実際にそのように扱われていたのか？

証人応答

④-2-1. 宛先は文書に記載されている。

＊被告木戸弁護人ローガン、「質問に答えていない」として、「直前の証人の返答を審理録から抹消するよう」申し立てる。

＊裁判長ウェッブ、自ら問いを発す。

裁判長審問

④-2-2. 証人自身は、そのように送付されたことを事実として知っているのか、それとも、証人がそのように推定しているだけなのか？

＊ローガン弁護人、なおも直前の申し立てへの裁定を求める。検察官マンスフィールド判事、「証人の返答に問題はない」、と弁じる。裁判長ウェッブ、「判事団の意向は、マンスフィールド検察官の見解に与するものである」と、報じるも、証人に対して「裁判長自らが発した質問に答えるよう」、命じる。[E: 14314]［J: 145（4）］

証人応答

④-2-2. 送付されたことを事実として知っている。宛先の省庁名は各文書に列挙されている。

弁護人審問

④-3. 捕虜関連文書の陸軍省内での取扱に際しての送付と回覧の手順に関し、

④-3-1. 外務省が送った捕虜関連の文書の原本は俘虜情報局宛ではなかったか？

④-3-2. それでも、主な宛先は俘虜情報局ではないか？

④-3-3. そのような文書のすべて、もしくは相当の部分は、直接俘虜情報局に送付されたというのが事実ではないのか？

証人応答

④-3-1. そうではあるがしかし、写しが送られてくることもあったし、関連部局に回覧されるものもあった。

④-3-2. そうではあるがしかし、自分の記憶では、そのような文書は最初陸軍省官房が受理して軍務局に回し、それから俘虜情報局に送られた。

④-3-3. そうではない。官房を経由する限り、直接渡ることはあり得ない。

弁護人審問

④-3-4. 自分が聞きたいのは、証人の理屈ではなく、そのような文書が俘虜情報局に直接送付されたことや、同局宛となっていたことが事実としてあったか否かである。

＊検察官マンスフィールド判事、「今の質問はふたつに分割すべきである」と、申し立てる。裁判長ウェッブ、これを容認し、「質問をふたつに分けよ」と、命じる。

弁護人審問

④-3-5. 文書は（俘虜情報局宛に）直接送付されたか？

＊検察官ウールワース大佐、「言われている『文書』はどのようなものかを明確にすべきである」、と申し立てる。裁判長ウェッブ、「証人は理解していると思う」として、証人に返答を促す。

\<1947-1-6\>

証人応答

④-3-5. 否。

＊裁判長ウェッブ、「これは全く手に負えないことになってきた」と、評する。

弁護人審問

④-2. 捕虜関連文書の省庁間での取り扱いに関し、（続き）

④-2-3.（捕虜関連文書の発送元について）証人は、自らが外務省の事務に関わっていなかったことを確認したが、直接尋問において、捕虜関連の文書はすべて「外務省から、陸軍省と内務省及び海軍省に送られた」と証言した。外務省の内部事情が分からないのであれば、なぜそのようなことが言えたのか？

証人応答

④-2-3. 外務省発の文書を眼にしていたから。

弁護人審問

⑤証人の当時の心身状態について、

⑤-1. 証人は今、内務省、海軍省において時を過ごしたことはない、と確認したが、自身の局務遂行に精一杯で他の省内の事情には精通していなかったのではないか？

⑤-2. 3月もしくは4月の頃、証人は完全な病の状態にあり、役所（陸軍省）の面倒を見きれなかったのではないか？

⑤-3. 当時、証人は、精神病にかかっていたのではないか？

⑤-4. 証人は、精神の障害で病院に行かなかったか？

⑤-5. 証人が病院に行ったのは9月であろう？

証人応答

⑤-1. その通り。

⑤-2. その通りであるが、仕事は熱心にやった。

⑤-3. 精神病ではない。

⑤-4. それは辞めてからである。

⑤-5. 違う、10月17日である。

弁護人審問

④-1. 捕虜関連文書の陸軍省内での取扱について、（続き）

④-1-3. 外務省発の捕虜関連文書を最初に受領する陸軍省内の部局に関して、証人が兵務局長時代に受領した捕虜関連文書は俘虜情報局宛となっていなかったか？

④-1-4. 外務省から最初にそのような文書を受領したのは俘虜情報局ではないか？

④-1-5. 訊いているのは俘虜情報局の管轄事項ではない。外務省が（国外から）受領した捕虜関連文書のすべてが他の省庁に送付されたことを、証人が直接知ることはなかったのではないか？

証人応答

④-1-3. そのような文書は俘虜情報局から回覧され、それには外務省からの文書が参考情報と

して添付されていた。

④-1-4. 省外からの文書はすべて官房を経由する。直接各部局に送付されたとするならば、規則違反である。当時、捕虜処遇関連では、国際条約遵守などは問題となっておらず、議論されていたのは（捕虜の利用についての？）政策問題であったから、俘虜情報局は関わっていなかった。

④-1-5. 文書の送付先がどこであったかについては知っている。

＊被告木戸弁護人ローガン、なおも尋問を継続しようとするが、裁判長ウェッブ、「外務省が同省で受領した文書をいかに処理したかを証人が知っているはずはなく、『知っている』と言ったとしても、信じ難い」、と弁じる。

弁護人審問

④-1-6. 外務省が受領した捕虜関連文書の一部なりともが他の省庁に送られていたか否かを知っているか？

＊裁判長ウェッブ、弁護人に対して、「外務省にいなかった者が、いかにして知り得るのか？」、と質す。ローガン弁護人、「証人自身の発言内容についての質問であり、証人には、この点に関して『当時の慣行を述べただけなのか、自身でそのことを知りえたのか』と質したが、まだ返答を得られていない」、と申し立てる。検察官マンスフィールド判事、「証人は既に少なくとも２度、『文書の宛先』や『規則』に言及して、答えを出している」、と応答する。裁判長、「それはこの半時間の間に、明白になっている」、と検察官に同じる。ローガン弁護人、「自分の理解するところによればほんの数分前に、裁判長は、証人がそれをどうやって分かるのか理解できないと、述べたばかりである」、と申し立てる。ウェッブ裁判長、「弁護人が証人に質問したのは、外務省がその全文書をどのように処理したかを証人は知らないという趣旨のものであった。従ってこの質問に答えられるのは、外相だけであろう。証人は知るべくもないであろう」、と弁じる。ローガン弁護人、「もしも法廷がその点で満足するのならば、自分もそれでよい」と、該質問を撤回する。

弁護人審問

④-1-7. （捕虜関連文書の陸軍省内での取扱について、）（続き）捕虜関連文書がどこから回付されてきたかを証人は知っているか、それは外務省からか、それとも戦争捕虜に関するどこか他の官庁からか？　［E: 14323］［J: 145（5）］

④-1-8. 捕虜関連文書への陸軍省からの回答を（陸軍省外部へ）送るのは俘虜情報局や俘虜管理部か？

証人応答

④-1-7. 外務省以外でも、憲兵隊司令部、内務省から回付されてくる。

④-1-8. それらの部局の他に軍務局も回答をしたし、憲兵関連では兵務局もそうした。実際の回答は、軍務局の承認を経なければ省外に送ることができなかった。

弁護人審問

⑥証人自身の捕虜関連事項への関わりについて、

`<1947-1-6>` 　　　　　　　　　　　　　　　　　　　　　2　検察主張立証段階　**241**

⑥-1.　1証人は、兵務局長として捕虜関連事項を取り扱ったというのは真実か？

⑥-2.　証人は、その関係で訴追されていないのか？

⑥-3.　実際、証人は、憲兵隊と深い関わりがあったのではないか？

⑥-4.　証人は、当法廷で証言することの見返りとして刑事免責［immunity］を約束されたか？

⑥-5.　証人は、捕虜の処遇に関して、直接現地から報告を受けたり、現地に指示を出したりしていたか？

証人応答

⑥-1.　真実である。

⑥-2.　否、未だ訴追されてはいない。

⑥-3.　関わりがあった。

⑥-4.　今日まで、そのような約束はなされていない。

⑥-5.　否。

弁護人審問

⑦陸軍省での局長会議について、

⑦-1.　直接尋問で証人が触れたこのような会議が、証人が兵務局長時代には、どのくらいの頻度で開かれていたか？

⑦-2.　その2年余りの間の各局長会議に出席した者の名前すべてを記憶しているか？

⑦-3.　（弁護人、話題を、証人の言及した「出張」に移し、）そのような折に収容所の視察もしたのか？

証人応答

⑦-1.　1940（昭和15）年12月から1942（昭和17）年9月21日までの期間、毎週2回。出張などで自分が不在の場合には、部下の先任課長が代理として出席した。

⑦-2.　大体は。

⑦-3.　捕虜収容所は全く視察したことがない。他の仕事での出張である。

弁護人審問

⑧捕虜関連事項が議題となった1942（昭和17）年4月の局長会議について、

⑧-1.　証人が直接尋問で列挙したこの会議の出席者が本当にその場にいたのか？

⑧-2.　証人の挙げた出席者以外にも出席した者がいた可能性は如何？

証人応答

⑧-1.　医務局長と法務局長の2人は南方に出張していた可能性があるが、その場合には、部下の課長が代理として出席していた。

⑧-2.　出席していた可能性はあるが、代理が出席していた場合にも、責任の所在は局長にあるので、その名前を挙げた。

＊ローガン弁護人、「責任の所在云々の部分は、質問への答えには含まれないので、審理録から抹消すべきである、と申し立てる。裁判長ウェッブ、「法廷が判断すべき事項に容喙する発言ではなく、審理対象事項に関連するもの」と裁定して、弁護人の申し立てを却下する。

弁護人審問

⑧-3. この会議の出席者として挙げた人物がすべて本当に出席していたかに、証人は確信が持てないのではないか?

⑧-4. 200回以上開かれた会議の中で、そのひとつの会議に限って出席者名を正確に記憶していたということか?

⑧-5. (弁護人、個々の出席者の出欠状況に話を移し、) 東条や木村は局長会議すべてに出席していたか?

⑧-6. (弁護人、直前の証人の返答の末尾の部分を捉えて) 木村がこの1942 (昭和17) 年4月の会議に出席していたという発言も推測に基づくものか?

⑧-7.「自分の記憶が確かなことは自分の記憶によって確かめられる」ということか?

⑧-8. 富永については?

証人応答

⑧-3. 先に触れた2人は別として、他の13人は確かに出席していた。

⑧-4. 信じるも信じないも、それが事実。

⑧-5. 東条は時々欠席していた。木村は、1～2回病気で出てこなかったことがあるが、出張で欠席したことはなかったので、ほとんどの会議に出ていたと推測する。

⑧-6. その会議で自分は木村がいたのを確かに見た。

⑧-7. その場で木村を見ているし、その時木村は、病気でもなく出張中でもなかったので、出席していたのは確か。

⑧-8. 出席していたと思う。

＊午前10時45分、裁判長ウェッブ、休廷を宣す。

＊11時、法廷、再開する。[E: 14330] [J: 145 (7)]

＊被告木戸弁護人ローガン、田中証人に対する反対尋問を続行する。

弁護人審問

⑧-9. 被告佐藤の局長会議への出席状況は?

⑧-10. 以下各人の出席状況については如何?

証人応答

⑧-9. 1942 (昭和17) 年4月20日に軍務局長となるまで佐藤には出席資格はなかった。それ以降は、自分が退任するまで欠席したことはなかった。

⑧-10. (以下、特に断らない限り、名前の後に鉤括弧で続くのは、田中証人の証言内容)

・菅 (兵器局長):会議では自分の隣に座っていた。欠席したことはほとんどなく、4月の件の会議にも出ていた。

・吉積 (整備局長):ほとんどの会議に出席していた。4月の会議にも確かにいた。

・栗橋 (経理局長):頻繁に欠席していたが、4月の会議には出ていたと思う。

＊証人、前出事項についての質疑応答中、4月の会議を定例会議以外の「特別な会議」と呼ぶ。

<1947-1-6>

田中証人、弁護人の質問に答えて、「問題となっているのは特別な会議ではなく、定例会合であった」、と弁じる。

弁護人審問

⑧-11. 「特別な会議」の意味は何か？

⑧-12. 全局長が出席した特別会議はあったか？

⑧-10. （続き）（各人の出席状況については如何？）

⑧-13. （弁護人、恐らくは証人の発言が直接尋問での陳述内容と異なることを念頭に置いて）三木が当法廷の被告でないから、そのように述べたのか？

⑧-14. それ以外に欠席者がいた可能性は？

⑧-10. （続き）（各人の出席状況については如何？）

⑧-15. 東京にいたとしても、会議を欠席していた可能性は？

⑧-10. （続き）（各人の出席状況については如何？）

⑧-16. 東条は病欠を許していたか？

⑧-17. 松村はどの会議を欠席したか？

証人応答

⑧-11. 緊急の場合や、何か特定の問題について話し合うために、陸相が必要に応じて2～3の局長を呼んで開いた会議のこと。証人自身は、2～3回そのような会議に参加した。

⑧-12. なかった。

⑧-10. （続き）

・三木（医務局長）：1942（昭和17）年4月頃、南方に出張しており、8回ほど欠席。件の会議にも出ていなかったと思う。

⑧-13. 直接尋問では出席したように陳述したが、記憶を辿ってみると、医務及び法務局長は出張していて代理が出席していたように思えてきたので訂正した。

⑧-14. その2人以外は全員が出席していた、確かに。

⑧-10. （続き）

・中村（憲兵司令官）：開戦前は各地に出張していたので欠席していたが、開戦後は東京にいたので出席していた。

⑧-15. 東条陸相はそのようなことは許さなかった。

⑧-10. （続き）

・本多（機甲本部長）：欠席したことはなかった。

・松村（報道部長）：病気がちで欠席することが多かった。

⑧-16. 許していた。

⑧-17. 知らない。

弁護人審問

⑨（田中証人の証人としての信頼性について）証人は、この国では「怪物」［monster］と呼ばれてい

るのではないか？［E: 14339］［J: 145（9）］

＊検察官マンスフィールド判事、「個人攻撃を旨とした［offensive］質問であり、審理対象事項に
　関連性を有しない」として異議を申し立てる。被告木戸弁護人ローガン、「関連性は大いにある」、
　「当証人は自身が憲兵隊の長［head］であったことを認めたが、訴追もされていない。検察側の
　このような証人がどんな人物であるのかを法廷は知っておくべきであると考える」と、弁じる。
　マンスフィールド検察官、「弁護人の直前の発言は謂れのないもの［gratuitous］で、法廷は慮
　外に置くべきである」と、申し立てる。裁判長ウェッブ、「証人を単に侮辱するような発言は
　許容されないが、ローガン弁護人の質問がその範疇に属するかについては即断しかねる」、と
　応答する。検察官マンスフィールド判事、「質問に証人が答えたとしても審理を益することは
　あり得ない」さらに、「弁護人の陳述中の『証人が憲兵隊の長であった』というのは事実に反
　しており、証人は『憲兵隊と関わりがあった』と証言したのみである」、と申し立てる。裁判
　長ウェッブ、「反対尋問においては、証人の資質を質すことを不当に制限すべきではない」と
　して、判事団での協議の末に、ローガン弁護人の質問を許容し、証人の返答を促す。

証人応答

　⑨自分は色々な呼び方をされていて、怪物と呼ぶ者もいる。

＊被告東条弁護人ブルーエット、田中証人に対する反対尋問に立つ。E:14341］［J:145（9）］

【ブルーエット弁護人による検察側証人田中隆吉に対する反対尋問】

弁護人審問

　①（兵務局の管轄事項について）兵務局の正式名称は「陸軍省兵務・軍規風紀局」［Military Service
and Discipline Bureau of War Ministry］ではないか？

　②兵務局の憲兵隊との関わりは？

証人応答

　①英訳としてはそうなっているであろうが、日本語では飽くまで「兵務局」である。兵務局の
管轄事項には軍規・風紀、人的動員、在郷軍人組織、国内防衛が含まれていた。

　②関係事項を取り扱ってはいたが、監督権限は有していなかった。監督権限を有していたのは
陸相と次官。兵務局は、その陸相の下部組織として憲兵隊関連の施策についての起案作成を担当
した。

弁護人審問

　③兵務局の軍規・風紀問題への関わりについて、

　③-1．軍規・風紀も管掌事項のひとつであったか？

　③-2．兵士の非違行為に見られるような軍規・風紀の乱れは（兵務局長としての）証人の責任で
あったか？

　④兵務局と軍務局との関係については、証人は今、兵務局の事務処理に忙殺されていた旨認め

たが、軍務局の仕事に関与するような時間はなかったであろう？

証人応答

③-1. その通りであるが、それに関連した管理・監督権限は陸相にあった。

③-2. 事務的事項に関してはそうであるが、監督責任はなかった。

④兵務局と軍務局の間にはしばしば軋轢があったので、軍務局の動向にはよく精通していた。

弁護人審問

⑤軍務局の他の局との力関係について、

⑤-1. 軍務局が最重要という話であったが、組織・機構上は各局が同じぐらいの重要性を有していたのが事実ではないか？

⑤-2. 人事局については如何？

⑤-3. 兵器局については如何？

証人応答

⑤-1. 名目上、表面上、そして官制の上ではそうであったが、実際問題としては、軍務局が最重要の役割を担っていた。

⑤-2. 軍の人事異動を決定する部署としての重要性は認めるが、当時の日本国内で軍が有していた地位を考えれば、軍の予算関連事項を管掌し、国内外の案件に発言権を有していた軍務局が最も重要な局であったと考える。

⑤-3. 軍務局と比較して重要性は低かった。

弁護人審問

⑥（外務省発陸軍省宛文書の処理について）証人は、直接尋問の過程で、外務省から送られてきた文書の処理に言及している（速記録14287頁）が、それは捕虜関連のものであったのか、普通の外交文書であったのか？

証人応答

⑥（検察官マンスフィールド判事の指摘や、裁判長の発言などの末に）捕虜関連のものを含めた外交文書全般についてであった。

弁護人審問

⑦俘虜情報局の位置付けについては、俘虜情報局は、国際法に基づいて設置されたもので、軍務局の監督下にはなかったというのが事実ではないか？

証人応答

⑦省内で軍務局の監督下にあった局などなく、すべての局は陸相の監督下にあった。俘虜情報局は国際法に基づいて設けられた特別の局で、やはり陸相の監督下にあったが、一時的存在とされていたのが事実。

弁護人審問

⑧捕虜関連文書の省内での処理過程について、

⑧-1. 捕虜関連の海外からの抗議が外務省より送られてくる場合、陸軍省で最初に受け取るの

は俘虜情報局か？

⑧-2.（日本軍の）現地部隊からの捕虜関係の報告は、省内でどのように回覧されたのか？

証人応答

⑧-1. 直接俘虜情報局に送られるのではなく、軍務局経由で渡ったと思う。

⑧-2. 大臣官房にまず送られて、そこから関係部局に回された。

＊検察側文書 PD2732-A【1943（昭和 18）年 9 月 3 日付け在カンブリ［Kanburi］タイ捕虜収容所長発俘虜情報局長官宛電文；捕虜に関する月次報告（1943［昭和 18］年 8 月分）】被告東条弁護人ブルーエット、提示し、証人に質問をしようとする。

＊検察官マンスフィールド判事、「同文書の内容は直接尋問の内容の範囲外である」と、異議を申し立てる。

＊午前 12 時、裁判長ウェッブ、正午の休廷を宣す。

＊午後 1 時 30 分、法廷、再開する。［E: 14349］［J: 145（10）］

＊裁判長ウェッブ、休憩前にブルーエット弁護人が提示した文書の内容について、弁護人に質す。検察官マンスフィールド判事、「それは、検察が後刻法廷に提出する予定の文書である。法廷が問題ないと認めるならば、それについて質問することに異議を申し立てはしない」、と申し立てて、事実上、異議を撤回する。

＊ブルーエット弁護人、田中証人に対する反対尋問を続行する。［E:14350］［J:145（11）］

弁護人審問

⑧（捕虜関連文書の省内での処理過程について）（続き）：

⑧-3. 証人は英語を読解するか？

⑧-4.（弁護人、裁判長の許可を得た上で）PD2732-A は、タイの捕虜収容所責任者から 1943（昭和 18）年 9 月 3 日付けで俘虜情報局長官宛に送られてきた月次報告であるが、このような報告を送ることは、証人が兵務局長であった当時、既に制度として確立されていたのか？

証人応答

⑧-3. 読解しない。

⑧-4. 自分の退任する 2 カ月ほど前に導入された制度である。捕虜関連のすべての報告と問題事項は、俘虜管理部長を兼ねる俘虜情報局長官宛に送られるが、送られてきた文書・電報は、大本営経由で陸相官房に送付され、その後に俘虜情報局や関連部局に転送された。そして、件の文書に関しては、自分が退任した後の日付となっており、見覚えはない。

弁護人審問

⑨海外からの抗議に対する回答の起案について、担当したのは俘虜情報局ではないか？

証人応答

⑨そのような場合もあったが、捕虜の処遇問題は、国際法上の問題であるに留まらず、我方の政策問題にも及ぶので、軍務局の同意と承認なしに回答を送ることなどできなかった。

<1947-1-6>　　　　　　　　　　　　　　　　　　　　　　　2　検察主張立証段階　**247**

弁護人審問

⑩証人の捕虜関連事項への関わりについて、

⑩-1.　証人は 1942（昭和 17）年 7 月以降、重い病状のために、局務に積極的に関わっていなかったのが事実ではないのか？

⑩-2.　同年 9 月に辞表を提出したか？

⑩-3.　同年 7 月以前に捕虜関連の抗議を何件受領したか？

証人応答

⑩-1.　ノー（証人、英語で答える）。（英原文は、"Is it <u>not</u> a fact that you were <u>not</u> active in your office . . .?" という二重否定疑問文で、これに対する返答を、和文速記録は「ノー」、英文速記録は［No］と記す。この両者は、fact であることを否定しているのか、active を否定しているのか定かではないが、直後の質問から判断して、弁護人の考えを肯定して「active を否定している」と解釈するのが至当と判断する）。

⑩-2.　その通り、提出した。

⑩-3.　渉外事項は自分の局の管轄外であったので、自分自身はそのような抗議の文面を見たことはないが、上村俘虜情報局長官が会議の場で 2 度、そのような抗議の内容を議題にしたのは記憶している。

弁護人審問

⑪捕虜関連事項が話し合われた局長会議について、

⑪-1.　その日時・場所に関し、

⑪-1-1.　証人は、会議に証人が出席していたことを確認したが、会議が行われた日時と場所は？

⑪-1-2.　5 月 26 日ではなかったか？

証人応答

⑪-1-1.　局長会議は毎週火・木午前 7 時に開かれるのが普通であったが、4 月 28 日であったと思う。場所は、陸相応接間［drawing room］。

⑪-1-2.　そうであったかもしれない（「5 月」は、英和両速記録の 14353 頁及び 145 号 11 頁のママ。「4 月」の誤りである可能性大）。

弁護人審問

⑪-2.　同会議での他の議題及び記録について、

⑪-2-1.　捕虜関連以外の事項も議題となったか？

⑪-2-2.　その報告をしたのは、捕虜関連事項を議する前であったか、後であったか？

⑪-2-3.　各局長は、自分の関わる案件が処理された時点で会議の席を離れるのが慣例であったか？

⑪-2-4.　この会議の記録は録取したか？

⑪-2-5.　公式記録は残っているか？

証人応答

⑪-2-1.　そう思う。自分の局に関わる事項として軍規と風紀問題についての同年 3 月期の報告

を行い、軍規・風紀の引き締めについて陸相から注意を受けた。

⑪-2-2. その前。

⑪-2-3. 陸相が会議の場を離れるまで、局長はすべて部屋に残っていた。

⑪-2-4. 自身でメモを取って、辞任する際に後任者に引き継いだ。

⑪-2-5. 公式記録は残されていない。

弁護人審問

⑪-3. 同会議に上村俘虜情報局長官は出席していたかについて、

⑪-3-1. 会議の場で捕虜関連事項を取り上げたのは誰か？

⑪-3-2. 証人の直接尋問の英文速記録14289頁において、同会議の出席者を問われた証人は、出席者の名前を列挙した際に上村の名を含めなかったが、上村は実際にその場にいたのか、それとも書面か何かの様式で上村の報告もしくは意見などがその場で議題になったのか？

⑪-4. 同会議の他の出席者として、谷萩情報部長も出席していなかったか？

証人応答

⑪-3-1. 上村俘虜情報局長官。

⑪-3-2. 上村がその場にいたのは確か。

⑪-4. 谷萩大佐は、間違いなく出席していた。松村も（内閣）情報局第一部長として出席していた。河辺（虎四郎）航空総監部総務部長も出席していた。

＊検察官マンスフィールド判事、「審理録の次の頁を読めば、上村が出席していたのは明らか」と主張する。被告東条弁護人ブルーエット、「直接尋問の過程で検察官が、上村の出席の有無について誘導的質問をして弁護側が異議を申し立てたのを受けて、検察官が証人に出席者の名前を列挙するよう要請し、それに応えて証人が名前を挙げ、（上村の名前を含めずに）『これで全員』と述べた」、と申し立てる。裁判長ウェッブ、「直接尋問に関わる事項である」として、検察官の異議を却下する。

弁護人審問

⑪-5. 同会議での捕虜関連の具体的議題について、

⑪-5-1. 上村は具体的に何を議題にしたか？

⑪-5-2. その場で東条が話した内容は、証人が直接尋問で証言した通りか？

⑪-5-3. 東条陸相が「捕虜は捕虜処遇規則に従って遇すべし」と述べていることを記憶しているか？（主文も副文も共に現在形）

証人応答

⑪-5-1. 自分の記憶に間違いがなければ、捕虜の処遇方法について陸相の指示を求めた。

⑪-5-2. その通り。

⑪-5-3. 捕虜の取り扱いに関する規則は、その時点ではまだ作成されていなかった。

弁護人審問

⑪-6. 捕虜の処遇に関する規定について、

＜1947-1-6＞　　　　　　　　　　　　　　　　　　　　　　　　　2　検察主張立証段階　**249**

⑪-6-1.　証人は、1904（明治37）年制定1905（明治38）年及び1914（大正3）年・1943（昭和18）年改訂俘虜取扱規則第2〜3条」を知っているか？

⑪-6-2.　同規定第2条は、「捕虜は人道的に処遇し、いかなる場合でも侮辱、虐待することがあってはならない」と、定める。第3条は、「捕虜はその地位もしくは階級に応じて遇すること。ただし、尋問に対して姓名・階級を偽った者や、その他の違反行為を犯した者は、この限りではない」と、規定する。これらの条文に聞き覚えがあるか？

⑪-6-3.　件の会議の折に東条首相は、「これらの条項を捕虜収容所責任者は遵守すべきである」と、上村に言わなかったか？

証人応答

⑪-6-1.　日露戦争時の該規定の詳細についての記憶はない。

⑪-6-2.　覚えがある。同時に日露戦争時の捕虜取扱が極めて人道的であったことも思い出す。

⑪-6-3.　残念ながら、自分の記憶にはない。

弁護人審問

⑪-7.　捕虜の労役に関する陸相の指示について、

⑪-7-1.　検察側文書PD2688【1942（昭和17）年6月5日付け捕虜管理部長発台湾軍参謀長宛（電文か？）；捕虜の使役について】には、「捕虜の使役に関する諸規則第1条により、准士官以上の捕虜の使役は禁止されているが、『働かざる者食うべからず』との我が国の現在の国策や捕虜の健康維持の観点から、捕虜の階級、能力及び体力に応じて自発的に労役に就かせるべく……」との一節がある。これこそが東条が会議で上村に発した指示ではないか？

⑪-7-2.「自発的に」という言葉を聞き逃していた可能性はないか？

⑪-7-3.　（ブルーエット弁護人、質問に答えるよう促す）

証人応答

⑪-7-1.「働かざる者食うべからず」という件はあったが、今聞かされたような内容とは異なっていたと記憶する。

⑪-7-2.　自発的に労役に就こうとした捕虜がいたとは思わない。

⑪-7-3.　可能性はない。

弁護人審問

⑫陸相の大本営内での役割に関し、

⑫-1.　陸相も大本営成員の1人であったか？

⑫-2.　大本営では陸相は、いかなる役割を果たしていたか？

⑫-3.　であるならば、統帥事項に関わることはなかったのではないか？

証人応答

⑫-1.　成員の1人であった。

⑫-2.　軍政の監督・調整（英文速記録14362頁のTo control and to coordinate military administrationによる。和文速記録145号12頁の対応部分では「軍政を統帥と調和するにありました」となっていて、意味合いが

大いに異なるが、事実上懐かれた規範意識としては和文速記録の通りであったと言えよう）。

⑫-3. 統帥事項に関与することは許されていなかった。

弁護人審問

⑬田中証人が軍務局長の椅子を欲していたか否かについて、

⑬-1. 証人は1942（昭和17）年当時、軍務局長になりたがっていたのではないか？

⑬-2. 軍務局長になれなかった悔しさのために、東条に対して偏った見方をするようになったというのが事実ではないのか？

証人応答

⑬-1. 決してそのようなことはなかった。

⑬-2. 自分を誣告するものである。そのような野心を抱いたことは1度もなかった。

＊被告小磯・南・大川弁護人ブルックス大尉、田中証人に対する反対尋問に立つ。[E: 14363] [J: 145（12）]

【弁護人ブルックス大尉による検察側証人田中隆吉に対する反対尋問】

弁護人審問

①軍政と統帥の区別について、

①-1. 天皇の軍に対する権限は軍政と統帥との二分野に分かれており、軍政の長は陸相であり、統帥を司るのが参謀総長であったか？

①-2. 陸相がその一員である内閣の決定した軍政事項は、参謀本部を通じて現場で実施されたのか？

①-3. 戦時に於ける統帥と発令権限は統帥部にあるのか？

証人応答

①-1. そうであった。

①-2. 作戦に関する事項についてはその通りであるが、それ以外の事項に関しては陸相が現地の軍に直接通達することもあった。軍政と統帥との間に明確な一線を画するのは困難である。平時の軍の編成は、統帥事項であるが、陸相が管掌した例がある。

①-3. 動員された部隊に対しては、その通り。動員されていない部隊についてはそうではない。

弁護人審問

②捕虜・抑留者の問題を扱う日本側の部署に関し、

②-1. 連合国軍管理下にある日本人捕虜、抑留者に関する（日本よりの）抗議や通牒などを担当していた部署はどこか？

②-2. 連合国軍捕虜、抑留者の問題を扱った日本側の部署も外務省の所管ではなかったのか？

②-3. 陸相が捕虜関連で処理した具体的事項はどんなものであったか？

②-4. （労役などの？）捕虜関連政策を実施する担当の責任者、部署は？

<1947-1-6>　　　　　　　　　　　　　　　　　　　　　　　　　2　検察主張立証段階　**251**

証人応答

　②-1.　記憶にない。常識的に考えてみて外務省であったと思う。

　②-2.　いや、諸外国と異なって日本では、それらは、俘虜情報局を監督する陸相の管掌事項であり、外務省は取り次ぎ役に過ぎなかった。

　②-3.　収容所の設置場所、捕虜の処遇と健康管理、病人への対応、赤十字からの供給品の分配、中立国を通じての捕虜の通信。

　②-4.　陸軍省。具体的には軍務局。国外で実施される施策については、陸相と協議の上で参謀総長が実行させることになっており、具体的担当部署は参謀本部第2部。

弁護人審問

　②-5.　捕虜への食糧給付を担当した部署に関し、

　②-5-1.　これらの担当部署は？

　②-5-2.　証人は「現地軍に対する統帥権限を有していたのは参謀本部」と証言していたが如何？

　②-6.　（捕虜収容所から中央への連絡経路に関し）収容所現地から必要物資などを中央に請求する際には、参謀本部を通じて行ったのか？

証人応答

　②-5-1.　現地捕虜管理責任者が陸相からの命令、指示に従って行った。

　②-5-2.　政策関連事項であるから、主に陸相の管掌事項。

　②-6.　建前はそうであったが、作戦上の問題と関わりがない政策関連事項などについては、便宜上及び事務処理迅速化の観点から、俘虜情報局と直接連絡を取っていた。厳密に言えば規則違反ではあるが、捕虜関連は政策事項ということで、そうしても規則違反にはならないという暗黙の諒解が成立しており、実際にも参謀本部から文句を言ってきたことはなかった。

弁護人審問

　③国際赤十字からの連絡、戦前の捕虜事情について、

　③-1.　捕虜に関連して国際赤十字から最初の連絡があったのは 1941（昭和 16）年 12 月か？

　③-2.　1941（昭和 16）年以前に、捕虜関連で海外から抗議があったか？

　③-3.　1931（昭和 6）年と 1934（昭和 9）年、1936（昭和 11）年の期間を通じて、

　戦争捕虜が日本の管理下に置かれたという事実はあったか？

証人応答

　③-1.　そう記憶する。

　③-2.　なかった。

　③-3.　なかった。

弁護人審問

　④ジュネーブ協定をめぐる日本の立場に関し、

　④-1.　証人は、「日本はジュネーブ協定を批准しなかった」と述べたが、東郷外相が宣命した「捕虜の処遇に関するジュネーブ協定の条項に従う、もしくはこれを考慮する」との方針を天皇

が裁可したか否か、知っているか？

④-2. 日本政府、そして外相の立場が「ジュネーブ協定にはいかなる意味においても拘束されない」というものであったことは、証人の局では理解されていたか？

証人応答

④-1. 署名はしたが批准はしていないと記憶している。政府、そして天皇の意思は、必要な修正を加えた上で同協定を遵守し、それに沿って施策するというものであった。

④-2. それは理解していた。

弁護人審問

⑤捕虜処遇の原則・理念について、

⑤-1. 同協定にまつわるいかなる事項でも、扱ったり論議したりする場合には、常にその（ジュネーブ協定には拘束されない）ことを念頭に置くよう通達されていなかったか？

⑤-2. 武士道は別として、その処遇の仕方とはいかなるものか？

⑤-3. 武士道精神に則るとは、そういうことか？

⑤-4. そのような考えは陸軍省全体で共有されていたか？

証人応答

⑤-1. 自分の見解では、捕虜の処遇は、単に国際条約を遵守するといったこと以上に重要な問題で、正義や武士道の観念に従って考慮し実践すべきものである。日露戦争時の処遇の仕方が最も妥当なものである。

⑤-2. 日露戦争時の考えは、捕虜となった者は、自分の同胞として、言葉を換えれば友人として扱うというもの。

⑤-3. 真の武士道はそうあるべきである。一旦武器を置いた者を友人として、同胞として扱うべしというのは、今でも自分の信念である。

⑤-4. この場所でこのようなことを述べるのもどうかと思うが、俘虜情報局長官の上村は、田中証人の幼年学校時代の先輩であり、証人が連隊長であった時も同じ師団で勤務していたが、1942（昭和17）年4月末の例の会議で捕虜の処遇方法が決定された時、上村は内心非常にがっかりしていた。結果として起きたことについては、軍籍にあった者であれば誰でも遺憾としたであろうが、それらは、食糧・労働力の不足の故に起きたことである。

＊午後2時47分、裁判長ウェッブ、休廷を宣す。

＊3時、法廷、再開する。[E: 14375]［J:145（14）]

＊被告小磯・南・大川弁護人ブルックス大尉、田中証人に対する反対尋問を続行する。

弁護人審問

⑤-5. （弁護人、休憩前の証人の発言に触れて）証言の趣旨は、捕虜に関しての政策は、いかなるものであれ、軍事上の必要性及び当時の状況によって決定を見たものであるということか？

証人応答

⑤-5. その通り。

＜1947-1-6＞   2　検察主張立証段階　**253**

＊被告佐藤弁護人草野、田中証人に対する反対尋問に立つ。［E: 14375］［J:145（14）］

【弁護人草野による検察側証人田中隆吉に対する反対尋問】

弁護人審問

　①直接局長宛となっている公文書の有無について、

　①-1.　陸軍省宛の公文書は、特に局長及び課長宛となっているもの以外は、大臣官房が受理するのではないか？

　①-2.　証人は今、陸軍省庶務規定に通暁していることを確認したが、その21条には、そのように定められているではないか？

　①-3.　そのような私信に近いものの中にも公文書が含まれていたか？

　①-4.　証人が兵務局長であった時期、同局宛の文書は軍務局経由で来たということか？

　①-5.　陸相から委任されていた事項に関する文書は直接局長宛で送られてこなかったのか？

　①-6.　陸軍省庶務規定では、外交文書と他の文書との区別を付けていないが如何に？

証人応答

　①-1.　否、そうではない。

　①-2.　局長宛の私信と見なしてよいものは、直接局長に送られてきた。

　①-3.　そのようなことは極めて稀。

　①-4.　それは外交文書についてである。在郷軍人組織に関する文書や通信などは、兵務局長としての自分宛に送られてきていたが、局長には、陸軍省に送られてきた公文書に関する決定権がなかったので、そのような文書は、あるとしても極めて稀。

　①-5.　人事局宛にはそのようなものがあったかもしれないが、自分の在任中の自分宛のものについては、私信以外では、ごく稀にしかなかった。

　①-6.　ほとんどの文書は局長宛ではなく次官宛となっていた。俘虜情報局は陸軍省内で特殊な外局であったので、同局宛のものは同局に直接送られると共に、軍務局にも送られた。

弁護人審問

　②日露戦争時の捕虜取扱規則は有効か無効かについて、

　②-1.　証人は、ブルーエット弁護人による反対尋問の最中に、「捕虜の取り扱いに関する規則は、太平洋戦争開始の時点ではまだ作成されていなかった」と証言したが、この発言内容の真偽は？

　②-2.　日露戦争時の規則は、太平洋戦争時、既に無効であったという意味か？

証人応答

　②-1.　日露戦争当時の規則はあったが、太平洋戦争時に適用すべきものはできていなかったとの趣旨である。

　②-2.　新たな規則が作成されるまでは有効であったが、適用はされなかった。

弁護人審問

③捕虜関連事項が議題となった局長会議について、

③-1. この会議が開かれたのは、1942（昭和 17）年の 4 月 26 日であったか 28 日であったか？

③-2.（同会議での証人の報告事項に関し）その会議で、自身は何かを報告したか？

③-3. それについて後刻、何か対応したか？

証人応答

③-1. 暦を見なければ、確たることは言えない。

③-2. 在留米英蘭国人の中で開戦時に不審な動きを見せた者に関する北京憲兵隊の報告から、抜粋して伝えた。

③-3. 兵務局には国外の憲兵隊に指示を与える権限がなかったので、何もしなかった。

弁護人審問

③-4. 同会議での上村の質問の態様とそれへの対応に関し、

③-4-1. その場で上村が捕虜の処遇に関して陸相に立てた伺いの内容は漠然としたものであったか？

③-4-2. このような重要案件については書面での決裁を仰ぐのが慣例ではないか？

③-4-3. 上村が陸相に伺いを立てたのがその日であったのは、偶々その日に（気が向いたから？）しただけということか？

証人応答

③-4-1. 否。ジュネーブ協定や俘虜取扱規則に言及したものであった。自分の発言の趣意は「そのようなことが会議で決定され、それに対して陸相の決裁を仰いだ」ということである（英文速記録 14381 頁。和文速記録 145 号 15 頁は「結局結論が、そういうふうに申し上げて、大臣の採決を願った」と記しており、意味が不分明である）。

③-4-2. 爾後に陸相印の押された書面による決裁を得た。その日付は「5 月 2 日」であったと記憶する。

③-4-3. 否。陸相にその件についての決裁を求める必要に迫られていた。

弁護人審問

④（捕虜の強制労働をめぐる陸相の見解について）東条陸相自身は、捕虜を強制的に労役に就かせる旨の指示は出していないのではないか？（英文速記録 14382 頁の英訳が訂正や言い直しの連続で意味が通らないので、和文速記録 145 号 15 頁によった）。

⑤俘虜情報局への現地からの直接連絡に関して、証人は、「便宜上」の理由でそのようにした旨証言したが、官制上、俘虜情報局は現地から直接報告を求める権限を有していたのではないか？

証人応答

④強制によってしか、条約に定めのない義務を課す術はなく、命令なくして強制労働をさせることはできない。

⑤そのような規定があったとしても、俘虜情報局の監督権限を持つ陸相には現地部隊への指揮

＜1947-1-6＞   2　検察主張立証段階　**255**

権がないのだから、飽くまで便宜上の措置。

弁護人審問

　　⑥俘虜情報局もしくは俘虜管理部の管轄事項に関し、

　　⑥-1.　証人は「捕虜関連事項が条約上の問題を超えて政策事項に及んでいる場合は、軍務局の所管」と証言したが、では、俘虜情報局と俘虜管理部の管掌事項は何か？

　　⑥-2.　俘虜情報局と俘虜管理部が管掌している各々の日常業務の違いは？

証人応答

　　⑥-1.　日常業務〔routine business matters〕。

　　⑥-2.　管理部は捕虜の処遇、情報局は条約に関わる捕虜関連情報の収集と交換。

＊被告星野・木村弁護人ハワード、反対尋問に立つ。〔E: 14385〕〔J: 145（15）〕

【ハワード弁護人よる検察側証人田中隆吉に対する反対尋問】

弁護人審問

　　①４月の会議について、

　　①-1.　（当日の木村の動向に関し）この日の会議で次官としての木村は、発言したか、また会議に積極的に参加したか？

証人応答

　　①-1.　自分の記憶に間違いがなければ、いずれも否。

弁護人審問

　　②「次官通牒」の意味について、

　　②-1.　捕虜取扱に関する規則は陸相命令によって次官通牒の形式で発出されたか？

　　②-2.　次官通牒はいかなる形式の文書であるか？

　　②-3.　この手続における次官の役割は何か？

　　②-4.　捕虜の処遇についての決定は次官としての木村のものでないと解釈してよいか？

証人応答

　　②-1.　もちろん、その通り。

　　②-2.　日本のすべての省庁で出されている依命通牒というもので、訓示、法令、省令などを大臣の命令に従って次官が通牒という形で発出するというもの。

　　②-3.　伝達役に過ぎない。

　　②-4.　次官にはそのような権限はない。

弁護人審問

　　③次官の権限について、

　　③-1.　陸相不在時の次官の権限に関し、

　　③-1-1.　東条陸相が会議を欠席したり不在であったりした場合には、次官であった木村が陸相

代理であったか？

　③-1-2.　東条が戻って来た時に次官が行ったことは？

証人応答

　③-1-1.　その通り。

　③-1-2.　すべてを報告して陸相の決裁を得ること。

弁護人審問

　④捕虜となった連合国軍航空機搭乗員の取扱について、

　④-1.　冒頭陳述で触れられているも、証拠の提出されていない事柄について、証人が再び喚問されない場合を考慮して質したい。日本側の捕虜となった連合国軍航空機搭乗員の中で、軍規違反を犯したことが疑われる者の処置を決定した経緯は如何？

証人応答

　④-1.　1942（昭和17）年4月18日に日本本土への初空襲を行った後に、支那で捕虜となった航空機搭乗員達の処置は、戦闘行為中の出来事として、参謀本部において決定された。東条と木村両名共に、そこで決定された処置が厳し過ぎるとして反対したが、参謀総長（当時、杉山元）の決定通りに事が運ばれた。

弁護人審問

　③次官の権限について、（続き）

　③-2.　木村次官の権限に関し、

　③-2-1.　東条は、首相に就任した後に、陸相の権限・責任の一部を木村次官に委譲したか？

　③-2-2.　東条が不在で木村が陸相代行であった時も、重要な決定は下さなかったのではないか？

証人応答

　③-2-1.　日常業務の些細な事項に関してはそうしたが、政治・経済・外交という国務に関わる分野では、そのような例は絶無。

　③-2-2.　重要な決定を下すことはできなかった。

弁護人審問

　①（4月の会議について）（続き）

　①-2.　4月末の例の会議の出席者で、今日存命中の者の中に、当法廷に起訴されていない者はいるか？

＊検察官マンスフィールド判事、「審理対象事項への関連性を欠き、かつ、直接尋問の内容に含まれない事項についての質問である」として異議を申し立てる。裁判長ウェッブ、弁護人に対して「いかなる関連性があるのか？」、と質す。弁護人、「直接尋問に関わる問題ではない可能性がある」が、「反対尋問では、例の会議の出席者については度々触れられている」、「田中証人が出廷している間に、この点に関しては詰めておきたい」「質問の意図は、件の会議がさして重要なものではなかったことを立証することにある」、と応答する。裁判長ウェッブ、「そのようなことでは該会議の重要性を測ることはできない」、「質問の目的がそれだけならば、許可

<1947-1-7>　　　　　　　　　　　　　　　　　　　　　　　　　　2　検察主張立証段階　**257**

できない」と、弁護人の質問を却下する。

＊被告星野・木村弁護人ハワード、田中証人に付けられた綽名について、（田中証人が「怪物」と一部で呼ばれていたことについてローガン弁護人が質問したところを見ていなかったものと思われる）反対尋問の最中に証人の綽名が話題となったことに触れる。裁判長ウェッブ、その経緯を説明した上で、「ある証人の信頼性を判断する際の基となった情報が世間一般のその人の資質に対する受け止め方であったような場合には、その証人自身に直接、当人の資質について問うことが許されるというのが英国法での原則と理解する」、「ローガン弁護人の質問がそれに当てはまるかは定かでなく、さらに当法廷は英国法に拘束されるものではないが故に、判事団で協議した結果として、多数決で質問を許可した」と、弁じて、弁護人のそれ以上の質問を却下する。

＊被告星野・木村弁護人ハワード、「被告木村が何の綽名で呼ばれていたかを訊きたい」と、申し立てる。裁判長ウェッブ、「如何ような理由で以てそのような質問を発するのか、理解に苦しむ」、「否定の返事の場合は、被告を何等益するところはなく、肯定の返事の場合には、被告にとって不利になり得る」と、申し渡して、質問を却下する。

＊午後4時、裁判長ウェッブ、翌日午前9時30分までの休廷を宣する。

◆ 1947（昭和22）年1月7日

（英速録14394〜14550頁／和速録第146号1〜20頁）

＊午前9時30分、法廷、再開する。

＊裁判長ウェッブ、「被告大川と武藤の欠席、及び武藤については、病欠証明が届けられている」と、報じる。

＊証人田中隆吉による検察主張立証第XIII・XIV局面「対民間人・戦争捕虜残虐行為」第2部「B級・C級戦争犯罪と日本政府の対応」の「陸軍省・大本営の機構、捕虜取扱に関する陸軍省命令」についての検察側立証、続行する。

＊被告星野・木村弁護人ハワード、田中隆吉証人に対する反対尋問を続行する。

弁護人審問

　③次官の権限について（続き）

　③-3．次官としての木村の執務姿勢に関し、

　③-3-1．木村が次官であった時に、陸軍省内の各長の間で、仕事はどのように進められたか？

　③-3-2．法規の作成と改正に次官としての木村は如何様に関わっていたか？

　③-3-3．局長が陸相と直接話し合うようなこともあったか？

証人応答

　③-3-1．木村次官は、各局に対する指揮権を有していないという次官の立場を忠実に守って、陸相の補佐役に徹し、自らの意見を具申することなく、陸相の意思と命令に従い、それを実行するだけであった。当時兵務局長としての自分が、省内で局長レベルでの独断専行が目立つことを

次官に指摘して、そのような動きを掣肘すべきことを進言したが、木村次官は、陸相の才覚を信じて丸投げするという姿勢を示していた。それ故に木村次官は、「ロボットもしくは人形、傀儡」と呼ばれていた。

③-3-2. それらは、課長レベルの者が関係各省の担当者などと折衝した後に閣議で話し合われる問題であるが、次官は意見を述べることはできても、決定を下せる立場にはなかった。

③-3-3. 官制上、次官は、直接、局長を指揮する権限は有しておらず、持っていたのは監督権限だけであったので、局長が直接陸相と折衝したこともしばしで、そのような過程を経て決定が下されたことも間々あった。

弁護人審問

⑧木村が次官に任命された理由は？

＊検察官マンスフィールド判事、「直接尋問で触れられなかった論点である」として異議を申し立てる。裁判長ウェッブ、異議を却下し、弁護人の質問を許可する。

証人応答

⑧人事局長から非公式な場で聞いた話としては、当時木村は、兵器局長で省内の事情に精通していたこと、また、東条内閣としては従順かつ正直な人物が適当と考えられたことなどが考慮された（「東条内閣としては」の部分は、英文速記録14398頁の in view of the TOJO Cabinet による。田中証人の元々の日本語での証言を収録したと思われる和文速記録146号3頁の対応部分では「東条閣下の性格に鑑みて」となっており、意味合いが大いに異なる。恐らく、英訳担当者が「閣下」の「閣」の字を見て、「内閣」のことと勘違いしたのであろう）。さらに今ひとつの理由として、日本の軍需生産が1940（昭和15）年を頂点として下降してきた中で、兵器行政に詳しい木村を次官に充てるのが最善と思われたことがある。

弁護人審問

④捕虜となった連合国軍航空機搭乗員への処置について、（続き）

④-2. 前日話題となった件とは別の、1942（昭和17）年5月2日に捕虜を処分［disposal］した事例がある。……

＊検察官マンスフィールド判事、「反対尋問で触れられた点ではあっても、直接尋問では問題となっていなかった」と、異議を申し立てる。裁判長ウェッブ、異議を却下し、弁護人の質問を許可する。

弁護人審問

④-2. この（上記の）件については、どのようにして決定されたか？

証人応答

④-2. その5月2日は、捕虜が処分された日ではなく、陸相の指示に従って捕虜の取扱に関する次官通牒が出された日である。4月末の局長会議で、俘虜情報局長官と軍務局長とが協議して陸相の決裁を求め、その結果得られた決定を参謀本部に通知したものであった。具体的内容は、労役に関することではなく、南方地域で捕らえた捕虜は、日本本土、満州、台湾、朝鮮・支那

<1947-1-7>　　　　　　　　　　　　　　　　　　　　　　2　検察主張立証段階　259

の収容所に送致して収容されるべきであるという趣旨のものであった。さらにドゥーリトル空襲を行った航空機搭乗員の処刑については、日付は定かでないが、局長会議の席上で佐藤軍務局長から「参謀本部が処刑することを決定した」との報告があったのに対し、陸相は、「米国に抑留されている邦人の処遇に悪影響を及ぼしかねない」と強く反対の意を表明し、木村次官もそれに同調したので、処刑は延期された。

弁護人審問

　④-3.　連合国軍航空機搭乗員捕虜処分への木村の関与に関し、

　④-3-1.　それらの決定を下す際に木村は影響力を行使することが可能であったか？

証人応答

　④-3-1.　可能であった。ドゥーリトル隊航空機搭乗員処刑に異を唱えたことでも分かるように、反対の意思を表明することはできた。

弁護人審問

　④-3-2.　木村が反対したとしても、それが考慮されることはなかったと証人は推量するか？

＊裁判長ウェッブ、「証人の推測ではなく、木村の具体的言動について証言させるよう」申し渡し、弁護人の質問を却下する。

弁護人審問

　③（次官の権限について）（続き）

　③-4.　（捕虜関連事項全般への木村の権限に関し）捕虜関連で木村に委任されたような事項があったか？

　③-5.　陸軍次官は、御前会議と連絡会議には出席したか？　大本営での重要事項について、決定する権限を持っていたか？

証人応答

　③-4.　東条の首相就任後、次官に委任される事務事項が増えたのは事実であるが、俘虜情報局が設立された1941（昭和16）年3月当時、同局は陸相直轄の外局であったので、同局に関する責務もしくは責任が次官に委任されることなどあり得なかった。

　③-5.　次官は政府大本営連絡会議や御前会議に出席する資格はなく、大本営には陸相の補佐役として列席したが、何等の決定権も有してはいなかった。

弁護人審問

　⑦泰緬鉄道での捕虜使役への木村の関わりは？

証人応答

　⑦決定を下したのが参謀本部である以上、当時次官であった木村がこれに口を挟んでいたことなどまずあり得ない [highly improbable]。捕虜の配置・移送など必要な手続について、陸相の命に従って次官が通牒を出していたことはあり得る。

弁護人審問

　③（次官の権限について）（続き）

③-6. 次官のその他の諸権限について、

③-6-1. 陸軍内の人員の雇用・解雇の権限を次官は有していたか？　懲罰に関しては？

③-6-2. 各局の局務について直接、陸相に説明責任を負うのは誰か？

証人応答

③-6-1. そんな権限は有していなかった。懲罰に関しては陸相の専権事項であった。

③-6-2. 局長。

弁護人審問

⑧木村の次官就任時の省内の様相について、

⑧-1. 木村が次官に就任した当時、陸相や各局長は、各々の配属部署の事情に精通していたか？

＊検察官マンスフィールド判事、「雲をつかむような［indefinite］質問である」として異議を申し立てる。裁判長ウェッブ、異議を容認し、弁護人の質問を却下する。

弁護人審問

⑧-2. 木村は局務に容喙することなく、各局長の自主性を尊重していたか？

＊裁判長ウェッブ、「直前の質問と同類」と断ずるも、「迅速かつ公正な審理の原則に反すると認められない限り、妨げない」として、返答を許可する。

証人応答

⑧-2. その通り。

弁護人審問

⑧-3. 次官は、内閣、参謀本部、海軍という外部との折衝を担当していたか？

証人応答

⑧-3. 否。それらの事務を直接担当したのは軍務局長で、権限を有していたのは陸相。

弁護人審問

⑧-4. 木村は次官時代に、儀礼的行事などに参加することが多々あったか？

⑧-5. 大政翼賛会［Emperor's Assistance Party］、中央党［Central Party］、軍革新党［Military Reform Party］と関わりがあったか？

＊検察官マンスフィールド判事、各々に「直接尋問の内容の範囲外」として異議を申し立てる。裁判長ウェッブ、いずれも異議を容認し、弁護人の質問を却下する（英文速記録14407〜08頁、Emperor's Assistance Party については、大政翼賛会もしくは翼賛政治会のことを指すものと推測できるが、他のふたつについては何を指すのかが不明であるので、直訳して原文の英語を付しておいた）。

＊証人、ふたつ目の質問「⑧-5」に対しては、「関わりはなかった」、と応答する。裁判長ウェッブ、「慮外に置く」、と申し渡す。

＊被告賀屋・鈴木弁護人レビン、田中証人に対する反対尋問に立つ。［E: 14409］［J: 146（4）］

<1947-1-7>　　　　　　　　　　　　　　　　　　　　　　　　　2　検察主張立証段階　**261**

【レビン弁護人による検察側証人田中隆吉に対する反対尋問】

弁護人審問

　①捕虜を労役に使用する権限の所在について、

　①-1.　1942（昭和17）年4月に捕虜を労働力として使用する旨の決定が下された後は、政府
の他の省庁がこの決定を遂行することは、単に事務上の問題であったのか、そうでなかったのか？
（若干分かり難い質問であるが、レビン弁護人が当時文民官僚もしくは軍外の立場で政府に参画していた賀屋と鈴
木を代表していたことに鑑みれば、賀屋や鈴木が捕虜に労役を課す決定自体には何等関わっていなかったことを
示す狙いでなした質問であろうと思われ、そのことは、これに続く質問からも推測できる）

　①-2.　捕虜を使役する権限なしに、政府の他の省庁は捕虜を労役に使用できたのか？

　①-3.　言い換えれば、捕虜を使役する権限は同年4月の決定に由来するということか？

証人応答

　①-1.　そうであった。

　①-2.　他の省庁が自在に捕虜を労役に使用できたとは思えない。

　①-3.　そう思う。

＊被告大島弁護人島内、田中証人に対する反対尋問に立つ。［E: 14409］［J: 146（4）］

【島内弁護人による検察側証人田中隆吉に対する反対尋問】

弁護人審問

　①1942（昭和17）年当時の食糧配給事情について、

　①-1.　1942（昭和17）年4月末に捕虜を労役に就かせる旨の決定がなされた当時、日本国内
では、食糧の自由販売が禁止されていたが、その成人男子1人あたりの食糧配給量は如何ほどで
あったか？

証人応答

　①-1.　労働者への増配を除けば、2合3勺で、約330グラム。

弁護人審問

　①-2.　それ以降の配給事情はどのように推移したか？

＊検察官マンスフィールド判事、「直接尋問で触れられなかった事項である」として異議を申し
　立てる。島内弁護人、「一般国民に比べて捕虜への配給量が多くなることなどあり得ない」、「当
　時の実際の労働事情と食糧事情が明らかにされない限り、捕虜の強制労働が犯罪行為となるか
　否かの判定はできない」さらに、「証人は、『働かざる者食うべからず』という当時の国策的方
　針が捕虜を労働力として使用する決定に大きく関わった旨証言した」として、関連性の存在と
　自身の質問の正当性を申し立てる。裁判長ウェッブ、「問題は、捕虜を管理する立場にある国
　家が捕虜を労役に就かせる権利があるか否かであり、捕虜への食糧配給事情ではない」と断じ、

さらに「当証人は、捕虜への食糧配給量について証言するために喚問された者でもなく、直接尋問でも、そのような点は論点とされなかった」として、審理対象事項との関連性を欠くとして、検察官の異議を容認し、弁護人の質問を却下する。

弁護人審問

② 1942（昭和17）年当時の労働事情について、

②-1. 捕虜を労役に就かせることが決定された際に、日本国民も強制的に労役に就かせる旨の決定がなされたか？

証人応答

②-1. それは局長会議でではない。重要産業に従事していない労働者を重要産業に振り当てるという徴用制度［draft labor］は、局長会議で決定されたものではなく、局長会報［memorandum］で通知された。

＊裁判長ウェッブ、「公正な審理に益する範囲で審理を迅速化するのは法廷の義務である」、「審理対象事項への関連性を有しない反対尋問を不許可とすることも、その義務の一部である」と弁じ、「日本人に課せられた労役の実態は、捕虜の処遇の問題との関連性を有しない」、と申し渡す。

弁護人審問

③士官への労役義務の賦課について、

③-1. 件の局長会議でこのことが決定されたことを証人は証言したが、その意味は、従わない場合には懲罰を加えるということであったのか、それとも、将校達になるべく働かせるよう奨励する（to encourage these officers to work）というのがその政策であったのか？

③-2. 命令に従わず、労役に就かなかった場合はどうなるか？

③-3. 決定が下された正確な日時について、捕虜の強制労働については1942（昭和17）年5月もしくは6月の2日、士官の労役義務については同年6月3日であったか？

証人応答

③-1. 懲罰的な意味合いで働かせるというのではなく、規則を定めてそれに従わせ、命令によって働かせるという形にした。

③-2. 規則違反ということで、罰せられる。

③-3. 自分の記憶によれば、5月2日に基本的原則が決められ、6月3日に、それに基づいて詳細な規則が定められた。

＊被告大島弁護人島内、裁判長に対して、「検察側文書 PD1547-B に、それらの規則が収録されているが、これについて証人に質問してもよいか？」、と申し立てる。検察官マンスフィールド判事、「該文書は、検察が後刻提出する予定のものであるが、弁護側がその内容について反対尋問することには異を唱えない」、と応答する。（PD1547-B は後に（検）法廷証 PX1961 として受理される）。

＊午前10時45分、裁判長ウェッブ、休廷を宣す。

<1947-1-7>   2　検察主張立証段階　**263**

＊11時、法廷、再開する。［E: 14417］［J: 146（5）］
＊被告大島弁護人島内、田中証人に対する反対尋問を続行する。
弁護人審問
　③-4.（士官への労役義務賦課）（続き）、休憩前に触れた検察側文書の内容は、「捕虜の士官は、その階級、健康状態、職能に応じて自発的に労役に就かせることとし、その学術的訓練、技術的能力、歴史と農業についての知識を考慮する」というものであるが、証人の記憶は？（英文速記録によればこのあたり以降、翻訳調整官《モニター》による、時には相当に詳細な修正が加えられる）
　③-5. これ以外にも捕虜士官に対する労役賦課に関する通牒があったか？
証人応答
　③-4. 記憶している。
　③-5.（恐らく1942［昭和17］年）6月末か7月初め、陸相の命によって捕虜収容所長が2度にわたって集められ、さらなる詳細が決められた。
弁護人審問
　④海外よりの捕虜関連抗議に対する外務省の立場について、証人は尋問の過程で、「伝達役」［post office］との表現を使ったが、その理由は如何？
　⑤ドゥーリットル空襲航空機搭乗員の処置について、
　⑤-1.（弁護人、これについて質問する許可を裁判長より得た上で）空襲当日の爆撃対象は何であったか？
　⑤-2. その小学校の児童はその時、何をしていたのか？
証人応答
　④第一に、日本本土に限っては、俘虜情報局及び管理部は陸相の監督下にあったこと、第二には、外務省が海外からの抗議内容について調査する組織も権限も有していなかったことである。
　⑤-1. 爆撃されたのは東京と名古屋で、使用された爆弾は主に25キロの焼夷弾であったが、炸裂弾［destructive or demolition bombs］も3〜4個投下された。爆撃機の内1機は、品川小学校に銃撃を加え、児童が1名死亡したが、これは児童を兵士か何かと誤認したためであろう。（実際は、空母ホーネットから発進した16機のB25各々が搭載していたのは500ポンド＝約250キロの爆弾4弾で、内1弾が焼夷弾で3弾が炸裂弾であった。また、川崎、横須賀、四日市と神戸も爆撃されており、学校関係の死者は早稲田中学で2名、葛飾区の水元国民学校で1名であった）。
　⑤-2. 教師の指導の下で防空壕に避難している最中であった
＊検察官マンスフィールド判事、「直接尋問の内容の範囲外であり、審理対象事項との関連性を有しない」として異議を申し立てる。裁判長ウェッブ、「双方ともに正当」として、検察官の異議を容認し、弁護人の質問を却下する。
＊被告木戸弁護人ローガン、弁護側反対尋問の終了を、報じる。
＊コミンズ＝カー検察官、「被告武藤らに関わる事案について田中証人を尋問したいが、武藤が欠席していることに鑑み、後刻田中証人を再び召喚したい」、と申し立てる。裁判長ウェッブ、申し立てを認める。

＊検察官ウールワース大佐、「検察側は当該局面では田中証人を再直接尋問に付さない」、と報じる。裁判長ウェッブ、「後刻再々召喚する旨の条件以外は通例の条件下で同証人の任を解く」と宣す。

＊田中証人、退廷する。

(6) 検察官ウールワース大佐、検察主張立証第 XIII・XIV 局面「対民間人・戦争捕虜残虐行為」第 2 部「B 級・C 級戦争犯罪と日本政府の対応」の検察側立証として、「日本内地・日本占領領土での B 級戦争犯罪即ち通例の戦争法規・慣例違反に対する被告の個人責任」関係証拠の提出を、さらに、再開する。

(英速録 14422〜14612 頁／和速録第 146 号 6 頁〜147 号 11 頁)

＊（検）法廷証 PX1960【1942（昭和 17）年 5 月 30 日付け善通寺（第 11）師団長宛東条陸相訓示；捕虜取扱−捕虜の活用】＝検察側文書 PD1547-A　証拠として受理され、朗読される。

【PX1960 朗読概要】

当師団には捕虜収容所が付設されているが、捕虜は人道に反しない程度に厳重な規律の下に置く必要があり、誤った人道主義や、収容期間が長きに渡った際に生じがちな個人的情愛に流されてはならない。今日の我が国の情勢下では、働かない者を食わしておく余裕がないことを肝に銘じて、捕虜も活用することを望む。

＊（検）法廷証 PX1961【1942（昭和 17）年 6 月 3 日付け俘虜管理部長発関係部隊宛通牒；捕虜たる将校士官・下士官の使役】＝検察側文書 PD1547-B　証拠として受理され、朗読される。

【PX1961 朗読概要】

士官及び准士官に労役を課すのは、1904（明治 37）年 9 月 10 日付け「俘虜労役規則」第 1 条に違背するが、現下の我が国の情勢は、働かない者を 1 人たりとも食わせられるようなものではないことや、捕虜の健康維持の観点から、中央当局は、士官及び下士官を、各人の地位、能力、体力などに応じて自発的に働かせることを方針としたので、この趣旨に沿って適切な処置を講じること。参考までに、以下のような業務が適当と認める：

1. 各自の技術、学識等を活用する各種作業、2. 農作業、3. 畜産作業、4. 捕虜の作業の監督、5. 戦史資料の収集及び編纂、6. 広報（英文速記録 14426 頁の publicity affairs による。日本語原文を収録していると思われる和文速記録 146 号 6 頁では「宣伝業務」となっている）、7. その他適当と認められる作業

＊（検）法廷証 PX1962【1942（昭和 17）年 6 月 25 日付け新任捕虜収容所長に対する東条陸相訓示；捕虜の取扱】＝検察側文書 PD1630-B　証拠として受理され、朗読される。

<1947-1-7>　　　　　　　　　　　　　　　　　　　　　　　2　検察主張立証段階　**265**

【PX1962 朗読概要】

　我が国の捕虜処遇の方法は欧米諸国のそれとは異なった考えに立脚するものであり、諸君は関連諸規則を遵守しかつ適用して、我が国の公明正大な態度を内外に示さなければならない。同時に、捕虜は厳重な規律の下に置き、1日たりとも無駄飯を食わせて遊ばせるようなことがあってはならず、捕虜の労働及び技術力を最大限に活用して、生産増大の一助とし、全力を尽くして今次戦争に貢献しなければならない。諸君は、各任地の特性を考慮した上で、捕虜を正しく処遇することを通じて日本民族の優秀性を現地住民に周知させ、天皇陛下の統べる日本の統治下にあるのが実に光栄なことであることを分からせるようにする必要がある。これらのことを銘記して、自らの責任の重大性を常に自覚し、部下の統率を厳格に行い、任務を完璧に果たすよう心掛けよ。

＊（検）法廷証 PX1963【1942（昭和17）年7月7日付け新任捕虜収容所長に対する東条陸相訓示；捕虜の就労】＝検察側文書 PD1630-A　証拠として受理され、朗読される。

　（内容は、若干の語句を除いてほぼ前出書証と同じであるので、省略する）

＊裁判長ウェッブ、「PX1962 と PX1963 は、日付が異なっているだけで、内容はほぼ同じである」と、指摘する。検察官ウールワース大佐、「前者が朝鮮・満州・台湾・日本本土の収容所の責任者宛、後者がフィリピン及び東南アジア方面の収容所長宛」、と応答する。

＊（検）法廷証 PX1964【俘虜情報局作成俘虜月報抜粋】＝検察側文書 PD1630-C　識別番号を付される。［E: 14431］［J: 146（6）］

＊（検）法廷証 PX1964-A【同上抜粋；PX1963 の陸相訓辞・捕虜取扱に関する集合教育】　証拠として受理され、抜粋が朗読される。

【PX1964-A 朗読概要】

　第5号俘虜月報抜粋

　第一・一般的事項

　（中略）

　（3）（1942［昭和17］年）6月25〜26日、俘虜情報局にて、同日配布された資料に基づき、朝鮮・台湾の捕虜収容所長・所員に所要の指示が与えられた。

　（中略）

　7月号俘虜月報抜粋

　第一・捕虜取扱に関する集合教育

　（1）7月7〜8日、俘虜情報局にて、近々タイ、マラヤ、フィリピン、ジャワ、ボルネオに設置される捕虜収容所の所長・所員に対する集合教育が行われた。出席者の氏名・階級、行事予定表、陸相訓示、配布文書の一覧表は、別紙1-4参照。

　（中略）

別紙2・行事予定表

7月7日：陸相訓示（俘虜管理部長代読）、俘虜情報局長官兼俘虜管理部長の講演・説明

同：捕虜の一般状況、捕虜に関する国際諸協定、俘虜情報局・管理部及び収容所などの事務規定（山崎［茂］大佐）

同：捕虜の労務・処罰（保田［治雄］中佐）

同：捕虜に関する情報、通報、認識票（原本和文書証より採録したであろう和文速記録は「銘銘票」と記す）、衛生（山内少佐）

7月8日：捕虜の給与、救恤［relief］、捕虜の遺留品、没収品、所有品、軍抑留者（四元［正憲海軍主計］中尉）

同：捕虜の通信、敵国戦死者に関する情報（斉藤中尉）

別紙3・陸相訓示：PX1963として証拠として受理済

別紙4：

［配布文書目録］（［］は便宜上付した）

予定表、陸相訓示、長官講演要旨、捕虜取扱に関する諸法規・参照文書、捕虜処理要領説明、捕虜業務に関する説明事項、捕虜の労役に関する事項、捕虜の処罰に関する事項、士官・准士官の労務に関する件、優秀技術を有する捕虜の内地などへの輸送要領、情報について、捕虜に関する通報について、捕虜認識票について、捕虜の衛生について、捕虜の給与に関する事項、捕虜の給与に関する質疑応答及び参照文書抜粋、捕虜の救恤に関する事項、捕虜の没収・所有・遺留品及び遺書に関する事項、軍抑留者に関する事項、占領地での抑留者の取扱に関する参照事項、捕虜業務に関する参照事項についての質疑応答、国際赤十字委員会及び日本赤十字俘虜救恤委員会の概要、捕虜の通信に関する事項、敵国戦死者に関する事項、俘虜情報局・管理部業務分担票

［参考書類］

俘虜情報（1〜5号）、俘虜収容所俘虜取扱規則の一例、俘虜収容所服務規則の一例、俘虜収容所業務規定の一例、俘虜内務規定の一例、俘虜収容所日直規定の一例、俘虜収容所衛生に関する規定の一例

＊被告木戸弁護人ローガン、「PX1964記載の文書中検察側が入手しているものについては法廷に提出すべきである」と、申し立てる。裁判長ウェッブ、「添付の証明書には、『焼失』との説明が付されている」と、（検察官に替わって）応答する。検察官ウールワース大佐、「第一復員局に問い合わせ、国際検察局も多数の証人にあたったりして調べたが、発見できなかった」、と弁じる。

＊（検）法廷証PX1965【俘虜に関する諸法規類集】＝検察側文書PD1303　識別番号を付される。［E: 14438］［J: 146（7）］

＊（検）法廷証PX1965-A【同上抜粋；俘虜情報局官制・俘虜収容所令・俘虜取扱規則・俘虜労務規則・俘虜処罰法他】　検察官ウールワース大佐、「翻訳の都合上、抜粋部分の複写のみを法廷に提出したい」、と申し立てる。被告賀屋・鈴木弁護人レビン、「その手続自体には異議を唱

<1947-1-7> 　　　　　　　　　　　　　　　　　　　　　2　検察主張立証段階　**267**

えないが、文書全文の複写版が法廷に寄託されるべきである」と、申し立てる。検察官ウール
ワース大佐、「諸般の事情で全文が複写・翻訳されていない」、と弁じる。裁判長ウェッブ、「弁
護側は該文書全文のいかなる部分でも法廷に提出できる」と、裁定する。証拠として受理され、
抜粋が朗読される。

【PX1965 朗読概要】

［1941（昭和16）年12月27日付け俘虜情報局官制；勅令1246号］（［ ］の標示印は便宜
上付したが、和文速記録では○に該当する）

　第1条：俘虜情報局は陸相の監督下にあって、以下の事務を掌る。

　1.　捕虜の留置、移動、宣誓解放（英文速記録14440頁 "releases on parole" 及び和文速記録第146号8
頁による。和文「陸戦ノ法規慣例ニ関スル規則」第10条は、「俘虜はその本国の法律がこれを許す時は、宣誓の
後解放されることがある。この場合においては本国政府及び俘虜を捕らえた政府に対し、名誉を賭してその制約
を厳密に履行する義務を有する。前項の場合において、俘虜の本国政府はこれに対しその宣誓に違反する勤務を
命じ、またはこれに服するとの申し出を受諾できないものとする」と規定する。以下同）、交換、逃走、入院
及び死亡に関する調査、並びに、各捕虜についての記録の保管。

　2.　捕虜の状況に関する伝達、通信及び情報についての事項。

　3.　宣誓解放されたもしくは交換された捕虜や、病院、包帯所、収容所で死亡した捕虜の遺留品、
遺書の保管、及び、それらの遺族及び関係者への送付に関する事項。（日本語原文と思われる和文速
記録146号8頁の該当部分には「逃走」した捕虜の遺留品・遺書も含まれているが、英文速記録14440頁には見
当たらない）

　4.　捕虜宛の寄贈品、及び捕虜が発送もしくは受領する金銭及び物品の取扱に関する事項。（文
速記録では「捕虜が発送」する金銭・物品のみとなっている）

　5.　敵国戦死者について陸海軍が得た情報、それらの者の遺留品と遺書、並びに、戦場で発見
された遺留物の取扱に関する事項。

　6.　敵国の捕虜になった者の状況に関する調査、及びそれら捕虜と我が国に在住する家族・関
係者との通信の円滑化に関する事項。

　第2条：俘虜情報局は東京に置く。

　第3条：俘虜情報局に長官1人と事務官4人を置く。ただし、事務官は必要に応じて増員でき
る。長官は陸軍将官、事務官は陸海軍の佐官・尉官もしくは高等文官の中から任命する。前記事
務官の他に、陸相の推薦によって関係各省の高等官の中から事務官を任命できる（和文速記録所収
の原文には「内閣に於いて」任命するとあるが、それに対応する文言が英文速記録14441頁にはない）。局に若
干名の判任官の書記を置くこととする。

　第4条：長官は陸相の指揮・監督の下で局務を掌る。

　第5条：長官は、所管事項について陸海軍の関係部隊から必要な情報を求めることができる。

第6条：事務官は長官の指導の下で担当事務を執行する。

第7条：書記は上官の命に従って事務に従事する。

付則：本令は公布の日から施行する。

［1942（昭和17）年3月31日付け俘虜取扱に関する規定；陸亜密1034号］

第1条：陸軍省内の捕虜の取扱に関する事務は本規定によって処理する。

第2条：捕虜及び戦地に於ける抑留者の取扱に関する事務を行うため、陸軍省に俘虜管理部を設置する。同部に部長、部員、下士官及び判任文官を置く。

第3条：部長、部員、下士官及び判任文官は、他に公職を有する者の兼職とし、その定員は付表の通りとする。

第4条：部長は陸相の命を受けて部務を掌り、部員は部長の命を受けて事務を掌る。

第5条：下士官及び判任文官は、上官の命を受けて事務に従事する。

付表・陸軍俘虜管理部定員表：部長（中将もしくは少将）1名、部員（佐官もしくは尉官）5名、下士官及び判任文官5名。

備考：①これらに加えて、他に公職を有する佐官及び尉官若干名を部員として勤務させることができる。②下士官・判任文官は、嘱託職員で代替することができる。

［1941（昭和16）年12月23日付け俘虜収容所令；勅令1182号］

第1条：捕虜収容所は陸軍省の管轄下にある捕虜を収容する所とする。

第2条：捕虜収容所は必要に応じて設置し、その位置、閉鎖については陸相が決定する。

第3条：捕虜収容所は軍司令官または衛戍司令官が陸相の監督下で管理する。

第4条：捕虜収容所に以下の職員を置く。所長、所員、下士官及び判任官。

第5条：所長は軍司令官もしくは衛戍司令官に属し、収容所の業務を掌る。

第6条：所員は所長の命を受けて、各担当の業務を掌る。

第7条：下士官及び判任官は、上官の命を受けて、その業務に従事する。

第8条：軍もしくは衛戍司令官は、必要な時は部下を派遣して、捕虜収容所の事務を補助させることができる。そのようにして派遣された者は、所長の指揮・監督を受ける。

付則：本令は公布の日から施行する。

［1904（明治37）年12月14日付け俘虜取扱規則；陸軍省通達22号（同年陸軍省通達167号、翌年7号、1914［大正3］年31号、1943［昭和18］年30号57号で改正）］（英文速記録14447頁による。実際は、和文速記録146号8頁の対応部分にある2月14日が正しい。また、和文速記録では改正された時期が記されていない）［E: 14447］［J: 146（8）］

第1章・総則

第1条：本規則で捕虜と称するのは、我が国の管理下に入った敵性戦闘員（原英文は"enemy combatant"。和文速記録は、恐らくは和文標記俘虜取扱規則の文言に従って「敵国交戦者」とする）、及び、国際条約と国際慣習上、捕虜として取り扱われるべき者と定義される。

第2条：捕虜は人道的に（英文速記録14448頁のhumanelyによる。原本和文書証より採録したであろう

<1947-1-7>　　　　　　　　　　　　　　　　　　　　　2　検察主張立証段階　**269**

和文速記録は「博愛の心を以て」と記す）処遇し、いかなる場合でも侮辱もしくは虐待することがあってはならない。

　第3条：捕虜はその地位もしくは階級に応じて遇すること。ただし、尋問に対して姓名・階級を偽った者や、その他の違反行為を犯した者は、この限りではない

　第4条：捕虜は帝国陸軍の規律によって管理する以外、無闇にその身体を拘束しないこと。

　第5条：捕虜は、軍規及び風紀に反しない限り、信教の自由を有し、自らの信ずる宗教の儀式に参加することができる。

　第6条：捕虜が不服従の態度を見せた時には、監禁もしくは捕縛及びその他懲戒上必要な処分を科すことができる。捕虜が逃亡を図った場合には兵力を使用し、必要な際には殺傷することもできる。

　第7条：宣誓せざる捕虜を脱走完遂以前に捕縛した場合には、懲戒処分に付する。宣誓せざる捕虜が脱走成功の後に再び捕虜となった場合には、何等の罰も科さない。

　第8条：捕虜の懲戒方法は、前条に規定するもの以外は、陸軍懲罰令に準ずることとし、その犯罪は陸軍軍法会議で審判する。

　第2章・捕虜の捕獲及び後送［Evacuation］

　第9条：捕虜とすべき者を捕獲した際には、直ちにその所持品を検査し、兵器、弾薬その他軍用に使用可能な物品は没収する。その他のものは預かるか、本人に携行させることとする。

　第10条：前条の捕虜で、士官のうち特に栄誉を以て遇する必要のある者については、軍司令官もしくは独立した作戦行動を執る師団長が、当人所有の刀剣を携行することを許可できる。その場合、該士官の氏名及び執られた措置を大本営に報告し、大本営はそれを陸軍省に通報する。携帯させた兵器は、当人が捕虜収容所に収容された時点で、収容所にて保管するものとする。

　第11条：戦闘終了後、軍司令官もしくは独立した作戦行動を執る師団長は、敵軍と協議の上で、捕虜の中の傷病者を送還もしくは（味方捕虜等と）交換することができ、また、時宜に応じて、同一戦争中に再び戦闘に従事しない旨の宣誓をなした捕虜を解放できる。その際には、そのような措置の対象となった捕虜の階級、人数及び該措置を執った理由を大本営に報告し、大本営はそれを陸軍省に通報する。

　第12条：各部隊は捕獲した捕虜の氏名、年齢、階級、出生地、本国での所属部隊、負傷した年月日及び場所を尋問して、捕虜名簿、日誌及び第9条に定める没収品、保管品目の一覧表を作成すること。捕虜を送還、交換もしくは宣誓解放した場合には、その事実を捕虜名簿に記載すること。

　第13条：捕虜は士官と准士官以下とに分け、最寄りの通信所もしくは兵站当局に護送すること。その際には、捕虜から預かっている保管物件、捕虜名簿・日誌、保管品目一覧表を一緒に引き渡すこと。

　第14条：部隊もしくは通信所・兵站当局が海軍部隊指揮官と捕虜引き渡しについて取り決めを結んだ場合には、捕虜と共に保管物件、捕虜名簿・日誌、保管品目一覧表を受領すること。

第15条：軍司令官もしくは独立した作戦行動を執る師団長は、後送予定捕虜の人数を、遅滞なく大本営に報告し、大本営はそれを陸軍省に通報する。

第16条：陸軍省が前条の通報を受けた際には、その捕虜を受領する予定の港湾やその他の地点を大本営に報告し、大本営は、該地点に捕虜が到着する予定の日時を陸軍省に通報する。陸軍省が海軍の捕虜の引き渡しに関する通報を受けた場合も、同様に処置する。

第17条：第13〜14条に従って捕虜の引き渡しを受けた通信所・兵站当局は、前条所定の地点に捕虜を護送し、捕虜から預かっている保管物件、捕虜名簿・日誌、保管品目一覧表と共に陸軍省の受領担当官に引き渡すこと。

第18条：「大本営」と記されている部分は、大本営が設置されていない場合には参謀本部と読み替えることとする。

第3章・捕虜の収容及び取締

第19条：削除

第20条：捕虜収容所には、陸軍の建造物や寺院など、捕虜の名誉・健康を害さず、脱走を十分に防止できるような家屋を選定すること。

第21条：捕虜収容所を管理する軍司令官もしくは衛戍司令官（以下、捕虜収容所管理長官とする［以上は、原文の注記。以降、単に「管理長官」とする］）は、捕虜収容所服務規則を定め、陸相と捕虜情報局長官に通報すること。

第22〜25条：削除

第26条：捕虜の発送もしくは受領する郵便物は、国際条約に従って郵送料が免除されるので、管理長官は、現地の郵便局と協議して適当な手続を定めておくこと。

第27条：捕虜収容所の取締に関する規則は、管理長官が定める。その規則は陸相と俘虜情報局長官に通報すること。

第4章・雑則

＊裁判長ウェッブ、正午の休廷を宣す。

＊午後1時30分、法廷、再開する。［E: 14457］［J: 146（9）］

＊検察官ウールワース大佐、PX1965の朗読を続行する。

【PX1965朗読概要】（続き）

（以下は一見すると、休憩前に朗読しようとした「俘虜取扱規則」第4章・雑則のように見えるが、実際は1943［昭和18］年4月21日付けで公布された「俘虜取扱細則」の条文である。検察官は、その点につき何も説明しておらず、また弁護側にも異議を申し立てた形跡が見当たらない。手元の文書を見ながら朗読を聞いていたので、法廷関係者はどの法規かを諒解していたからなのかもしれない）

第5条：捕虜を収容した際には、遅滞なく脱走しない旨の宣誓をさせる。その宣誓に応じない者は、脱走の意思がある者と見なし、厳重な監視下に置くこととする。

<1947-1-7>   2　検察主張立証段階　**271**

（中略）

第 13 条：捕虜に面会を許可する場合には、場所、時間及び会話可能事項に必要な制限を加えた上で、監視者立会いの上で許可する。

（中略）

第 18 条：捕虜収容所長は、捕虜の収容、移動、解放、死亡、逃亡、取締、労役、給与、通信、衛生、救恤、宣伝、犯罪、処罰などに関する事項をまとめて、月末に捕虜名簿と共に陸相と俘虜情報局長官に報告すること。ただし、緊急を要する場合には、その都度報告すること。

（中略）

第 25 条：捕虜が郵便物、郵便為替及び電信の発送を開始できる時期は陸相が定める。

（中略）

第 32 条：捕虜収容所長は、捕虜が発送・受領する郵便物、郵便為替・電信の取扱に関する事項を規定し、陸相と俘虜情報局長官に報告する。

（中略）

第 15 条：戦地では、現地の最高指揮官が前各条に準拠して捕虜宛の給与［allowances］を定める。
（これは 1942［昭和 17］年 2 月 22 日公布の「俘虜給与規則」の条文であるが、その旨の説明はされていない）

付則：本通達は、1942（昭和 17）年 1 月 15 日から適用する。（同上）

［俘虜労務規則］（英文速記録 14459 頁にはこの旨の記載がない。和文速記録 146 号 9 頁による）

第 3 条（当初検察官が錯誤でこの第 3 条を飛ばして朗読し、裁判長に指摘されて後になって読み加えている）：

管理長官は、収容所以外の陸軍部隊で捕虜を労役に就かせることができる。この場合、使用する捕虜の人数、労役の場所及び種類、時間、期間について事前に陸相の認可を得ること。ただし、日本本土、朝鮮及び台湾以外の地では、そのような認可は不要であるが、その場合には、上記事項を速やかに陸相に報告すること。

（中略）

第 6 条：前条の申請を許可した時、陸相は使用する捕虜の人数・労役の場所及び種類・時間・給与・期間などを決定して管理長官に通知する。

（中略）

第 10 条：管理長官が前条の規定に従って捕虜を陸軍部隊以外での労役に就かせた場合、使用した捕虜の人数・労役の場所及び種類・時間・給与・期間などを陸相に報告すること。

（中略）

第 17 条：捕虜の使用者が、本令第 5、8 条によって陸相または管理長官の下した許可証の記載条項に違反した場合、もしくは、第 7、9 条によって管理長官が定めた規則への違背が認められた場合、陸相（外地の場合は管理長官）は、捕虜の労務使用許可を取り消すことができる。これ以外でも、陸相が必要と認めた場合には、許可を取り消すことができる。規則違反による取り消しの場合、捕虜使用者は、取り消しによって生じた損害の賠償を請求することはできない。

付録

（1）**俘虜労務許可願**（この後に、陸相・軍司令官・衛戍司令官宛で、申請者の住所・氏名や申請年月日を書く欄が続くが、省略する）

捕虜労務規則に従って以下の要領で捕虜の労務使用許可を得るべく申請するので、許可を願いたく：（以下、具体的必要記載事項）使用する捕虜の人数、使用場所、労役の種類、宿営設備、監視員、労務指導、賃金、労働時間、使用期間。

備考

1．外地の場合は宿営設備に関する記載は不要。

2．宿営設備は、原則として使用者が既設の建築物を使用するか新設することとし、申請書に具体的計画を記載し、認可後速やかに完成させること。

3．捕虜の賃金は概ね（1日？）1円とするが、特殊技能を有する者には、当人の技能、作業の種類と時間、場所に応じて35銭まで増額できる。

（2）**捕虜派遣許可願**（以下、前出「労務許可願」と同じような内容であるが、記載必要事項には、前出事項の他に「給与」、「酒保」、「医療」の3項目が加わっており、さらに「給与」には「糧食、寝具、暖房用燃料、旅費、日用品、その他」との下部項目が記載されている。この後に、「俘虜派遣規則」の以下の条文が続いているが、やはり、その旨の断りがなされていない）

第6条：派遣された捕虜を使用する者は、捕虜の居住・管理に必要な設備を設置し維持すること。そのような設備は概ね捕虜収容所に準ずるものとする。

第14条：派遣された捕虜を使用する者は、捕虜収容所長所定の様式に従って毎月10日、20日及び月末に作業の進捗状況、衛生状態、その他の重要事項など、捕虜の現状について報告すること。

第16条：派遣された捕虜を使用する者は、陸相から特別の許可を得た場合を除いて、本令に規定のない事項を捕虜に対して行うことができない。

[1943（昭和18）年5月20日付け陸・海・厚生省宛内務省告示1号「俘虜業務許可願又は俘虜派遣許可願の提出順序に関する件」]（「宛陸・海・厚生省」の部分は、英文速記録14465～66頁のHome Affairs Ministry Notice #1 to ...によったが、原本和文書証より採録したであろう和文速記録146号10頁の対応部分では「陸軍、海軍、厚生、内務告示一」となっていて、四省共通の告示と解釈した方がよさそうである）

俘虜労務規則及び（英文速記録のandによったが、和文速記録は「又は」と記す）俘虜派遣規則に従って日本本土、朝鮮及び台湾の工場と事業所などでの捕虜の使用もしくは派遣を希望する者は、以下の手続に従って陸相に申請書を提出すること。

Ⅰ．陸軍の管理下もしくは陸軍軍需監督令による監督下にある工場及び事業所の場合、

（1）申請書は監督官庁に提出し、該監督官庁は意見を付して、他の関係省庁経由で、陸軍省に送達する。他の官庁も意見を付すこととする（「他の官庁」は英文速記録による。和文速記録では「経由官庁」となっている）。

（2）申請書は以下の要領で提出する。

[a] 日本本土：管轄の庁、府・県を経て厚生省へ送ることとし、各々意見のある時はこれを付

<1947-1-7>　　　　　　　　　　　　　　　　　　　　　　　　2　検察主張立証段階　**273**

し、陸軍省に通報する。

　［b］朝鮮もしくは台湾：管轄の道、州・庁もしくは総督府を経て、各々意見がある時はそれを付し、内務省に通報。内務省に意見のある時は、陸軍省に通報する（「もしくは」は英文速記録のorによる。和文速記録の記述では、下部組織から順次上部組織に上げられるという意味合いになっている）。

　II．海軍の管理下、もしくは造船造兵監督官令による監督下にある工場及び事業所の場合、

　（1）申請書は監督官庁に提出し、該監督官庁は意見を付して、他の関係省庁経由で、海軍省に送達する。他の官庁も意見を付すこととする（上記I（1）の注に準ずる）。海軍省は意見を付して陸軍省に伝達する。

　（2）申請書は以下の要領で提出する。（以下、記述は前出I（2）と概ね同じで、違いは、［a］［b］共に末尾の提出先が「陸軍省及び海軍省」となっている箇所のみであるので、省略する。ここでも、和文速記録146号10頁で「及び」となっている部分を英文速記録14468頁では、orとしている）

　III．陸海両軍の管理下、もしくは前出二監督令による監督下にある工場及び事業所の場合は、IIによるが、その際には、その旨、申請書の末尾に付記すること。

　IV．内務省は意見を付して陸軍省に伝達する（「IV」は、英文速記録14469頁に記録されている朗読中の検察官の説明による。和文速記録には見当たらない）。

［派遣俘虜取扱規則］（見出しは英文速記録には見当たらないが、和文速記録146号10頁より便宜上、録した）

　第4条：捕虜を派遣するに際して、捕虜収容所長は、捕虜の有する技能に加えて、その性格、思想、経歴などを綿密に調査して逃亡や俘虜の騒擾を防止することに努め、さらに、所要事項について捕虜に厳粛な宣誓をさせること。

　第5条：捕虜収容所長の許可を得た者以外、派遣捕虜との面接や派遣場所の視察を行うことはできない。

［1943（昭和18）年3月9日付け法律41号「俘虜処罰法」］［E: 14471］［J: 146（10）］

　第1条：この法律は罪を犯した捕虜に適用する。

　第2条：集団での暴行もしくは脅迫犯の首謀者は、死刑又は終身重労働もしくは終身禁固（原英文14471頁 "either to the death penalty, or to hard labor or imprisonment for life" のママ。原本和文書証より採録したであろう和文速記録は、「無期の懲役もしくは禁固」と記す。「懲役」を "hard labor" と訳し、及び「無期」を "for life" と訳した英文速記録の記載は若干不適切であろう。また「無期刑」と「終身刑」が明確に区別されていない可能性もある。以下同。なお、英法においては、"imprisonment" は、「懲役」、「禁固」及び「拘留」のすべてを含むが、「懲役刑」と「禁固刑」を区分する必要のある時には、"imprisonment with hard labor" 及び "imprisonment without hard labor" と区別するので、さらに混乱が増幅されるとも言えよう。"hard labor" は、重罪犯や規律違反の囚人に対して制定法によってのみ科された付加的な強制労働の刑であるが、適切な概念規定や制度化が実現されなかったとされる）に処し、他の者は終身重労働又は1年以上の禁固（ここでは、"either hard labor or confinement for life or for a minimum of one year" とする。上記注をも含めて考慮すれば、"confinement" と "imprisonment" との区別は明確ではなく、共に、和文速記録の「禁固」に対する英訳語にしたと解しておく。和文速記録は「無期又は1年以上の懲役又は禁固」とする。以下同）に処す。前項犯罪の予

備もしくは共謀をなした者は、1年以上の重労働又は禁固に処す。

第3条：捕虜を監督し、監視し、もしくは護送する者を殺害した捕虜は、死刑に処す。前項犯罪の予備もしくは共謀をなした者は、2年以上の重労働又は禁固に処す。

第4条：捕虜を監督し、監視し、かつ護送する者に、傷害、暴行もしくは脅迫を加えた者は、死刑、終身の又は2年以上の重労働もしくは禁固に処す。前項犯罪を集団で犯した場合、その首謀者は死刑又は終身の重労働もしくは禁固に処し、その他の者は死刑又は3年以上の重労働もしくは禁固に処す。これらの犯行に及んで人を死に至らしめた場合は、死刑に処す。

第5条：捕虜を監督、監視もしくは護送する者の命に反抗し、もしくはこれに不服従の者は、死刑、終身の又は1年以上の重労働もしくは禁固に処す。前項犯罪を集団で犯した場合、その首謀者は死刑又は終身の重労働もしくは禁固に処し、その他の者は死刑、終身の又は2年以上の重労働もしくは禁固に処す。

第6条：捕虜を監督、監視もしくは護送する者を、その面前もしくは公然の場で侮辱した者は、5年以下の重労働又は禁固に処す。

第7条：集団で逃亡した者の首謀者は、死刑、終身の又は10年以上の重労働もしくは禁固に処し、その他の者は、死刑、終身の又は1年以上の重労働もしくは禁固に処す。

第8条：第2〜4条第1項、第4条2項及び前条の未遂罪は、これを罰する。

第9条：宣誓解放された者がその宣誓に違反した場合、死刑、終身の又は7年以上の重労働もしくは禁固に処す。前項の犯罪を、兵器を以て犯した者は死刑に処す。

第10条：逃亡しないとの宣誓をしてそれに背いた者は、1年以上の重労働又は禁固に処し、その他の宣誓に背いた者は10年以下の重労働又は禁固に処す。

第11条：不服従の行為を集団で犯すべく煽動した者は首謀者と見なし、1年以上10年以下の重労働又は禁固に処し、それに関わった他の者は6カ月以上5年以下の重労働又は禁固に処す。

第12条：第7条の規定は、以前に捕虜となって再び捕虜となった者が1度目に捕虜であった時期に犯した罪には適用しない。

付則：この法律は公布の日から施行する。

［1942（昭和17）年5月6日付け陸亜密1456「俘虜処理に関する件」］

［1942（昭和17）年5月2日付け陸亜密1404「現在の俘虜処理に関する件」］

［1942（昭和17）年5月2日付け兵総甲34「南方に於ける俘虜の処理要領の件」］

（以上3つの文書の表題は和文速記録146号11頁による。英文速記録14475頁の対応部分には、括弧内の文書番号と発出時期のみが記されている。また、最後の文書の番号が英文速記録では434となっているが、これは最後の最後の「甲」を「四」と見誤ったものであろう。以下は、恐らく、上記三文書共通の内容と思われる）

俘虜処理要領

方針

1. 白人捕虜は、逐次朝鮮、台湾、満州、支那に収容し、我方の生産拡充や軍事関連の労務に就かせることとし、当分の間そのような目的に使用できない者については現地で速やかに収容所

<1947-1-7> 2 検察主張立証段階 **275**

を設置して収容する。

2. 白人以外の捕虜で抑留する必要のない者は、速やかに宣誓解放して、現地で労働に就かせる。

要領

3. 在昭南（英文速記録14475頁ではShonanとそのまま音読・筆写されている。シンガポールのことと思われる）の白人捕虜の一部を本年8月末までに朝鮮、台湾などに収容することとし、その人数は後刻決定する。台湾に収容する捕虜には、現地で必要とする者以外の優秀な技術者及び上級将校（大佐以上）を含ませるものとする。

4. その他の捕虜は、速やかに現地に収容所を開設して収容する。

5. 捕虜の監視及び管理用に、朝鮮人及び台湾人によって編成される特殊部隊の配置を予定する。捕虜収容所は各軍毎に、編成し、各軍で適宜分割できるようにする。

［1944（昭和19）年6月19日付け陸密5511「主食定量改正」］

将官及び将官相当官：390グラム

准士官、下士官、及び兵：570グラム

＊（検）法廷証PX1966【第81帝国議会衆議院1943（昭和18）年2月17日議事速記録抜粋；木村陸軍次官演説】＝検察側文書PD1576-A 識別番号を付される。

＊（検）法廷証PX1966-A【同上抜粋：兵役中改正法律案－俘虜処罰法改正・審議経過】 証拠として受理され、朗読される。

【PX1966朗読概要】

1905（明治38）年法律第38号の捕虜処罰法改正案について説明したい。捕虜が我が国領内、軍の占領地もしくは駐留地で犯罪を犯した場合、各々に於いて関連法規が適用される。故に、全般的安寧秩序の維持や軍の安全保持の観点からは、捕虜処罰法で十分と言い得るかもしれないが、捕虜が特殊な地位を有することや、その管理と監視上特殊な必要性が求められることに鑑みれば、未だ十分ではない。例えば、日露戦争時、ロシア軍捕虜の中には監視兵に抵抗して不服従の態度を示したり、集団で脱走したり、捕虜収容所所員に殴打や暴行を加えたりした者がいて、捕虜統制上の必要性から1904（明治37）年に緊急勅令第225号が発布され、翌年、当該法令の制定を見るに至った。しかしながら、当法は旧刑法の刑罰体系の下に制定されたもので、刑種、刑名、刑期など規定全般に不都合な点がある。一方、大東亜戦争開始以来我方が得た捕虜は30万人余りに登って、その国籍と資質も複雑にして多岐に及び、既に脱走及び不服従の件数多くを数えるに至っている。政府としては、少数の人員で多数の捕虜を安全かつ平穏裏に収容所に置くことが、捕虜の監視・管理上の喫緊の課題であるので、現行法に新たな条項を付加したり、既存条項を改正したりして、捕虜の監視・管理体制を全うしようとの考えである。以下、各条ごとに説明する。

第1条：当法の適用対象が捕虜であることを明らかにして、これに続く各条文の対象者について一々断ることを省くためのもの。

第2条：捕虜の騒擾行為を罰するためのもの。このような犯行に捕虜が集団で及ぶのは不服従の最たるもので、捕虜の監視・管理上最も忌むべきものであるので、違反者を相応の刑で罰すると共に、準備段階でも罰して未然に防ぐ必要があるという趣旨である。

第3〜4条：捕虜の監視、監督、護送にあたる者（＝捕虜管理者［superintendants］）に対する殺害、傷害、暴行及び脅迫の行為を厳しく取り締まるためのもの。このような行為は、特に集団でなされた場合に厳罰で臨むことを捕虜に予め知らせておく必要があるのは言うまでもなく、その予備行為も罰する。暴行についての規定は既にあるが、改正案では刑の範囲を拡大して、実際の事案に柔軟に対応できるようにする。

第5条：捕虜管理者に対する反抗もしくは不服従に関する現行規定を整備したもので、その趣旨は第3〜4条に準ずる。

第6条：捕虜管理者への侮辱的態度を取り締まるもの。このような行為は捕虜管理者の名誉を毀損するのみならず、不服従的態度の表出でもあるので、見逃すことはできない。これまでの捕虜収容の事例の中にもこのような例が見られ、刑法の侮辱罪を適用するのでは不十分と感得した次第である。

第7条：集団での脱走を罰するもので、現行規定を整備したものに過ぎない。

第8条：大規模集団による暴行と脅迫（violence and threat of mass assembly）、殺害、傷害、暴行、捕虜管理者に対する脅迫の未遂及び相互共同謀議による逃亡未遂の罪を規定したものである。

第9〜10条：宣誓違反に関する規定で、現行規定を整備したものに過ぎない。各種宣誓の中で最も重要ものは宣誓解放であるから、特に条項を設けて厳罰を規定している。それに次ぐ重要性を有するのが逃亡しない旨の宣誓で、その他の宣誓がそれに続くが、各々の軽重に従って違反への罰則を定めるという趣旨である。

第11条：不服従を狙いとした共謀行為は、消極的反抗であって、騒擾行為の温床ともなり得るので、その防止や規律の維持の観点から、取り締まることが肝要である。

第12条：一旦逃亡に成功して自軍に合流した捕虜が、後日再び捕虜となった場合、成功した逃亡についてはその罪を問わないという趣旨で、現行規定を整備したものに過ぎない。

現行法の第7条には、捕虜の犯罪審判に関わる規定があるが、現行法発布後に制定された陸海軍の軍法会議法に同趣旨の規定が設けられているので、削除した。

＊（検）法廷証 PX1967【① 1942（昭和17）年10月2日付け東部軍参謀長辰巳栄一発東条陸相宛具申文書；② 1942（昭和17）年10月22日付け陸相発東部軍司令官宛指令案】＝検察側文書 PD978-A　証拠として受理され、朗読される。［E: 14484］［J: 146（12）］

【PX1967朗読概要】

①俘虜労役規則第5条に基づき、東京捕虜収容所の捕虜を以下の労役に就かせたいので、認可を願う。既に申請して認可済みの川崎収容所の捕虜の労役使用をこれに含めたいので、この件も

＜1947-1-7＞　　　　　　　　　　　　　　　　　　　　　　　2　検察主張立証段階　**277**

認可を要請する。

1. 労務の種類：港湾での荷の積み降ろし、生産力拡充のための作業、運河の建設。
2. 労務の場所：［1］京浜港芝浦地区での荷作業、［2］永代橋付近から下流にかけての隅田川地域での荷作業、［3］横浜港内沖合での荷作業、［4］横浜港沿岸での荷作業（新興岸壁、表高島町駅、山内町倉庫、千若町倉庫、守屋町倉庫、恵比寿町倉庫、その他の建築作業、軍需産業工場での生産力拡充作業）、［5］京浜運河建設作業、［6］川崎駅構内での鉄道貨物荷作業
3. 労務の時間：毎日7時間を標準とするが、必要に応じて延長することもあり得る。日曜及び捕虜収容所長が必要と認めた日は休日とする。
4. 賃金：1日1円を標準とするが、当人の能力と勤務態度に従って増減する。
5. 期間：1942（昭和17）年10月1日から翌年3月31日まで。

②本年10月2日付けの申請は、その通り認可する。（訳注：当文書の第1頁目の上部に軍事課［Military Affairs Section］の印、同頁右側余白には、同年10月3日軍事課受領の印。3頁目には、「保存期限・永久、決裁指定・陸軍次官、決行指定・川原」とある。）

＊（検）法廷証PX1968【1942（昭和17）年9月1日付け台湾軍司令官発東条陸相宛報告電文；パーシバル将軍以下捕虜399名の台湾への移送】＝検察側文書PD978-B　検察官ウールワース大佐、「陸相宛文書である」と前置きして、証拠として提出する。証拠として受理され、朗読される。

【PX1968朗読概要】

1. 富集団（＝第25軍）から移管した捕虜399名（パーシバル中将、少将6名、准将27名、大佐25名、中佐以下の士官130名、下士官210名）及び文官6名は、8月31日に台湾捕虜収容所第3分所（屏東）に収容した。
2. 当初、パーシバル中将らが宣誓を拒否したが、3名（准将1名、海軍大佐1名、海軍機関中尉1名）を除く全員が署名。その後の情勢は平穏。

注記：文書には以下の印が押されている。即ち、［1］陸軍省受領、［2］同省大臣官房1942（昭和17）年9月2日付け受領、［3］同省軍事課同日付け受領、［4］同省捕虜管理部1942（昭和17）年9月9日付け受領、［5］検閲印、［6］上村（俘虜情報局長官?）、［7］軍事、［8］110（?《注記の中の疑問符》）、［9］俘管、［10］結（結城の1番目の字《訳注》）、［11］9月19日、［12］マキ、［13］那須嘉広、である。

＊被告東条弁護人ブルーエット、検察官による当文書は「陸相宛」であるとの申し立てを問題にし、「受領印からは、当文書が他の省庁宛で、その写しが陸軍省に送られてきた可能性が窺える」、と異議を申し立てる。検察官ウールワース大佐、「証明書によれば『陸相宛』である」、と応答する。裁判長ウェッブ、「『文書の文面を見る限り陸相個人に宛てたものであることが認められない』とのブルーエット弁護人の申し立てには理由がある」と異議を容認し、「それに留意する」、

と申し渡す。

＊（検）法廷証 PX1969【神奈川県知事発厚相・内相・東部軍司令官宛 1942（昭和 17）年 10 月
6・7 日付け報告文書「俘虜就労状況に関する件」及び東部軍司令官発陸軍省宛 1942（昭和
17）年 10 月 21 日付け報告文書】＝検察側文書 PD1571-A　証拠として受理され、朗読される。

【PX1969 朗読概要】

　この件については、厚生省と軍の指示に基づき、捕虜収容所長と協議の上で諸準備を進めてき
たが、川崎・横浜両収容所関係において、各々 9 月 23、30 日に港湾での運送作業等への捕虜使
用を開始し、以下の通り好ましい成果を上げつつある。

　I.　捕虜の就労状況

　（1）収容人員：川崎収容所が 293、横浜収容所が 226。

　（2）現在の主な作業場所及び作業の種類：川崎収容所関係は、三井物産川崎埠頭、日本鋼管岸
壁、日満倉庫、川崎駅などでの石炭積み揚げや貨物の荷作業、工場旋盤作業、横浜収容所関係は、
横浜港での荷作業、及び工場での雑役。

　（3）就労人員：川崎収容所関係は、9 月 23 日から 10 月 6 日までで延べ 1010 人。横浜収容所
関係は、9 月 30 日から 10 月 6 日までで延べ 607 人。

　（4）作業能率：石炭の積み揚げのような特殊作業では日本人労務者の 6〜7 割であるが、駅や
倉庫での荷作業ではほぼ同じ。工場の熟練作業に毎日 10 人を試験的に使役しているが、機械の
高さやその他の条件が異なるため、日本人の平均的熟練工と同程度の能率に達するまでには、相
当の時日を要する。使用した捕虜は概ね長期間労働に従事していなかった者であるので、当地の
労務者に慣れてくれば、能率も向上してくるであろう（「労務者に慣れて」とは若干奇妙な表現であるが、
和英両速記録の記述のママ。原文が「労務に慣れて」であったのを、筆写する際に誤ったものか？　それとも「な
ついて」ほどの意味か？）。

　II.　捕虜就労が事業主に及ぼした影響：港湾で運送作業に従事する労務者が不足して、賃金が
上昇する傾向にあったために、労務者の確保や運送業務の遂行に悪影響を及ぼしていたが、事業
主は皆一様に口を揃えて、「捕虜の就労によって業務を計画的に進めることがやっとできるよう
になり、業界に好影響を及ぼしたのみならず、軍需産業を含めた生産力拡充に資するところも大
きいであろう」と述べている（英文速記録 14494 頁の記述に従ったが、和文速記録 146 号 13 頁の日本語原文
では、「業界に好影響……」以下の部分は、事業主全般の見解ではなく、報告者の見解のような書き方となっている）。

　III.　捕虜就労が日本人労務者に及ぼした影響

　（1）従前から勤勉であった労務者への影響：これまでも勤勉で勤務成績も比較的良かった労務
者は、日本人としての誇りと負けじ魂が捕虜就労に刺激されて、勤務成績をさらに上げている。

　（2）これまで勤務成績不良であった労務者への影響：港湾労働者はこれまで仕事を選り好みす
る傾向があり、1 割ぐらいが就労しない結果となっていた。しかし、捕虜の就労に伴って労働力

<1947-1-7>　　　　　　　　　　　　　　　　　　　　　　　　2　検察主張立証段階　**279**

不足が幾分解消されたため、朝はこれまでよりも早く集合場所に来なければ、好みの仕事にありつけない可能性が出てきた。それ故に、今までより1時間早目に出てくるようになったのである。また、これまでは、事業主が求めた人数を下回る労務者しか集めないで賃金を高騰させるよう画策していた（仲介斡旋業）者もいたが、そのような者も最近は、労務者を率先して働かせるようにしている。

　IV．捕虜の就労が一般大衆に及ぼした影響：補助監視員にも宣誓をさせるなどして秘密保持に万全を期しているので、一般大衆は捕虜就労の事実を知らされていない。しかし、収容所と就労場所との間を行き来する捕虜を目にする者は、大体事情を察知していて、英米人が働かされている姿に皇威の有り難さを思い知らされているようで、これまで親英米的態度を有する者が多かった当地の住民にも多大な影響を与えている様子である。また、戦争に負けたらどうなるかを目の当たりにして大きな刺激となり、必勝の決意を新たにさせて労働意欲を高めるという好ましい効果があったことが認められる。

＊（検）法廷証 PX1970【満州工作機械（株）の航空緊急整備利用についての調査報告書】＝検察側文書 PD580-A　識別番号を付される。[E: 14496]［J: 146（14）］

＊（検）法廷証 PX1970-A【同上抜粋：① 1942（昭和 17）年 8 月 22 日付け陸亜密（Army Secret ASTA No.）3129 号 ② 1942（昭和 17）年 9 月 9 日付け陸亜密（Army Secret Asia General Order No.）7991 号：木村陸軍次官・笠原関東軍参謀長間往復書簡 ③ 1942（昭和 17）年 9 月 29 日付け関東軍参謀長発軍務局長宛関参満電（Kwantung-Staff-Manchurian Telegram No.）746 号；満州工作機械（株）利用・捕虜就労・収容所開設】　証拠として受理され、朗読される。

【PX1970-A 朗読概要】

①陸軍次官発関東軍参謀長宛陸亜密 3129 号

　航空機関連の生産態勢を緊急に調えるために、別紙の要領で満州工作機械の現在の生産能力を向上させ、その増加分の大部を国内での航空用の武器・弾薬及び航空機の緊急整備に必要な工作機械の製造に充てたい。特に、航空用機関銃の主力生産工場である日産自動車加工部工場での生産拡充に必要な大量生産用の工作機械向けに充てたいので、配慮を願いたい。

　なお、現在陸軍省は、満州の軍需工場で使用すべき精密工作機械で、現地での製造が困難なものを日本から提供するよう鋭意、手配中である。

　［満州工作機械を利用する理由］

　現在軍需生産分野の中で一番問題となっている航空機用機関銃・弾薬及び航空機の生産については、労働力・資材の効率的使用の観点から、生産設備を大量生産用の特殊工作機械（特に自動工作機械）に限定することとして、官民の優秀な工場の生産能力を上げるべく鋭意努力しているが、現在の我が国の工作機械工場すべての受注総額 25 億円に対して年間の生産力が 4 億円という現状に鑑みれば、その余裕はなく、この状態が今後も続くならば、予定している航空武器弾薬

整備計画の達成は危うく、陸軍の航空戦力に重大な影響を与えかねない。一方、満州工作機械は600基を超える機械を有し、その過半が輸入した優秀工作機械で、その規模は我が国の一流工作機械工場の2～3倍であるにもかかわらず、地理・営業上などの理由のために潜在的生産能力をすべて発揮するに至っておらず、我が国勢力圏内の機械産業分野での最後の切り札的存在となっている。航空武器を迅速に整備する際に同社の潜在生産能力を最大限に活用すべく尽力を願う。

（中略）

　現在、満州工作機械は、その設備に比較して労働者の数が著しく不足しているので、その不足を早急に補う必要がある。満州人で補うのが最善の策ではあるが、それを急速に行うのは困難であるので、捕虜を工場の労働者として大量に使用することを計画中である。これについて関東軍と満州国に異存がなければ、それを実現すべくできるだけの援助をする。作業種別に必要とされる労働者の数は以下の通り。

＊検察官ウールワース大佐、作業種別に人数を読み上げ始める。裁判長ウェッブ、「全部朗読する必要があるのか？」、と質す。検察官、「総数1500」とのみ応じて、朗読を続行する。

（中略）

　航空関連工作機械の需要に対しては、通常の兵器や生産力拡充向けの需要よりも優先的に応えるようにしている。両社（何を指しているのか不明。省略部分に登場してきたものであろう）の需要に対しては極力応じられるよう努力しており、両社の満州工作機械向け予想生産量の減少による悪影響を軽減するよう努めている。

　②関東軍参謀長発陸軍次官宛陸亜密7991号

　満州での労働力不足の故に、満州工作機械を航空緊急整備に利用するため捕虜1500人を使用することが肝要であるので、関東軍としては捕虜収容所を開設したい意向である。ついては、捕虜を満州に移送する時期や、その人数などをなるべく早く連絡願いたい。なお、冬期到来前に収容所を建設する必要があるので、捕虜の移送は至急行われることを希望する。

　③関東軍参謀長発軍務局長宛関参満電746号

　南方地域からの捕虜1500名を奉天北大営の空き兵営に収容する準備がある。恒久的収容施設については、今冬に必要な準備を調えて来春完成の予定。

　このような状況であるので、捕虜の移送は至急を要する。追って、捕虜の取扱に関する中央の意図について指示されんことを願う。（以下、鉛筆書き）捕虜の仮収容がなされた時点で指示を送る。リスボンでの事件［the incident at Lisbon］のために、現時点での予定は、フィリピンからの捕虜が500人と、朝鮮からのが100人。（英文速記録14503頁及び和文速記録146号14頁共々「リスボン」としか記しておらず、あたかもポルトガルの首都で起きた事件のような記述であるが、これは、香港で英軍捕虜を乗せて宇品に向かった輸送船「リスボン丸」が、この電文が出された直後の10月1日に米潜水艦の雷撃を受けて翌日に沈没し、多数の捕虜が死んだ事件を指しているようである。恐らく、この部分は、陸軍省の担当者がこの電文を読みながら関東軍宛への返電内容を下書きしたものであろう）

＊（検）法廷証PX1971【内務省警保局外事課作成「外事月報1942（昭和17）年9月分」】＝検察

<1947-1-7>   2　検察主張立証段階　**281**

側文書 PD668-A　検察官ウールワース大佐、証拠として提出する。［E: 14503］［J: 146（14）］

　　被告賀屋・鈴木弁護人レビン、「検察が当文書を提出する目的は、①捕虜使用の実態を示すためか、②それについての責任を追及するための、いずれか」、と質し、「もし②ならば、既に受理済みの他の書証が触れている論点である」、と異議を申し立てる。裁判長ウェッブ、「①と②いずれの理由であっても証拠としての適格性は備えており、②の場合であっても、提出済みの他の証拠の二番煎じ［cumulative］とは認められない」、「受理された理由の如何を問わず、一旦受理された証拠は、関連する他の事案にも使用できる」との法廷の裁定を確認し、弁護人の異議を却下する。識別番号を付される。

＊（検）法廷証 PX1971-A【同上抜粋：捕虜使役状況】　証拠として受理され、朗読される。

【PX1971-A 朗読概要】

　［捕虜使役の状況］

　1.　最近の労働力需給動向及び捕虜使役要綱の決定

　我が国の労働力不足は深刻度を増しつつあり、これに対処するために、今次戦争の戦果として善通寺や南方に収容されている捕虜を必要に応じて使用すべきとの意見が多々発せられている。企画院は、俘虜管理部の申し出を受けて、捕虜を内地に移送して就労させる件について8月15日に会議を開き、その結果、捕虜を日本本土に移送して労働力不足を緩和させ、特殊重要作業の遂行に貢献させるべく、以下の原則につき話し合い、決定を見た。

　（1）国民動員計画に含まれている産業の中で捕虜に従事させるのは、鉱業、荷役業、及び国防関係の土木・建築業とし、当分の間は、重要港湾での荷役作業に充てる。

　（2）取り敢えず3500人ほどを内地に移送し、その成果に従って増員する。

　（3）捕虜使用に関する手続は、地元の知事が厚相を通じてすること。

　（4）道府県レベルでは、知事もしくは労務関係団体が軍の同意を得た上で、実際の作業現場での捕虜の使用・管理についての計画・実施を行う。

　（5）当要綱に従って当面内地に荷役作業用として移送される捕虜の収容所は、以下のように設置する：東京、横浜、大阪（各600名）、神戸、門司、戸畑（各500）、室蘭（300）、広畑（100）。

　2.　善通寺収容所捕虜の使役

　前記計画が決定される以前、既に善通寺収容所の捕虜の一部が労役に供されていた。同収容所は、1月14日に開設され、グアム島の米軍捕虜を収容したが、その総数450人の内150人を6月9日に大阪に移送し、同市港区八幡屋松之町運動場に収容した上で、同月12日から1日8時間、港湾での荷作業に従事させたのである。軽量品を扱う際の能率は日本人と特に差異はなかったが、重量品を扱う際や技能を要する作業での能率は著しく低かった。その賃金として、大阪地区港湾運送業界荷役統制部が捕虜1人頭2円を使用者から徴収し、全額を軍に納入するか、捕虜の余暇施設費用に充てるか、国防献金・雑費に振り向けた。賃金が比較的安いが故に、業者が捕虜利用

の利点に注目し、捕虜労役への需要が漸増傾向にある。加えて、港湾荷役業界での仲仕［long-shoremen］への闇賃金の高騰を抑制し、作業能率を高め、常勤仲仕の散逸を防ぐという効果を上げた。また、高松市の日本通運高松支店は、善通寺収容所の捕虜20名余りを8月22日から1カ月余り高松駅で、戦時物資輸送促進のために使用したが、見るべき成果があった。

＊（検）法廷証PX1972【特高月報1942（昭和17）年8月分】＝検察側文書PD706-A　識別番号を付される。

＊（検）法廷証PX1972-A【同上抜粋：労力不足対策としての捕虜使役計画】　証拠として受理され、朗読される。

【PX1972-A 朗読概要】

［労働力不足対策としての捕虜使用計画］

軍・港湾関係作業での労働力不足を緩和するために善通寺収容所から捕虜150名を大阪に派遣したが、その結果が好評であったので、東京、兵庫、福岡及び長崎などの各地区で労働力不足に直面している事業者が、以下のように軍に捕虜使用のための申請をするに至った。

（1）兵庫県：神戸港と広畑港で日鉄向けの荷作業を営む業者が軍に捕虜680人の使用を、近日、申請する（「近日申請する」は英文速記録14510頁のare applyingによる。和文速記録146号15頁所収の原文では「申請中」となっており、既に申請書を提出して回答待ちの意味である。「〜中」という熟語を動詞の現在進行形と同義と見なし、英語の現在進行形が近未来に起きる事柄を意味することが間々あるがために、このような英訳になったのであろう。英語を母語とする日本語学習者が犯しがちな誤訳である）。

（2）福岡県：門司港の石炭荷役業者複数が捕虜の使用を希望して、門司警察署長に斡旋を依頼。これ以外でも、北九州地区の荷役業界での深刻な労働力不足に鑑み、捕虜1000人の配置を決定。

（3）長崎県：三菱造船所と香焼島造船所に、各々1200名と1000名の捕虜を配置することを既に軍が認可。

（4）警視庁管下：芝浦での荷作業に捕虜を使用することが既に認可済みで、そのために近々マラヤ地域から、英国人捕虜400名を移送する予定。

国内で就労する捕虜の監視・管理は軍が担当するものであるが、捕虜が就労する地域での対住民対策としての防諜などは、警察の任務となるべきものであるので、これらの計画が実行に移される際には、関係諸方面と連絡の上で指導・取締にあたる必要がある。

＊午後2時45分、裁判長ウェッブ、休廷を宣す。

＊午後3時、法廷、再開する。［E: 14512］［J: 146（16）］

＊検察官ウールワース大佐、証拠文書の提出を続行する。

＊（検）法廷証PX1973【朝鮮軍参謀長・木村陸軍次官間意見具申・回答往復電文、板垣朝鮮軍司令官発東条陸相宛報告、朝鮮軍参謀長発陸軍次官宛電文（1942［昭和17］年3月1・5・23日及び4月22日付け）：英米白人捕虜1000名の朝鮮内収容】＝検察側文書PD980-A　証拠と

<1947-1-7> 2 検察主張立証段階 **283**

して受理され、朗読される。

【PX1973朗読概要】

① 1942（昭和17）年3月1日付け朝鮮軍参謀長発陸軍次官宛電文

朝鮮人の米英への尊敬と憧憬の念を払拭して必勝の信念を植え付けるために極めて有効であるが故に、総督府・軍共々、英米軍捕虜1000人ずつを朝鮮に収容することを希望しているので、御配慮のほどを願う。収容所には、ソウルの神学校2校と平壌の外国人学校及び神学校1校ずつの建物を利用できる見込み。詳細については、この件に対する中央の意向を承り次第報告する。

② 陸軍次官発朝鮮軍参謀長宛回答案（1942［昭和17］年3月5日）

白人捕虜約1000名を釜山に送る予定。詳細は後刻通知。なお、収容所に予定していると貴電に記してあった建物は、捕虜用としては上等過ぎるのでは？ 研究の上計画をまとめ上げて報告すること。

③ 1942（昭和17）年3月23日付け朝鮮軍司令官発陸相宛報告

［朝鮮軍捕虜収容計画］

1. 目的：米英人捕虜を朝鮮の地に収容することを通じて、朝鮮人に我が国の実力を現実のものとして認識させると同時に、朝鮮人の多くが依然として内心抱懐している英米崇拝の念を払拭するという思想宣伝工作に資することを目的とする。

2. 収容場所・人員：第1収容所（ソウル）は旧岩村製糸倉庫を増改築したものとし、約500人を収容する。第2収容所（仁川府）には、厩舎を利用して500人余りを収容する。施設計画は別に提出する。

3. 管理：朝鮮軍司令官が管理することとし、収容所の組織は別に定める。

4. 収容期間：捕虜の到着から大東亜戦争終結まで。

5. 実施要領：[1] 准士官以上を除く捕虜は、朝鮮の主要都市で種々の作業に使用することとし、1. の目的を達するため、特に人心不穏の都市を選定する。[2] 収容所の施設は、捕虜の日常生活に支障を来さない程度の最小限とする。[3] 捕虜に給付する食糧はわが軍のものと同等とするが、国民性を考慮したものを支給することもある。[4] 捕虜の収容、管理及び監視には万全を期する。

備考：捕虜到着時に前記収容所施設が未完成の場合には、一時的に釜山の兵舎に収容する。

④ 1942（昭和17）年4月22日付け朝鮮軍参謀長発陸軍次官宛電文

6月中旬に白人捕虜1000名余りを朝鮮に送る旨の21日付けの貴電文受領。ついては、先月23日に送った計画の認可を至急求めたい。その詳細については、先月20日に経理部長が申請済み。

＊（検）法廷証PX1974【1942（昭和17）年5月16日付け陸軍大臣発①南方軍総司令官宛電文案②台湾・朝鮮軍宛電文案；台湾軍・朝鮮軍へ白人等捕虜を引き渡せ】＝検察側文書PD977-A

証拠として受理され、朗読される。

【PX1974 朗読概要】

① 5～8 月の間に、在シンガポール白人捕虜を以下の要領で引き渡すこと。

1. 約 2400 名を高雄で台湾軍へ（現地に留め置くべきでない高級将校、現地では必要としない熟練技術者、一般兵卒とそれらを統率する下級将校若干名）。

2. 約 1100 名を釜山で朝鮮軍へ（一般兵卒とそれらを統率する下級将校若干名）。

輸送については、既にこの件につき通知を受けている船舶輸送司令官と協議すること。

（訳注：当文書には木村陸軍次官などの印が押されている）

② 5～8 月の間に、現在シンガポールで抑留されている白人捕虜を受領すること。捕虜収容所の編成は近日中に発令されるので、収容については別途指示する。

内訳：台湾は 2400 名、朝鮮は 1100 名。

＊（検）法廷証 PX1975【1942（昭和 17）年 8 月 13 日付け朝鮮軍参謀長発木村陸軍次官宛報告文書「英国人俘虜収容に伴う一般民衆の反響」；英米白人捕虜収容への一般民衆の反響は甚大－道中観衆朝鮮人 12 万・内地人 5 万 7000】＝検察側文書 PD650-A　証拠として受理され、朗読される。（英文速記録 14521 頁 August 13 のママ。原本和文書証より採録したであろう和文速記録 146 号 16 頁は、文書の日付を「10 月 13 日」と記すが、陸軍省での受領の日付などから判断して、英文速記録の方が正しいであろう）

【PX1975 朗読概要】

1. 概観

マレー半島から（英国人）捕虜 998 名が到着したことは、一般民衆、特に朝鮮人に多大な影響をもたらし、釜山、ソウル、仁川では、移送中の捕虜を見ようとして、朝鮮人 12 万人、日本人 5 万 7000 余りが沿道に詰め掛けた。

捕虜の醜態と無気力な態度を目にした多くの者は、その様を嘲笑し、そのような愛国心に欠ける軍隊が皇軍に敗れるのは当然であると考え、皇軍が勝利した事実を再確認していた。また、英米崇拝の念を一掃すべきとの考えを明らかにし、皇国臣民であることの幸せと大東亜戦争完遂の決意を表明する者も多かった。

特記すべきは、朝鮮人兵が捕虜の監視にあたっているのを見て、自分達が直接大東亜戦争に参加している事実を朝鮮人が認識したことである。総じて、英米崇拝思想を一掃して、時局認識を深めさせるのに効果があったようである。

それを示唆する反応を以下に例示するが、捕虜を就労させた折の宣伝効果が浸透してくるに連れ、朝鮮統治に資する効果も大であると予想される。（注：中央の方針に従い、捕虜に関する新聞報道は当分の間不許可とする）

2. 主な言動

＜1947-1-7＞　　　　　　　　　　　　　　　　　　　　　2　検察主張立証段階　**285**

　(1)　朝鮮人

　a．朝鮮人青年が皇軍の一員として捕虜の監視をしているのを見た時、嬉し涙が出てきた。嬉しさの余り、このことを知らない人々に「見よ。半島人の青年が英人捕虜の監視をしているぞ」と叫びたくなった。

　b．キリスト教に関わってきた者は、英米人の指導を受けたが故に、外国崇拝の念を完全に払拭できないでいたが、捕虜の姿を見た時には、日本人としての誇りを覚え、日本流のキリスト教を確立する必要性を痛感した。

　c．口に入れるものが水だけとなっても戦争に負けてはならない。捕虜の姿を見た時、日本人であることの幸せと誇りを感じた。

　d．自分達を蔑ろにして劣等人種として扱っていた英米人が捕虜となっているのを見るのは夢のようだ。朝鮮人も日本人としての誇りを感じており、その心持ちも一変した。

　e．捕虜が周囲も気にせずに口笛を吹いているのを見ただけで、愛国心に欠けているのが分かる。実にだらしない。

　f．力なく落ち着きのない態度を見るにつけ、日本軍に負けたのは無理もないと思う。

　g．捕虜を目の前にして、戦争には勝たねばならぬと感じた。彼らを嘲笑するより、我々自身がもっと奮起すべきだ。

　h．今まで新聞やニュース映画で皇軍の勝利を見聞きしても多少の疑惑を抱いていたが、捕虜の姿を見て、それらが嘘でないことが分かった。

　i．日本人であることの幸福を実感するために、全朝鮮人に捕虜を目にする機会が与えられるべきである。

　j．奴らのために戦争が長引いているのだから、死ぬまで働かせるべきである。

　k．捕虜の惨めな有様と比べて呑気に暮らしていられるのも兵隊さんの御蔭だ。

　(2)　日本人

　a．見世物になりながら平然としているとは、何たる恥知らず。恥を知らぬ民族ほど哀れなものはない。

　b．捕虜の醜態を見るにつけ、日本人であることの有り難さと戦争に勝つ必要性を痛感する。物資の不足など瑣末なことに不平を言うべきではない。

　c．捕虜には未だに傲慢な態度が見受けられる。戦勝国として毅然たる態度で彼らを扱うべき。

　d．朝鮮人の中には我が国の実力と戦果に疑念を抱く者がいたであろうが、打ち負かされた捕虜を目の前にしては、そのような疑念を抱く余地もないであろう。

　e．戦争に負けてはならない。勝つまで戦い抜かねばならない。最後まで戦う。

　(3)　支那人

　a．日本の真の力を目の当たりにして、日本への信頼感が益々強くなった。日本の御蔭で安穏に暮らし生業に従事することができ、感謝に堪えない。

　b．みすぼらしい捕虜の姿は英国の凋落を象徴している。支那人は日本への信頼の念を一層深

めて、新東亜の建設にさらに努力すべき。

　（4）フランス人

　a. 我々と同じ西洋人である捕虜が朝鮮に来たのは恥ずべきこと。日本の実力は驚嘆に値する。

　b. 捕虜の中で本国兵がいたとしたら、恥と感じているであろう。気の毒である。

　（5）ドイツ人

　a. 我が国は英米の非人道的行いに対して、同様の態度で報いてきた。彼らを過酷に扱うことを望む。

　（6）白系ロシア人

　a. 口笛を吹いていて、捕虜であることを何等不名誉なこととは思っていないようだ。服装もみすぼらしくて不揃い。戦争に負けたのも当然である。

　3. 捕虜の言動

　捕虜は自らの境遇を受け入れている様子で、概して従順。規律を遵守して、日本軍の公正な取扱に感謝しており、我軍の優秀さに驚嘆している者もいる。到着直後に全員に宣誓をさせることができたが、それでも驕慢な態度が見受けられ、最終的には英国が勝利すると公言し、捕虜となって祖国に貢献するのは栄誉であると威勢を張る者もいる。皆、米国の物量を盲信して、皇軍が大勝利を収めていることを知らず、米国が祖国に勝利をもたらしてくれるのを待っている。

＊（検）法廷証 PX1976【1942（昭和 17）年 9 月 1 日付け朝鮮軍司令官発陸軍大臣宛文書：朝鮮俘虜労役規定】＝検察側文書 PD979-A　証拠として受理され、朗読される。[E: 14529]［J: 146（17）]

【PX1976 朗読概要】

　朝鮮俘虜労役規定。

　第 1 条：捕虜の労役は、俘虜労役規則、俘虜取扱規則、これら規則の細則、俘虜給与規則の外に、本規定によるものとする。

　第 2 条：捕虜の中に無駄飯を食って働かないような者が 1 人もいないようにすること。技能、年齢、体力に応じて適当な作業を課して、生産拡充と軍事上の労務に供すること。

　第 3 条：士官も含めて捕虜は全員労役に就かせるが、准士官より上の者については、地位、能力、体力に応じて、以下の労役に自発的に就かせるように指導する。

　[1] 工学・科学を利用する作業、[2] 農業、[3] 畜産、[4] 労役捕虜の監督、[5] 戦史資料などの記述、[6] 宣伝、[7] その他適当と認める作業（[1] の「工学・科学」は英文速記録 14531 頁の engineering and science のママ。和文速記録 146 号 17 頁の原文では「技術、学術等」となっている）

　第 4 条：捕虜に課すべき作業は状況に応じて決定するが、以下が適当と認められる。

　[1] 農業、[2] 土木作業（道路・鉄道・港湾・河川での建設・改修、飛行場での作業）、[3] 採鉱及び資源の開発、[4] 屑鉄を含む物資の収集、荷役などの兵站業務

<1947-1-7>　　　　　　　　　　　　　　　　　　　　　　　　　　2　検察主張立証段階　287

　第5条：警備など軍の負担軽減のために捕虜を利用できる場合は、そのようにすることができる。

　第6条：機密に関わる作業を捕虜に課すことを避けると共に、捕虜による破壊活動を防止することが緊要。必要ならば、宣誓をさせて、厳しい罰則を設けること。

　第7条：官公庁、公共団体、企業が捕虜を労役に使用したい時は、労役の種類・場所・時間・賃金を明記した上で、軍司令官に申請書を提出すること。

　第8条：捕虜の労役は、特に定めのある場合以外は、軍司令官の計画に基づいて実施する。収容所内の労役については、所長の裁量に基づいて実施する。

　第9条：労役のために捕虜を収容所外に長期間留めおく必要がある場合には、臨時労役分遣所を設けることとする。その編成は、各々の必要に応じて定める。

　第10条：捕虜の労役使用に際して輸送手段が必要な場合には、軍隊輸送に準ずる。

　第11条：捕虜を収容所以外の地域で労役させる場合には、収容所長は該地域の憲兵隊及び警察署に通知し、必要ならば該地域の行政官庁と協議して、同地域住民の統制上必要な措置を講じる。

　第12条：前条の場合、捕虜に対する直接の管理・警備措置については、収容所長が定める。その際に、収容所の職員・警備員以外に人員が必要な場合には、軍司令官に報告して指示を受けること。ただし、輸送の際や、労役分遣所が設置された時の警備については、各々の必要に応じて定める。

　第13条：労役に使用する工具・資材は使用者が準備するものとする。

　第14条：捕虜の労役・警備・管理・その他細目について、収容所長は、使用者側と協議して、軍司令官から受領した捕虜労役計画に従って規定し、厳格に実施する。

　第15条：捕虜の労役に際しては、作業隊を編成して有能な指導者を配置し、能率の向上に万全を尽くし、労役を形式的なものにしないようにすること。そのために、必要な工具や作業服（普段の衣服を長持ちさせるため）を準備するのが良い。

　第16条：捕虜の技能を有効に活用するため、収容所で捕虜の技能に関する調査を綿密に行うことが必要である。

　第17条：収容所の管理・整理・保全に関する労役には賃金は支払われない。

　第18条：公共団体及び企業が捕虜を労役使用する際には、以下の要領で行うものとする。

　1. 事業主は、捕虜労務者についてのみ、軍司令官の監督を受ける。

　2. 事業主は、捕虜従業規則を作成して軍司令官の認可を受ける。該規則を変更する際も同じ。

　3. 軍司令官が必要と判断した際には、事業主に従業規則の変更を命令することがある。

　4. 事業主は、従業規則に従って捕虜に作業をさせる。その際の捕虜の警備は収容所長の責任とし、作業の検査・指導は事業主が行う。

　5. 事業主は俘虜給与規則に従って賃金規則及び昇給内規を作成して軍司令官に提出し、陸相の認可を受けることとする。これを変更する時も同じ。

6. 軍司令官は、必要と認める時、事業主に、賃金規則及び昇給内規の変更を命じることができる。

7. 軍司令官は、必要と認める時、事業主に、捕虜への賃金・現物給与について命令を発することができる。

8. 防諜上の観点から考慮を要する事項については、事業主と収容所長とで協議して、遺漏なく対策を講じること。協議の上での決定事項は、軍司令官の認可を受けること。

第19条：捕虜の賃金及びその他の労役による収益の出納・保管は、俘虜労役規則と朝鮮捕虜収容所取締規則に準拠して、収容所出納担当官が処理する。

第20条：労役の際の疾病・障害によって必要となった捕虜の治療費は、事業主の負担とする。

第21条：捕虜の労役が終了した時、また、労役が長期にわたる時は毎月末、収容所長は捕虜労役の実情を軍司令官に報告すること。その際には、以下の要点を報告すること。

（1）労務実施の要領、（2）計画とその実施に際して齟齬が生じた際の要点、及びその原因、（3）捕虜の勤勉さの度合い（作業の進捗状況）、（4）捕虜の心理動向、（5）取締・警備の難易、（6）保健・衛生の状況、（7）現地住民に及ぼした影響、（8）憲兵隊・地方官庁との連絡事項、（9）将来に関する所見

第22条：捕虜の取扱・給与・居住施設は、労働力の維持・培養に適するようにすること。

第23条：捕虜が必要とする被服・収容施設は軍が準備すべきであるが、必要に応じて事業主が適宜処置することとする。いずれの場合においても、作業用の被服は事業主が準備するものとする。

＊裁判長ウェッブ、「このような法規を逐条的に朗読することが必要乃至は望ましいか」と、質す。検察官ウールワース大佐、「該法規の条文中に日本が遵守を約した国際協定・規約に違反するような条項が多々あったが故に朗読した」、「必要とあらば以後は抜粋のみを朗読する」、と応答する。裁判長、予定通り朗読するよう命じる。

＊（検）法廷証 PX1977【1943（昭和18）年12月20日付け陸軍省報道部長発文書：俘虜の報道に関する検閲注意事項】＝検察側文書 PD2733　証拠として受理され、朗読される。

【PX1977 朗読概要】

捕虜に関する国内での報道は、国民の戦意高揚と生産の増加・強化に資することを主目的としてなされるべきであるが、我方の公正な態度を歪曲報道して敵の悪宣伝を助長し、抑留されている同胞に害が及ばないよう留意すべきである。それ故に、以下に該当する報道（写真・絵画を含む）は禁止する。

1. 捕虜を優遇もしくは虐待しているような印象を与えるもの。

例：働かずに良い食事を与えられ、もしくは労働条件が過剰なまでに良好であるとの印象を与えるもの。捕虜が処罰され、もしくは裸体で働かされたりしているとの印象を与えるもの。

<1947-1-7>　　　　　　　　　　　　　　　　　　　　　　　　2　検察主張立証段階　**289**

2．収容所内での施設、給与、衛生など、生活状態に関する具体的事項。

3．捕虜の所在地について、以下以外の地名を用い、もしくはその位置を明示するもの：函館、東京、大阪、善通寺、福岡、台湾、朝鮮、奉天、フィリピン、マラヤ、ジャワ、ボルネオ。

4．正式に収容所に収容されていない捕虜の状況、特にその氏名、所属部隊及び出生地（捕獲された重慶軍将兵を除く）。

例：捕獲直後に捕虜が皇軍の精強ぶりについて感慨を述べているような報道はしてもよいが、捕虜の取り調べの状況を記して、その氏名、出生地などを明記するなど（？）、取扱に悪影響を及ぼす恐れがあるものは不許可とする。（文中の疑問符は、原文のママ。何かの単語が欠落していると思われる）

5．東洋人の捕虜を収容して使役していることを示すもの。

6．通常の労役以外に捕虜を使用していることを示すもの。

7．階級が上位の捕虜の陳述もしくは感想など（陸軍省が特に許可したものを除く）。

（以下略。）

＊（検）法廷証 PX1978【1945（昭和20）年3月17日付け陸軍次官通牒：情勢の推移に応ずる俘虜処理要領】＝検察側文書 PD1114-B　証拠として受理され、朗読される。　［E: 14543］［J: 146（19）］

【PX1978 朗読概要】

戦局が非常に重大な局面を迎えたこの時、戦禍が本土と満州に及ぼうとする際に、捕虜の取扱は、添付の「情勢の推移に応ずる捕虜処理要領」に則って遺漏のないようにするよう通達することを命じられたので、ここにその旨通牒する。

該文書は、俘虜情報局月報より採ったものである。

［情勢の推移に応ずる俘虜処理要領］

《方針》

1．捕虜は極力敵手に落ちるのを防止するものとする。このために、捕虜収容所の場所を変更することとする。

2．敵の攻撃があって、他に手段がない場合には、捕虜を解放してもよい。

《要領》

1．捕虜収容所（分遣所を含む、以下同じ）の警備強化

捕虜管理長官は、管轄地域の防御計画に即応すべく、収容所の施設を拡充、強化して警備力の強化に万全を尽くすと共に、必要とあらば分遣所に警備員を派遣もしくは増員し、増援部隊を指定すること。収容所長以下は、物理的手段のみに頼ることなく、捕虜の士気を高揚させると共に、深く捕虜の心理を把握して、その動向を洞察し、万一の場合に不覚を取らないよう監督するものとする。（「捕虜の士気を高揚させる」の部分は、英文速記録14545頁の stimulate the morale of the prisoners

によったが、原本和文書証より採録したであろう和文速記録146号19頁所収の該等部分では「捕虜の士気」とは記しておらず、単に「士気を昂揚せしむる」となっている。つまり、「士気」の主体は収容所長及び所員となっているようで、英文への誤訳の可能性大。同様に、最後の「監督する」も、英文速記録の supervise them によったものであるが、これも和文速記録では「指導する」であり、「指導」の対象は収容所長・所員である記述となっている）

　2.　捕虜の移動

　戦局進展に伴う要地に対する敵空襲の強化や本土上陸という情勢判断に基礎を置いて、捕虜の配置全般に考慮を加え、防衛の見地から、機先を制して捕虜の移動もしくは集約を行う。

　A.　移動計画

　(1)　移動すべき収容所、移動先、移動の順序と時期などは、軍中央が軍管区司令官の意見を斟酌して決定する。

　(2)　移動の時期は中央より通知するが、情勢急変の際には、各軍管区司令官の裁量により実施する。

　(3)　そのような移動は一般民衆を刺激しかねないので、移動の時機と方法には慎重を期する。

　B.　移動と労務の活用について

　(1)　現在の情勢下でも捕虜労役に対する需要は高まっており、この点を考慮して移動先を決定する。

　(2)　交通線確保のために捕虜を使用することもあるので、それに適する場所に配置することも考慮する。

　(3)　敵が空襲を激化させ、もしくは上陸してくる可能性のある地域であっても、戦力保持のため捕虜労働力を絶対的に必要とする場合には、最後まで収容所を現地に残置する。そのような地域がどこかについては、軍管区司令官の意見を斟酌した上で中央が通知する。ただし、そのような地域でも、敵の攻撃を受けた際には極力位置を変更することとし、何等かの成果を得るまで捕虜を敵手に委ねないようにする。（「何等かの成果を得るまで」の部分は、英文速記録14547頁の until we have got some results from them によったが、これは日本語原文にある「無為に」という部分を意訳し過ぎたものと思われる）

　C.　捕虜の集約

　労役のために各所に分散配置され、もしくは遠隔の地に置かれている捕虜は、予期せぬ災厄を避けるために、適宜集約する。

　3.　情勢が緊迫して、上述の移動手段を執る余裕がなく止むを得ない場合には、捕虜を解放してもよい。このような極端な場合でも、すべての士官捕虜及び労役に堪える健常な捕虜は移動させるよう措置すること。ただし、反抗的態度を示すものに対しては、遅滞なく非常措置を執るなど、臨機応変の対応をして、遺憾なきようにする。

　4.　捕虜解放によって一般住民に危害が及ばないように最大限の配慮をする。

　5.　捕虜の謀略、暴動、反乱などを鎮圧するための非常措置を執る際には、敵の宣伝に利用さ

れ又は報復措置の根拠とならないよう、細心の注意を払う。

6. 本計画を実施するに際しては、食糧の確保と支給に特に万全を期し、交通路が杜絶した場合においても、捕虜の生命維持のため、必要最小限の量を確保するよう全力を尽くす。

＊裁判長ウェッブ、判事団からの質問として、「検察側が現在行っているのは、捕虜虐待についての被告個々人の責任追及か？」と質す。検察官ウールワース大佐、「捕虜の取扱に対する被告の個人責任を扱っているつもりである。証拠提出の際に関係する被告の名前を一々述べなかったのは、当該局面の冒頭陳述の際に関連する被告の名前を既に列挙していたからである」、と応答する。

＊裁判長ウェッブ、「検察官ウールワース大佐の証拠提出と朗読は必要以上に厖大な量に及んだ嫌いがあった。しかし複数局面での審理内容が重複しがちで、一局面で使用された証拠が他の局面でも使用される可能性があった」と、自ら弁じる。

＊午後4時、裁判長ウェッブ、翌日午前9時半までの休廷を宣する。

◆ 1947（昭和22）年1月8日

(英速録 14551～14683 頁／和速録第 147 号 1～20 頁)

＊午前9時30分、法廷、再開する。

＊裁判長ウェッブ、「被告大川と武藤以外は全員出席。武藤については病欠証明が提出されていないが、欠席の理由は病気である」と、報じる。法廷書記官、「病院から戻るまでさらなる病欠証明は発行されない」と、報じる（病気が治って再出廷した時点で、病欠した時期の分の証明書が発行される、との意味であろう）。

＊検察官ウールワース大佐、検察主張立証第 XIII・XIV 局面「対民間人・戦争捕虜残虐行為」第2部「B級・C級戦争犯罪と日本政府の対応」の検察側立証として、「日本内地・日本占領領土でのB級戦争犯罪即ち通例の戦争法規・慣例違反に対する被告の個人責任」関係証拠の提出を続行する。

＊（検）法廷証 PX1979【連合国軍 1946（昭和 21）年3月14日実施被告東条英機尋問調書】＝検察側文書 PD2511　識別番号を付される。

＊（検）法廷証 PX1979-A【同上抜粋：大本営の組織機構と欠点、陸軍参謀本部と海軍軍令部の関係】＝検察側文書 PD2511-B　証拠として受理され、朗読される。

【PX1979-A 朗読概要】

問

参謀総長と軍令部総長が代表者となっていた統帥部は大本営とどのように異なっていたのか？

答

　大本営には、陸軍側からは参謀本部の課長以上のほぼ全員、及び、必要に応じて他の成員も出席しており、陸軍省からは陸相、次官と局長のほとんど、及び、必要に応じて他数人が出席。海軍側も同様であったと考えるが、確たることは言えない。陸相であった自分は、大本営の正式の成員ではなく、参画者（participant）として出席し、次官と人事課長の補佐を受けていた。大本営は戦時の要請に応じて設置されるもので、その要請には人事事項が含まれていたので、人事の統轄責任者として自分は参画していたのである。

　大本営には欠陥が３つあった。第一に、陸海軍合同の一機構となるべく意図されていたものだが、実際には、主に参謀本部によって構成される陸軍部と、主として軍令部によって構成される海軍部とに分かれていたこと、第二に、構成人員が陸海軍の者のみで、政府の人員が加わっていなかったこと、第三に、大本営全体を統括すべき者がいなかったことである。支那事変の最初の年の1937（昭和12）年11月20日に設置されて以来、そこから発せられる見解は参謀本部や軍令部のものではなく、大本営の意見として出されたので、政府がそれに重きを置かざるを得ず、そのために、大東亜戦争勃発に至るまで、大本営は政府に対して、大いなる影響力を行使した。

問

　天皇は大本営に関わっていたか？

答

　天皇は大本営の長である。しかし、大本営での会議を実際に動かしていたのは、陸軍部は参謀本部で、海軍部は軍令部であった。

問

　では、大本営陸軍部は参謀本部とどのように異なっていたのか？

答

　実際には、両者はほとんど同じで、唯一の違いは陸軍省の成員の一部が参謀総長の下で大本営の成員として加わっていたことである。

問

　つまり、1937（昭和12）年に大本営が設置されて以降、参謀総長の権限は以前と比して増したということか？

答

　その通り。参謀本部の成員に加えて陸軍省の一部成員に対する統帥権をも有することになった分、権限は増した。

問

　大本営会議が開かれた頻度は？

答

　陸海軍の統帥部長が管掌していたことなのでよく分からないが、週に１〜２度ぐらいであったと思う。

＜1947-1-8＞   2　検察主張立証段階　**293**

問

　天皇はそのすべての会議に出席していたのか？

答

　そうではなく、特別な会議にのみ出席した。

問

　陸海軍部合同の会議はどこで、どのくらいの頻度で開かれたか？

答

　宮中で、週に1〜2度。議題が多ければ、もっと頻繁に開かれた。

問

　大本営と軍事参議院の違いは？

答

　大本営は機密を要する作戦・用兵事項に関わっており、それらを軍事参議院に諮ることはなかった。軍事参議院は、研究、検閲、軍事教育、訓練といった幅広い事項について意見を表明することを役割としていた。

＊（検）法廷証 PX1980【連合国軍 1946（昭和 21）年 3 月 25 日実施被告東条英機尋問調書】＝検察側文書 PD2514　識別番号を付される。

＊（検）法廷証 PX1980-A【同上抜粋：大東亜戦争開始後の捕虜取扱責任問題】＝検察側文書 PD2514-B　証拠として受理され、朗読される。

【PX1980-A 朗読概要】

問

　1941（昭和 16）年 12 月 7 日以降、陸相としての貴官は、米英軍捕虜が受けた扱いに対して責任を有していたのではないか？

答

　その通りで、彼らの処遇について責任を有していた。

＊（検）法廷証 PX1980-B【同上抜粋：俘虜情報局の設置及びハーグ・ジュネーブ条約】＝検察側文書 PD2514-C　証拠として受理され、朗読される。

【PX1980-B 朗読概要】

問

　捕虜局［Prisoner of War Bureau］が設置されたのはいつか？（局の名称は英文速記録 14558 頁及び和文速記録 147 号 3 頁原文のママ。俘虜情報局・管理部を指すものと思われる）

答

大東亜戦争勃発直後。

問

そのような局を設置した理由は？

答

国際法に準拠したものとして。

問

支那事変中にそのような局がなかった理由は？

答

必要がなかったから。

問

その新たな局を設置することを命じたのは誰か？

答

当時陸相であった自分。

問

1941（昭和16）年12月7日以降、貴官は、捕虜の処遇に関するハーグ及びジュネーブ条約の条項に通暁していたか？

答

当時、それらについて知っていた。

問

当時首相兼陸相であった貴官は、該条約の規定が日本に適用され、日本はそれを遵守すべきであると考えていたか？

答

もちろんである。

問

該条約の諸条項に加えて、文明諸国によって承認され遵守されていた（交戦）法規・慣習があったのではないか？

答

文明国として我が国は人道主義の原則に従うものである。

問

人道主義と言ったが、それは、文明諸国で行われているように、捕虜が人道的に扱われるという意味か？

答

その通りである。

問

ならば、1941（昭和16）年12月7日以降、首相兼陸相としての貴官は、捕虜の処遇に関して

＜1947-1-8＞ 2 検察主張立証段階 **295**

日本がハーグ・ジュネーブ協定及び関連する国際法規・慣習に拘束されると考えていたということか？

答

　その通りである。

＊（検）法廷証 PX1980-C【同上抜粋；米英捕虜虐待－陸軍大臣としての責任】＝検察側文書
　PD2514-D　証拠として受理され、朗読される。

【PX1980-C 朗読概要】

問

　米英軍捕虜が虐待されているとの抗議や、虐待の事実を示すような報告に貴官が初めて接したのはいつか？

答

　自分が受けた抗議は食糧などに関するもののみで、残虐行為についての抗議は全く受けていない。現在新聞で明らかにされているような残虐行為の真相に接して、自分は驚いている。天皇の御意思に従っていたならば、そのようなことは起きなかったであろう。

問

　しかし、残虐行為がなされていた当時の陸相として、貴官はそのような行為がなされていたことに責任を負う立場にあったのではないか？

答

　その通りである。

問

　そのような残虐行為が横行し、その態様も重大なものであったのに、貴官がそれを知らなかったということは、いか様に説明できるのか？

答

　捕虜の取扱に責任を有する現地の軍司令官が、その点についてはなすべきことを弁えていると、自分は常に考えていた。

問

　開戦以来一貫して英米が、その友好国を通じて日本国政府に対し、ハーグ・ジュネーブ条約や捕虜の取扱に関する交戦法規違反に対する日本国政府・政府関係者の責任を追及すると警告していたことを、貴官は承知していたのではないか？

答

　承知していた。そのような残虐行為が事実であるならば、条約違反を構成していたこととなる。

問

　同期間、英米がその友好国を通じて、ハーグ・ジュネーブ条約や交戦法規違反を構成する捕虜

の虐待行為が行われていたことについて、具体的事実を挙げてあまたの抗議を重ねて申し入れていたが、貴官はそれを承知していたのではないか？

答

　詳細は記憶していないが、そのような抗議が俘虜情報局を通じて寄せられていたと思う。

問

　そのような抗議は、まず外務省に寄せられ、そこから陸軍省に回されたのではないか？

答

　その通りである。

問

　貴官が知る限りでは、何件ぐらいの抗議が寄せられていたか？

答

　今は思い出せない。

問

　受け取った抗議について、貴官は何か措置を講じたか？

答

　俘虜情報局を通じて、関連する各軍司令官宛に転送した。

問

　それらの抗議について、関連する部局などから陸相としての貴官に報告があったか？

答

　なかった。関係諸官の注意を喚起するために抗議を転送したのみであった。

＊（検）法廷証PX1980-D【同上抜粋；捕虜虐待案件は週2回、俘虜情報局の議題とされた】＝検察側文書PD2514-E　証拠として受理され、朗読される。

【PX1980-D 朗読概要】

問

　当時英米が捕虜に対する虐待行為について友好国を通じて行った抗議は、貴官が言及した俘虜情報局での毎週の会合で議題となったか？

答

　なった。週2回の会議の場での議題として取り上げられた。

＊（検）法廷証PX1980-E【同上抜粋；捕虜虐待事実調査のために執った措置・パターン「死の行進」】＝検察側文書PD2514-F　証拠として受理され、朗読される。

<1947-1-8>　　　　　　　　　　　　　　　　　　　　　　　　　2　検察主張立証段階　**297**

【PX1980-E 朗読概要】

問

　捕虜虐待をめぐる抗議について調査するために、貴官もしくは貴官の代理は、虐待が行われたとされる現場に赴いたことはあったか？

答

　あった。結構な回数赴いており、泰緬鉄道建設の虐待事例については、軍法会議を開くことを命じた。

問

　それ以外に抗議があった事例について調査したことはあったか？

答

　バターンでの虐待について耳にして、フィリピン出張中の1943（昭和18）年5月5日頃、和知（鷹二　第14軍）参謀長に問い質したところ、「行進」は輸送手段が欠如していたがために起きたことで、虐待の事実はなかった旨伝えてきた。

問

　「行進」が起きてどのくらい経ってから、米軍捕虜に対する虐待について耳にしたか？

答

　1942（昭和17）年末、もしくは翌年初頭頃に、そのような噂を聞き及んだ。

問

　どこで、どのような筋から、そのようなことを聞いたのか？

答

　東京で聞いたが、どのような筋からであったかは、定かではない。

問

　何度ぐらいそのような噂を耳にしたか？　その噂の内容は？

答

　何度ぐらい聞いたかについては確かなことは言えない。内容は、コレヒドールとバターンの捕虜が虐待されたというもの。

問

　噂によれば、虐待とはどのようなものであったのか？

答

　炎天下を長距離歩かされたというもの。虐待による死亡は通常、病死とされていた。

問

　噂では、捕虜達は炎天下での長距離の行進に耐えられるような状態になかったと言われてなかったか？

答

　そのようなことは聞いていない。

問

　噂では、その折の米軍捕虜の死因は何であったか？

答

　すべて病死とされていた。

問

　いかなる病気であったのか？

答

　そこまでの詳細については聞き及んでいない。

問

　それでも、捕虜の死亡が行進の結果によるものだという噂は聞いていたのではないか？

答

　聞いていた。

問

　噂では、何人ぐらい死んだことになっていたか？

答

　それについては話されていなかった。

問

　行進を要求もしくは強要された将兵の体調のためということではなかったか？

答

　炎天下を長距離歩かされたということしか聞いていない。

問

　虐待行為についての風聞を耳にしてから、和知とこの件について話すまで、どのくらいの時間が経過していたか？

答

　2〜3ヵ月ぐらいだと思うが、確たることは記憶していない。

問

　和知とこの件についてどのくらいの時間話し合ったか？

答

　他にも話し合うべき重要事項が沢山あったので、確たることは言えない。

問

　和知参謀長との話し合い以前に、米国政府からのこの件についての抗議を、友好国を通じて受領していなかったか？

答

よく覚えていないが、恐らく受け取っていたであろう。

問

週に1～2度開かれていたという局長会議で、そのことは議題とならなかったか？

答

記憶にはないが、抗議通牒を受け取っていたならば、議題となったであろう。

問

フィリピンで話し合う以前にも、この件について和知と話し合ったことはあったか？

答

フィリピンで話したのが初めてではあったが、抗議通牒を受領していたならば、和知には、俘虜情報局を通じて、それについて知らされていたはずである。自分個人は、その折以外に、この問題について和知と話し合った記憶はない。

問

和知は、貴官と話し合う以前にこの件が問題になっていたと言っていなかったか？

答

それ以前に問題となっていたなどとは、一言も言わなかった。

問

つまり、貴官が知る限り、そして和知の言に従う限り、日本政府の誰かがこの件を問題にしたのは、その時が初めてであったということか？

答

それについては確たることは言えない。

問

それを否定するようなことを和知は言わなかったか？

答

和知の発言内容について確たることは言えない。

問

バターンでの虐待行為について貴官が和知に問い質したのはどのようなことか？　それに対して和知はどのように答えたか？

答

「このような噂がある」と言って、和知の説明を求めたところ、「輸送手段が欠如していたがために、捕虜が炎天下で長距離を歩かざるを得なくなり、その結果死者が出た」との説明があった。

問

捕虜がどのくらいの距離を行進させられたかを和知は言ったか？

答

和知は当時現場にいなかったので、詳細を自分に語ることはなかった。和知は本件に責任を有

する者ではない。

問

　責任を有するのは誰か？

答

　当然、本間中将である。

問

　貴官は本間と会ったことがあるか？

答

　自分がフィリピンに行った時、本間は既に帰朝していたし、本間が帰国した後に日本で会ったこともない。

問

　本間が帰国してから、貴官と和知参謀長との会談が行われるまでは、どれほどの時間が経過していたか？

答

　本間がいつ帰国したか覚えていない。

問

　本間は帰国後陸軍省に何か報告をしたか？

答

　多分したであろうが、自分は会っていない。

問

　本間が東京にいたその時分や他の機会に、貴官を含む誰かが、バターンでの米軍捕虜虐待をめぐる噂について本間と話し合ったことがあったか？

答

　本間が帰国した当時には、そのような噂は耳にしていなかったし、誰かがそれについて本間と話し合ったとも聞いていない。本間は凱旋将軍としてのみ取り沙汰されていた。

問

　貴官を含む日本政府の関係者の中で、バターンの行進で死んだ米軍兵士について本間と話しをした者はいたか？

答

　その件が話題になったか否かについては、自分は知らない。

＊（検）法廷証 PX1981【連合国軍 1946（昭和 21）年 3 月 26 日実施被告東条英機尋問調書】＝検察側文書 PD2515　識別番号を付される。［E: 14575］［J: 147（6）］

＊（検）法廷証 PX1981-A【同上抜粋；①捕虜取扱に対する基本原則②捕虜取扱の実体上・形式上の責任③「捕虜」に関する欧米と日本の基本的観念の差】＝検察側文書 PD2515-B　証拠として受理され、朗読される。

<1947-1-8>   2　検察主張立証段階　**301**

【PX1981-A 朗読概要】

（以下、被尋問者東条、自ら申し出て陳述する）

　昨日の捕虜に関する尋問について述べたいことがある。

　終戦以来、陸海軍将兵による非人道的行為についての報道を目にしているが、それらは、統帥部もしくは陸海軍省の権限ある人物または自分の意図したものでは、決してなかった。そのようなことが起きていたとは思いもよらぬことであったし、ことに天皇は、そのご人徳の故に、そのようなことを許容するはずはなかった。また、日本人の性質に鑑みれば、日本人がそのようなことを絶対に容認することはないと自分は信ずる。非人道的行為が日本人の性質の故であると世界の人々が信じているとするならば、実に遺憾なことである。（以上の内容は被尋問者に読み聞かせて、内容が正確であることを確認した）

　捕虜の処遇をめぐって第二に言いたいことは、それに対して責任を有するのは軍司令官であり、この点について軍司令官が人道的配慮をして国際法規の条項を遵守することを自分は信じていたということである。無論、全幅の責任は軍政の長としての自分にある。

　第三に、日本の風俗と慣習及び生活水準が欧米のそれと異なっており、それが捕虜の取扱にも影響を与えたことを指摘したい。具体的には、以下のことである。

　a.　日本の風俗・習慣では、問題となっている非人道的行為は許すべからざるものであった。

　b.　条約では、捕虜宛の糧食は抑留国将兵と同一とすべきことが規定されていて、その旨指示が出されていた。しかしながら、生活水準の相違の故に、日本側の糧食を給された欧米の捕虜は、それを食するに耐えられないものと感じたのであり、この傾向は前線において得に顕著であった。同様に、日本軍将兵が何とも思わなかった宿営施設が欧米の将兵には貧弱なものと受け止められたと自分は考える。

　c.　捕虜についての観念が日本と欧米とでは異なっていた。日本では捕虜となることが不名誉なこととされ、未だ抵抗できる内に捕虜になれば刑事罰の対象となり、最高刑は死刑であった。これに対し欧米では、捕虜になるのは任務を遂行した結果の故であるから名誉なこととされている。

　d.　顔面を平手打ちにする行為は、教育程度の低い日本の家庭では躾の一手段として行われており、軍でも、表面上は禁止されていたが、このような一般の慣習のために継続的に行われていた。このような習慣は矯正され、禁絶されるべきものではあるが、犯罪であるとは思われない。

　昨日の尋問での応答内容の中で訂正したい箇所がある。本間に会ったことがあるか否かを訊かれた時、否定で返答したが、今年自分が大森収容所にいた時に会っている。それから、戦時中に軍司令官が帰朝した際には、天皇に戦況を奏上することとなっており、その折には参謀総長と陸相が随伴することとなっていた。記憶が確かではないが、本間は前線の軍司令官であったから、そのような折に本間と会っていた可能性はある。

＊（検）法廷証 PX1981-B【同上抜粋；捕虜取扱に関する関係各国からの抗議に対する措置】＝検

察側文書 PD2515-C　証拠として受理され、朗読される。

【PX1981-B 朗読概要】

問

　1941（昭和 16）年（英文速記録 14579 頁及び和文速記録 147 号 6 頁のママ。事実は 1942［昭和 17］年であろう）1 月 30 日頃、日本政府がスイス政府を通じて米国に、（1）ハーグ及びジュネーブ条約を含む国際条約、（2）国際法、（3）捕虜・民間人抑留者に関する法規・慣例、を遵守すると約したことを記憶しているか？

答

　記憶にはないが、そのようなことはあったであろう。

問

　この約束が履行もしくは実行されなかったことを知ったと貴官は述べたが、いかなる理由で履行、実行されなかったのか？

答

　自分を含め政府としてはそれらを遵守する意向であった。捕虜に対して非人道的行いがなされたのは真に遺憾なことで、その責任は自分にある。

問

　本日貴官は、そのような残虐行為や非人道的行いがあったとは思いもしなかったと述べたが、英米がスイス政府を通じて詳細な抗議を何度も書面で貴国外務省に申し入れていたというのに、何故にそのようなことが言えるのか？

答

　捕虜に対して人道的配慮をすることや条約条項を遵守する責任を負うのは各軍司令官であったので、それら軍司令官がその責務を果たしていると自分は信じていた。

問

　つまり、あまた寄せられていた抗議には信を置かず、前線の軍司令官を信じていたと言うことか？

答

　既に述べたように、抗議が申し入れられた際には、その責任を取るべき軍司令官にそれを転送していたので、何等かの対応が執られたと考えていた。自分は抗議の内容が適正なものであったかを判断できる立場にはなかったので、現地で調査が行われ、軍法会議などの措置が執られていたと思っていた。

問

　バターンでの米軍捕虜に対する残虐行為と非人道的行為をめぐって軍法会議など適切な処置が執られていたと聞いていたか？

<1947-1-8>　　　　　　　　　　　　　　　　　　　　　　　　　　2　検察主張立証段階　**303**

答

　現地の指揮官が法的措置を執ったと考える。

問

　そう考える根拠は？

答

　責任を有する指揮官に具体的事例が通知されていたからである。

問

　つまり、そのような措置が執られていたというのは、貴官の推測に過ぎないということか？

答

　そうではあるが、そのようにすることが指揮官の責務なので、執られたと自分は考えている。

＊（検）法廷証 PX1981-C【同上抜粋：捕虜案件は天皇に奏上せず－天皇に責任なし】＝検察側文
　　書 PD2514-E　証拠として受理され、朗読される。

【PX1981-C 朗読概要】

問

　捕虜の非人道的処遇についての英米からの抗議は外務省に入ってきて、それから陸軍省に送ら
れるということであったが、そのような抗議の複写版が天皇に送られたりして、天皇に知らされ
ることはあったか？

答

　なかった。それらの案件は自分の責任で処理した。

問

　陸海軍の最高指揮官であったのに、なぜそれらの抗議について天皇は知らされなかったのか？

答

　自分の責任で処理して構わないと判断した。（この後、和文速記録 147 号 7 頁では尋問官が「天皇が捕
虜を虐待してはならないと命じたのだから、天皇はそれらの抗議について知る権利があったのではないか？」と
質問し、東条が「自分には天皇の御気持ちがよく分かっていた」と返答したことになっているが、英文速記録
14582 頁の対応部分には記されていない）自分は、それらの抗議を現地の軍司令官に送って、事実関係
を調査するよう命じた。天皇は執務に負われて忙しかったので、自分の独断でそのようにした。
であるから、天皇はこの件について責任を負うものではなく、責任を負うべきは自分である。

＊（検）法廷証 PX1982【連合国軍 1946（昭和 21）年 3 月 27 日実施被告東条英機尋問調書】＝検
　　察側文書 PD4181　識別番号を付される。［E: 14582］［J: 147（7）］

＊（検）法廷証 PX1982-A【同上抜粋；1943（昭和 18）年 5・7 月の捕虜取扱に関する南方視察
　　の目的－バターン死の行進・フィリピン・タイ他】＝検察側文書 PD4181-B　証拠として受理
　　され、朗読される。

【PX1982-A 朗読概要】

問

　フィリピンで（1943［昭和18］年5月に）現地の和知参謀長と「バターン死の行進」について話し合ったと言ったが、その時フィリピンを訪れた目的は何であったのか？

答

　1943（昭和18）年10月14日に予定されていたフィリピンの独立に向けて、同地の要人と会談するのが主たる目的であった。

問

　その時の滞在日数は？

答

　3日ぐらいであったと思う。

問

　戦争中にフィリピンを訪れたのはその時だけか？

答

　もう一回行っている。同年7月にタイを訪れた後に、マラヤとスマトラとジャワに寄った後でマニラに一晩滞在し、台湾経由で日本に戻ったことがある。

問

　5月にフィリピンを訪問した目的は、バターン死の行進について和知に質すことであったのか？

答

　フィリピンの独立関連事項が主たる議題であった。バターンでの出来事も話題に上ったが、主要な議題ではなかった。

問

　それでも話題にしたのはなぜか？

答

　既に述べたように、捕虜が酷い目に合わされたとの噂があったので、それについて和知に事実関係を質したのである。それに対する答えは、輸送手段がなかったので、捕虜が炎天下で長距離を歩くことになったとのことであった。

問

　歩かされた距離がどのくらいであったかを和知に質したか？

答

　和知との会談内容の大要は承知しているが、詳細は記憶していない。

問

　距離がどのくらいであったのか、知ろうと思わなかったのか？

\<1947-1-8\>

答

　和知との会談がどのくらいの詳細に及んだかを今思い起こすのは困難である。

問

　バターンからサン・フェルナンドまでどのくらいあるか知っているか？

答

　記憶にない。

問

　行進の最中に何人ぐらいが落伍し、もしくは死亡したかを和知から聞いたかどうか、記憶にあるか？

答

　そのような詳細についての記憶はないが、責任を有する指揮官として本間中将は、当時の状況下でできるだけのことをしたと自分は思っている。

問

　そのように考える根拠は？

答

　当時在フィリピンの軍司令官として、本間は天皇に対して重大な責任を有していた。戦闘における責任と同時に、治安回復の面でも責任を負っていたのである。捕虜に関しては、責任を有する指揮官として本間はできるだけのことをしたと自分は考えている。現地の指揮官には中央の指示に掣肘されないで任務を遂行できる裁量権が与えられているというのが日本の建前である。

問

　米国政府が日本に申し入れた抗議によれば、バターンでの行進の際に捕虜が殴打されたり、銃剣で刺突されたり、銃で撃たれたりしたとなっている。貴官は、このことについて和知と話したか？

答

　話し合わなかった。そのような国際法に違反する事例があったと判明した場合には、責任を負う立場にある軍司令官が適切に処置したと思っていた。

問

　2度のフィリピン訪問のいずれかの機会に、そのような処置が執られていたか否かを確かめようとしたか？

答

　しなかった。既に述べたように、その点については、責任を負うべき立場にある軍司令官に信を置いていた。日本人は、その性質の故に、そのような残虐性を帯びた行為をなせるものではないと皆、考えていた。これは、支那事変に関連して、1941（昭和16）年1月8日付けで自分が出した『戦陣訓』という題の小冊子で、大東亜戦争の最中にも同じ内容で陸相としての自分の名で将兵に配布した。戦闘に際しての心構えを説いたもので、自分が青鉛筆で印を付けた頁を訳し

てもらえれば幸いである。自分は、この冊子の内容がそのまま実行されていたと思っていた。（訳注：同冊子は通訳官に手交され、印が付けられた箇所は翻訳されて、尋問記録の一部となっている）

問

　貴官がフィリピンを2度にわたって赴いた際に、オドネル［O'Donnell］収容所か、それ以外の収容所を訪問して視察したか？

答

　しなかった。そのような時間がなかった。唯一視察したのは、国内の大森収容所である。

問

　フィリピンに行った時に民間人が抑留されていた収容所を訪れたことはあったか？

答

　フィリピンでは訪れなかった。マラヤではそのような収容所に足を運んだことがあったと思う。

問

　フィリピン訪問の際に、米軍兵士とフィリピン軍の負傷者が治療されている場を視察したことはあったか？

答

　病院で負傷した日本兵を見舞ったことはあったが、そこにフィリピン人もしくは米国人の負傷者がいたかどうかは分からない。

問

　その病院に行ったのは、日本軍の負傷者を見舞うためで、フィリピン人もしくは米国人の負傷者を視察するためではなかったということか？

答

　日本軍の負傷者を見舞うのが主目的で、既に述べたように、そこに米国人もしくはフィリピン人の負傷者がいたか否かは分からない。

問

　貴官がタイや台湾に赴いた際に、米英軍捕虜が収容されていた収容所を訪れたことがあったか？

答

　訪れなかった。台湾の収容所は花蓮港にあったが、自分が行ったのは台北であった。

　［添付文書1941（昭和16）年1月8日発行『戦陣訓』の部分訳－被尋問者が下線を付した部分］

　戦場にあっては目前の事象に捉われて、本義を忘れ、軍人としての義務に悖ることが往々にしてあるので、心してかかる必要がある。……

　常に天皇の御心に従って、公正にして勇武、勇武にして仁慈に振る舞って、世界に大いなる和をもたらすのが神武天皇の精神である。勇武であるべき時は、その厳格さを徹底し、仁慈である時は、それをあまねく及ぼさなければならない。皇軍に刃向かう敵があるならば、峻烈な武力によって断乎として粉砕すること。しかし、容赦なき武力で敵を屈服させたとしても、矛を収めた

＜1947-1-8＞　　　　　　　　　　　　　　　　　　　　　2　検察主張立証段階

敵を攻めないようにし、服従してくる者を仁慈の心で扱うという徳がなければ、完璧（な軍人）とは言えないのである。……

　敵の所有する財産と物資の保護に留意しなければならない。物資などの徴発、没収、破却は、常に規則に従い、指揮官の命令に依拠して行わなければならない。皇軍の本義に鑑み、寛大な心で無辜の住民に接しなければならない。

＊（検）法廷証 PX1983【連合国軍 1946（昭和 21）年 3 月 28 日実施被告東条英機尋問調書】＝検察側文書 PD4182　識別番号を付される。

＊（検）法廷証 PX1983-A【同上抜粋；俘虜情報局・俘虜管理部の指揮系統・軍務局との関係】＝検察側文書 PD4182-A　証拠として受理され、朗読される。

【PX1983-A 朗読概要】

問
　俘虜情報局は対米開戦後 1 カ月を待たずに設置されたのではないか？
答
　その通りで、条約に基づいて設置された。
問
　その後 2〜3 カ月後に俘虜管理部が設けられたのではないか？
答
　捕虜に関する事項はすべて俘虜情報局の管轄であった。それは、公の機関であったのか？（この答の後半部を成す被尋問者に対する質問と次の問の部分は、文脈上、理解し難い。後注を参照）
問
　その通りで、陸軍省の一部を構成し、俘虜情報局と類似のものであったと考える。
答
　捕虜関連事項は俘虜情報局の管轄で、内務省には民間人抑留者を扱う別の部局があったが、その名称は承知していない。（以上の部分は、英文速記録 14592 頁及び和文速記録 147 号 8 頁の記述に従ったが、内容から判断して、「それは、公の機関……」の部分は、実際は尋問官の質問で、その後の「その通りで……」で始まる一文は、被尋問者の応答の一部であったのを、速記者が誤って記したものと思われる）
問
　陸軍省は捕虜関連で、俘虜情報局以外にいかなる部署を設けたか？
答
　捕虜収容所を設けた。
問
　その数や場所を決定したのは陸軍省か？

答

　その通りで、捕虜の数が増加するに連れて、収容所の数も増えていった。

問

　捕虜に関する規則及び命令は陸相が発出もしくは認可したものではないか？

答

　無論、その通りである。

問

　となれば、捕虜関連の事務的手続事項は東京で処理され、実際の現場での捕虜関連施策は、陸軍省から受けた規則と命令に従って、収容所長が行っていたのではないか？

答

　無論その通りであるが、現地の収容所長は、陸相が発した命令に基づいてさらなる命令を発出することができた。

問

　東京での事務的事項は軍務局の直接の管轄下にあったのではないか？

答

　軍務局が処理していた。（捕虜関連の）規則は、軍務局長が、その性質に応じて、参謀本部第１〜４部のいずれかの長と協議して決定していた。

問

　開戦直後の軍務局長は誰か？

答

　武藤章。当時、少将。

問

　武藤はいつまでその職にあったか？

答

　よく覚えていないが、1942（昭和17）年８月もしくは10月頃まで。（事実としては、同年４月に交代している）

問

　開戦直後、俘虜情報局長となったのは誰か？

答

　上村中将。名前は分からない。

問

　幹男ではなかったか？

答

　そうだと思う。

＜1947-1-8＞

問

　貴官が上村中将に「捕虜を増産のために使用すべき」と言ったことを覚えているか？

答

　工場で使役する許可を出した。条約の規定に基づいた措置である。

問

　1942（昭和 17）年の初頭に、貴官が「日本の実力を誇示するために、朝鮮、台湾、満州、支那に捕虜収容所を設置して、そこで強制労働に就かせるべきである」と言ったことも覚えているか？

答

　そのようなことは言っていない。収容所の場所は、輸送及び労働力の観点から決定された。それから、「強制労働」と言ったが、正しくない。実際は、下士官以下の捕虜を労役に就かせることができるという国際法の規定に則った措置であるし、士官も当人の同意があれば、作業をさせることができたのである。このことは、陸相としての自分が発した命令に明示されている。

問

　武藤の後を襲って軍務局長となったのは誰か？

答

　佐藤賢了。当時、少将。

＊（検）法廷証 PX1983-B【同上抜粋：外地での捕虜取扱実状・それを知った経路】＝検察側文書
　PD4182-D　証拠として受理され、朗読される。

【PX1983-B 朗読概要】

問

　フィリピン、台湾、タイでの捕虜の取扱が非人道的であるのみならず、日本軍の捕虜が受けていた処遇を下回るものであったと聞いたことがなかったか？

答

　捕虜には日本軍と同程度の待遇が与えられていたと思っていた。しかしながら、日本軍が置かれている環境が劣悪であるならば、捕虜に対する処遇もそれに比例して劣悪となった。タイに於いては、泰緬鉄道の建設に際して（日本軍）士官が捕虜を虐待し、そのために病人が出たと聞き及んだので、軍法会議を開くことを命じた。

問

　バターンと泰緬鉄道以外に、英米軍捕虜の虐待事例を聞いたことはなかったか？

答

　それ以外では余り耳にしておらず、支那関係で 2 〜 3 の事例が寄せられただけ。それらについては、現地当局が軍法会議を開き、その結果が陸相である自分に報告されてきた。いくつかの事

例では不起訴となっており、その結果に納得が行かなかった自分は、再調査を促した。

問

　貴官は、捕虜及び民間人抑留者の虐待についての抗議が外務省経由で陸軍省に送られていたことを知っていたと述べたが、それがどのような内容であったかを承知していたのか？

答

　そのような事項は週2回開かれる陸軍省の局長会議での議題となるのが普通で、議題として持ち出すのは俘虜情報局長官もしくは軍務局長であった。そこから、現地で実際の施策の実行権限を有している指揮官に伝達され、非人道的処遇があった場合には、その指揮官が応分の措置を執り、その報告が陸相に送られることとなっていた。

＊（検）法廷証PX1984【連合国軍1946（昭和21）年3月29日実施被告東条英機尋問調書】＝検察側文書PD4183　識別番号を付される。［E: 14599］［J: 147（9）］

＊（検）法廷証PX1984-A【同上抜粋；日本空襲ドゥーリットル航空機搭乗員処刑問題】＝検察側文書PD4183-A　証拠として受理され、朗読される。

【PX1984-A 朗読概要】

問

　開戦以降の米軍航空機搭乗員の処刑もしくは収監をもたらした規則、命令及び措置に責任を有していたのは貴官ではないか？

答

　無論である。

問

　命令及び規則に対して責任があるということか？

答

　何を指しているのかが不明瞭である。1942（昭和17）年10月18日に日本が初めて米軍機によって空襲される以前に、そのような規則があったとは記憶していない。それ以降の時期については記憶している。（「10月」は英文速記録14600頁及び和文速記録147号9頁の記述のママ。明らかな誤記で、事実上のドゥーリットル空襲は4月18日）

問

　その時もしくはそれ以降のいかなる行為に貴官は責任を有すると言うのか？

答

　1942（昭和17）年の空襲は非戦闘員や小学生に向けられたもので、国際法に違反した殺人行為であることは我々の眼に明らかであった。我が国は、その判断に従って事態を処理することとし、自分は航空機搭乗員を（ほとんど軍法会議に近い）軍律会議にかけた。当時の日本人の感慨が分からなければ理解できないであろうが、日本本土が初めて爆撃を受けたのは大いなる衝撃で、

＜1947-1-8＞　　　　　　　　　　　　　　　　　　　　　　　　2　検察主張立証段階　**311**

世論は激昂した。無防備な中小都市への無差別爆撃や原子爆弾の使用といった国際法で許されていないことがなされた我が国の現在の悲惨な状況に比べれば、初空襲など取るに足らないことかもしれないが、当時の国民は大きな衝撃を受けたのである。

問

　初空襲を行った航空機搭乗員に極刑を下したのは、以後そのような空襲が行われるのを抑止することが主な狙いであったのではないか？

答

　そのような理由で行われた。大本営からの要請があり、杉山参謀総長が自分の許に直接やって来て厳罰を要求した。

問

　貴官はそれにどのように応え、どのような措置を執ったか？

答

　軍政に関する命令を出した。自分の名前で出したか、大本営の命令という形で出したかは定かでないが、いずれにせよ、それに責任を負っていたのは自分である。

問

　参謀総長が貴官の許にやって来た時、総長は大本営内の誰の意見を伝えに来たのか？

答

　誰の意見を代弁するのでもなく、自分の意思でやって来た。参謀総長が自らやって来ることなど余りなかったので、このことはよく記憶している。

問

　この件について天皇から何か命令を受けたり、天皇と話し合ったり、貴官が何かの措置を執る前に天皇に報告したりしたか？

答

　天皇はこの件に全く関与していない。支那の現地部隊から自分と参謀総長に航空機搭乗員８人全員を死刑に処すとの判決が伝えられた時、参謀総長は、その通りに刑を執行するよう要求してきた。しかし、自分は天皇の仁愛の深さを知っているので、そのことを念頭に置いて、天皇と協議の上で、小学生の殺害に関与した３名のみを処刑するとの決定を下した。減刑の権限を有しているのは天皇だけであったので、このような決定過程となったのである。天皇がこの件に関与しているのは、この一点についてのみである。

問

　つまり、天皇が８名に対する判決をすべて再審査して、死刑対象者を８人から３人に減らしたということか？

答

　そうではない。天皇は再審査などしていない。日本の軍法会議は、普通の裁判の三審制を採っておらず、一審制である。

問

　天皇は、何に基づいてそのような措置を執ったのか？　貴官が提案したのか？

答

　その通りで、輔弼の任にあたる自分の責任でなした。しかしながら、減刑は仁愛深い天皇がなしたことである。

問

　航空機搭乗員の裁判と処刑に関する命令は、事後法に基づくものではないか？

答

　その通りである。

問

　つまり、事態は、空襲、航空機搭乗員の捕獲、貴官が発した命令、裁判、処刑という順序で進展したのではないか？

答

　そうである。

問

　即ち、貴官が出した命令が裁判と処刑の根拠となっていたということか？

答

　その通りではあるが、命令の根拠となっていたのは空襲という事実である。無論、処刑命令ではなく、空襲があったという事実に基づいて裁判を開くことができるという趣旨の命令である。

問

　つまり、空襲の結果として命令もしくは規則が貴官によって発出され、それが空襲の日に遡及的に適用されたということか？

答

　その通りである。

＊（検）法廷証 PX1984-B【同上抜粋；捕虜に対する食糧・陸軍省局長会議】＝検察側文書 PD4183-B　証拠として受理され、朗読される。

【PX1984-B 朗読概要】

問

　各地の捕虜収容所長は、管轄している捕虜の食糧、健康、労働状況及びその他について、軍務局宛に月例報告を送ることになっていなかったか？

答

　規則に従って通例業務としてそうしていた。

＜1947-1-8＞

問

それらの報告はまとめて陸相に送られていたのではないか？

答

陸相宛に毎日送られてくる文書は積み重ねると 1.5 フィートぐらいの高さになる。その中に含まれていたと思う。

問

そのような文書がまとめられて陸相宛に送られていたことは知っていたのではないか？

答

週 2 回の局長会議の場で、その内容の一部は報告されていたと思う。

問

そのような報告で示されていた栄養失調や他の原因による捕虜の死亡率は、局長会議での議題となったか？

答

なった。自分は、それに特段の注意を払っていた。それについての責任は現地の軍司令官にあり、軍司令官がその責任を果たしえないと判断した場合には、陸軍省に要請を出すこととなっていた。軍務局長宛に提出された要請について同局長が、軍司令官と協議した上で、陸軍省が食糧を送るといった措置を執ることとなっていた。

＊（検）法廷証 PX1985【木戸日記（1942［昭和 17］年 3 月 13 日）；香港対英残虐行為イーデン英外相演説 – 宮相と懇談】＝検察側文書 PD1632-W（95） 証拠として受理され、抜粋が朗読される。

【PX1985 朗読概要】

3 時に宮相が来室し、（英外相）イーデンが我軍の香港での残虐行為について議会で演説したことについて話し合う。

＊（検）法廷証 PX1986【木戸日記（1942［昭和 17］年 5 月 21 日）；米人捕虜ドゥーリットル航空機搭乗員処分問題】＝検察側文書 PD1632-W（96） 証拠として受理され、朗読される。

【PX1986 朗読概要】

武官長が来室し、空襲で捕虜になった米軍捕虜の処分について話しをした。

＊午前 10 時 45 分、裁判長ウェッブ、休廷を宣す。

＊午前 11 時、法廷、再開する。［E: 14608］［J: 147（10）］

＊（検）法廷証 PX1987【木戸日記（1942［昭和 17］年 10 月 3 日）；同上問題 – 東条首相より言上の依頼】＝検察側文書 PD1632-W（98） 証拠として受理され、朗読される。

【PX1987 朗読概要】

　11時半に東条首相が来室し、4月18日に東京を空襲した米軍の捕虜に対する処分について詳細を天皇に言上するよう依頼してきた。1時5〜15分、その件について言上。近日、参謀総長もそれについて言上する。

＊（検）法廷証 PX1988 【1943（昭和18）年9月3・7日付けタイ捕虜収容所長発俘虜情報局長官宛報告電文：8月捕虜状況】＝検察側文書 PD2732-A　証拠として受理され、朗読される。

【PX1988 朗読概要】

　9月3日：

　1. 捕虜4万314名（内地護送途中（？）の7328名を含む）（疑問符は和英両速記録原文のママ。以下同。後刻裁判長が、これについて質問する）

　2. 病人の捕虜1万5064名（6語については照会中）主な疾病はマラリア、栄養失調、外皮病、脚気等。（「6語照会中」は原文のママ。電文で送る際に今日で言う「文字化け」のような現象が起きて判読不能となったもので、9月7日の別電で要付加事項としたものが入れられるべき箇所であろう。「外皮病」の「外皮」は和文速記録147号11頁ではカタカナ表記で、英文速記録14609頁ではGAIHIとなっているのを推測して当て字したもの。次項に出てくる皮膚病のペラグラ［pellagra］のことか？）

　3. 死亡者37名で、死因別ではマラリア13名、脚気4名、肺炎（？）3名、ペラグラ3名、その他14名。

　4. 1日平均の労役作業人員は、屋内（？）作業1万2361（？）名、鉄道への直接協力作業1395名、部隊への協力作業4772名。

　5. 特殊労務隊（？）814名（患者88名、1日平均作業人員734名）、死亡者なし。

　6. 捕虜郵便、受信90427、発信なし、捕虜宛伝言4通。

　7. 捕虜宛救恤金品（？）、受領なし。

　8. 警戒を厳重にして、鉄道部隊との協力体制を強化するために集約主義を採用し、分所5カ所と分遣所3カ所を組織した。

　9. 捕虜及び特殊労務者共に平穏。

　10. シンガポールで待機中の捕虜2800名は、9月5日に乗船する予定。

　9月7日：

　以下を不明瞭な部分に付け加えてもらいたい（「6語照会中」の部分であろう）：（病人の）総員（に対する）比率37.06％

　注記：捕虜の病人が1万5064名で総員の37.06％とあるが、総数4万314の37.06％は1万4940なので、計算間違いがある模様。この数字は俘虜情報局で計算したものでなく、現地から送られてきたものをそのまま書き写したものである。

＜1947-1-8＞　　　　　　　　　　　　　　　　　　　　　　　2　検察主張立証段階　**315**

＊裁判長ウェッブ、検察官ウールワース大佐に対して、「文中に疑問符が多く付せられている。
　直前の単語が正確であるかについて疑義があることを意味しているのか」、と質す。ウールワ
　ース検察官、「日本語の原文にあったものである」、と申し立てる。

（7）　証人陸軍法務大尉荻矢頼雄－元中部軍管区司令部法務部に所属し、日本軍捕虜とな
った米軍航空搭乗員に対する軍法会議の参与検察官となり、戦後は逮捕され、出廷時、
巣鴨刑務所に拘置中－、検察主張立証第 XIII・XIV 局面「対民間人・戦争捕虜残虐行
為」第 2 部「B 級・C 級戦争犯罪と日本政府の対応」の検察側立証のために、弁護側要
請により証言台に登壇し、「米軍航空機搭乗員に対する軍法会議」について、宣誓供述
書によらず本来の口頭方式により、弁護側反対尋問に対峙する。

　　　　　　　　　　　　　　　　　　　（英速録 14612〜14629 頁／和速録第 147 号 11 頁〜13 頁）
＊裁判長ウェッブ、検察官マンスフィールド判事に対して、「証人は（その宣誓供述書作成の段階で）
　既に宣誓を済ませているのか？　未だ宣誓をしていないのか」、と質す。マンスフィールド検
　察官、「宣誓は済ませていない。もし法廷が望むならば」、と応答する。（この後、英文速記録には
　　特に記載がないが、和文速記録は［証人宣誓］と記す）
＊検察官マンスフィールド判事、翻訳調整官との間で、「証人は弁護側要請によって出廷を命じ
　られたものであり、証人の宣誓供述書は PX1925-A【1946（昭和 21）年 2 月 8 日付け荻矢頼
　雄陸軍法務大尉宣誓供述書】＝検察側文書検察側文書 PD8223 である」と、確認する。（当該宣
　　誓供述書が最初に証拠として提出されたのは、1947（昭和 22）年 1 月 3 日であったが、その際には、当該人宣
　　誓供述書検＝検察側文書 PD8223 は、PX1925-A ではなく PX1925 として受理されていた。英文速記
　　録 14221 頁参照）
＊検察官マンスフィールド判事、直接尋問を行う。

【検察側証人荻矢頼雄に対する検察側直接尋問】

検察官審問
　①証人の氏名は？
　②証人は現在、巣鴨拘置所に拘置されているか？
　③前年 2 月 8 日付け宣誓供述書＝ PX1925-A の供述者は証人であるか？
証人応答
　①荻矢頼雄
　②その通り。
　③その通り
＊被告佐藤弁護人草野、反対尋問に立つ。

【草野弁護人による検察側証人荻矢に対する反対尋問】

弁護人審問

①宣誓供述書の中で証人の当時の地位は、「証人検事（英文速記録では public procurator）」とされているが、検察官の意味か？

②米軍航空機搭乗員に対する死刑求刑の経緯について、

②-1. 同隊のネルソン［Robert W. Nelson］少尉とオーガナス軍曹［Algy S. Auganus］に対して死刑を求刑するよう証人に指示したのは誰か？　証人は、供述書の中で、「第2総軍法務部長）大田原（清美）少将が自らの調査に基づいた見解を中部方面軍管区司令官の内山英太郎中将に提出して死刑判決を許可するよう求め、その許可を得た後に大田原は第2総軍司令官の畑にその見解を送って、死刑に処することへの承認を得た」と述べているが（「中部方面軍管区司令部」は英文速記録14614頁の Central Army Area Headquarters による。後出のように、事実は、内山は第15方面軍司令官）、本当にこのように供述したのか？

②-2. 起訴や判決への承認を求めたということではなく、死刑求刑への承認を求めたということではないのか？

②-3. 供述書の該部分の意味は、死刑を求刑することへの承認を求めたということか？

証人応答

①他の検察官の補佐役の意味で、「立会検察官」（英文速記録では presenting prosecutor）とでも訳すべきものである。（英文速記録14615頁によれば、この後に翻訳調整官が、「attending procurator（参与検察官）とすべきである」と発言している）

②-1. 検察官が死刑に処することへの承認を得るなど考えられない。その部分は誤訳であろう。刑の執行方法について承認を求め、死刑を求刑することに承認を求めることはあり得る。

②-2. 起訴するか否かについては検察官が意見書をまとめ、その意見書が承認された後で、その内容に基づいて起訴される。国際的に重要な問題でもあるから、死刑を含めた求刑の問題については慎重の上にも慎重を期すべきであると判断して、大田原少将が事前に内山中将に、死刑を求刑することへの承認を求めたのだと、自分は考える。自分が聞いたところでは、内山が承認した後で畑そして陸相の承認を求めたとのことである。

②-3. 起訴されるということを前提として、そのような許可を求めたと自分は考える。

弁護人審問

③軍事法廷の独立性について、

③-1. 軍事法廷（military tribunal）の裁判は、他の司法裁判と同様、独立性を保持していたか？

③-2. 裁判には、陸相もしくは軍司令官なども干渉しなかったということか？

③-3. 審理過程や判決に際してもか？

証人応答

③-1. 保持していた。

<1947-1-8>　　　　　　　　　　　　　　　　　　　　　　　　2　検察主張立証段階　**317**

③-2.　もちろん、そのような干渉はなかった。

③-3.　その通りである。

＊被告東条弁護人清瀬、「裁判の独立性［independence of the trial］」との訳語は、「審理での事実認定及び判決の独立性［independence of the findings and the sentence］」とすべきである。それは重大な問題であり、言語裁定官の判断を仰ぎたい」、と申し立てる。検察官マンスフィールド判事、「該案件を言語裁定官に付託することに異議を申し立てない」、と応答する。清瀬弁護人、さらに、「荻矢証人は英語を理解する様子であるが、日本語の「裁判」という語は"proceedings of trials"もしくは"finding and judgment"と訳すべきではないか？」、と質す。証人、これに同意する。

＊被告畑弁護人ラザルス、反対尋問に立つ。［E: 14620］［J: 147（12）］

【ラザルス弁護人による検察側証人荻矢に対する反対尋問】

弁護人審問

①米軍航空機搭乗員への死刑求刑を畑が承認したことについて、

①-1.　供述書や草野弁護人への応答の中で、証人は、「死刑求刑について畑の証人を求めた」と述べているが、他に具体的情報があるか？

①-2.　畑がこの件を承認したか、あるいはこの件を承知していたかについてさえも、証人は知らないのではないか？

①-3.　畑のこの件への関与について証人が依拠している唯一の情報源は大田原が証人に話した内容か？

証人応答

①-1.　自分の上司であった大田原から聞いたことが唯一の情報源であった。

①-2.　畑が死刑求刑を承認したことについては、大田原から間違いなく聞いた。

①-3.　そうである。

弁護人審問

②米軍航空機搭乗員裁判の管轄問題について、

②-1.　この裁判が内山の指揮する第15方面軍管轄下で行われたことを、証人は確認したが、畑が指揮していた第2総軍は、第15方面軍の行政事項には関わっていなかったのではないか？

②-2.　第2総軍は本土防衛を唯一の任務としていなかったか？

②-3.　米軍航空機搭乗員に対して死刑判決が下された後に、刑の執行に際して畑の承認が求められたか？

②-4.　誰かそのような承認を求められた者がいたか？

②-5.　その理由は、内山が同裁判に対して専一の管轄権を有する第15方面軍の指揮官であったからか？

②-6. この裁判に関連して畑が署名した文書を見たことがあるか？

②-7. 畑のこの裁判への関わりについて証人が知っている唯一のことは、大田原が「死刑求刑について畑の承認を得た」と証人に語ったことか？

証人応答

②-1. その点については、自分は通暁していない。

②-2. そのように聞いていた。

②-3. 否。

②-4. 内山司令官。

②-5. 然り。

②-6. ない。

②-7. 然り。

＊被告大島弁護人島内、反対尋問に立つ。[E: 14623]［J: 147（12）］

【島内弁護人による検察側証人荻矢に対する反対尋問】

弁護人審問

①米軍航空機による爆撃の目標について、処刑されたオーガナス軍曹とネルソン少尉は、いつ、どこを爆撃したのか？

②東京への爆撃について、

②-1. 東京で爆撃された地域はどこか？

②-2. 住宅街も爆撃されたのか？

②-3. 両搭乗員は、住宅街を爆撃していることを承知していたのか？

②-4. 東京について質問している。その折の東京の被害の程度は？

証人応答

①1945（昭和20）年3月10日東京、同3月14日大阪、同17日神戸。

②-1. その点は裁判では余り問題とされなかった。（このあたりよりの証人の返答の仕方は、弁護人の質問に対して必ずしも直截的に応じておらず、やや忌避的な印象も持ち得よう）

②-2. 爆撃対象に含まれていた。

②-3. 東京に関しては余り問題がなかったが、大阪……。

②-4. そのような詳細事項については承知していない。

弁護人審問

①-5. 爆撃の結果、東京で多数の非戦闘員が死傷した事実を承知しているか？

＊裁判長ウェッブ、「法廷の規則に準拠すれば、証人が証言できる内容は、（米軍航空機搭乗員に対する裁判での）証拠から知り得たことのみである。そのような証拠には弁護側が入手できるものもできないものも含まれる」と、弁護人の質問を却下する。

<1947-1-8>   2 検察主張立証段階 **319**

弁護人審問

　③大阪への空襲について、

　③-1. 大阪のどの地域が空襲により攻撃されたか？

証人応答

　③-1. 軍事上の重要性を持つ目標と非軍事的目標の双方。

弁護人審問

　③-2. 証人の云う非軍事的目標の中には住民の一般的な居住地域も含まれるのか？

＊裁判長ウェッブ、「それは重要な問題ではない。米軍機が東京と大阪の住宅街を爆撃したこと
　を否定することは検察側にはできない。特定の搭乗員がそのような攻撃をしたかどうかは一体、
　どれほど重要か？　私は検察側の立場を諒解していることになるか？（Do I understand the atti-
　tude of the prosecution rightly?）」、と質す。検察官マンスフィールド判事、「検察は、裁判長の見
　解に異議はない、同意する」、と応答する。弁護人の質問、却下される。

弁護人審問

　③-3. 大阪は、爆撃によりどのような被害を蒙ったか？

＊検察官マンスフィールド判事、「関連性なし」として異議を申し立てる。裁判長ウェッブ、「時
　間を無駄にしている。時間浪費の観点から質問は許されない」と、異議を容認し、弁護人の質
　問を却下する。

弁護人審問

　③-4. 証人の上司であった大田原は、内山中将に、米軍航空機搭乗員のネルソン少尉とオーガ
ナス軍曹への死刑求刑について承認を求めたか？

証人応答

　③-4. その通り。

＊午前 12 時、裁判長ウェッブ、正午の休廷を宣す。

＊午後 1 時半、法廷、再開する。[E: 14628][J: 147（13）]

＊被告大島弁護人島内、「休憩直後に証人に質そうとした事項は既に他の弁護人が質問して回答
　を得たものであった」として、自らの反対尋問の終了を報じる。

＊被告東条弁護人清瀬博士、「午前中に裁判長は、弁護側の尋問で混乱を来たした部分を明解に
　するために再直接尋問（英文速記録 14628 頁のママ）をやればよい、と言ったが、自分がそれをや
　ってもよいか？」、と申し立てる。裁判長ウェッブ、「（死刑求刑への）承認が判決に先立って求
　められたことは、ラザルス弁護人が既に明らかにしたので、不要である」と、申し立てを却下
　する。

＊検察官マンスフィールド判事、「検察側は再直接尋問を行わない」、と申し立てる。裁判長ウェ
　ッブ、「荻矢証人はもとの拘置状態に戻される」、と申し渡す。

＊荻矢証人、退廷する。

(8) 証人陸軍中将若松只一－元陸軍参謀本部総務部長、1942（昭和17）年12月同本部第3部長、同1944（昭和19）年南方軍参謀次長、1945（昭和20）年4～7月まで陸軍次官－、検察主張立証第XIII・XIV局面「対民間人・戦争捕虜残虐行為」第2部「B級・C級戦争犯罪と日本政府の対応」の検察側立証として、「泰緬（タイ・ビルマ）鉄道」について、宣誓供述書により証言する。

（英速録14629～14655頁／和速録第147号13頁～16頁）

＊検察官ウールワース大佐、直接尋問を行う。

【検察側証人若松只一に対する検察側直接尋問】

検察官審問

（氏名と住所についての人定質問は省略）

①証人の宣誓供述書である検察側文書PD2744の和英両版は証人自身が署名したものであるか？

証人応答

①署名は自らのものである。しかし、英訳されたが故に、自分の真意が伝わっていない箇所がある、その点を明らかにするための発言を求めたい。

＊（検）法廷証PX1989【1946（昭和21）年10月31日付け若松只一宣誓供述書】＝検察側文書PD2744 ［E: 14631］［J: 147（13）］裁判長ウェッブ、「英和両文の宣誓供述書の内容を言語部で精査した方がよい」、と申し渡す。証人、「問題は和英両版の内容が異なっているとか誤記があるということではなく、供述書の中に自分の真意が十分に記されていないことである。その点を明らかにするためにいくつか敷衍したい」、と申し立てる。検察官ウールワース大佐、「そのような点は反対尋問の過程で明らかにできる」、と応じる。裁判長ウェッブ、「まず英語版の内容を知る必要がある。検察官は当該文書を提出するのか」と、検察官に質す。ウールワース検察官、「既に提出した」、と応答する。証拠として受理され、朗読される。

【PX1989朗読概要】

1. （数字は便宜上付した）開戦時、自分は、参謀本部総務部長であったが、翌年12月に運送及び通信を任務とする参謀本部第3部長となって、1943（昭和18）年までその職にあった。泰緬鉄道の建設は、大本営が1942（昭和17）年に南方軍の要請を受けて決定した。同鉄道の建設は、(1) タイ・ビルマ間に陸上交通路を設け、(2) ビルマで作戦中の日本軍への補給路を確保し、(3) 弾薬製造に必要なタングステンを沿線地区で採掘することを目的としていた。

潜水艦と航空機による攻撃のために水上交通が困難となったため、タイ・ビルマ間には他に交通手段がなかったのである。この鉄道建設に捕虜を利用する決定を下したのは、杉山参謀総長、東条陸相、木村陸軍次官である（木村はその職責上名前を挙げただけで、実質的な責任はない）。

<1947-1-8>　　　　　　　　　　　　　　　　　　　　　　　　2　検察主張立証段階　**321**

　自分は 1943（昭和 18）年の 7 月末もしくは 8 月初旬にラングーンとバンコク、そして鉄道の
タイ側起点地域を視察したが、当時は雨季で、作業の進捗状況ははかばかしくなかった。視察に
赴いたのは、作業が思い通りに捗っていないとの報告を度々受けていたことと、作業に従事して
いる捕虜の健康状態が劣悪で死亡率が高いとの情報が報告に盛り込まれていたのが理由であった。
また、コレラが流行していると聞いて憂慮していた。鉄道作業にあたっている労務者の中には赤
痢や脚気に罹患した者が多く見られ、捕虜への糧食は質量共に必要水準を下回るものであった。
自分は、視察の結果を杉山参謀総長と秦（彦三郎）次長に口頭で伝え、同鉄道の完成予定期日を
当初の予定から 2 カ月延期することを具申した。最初の計画では、完成期日を 1943（昭和 18）
年 12 月としていたが、3 月、参謀本部は、地面を掘削するのではなく盛り土をして鉄道路を建
設するよう指示して完成期日を 8 月に変更していた。自分は、視察結果を報告した上で、期日を
10 月とするよう進言して受け入れられたのである。同時に自分は、後方補給に精通している石
田栄熊少将を鉄道建設部隊の指揮官に推薦した。

　この鉄道を建設する際に捕虜が多数死亡したが、原因は疫病、厳しい気候、兵站機構の欠如、
トラックの数が少なかったことなどであった。建設予定の鉄道線路と並行してトラック用道路が
4 月に建設され、雨季の最中もそれを利用する予定であったが、橋が押し流されたりして使用で
きなくなることがしばしで、捕虜を含む作業員に難儀を与える結果となった。トラックが使用で
きなくなったため、作業人員をさらに増やす必要が出てきて、それ故に食糧事情が悪化したので
ある。自分は南方軍に、トラックの数を増やして作業人員を減らすよう具申した。

＊検察官ウールワース大佐、「内容に相違ないか？」、と質す。証人、「内容に間違いがあるわけ
　ではないが、自分の真意が十分に伝わっていない箇所があるので説明したい」、と申し立てる。
　証人、裁判長の許可を得た上でさらに、「『泰緬鉄道建設に捕虜を使用する旨の決定を下したの
　は杉山と東条と木村らである』と述べたが、自分がその決定を下すのに直接関わっていたわけ
　ではないので、その 3 人が実際にそのような決定を下したと断言することはできない」、「制度・
　機構上の観点から、その 3 人が責任を負うべき立場にあったというのが、該部分の陳述の趣旨
　である」、と申し立てる。
＊被告東条弁護人清瀬博士、反対尋問に立つ。[E: 14637]［J: 147（14）]

【弁護人清瀬博士による検察側証人若松只一に対する反対尋問】

弁護人審問
　①証人は、提出済み（検）法廷証 PX475【1945（昭和 20）年 12 月 19 日付け日本陸軍省発連
合国軍軍最高司令官宛報告「泰緬鉄道建設」】＝検察側文書 PD1509（第 2 巻 167 頁参照）の作成に
関わっていたか？
証人応答
　①当初、関与した。

弁護人審問

②泰緬鉄道建設の目的について、

②-1. PX475 には同鉄道の目的のひとつとして「交易路及び交通路（trade and transit－trade and traffic）の確保」が挙げられているが、証人の供述書には「交通路」としか記されていない。供述書も同じことを言わんとしたものであるか？

②-2. 同鉄道は戦時の目的のみならず、戦後の交易路及び交通路としての使用も意図されていたと理解してよいか？

②-3. 鉄道建設の目的として供述書では挙げられているタングステンの採掘が PX475 には見当たらないが、それは重要な目的とされていたのか？

②-4. タングステンは実際に採掘されたか？

証人応答

②-1. 供述書で使った「陸上交通」［overland communication］という言葉は英訳であり、自分の真意は平和裏に行われる交易と交通のための道路を意味するものである。

②-2. そう解してよい。

②-3. 他のふたつの目的ほど重要ではなかった。

②-4. 定かではない。

＊裁判長ウェッブ、自ら問いを発す。

裁判長審問

②-5. 同鉄道は日本の領域外で建設されたものであるが、そのような鉄道の平時の利用に日本が関心を持っていたのか？

②-6. 建設費を負担したのは日本か、タイ・ビルマか？

証人応答

②-5. 日本とビルマもしくはタイ双方との諒解の下で建設された鉄道は、平時においても関係国のためになるというのが自分の考えである。

②-6. 日本。

弁護人審問

③泰緬鉄道建設に捕虜を使用すると決定した理由を聞いたことがあるか？

証人応答

③第1に、日本の領域外で、しかもほとんど占領地外での鉄道建設工事であったこと、第2に、純軍事目的の施設ではなかったこと、第3に、鉄道建設が作戦の一環もしくは作戦目的に供するものではなかったと解釈されたこと。証人自身は建設計画の詳細に目を通したわけではない。

弁護人審問

④鉄道建設地域が戦場となる可能性と捕虜の安全の確保について、

④-1. 泰緬鉄道建設予定地域は敵の空襲が予想されるような危険な地域であったか？

④-2. それ以降、その地域で危険な事態が起きかねないような時があったか？

<1947-1-8> 2　検察主張立証段階　**323**

④-3. 危険が切迫している時に、捕虜を安全な地域に移動させる責任を負っていたのは誰か?

④-4. この場合には具体的にはどこか?

⑤捕虜の健康管理及び虐待への対処について、

⑤-1. 証人は供述書の中で、捕虜がコレラなどの疾病に苛まれていたことを述べていたが、疾病の蔓延を防ぐために作業を休止したりしたことがあったか?

⑤-2. 建設作業中に捕虜の虐待の事例があった折に軍法会議が開かれたことがあったか?

証人応答

④-1. そうではなかった。

④-2. 鉄道の完成が間近い頃、空襲が始まった。

④-3. 捕虜を直接に指揮・監督する部署。

④-4. 南方軍総司令部だと思う。

⑤-1. コレラの伝染を防ぐために6〜7月ぐらいに作業を暫時中断したことがあった。

⑤-2. あったと聞いている。

弁護人審問

⑥石田少将を鉄道建設の責任者に推薦した理由について、

⑥-1. 責任を同少将に移した理由は何か?

⑥-2. 鉄道建設技術の面で秀逸であるのみならず後方補給にも通じていた石田少将を指揮官にした狙いは、それによって日本兵のみならず捕虜への待遇が改善されると期待したがためであったと理解してよいか?

証人応答

⑥-1. 石田の前々任者の下田（宣力）少将は、鉄道建設予定地視察の途中、飛行機事故で死亡し、前任者の高崎（祐政）少将は、建設期間中にマラリアに罹患して他の職務に異動となった直後、死亡した。即ち、前任者の健康状態が第一の理由。第二の理由は、2人の前任者共に鉄道建設に関わる技術面には造詣が深かったが、多数の人員の動員もしくは利用、後方補給といった鉄道建設に不可欠な作業をこなすためには、技術畑出身者よりも参謀勤務経験者の方が適していると判断したこと。石田少将は、マラヤ鉄道部隊の指揮官で、かつ南方軍の参謀として寺内司令官の信頼が厚かったので、推薦した。

⑥-2. その通り。同地域を視察した後で、そのような感を深くした。

弁護人審問

⑦証人が竣工期日の2カ月延期を具申した理由について、

⑦-1. 工期延期具申の理由は?

⑦-2. ならば、証人のみならず軍中央は、捕虜を虐待するどころか、その処遇態様を改善しようと意図していたと理解してよいか?

⑧泰緬鉄道建設をめぐる日・タイの間の協定は、日本が強制したものではない任意のものであったか?

証人応答

⑦-1. 第一の理由としては、建設に従事した作業人員の健康状態の故に、8月末日までの竣工が困難と判断したこと。第二の理由は、当初予期していたよりも雨季の気候状態が悪化したこと。さらに、ビルマ英印軍の攻勢が当初予想したような激しいものではなく、10月以前には開始されないと判断したことであった。

⑦-2. その通り。泰緬鉄道の建設に従事した捕虜の相当数が、日々完成していく鉄道に関心を示し、その建設に重要な役割を果たして、貢献度も大であったので、石田少将は鉄道建設に従事した捕虜を「建設の警護者」と呼ぶほどであったから、その働きに対して正当に報いるべきというのが我々の考えであった(「建設の警護者」は英文速記録14647頁の guards of construction によったが、和文速記録147号15頁に記録されている清瀬弁護人の発言内容では「建設の神」となっている。恐らく、通訳官が日本語の「神」を gods と訳して発音したのを、一神教の信者であっただろう西洋人の速記者が god が複数形で使用されることに馴染みがなく、聞き間違えて guards と誤記したものであろう。東西での「神」の概念の相違に起因する誤記と言うべきか)。

⑧任意の協定であった。

＊被告岡弁護人宗宮、反対尋問に立つ。[E: 14648] [J: 147 (15)]

【弁護人宗宮による検察側証人若松只一に対する反対尋問】

弁護人審問

①証人は、「大本営が泰緬鉄道の建設を決定した」と供述書で証言しているが、大本営の構成については？ (弁護人の質問事項は一括した)

②泰緬鉄道建設の決定を下した部署と責任者について、

②-1. この決定を下したのは陸軍部と海軍部いずれであったか？

②-2. 陸軍部を構成していたのはどのような人士であったか？

②-3. 陸軍部には海軍の人間もいたか？

②-4. 泰緬鉄道建設の決定が下された折に、被告嶋田と被告岡は大本営陸軍部兼任となっていたか？

②-5. (あらためて) 同鉄道建設の決定は陸軍部によるものか、海軍部によるものか？

証人応答

①陸軍部と海軍部に分かれており、陸軍部は総務部及び第1～3部から構成されていた。

②-1. 大本営陸軍部。

②-2. 参謀総長を始めとするほとんどの参謀本部員、及び陸相と陸軍省職員。

②-3. 大本営海軍部の者の中には、陸軍部の職務を兼勤していた者がいた (この「兼勤」という言葉を弁護人が一時「献金」と誤解して、問い質している)。

②-4. 兼任してはいなかった。

<1947-1-8>   2 検察主張立証段階 **325**

②-5. 陸軍部。

＊被告星野・木村弁護人ハワード、反対尋問に立つ。［E: 14651］［J: 147（16）］

【ハワード弁護人による検察側証人若松只一に対する反対尋問】

弁護人審問

　①泰緬鉄道建設への捕虜使役の決定を下したのは大本営であったとのことであるが、その決定に被告木村はどの程度の責任を負っていたか？

＊裁判長ウェッブ、「既に証人は『職責上の責任を有していただけで、実質的責任はなかった』と言っている」、と遮る。ハワード弁護人、「証人がこの点について敷衍したいと考えている可能性があるが、裁判長が欲しないとならば、強いてさらなる証言を求めない」、と弁じる。裁判長、「同じことを証言させることは望ましくない」と申し渡す。

弁護人審問

　②捕虜収容所の管轄機関について、

　②-1. 証人が泰緬鉄道地域視察の際にラングーンを訪れた時、捕虜収容所の指揮と監督にあたっていたのは南方軍か？

　②-2. 証人の知る限りで、その指揮系統がその後変更されたことはあったか？

証人応答

　②-1. その通り。

　②-2. 鉄道建設に関わった捕虜は建設部隊の指揮・監督下に置かれたが、鉄道建設と関わりのない収容所や捕虜が存在していたとしたら、それらについては分からない。

弁護人審問

　③陸軍次官の職責について、

　③-1. 証人は終戦直前に陸軍次官であったか？

証人応答

　③-1. 直前までその通りであった。

＊被告星野・木村弁護人ハワード、裁判長ウェッブに対して、「陸軍次官の職務について証人に質したい」、と申し立てる。裁判長、「質問が捕虜に関するものならば、可」、と応答する。

＊午後2時45分、裁判長ウェッブ、休廷を宣す。

＊午後3時、法廷、再開する。［E: 14654］［J: 147（16）］

＊検察官マンスフィールド判事、「被告星野の姿が見当たらない」、と申し立てる。法廷執行官、「被告星野は気分が優れないために巣鴨プリズンに戻されたと聞いている」と、報じる。裁判長ウェッブ、「自分の許可なくしてそのような措置を執ることは許されず、そのような許可を得る際には、理由を公開の場で明らかにすることを要する」、と申し渡す。

＊被告星野・木村弁護人ハワード、若松証人に対する反対尋問を続行する。

弁護人審問

③陸軍次官の職責について（続き）

③-2. 泰緬鉄道が竣工したのは1943（昭和18）年10月末で、木村はその時期にはまだビルマ方面軍司令官に就任していなかったか？

③-3 陸軍次官は、捕虜関連事項の決定を下す権限を有していたか？

証人応答

③-2. そう思う。

③-3. 彼に決定権はなかった。

＊被告賀屋・鈴木弁護人レビン、弁護側反対尋問の終了を報じる。

＊裁判長ウェッブ、検察官ウールワース大佐の要請に従い、「若松証人の任を通例の条件下で解く」、と申し渡す。

＊若松証人、退廷する。

＊検察官ウールワース大佐、「若松供述書及び反対尋問の内容に関連して、提出済み（検）法廷証 PX473【陸軍省捕虜関連文書綴り】に法廷の注意を喚起する」、と申し立てる。被告賀屋・鈴木弁護人レビン、「このような発言は、証人が退廷する前になされるべきである。（しかし）マンスフィールド検察官の情報によれば、該文書の内容はタイの捕虜収容所での捕虜の死亡者数などの統計値であるとの由であるので、異議は提起しない」、と申し立てる。

＊裁判長ウェッブ、「退出した被告星野の担当弁護人は誰であるか」、と質す。被告賀屋・鈴木弁護人レビン、「担当のウイリアムズ弁護人も体調が優れず本日不在」、「日本人弁護人が誰かは承知していないが、米国人弁護人については、ハワード弁護人が代理を務めている」、と応答する。鵜澤弁護団長、全被告を代表している自分の立場を説明して、「自らが被告星野を代表する権限を有する」、と申し立てる。裁判長ウェッブ、これを了とする。

(9) 検察官ウールワース大佐、検察主張立証第 XIII・XIV 局面「対民間人・戦争捕虜残虐行為」第 2 部「B 級・C 級戦争犯罪と日本政府の対応」の検察側立証として、「日本内地・日本占領領土での B 級戦争犯罪即ち通例の戦争法規・慣例違反に対する被告の個人責任」関係証拠の提出を、再開する（3度目の再開）。

（英速録 14657〜14838 頁／和速録第 147 号 17 頁〜148 号 24 頁）

＊（検）法廷証 PX1990【1946（昭和21）年11月9日付け泰緬鉄道建設隊指揮官石田栄熊陸軍少将宣誓供述書；泰緬鉄道建設と捕虜使役】＝検察側文書 PD2950　証拠として受理され、朗読される。

【PX1990 朗読概要】（先頭数字は便宜上付した）

1. 開戦時、自分は仏印のハノイ〜サイゴン間の鉄道輸送の指揮をしていたが、直後にバンコ

<1947-1-8>　　　　　　　　　　　　　　　　　　　　　　　　　　　　　　　2　検察主張立証段階　**327**

クに赴き、第3野戦鉄道司令部の指揮官として、タイ、マラヤ及び仏印の鉄道への補給輸送の任にあたった（「鉄道への補給輸送」は英文速記録14658頁の transporting supplies to the railroad of ... のママ。原本和文書証より採録したであろう和文速記録147号17頁は「鉄道による補給物資輸送」と記す）。1943（昭和18）年8月初頭、陸相の命により、第2鉄道監部及び第4特設鉄道隊司令官も兼務することとなった。当時シンガポール北方400キロにあるクアラルンプルにいた自分は、8月中旬に、バンコク北方100キロ余のカンチャナブリ［Kanchanaburi］に赴き、そこに翌年9月4日まで滞在し、その後鉄道建設の指揮を自ら執るためにコンコイタ［Konquita］に行った。第4特設鉄道隊は泰緬鉄道建設のための部隊で、総延長415キロとなる同鉄道は、竣工した暁には在ビルマ日本軍への補給のために使用されるとのことであった。

　2.　使役した捕虜は主に、英豪蘭軍の者。自分が鉄道建設隊の司令官に就任する以前の1943（昭和18）年7月に、若松中将と加藤大佐が、建設現場を視察した。捕虜宛の糧食などの補給の指揮にあたっていたのは、バンコクの（泰国駐屯軍司令官）中村明人中将であった（「加藤大佐」が何者かは不明であるが、ビルマ方面軍第22野戦防疫給水部の加藤真一軍医大佐のことかもしれない）。主に捕虜と苦力の労役によって建設された泰緬鉄道は、同年10月17日に竣工したが、建設作業が急がれた直接かつ主要な理由は、戦術上の要請で、水上交通が潜水艦と航空機による攻撃にさらされて困難となる中、タイ・ビルマ間陸上交通路のなかったことが大きな要因であった。そのために飢餓に瀕していた在ビルマ日本軍は、鉄道が完成した御蔭でシンガポール・バンコクから補給物資を受け取ることができるようになった。

　3.　泰緬鉄道竣工後も自分は、同鉄道を使った輸送を監督する任にあたっていたが、少数の捕虜も保線と輸送作業のために使役され続けていた。自分は9月5日から10月17日まで引き続き建設現場にいたが、捕虜の罹病率及び死亡率が相当に高いことは知っていた。8月にカンチャナブリに到着した際、部下の士官が寄せてきた多くの報告によって、酷烈な条件下で鉄道建設に従事していた捕虜と苦力が死んでいった事実は承知していたのである。自分は状況を改善することに努め、病気で捕虜が収容されている病院を視察したこともある。自分が1944（昭和19）年中頃にクアラルンプルにいた時、泰緬鉄道建設のために使役させられていた捕虜の処遇をめぐって、英蘭政府が南方軍に抗議を申し入れたことを耳にした。同鉄道建設に捕虜を使用する許可を出したのが参謀本部であることは間違いないであろう。自分は、泰緬鉄道を監督する第4特設鉄道隊司令官の任に1945（昭和20）年5月まで就いていた。

＊（検）法廷証 PX1991【1942（昭和17）年8月13日付け支那派遣軍々令；敵航空機搭乗員処罰に関する軍律】＝検察側文書 PD626-A　証拠として受理され、朗読される。

【PX1991朗読概要】

　第1条：この軍律は、日本本土、満州国もしくは我方の作戦地域を空襲して支那派遣軍の管轄地域に入った敵軍航空機搭乗員に適用する。

第2条：以下に記載した行為に及んだ者は、軍罰に処する。

（1）一般人の威嚇もしくは殺傷を目的として爆撃、射撃などの攻撃を加えること。

（2）軍事的性質を持たない私有財産の破壊もしくは損壊を目的として爆撃、射撃などの攻撃を加えること。

（3）止むを得ない場合以外に、軍事的目標以外のものに爆撃、射撃などの攻撃を加えること。

（4）戦時国際法違反の行為。（和文速記録147号17頁所収の原文には「前三項の外」との文言があるが、英文速記録14663頁の対応部分にはない）

前項行為遂行のために日本本土、満州国もしくは我方の作戦地域に来襲して、これを未遂のまま支那派遣軍管轄地域に入った場合も同じ。

第3条：軍罰は死刑とするが、情状によっては、無期もしくは10年以上の禁固とすることができる。

第4条：死刑は銃殺により執行する。禁固は所定の場所で行い、労役を課す。

第5条：特段の事情がある場合には、軍罰の執行を免除する。

第6条：禁固刑の場合は、軍律の条項に加えて、刑法の懲役に関する規定を準用する。

付則：この軍律は1942（昭和17）年8月13日から施行し、施行前の行為に対しても適用する。

別紙・布告：日本本土、満州国もしくは我方作戦地域を空襲して戦時国際法を犯した敵軍航空機搭乗員は、軍律会議に付して、戦時重罪犯として死刑もしくは重罰に処する。

＊（検）法廷証PX1992【1942（昭和17）年7月28日付け陸軍次官発内外地各軍参謀長宛通牒；空襲敵航空機搭乗員取扱】＝検察側文書PD1681　証拠として受理され、朗読される。［E: 14665］［J: 147（18）］

【PX1992朗読概要】

日本本土、満州国もしくは我方の作戦地域を空襲する目的で管轄地域に進入した敵軍航空機搭乗員の処遇について以下の決定に達したので、留意し理解するよう要請する。

1.　戦時国際法に違反しない者は捕虜として扱い、同法違反の行為があった者は戦時重罪犯として扱うこと。

2.　防衛隊司令官（日本本土、外地の各軍と香港占領地総督を含む）は、各々の管轄地域に進入して戦時重罪犯として取り扱うべき行為を犯した疑いのある敵軍航空機搭乗員を軍律会議に送致すること。この軍律会議には、陸軍軍律会議法の中の特設軍法会議に関する規定を準用する。

＊被告木村弁護人塩原、「当該文書日本語原文上の『依命通牒す［notification by order］』、即ち『上からの命令による』との意味の一節が英訳には見当たらない。及び日本語の『戦時重罪犯』なる語句の英訳として記されている"war time capital criminals"中のcapitalは削除されるべきである』、と申し立てる。裁判長ウェッブ、該案件を言語部に付託するよう指示する。

＊（検）法廷証PX1993【1942（昭和17）年7月28日付け田辺（盛武）参謀次長発後宮（淳）支那

<1947-1-8>　　　　　　　　　　　　　　　　　　　　　　　2　検察主張立証段階　**329**

派遣軍総参謀長宛通牒；空襲の敵航空機搭乗員取扱】＝検察側文書 PD1793-B　証拠として受理され、朗読される。（英文速記録 14670 頁で「盛武」と「後宮」の読みが各々 Seibu と ATOMIYA と記されているが、正しくは「もりたけ」と「うしろく」である）

【PX1993 朗読概要】

　来襲してくる敵航空機の航空機搭乗員の取扱についての指示は、既に今月、示達済みであるが、軍律の布告と発表及び最近来襲した米軍機搭乗員に対する刑の執行時期については、別途指示する時期（8 月中旬の予定）まで延期されたい。また、最近来襲した米軍機搭乗員の罪状に対する刑の執行について大本営が発表することになっており、この件についての判決をなるべく速やかに参謀総長に報告するよう指示すべく命令を受けたので通牒する。軍律及び軍律布告の内容については別紙を参照のこと。

＊被告星野・木村弁護人ハワード、「前出文書に対して塩原弁護人が申し入れたのと同趣旨の要訂正事項があるので、言語部へ付託すべきである」、と申し立てる。裁判長ウェッブ、申し立てを容れる。

＊裁判長ウェッブ、「『別紙』の内容については、一見したところ、前出証拠と内容が同じであるが、相違点があるならば、朗読した方がよい」として、検察官ウールワース大佐に、朗読を命じる。

[PX1993 別紙]

　　●●軍軍律（案）（以下、前出証拠の内容との相違点のみを記す）

　第 1 条：支那派遣軍 → ●●軍

　第 2 条：支那派遣軍 → ●●軍

　第 3 条：相違なし。

　第 4 条：所定の場所 → 後刻定める場所

　第 5 条：相違なし。

　第 6 条：相違なし。

　付則：施行日時が空欄。

＊（検）法廷証 PX1994【東海軍管区内連合国軍捕獲飛行機搭乗員に対する 1945（昭和 20）年 7 月 11 日軍律会議記録】＝検察側文書 PD1793-C　証拠として受理され、朗読される。

【PX1994 朗読概要】

　I.　この記録は、東海復員監部の報告に基づいて作成されたものである。

　II.　要旨：1945（昭和 20）年 5 月 14 日の名古屋空襲の際に捕獲されて、軍律会議を経て処刑された者は 11 名。

III. 軍律会議の状況

(1) 被告：①カイム［Kyme］少尉、②キャリアー［Carrier］少尉、③クラセティー［Classety］伍長、④シェルトン［Shelton］伍長、⑤プリチャード［Pritchard］伍長、⑥シャーマン［Sherman］中尉、⑦ソロンモン［Solonmon］少尉、⑧ハウエル［Howell］伍長、⑨マンソン［Manson］伍長、⑩ジェントリー［Gentry］伍長、⑪ジョンソン［Johnson］伍長（認識番号は一部判明しているが、判明していない者もいる）（⑦のソロンモンは、英文速記録14675頁記載のママ。恐らく、和文速記録147号19頁の「ソロモン」が正しく、Solomon の誤記であろう）

(2) 受理年月日：5月下旬に東海憲兵隊司令部から受理して、同日拘留。

(3) 拘留場所：軍管区司令部

(4) 捜査：東海憲兵隊司令部での捜査の結果、軍律違反の疑いがあるとして、5月下旬に軍律会議に送致。軍律会議での検察官捜査の結果、軍律違反の証拠十分との結論に至る。

(5) 審判場所及び年月日：東部軍管区司令部法廷、1945（昭和20）年7月11日

(6) 刑の執行日：1945（昭和20）年7月12日

(7) 執行場所：小幡が原射場（名古屋市近郊）

(8) 遺体の処置：当初小幡が原射場に埋葬したが、後に発掘して火葬し、遺骨は名古屋市昭和区八事の興正寺に安置。

＊被告小磯・南・大川弁護人ブルックス大尉、「検察側の証拠提出予定一覧表にある検察側文書 PD1793-A が法廷に提出されていない」として、検察側の説明を求める。検察官ウールワース大佐、「提出済み（検）法廷証 PX1992 と日本語の原文は全く同じ内容で、英訳に些細な相違があるだけであったので、提出を見送った」、と応答する。ハワード弁護人、その説明を容れ、ブルックス弁護人、それに同じる。

＊（検）法廷証 PX1995【中部軍管区内捕獲連合国軍飛行機搭乗員に対する1945（昭和20）年7月18日軍律会議記録】＝検察側文書 PD1793-D　証拠として受理され、朗読される。

【PX1995 朗読概要】

I. この調書は、中部復員監部の報告に基づいたものである。

II. 要旨：軍律会議を経て処刑されたのは、1945（昭和20）年3月の9日、14日、19日の各夜に東京、大阪、神戸を空襲した後に捕獲されたネルソンとオーグナスである（オーグナスは英文速記録14679頁の Augnus による。実際は、既出の Auganus が正しいが、英文速記録に従う）。

III. 軍律会議の状況

(1) 被告：米陸軍少尉ロバート・ワーソン・ネルソン［Robert Warson Nelson］、同軍曹アルジー・スタンリー・オーグナス［Algy Stanley Augnus］

(2) 受理年月日：1945（昭和20）年5月上旬、中部憲兵隊司令部から受理して、同日拘留。

(3) 拘留場所：楠第12490部隊収監所（大阪陸軍刑務所内）

<1947-1-9>   2　検察主張立証段階　**331**

(4) 捜査：憲兵隊司令部からの報告を基に検察官が2日間、綿密な取り調べを行い、5月31日に捜査を終了。捜査の最中、被告は率直に事実を語った。

(5) 審判場所及び年月日：中部軍管区司令部法廷、1945（昭和20）年7月18日、死刑宣告

(6) 刑の執行年月日：1945（昭和20）年7月28日午後4時

(7) 刑の執行場所：大阪府泉北郡横山村の陸軍演習場（英文速記録14680頁のYokohama-Muraは誤記）

(8) 遺体の処置：同日仮埋葬。8月24日に同地で火葬。同月25日に真田山陸軍墓地で葬儀。

＊（検）法廷証PX1996【1945（昭和20）年8月15日付け陸軍次官発各軍参謀長宛通牒；軍律違反被告事件処断見合わせ】＝検察側文書PD1793-E　証拠として受理され、朗読される。

【PX1996 朗読概要】

　今後、貴軍司令部管下での軍律違反事件の処分を見合わせることを、命令により通達する。

＊（検）法廷証PX1997【1945（昭和20）年8月23日付け陸軍次官発各軍管区参謀長宛通牒；捕虜釈放】＝検察側文書PD1793-F　証拠として受理され、朗読される。

【PX1997 朗読概要】

　収監中の既決及び未決の捕虜に対して、仮釈放、刑の執行停止及び拘留の取り消し等の措置を執るよう指導することを、命令により通達する。

＊（検）法廷証PX1998【1941（昭和16）年12月8日〜1945（昭和20）年8月15日間の陸軍々法会議処刑俘虜一覧表－計63名】＝検察側文書PD2483　証拠として受理される。文書の長さに鑑み、朗読は翌日に延期される。

＊午後4時、裁判長ウェッブ、翌日午前9時半までの休廷を宣する。

◆ 1947（昭和22）年1月9日

（英速録14684〜14848頁／和速録第148号1〜25頁）

＊午前9時30分、法廷、再開する。

＊裁判長ウェッブ、「被告大川と武藤及び星野は欠席、武藤と星野については、病欠証明が提出されている」と、報じる。

＊裁判長ウェッブ、前日午前中の「東京・大阪爆撃米軍機搭乗員に関する自らの発言内容」について、弁じる。ウェッブ裁判長、「当該自分の発言に対しては、博識の検察官の1人が同意し、続く昼食時及び午後の休憩中には全員判事と接触できたが、誰も異を唱える者はいなかったが、昨日夕べ遅く、判事団の1人から私のこの特定の見解に関する覚書を受け取った。精確を期するために該判事の云うところを読み上げる」と、弁じて朗読する。

［東京・大阪爆撃米軍機搭乗員に関する裁判長発言に対する合衆国代表判事の申し立て］

　民間の目標を意図的に爆撃したことを軍律会議で証明することなく航空機搭乗員を断罪し処刑できるというのが裁判長の発言が意図するものであるならば、自分個人としては強硬に異を唱える。そのような含みを持つ発言に米国は憤りを以て反駁するであろうから、そのような意図を否定する旨の声明を出すことを至当と認める。

＊裁判長ウェッブ、続けて、「そのような意味合いの発言を自分はしていないので、米国が憤激すべき謂れはなく、判事団を含め、自分の発言を聞いた者がそのように考えたこともなかった」、と弁じる。（この部分は、前日の裁判長のどの発言について釈明したものなのか、確たることは言えないが、荻矢証人に対する島内弁護人の反対尋問の最中に裁判長が発した「米軍機が住宅街を爆撃したことを否定することは検察側にはできない」との発言を指している可能性がある。英文速記録14625頁参照）

＊検察官ウールワース大佐、検察主張立証第XIII・XIV局面「対民間人・戦争捕虜残虐行為」第2部「B級・C級戦争犯罪と日本政府の対応」の検察側立証として、「日本内地・日本占領領土でのB級戦争犯罪即ち通例の戦争法規・慣例違反に対する被告の個人責任」関係証拠の提出を続行する。

＊提出済み（検）法廷証 PX1998【1941（昭和16）年12月8日〜1945（昭和20）年8月15日間の陸軍々法会議処罰俘虜一覧表（原英文は "List of the POW Punished by" であるが、原本和文書証より採録したであろう和文速記録の標記は「処刑」である。「処刑」は常にではないが主として「死刑」を意味することが多いので、また内容上からも、「処罰」の訳語を採る）－計63名】　検察官、抜粋を朗読する。［E: 14687］［J: 148（3）］

【PX1998 朗読概要】

　一覧表の標記は、部区門（原英文は "Division" であるが原本和文書証より採録したであろう和文速記録は「所在地」と表記する）、年月日、罪状（原英文は "Ground" であるが、同上和文速記録は「罰目」と表記する）、量刑、国籍と階級、氏名の順である。

　・朝鮮軍軍法会議、1943（昭和18）年3月25日、監視者への暴行、禁固3年、英国兵卒、デビッド・ロマスニー［David Romasney］

　・同上、同8月19日、流言、禁固3年、英国陸軍中尉、ロジャー・バートン・ピゴット［Roger Barton Pigott］

　・同上、同9月22日、宣誓違反、禁固8年、英国陸軍中尉、ジョン・ローソン・ムーア［John Rawson Moore］

　・同上、同上、同上、禁固6年、英国陸軍軍曹、クリストファー・ボスワース［Christopher Bosworth］

　・同上、同上、同上、禁固2年、英国陸軍大尉、デニス・S・カーショー［Denis S. Carshaw］

　・同上、同上、同上、同上、同上、ジョージ・ブライアン・コリンソン［George Bryan Col-

<1947-1-9>　　　　　　　　　　　　　　　　　　　　　　　　　　　2　検察主張立証段階　**333**

linson]

　・同上、同上、同上、同上、同上、フランシス・アラン・ジェイコブ［Francis Allan Jacob］

　・同上、同上、同上、同上、英国陸軍中尉、アルフレッド・エドワード・ウッド［Alfred Edward Wood］

　・同上、同上、同上、同上、同上、ウォルター・V・バトラー［Walter V. Butler］

　・同上、同上、同上、禁固３年、同上、リンゼイ・C・マリソン［Lindsay C. Marrison］

　・朝鮮軍臨時軍事法廷、1944（昭和19）年８月５日、戦時窃盗及び宣誓違反、懲役６年、英国陸軍軍曹、グリフィス・ジョン・ヘンリー［Griffice John Henry］

　・同上、同上、同上、懲役５年、英国陸軍正規兵、ブロートン・ジョン・ジョージ［Broton John George］（この２名については、最初に記されているのが名字である可能性が大であるが、和英両速記録の記述に従った）

　・関東軍臨時軍法会議、1943（昭和18）年７月30日、窃盗、殺人、殺人未遂（和英の両速記録からは判然としないが、恐らく３罪の併合と想定される）、米国陸軍軍曹、死刑、ジョー・ビル・チェスティン［Joe Bill Chestine］

　・同上、同上、同上、同上、米国海軍３等兵曹［3rd warrant officer］、フェルディナンド・E・メリンゴロ［Ferdinand E. Melingoro］

　・同上、同上、同上、同上、米国陸軍伍長、ビクター・バリオティー［Victor Balioty］

　・同上、1944（昭和19）年６月６日、宣誓違反、懲役７年、米国海兵軍曹、ウイリアム・J・リンチ［William J. Linch］

　・登第7330部隊臨時軍法会議、1942（昭和17）年６月２日、宣誓違反、禁固10年、米国海軍中佐、ウィンフィールド・スコット・カニンガム［Winfield Scott Cunningham］

　・同上、同上、同上、同上、同上、ジョン・ブラックランド・ウーリー［John Blackland Wooley］

　・同上、同上、同上、同上、米国海軍少佐、コロンバス・ダーウィン・スミス［Columbus Darwin Smith］

　・同上、同上、同上、禁固２年、米国工兵［engineer］、ネイタン・ダン・ティッターズ［Natan Dunne Titters］

　・同上、1942（昭和17）年６月29日、宣誓違反、不定期禁固（英文速記録14690頁の"blank years' imprisonment"をこう訳しておくが、和文速記録は「禁固９年」とする）、米国海軍伍長、チャールズ・ウォルトン・ブリマー［Charles Walton Brimmer］

　・同上、同上、同上、禁固４年、同上、ジェラルド・ビース・ストックー［Gerald Beace Stockoo］

　・同上、同上、同上、同上、同上、コニー・ジーンバトルズ［Connie Geenbattles］

　・同上、同上、同上、同上、同上、海軍兵長［lance corporal］、チャールズ・アルバート・ステュワード［Charles Albert Steward］

・同上、1943（昭和18）年7月15日、宣誓違反、懲役2年、米国、ハーンド・パット・ハワード［Hearnd Patt Howard］

・同上、1944（昭和19）年5月12日、宣誓違反、禁固2年、米国海軍2等衛生兵曹［Sanitary Petty Officer 2nd Class］、ブルーアー・アーデスト・トラビス［Brewer Ardest Travis］

・同上、同上、同上、同上、米国海兵軍曹、クールソン・レイモンド・レオナード［Coolson Reymond Leonard］（以上、5月12日分の2人については、最初に記されているのが名字である可能性が大であるが、和英両速記録の記述に従った。なお、Reymond は普通、Raymond と綴られるが、これも英文速記録記載の綴りによった）

・同上、1942（昭和17）年8月31日、強姦、懲役1年半、英国陸軍伍長、ソレンドル・バーシン［Thorendle Barsin］

・同上、同9月19日、傷害、懲役3カ月、英国陸軍輜重軍曹［transport sergeant］、トーマス・パトリック・チャクソン［Thomas Patrick Chakkson］

・同上、1943（昭和18）年12月1日、スパイ行為及び同幇助・教唆、死刑、米国陸軍大佐、L・A・ニューナム［Newnam］（和文速記録では「英国」となっているが、英文速記録の記述に従う）

・同上、同上、スパイ行為幇助、懲役15年、米国海軍少尉［sub-lieutenant］、J・R・ハドック［Hadock］（同上）

・同上、同上、同上、死刑、米国陸軍大尉、G・フォード［Ford］（同上）

・同上、同上、スパイ行為及び同幇助、同上、米国陸軍中尉、H・ビーグレイ［Beegray］（同上）

・同上、同上、スパイ行為幇助、懲役15年、米国陸軍軍曹、R・J・ハーディー［Hardy］（同上）

・同上、同上、同上、同上、同上、R・J・ルートレッジ［Routredge］（同上）

・岡部隊臨時軍法会議、1942（昭和17）年8月18日、宣誓違反、禁固5年、英国陸軍伍長、ジョセフ・パーシー・スマート［Joseph Percy Smart］

・同上、同上、同上、禁固4年半、英国陸軍伍長、エドワード・ヘドリー・アームストロング［Edward Hedley Armstrong］

・同上、同上、同上、同上、英国陸軍上等兵［superior private］、ジョン・シャープ［John Sharp］

・同上、1942（昭和17）年9月22日、宣誓違反、禁固5年、英国陸軍軍曹、ピーター・ジョン・ヤップ［Peter John Yapp］

・同上、同8月22日、宣誓違反、禁固4年半、英国軍属、アーサー・ウイリアム・メリックス［Arthur William Merricks］（和文速記録では日付が9月22日となっているが、英文速記録の記述に従う）

・同上、同10月22日、宣誓違反、禁固5年、英国兵卒、チャールズ・ヘンリー・ブラウン［Charles Henry Brown］

・同上、同上、同上、禁固4年、同上、ジョージ・レイング・ハインズ［George Laying Heins］

・同上、同上、同上、禁固4年半、同上、ヘンリー・モラン［Moran］

・同上、1944（昭和19）年11月7日、流言、懲役4年、英国土木技師、ウォルター・S・フォン・カーティス［Walter S. von Curtis］

\<1947-1-9\> 　　　　　　　　　　　　　　　　　　　　2　検察主張立証段階　**335**

・同上、同上、同上、懲役 6 年、英国政府職員、ロバート・ヒートリー・スコット［Robert Heatley Scott］

・同上、同 11 月 25 日、スパイ行為同幇助及び流言、死刑、米国、ジョン・スパリー・ロング［John Sparee Long］

・治第 1602 部隊臨時軍法会議、1942（昭和 17）年 10 月 31 日、監視者への暴行、禁固 15 年、オランダ陸軍伍長、バン・アールセン［Van Earlsen］

・同上、1943（昭和 18）年 4 月 6 日、宣誓違反、禁固 1 年、オランダ陸軍 2 等兵、バン・L・サーレ［Van L. Sale］

・同上、同年 7 月 12 日、宣誓違反、禁固 2 年、オランダ（メナド）陸軍軍曹、イーパイ・レンペン［Yeapay Rempen］

・同上、同上、宣誓違反（外国放送聴取）及び窃盗［larceny］、懲役 10 年、オランダ軍、アダマ・ファルス・ヘルトマン［Adama Farce Heltmann］

・同上、同上、同上、懲役 8 年、オランダ軍、A・バン・デル・サンデ［A. van der Sande］

・渡第 1600 部隊臨時軍法会議、1943（昭和 18）年 3 月 16 日、宣誓違反、禁固 3 年半、米国海軍少尉、リチャード・イノック・ターフ［Richard Enoch Turf］

・同上、同上、同上、同上、同上、フィリップ・ハーベイ・サンボーン［Phillip Harvey Sunborne］

・同上、同上、同上、同上、同上、ウイリアム・イーロア・ベリー［William Aeroa Berry］

・同上、同上、同上、禁固 2 年、米国陸軍 2 等兵、エドワード・アルバート・ピューカ［Edward Albert Puka］

・同上、同上、同上、同上、米国軍属、クリスチャン・フレデリック・クレット［Christian Frederick Crett］

・同上、同上、同上、禁固 3 年、米国陸軍 1 等兵、ウイリアム・ディットン・キャメロン［William Ditton Cameron］

・同上、同上、同上、同上、同上、カルトン・トゥープス［Calton Toops］

・同上、同上、同上、同上、米国陸軍 2 等兵、ジェームズ・エンバラート［James Embaraat］

・同上、同上、同上、禁固 1 年、米国陸軍 1 等兵、ジャック・E・トンプソン［Jack E. Thompson］

・同上、同上、同上、禁固 2 年、米国陸軍伍長、ロバート・C・バンバーグ［Robert C. Banburg］

＊裁判長ウェッブ、「一覧表の朗読予定部分はまだ 7 頁も残っている。同僚判事も合意したが、単にその残部に言及するに留めて、残余の朗読は省略してよい」、と申し渡す。［E: 14698］［J: 148（4）］

＊（検）法廷証 PX1999【1943（昭和 18）年 7 月 27 日付け俘虜情報局長官発各俘虜収容所長宛命令；処罰された俘虜の銘々票（戦争捕虜の人定的事項を記載した票）補修に関する件】＝検察側文書

PD2734　証拠として受理され、朗読される。

【PX1999 朗読概要】

　この件についていくつか質問があったので、参考までに、以下のように処理するよう通達する。
　1.　俘虜の銘々票補修欄に記載すべき捕虜の処罰は、軍法もしくは軍律会議で断罪された者に限定すること。
　2.　俘虜取扱規則第6条の懲戒並びに同規則第8条の懲罰令を準用した事例は、別に記録として整理し、月報によって通常通り報告すること。
＊（検）法廷証 PX2000【1946（昭和21）年8月5日付け第1復員局文書課長美山要蔵証明書；1945（昭和20）年8月14日付け陸相発全陸軍部隊宛命令－機・秘密書類の焼却】＝検察側文書 PD2569　証拠として受理され、朗読される。

【PX2000 朗読概要】

　1945（昭和20）年8月14日に陸相の命によって、高級副官が隷下すべての部隊に「各部隊の保有する機密・秘密書類を直ちに焼却すべし」との命令を発したことを証明する。この命令は、在京部隊には電話で、その他の部隊には電報で伝えられた。その電報及び電文原案も焼却された。
＊（検）法廷証 PX2001【鹿児島地区憲兵隊発来書類綴り】＝検察側文書 PD2594-A　識別番号を付される。
＊（検）法廷証 PX2001-A【同上抜粋；1945（昭和20）年8月14・20・27日付け憲兵司令部本部長発各地区憲兵隊司令部宛訓令通牒－機・秘密書類焼却】　証拠として受理され、抜粋が朗読される。

【PX2001-A 朗読概要】

《8月14日付け①》
　武装解除を予期しての書類焼却に関しては、本日別電の指示通りに行うこととするが、外交・防諜・思想・治安関係文書、国力の推定を可能とするような文書、秘史（2・26事件など）という、敵手に渡ると害を及ぼすようなものは、なるべく速やかに焼却すること。反面、暗号書・憲兵隊員名簿や未処理の経理簿・庶務関係書類などは、有用性がなくなるまで保存すること。将来にわたって特に保存することが望ましいもの（左翼要注意人物表など）は、巧妙に他の場所に移しておくことを一案とする。
《8月14日付け②》
　状況上、大量の文書を急速に焼却するためには、特別の注意を要する。防空壕で火力による自

<1947-1-9>　　　　　　　　　　　　　　　　　　　　　　　　　　　　　2　検察主張立証段階　**337**

然の通風を利用して文書を次から次へと放り込めば、迅速に焼却できる。ガソリンを注げば焼却
の度合いを速められると思う向きがあるが、実際は遅らせることになる。事態が極端に切迫して
いる場合には、思い切って、名簿・兵籍簿などを残してすべての文書を焼却すること。焼却の時
期は、各指揮官の独断・英断を必要とすることを認識するように。機密・秘密書類や暗号書は、
規則及びこれまで指示してきた焼却手続に従って完全に焼却するべきことを、命令によって通達
する。海岸に近い部隊は内陸地域に文書を移動・保管して、迅速に焼却する準備を直ちに実施し、
本電文の内容を周知・徹底させて緊急事態に備えること。

《8月20日付け》（和文速記録148号4〜5頁では、この文書が上記ふたつの文書の間に置かれている）

　秘密文書の焼却については、8月14〜15日に発した指示に従って確実に実施されているよう
であるが、以下のような場所に文書の紙片を残す等、取りこぼしと失態の事例が多々あったので、
注意を要する。同時に、焼却後に庁舎の内外を厳密に調査して、焼却を要する秘密文書を一枚た
りとも残さぬよう徹底すべく、ここに指示する。

1. 書類が机・引き出しの奥に付着。
2. 机などが不安定にならぬように脚の下に置かれた書類。
3. 棚の奥や下に落ちている書類。
4. 焼却場で燃え残ったもの及びその周囲に散乱したもの。
5. 私物の参考書などに挟まれて、未整理のもの。
6. 倉庫・物置などでの未整理の書類や、床に散乱しているもの。

　この他に家宅捜索をすることも検討し、各自の自宅の書類・書簡も全部調べて焼却すること。

《8月27日付け》

　終戦に伴う憲兵隊文書の処理については、事務整理計画や8月22日の秘密指示などに従って
なされてきた模様であるが、今後については以下のように指示されたので、命令によって以下を
通達する。

1. 今後憲兵隊の書類は内容を慎重に精査した上で、①焼却書類、②焼却準備書類、③保存書
類の3種類に分類し、①と②はその旨明確に標示しておくこと。①は使用し終わったら確実に焼
却し、②は非常時に直ちに焼却できるように十分に整理しておくこと。以後、書類の分類は別紙
の通りにすること。

2. これ以降、本部から隷下部隊宛の書類は「焼却準備」もしくは「読後焼却」の指定を発行
番号の右側に付すこととし、それがない書類は保存書類とする。各部隊は、その指定に厳格に従
って書類を処理すること。

3. 既に本部及び隷下部隊にある書類については、前項の指示に従って直ちに処理し、既に焼
却したものの中で将来必要とされるものは、直ちに再作成すること。（2. と3. は和文速記録には原
文が収録されておらず、英文速記録に記述されているのみである）

＊裁判長ウェッブ、「これ以上は朗読する必要がない」、と申し渡す。検察官ウールワース大佐、
　朗読を打ち切る。

＊（検）法廷証 PX2002【（検）法廷証 PX2003〜2015：1946（昭和 21）年 9 月 19 日付け出所・真実性証明書】＝検察側文書 PD2687　証拠として受理され、朗読される。

【PX2002 朗読概要】

　自分が略署した添付文書は、台湾台北の日本帝国陸軍台湾軍司令部から正当な手続を経て押収した原本であり、自分の属する英米台湾戦争犯罪調査団［British-American Formosa War Crimes Team］に日本陸軍が 1946（昭和 21）年 4 月に手交したものであることを宣誓の上証明する。（署名：ジェームズ・T・N・クロス［Cross］）

＊（検）法廷証 PX2003【1942（昭和 17）年 6 月 5 日付け俘虜管理局長発台湾軍参謀長宛電文；捕虜将校・准士官の自発的就労を求める】＝検察側文書 PD2688　証拠として受理され、朗読される。

【PX2003 朗読概要】

　捕虜の士官・准士官を労役に就かせることは、1903（明治 36）年 9 月 10 日施行の俘虜労役規則第 1 条で禁止されてはいるが、働かざる者食うべからずという我が国の現状並びに捕虜の健康維持の観点から、捕虜の階級、能力及び体力に応じて自発的に働かせるのを捕虜管理当局の方針とするので、その線に沿って指導することを望む。参考までに、以下の作業が適当と認める。
  1. 技術・科学知識を利用する作業
  2. 農作業
  3. 家畜・家禽の飼育
  4. 労役に就く普通の捕虜の保護・監督
  5. 戦史の記録
  6. 宣伝
  7. その他適当と思われる作業

＊（検）法廷証 PX2004【1942（昭和 17）年 4 月 2 日付け俘虜情報局長官発台湾軍参謀長宛電文；捕虜を生産活動に活用－所要人数要通報】＝検察側文書 PD2689　証拠として受理され、朗読される。

【PX2004 朗読概要】

　台湾での生産事業に捕虜を活用する計画が進行中で、なるべく多くの捕虜を台湾に割り当てたいと考えているので、概ねどのくらいの人数が必要かを直ちに知らせて欲しい。

＊（検）法廷証 PX2005【1942（昭和 17）年 4 月 2 日付け台湾軍参謀長発俘虜情報局長官宛電文；

<1947-1-9>　　　　　　　　　　　　　　　　　　　　　　　　　　2　検察主張立証段階　**339**

PX2004への回答電文 - 英米人捕虜2〜3000名を要望】＝検察側文書 PD2690　証拠として受理され、朗読される。［E: 14711］［J: 148（6）］

【PX2005 朗読概要】

　捕虜は主に、台湾での農業生産の労働力として活用する一方、台湾民衆の教育・指導にも役立てたいと考えており、英米人捕虜2〜3000人を取り敢えず希望する。なお、この点については香港総督部とも非公式ながら協議を終えている。（訳注：欄外に「台湾総督府も同意」とある）（英文速記録14711〜12頁の記述による。後半部分は、和文速記録148号6頁では、最後の文が「台湾総督府も同意見なり」となっていて、訳注の欄外記述の内容も「香港総督部とは非公式に協議済み」となっている。文脈から判断して、和文速記録の記述の方が正しいと思われる）
＊（検）法廷証 PX2006【1942（昭和17）年4月2日付け台湾軍参謀長発香港総督部参謀長宛電文：英米人捕虜2〜3000名を要望】＝検察側文書 PD2691　証拠として受理され、朗読される。

【PX2006 朗読概要】

　主に台湾での農業生産労働力及び台湾民衆の教育・指導に在香港の英軍捕虜を使用することとし、2〜3000名を受け入れたい件について協議したい。これについては俘虜情報局長官より照会があり、貴部とは既に協議済みと返答しておいたので、参考までに。
＊（検）法廷証 PX2007【1942（昭和17）年4月4日付け香港総督部参謀長発台湾軍参謀長宛電文：PX2006への回答 - 異存なし】＝検察側文書 PD2692　証拠として受理され、朗読される。

【PX2007 朗読概要】

　在香港の英軍捕虜2〜3000名を、台湾の労働力の補強及び現地住民指導のために台湾軍へ移管することを要請してきた件については、当方としては、異存はない。具体的指示を待つ。
＊（検）法廷証 PX2008【1942（昭和17）年4月7日付け台湾軍参謀長発俘虜情報局長官宛電文：台湾への捕虜移管を7000名に増員の要望】＝検察側文書 PD2693　証拠として受理され、朗読される。

【PX2008 朗読概要】

　当方は以前の電文で、台湾での農業労働力として当面2〜3000名の捕虜の割り当てを希望したが、その後、総督府が土木建設や鉱山事業にも捕虜を使用したい意向を示してきたので、所要人員が7000名となった。これについて、然るべく配慮を願う。

＊（検）法廷証 PX2009【1942（昭和 17）年 4 月 29 日付け俘虜管理部長発台湾軍参謀長宛電文；
　台湾に収容可能な捕虜概数を求める】＝検察側文書 PD2694　証拠として受理され、朗読される。

【PX2009 朗読概要】

　4 月 7 日付け電文の内容は諒解したが、以下を考慮した上で、台湾に収容可能な捕虜の人数の
概数を報告してもらいたい。
　1. 台湾にはなるべく多くの捕虜を収容したいと考える。
　2. 管理の必要上、各収容所の収容人数は 500 を超えないものとする。
　3. 捕虜の管理と食糧給付には軍が責任を負うが、収容施設については、修繕と増築を除き総
督府もしくは捕虜を使用する企業の責任とすることを建前［frame work］とする。
＊（検）法廷証 PX2010【1942（昭和 17）年 5 月 6 日付け陸軍省副官発台湾軍参謀長宛電文；俘
　虜処理要領】＝検察側文書 PD2695　証拠として受理され、朗読される。

【PX2010 朗読概要】

　捕虜の処理について別紙のように決定されたので、命令によって通知する。
　《別紙・俘虜処理要領》
　方針：
　1. 白人捕虜は、増産・軍需生産に活用するために、朝鮮、台湾及び満州に逐次収容する。そ
のような目的に堪えない捕虜については、現地に速やかに収容所を建設してそこに収容する。
　2. 白人以外の捕虜で抑留する必要のない者は、宣誓解放した上で、なるべく現地で活用する。
　要領：
　3. まず、本年 8 月末までに在シンガポール白人捕虜の一部を、朝鮮、台湾その他に収容する。
その人数は別に定める。台湾に収容する捕虜には、現地で必要とされる者を除く優秀な技術者と
大佐以上の上級士官を含めるものとする。
　4. その他は、現地に収容所を建設して、速やかにそこに収容する。
　5. 捕虜収容所の管理・警備のために、朝鮮人及び台湾人で構成される特殊部隊を充てること
を予定する。捕虜収容所は各軍で一括して編成し、それを各軍内で分割できるよう考慮すること。
＊（検）法廷証 PX2011【1945（昭和 20）年 8 月 20 日付け東京捕虜収容所長発台湾軍参謀長宛電
　文；捕虜に悪感情を懐かれている者の転属・不利な書類の焼却その他の処理】＝検察側文書
　PD2697　証拠として受理され、朗読される。

<1947-1-9>　　　　　　　　　　　　　　　　　　　　　　　2　検察主張立証段階　**341**

【PX2011 朗読概要】

　捕虜及び抑留者を虐待し、もしくは捕虜・抑留者から極端な悪感情を持たれている職員は、他への配転や、行方をくらますといった措置を執ってもよい。また、敵手に落ちると我方の不利になると思われる文書は、秘密文書と同様に扱い、使用後に廃棄すること。

＊（検）法廷証 PX2012【日付け不詳台湾軍管区参謀長発在台湾捕虜収容所長宛電文；1945（昭和20）年3月17日付け陸軍次官発台湾軍参謀長宛通牒転電；情勢の推移に応ずる俘虜処理要領の件】＝検察側文書 PD2698　証拠として受理され、朗読される。

【PX2012 朗読概要】

　［台湾軍管区参謀長発在台湾捕虜収容所長宛］
　捕虜の処理について、別紙のような通達があったので、然るべく指導するように。直近の情勢の推移に対応する準備は着々と進んでいるが、特に緊急に処置すべき事項がある場合には、意見を提出してもらいたい。
　［陸軍次官発台湾軍参謀長宛］
　状況がいよいよ切迫して、戦禍が本土・満州に波及してきた場合の捕虜の取扱は、別紙の「情勢の推移に応ずる捕虜処理要領」に従って、誤りがないようにすることを希望する。

＊（検）法廷証 PX2013【PX2012 別紙 1945（昭和20）年3月17日付け決定；情勢の推移に応ずる俘虜処理要領】＝検察側文書 PD2699　検察官ウールワース大佐、識別証拠とし提出するも、直後に正式の証拠として受理を求める。証拠として受理される。検察官、「提出済み（検）法廷証 PX1978 と同一であり、朗読はしない」、と申し立てる。

＊（検）法廷証 PX2014【1945（昭和20）年3月16日付け陸軍省副官発台湾軍参謀長宛通牒；俘虜の労務に関する通牒】＝検察側文書 PD2700　証拠として受理され、朗読される（英文速記録14723頁の検察官による文書の説明では、発信元と宛先が逆になっているが、明らかな誤りであり、朗読本文の中では正しく読まれている）。

【PX2014 朗読概要】

　これまで、捕虜の労働作業時間については、捕虜が派遣される都度、中央が指示してきたが、捕虜の労働効率を最大限度にまで高めることを益々必要とする現下の情勢に鑑み、これからは、捕虜の労働時間を現地の実情（労役の種類・難易度・緊急度、季節、捕虜の健康状態、現地労務者の労働時間）に即応して、捕虜収容所長の裁量により、柔軟性を以て決定、変更できるよう指示すること。以上、命令により通達する。

＊（検）法廷証 PX2015【台湾俘虜収容所本部日誌抜粋（1944［昭和19］年8月1日）；非常事態

における台湾収容捕虜最終処分命令準備】＝検察側文書 PD2701　検察官ウールワース大佐、「文書原本には年時が記されていなかったが、年時を 1944（昭和 19）年としたのは、当日誌の抜粋の及ぶ範囲が 1942〜45（昭和 17〜20）年であることによったためである」、と申し立てる。証拠として受理され、朗読される。

【PX2015 朗読概要】

（和文速記録 148 号 9 頁には、以下の内容に先立って人事異動の記述、及びその後に連絡事項などがあるが、英文速記録にはなかったり、重要でなかったりするので、すべて省略する）

　第 11 部隊参謀長宛に、捕虜に関しての非常手段について以下のように回答した。

　現下の情勢で、単なる爆発もしくは火災が起きた場合には、付近の学校もしくは倉庫などに一時的に収容することも可能であるが、状況が切迫して事態が非常かつ極度に重大となった際には、捕虜は現在位置に集約及び監禁して、厳重な監視下に置き、最終的処分の準備をする。処分の時期と方法は、以下の通り。

　1. 時期：

　上司の命令によることを原則とするが、以下の場合には独断で処置することも可。(a) 多数が暴動を起こして、銃火器を使用しなければ鎮圧できない場合

　(b) 収容所から逃亡して、敵性勢力となる恐れがある場合。

　2. 方法：

　(a) 一人一人処分していくか集団で処分するか、いずれの方法を採るにせよ、集団爆殺、毒ガス・毒物の使用、溺殺、斬首などの方法を状況に応じて採って処分すること。

　(b) いずれの場合でも、1 名たりとも逃さずに殲滅し、何の痕跡も残さないことを原則とする。

＊（検）法廷証 PX2016【1942（昭和 17）年 2 月 12 日〜1945（昭和 20）年 7 月 31 日間中の捕虜取扱関連外務省・駐東京スイス公使間往復外交文書 73 通】＝検察側文書 PD2853-A（1〜73）識別番号が付される。

＊（検）法廷証 PX2016-A【同上要約】＝検察側文書 PD2853-B　証拠として受理される。検察官ウールワース大佐、朗読する。[E: 14728] [J: 148（9）]

【PX2016-A 朗読概要】

　［1942（昭和 17）年 2 月 12 日（A-1）スイス発東郷外相宛］

　米国は（日本政府の）利益保護国が日本人を訪問するのに便宜を供与する。ジュネーブ条約の規定を民間人抑留者に適用すること、及び、抑留者への訪問に対しての日本政府の姿勢を問う。

　［1942（昭和 17）年 2 月 17 日（A-2）スイス発東郷外相宛］

　日本政府が、ジュネーブ条約を民間人抑留者に適用するか、米国人捕虜及び民間人抑留者に対

＜1947-1-9＞　　　　　　　　　　　　　　　　　　　　　　　　　2　検察主張立証段階　**343**

する訪問を許可するかを問う。

　［1942（昭和17）年3月3日（A-3）スイス発東郷外相宛］

　抑留者収容所への訪問許可を求め、米国民間人（抑留者）の名簿を要求。

　［1942（昭和17）年6月3日（A-4）スイス発東郷外相宛］

　米国が、日本の占領下にある米国国民の安否を憂慮していることを伝え、同地の捕虜及び民間人抑留者への訪問許可を要請。

　［1942（昭和17）年6月5日（A-5）スイス発東郷外相宛］

　英国が、日本の占領地にある英国国民に関する情報を求めていることを伝え、捕虜及び民間人抑留者収容所への訪問許可を要請。

　［1942（昭和17）年6月11日（A-6）スイス発東郷外相宛］

　6月5日付け書簡の内容の繰り返し。

　［1942（昭和17）年6月12日（A-7）スイス発東郷外相宛］

　在米の日本人捕虜及び民間人抑留者との保護国及び国際赤十字代表による面会が無制限であることを日本政府に通知し、相互主義の原則に則って同様の便宜を与えるよう要請。

　［1942（昭和17）年7月29日（A-8）東郷外相発在スイス公使宛］

　6月5日及び11日付け書簡への回答。日本政府は占領地での保護国の代表権を認めないので、同地での捕虜もしくは民間人抑留者に対する訪問は不可。上海では関係当局によって実現の可能性あり。

　［1942（昭和17）年7月30日（A-9）東郷外相発在スイス公使宛］

　6月3日付け書簡への回答。内容は7月29日付けのものに類似。

　［1942（昭和17）年9月1日（A-10）スイス発東郷外相宛］

　7月29日付け書簡への回答。米国が日本側決定に対して抗議し、占領地にいる米国人全抑留者への訪問許可を求めたことを伝える。

　［1942（昭和17）年9月2日（A-11）スイス発東郷外相宛］

　7月29日付け書簡への回答。日本側が占領地にいる英国人捕虜及び民間人抑留者への訪問許可を与えなかったことに対して英国が抗議したことを伝える。

　［1942（昭和17）年9月3日（A-12）スイス発東条首相兼外相宛］

　在上海英国国民への訪問許可を現地関係当局に申請するが、「許可を与えられるのは東京の関係当局のみ」との理由で却下されたことを伝える。上海の収容所訪問に必要な手続について問う。

　［1942（昭和17）年9月10日（A-13）スイス発東条首相兼外相宛］

　東郷外相宛の9月1日付け書簡に言及して、収容所訪問に対する日本政府の姿勢を問う。

　［1942（昭和17）年10月7日（A-14）スイス発谷外相宛］

　在サイゴン日本代表機関が、捕虜収容所が一時的性質を帯びるものであること、及び脱走事件が数件発生したことを理由として、同地の捕虜収容所への訪問を不許可としたことを述べ、これは、ジュネーブ条約遵守を表明した日本政府の誓約に違反するものであるので、決定を変更する

よう要請する。

　　［1942（昭和17）年10月24日（A-15）スイス発谷外相宛］

　　10月7日書簡の内容の繰り返し。

　　［1942（昭和17）年10月28日（A-16）スイス発谷外相宛］

　日本で捕虜収容所への訪問が実現したことを述べ、占領地の収容所への訪問がいつ可能になるかを質す。

　　［1942（昭和17）年11月6日（A-17）スイス発谷外相宛］

　在支那、仏印及びタイの捕虜収容所への訪問に対する日本政府の姿勢を問う。

＊午前10時45分、裁判長ウェッブ、休廷を宣す。

＊午前11時、法廷、再開する。［E: 14733］［J: 148（10）］

＊被告小磯・南・大川弁護人ブルックス大尉、「検察側文書 PD2853-A（1）より同（73）に至る73通の文書はすべて（検）法廷証 PX2016 の下での証拠であるか？」、と質す。検察官ウールワース大佐、「それが検察側の意図であった」、と応答する。裁判長ウェッブ、PX2016 と朗読中のその要約とを証拠番号上どのように区別すべきかについては、「検察側文書 PD2853-A（1～73）が（検）法廷証 PX2016-A として証拠として採用された」、と弁じる。これに対して法廷書記官、「PD2853-A（1～73）は（検）法廷証 PX2016 となり、その要約である PD2853-B が（検）法廷証 PX2016-A として受理された」、と判定する。

＊検察官ウールワース大佐、提出済み PX2016-A の朗読を続行する。

【提出済み PX2016-A 朗読概要】

　　［1942（昭和17）年11月13日（A-18）スイス発谷外相宛］

　タイの収容所への訪問及び同所への贈答品送付が拒否された件につき、スイス側が（連合国軍から）抗議を受領したことを伝え、同所への訪問及び贈答品送付を許可するよう要請。日本政府に捕虜の名簿を送付するよう要請。

　　［1942（昭和17）年12月24日（A-19）スイス発谷外相宛］

　日本本土収容所への訪問が認められたことを伝え、日本の占領地でも同じ権利を認めるよう要請。

　　［1943（昭和18）年2月5日（A-20）スイス発谷外相宛］

　日本本土・朝鮮・上海・香港のいくつかの収容所への訪問が認められたことを伝え、日本本土及び占領地の他の収容所についても同様の権利を認めるよう要請。

　　［1943（昭和18）年3月16日（A-21）スイス発谷外相宛］

　余人の立会いなしに捕虜と面会できる権利をスイス政府代表者に与えるよう要請。前年6月12日及び18日の要請に対する回答が未だないことを述べる。

　　［1943（昭和18）年3月27日（A-22）スイス発谷外相宛］

＜1947-1-9＞　　　　　　　　　　　　　　　　　　　　　2　検察主張立証段階　**345**

台湾の収容所への訪問を認めるよう要請した同年 1 月 13 日付け書簡の内容の繰り返し。

［1943（昭和 18）年 3 月 31 日（A-23）スイス発谷外相宛］

占領地の収容所への訪問を許可するよう要請したこれまでの複数の書簡への回答を受領していないことを述べ、あらためて許可するよう要請。マラヤで抑留されている者の情報を求める。

［1943（昭和 18）年 4 月 22 日（A-24）重光外相発スイス宛］

前年 12 月 24 日とこの年 3 月 31 日付けの書簡への回答。前年 7 月 30 日付け書簡で述べたように、占領地の収容所への訪問が許可されていないことを伝える。

［同上（A-25）重光外相発スイス宛］

3 月 16 日及び 19 日付け書簡への回答。スイス政府代表に制約なしの捕虜訪問を許可することはできない。捕虜の通信は、各収容所の状況に応じて許可される。

［1943（昭和 18）年 5 月 12 日（A-26）スイス発重光外相宛］

前年 10 月 26 日及び 11 月 6 日付けの書簡に言及し、度重なる要請にもかかわらず、上海の収容所への訪問許可が未だ得られていないことを述べ、要請の中で特に［inter alia］、すべての収容所への訪問を認めるよう要請。

［1943（昭和 18）年 6 月 2 日（A-27）スイス発重光外相宛］

占領地の収容所への訪問を許可するよう重ねて要請すると共に、日本本土の他の収容所への訪問許可も要請。1 度訪問した収容所を次に訪問するまでの期間をどのくらいに設定するかについて問う。

［1943（昭和 18）年 6 月 4 日（A-28）スイス発重光外相宛］

余人の立会いなしに捕虜と面会できる許可を求める。

［1943（昭和 18）年 6 月 24 日（A-29）重光外相発スイス宛］

6 月 4 日付け書簡への回答。監視兵の立会いなしでの会話は規則で禁止されているので、要請は認められない。

［1943（昭和 18）年 6 月 28 日（A-30）スイス発重光外相宛］

函館収容所への訪問許可を要請。

［1943（昭和 18）年 7 月 8 日（A-31）スイス発重光外相宛］

6 月 24 日付け書簡を受領したことを伝え、文中で言及されている規則の原文を送るよう求める。

［1943（昭和 18）年 7 月 16 日（A-32）スイス発重光外相宛］

すべての収容所への訪問を許可するよう求め、捕虜を戦闘地域から退避させるべきことを述べる。

［1943（昭和 18）年 7 月 23 日（A-33）重光外相発スイス宛］

6 月 2 日付け書簡への回答。占領地の収容所への訪問は、その時機が来れば、できるだけ速やかに許可される。既に訪問した日本本土の収容所への再度の訪問については、特別な申請がなされた際に考慮する。

［1943（昭和 18）年 7 月 29 日（A-34）スイス発重光外相宛］

7月10日付け書簡の内容の繰り返し。在フィリピン収容所への訪問許可を要請。

［1943（昭和18）年8月23日（A-35）スイス発重光外相宛］

東京・横浜の収容所への再訪問を許可するよう要請。

［1943（昭和18）年9月4日（A-36）スイス発重光外相宛］

函館訪問を許可するよう要請。他の収容所への訪問の可能性について、政府の意向を打診。

［1943（昭和18）年10月22日（A-37）スイス発重光外相宛］

収容所訪問をめぐっての8月23日、6月28日、9月4日、7月29日付け書簡への回答を求める。

（日付の順序は、英・和両速記録原文のママ）

［1943（昭和18）年12月10日（A-38）スイス発重光外相宛］

日本本土の一部収容所への訪問についての10月22日付け書簡への回答を求める。

［1944（昭和19）年2月12日（A-39）スイス発重光外相宛］

前年8月からこの時期に至るまでの収容所訪問要請への回答がないことへの苦情。すべての収容所への訪問許可を正式に要請。

［1944（昭和19）年3月13日（A-40）スイス発重光外相宛］

収容所訪問を許可するよう要請。英国政府が自国捕虜の驚愕すべき健康状態及び労働状況に関する報告を受け取った旨述べ、その実態について知らせるよう要請。

［1944（昭和19）年3月25日（A-41）スイス発重光外相宛］

収容所訪問許可を要請。「政府が第三者［objective parties］による視察の便宜を図る」旨の、「ニッポン・タイムズ」掲載の声明を引用。

［1944（昭和19）年3月30日（A-42）スイス発外務省鈴木九萬宛］

一昨年の2月1日から本年3月15日まで、スイス側が収容所訪問をめぐって仲介するために日本側に送った書簡は134通に上るが、回答は24通で、過去9カ月では3通に留まり、回答の内容はほとんど否定的なものであった旨述べる。

［1944（昭和19）年5月10日（A-43）スイス発重光外相宛］

在米日本人捕虜への日本の利益代表国による訪問は制約なしに行われていることを述べ、日本の支配地域にある捕虜収容所への訪問を認めるよう要請する。

［1944（昭和19）年6月30日（A-44）スイス発外務省鈴木九萬宛］

スイスが日本の占領地域の米英国民を保護する権限を与えられていないと日本側が言い出した。（収容所への）訪問許可を要請。

［1944（昭和19）年7月1日（A-45）スイス発重光外相宛］

捕虜収容所訪問の問題を検討するとの重光の約束に言及。米国政府の残虐行為に関する声明に触れ、米国捕虜を人道的に処遇するよう要請。

［1944（昭和19）年7月21日（A-46）スイス発重光外相宛］

スイス側による日本本土の捕虜収容所訪問を許可するとの日本側の声明に言及し、訪問がいつ可能になるかを問う。

<1947-1-9>   2 検察主張立証段階 **347**

[1944（昭和 19）年 8 月 12 日（A-47）重光外相発スイス宛]

占領地の捕虜収容所への訪問を不許可としていることについて、日本政府の姿勢を述べる。

[1944（昭和 19）年 8 月 15 日（A-48）重光外相発スイス宛]

7 月 21 日付け書簡への回答。日本本土の収容所への訪問は、要請があれば認められる。

[1944（昭和 19）年 8 月 17 日（A-49）スイス発重光外相宛]

日本本土の収容所一覧表を受け取っていないので具体的申請をすることができない旨述べ、すべての収容所を訪問する許可を要請すると同時に、収容所の一覧表の提示を求める。

[1944（昭和 19）年 9 月 12 日（A-50）スイス発重光外相宛]

英国人捕虜を人道的に処遇することを求め、すべての収容所を訪問する許可を要請する。

[1944（昭和 19）年 10 月 28 日（A-51）スイス発重光外相宛]

占領地の収容所すべてを訪問できる許可をあらためて要請。

[1944（昭和 19）年 11 月 10 日（A-52）スイス発鈴木宛]

占領地の収容所への訪問は相互主義の原則に則って許可されるとの重光の約束について確認を求める。

[1944（昭和 19）年 11 月 13 日（A-53）鈴木発スイス宛]

マニラ、シンガポールとバンコクでの訪問は開始される可能性あり。

[1944（昭和 19）年 11 月 16 日（A-54）スイス発重光外相宛]

これまで訪問できた収容所は 5 カ所だけであるので、他の収容所を訪問する許可も求める。

[1944（昭和 19）年 11 月 17 日（A-55）スイス発鈴木宛]

監督当局が蘭印への訪問を許可しない理由を質す。

[1944（昭和 19）年 12 月 8 日（A-56）重光外相発スイス宛]

7 月 1 日及び 9 月 12 日付け書簡への回答。日本政府は、占領地の収容所への訪問を、作戦行動に容喙せず、相互主義の原則に則って行われるという条件の下で許可することとし、この件に関連したフィリピン、シンガポールとタイでの訪問について国際赤十字との交渉を開始する。

[1944（昭和 19）年 12 月 12 日（A-57）スイス発重光外相宛]

12 月 8 日付け書簡を受領したことを報告。

[1945（昭和 20）年 1 月 13 日（A-58）スイス発重光外相宛]

収容所訪問が許可される時期を問う。

[1945（昭和 20）年 3 月 16 日（A-59）スイス発重光外相宛]

日本本土の収容所 2 カ所を訪問したことを述べ、他の収容所を訪問できる時期を問う。

[1945（昭和 20）年 4 月 7 日（A-60）スイス発重光外相宛]

12 月 8 日付け書簡への回答。相互主義の原則を充たす条件は既に存在しており、それも長期に及んでいることを述べる。

[1945（昭和 20）年 4 月 17 日（A-61）スイス発東郷外相宛]

本年訪問した収容所が 2 カ所に留まっていることを述べ、他の収容所を訪問する許可を求める。

［1945（昭和20）年4月19日（A-62）スイス発東郷外相宛］

M・ラッシュ［Rush］（何者か不明）が収容所を訪問する許可を求め、当該要請を最初に出した時から数週間が経過していることを述べる。

［1945（昭和20）年4月28日（A-63）スイス発鈴木宛］

3月16日、4月3日（英和両速記録のママ）と17日に出した日本本土と台湾及び奉天のいくつかの収容所への訪問許可申請に対する回答が未だないことを述べる。

［1945（昭和20）年5月10日（A-64）スイス発東郷外相宛］

シンガポール、日本本土、台湾及び満州での（収容所）訪問の可否について、米国政府が問い合わせ。

［1945（昭和20）年5月16日（A-65）スイス発東郷外相宛］

すべての収容所を訪問する許可を求める。

［1945（昭和20）年5月30日（A-66）スイス発東郷外相宛］

日本側が5月10日付け書簡に好意的に回答するならば、在テニアン、サイパン、グアム、ニューカレドニアの日本人捕虜収容所への訪問を米国政府が許可する旨、日本側に伝える。

［同上（A-67）スイス発東郷外相宛］

日本本土の収容所すべてを訪問する許可を求める。

［1945（昭和20）年6月5日（A-68）東郷外相発スイス宛］

4月7日付け書簡への回答。日本政府は国際赤十字の代表によるタイの捕虜収容所訪問を即座に許可し、国際赤十字との交渉が纏まり次第、マラヤへの訪問も許可する。

［1945（昭和20）年6月13日（A-69）スイス発東郷外相宛］

米国が（米国の）すべての収容所への訪問に同意したことを重ねて伝達。

［1945（昭和20）年6月14日（A-70）スイス発外務省鈴木九萬宛］

収容所訪問の許可、すべての捕虜と抑留者の氏名の通知、収容所を軍事目標付近から離隔させることを要請。

［1945（昭和20）年7月13日（A-71）スイス発外務省鈴木九萬宛］

シンガポールへの訪問に際し、訪問する人員をスイス側が選定することを日本側が許可せず、事態が難航。

［同上（A-72）スイス発外務省鈴木九萬宛］

日本側の要求通り、スイス側の訪問者の報告は平文で（暗号によらず）送付する。

［1945（昭和20）年7月31日（A-73）スイス発外務省鈴木九萬宛］

タイとシンガポールの収容所への訪問が許可される時期を問う。

＊（検）法廷証 PX2017【1943（昭和18）年7月24日付け重光外相発駐東京スイス公使宛通牒；
　タイでの捕虜取扱・タイ所在収容所への公使訪問は現在のところ許可されない】＝検察側文書
　PD1432-A　証拠として受理され、朗読される。［E: 14747］［J: 148（12）］

<1947-1-9>

【PX2017 朗読概要】

　タイの収容所での捕虜の処遇と同収容所への訪問についての貴殿の7月5日付け書簡受領。該書簡の内容を現地の担当当局に直ちに伝えたところ、同地の捕虜は公正に扱われており、病人は捕虜病棟で最善の治療を受けている旨知らせてきた。なお、収容所の訪問については、現在のところ許可されない。

＊（検）法廷証 PX2018【1943（昭和18）年7月7日付け重光外相発駐東京スウェーデン公使宛口頭通牒：タイ所在捕虜収容所訪問不許可】＝検察側文書 PD1432-B　証拠として受理され、朗読される。

【PX2018 朗読概要】

　日本国外務省は、在東京スウェーデン公使館から6月28日付けで、在バンコクのスウェーデン総領事によるタイの捕虜収容所訪問を許可することを求める口頭通牒 [Note Verbale] を受領したことを確認し、現状では訪問を許可することができない旨回答する。

＊（検）法廷証 PX2019【1943（昭和18）年7月7日付け重光外相発駐東京スウェーデン公使宛口頭通牒：シンガポールのチャンギ抑留所訪問不許可】＝検察側文書 PD1432-C　証拠として受理され、朗読される。

【PX2019 朗読概要】

　日本国外務省は、在東京スウェーデン公使館から6月25日付けで、元デンマーク領事によるチャンギ [Changi] の民間人抑留所訪問の可否を問う口頭通牒を受領したことを確認し、現状では訪問を許可することができない旨回答する。

＊（検）法廷証 PX2020【1943（昭和18）年6月19日付け外務省在敵国居留民関係事務室鈴木九萬公使発俘虜情報局長官宛請訓文書；捕虜取扱に関する米国政府申し入れ】＝検察側文書 PD1432-D　証拠として受理され、朗読される。

【PX2020 朗読概要】

　先頃米国政府の要請を受けたスイス政府が、同国代表が捕虜収容所・民間人抑留者を訪問する際に、添付の質問状に列挙してある条々を質してよいかを問い合わせてきたので、該質問状とその和訳を送る。これについての指示を請う。

＊裁判長ウェッブ、「質問状の内容はジュネーブ条約もしくは戦争捕虜条約についてのものであるように見受けられるので、朗読の必要はない」、と申し渡す。検察官ウールワース大佐、朗

読を打ち切る。（和文速記録148号13頁には、質問の内容が記されている。「1. 民間人抑留者に、その同意を得ずして労役に就くよう要求しているか？ 2. 下士官に、その同意を得ずして監督以外の労役に就くよう要求しているか？ 士官に労役に就くことを要求しているか？」という趣旨のものである）

＊（検）法廷証PX2021【1943（昭和18）年6月23日付け俘虜情報局長官発鈴木九萬公使宛回答文書；捕虜取扱に関する米国政府申し入れ拒否】＝検察側文書PD1432-E　証拠として受理され、朗読される。

【PX2021 朗読概要】

貴官の6月19日付け書簡について、以下のように回答する。

1. 俘虜取扱細則第13条では、捕虜収容所長は、捕虜が面談する際の会話の範囲を制限できることとなっている。

2. その範囲は、各収容所の事情によって異なる。

3. 従って、スイス政府の申し入れをそのまま受け入れることはできないと考える。

＊（検）法廷証PX2022【駐東京スイス公使・日本外務省間往復文書22通；英国・連合国軍の捕虜取扱に対する英国の抗議関連】＝検察側文書PD2765-A（1〜22）　証拠として受理され、朗読される。

【PX2022 朗読概要】

（便宜上、22通の各文書に○囲み通し番号を付す）

①1942（昭和17）年7月8日付けスイス公使発東郷外相宛

英国のクレイギー外相が、6月23日付けの「ジャパン・タイムズ・アンド・アドバタイザー」紙に掲載された写真を送ってきたことについて報告する。その写真には、英軍捕虜が好奇心に満ちた一般大衆の見守る中でバンコクの街路を清掃する様が写されているが、「この種の労役は捕虜に強いるものではなく、街路の掃除が苦力の仕事と見なされている国に於いては尚更であるので、日本国政府に然るべき申し入れをするよう」と、同外相が要請してきたものである。外相の見解では、そのような作業は兵士にとって屈辱的であり、また、いかなる場合でも、日本の新聞はそのような写真を掲載すべきではないとのことであった。自分が本国政府にこの件につき照会したところ、本国政府から「兵士の品格が不必要なまでに損なわれていることに、友誼的態様で日本国政府の注意を喚起するよう」、要請を受けた。1929（昭和4）年7月27日の捕虜の取扱に関する条約第2条第2項は、捕虜は「いかなる場合でも人道的に処遇し、暴力・侮辱・衆人環視に曝されないように留意する」と明示している。（中略）貴殿がこの件を担当の軍事当局に通知していただければ幸いである。

②1942（昭和17）年8月1日付けスイス公使発東郷外相宛

<1947-1-9>　　　　　　　　　　　　　　　　　　　　　　　　2　検察主張立証段階

　7月9日（前出文書の日付と相違するが、和英両速記録の記述のママ）付けの当方書簡に続き、本国政府からの訓令に従って、英国政府が「捕虜の品格を損なうような作業をさせることは容認できない」と申し入れてきたことを伝える。英国政府は我が国政府に、「『ジャパン・タイムズ・アンド・アドバタイザー』紙に掲載された写真に関する一件を極度に重視しており、この件について手段を尽くして抗議を申し入れるよう」要請してきている。

　③1942（昭和17）年9月15日付けスイス公使発東条首相兼外相宛

　英国政府が我が国政府に、以下の抗議を貴国政府に通知するよう要請してきた。

　信頼すべき筋からの情報によれば、ラングーンの刑務所に収容されている捕虜が以下のような処遇を受けているとのことである。

　（a）糧食はパンと塩と水だけで、時折野菜が支給されるのみ。

　（b）麻袋や板の上に直に就寝。

　（c）煙草・葉巻の配給なし。

　（d）長靴を没収された上で、裸足で重労働を強いられている。

　このような非人道的待遇のために捕虜は衰弱し、痩せ衰えている。

　遠隔の作戦地域で軍当局によってなされているこのような残虐行為について日本政府が知らされていないものと英国政府は考えている。（a）〜（c）については何か理由があるかもしれないが、（d）については正当化できる理由が見当たらない。この条約違反の行為に対して英国政府は強硬に抗議し、早急に是正措置を執ることを求める。

　④1942（昭和17）年12月9日付けスイス公使発谷外相宛

　9月15日付けの東条首相兼外相（当時）宛書簡で、ラングーン刑務所に収容されている捕虜が虐待されていることについて英国政府が憂慮の念を表している旨、貴国政府に通知した。この折に、この件に対しての注意を改めて喚起する。英国政府の憂慮の念を軽減するような措置を執ってもらえれば幸いに思う。

　⑤1943（昭和18）年2月9日付け谷外相発スイス公使宛

　（中略）関係当局が「詳細に調査した結果、該書簡（直前の文書のことと思われる）に述べてあるような事実があったことは認められない」と報告してきたことを伝える。

　⑥1943（昭和18）年2月12日付けスイス公使発谷外相宛

　昨年9月15日付けの東条外相宛、及び12月9日付けの貴殿宛の書簡で、在ラングーン捕虜の虐待の件について英国政府が懸念していることを貴国政府に伝えたが、英国政府は、同収容所での状況に関する新たな情報を貴国政府に伝えるよう、我が国政府に依頼してきた。

　その情報によれば、ヨーロッパ人及びインド人の高級士官が気を失うまで平手打ちにされ、日本軍兵士によって頭を殴打されたとのことである。医薬品が欠如していたがために、そのような暴行による耳と目への障害が悪化し、また、医薬品全般が不足し、衛生状態が劣悪であったために、20〜30人余りが死亡したと言う。その多くの者は、収容された当初の数カ月間に水の供給が少なかったために赤痢に罹患して死亡した者である。さらに、ヨーロッパ人が品位を損ねるよ

うな作業を課せられ、些細な規律違反を咎められて2日間の絶食を強いられた捕虜がいたことや、インド国民軍に加わることを拒否したインド人捕虜が食事を抜かれたことも明らかである。また、捕虜は適正な衣服を欠いており、襤褸をまとっているようである。

英国政府は、このような事態が事実である可能性を慮って憂慮しており、同国の利益代表国や国際赤十字の代表がラングーン及びビルマ・マラヤ・蘭印などの他の収容所の捕虜・民間人抑留者を訪問できるよう強く主張している。英国政府は日本政府がこの申し入れを拒絶しないことを希望しており、拒絶した場合には、同国政府が入手した情報の内容が正確なものであると結論せざるを得ず、さらには、現地の状態がそのようなものであるがために日本側関係当局がそれらの場所に中立的立場にある機関の代表を立ち入らせることを欲していない、と断ぜざるを得ない。

前述の当方からの書簡への回答を未だ得ていないので、この件について貴殿の注意を喚起する。同時に、我が国政府や国際赤十字の代表がラングーンやビルマ・マラヤなど南方地区の捕虜・抑留者収容所を訪問する許可が得られるよう、関係当局に働きかけてもらえれば幸いである。（中略）

⑦1944（昭和19）年2月28日付けスイス公使発外務省宛

タイ・ビルマの捕虜収容所の状況は未だ好ましくないものであるとの情報が、最近英国政府に伝えられたことを通知する。特に脚気に罹患する者が多く、治療するための医薬品が皆無とのことである。英国政府は、これらの点に我が国（スイス）政府の注意を喚起し、貴国政府が必要な医薬品を同地域の収容所に可及的速やかに送るべく所要の措置をすべて執ることを主張している。

⑧1944（昭和19）年4月25日付けスイス公使発外務省宛

2月28日付け通牒で当スイス公使館は、タイ及びビルマにおける捕虜宛医薬品の不足している状況が英国政府に知らされたことを、貴国外務省に通知し、貴国関係当局が医薬品を早急に送るべく必要な措置を執ることを要請した。この度、それらの捕虜が必要な医薬品を入手できたかを英国政府が問い合わせてきた。（中略）

⑨1944（昭和19）年6月10日付けスイス公使発外務省宛

2月28日及び4月25日付け通牒で当スイス公使館は、タイ及びビルマで医薬品の不足している状況が英国政府に知らされたことを貴国外務省に通知し、貴国関係当局が医薬品を早急に送るべく必要な措置を執ることを要請した。これまでに回答がなかったが、未だ生存している捕虜が必要な医薬品を入手できたか否か知ることを最重要課題としているので、当公使館は改めて本件に対する注意を喚起したい。

⑩1944（昭和19）年7月4日付けスイス公使発外務省宛　［E: 14764］［J: 148（14）］

一昨年9月15日付け東条外相（当時）宛及び同12月9日付け谷外相（当時）宛書簡で、ラングーン刑務所における捕虜虐待に関して英国政府が憂慮の念を表していたことを伝えた。英国政府は同時に虐待の具体的事例を提示していたが、貴国外相は昨年2月9日付けの我が国公使宛書簡で、そのような事例が生起した事実がない旨回答した。当スイス公使は、その回答を本国政府経由で英国政府に送ったが、英国政府は最近になって在ビルマ捕虜の処遇について、以下の事項に貴国政府の注意を喚起するよう新たに要請してきた。

<1947-1-9>　　　　　　　　　　　　　　　　　　　　　　　　　　　　　　　　2　検察主張立証段階　**353**

1. 第1の抗議－モールメン［Moulmein］地区に関わる抗議3件

　（A）日本側当局の複数の郵便物によれば、モールメン及びその近在に収容されている英軍及びその他連合国軍捕虜は2万名に上るとのことであるが、該地の収容所に捕虜が移送されたことは未通告で、該地及びビルマ他地域の収容所にいる捕虜が捕獲された時日も通告されていないと思われる。加えて、該地で多数の捕虜が死亡したとの、当方の承知している件も未通告である。

　（B）英国政府の承知しているところによれば、モールメン収容所に収容されている捕虜の置かれている状況は、タイの収容所の状況と比較して勝るとも劣らぬほど劣悪なものである。1942（昭和17）年10～11月の期間、主に赤痢が原因で1日約10人の割合で死んでいったことは（貴国政府に）知らされている。また、モールメン及び近在のそれ以外の収容所では、泰緬鉄道建設に従事した捕虜の死亡率がもっと高かったのであり、その直接の原因は、日本側が給した糧食が十分には程遠いものであったこと、病棟に医薬品もしくは医療器具を供給しなかったこと、適正な衣服もしくは靴さえもがほぼ皆無であったこと、捕虜に課せられた労役が過酷であったことである。

　（C）本年2月に捕虜25名がモールメンの街中を行進させられたが、捕虜は痩せ衰えた状態で「アラカン戦線で最近捕虜になった」との（事実に反する）文言がビルマ語で書かれた掲示板を掲げることを強要され、同行した日本軍の一士官からさらなる嘲笑と侮辱を受けた。このような行いは、捕虜に関する国際条約第2条第2項に違反するのみならず、名誉を重んずる交戦時の慣習に悖り、文明国を自認する国家に相応しからざるものである。

2. 第2の抗議－ビルマ前線地区における日本軍の行状に対する抗議

　同地域における初期の2度にわたる作戦行動で、日本軍は、捕虜に対して多くの残虐行為（必要とあらば、事例は提示可能）を働いたが、現在進行中の作戦行動では、英印軍捕虜の虐殺と虐待が顕著で、犠牲者には本年2月7日にヌガケダウク［Ngakyedauk］近郊で捕獲された負傷者と衛生兵が含まれている。衛生兵は両手を縛られた上で長期間にわたる拷問を受け、2日間、水も食糧も与えられなかった。負傷者には何の手当ても施されることがなく、痛みを訴えて唸っていた捕虜は銃殺されたり銃剣で刺殺されたりし、他の捕虜は意図的に銃火が飛んでくる線上に放置されたがために、少なくとも1人が死亡して多数が負傷した。捕虜を（安全地帯に）退避させる措置は、全く執られなかった。日本軍は同地から2月14日に撤退したが、それに先立って残った捕虜（英印軍捕虜が少なくとも20名で、多くは赤十字の腕章をつけていた）を、意図的に射殺した。これらの事実は、目撃者の証言によって裏付けられている。他に、日本軍による以下のような残虐行為が今次作戦行動中に発生している。

　（A）1944（昭和19）年1月末、フンギーキースン［Phoongyi Ky sung］で西アフリカ人の兵長［lance corporal］を死刑もしくは斬首（英文速記録14768頁の execution or beheading のママ。「斬首以外の処刑もしくは正規の手続を経ない斬首による殺害」の意味か？）。

　（B）同月、カラワイン［Kalawain］東方5マイルほどに位置する捕虜収容所から脱走を図ったインド人捕虜4名を、銃剣で刺殺。

（C）同年 3 月、マニプール［Manipur］で負傷した英印軍捕虜 50 名余りを刀剣で虐殺。

（D）同月 26 日、カンドク［Khandok］で西アフリカ人捕虜を木に縛り付け、その指の爪を切り取り、心臓を抉り出した。

　日本政府が上記事案について完璧な調査を行い、再発防止のための適切な措置を尽くすことが肝要と英国政府は思考している。（中略）

　⑪1944（昭和 19）年 8 月 9 日付けスイス公使発外務省宛

　スイス公使が最近、日本国内の捕虜収容所を訪れた際に、未だに脚気を患っている捕虜がいることが判明したが、そのような者の病状は長きにわたって続いている模様である。英国政府においては、極東地域の他の収容所では脚気が常態となっていると信ずる向きがあり、当該疾病への必要な対応措置が執られていることを確認すべく、当スイス公使館が対処するよう要請してきている。なお、当公使館は、2 月 28 日、4 月 25 日、6 月 10 日付け貴国外務省宛書簡で、脚気が発生しているタイ・ビルマの収容所に医薬品が送られるよう英国政府が要請してきたことを伝えている。

　⑫1944（昭和 19）年 8 月 26 日付け外務省発スイス公使宛

　当外務省は、以下の件について関係当局に問い合わせ、回答を得たのでお知らせする。

　1. 英国政府は、連合国軍捕虜がビルマに移送されたことを通知されなかったとして抗議してきたが、実際は、当時ビルマにいた英軍及び連合国軍捕虜の大半は、タイ・マラヤの収容所所属の者で、ビルマには暫定的に移動させられただけである。我が国政府は捕虜の氏名を伝えることには留意しており、既にタイ・マラヤの収容所に所属する捕虜 1 万名以上の氏名を国際赤十字に通知済みで、同地域で死亡した捕虜の氏名については通知作業が進行中である。

　2. 最近寄せられた他の問い合わせについては、指摘された事実を調査した上で回答する。

　⑬1944（昭和 19）年 10 月 3 日付け外務省発スイス公使宛

（中略）帝国政府は、捕虜の健康及び衛生には大いに気を配っており、各収容所で毎月健康診断を行うという、念には念を入れた措置を執って、疾病初期段階での治療が可能となるようにしている。昨年 12 月 9 日付け貴公使館からの口頭覚書への本年 7 月 29 日付け回答で伝えたように、脚気の予防策として精米ではなく玄米を支給し、それに加えて米糠［rice bran］やビタミン剤を与えているので、捕虜がビタミン不足に陥っているようなことはない。捕虜の脚気罹患率は、日本国内では 1% 未満で、タイでも同様、ビルマでも 2% を下回っている。そして、それらの数値は、適切な治療の効果もあって低下しているので、この点については憂慮する必要は全くない。捕虜への糧食事情全般については、現下の情勢に起因する供給事情にまつわる様々な障害にもかかわらず、関係当局が質量共に我軍宛てと同じものを支給しており、我軍全般向けの糧食と比して恵まれているとさえ言われている。同じ覚書の最後の方で貴公使館が言及したタイ・ビルマ地区の捕虜については、その健康対策として同様な措置が執られており、必要な治療も施されている。

＊午前 12 時、裁判長ウェッブ、正午の休廷を宣す。

＊午後 1 時 30 分、法廷、再開する。［E: 14773］［J: 148（16）］

<1947-1-9> 　　　　　　　　　　　　　　　　　　　　2　検察主張立証段階　**355**

＊検察官ウールワース大佐、休廷直前に朗読した文書に関連する証拠として、提出済みの（検）法廷証 PX473【陸軍省捕虜関連文書綴り】、同 PX475【1945（昭和 20）年 12 月 19 日付け日本陸軍省発連合国軍最高司令官宛報告「泰緬鉄道建設」】、同 PX1989【1946（昭和 21）年 10 月 31 日付け若松只一宣誓供述書】、及び同 PX1990【1946（昭和 21）年 11 月 9 日付け泰緬鉄道建設隊指揮官石田栄熊陸軍少将宣誓供述書】に、法廷の注意を促す。

＊検察官ウールワース大佐、PX2022 の朗読を続行する。

【PX2022 朗読概要】（続き）

⑭1944（昭和 19）年 11 月 18 日付けスイス公使発外務省宛

8 月 26 日付け貴外務省発書簡の内容は、英国政府に転送すべく、本国政府に伝えた。英国政府は最近の通信で、在ビルマ捕虜に対する処遇及びそれら捕虜が受けた拷問について貴国政府が行った調査の結果を速やかに知ることを重要課題と考えている旨、伝えてきた。当公使館が 7 月 4 日に当該事案に関する通牒を送ってから、必要な調査を行える期間は 3 カ月あったことになる。また、英国政府は、ビルマで生起したさらなる残虐行為に貴国政府の注意を促すよう要請してきており、目撃証言に基づく以下の事例を挙げている。

英軍のタボイ［Tavoy］からの撤退（1943［昭和 18］年のある時期）から約 1 年後、英軍将兵の処刑を目撃した。処刑されたのは士官であると聞かされている。その処刑の日の朝、タボイの町の人々は銅鑼の音で郵便局近くの広場に集められ、多くの人が処刑を目撃した。英軍将兵 6 人は 1 人ずつ十字架に縛り付けられ、日本兵 3 名とビルマ人警官 3 名が彼らと相対していた。命令と共に、着剣した銃を抱えた日本兵が縛り付けられた英軍将兵の内 3 名に向かって突進して殺害。数分後、ビルマ人警察官が同様なやり方で残る 3 人を刺殺した。殺された英軍将兵 6 人は裸足で、カーキ色の半ズボンを穿き、同色のベストを着ていた。目隠しはされていなかった。

英国政府は、この英軍将兵 6 名の氏名を知らされることを欲しており、かつ、この件について調査が行われ、責任者が処罰されることを要求している。英国政府は、「ビルマのモテイク［Moteik］でのインド人 4 人の殺害については、英国政府が情報を得ている」とした、当スイス公使発重光外相宛 10 月 21 日付け書簡にも言及して、その処遇態様に極めて強硬な抗議を申し入れ、調査と責任者の処罰を要求している。最後に、英国政府は、「ラングーン中央刑務所の状態が極めて劣悪との報告を受けた」ことを、貴国政府に知らせるよう要請してきた。該刑務所は収容所として使用され、700 名余りの米英印人が収容されているが、収容者は虐待されており、応分の医薬品が直ちに送付されるべきとのことである。（中略）

⑮1944（昭和 19）年 12 月 4 日付けスイス公使発重光外相宛

英豪政府が貴国政府に以下を送るよう要請してきたので、お伝えする。

9 月 12 日に南シナ海で雷撃によって海没した日本の輸送船楽洋丸に乗っていた英豪人の生存者約 100 人は、各々の本国に帰着。以下は、その結果として、日本軍当局による英豪軍

捕虜の取扱について両国政府が知り得たことを、簡潔に要約したものである。

活用可能なシンガポールとジャワの捕虜はすべて、1942（昭和17）年初旬、ビルマとタイに移送された。オーストラリア軍捕虜は、水平方向に区分されて高さが4フィート足らずとなった船倉の各々の空間に押し込められて、海路ビルマに送られた。英軍捕虜は、鉄製の家畜用貨車に鮨詰めにされてタイに汽車で移送されたが、移送中窮屈で横になれないほどであった。そして、汽車での移送の後、さらに80マイル歩かされた。全員、タイとビルマで、疫病が蔓延する未開の密林を通る鉄道の建設作業に駆り出され、その生活・労働環境は、非人間的なものであった。宿舎としてあてがわれたものは、熱帯地方の降雨や灼熱の太陽を遮るのには、ほとんどもしくは全く役に立たず、綻びた衣服の替えもなかったので、多くの者がすぐに、衣服、靴及び帽子にこと欠くようになった。食事は日に3度、小皿に盛られた米と水気の多い汁が少量与えられただけであったにもかかわらず、建設は、作業員が苦しもうが落命しようが、休みなく続けられた。当然の如く、死亡する者が増え、その割合は、低く見積もっても20％という恐るべき数値となった。このような状態は、鉄道が竣工した1943（昭和18）年10月頃まで続き、その折には捕虜は、保線作業に必要な人員を除いてタイの収容所に移され、後にさらにシンガポール経由で日本に送られることとなった。生存者が乗っていた船がシンガポールを出港したのは1944（昭和19）年9月で、乗船していた英豪軍捕虜は恐らく1300名ほどであった。同船沈没後、日本側は日本人の生存者のみを選別して拾い上げ、捕虜は放置した。我々同胞の証言は、日本側が無防備の捕虜を戦慄すべき態様で取り扱ったことを直截かつ疑念の余地なきまでに証拠立てるものである。

英豪政府は、自国の捕虜に加えられた非人道的処遇に対して強硬に抗議する。

なお、鈴木公使には自分から11月18日付け私信で、英国筋の情報として、楽洋丸の生存者が英豪本国に帰着したこと、上記のタイ・ビルマでの捕虜虐待についての証言に続いて両国で公式声明が発せられる予定であることを知らせてある。

⑯1944（昭和19）年12月5日付けスイス公使発外務省宛

英国政府からの通信によると、ビルマで「極秘」の印が押された「俘虜尋問要領」と題する謄写版の小冊子が見付かったとのことである。同小冊子は林師団参謀［HAYASHI Division Staff］が1943（昭和18）年8月6日付けで出したもので、藤原［FUJIHARA］の印があり、米英蘭軍の捕虜を尋問する際の指導書として使われた同書には、以下のような内容が盛り込まれている（「林師団参謀」が、どこかの師団の林という名の参謀のことなのか、「林」という通称号の師団の参謀部の意味なのか不明。因みに、「林」という通称号の師団はなかったが、在ビルマ・タイ第15軍の通称号が「林」であったので、それを指している可能性はある）

1. 譴責［rebukes］、罵倒［invectives］、もしくは拷問の手段を用いる時は、捕虜は虚偽の陳述をし、かつ尋問者を愚弄する結果を招くので、要注意。

2. 普通採るべきは、以下のような方法。

（a）足蹴り・殴打など、肉体的苦痛を与えるような、あらゆる方法：最も拙劣な方法であるか

ら、他のすべての手段が奏効しなかった場合にのみ用いること（注記：原本では、この一節に特に線が引かれている［specially marked］）。激しい拷問を行う場合には、尋問官を交替させ、新しい尋問官が同情的態度で接すると、好ましい結果が得られる場合がある。

（b）脅迫：［1］拷問、殺害、飢餓、独房入り、不眠という、肉体的苦痛を招来するような取扱を予告する。［2］捕虜となったことを本国の家族に伝えるための通信を許可しないとか、他の捕虜と同様の待遇を与えないとか、捕虜交換の際には順番を最後にする、といった、精神的苦痛を招来するような措置を予告する。

英国政府は、上記事項に日本政府の注意を促すよう要請すると同時に、最近日本政府が関係当局による拷問の事実を強く否定したことを想起する旨伝えてきた（7月1日付け重光外相宛スイス公使宛書簡参照）。英国政府は、上記指示が与えられたことを日本政府は承知していなかったと考えており、日本政府が該指示を撤回し、責任者を罰することを望んでいるとのことである。

日本政府がなるべく早くこれに回答することを望む。

⑰1945（昭和20）年1月23日付けスイス公使発外務省宛

昨年7月4日と11月18日に当スイス公使館は、在ビルマ捕虜に加えられた虐待行為に対する英国政府の抗議を、貴日本国外務省に伝達した。抗議には多数の具体的事例が挙げられ、同時に、ラングーン中央刑務所に収容されている捕虜700名余りの置かれている状況の劣悪であることが述べられて、速やかに医療措置が施されるべき旨記されていた。貴外務省は、昨年8月26日付け当公使館宛書簡で「7月4日付け書簡で伝えられた英国側指摘の事案については、調査した上で回答する」と通知しているが、そのことを想起してもらいたい。これまで回答が得られていないので、この件に貴国政府の注意を促したい。英国政府は、当案件についての貴国政府調査の結果を早急に知ることを欲している。

⑱1945（昭和20）年3月19日付けスイス公使発外務省宛

（内容は、直前の文書の冒頭に記されている日付けに「1月23日」が加わっただけで、ほぼ同じであるので、省略する）

⑲1945（昭和20）年4月23日付けスイス公使発外務省宛

昨年12月4日付け書簡で当スイス公使は、タイ・ビルマ地区での捕虜虐待及び楽洋丸でシンガポールから移送途次の捕虜の置かれた状況に対する英豪政府の抗議に、貴国重光外相の注意を促した。この件についての日本政府の回答を得られれば幸いである。

⑳1945（昭和20）年5月15日付け外務省発スイス公使宛　［E: 14785］［J: 148（17）］

貴スイス公使館よりの昨年からの一連の問い合わせに、以下のように回答する。

1. 昨年7月4日に問い合わせのあった捕虜移送の通知については、同年8月26日に回答済み。

2. 英国が抗議した捕虜の取扱については、モールメン及びその近郊に収容されていた捕虜の置かれていた状況が状況であったので、現地日本軍が執った衛生対策が疫病予防に効を奏さず、気候条件や1943（昭和18）年の雨季による現地との交通の杜絶などによって、その状況がさらに悪化したことを遺憾とする。このような困難に直面したのは捕虜だけではなく、同地に駐留し

ていた日本軍も同様であった。それでも、現地駐留部隊の類稀な努力によって同年秋までには必要な衛生施策がなされ、病人及び死者の数も相当に減少した。

3. 捕虜を見世物にしたとの英国政府の抗議については、調査の結果、そのような事実は認められなかった。

4. 関係当局が綿密な調査を行った結果、日本軍がビルマで残虐行為を犯したとの英国政府の昨年11月18日付け抗議を受け入れることはできないこととなった。

捕虜の処遇に過去から現在に至るまで意を砕いている関係当局は、この点につき現地軍を指導し続けている。

㉑1945（昭和20）年7月2日付けスイス公使発外務省宛

昨年12月4日に、当公使館は、ビルマ・タイ地域での捕虜の虐待及び楽洋丸移送捕虜の処遇に対する英豪政府の抗議を伝え、本年4月23日に改めて、それら案件への日本政府の見解を求めたが、今に至るまで回答を得ていないので、貴外務省の注意を促したい。

㉒1945（昭和20）年7月5日付けスイス公使発外務省宛

英国政府がスイス政府を通じて以下を貴日本政府に伝えるよう要請してきたので、お知らせする。

　　1. 以下は、本年1月24日にウンダウ［Undaw］で日本軍捕虜となった英国兵による陳述書で、当人が署名している。該兵士は、夜間に背中の左の部分から右臀部への貫通銃創を負った。
　　……

　　夜明け頃、15名ほどの日本兵がやって来ると、そのうちの1人が、私の被っていた覆いつきの帽子を取り去り、銃剣の腹で頭を打ち据えてきた。いま1人が腕時計を奪い取ると、他の日本兵が私の服のポケットを探って、財布、煙草入れ、万年筆、鉛筆、（この部分にはparti なる語が記されているが、何を意味するのか不明）、給与帳及び認識票など、すべてを奪い去っていった。その後、日本兵は私を立たせようとしたが、私は倒れこんでしまった。日本兵は、私の手首をつかんで200フィートほども引き摺って、ウンダウにある寺院に連れていったが、そこにはビルマ人が1人縛られていた。日本兵は私の足首を針金で縛って、その針金をドアの金具に結びつけ、私は肩を地面に付けて吊るされたような体勢になった。日本軍の士官1名と兵士2名が、戦車、砲兵隊、航空機及び私の所属大隊の位置などについて質問してきた（私は、軍医を呼んで傷の手当てをしてくれるよう頼み、連れてこられた軍医は上着とズボンを切り裂いて私の傷を見たが、何の手当てもしてくれなかった）。自分は「何も知らない」と答え、氏名、認識番号及び階級のみを伝えた。それから一行は、その場を去ってはまたやって来ることを繰り返し、同じ質問を続けた。私は水を所望したが、断られた。次に日本兵は、私の部隊のドッド［Dodd］を寺院に連れて来た。ドッドは後ろ手に縛られていたが、負傷はしていないようであった。ドッドは "I don't half feel dry（意味不明）" と私に言うや、その場から連れ去られ、小さい丘の麓を回って連行されていくのを見たのが最後で

あった。私を尋問した一行がまたやって来て同じ質問を浴びせ、私の銃を傍に放り投げていった。次に私が覚えているのは、縛めを解かれて急ごしらえの担架に乗せられたことであった。水瓶が手の届かない場所に置いてあったので、手を伸ばしてつかもうとしたら瓶を倒してしまったので、一口ぐらいしか飲めなかった。夜になって、味方の砲撃が始まると、日本軍の士官が1人やって来て、私の銃と弾薬を取って出ていった。それが日本軍将兵を見た最後である。翌朝、ドアの外を通り過ぎる2人の人影を認めて声をかけると、スコットランド兵であった。2人が自分に水を与え、担架を手配してくれたので、自分は野戦救急車［field ambulance］に収容された。J・E・トーマス署名。

2. トーマス（及びビルマ人民間人の遺体）を発見した場に居合わせた英軍士官の陳述によれば、寺院の外にも地面から頭だけを突き出して埋められた捕虜の遺体があったとのことである。

英国政府は、このような事件の再発を防ぐべく日本政府が所要の措置を講じ、これら英国人捕虜への虐待に責任を負うべき日本軍将兵の処罰につき当方に通知することを望む。

……

当通牒への日本政府の回答を要請する。

＊（検）法廷証 PX2023【1943（昭和18）年7月5日〜1944（昭和19）年7月20日間の捕虜取扱に関する重光外相・駐東京スイス公使間往復文書8通；タイ国収容英国捕虜取扱に対する英国の抗議関連】＝検察側文書 PD2767-A（1〜8）　証拠として受理される。朗読なし。　［E: 14791］［J: 148（18）］

＊（検）法廷証 PX2023-A【同上要約】＝検察側文書 PD2767-B　証拠として受理され、朗読される。

【PX2023-A 朗読概要】

（便宜上、8通の各文書に○囲み通し番号を付す）

①1943（昭和18）年7月5日付け（A-1）スイス公使発重光外相宛

在タイの英国軍捕虜が食糧、衣服及び医療品の不足のために劣悪な処遇を受け、鉄道と道路の建設に関わる重労働に従事させられ、状況はさらに悪化している旨の報告を引いた英国政府からの抗議を、転送。在バンコクのスイス領事が同地の収容所を訪問して現地の状況を報告する許可を要請。

②1943（昭和18）年7月24日付け（A-2）重光外相発スイス公使宛

A-1に対し「在タイの捕虜は公正な扱いを受け、病人はすべて病棟に於いて適正な治療を受けている」と回答。収容所訪問の申請は却下。

③1943（昭和18）年8月30日付け（A-3）スイス公使発重光外相宛

在タイ英軍捕虜の取扱について英国からのさらなる抗議を転送。「密林の過酷な環境下での生活を強いられ、食糧が不足し、脚気、赤痢、下痢、マラリア及びコレラ等の疫病が蔓延する中で、

適正な医療措置がなされないままに、死者3000人を超える」との内容。公使は外相に状況の改善を求める。

④1943（昭和18）年9月29日付け（A-4）スイス公使発重光外相宛

「タイに於いてジュネーブ条約第27条に違反して捕虜が労役に使用されている」との英国政府の抗議を転送し、在バンコクのスイス領事が現地の捕虜を訪問する許可を改めて求める。

⑤1943（昭和18）年10月1日付け（A-5）重光外相発スイス公使宛

「在タイの英軍捕虜は現地の日本軍将兵と同等の処遇を受けている」と述べ、「英国政府の態度は、信頼できぬ筋からの情報に触発されたもの」との日本政府の考えを伝える。軍事上の理由から、収容所の訪問は未だ不可。

⑥1943（昭和18）年10月20日付け（A-6）重光外相発スイス公使宛

A-4の抗議に「そのような事実なし」と回答。

⑦1944（昭和19）年4月6日付け（A-7）スイス公使発重光外相宛

在バンコク日本大使は、同地スイス領事に、以下の通り、通告。

（1）スイス領事館が同地の米英権益保護の委任権を有していることを在タイ捕虜収容所司令官は認めていないので、スイス領事が捕虜に必需品や金品を贈ることは許可されない。

（2）物品・金品の受領証に署名できるのは日本側当局のみ。

これに対してスイス公使館は、（1）理解不能、（2）捕虜が受領証に署名するのを妨げるのはジュネーブ条約違反、と回答し、該捕虜収容所司令官の不可解な態度には、正式な抗議を申し入れる権利を留保する。

⑧1944（昭和19）年7月20日付け（A-8）スイス公使発重光外相宛

A-7に回答して、

（1）タイ国政府がスイスを利益代表国と認めたことで同国の代表が捕虜収容所を訪問できる権利が確立されたと考えるのは誤り、

（2）当方の好意の発露として捕虜の代表による署名を許可することは常に可能、

と述べる。

＊（検）法廷証PX2024【1944（昭和19）年4月24日〜1945（昭和20）年3月1日間の捕虜取扱に関する重光外相・駐東京スイス公使間往復文書6通；支那・フィリピン収容米国捕虜取扱に対する米国の抗議関連】＝検察側文書PD2751-A（1〜6）証拠として受理される。検察官ウールワース大佐、「該文書中のPD2751-A（1〜2）は、提出済み（検）法廷証PX1477及び1479と同一であるとして朗読を省略する」、と申し立てる。残余を朗読する。[E: 14795] [J: 148（19）]

【PX2024朗読概要】

（本書証は相当長大な量であるので、便宜上、以下の構成一覧を掲げておく）

＜1947-1-9＞　　　　　　　　　　　　　　　　　　　　　　2　検察主張立証段階　**361**

[1944（昭和 19）年 4 月 24 日付け（A-3）外務省発スイス公使宛]

《米国政府抗議中に列記された各事案に対する回答》

A．民間人

（a）刑務所・抑留所の状態

I．上海ブリッジハウス

II．北京の軍刑務所

[1] 留置中の健康状態

[2] 食糧

[3] 入浴

[4] 運動

[5] 監房

[6] 衣服と寝具

[7] 体重の変動

[8] 優遇措置

III．青島

IV．マニラのサンチアゴ要塞　[E: 14807]［J: 148（20）]

V．香港のスタンリー［Stanley］抑留所

VI．マニラのサント・トーマス抑留所

VII．ダバオ及び在フィリピンのその他の収容所

（b）虐待と拷問

I．拷問と暴行

[1] R・A・ライナー［R. A. Reiner］とエドウィン・W・クーンズ［Edwin W. Koons］

[2] 宜昌［Ichang］での殴打事件

[3] ジョセフ・F・マクスパラン［Joseph F. MacSparran］

II．独居房への監禁

[1] H・W・マイアーズ［H. W. Meyers］

[2] ウイリアム・マッケシー［William Mackesy］

[3] アリス・C・グルーブ［Alice C. Grube］

B．捕虜

（1）フィリピン

[1944（昭和 19）年 4 月 28 日付け（A-4）外務省発スイス公使宛]

[1944（昭和 19）年 8 月 16 日付け（A-5）外務省発スイス公使宛]［E: 14829］［J: 148（23）]

[1945（昭和 20）年 3 月 1 日付け（A-6）スイス公使発重光外相宛]

[1944（昭和 19）年 4 月 24 日付け（A-3）外務省発スイス公使宛]

米国政府が日本の管轄下にある米国民の取扱に抗議を申し入れた一昨年12月23日付け書簡への、昨年5月26日付け当方回答に引き続き、該抗議で列挙された各事案に対する慎重かつ綿密な調査の結果を、別紙の通り報告するので、米国政府に転送してもらえれば幸いである。

《米国政府抗議中に列記された各事案に対する回答》

昨年5月26日付けの在東京スイス公使宛回答で述べたように、抑留されている米国民が受けている処遇の例として米国政府が挙げた個々の事例は、1〜2の例外はあるもののすべて、正当な手続に従って審理され断罪されてその刑期を務めている者を含む刑事犯罪に問われた者に関する事案である。たとえ外国人であろうと、日本の法律の下で刑事上の罪を問われた者に、1929（昭和4）年の捕虜の処遇に関するジュネーブ条約の規定が適用されることを想定することが的外れであることは、説明するまでもないであろう。それにもかかわらず我が国の関連当局は、そのような米国人、敵国外国人を、その日常生活の様式や各人の社会的地位と年齢などを考慮して、法律の許す範囲で寛容に取り扱っている。後に記すように、それに対して感謝の念が表されることもしばしである。また、米国政府の抗議には、一方で米国人を普通の刑務所に収監していることに苦言を呈したと思えば、もう一方で独房に入れることに反対するというように、事実を誇張し歪曲している嫌いがある。以下に、回答済みの事項を除いて、各事例についての実態を記す。

A. 民間人

（a）刑務所・抑留所の状態

I. 上海ブリッジハウス

米国政府が挙げた上海での事例はすべて、軍律違反を犯した者に関するもので、対象者は犯罪者として、日本人犯罪者と同様に法の定める制約の下で拘留されている。それらの者を、正規の手続を経て抑留されている一般の民間人と同列に見なすべきでないことは、言うまでもない。

上海の憲兵隊留置場は、日本人、敵国人、第三国人の全国籍者を収監するために使用されている。

健康管理については、収監者はすべて適度の運動をすることを許可され、軍医による適切な診察を受けているので、不満足と思われることはない。食糧の配給も差別なく行われているが、生活習慣の相違を考慮して、欧米人には、外部からの差し入れや自費での購入が許可されている。衣服は、毛布など当局支給のもの以外に、自分達のものを着用することが許されている。

このように、同施設の米国人収容者は、当局の特別な計らいによって格別な待遇を受けており、留置態様に不法もしくは不備な点はないし、米国側の通牒で述べられていたような、留置されたことによる疾病罹患の事例も皆無である。

II. 北京の軍刑務所

米国からの通牒で触れられていたフロイド・F・スピールマン［Floyd F. Spielman］、R・E・マッキャン［McCann］、C・J・エスケリン［Eskeline］、J・B・シャーウッド［Sherwood］、E・

<1947-1-9>　　　　　　　　　　　　　　　　　　　　　　　　2　検察主張立証段階　**363**

Y・ミルズ［Mills］、P・H・ベネディクト［Benedict］の6名は、北支那方面軍軍律会議検察官が1942（昭和17）年3月7日に軍律違反の容疑で発行した逮捕状によって逮捕し、同月11日午後6時半に北京の同軍刑務所に留置。翌日午後4時半に発行された拘置状に従って拘置することとなった。しかし、取り調べ中に日米両国間で外交官・居留民交換についての合意が成立したので手続が中断され、軍検察官の命によって同年6月8日午前8時に釈放した。

　［1］留置中の健康状態

　エスケリンは内臓疾患［internal malady］と左足捻挫のため23日間の安静を命ぜられ、ベネディクトは膀胱炎で3日間の静養とされたが、両名には治療がすかさず施されたので、回復。マッキャンは軍医診断の結果、眼鏡の使用を許可され、他3名は留置期間中、良好な健康状態を維持した。

　［2］食糧

　日本人と外国人とを問わず、留置中の者には兵食を支給することとなっていたが、米国人の生活様式や個々人の年齢、食生活の急激な変化が心身にもたらしかねない影響を考慮して、最初の1カ月は、朝夕はパンを含めた洋食とし、兵食は昼食のみとした。その後、留置者は漸次兵食に慣れ親しむようになったが、実際、6人の中でもシャーウッドは当初から兵食を希望し、2カ月の内に他の全員もそれに倣うようになった。1人あたりの1日の主食は、精米600グラム、精製大麦187グラムもしくは小麦900グラム（パン）。副食は牛肉21グラムもしくは魚42グラムに、野菜が480グラム。総カロリーは3500で、食事はすべて温かいものを支給。

　［3］入浴

　毎週日曜日と水曜日に、留置者すべてが温水入浴したが、夏期には時折シャワーで代替された。エスケリンは、疾病に罹患していたために、収監された日から4月2日までの23日間入浴を控えるよう指示されたが、他の留置者に対して留置期間中に入浴が禁止もしくは停止されたことはない。

　［4］運動

　留置者は30分から1時間ほど、屋外で運動するよう指示され、悪天候の際には、屋内で自由に運動することとなっていた。エスケリンが医師の指示によって20日間ほど運動することを止められていた以外、米国側の通牒が言うような、留置者が相当期間運動することを禁じられていた事実はない。

　［5］監房

　各監房の面積は15.75平方メートルで、天井までの高さは3.34メートル。窓がひとつに換気装置、電燈と用便設備が備え付けられていた。壁は漆喰で塗り固められ、床と天井は板張り。清掃は常にされていて、通常は各監房に収容されるのは2〜5名であるが、件の米国人の場合は、一室に2名であったので、余裕があったと思われるし、彼らに宛がわれたのは刑

務所全体で最も静かな場所に位置していた房であった。

[6] 衣服と寝具

件の6名は皆体格がよくて身長が高く、着られるような留置者用衣服がなかったため、当時自身が着用していた衣服や、外部から持ち込んだり、友人から差し入れられたものを使用することを許可していた。規則では、寝具は1人あたり綿布団[cotton quilt]と毛布が1枚ずつに枕が1個、敷布団用の莫蓙が3人に2枚となっていたが、件の米国人には各人に、綿布団と毛布が2枚ずつに、莫蓙が1枚と枕1個が与えられ、すべて定期的に洗濯して常に清潔となるようにしていた。なお、留置した当時は未だ寒い季節であったので、その時着ていた外套を着ることを許していたことを付け加えておく。

[7] 体重の変動

6人の留置時及び釈放時の体重は以下の通り（kg）。

スピールマン：71.9 → 71.8（-0.1）

マッキャン：83.1 → 83.0（-0.1）

エスケリン：78.8 → 78.5（-0.3）

シャーウッド：83.5 → 82.3（-1.2）

ミルズ：62.8 → 62.85（+0.05）

ベネディクト：70.0 → 70.1（+0.1）

米国は「6人が平均して体重を18キロ減らした」と難詰しているが、上記数値に基づけば、事実は258グラムに過ぎないし、3月に収監された当人達が釈放されたのは、常人が普通体重を減らす夏期であったことを考えれば、その程度の減少は特筆大記すべきことではない。

[8] 優遇措置

軍刑務所には英会話に堪能な者がおらず、該米国人は日本語を解しなかったので、1942（昭和17）年4月に滞米歴の長い日本人を彼らの専従通訳として雇用した。6人は皆、その通訳の献身的仕事振りを多として、この特段の計らいに対して刑務所担当者に謝意を表しており、特に6人が北京から天津に向かって出発する際に満腔の感謝の念を伝えてきた。6名が虐待されたとの米国側通牒の主張には根拠がない。

III. 青島

米国側通牒に言及されていたフランク・G・キーフィ[Keefe]、キャディー・クーパー[Cady Cooper]、フランク・B・ホーリング[Frank B. Halling]、チャールズ・リーブゴールド[Liebgold]、C・J・マイアー[C. J. Meyer]、N・H・ミルズ[N. H. Mills]、H・J・ジマーマン[H. J. Zimmerman]の7名について、この7名は、スパイ行為の容疑で1941（昭和16）年12月8日に憲兵隊本部に連行され、同月27日まで取り調べのために青島市警察局の講堂に留置された。同日、マイアーとミルズは釈放。翌日、他5名は怡和洋行[E Wo Company]支配人の居宅に移されて、当局による予審での調査に基づく証拠調べの最中そこに拘置されたが、日米間での交換協定成立と共に釈放となった。その間の拘留状況は以下の通りである。

該米国人が最初に留置された青島市警察局の講堂は、教室として利用されたり儀式に使用されたりしたもので、広さは250平方メートルほど。大型のストーブを設置して、室温を摂氏15〜20度に保つ中、収監者には簡易ベッドを提供し、希望があれば、各自の衣服と寝具の使用を許可した。食事についても、希望があれば、各自の自宅からの差し入れを制限なしに許したし、1日1時間、屋外での運動を許可した上に、健康管理には万全を期した。その後5人が移された怡和洋行支配人の居宅は設備が調っており、青島市内でも最高級の部類に属する家屋であった。留置者は該家屋に備え付けのベッド、寝具、衣服を使用することを許され、各々の自宅からの食糧の差し入れも許可され、さらには、同家屋にあったピアノや卓球台も自由に使うことができた。また、関係当局員立会いの下で、家族及び友人との面会も許可された。あらゆる面から見て、該米国人が受けた処遇は寛容極まりないもので、米国側通牒が言い立てている「暖房設備のない普通の刑務所に3週間拘束された」というような主張は、すべて事実無根である。

IV. マニラのサンチアゴ要塞 ［E: 14807］［J: 148（20）］

米国側の通牒で、マニラのサンチアゴ要塞に収監中として触れられていたロイ・ベネット［Roy Bennett］とロバート・アボット［Robert Abbott］の内、ベネットはサント・トーマス［Santo Thomas］の留置所に1943（昭和18）年4月20日に収容され、今も同所に健在である。アボットは、1942（昭和17）年5月末にフィリピン国立病院に入院した際に、捕虜としての取扱を免れるために、バターン戦での従軍歴を秘匿して自らの身分を技師と詐称し、同年11月23日に同病院を退院した後サント・トーマス抑留所に入所して、翌年1月12日まで同所にいた。この事実が発覚して、アボットは3カ月の軽禁固刑に処せられ、刑期を終えた後、捕虜収容所に収容され、現在に至っている。このような事実に鑑みれば、米国政府の抗議には理由がなく、アボットの釈放要求など論外である。

V. 香港のスタンリー［Stanley］抑留所

同所に抑留されている敵国国籍の抑留者は、すべて良好な処遇を受けており、そのことに感謝の意が表せられている。米国側通牒に記されているような事実は、過去、現在にわたって全く認められない。抑留者の健康状態は良好で、各自の所持品の使用や好みの食料品の購入が特に許可されている。

VI. マニラのサント・トーマス抑留所

日本軍がマニラに入城したのは1942（昭和17）年1月2日であったが、その2日後にサント・トーマスに抑留所が開設され、その運営は抑留者自身に委ねられた。抑留者には、所内での生活をできるだけ快適にすべく、所持品や日用必需品などを持ち込むよう事前に通達したが、蚊帳、衣服、寝具などを持ち運んでこない者もいた。マニラ占領直後の交通・通信の杜絶や、1月末時点で3000人に上った厖大な数の抑留者に直面していた日本軍当局ではあったが、抑留者が各自の所持品を取り寄せられるべく、許可を与えたり、便宜を図ったりしていた。日本軍が敗走する敵軍を追撃する一方、作戦行動に必要な輸送手段を割いてこの

ような措置を執ったことには米国人抑留者すべてが感謝していたのであり、この事実は、米国側通牒が言い立てる内容とは全く相反するものであることを銘記すべきである。

　食糧に関する抗議も事実とは異なる。当初、抑留者の意思に従って、食生活の急激な変化を避け個々人の嗜好を尊重するために、抑留者各自が自費で食糧を購入することを許可していたが、時日の経過と共に、これでは所持金の少ない者に不公平であることが明らかとなった。それ故に、1942（昭和 17）年 2 月末日より、抑留者全般の希望に沿って配給制度を採用することとし、当時設立準備中であったフィリピン赤十字社がその費用を負担することとなったが、同時に、希望者には自費で配給を補う食糧を購入することを許可した。抑留者に好評であったこの制度の下では、赤十字社の責務は収容所内での配給業務に留まり、同社が抑留者個々人に金品の貸付を行うことなどはなかった。食糧の購入と調理は、抑留所の自治組織に委ねられ、軍は市場で見つけることが困難な物品を入手する手助けをする役割を担ったが、配給食糧の費用を（一食あたり？）25 センターボ［centavos］に制限したことなどは 1 度もない。食糧の配給は、1942（昭和 17）年 4 月に正式に発足したフィリピン赤十字社が同年 6 月まで請け負い、それ以降は、日本軍当局が配給食の費用や抑留所の維持費などすべてを負担し、抑留所の運営自体は従前通り、抑留者の自治組織に委ねられた。抑留所開設以来同所で配給された食糧は、質量両面で好評で、マニラ市全般に行き渡っている食糧と比べて贅沢に過ぎるとの批判が浴びせられるほどであった。所内での秩序維持や諸々の活動は、前述の自治組織が自ら定めた規則に従い、同組織自らが任命した役員を通じて行っており、このような寛大な措置に抑留者は全員謝意を表している。

　VII.　ダバオ及び在フィリピンのその他の収容所

　米国側通牒の言う「最初の 6 週間」とは、米国人居留民を保護する目的で同地の米国人クラブに収容していた時期で、その間、労役を求めたことなど全くなかった。後刻、健康維持のために屋外での軽作業を許可するよう求めてきた者がいたので、道路上に放置されて交通を阻害しているものを除去する作業をあてがった。サンタ・アンナ［Santa Anna］地区は、退却する米軍が同地にあったダバオ地区用の物資集積倉庫に火を放ったために灰燼に帰し、さらに、米軍兵士が市内の店舗の糧食を掠奪し隠匿したため、同市の住民は極度の食糧不足に直面した。食糧はとうもろこしと粟のみで、それさえも入手困難であったが、その時期に米国人クラブに収容されていた米国人はとうもろこしを含んだ食糧を給されていた。それは、ひとえに日本軍の寛大な計らいによるもので、軍はさらに自らの乏しい保有食糧の中から該米国人宛に精製米、魚、缶詰食などを割いたのである。実際、該米国人は、当時同地の日本人や現地人が食していたものよりも遥かに贅沢なものを食していた。

　1942（昭和 17）年までにダバオの状況は改善され、野菜などの副食品が市場に並ぶようになったので、抑留者の希望を容れて、自費での食糧購入を許可したが、入手困難な米、砂糖、塩、調味料などは軍当局が配給した。

　当初米国人を抑留したのは、自活するに任せれば食糧の入手が不可能な状況であったので、

<1947-1-9>　　　　　　　　　　　　　　　　　　　　2　検察主張立証段階　**367**

軍が必要な食糧を購入するための斡旋をすることが理由であったが、同年9月以降は、抑留
の対象者が確定されてからは、食糧経費は軍当局が負い、食糧の購入、調理などは抑留者の
自治組織に委ねることとなった。フィリピンの他の抑留所に収容された米国人の処遇も、こ
こで記述したダバオでのものと似たようなものである。

　（b）虐待と拷問

　I．拷問と暴行

　[1] R・A・ライナー [R. A. Reiner] とエドウィン・W・クーンズ [Edwin W. Koons]

　1942（昭和17）年2月8日から京城の龍山警察署で米国人のエドワード・ヒューズ・ミ
ルズ [Edward Hughes Mills] をスパイ行為容疑で取り調べている過程で、同人の陳述及び同人
の家宅捜索の結果、ライナーの同容疑への関わりが明らかとなった。ライナーを同警察署に
連行して同人の取り調べを開始したが、その結果として、容疑の罪状の他に、ライナーには
外国為替管理法違反の事実もあることが明らかとなった。取り調べの最中、同人の健康状態
には問題がないように見受けられたが、同人の年齢を考慮して独居房に収容したし、その間、
同人が幾度かにわたって出してきた要望事項にも意を払って、できうる限り良好な処遇をし
た。同人の罪状は明らかであったが、日米間の交換協定の成立に伴い不起訴となり、ライナ
ーは1942（昭和17）年5月25日に釈放された。その際に同人は、同じように同署に拘留さ
れていた米国人を代表して謝意を表し、「利敵行為を働いた敵国人として、極めて峻厳、過
酷な取り調べを受けることを覚悟していたが、当署での処遇は常に温情溢れるもので、日本
人の心持ちには深い賛嘆の意を示す」という趣旨のことを述べていた。

　米国側の通牒によれば、ライナーは5月1〜6日の期間に拷問を6回受け、ショーという
名の憲兵隊雇員に蹴られて肋骨を折り、さらにその骨折箇所をキムという名のもう1人の雇
員によって強打されたとのことであるが、龍山警察署に憲兵隊員やその雇員が立ち寄ること
を許可されたことはなく、さらに、同署にはショーやキムといった名前の雇員はいないので、
この主張は捏造であると断ぜざるを得ない。また、ライナーが釈放された時の健康診断書に
よれば、同人の健康状態は良好で、何等の異常も認められなかったとなっている。肋骨を折
った上で腕と脚に「深さ0.5インチの切創」を負った59歳の同人が、数日の内に、そのよ
うな痕跡も残さずに回復したとは、信じ難いことであり、米国側の抗議がいい加減で事実無
根であることを示している。

　ミルズの陳述と同人宅の家宅捜索の結果、クーンズもその共犯者であることが判明したの
で、クーンズは1942（昭和17）年5月11日に龍山警察署に連行。同人はライナーと同様の
取り調べ、処遇を受け、不起訴となって交換のために釈放された。この点でも、米国政府通
牒の内容は、同様に杜撰でいい加減なものである。クーンズは別紙Aのような自らの「感想」
を書き残しており、米国側の抗議が謂れのないものであることの傍証となっている。

　[2] 宜昌 [Ichang] での殴打事件

　宜昌在住のエルシー・W・リーベ [Elsie W. Riebe] とウォルター・P・モース [Walter P.

Morse] が殴打されたとの主張は、事実無根。直径 1.5 インチの鉄の棒で 2 時間殴られ続けて生きていられる者がいるかいないかは、常識で考えてみればすぐ分かる。この両名は、各自の自宅に居住することを許され、唯一課せられた制限は、同市の馬路と康荘路の間の区域を除く市内地域に外出する場合に許可を得ることであった。支那人の教会関係者が両名の居宅を訪れることは禁止していたが、両名には、食糧と日用必需品を得るための特別な便宜が図られていた。両名いずれも、生活上の必要手続に関わる場合を除いて当局筋に出頭したことはないし、該関係当局筋が両名のいずれかをどこかに連行したという事実もないので、米国側通牒に記されている残虐行為は事実無根である。

[3] ジョセフ・F・マクスパラン [Joseph F. MacSparran]

同人は 1941 (昭和 16) 年 12 月 8 日に国防保安法違反の容疑で逮捕されて、取り調べのために横浜刑務所に留置され、翌年 2 月 21 日に同法及び外国為替管理法違反の罪で起訴された。4 月 21 日にさらに治安警察法違反の罪状が加わったが、予審判事による取り調べの最中に日米間で交換協定が成立し、不起訴となって釈放された。刑務所でマクスパランが収容されたのは、照明装置と換気装置が調い、机と椅子とベッドが備え付けられ、水洗式トイレのある、所内では最高級の洋式監房であった。留置された直後に、同人は健康診断を受け、その後も毎日医師による回診を受けた。同年 12 月 20 日、同人は腹部の異常を訴えて診察を要請し、診察の結果異常がなかったにもかかわらず薬を処方したが、同人は「効かない」といって返してきた。それ以降、同人の健康状態には特段の注意が払われたが、同人は通常通りに食事、運動、入浴を済ませ、十二指腸潰瘍による出血の治療を要請したことなど 1 度もなかった。留置期間中、同人は検事と予審判事から合計 21 回尋問されたが、毎回、快活に尋問に応じていた。尋問は検事が刑務所に赴いて行っていたが、予審のために法廷への当人の出頭が必要な場合には、日本の法規に従って手錠がかけられた。これは、刑事被告人を取り扱う際には当然の措置である。尋問の際に同人が内出血のために立ち上がることもできなかったという主張には、一片の真実も認められない。

II. 独居房への監禁

[1] H・W・マイアーズ [H. W. Meyers]

この者は、1941 (昭和 16) 年 12 月 8 日に国防保安法違反容疑で逮捕されて神戸拘置所に留置された。同法容疑では起訴されず、翌年 3 月 5 日に釈放の運びとなったが、陸軍刑法と外国為替管理法違反容疑で同日起訴されて、そのまま神戸拘置所に拘留となった。4 月 5 日に同人は未決拘留日数 20 日を含めた禁固 7 カ月の判決を受け、服役中の 5 月 1 日に大阪刑務所に移送された後、6 月 7 日に仮釈放された。その間の同年 1 月 4 日から 2 月 5 日まで、同人は神戸市菊水橋警察署代用監獄にも収容されていた。

神戸拘置所では、当人の年齢を考慮し、普通の房に入れた場合の健康への悪影響を避け、睡眠がよく取れるようにするために、同所で新造された最良の房に同人 1 人を収容することとした（和文速記録 148 号 21 頁では、このあたりで朗読が止まって、後述の検察官と裁判長とのやり取り

＜1947-1-9＞   2　検察主張立証段階　**369**

がなされたように記録されているが、英文速記録では以下の部分も記載されている）。公判が開かれるま
で同人には好みの寝具と衣服の使用を許し、普通の房の備品ではない椅子も貸与し、食事に
ついては外部からの差し入れを許可した。有罪判決後の服役中は、刑務所規定の寝床、衣服、
食事を給した他、靴について特例を認め、同人向けの食事の調理には特に意を払った。書籍
に関しても、同人宛に送られてきたものは、規定通りの検閲を経た上で、読むことを許可し
た。

　　大阪に収監中も同様の考慮から、独居房を割り当て、聖書などを外部から受け取ることを
許可した。同人の妻グレースは、親族による面会を月に一回許可する旨の刑務所の規定に従
って、5月中旬に面会を果たした。同人は、普通の房ではなく独居房に収監されたことを感
謝していたのであり、米国政府がそのことを抗議の対象にするとは、珍妙である。

　　［2］ウイリアム・マッケシー［William Mackesy］

　　神戸の抑留所に収容されるまで自宅に居住することを特に許可された者で、これについて
当人は、関係当局の好意を多としており、その間、外部との接触を極力避けることによって
当局の誤解を招かないようにしていた。居住を許されていたのは、同人の教会に付設された
建物に間借りした一室で、同人はそこで自分なりに自らの生活を律し、生活を楽しんでいた
のである。

　　［3］アリス・C・グルーブ［Alice C. Grube］

　　国防保安法容疑で 1941（昭和 16）年 12 月 8 日に逮捕され、大阪の玉造警察署の代用監獄
に留置。そこでの取り調べの後、同月 25 日に、検察官によるさらなる取り調べのために大
阪拘置所に移送されたが、容疑が晴れて翌年 4 月 9 日に釈放。大阪拘置所は、同女の社会的
地位などを考慮して普通の房には拘置せず、同所の女子用区画の中の日当たりの良い房を専
有することを許可した。同所の規則に従って房内にはストーブは置かれておらず、いかなる
目的でも火気の使用は禁止されていたので、同女には湯たんぽ（英文速記録 14822 頁の "hot-water
bottle" は、これを指すものと推測する）の使用を特に許可したが、同女は「日当たりが良好であ
るので不要」と言って来た。同女には、房内で外套を着用することを許可した上に、房内に
所持品などの持ち込みを禁止する規則の適用を見送って、書籍 23 冊、ベッド、掛け布団 2 枚、
毛布 3 枚、着衣一式［complete wardrobe］、化粧室品目［toilette requisites］を持ち込むことを許
した。また、入浴の順番を常に一番にして、お茶やコーヒーの他、ケーキ・果物など、同女
の望む食べ物の購入を許可した。このように、同女の処遇には、最大限の寛容さが示された
のである。

＊裁判長ウェッブ、検察官ウールワース大佐に対して、「当文書を朗読する目的は、同書の内容
にジュネーブ条約違反を構成する事実が含まれていることを証明することにあるのか？」、も
しくは「被告人のいずれかがそのような違反行為に関与していたことを立証することにあるの
か」、と質す。検察官ウールワース大佐、「これまでの検察側の立証によって被告重光が当文書
の中で否定している事項が実際は真実であったことが明らかになっている」として、「重光が

当文書で否定していることが事実であるならば、重光の罪状は明らかとなる」と申し立てる。裁判長、「当人が事実の自白でもしない限り、重光の有罪を立証することにはならない」として、「疑いもなく検察側は、弁護側が当文書を朗読する手間を省いている。その限りにおいては、時間は浪費されてはいない」、と難じる。検察官、「外交文書関連で検察側が何も隠し立てをしていないことを示すことが目的である」、と応答する。裁判長ウェッブ、「自身が問い質しているのは検察側の立証過程で、そこまで詳細にわたって当文書を朗読する理由である」、と質す。検察官ウールワース大佐、「日本の外相が自身で署名して送った書簡の中に、虚偽であることが証明された事柄が記述されていたということを示せば、犯された犯罪行為について、送った当の外相がそれを知っていたことを立証することとなる」、と応答する。裁判長ウェッブ、「そのような立証が成り立つのは、重光がその内容を捏造した場合に限る。重光やその部下が他からの情報を転送していただけならば、そうはならない」、しかし、「自身には検察側の立証方針に容喙する意図はない。自身が欲するのが審理に要する時間を短縮することである」、と申し渡す。検察官ウールワース大佐、「被告重光には、米国側が言い立てた抗議の内容が真実であるかどうかを確かめる責務、そして、虚偽の情報を横流しにした責任がある」として、「PX2024の朗読部分を短くする」、と申し立てる。裁判長ウェッブ、「多数判事はそれを認めた」として、朗読の続行を命じる。

＊午後2時45分、裁判長ウェッブ、休廷を宣す。
＊午後3時、法廷、再開する。［E: 14826］［J: 148（22）］
＊検察官ウールワース大佐、PX2024抜粋の朗読を続行する。

【PX2024朗読概要】（続き）

B．捕虜

米国政府は、自国の捕虜がジュネーブ条約の条項と精神に違背するような非人道的取扱を受けた旨の報告に接していると述べ、フィリピンで起きたとされる事例と、上海で脱走を企てた米軍捕虜が処罰された件を挙げている。

（1）フィリピン

米国政府が銘記すべきは、日本側がバターン半島を占領した直後のフィリピンの情勢である。即ち、秩序が未だに回復されておらず、交通手段が破壊され、米兵が退却と降伏に先立って行った焦土戦術によって、食糧と医療品が焼却された状態で、日本軍自体が、それら物資の補給に困難を覚えていた上に、投降してきた米兵の人数は、予想を遥かに上回るものであった。そのような状況下では、米軍捕虜が食糧不足や不十分な医療加護に暫時苦しんだのも止むを得ないことである。しかしながら、このような困難極まりない事態に直面した日本軍は、米軍捕虜への給食及び傷病者の看護に最善を尽くしたのである。また、バターン半島で捕虜となった米軍将兵がオドネル収容所まで歩かされたのは、輸送手段が破壊されて車両

＜1947-1-9＞　　　　　　　　　　　　　　　　　　　　　　　　　　2　検察主張立証段階　**371**

による輸送が不可能であったからであり、米国側通牒で指摘されている同収容所に至るまでの及び同収容所での捕虜の虐待事例については、困難な状況下で行われた調査の結果、事実無根であると判明した。

[1944（昭和19）年4月28日付け（A-4）外務省発スイス公使宛]

（中略）日本政府は、捕虜・民間人抑留者に関する事項については、人道的観点から、1907（明治40）年の陸戦の法規・慣習に関わる条約と1929（昭和4）年締結の前線における傷病者救護に関わる条約に立脚し、同年の捕虜の処遇に関わる条約をも考慮した上で、対処している。日本政府のこのような意向は、既に米国政府に伝達済みである。（中略）米国政府は、スイス政府の在日代表が日本の占領地での米国権益の保護を委任されていると述べているが、既にスイス政府を通じて米国政府に通達したように、日本政府は自国の占領地で敵国権益を（第三国が）代表することを認めないことを方針としているので、それらの地域にある捕虜収容所・民間人抑留所を訪問することを許可していない。さらに、作戦上の必要性の故に、救済機関などの代表者による訪問も、当分の間認められない。

[1944（昭和19）年8月16日付け（A-5）外務省発スイス公使宛][E: 14829][J: 148（23）]

我が国の管轄地域における米国捕虜・抑留者の処遇をめぐる米国政府からの抗議には、去る4月28日付けの書簡で回答したが、上海、広東、香港、ジャワ、フィリピンの捕虜・民間人抑留者収容所の状態について新たな報告を受領したので、米国政府宛転送を願う。（中略）

[1945（昭和20）年3月1日付け（A-6）スイス公使発重光外相宛]

日本の管轄下にある米国民間人の取扱について米国政府が申し入れた抗議に対する昨年4月24日付け日本政府からの回答は、米国政府に転送すべく本国（スイス）政府に送ったが、それに対して米国政府は、以下を、貴日本政府に送るよう要請してきた。

　　1942（昭和17）年12月23日付けの我が国の抗議に対する1944（昭和19）年4月24日付けの回答で、日本政府は、我米国政府の抗議を「事実を歪曲し誇張したもの」としているが、我方の抗議は証拠に基づくもので、日本政府が用いたたような恣意的手法で否定し得るものではない。昨年4月24日付け日本政府回答の内容は、米国政府が知悉している事実と乖離すること甚だしいもので、米国政府としては、現地当局関係者が捏造した報告に日本政府が惑わされ、独自の調査を怠っていると結論せざるを得ない。従って、米国政府は日本側の回答には首肯し得ず、引き続き回答を要求するものである。また、一昨年12月23日付け我方抗議の一部に対して日本政府が加えた非難については、別途回答する。

＊（検）法廷証 PX2025【1942（昭和17）年12月15日～1945（昭和20）年8月1日間の捕虜の労役などに関する外相（谷・重光・東郷）・駐東京スイス公使間往復文書10通】＝検察側文書 PD2766-A（1～10）　証拠として受理される。朗読なし。

＊（検）法廷証 PX2025-A【同上要約】＝検察側文書 PD2766-B　証拠として受理され、朗読される。
　[E: 14833 [J: 148（23）]

【PX2025-A 朗読概要】

[1942（昭和 17）年 12 月 15 日付け（A-1）スイス公使館発谷外相宛]

1929（昭和 4）年 7 月 27 日の捕虜の労役に関するジュネーブ条約第 27〜34 条の日本政府による適用の有無を米国政府が問い合わせ。

[1943（昭和 18）年 1 月 28 日付け（A-2）谷外相発スイス公使館宛]

A-1 への日本の回答。[1] 日本政府は捕虜をジュネーブ条約の精神に則って使役する。[2] 捕虜は危険を伴わない作業に従事させる。[3] 捕虜の 1 日の労働時間は、日本国内の労働者のそれに準ずる。[4] 給与は、日本軍下士官・兵卒と同等。

[1943（昭和 18）年 2 月 4 日付け（A-3）スイス公使館発谷外相宛]

戦争用もしくは作戦に直結するような物資の製造・輸送に関わる作業に捕虜を従事させない旨の声明を日本政府が発するよう要請。

[1943（昭和 18）年 2 月 20 日付け（A-4）谷外相発スイス公使館宛]

捕虜による労役は、作戦に直結するものではない。

[1944（昭和 19）年 3 月 4 日付け（A-5）スイス公使館発外務省宛]

横浜の捕虜が街路の清掃といった品位を損なうような作業に公共の場で従事させられ、収容所内に入る前に公衆の面前で身体検査をされたことを、ジュネーブ条約第 2 条違反として抗議。

[1944（昭和 19）年 4 月 22 日付け（A-6）重光外相発スイス公使館宛]

[1] 日本政府は 1929（昭和 4）年ジュネーブ条約に拘束されるものではないが、日本の俘虜取扱規定第 2 条に従って捕虜を侮蔑的扱いから保護することを方針とする。[2] 捕虜が街路の清掃を強要されたことはなく、捕虜が収容所構内を清掃していたのを一般人が柵外から垣間見ただけ。

[1944（昭和 19）年 4 月 27 日付け（A-7）スイス公使発重光外相宛]

A-6 への回答。「日本政府はジュネーブ条約に拘束されない」との部分は、以前に日本政府がなした「同条約の条項に必要な変更を加えて適用する」との声明と矛盾することを指摘して、日本政府が国内法の故に適用不可と判断した条項についての詳細を求める。

[1945（昭和 20）年 6 月 9 日付け（A-8）スイス公使館発東郷外相宛]

米国捕虜の日本での使役に関する米国政府からの以下の抗議内容を伝達。

[1] 東京湾の品川要塞地区及び海軍工廠での作戦行動に直結する長時間の労働、

[2] 監視兵による侮辱・殴打。米国政府は、現状の改善を求めると共に、捕虜に関するハーグ及びジュネーブ条約の条項が常時適用されるべき点につき、日本政府とその関係諸官の責任を追及するとしている。

[1945（昭和 20）年 7 月 5 日付け（A-9）スイス公使館発東郷外相宛]

在タイ日本当局が捕虜をバンコク港のドックに近接する倉庫や鉄道の駅の構内、他の軍事上の目標となり得る地点などに宿営させ、作戦行動に直結する作業に従事させていることに対する米国の抗議を伝達。「日本の管理下にある捕虜の人命保護・健康保持を怠った場合には日本側の責

＜1947-1-9＞   2 検察主張立証段階 **373**

任を追及する」と米国は警告している。

［1945（昭和 20）年 8 月 1 日付け（A-10）東郷外相発スイス公使館宛］

　A-8 への回答。米国が指摘したような労役に捕虜が使用された事実はない。

＊（検）法廷証 PX2026【重光外相・駐東京スイス公使間往復文書 2 通；捕虜に対する食糧給付】
　＝検察側文書 PD2781-A（1～2）　証拠として受理され、朗読される。

【PX2026 朗読概要】

［1943（昭和 18）年 6 月 16 日付け（A-1）スイス公使館発外務省宛］

　当公使館は、本国政府からの以下の通信を伝達する。

　英国政府は、同国捕虜への食糧給付について深く憂慮しており、捕虜が異なる食習慣に慣れて
しまい、一種の栄養失調に陥っていると考えている。英国政府は、豆乳・大豆粉・大豆バターな
どの大豆製品を追加の食糧として配給し、給付食糧の栄養価を高めることを提案している。英国
政府は、日本側がそのような食糧を大量に保有していると考えている。（「異なる食習慣に慣れてしま
い」の部分は、英文速記録 14836 頁の being accustomed to a different diet のママ。unaccustomed を誤記したも
のかもしれないが、あるいは、「異なる食習慣に慣れてしまったが故の栄養失調」という意味なのかもしれない）

　この英国政府の要請を日本政府が関係当局と協議してもらえれば、幸いである。

［1943（昭和 18）年 6 月 23 日付け（A-2）外務省発スイス公使館宛］

　英国政府からの要請を当方に知らせた 6 月 16 日付けの貴公使館からの通牒受領。この件につ
いては、英国政府は既に国際赤十字委員会を通じて同じ要請を出しており、それに対して我が国
は別紙のような回答を出しているので参照してもらいたい。

《別紙（1943［昭和 18］年 6 月 10 日付け：外務省 E・鈴木発国際赤十字委員会在日本代表 F・
パラビチーニ［Paravicini］宛）》

　英国捕虜への大豆製品の給付量増加について 5 月 21 日付けで当省宛寄せられた覚書については、
捕虜宛食糧の量と栄養価に最大限の注意を払ってきている関係当局が、その必要なしと判断した。

**（10）証人元陸軍大佐山崎茂 − 1942（昭和 17）年 1 月～1943（昭和 18）年 3 月の間、
陸軍省俘虜情報局・俘虜管理部高級部員 −、検察主張立証第 XIII・XIV 局面「対民間
人・戦争捕虜残虐行為」第 2 部「B 級・C 級戦争犯罪と日本政府の対応」の検察側立証
として、「陸軍省内の軍務局、俘虜情報局・俘虜管理部の関係」について、宣誓供述書
によらず本来の口頭方式により、証言する。**

　　　　　　　　　　　　　　　　（英速録 14839～14890 頁／和速録第 148 号 24 頁～149 号 7 頁）

＊検察官ウールワース大佐、直接尋問を行う。

【検察側証人山崎茂に対する検察側直接尋問】

検察官審問

　①人定質問（標記の通りであるので省略する）

　②捕虜関連部局とその構成・権限について、

　②-1.　開戦時に捕虜関連事項を処理していた陸軍省内の部署はどこであったか？

　②-2.　俘虜情報局設置以前の捕虜関係事項の所管部局はどこか？

　②-3.　俘虜情報局と俘虜監理部の長は同一人物であったか？

　②-4.　捕虜の処遇に関する方針を統轄していたのは、その人物か？

証人応答

　②-1.　俘虜情報局と俘虜管理部が軍務局の命に従って処理していた。

　②-2.　軍務局であったと思う。

　②-3.　同一人物であった。

　②-4.　その通り。

検察官審問

　②-5.　その人物から出された方針は、捕虜の管理に関わるすべての事項について支配的影響力を持っていたか？

＊被告東条弁護人ブルーエット、「既に返答はなされている」、「検察官の質問は、既に回答済みの事項について証人からさらなる説明を求める誘導的なものである」と、申し立てる。裁判長ウェッブ、「今の検察官の質問を誘導的であると断ずるには、法廷規則を厳格に過ぎる形で適用することを要する」として、弁護人の異議を却下する。

証人応答

　②-5.　俘虜情報局・俘虜監理部の長が決定権を有していた範囲は限定されており、重要事項については軍務局の指示を仰ぐ必要があった。

検察官審問

　③ドゥーリットル飛行隊員処刑に対する抗議への回答について、

　③-1.　この件に関してスイス公使館経由で寄せられた抗議について、証人は承知しているか？

　③-2.　日本側がそれに回答しなかった理由を知っているか？

証人応答

　③-1.　覚えている。

　③-2.　自分が捕虜関連部局にいた最中に回答が送られたか否か定かでないが、陸軍部内の当時の空気は、そのような回答を送ることに強く反対するものであった。

＊被告東条弁護人清瀬博士、反対尋問に立つ。[E: 14842]［J: 148（25）]

<1947-1-9> 　　　　　　　　　　　　　　　　　　　　　　　2　検察主張立証段階　**375**

【弁護人清瀬博士による検察側証人山崎茂に対する反対尋問】

弁護人審問

　①俘虜情報局の陸軍省内での位置付けについて、

　①-1.　同局は国際条約に基づいて設置することが必要な部局であったことを知っているか？

　①-2.　同局は、兵務局や軍務局などの陸軍省内の局と異なり、外局と呼ばれる特殊な局であったことはどうか？

　①-3.　俘虜情報局と俘虜管理部は、軍務局の下部機構ではなかったことも承知しているか？

証人応答

　①-1.　知っている。

　①-2.　それも知っている。

　①-3.　当時、俘虜情報局は陸相の指揮下にあり、俘虜管理部は、陸相とより積極的に協働した（英文速記録 14843 頁 "cooperated more positively with the War Minister"。和文速記録は、「俘虜情報局は、当時陸軍大臣の指導下に、俘虜管理部長が仕事をし、俘虜管理部は、一層強く陸相の指導下に仕事をしたものであります」と記すが、脈絡が理解しづらい）。

弁護人審問

　②俘虜情報局・管理部と軍務局との関係、軍務局長の俘虜情報局・管理部に対する権限について、

　②-1.　証人は、直接尋問で「（捕虜関連部局が）重要事項については軍務局の指示を仰ぐ必要があった」と証言したが、実際は陸軍省の指示という意味か？

　②-2.　（弁護人、証人の直前の返答の真意を質して）軍務局長自身が指示を出したのか、それとも、軍務局長は単なる伝達役であったのか？

　②-3.　証人は、当時の俘虜情報局・管理部長官が上村中将であったこと、及び同時期の軍務局長が武藤章中将（当時）、後に佐藤賢了少将（後に中将）であったと述べたが、陸軍の組織機構の成り立ちに照らしてみて、少将が中将に命令するなど有り得ると考えるか？

　②-4.　「参謀長のような役割」との証人の発言は、陸相からの命令の伝達役に過ぎなかったということか？

　②-5.　俘虜情報局・管理部の官制に証人は目を通したことがあるか？

　②-6.　俘虜情報局は陸相の直属組織ではなかったか？

　②-7.　「軍務局長を通じなければ」の意味は「軍務局長の命令がなければ」と同義と考えるか？

　②-8.　軍務局長は俘虜情報局長官に命令を下す権限を有していたか？

証人応答

　②-1.　重要事項はすべて軍務局を通じて処理されたので、軍務局を通さなくてはほとんど何もできないという意味でそう述べた。

　②-2.　単なる伝達役よりは遥かに強い意味合いである。

②-3. 階級だけを見れば起き得ない。しかしながら、軍務局長は陸相の参謀長のような役割を果たしていたので、実務面では起き得た。

②-4. 軍務局長は参謀長のような立場で命令を下していた。

②-5. 目を通した、承知している。

②-6. 形式上はそうであるが、実務面では軍務局長を通じなければ何もできなかった。

②-7. 軍務局長に命令発出権限はないが、陸相から命を受けて、それを厳格に執行する立場にあった。換言すれば、監督官のようなもの。

②-8. 軍務局長には、俘虜情報局、俘虜管理部を統制する権限はなかった。

弁護人審問

③ドゥーリットル飛行隊員の処刑に対する抗議について、直接尋問で証人は、「陸軍部内の当時の空気は、そのような回答を送ることに強く反対するものであった」と証言したが、証人もそれに同調していたか？

証人応答

③俘虜情報局の一員として、自分は回答を送るべきだと考えていたが、陸軍省内の空気が空気であったので、回答することを渋ったのだと、自分は考えていた。

＊午後4時、裁判長ウェッブ、翌日午前9時半までの休廷を宣する。

◆ 1947（昭和 22）年 1 月 10 日

（英速録 14849〜14948 頁／和速録第 149 号 1〜17 頁）

＊午前9時30分、法廷、再開する。

＊裁判長ウェッブ、「被告大川と武藤、星野、荒木は欠席、武藤と星野と荒木については、病欠証明が届けられている」と、報じる。

＊被告東条弁護人清瀬博士、検察主張立証第 XIII・XIV 局面「対民間人・戦争捕虜残虐行為」第2部「B級・C級戦争犯罪と日本政府の対応」の検察側立証としての、山崎茂証人の証言に対する反対尋問を続行する。

弁護人審問

④証人に対する国際検察局の取り調べについて、

④-1.（弁護人、証人の現住所を質した上で）巣鴨プリズンに入所したことがあるか？

④-2. これまで捕虜関連で国際検察局の取り調べを受けたことがあるか？

証人応答

④-1. 否。

④-2. 受けたことがある。

弁護人審問

④-3. いかなる点について質問されたか？

<1947-1-10>　　　　　　　　　　　　　　　　　　　　　　　　2　検察主張立証段階　**377**

＊検察官マンスフィールド判事、「関連性なし」と、異議を申し立てる。裁判長ウェッブ、異議
　を容認し、弁護人の質問を却下する。

弁護人審問

　④-4. 証人が質問されたのは、俘虜情報局が陸軍省や他の組織から命令を受けていた事実の有
無についてではないか？

＊検察官マンスフィールド判事、「同じ質問を、違う言葉で発しているに過ぎない」として異議
　を申し立てる。裁判長ウェッブ、「証人の国際検察局における発言内容が、この場での証言内
　容と矛盾していることを示そうというのであれば、その点を質してよい」、と裁定する。被告
　東条弁護人清瀬博士、「それこそが自分の意図である」と、応じる。

証人応答

　④-4. 当時と今の証言の間に矛盾があるとは思わない。

弁護人審問

　② （俘虜情報局と軍務局との関係）（続き）

　②-9. 証人は（国際検察局による取り調べの）当時、「俘虜情報局は、陸軍省軍務局の指示もしく
は命令を受けていた」と言わなかったか？

証人応答

　②-9. 自分が言ったのは、「俘虜情報局は、軍務局経由で伝えられる事項以外何もできなかっ
た」ということである。指示・命令の出所は陸相であり、軍務局から直に出された指示・命令は
なかった。

＊被告佐藤弁護人草野、反対尋問に立つ。［E: 14853］［J: 149（3）］

【草野弁護人による検察側証人山崎茂に対する反対尋問】

弁護人審問

　①証人の軍歴について、

　①-1. 陸軍士官学校の卒年次は？　（被告）佐藤中将と同期であったか？　兵科は何科であった
か？　陸軍大学で学んだか？　参謀勤務の経験は？

証人応答

　①-1 士官学校の卒業年次では、佐藤の先輩である。歩兵科・本科士官であった。陸大は出て
いない。参謀勤務の経験はなかった。

弁護人審問

　①-2. 俘虜情報局に配属されるまでの軍歴は？

＊裁判長ウェッブ、質問の趣意を質す。被告佐藤弁護人草野、「いかなる資質によって同局での
　職務に証人が臨んだのかを知りたい」、と応答する。検察官マンスフィールド判事、「検察側が
　問題にしているのは、証人が同局に在職していた折の出来事のみであるから、関連性を欠く」

と、異議を申し立てる。裁判長ウェッブ、「証人が何を証言するかについては、証人に特別の資格が求められることはない」と、異議を容認し、弁護人の質問を却下する。

弁護人審問

②証人の有する俘虜情報局関連法規の知識・記憶について、

②-1. 質問の態様を変える。陸軍省の事務が陸軍省官制及び陸軍省庶務規定に従って処理されていた事実を証人は確認したが、証人は俘虜情報局の官制や捕虜収容所や捕虜の取扱に関する規則などに習熟しているか？

②-2. 証人は直接尋問で「俘虜監理局は、非重要事項については決裁権限が付与されていた」旨証言したが、その権限は、同局宛の（陸相？）副官通達に基づくものか？

証人応答

②-1. 在局中は覚えていたが、今はほとんど忘れていると思う。

②-2. その通り。

弁護人審問

②-3. 1942（昭和17）年3月に出された「俘虜取扱に関する規定」の内容に習熟しているか？

＊検察官マンスフィールド判事、「直接尋問で取り上げられなかった事項であり、関連性を欠く」として異議を申し立てる。裁判長ウェッブ、「検察側が山崎証人を召喚した目的は、捕虜関連部局の活動に関する陸相の責任を立証することであった」、「問題は、その規則の内容を明示することで、当問題に関する審理を益するところがあるか否かである」として、弁護人対して、質問の趣意を質す。弁護人、「俘虜情報局で証人の取り扱っていた事項が、該規定に則って行われていたか否かを確かめたい」、と応答する。裁判長ウェッブ、「そのような趣旨ならば許容されない」として、異議を容認し、弁護人の質問を却下する。

弁護人審問

③俘虜管理部の裁量権について、

③-1. 「俘虜取扱に関する規定」に定められている俘虜管理部の任務は何か？

証人応答

③-1. 捕虜の宿営、移送、給与など捕虜の管理全般、捕虜への食糧給付ほか。

弁護人審問

③-2. 捕虜に関する非重要事項が同部の任務と規定されていたのか？

＊検察官マンスフィールド判事、「規則の条文は読んで字の如しであるので、質問は関連性を欠く」と異議を申し立てる。裁判長ウェッブ、「（捕虜に関する国際）条約には、そのような事項の履行についての条文があり、それについての反対尋問ならば許容される」、「しかし、弁護人の尋問は、そのような線に沿って行われていない」として、異議を容認し、弁護人の質問を却下する。

弁護人審問

④軍務局と捕虜関連部局との関係について、

④-1. 証人は前日、「俘虜管理部長は、捕虜の取扱に関する重要でない事項については決裁権

<1947-1-10>　　　　　　　　　　　　　　　　　　　　　　　　　2　検察主張立証段階　**379**

を委ねられていた」と証言し、また重要な事項についての指令は軍務局から受けたと、証言したが、それを敷衍して欲しい？

④-2.　俘虜管理部長は陸相の命に従ってその任務を遂行していたということか？

④-3.　証人は前日、「軍務局長は、陸相の参謀長のような役割を果たしていた」と述べて、捕虜関連部局に対しては「監督官」的立場にあったと証言したが、そのような「監督」についての官制上の根拠は？

④-4.　その具体的事例は？

証人応答

④-1.　「重要でない事項については決裁権を委ねられていた」と証言したのは、弁護人も先刻言及した「副官通達によって委ねられた限度内で」という意味においてである。「重要な事項についての指令」とは、「軍務局を通じて伝達される陸相・次官の意向」の意味である。

④-2.　その通り、官制に規定された通りである。

④-3.　「監督」とは単に、「陸相・次官からの命令を伝達する立場」を言い表しているものである。

④-4.　今は思い浮かばない。

弁護人審問

⑤俘虜情報局長官の陸軍省内での地位について、［E: 14861］［J: 149（4）］

⑤-1.　当時中将であった上村が佐藤軍務局長から指示を受け、もしくはその監督下に置かれることは、なかったのではないか？

証人応答

⑤-1.　官制・法制上は、そのようなことはなかったと解釈する。

＊裁判長ウェッブ、自ら問いを発す。

裁判長審問

⑤-2.　官制・法制上指示を受けるようなことがなかったとしても、何か要請もしくは連絡（原英文14863頁は "any requests or any communications" であるが、和文速記録は「依頼とかあるいは通信連絡」と記す）の類は受けていなかったのか？

⑤-3.　（軍務局と俘虜情報局との間に）協働関係があったとするなら、どのような態様で協働していたのか？

⑤-4.　捕虜関連部局は独自に活動していたのではなく、陸軍省と連動して活動していたのか？（「陸軍省と……」の部分は、英文速記録14864頁の cooperated with the War Ministry によったが、和文速記録149号4頁の対応部分は「陸軍省の各局と……」であり、文脈からは後者の方が意味が通る）

証人応答

⑤-2.　あったかもしれないが、自分が直接知り得た事例はない。

⑤-3.　毎週定例の局長会議で話し合いをした。

⑤-4.　然り。

弁護人審問

⑤-5. 局長への監督権限を有していたのは次官か？

⑤-6. 政府省庁の一般的通則は、陸軍省でもほぼ同様であったという事実を知っていたか？

⑤-7. 局長会議では、上村が報告したり指示を仰いだりしていた対象は陸相・次官ではなかったか？

⑤-8. 俘虜情報局は官制が規定する同局の任務に沿って捕虜関係の情報を処理していたのではないか

証人応答

⑤-5. そう思う。

⑤-6. そうかもしれない

⑤-7. その通り。

⑤-8. その通り。

弁護人審問

⑥外国からの捕虜関連抗議の処理過程について、

⑥-1. 陸軍省内での処理過程に関しては、

⑥-1-1. 外国もしくは赤十字から、捕虜関連通信が送られてきた場合、外務省公使格の鈴木から上村俘虜情報局長官宛に送られたのか？

証人応答

⑥-1-1. 自分の記憶するところによれば、抗議文書などの重要文書は外務省から陸相・次官宛に直接送られて、上村にはその写しが送られたが、余り重要でない通信は上村宛に直接送られた。

＊裁判長ウェッブ、自ら問いを発す。

裁判長審問

⑥-1-2. そのような文書を受領した際には、陸軍省ではそれについて捕虜関連部局など関連部署が協議をしたのか？

⑥-1-3. 案件が捕虜に関連する外国からの通信であった場合には、そのような協議に軍務局も加わったのか？

⑥-1-4. 軍務局の意向に他の局が逆らうようなことはあり得たか？

証人応答

⑥-1-2. 外務省発文書は、陸相官房［secretariat］経由で軍務局軍務課に送られ、その後に、記載案件について関係部局間で論議した。

⑥-1-3. 関連各局のすべてで協議された。

⑥-1-4. 判断しかねる。

弁護人審問

⑥-1-5. 外務省から直接軍務局に宛てられた文書はなかったということか？

<1947-1-10>

証人応答

⑥-1-5.　そのような文書もあったことはあった。

＊裁判長ウェッブ、自ら問いを発す。（痺れを切らしたのか？）

裁判長審問

⑥-1-6.　早い話が、外国から送られてきた捕虜関係事案の文書への対応に責任を有するのは誰であったのか？

証人応答

⑥-1-6.　自分の見解では、文書の宛先の人物。

＊被告佐藤弁護人草野、裁判長の許可を得て、提出済み PX2020【1943（昭和 18）年 6 月 19 日付け外務省在敵国居留民関係事務室鈴木九萬公使発俘虜情報局長官宛請訓文書；捕虜取扱に関する米国政府申し入れ】及び同 PX2021【1943（昭和 18）年 6 月 23 日付け俘虜情報局長官発鈴木九萬公使宛回答文書；捕虜取扱に関する米国政府申し入れ拒否】を、証人に手交する。［E: 14868］［J: 149（5）］

弁護人審問

⑥-2.　処理過程への軍務局の関わりに関して、

⑥-2-1.　それは形式から見て、外務省の鈴木発俘虜情報局長官宛のものであるか？

⑥-2-2.　すべての交換書間がこの様式を採り、その宛先は俘虜情報局長官であったか？

⑥-2-3.　その通り、公式の通牒である。（弁護人が証人に対して応答する形式の文であるが、弁護人による「Q」の標示の下に記載されている。証人の応答「⑥-2-2」を参照）。

⑥-2-4.　外国からの通信で俘虜情報局に直接宛てられたものはあったか？

⑥-2-5.　俘虜情報局宛の通信は、陸相官房経由で送られたのか？

⑥-2-6.　陸相・次官宛のものはどうか？

⑥-2-7.　それは、軍務局経由というよりは陸相官房経由ということか？

⑥-2-8.　即ち、陸相官房経由であって必ずしも軍務局経由ではなかったということか？

証人応答

⑥-2-1.　その通り。

⑥-2-2.　然り。目の前にあるのは、公式の通牒であるか？　（通訳官、修正して）文書は原本か写しか、いずれであるか？（英文速記録 14869 頁。証人が弁護人に質問する形式の文であるが、速記録における反対尋問記載の様式に従って「A」の標示下に記載されている）

⑥-2-3.　否、それは写しである。宛名上は（on its face）それは、外務省の鈴木公使から俘虜情報局長官へ宛てられた書簡である。該書簡が米国からの捕虜関連抗議を逐語的に伝えているかどうかは定かでない。

⑥-2-4.　外国からの抗議通牒は、通常は、関連する省庁の大臣宛に送られた。

⑥-2-5.　然り。

⑥-2-6.　通常は軍務局経由で送られ、内容が俘虜情報局の所管事務に関わる場合は、同時にそ

の写しが同局に送られた。

⑥-2-7. それらの書簡は陸相官房経由で送られ、陸相もしくは陸軍次官宛の書簡は、軍務局経由で送られていた。

⑥-2-8. 自分の所属局外での事務処理についてであるので、確かなことは分からないが、当時のやり方では、これらの文書、書簡は、一般的には軍務局を経由していたと思う。

弁護人審問

⑥-3. 処理過程における現地との通信に関し、

⑥-3-1. 捕虜の取扱について外国から抗議が寄せられた場合、記載事案が発生したとされる現場の司令部なり収容所なりにその内容を転電したか？

⑥-3-2. 俘虜情報局は、現地の司令官などに、そのような事案について報告を要請もしくは要求する権限を有していたのか？

⑥-3-3. 医療・衛生関係は医務局経由、憲兵関連は兵務局経由、衣服・糧食関係は経理局経由、という具合にか？

⑥-3-4. 抗議への返答の作成は、局長間での協議の後にどこで準備されたか？

証人応答

⑥-3-1. 記載事案が事実かどうかを確かめるために、そうした。

⑥-3-2. 同局長官は現地の責任者に調査を要求する権限は有していなかった。現地への通牒の草案を作成し、次官通牒として関係局を通じて、現地の司令官に通達された。

⑥-3-3. それが慣例であった。

⑥-3-4. （直前の返答と同様に事項ごとに）最も関係のある部局が作成した上で、関連する部局すべての印が押されて、送付された。

＊裁判長ウェッブ、自ら問いを発す。[E: 14874]［J:（5）］

裁判長審問

⑥-3-5. 証人はそのような局長会議に出席したことがあるか？

証人応答

⑥-3-5. ない。

弁護人審問

⑥-3-6. 局長レベルでの決裁がなされた後の処理手順は如何？

⑥-3-7. 回答の草案には、関連部局の印が押されていたか？

証人応答

⑥-3-6. 事案の重要性によって陸相もしくは次官の承認を得た後に、回答が送られた。

⑥-3-7. 然り。

弁護人審問

⑥-4. 外国から捕虜関連で抗議文書が送られた際の処理過程を総括すれば、

⑥-4-1. 外務省に送られてきた俘虜情報局宛の抗議文書は、陸相官房経由で同局に転送された

<1947-1-10>

のか？

⑥-4-2.　外務省から俘虜情報局長官に宛てられた文書は、陸相官房を経由してではないということか？

⑥-4-3.　それから第2段階として、俘虜情報局は、抗議に記載された事案について、関係する現地の軍司令部もしくは収容所に調査を要請するのか？

⑥-4-4.　そして第3段階として、現地から寄せられた報告を基に、陸軍省内外の関係部局と協議した上で回答を作成するのか？

⑥-4-5.　第4段階として、事案の重要性により、陸相、次官もしくは俘虜情報局長官の決裁を経た上で、回答を外務省に送付されるのか？

証人応答

⑥-4-1.　(その通り) 官房経由で送られた。俘虜情報局長官に直接宛た抗議は何であれ、そうなると思う。

⑥-4-2.　通常はそうである。

⑥-4-3.　総じてそうである。

⑥-4-4.　内容もしくは問題の性質による。

⑥-4-5.　事案の重要性により、局内外の関係局と協議した後に、陸相もしくは次官の決裁を得て送付される。

＊午前10時45分、裁判長ウェッブ、休廷を宣す。

＊午後11時、法廷、再開する。［E: 14877］［J: 149 (5)］

＊被告佐藤弁護人草野、山崎証人に対する反対尋問を続行する。

弁護人審問

⑦1942 (昭和17) 年6〜7月頃に俘虜管理部主催の捕虜収容所長会議が開かれたことを証人は記憶しているか？

証人応答

⑦知っている。

＊検察官マンスフィールド判事、(恐らく、通訳の関係で証人が返答した後で)「直接尋問で提起されなかった事項である」、と異議を申し立てる。弁護人、証人が肯定の返事をしたのを受けて、裁判長に対して、「同会議が開かれた理由を質したい」と申し立てる。裁判長ウェッブ、異議を容認して、弁護人の質問を却下する。

＊被告岡弁護人宗宮、山崎証人に対する反対尋問に立つ。［E: 14878］［J: 149 (6)］

【宗宮弁護人による検察側証人山崎茂に対する反対尋問】

弁護人審問

①海軍の捕虜に対する管轄権について、

①-1. 俘虜情報局及び管理部に該当する組織が海軍にはあったか？

証人応答

①-1. そのようなものは海軍にはなかった。海軍の管轄下に入った捕虜は、俘虜情報局もしくは俘虜管理部に移管されることになっていたが、移管されるまでは現地の指揮官が管轄権を有していた。

弁護人審問

①-2. 海軍の捕虜に対する管轄権は、陸軍の管轄下に移されるまでの暫定的なものであったのか？

＊検察官マンスフィールド判事、「直接尋問で触れられなかった事項である」として異議を申し立てる。弁護人、「捕虜の管理もしくは監督に関することであるから、直接尋問の内容との関連性はある」、と弁じる。裁判長ウェッブ、弁護人の主張を認めて検察官の異議を却下する。

証人応答

①-2. 俘虜情報局、俘虜管理部は、陸海軍いずれにも属さない内閣の外局で、首相の管理と監督の下で、陸海軍双方の捕虜を同等に扱うこととなっていた。陸相が両部局への権限を有していたのは、内閣が本来有していたその権限が委譲されたもので、本来、「俘虜情報局」の名称には「陸軍」と冠すべきではない。

弁護人審問

①-3. 海軍の捕虜に対する管轄権・責任は、捕虜が俘虜情報局・管理部に移管されるまでの暫定的なものであるか？

①-4. その原則は、日本本土でも占領地でも共通して適用されていたか？

証人応答

①-3. そのように解釈して構わないと思う。

①-4. 然り。

弁護人審問

②証人は、俘虜情報局勤務の後いかなる軍職に就いたか？

証人応答

②1943（昭和18）年3月に北支那方面軍司令部付となった。

＊被告木村弁護人塩原、山崎証人に対する反対尋問に立つ。[E: 14882] [J: 149 (6)]

【宗宮弁護人による検察側証人山崎茂に対する反対尋問】

弁護人審問

①俘虜情報局の官制上の位置付けと実態について、

①-1. 証人は、「俘虜情報局は国際条約に従って設けられた内閣の外局で、首相の監督下にあった」と、証言したが、捕虜関連で海外から送られてきた抗議文書を俘虜情報局にではなく、陸

＜1947-1-10＞   2　検察主張立証段階　**385**

相や陸軍省内の他の部局に送付するのは規則違反ではなかったのか？

　①-2.　東条が首相兼陸相であったから、東条が内閣の一員として俘虜情報局を指揮・監督していたということか？

　①-3.　首相・陸相兼摂の東条であったが故に同人が俘虜情報局を監督下に置いていたという事実は別として、同局は陸軍省の組織ではなかったと解釈してよいか？

証人応答

　①-1.　俘虜情報局に関わる首相の権限は陸相に委譲されていた。さらに、当時は、東条が首相兼陸相であった。それ故に俘虜情報局が首相（でもあった東条陸相）の強い監督下に置かれることになったのではないかと考える。

　①-2.　陸軍省官制の内容を自分は余り知悉していない。

　①-3.　厳密な法律上の観点からすればそうであろう。俘虜情報局・管理部の成員は、主に陸軍の者で、海軍からの人員は1名のみであって、全体としてみれば、陸軍の人間が動かしていた部局であったと言える。しかし非常に微妙［delicate］な点ではある。

弁護人審問

　②抗議文書の宛先について、

　②-1.　証人が草野弁護人に対して答弁した際の「抗議文書への対応に責任を有するのは文書の宛先の人物」との発言の真意は？

　②-2.　外務省でそのような抗議文書を取り扱った鈴木は、「（外国から受領した）外交文書の（日本の政府内での）宛先は自分が決めた」と述べているが、そのような人物が組織上の責任の所在を判定するのは少々面妖［a little funny］ではないか？

証人応答

　②-1.　文書の宛先人としての意味であって、文書に記された事案の実態究明や責任者の追及とは別問題。

　②-2.　外務省がやったことであるので、自分には答えかねる。

弁護人審問

　③陸軍指揮系統内での俘虜情報局の活動について、証人はこれまでの証言の中で、陸軍省の他の部局との協議なしでは活動できない俘虜情報局の実態を述べたが、俘虜情報局官制第5条には同局が「関係する陸海軍部隊から報告及び情報の提供を要請することができる」旨の規定がある。証人が証言した同局の実態は、その条文を蔑ろにするものではなかったか？

証人応答

　③弁護人の論議は、官制文言解釈のみに拘泥したもので、実際上は、軍の指揮命令系統を通さずに（捕虜関連で何等かの）命令を発することは困難。捕虜に関して直接の管理・監督にあたっていたのは、日本本土・外地を問わず、現地の軍司令官や独立師団の師団長であったので、参謀本部を通す必要があり、そうしなければ譴責の対象となった。

弁護人審問

④俘虜情報局以外で捕虜関連問題処理の権限を有していた部局について、

④-1. そのような組織が陸軍内で他にあったか？

④-2. 自分の調査ではそのような事例は見出せなかったが？

④-3. 官制上ではなく、記録の中にそのような事実が記載されている事例があるか？

証人応答

④-1. 経理・医療に関わる事項については、各々経理局・医務局が一定の権限を有していた。

④-2. 官制上定められているかどうかは自分の知るところではないが、実態はそうであった。

④-3. 記憶にはない。

弁護人審問

⑤捕虜関連事項をめぐる陸軍次官の権限について、

⑤-1. 次官には捕虜の取扱に関して何等かの委任権限があったか？

証人応答

⑤-1. 次官の承認を要する事項があったから、あったと思う。

＊裁判長ウェッブ、自ら問いを発す。

裁判長審問

⑤-2. いかなる事項か？

証人応答

⑤-2.（証人、応答せず）

弁護人審問

⑤-3. 自分の調査によれば、捕虜関連で次官に委任された事項は皆無。この点について知悉しているか？

証人応答

⑤-3. 記憶にない。

＊山崎証人、通例の条件下で証人としての任を解かれ、退廷する。

＊裁判長ウェッブ、「山崎証人に対する尋問では、米英などから捕虜の処遇をめぐって抗議文書が日本に届けられた際の処理過程が解明されなかった。そのような過程の全容を明らかにし、その過程で責任を負うべきは誰であったのかを判定する必要がある」と、釈を付す。

(11) 検察官ウールワース大佐、検察主張立証第 XIII・XIV 局面「対民間人・戦争捕虜残虐行為」第 2 部「B 級・C 級戦争犯罪と日本政府の対応」の検察側立証として、「日本内地・日本占領領土での B 級戦争犯罪即ち通例の戦争法規・慣例違反に対する被告の個人責任」関係証拠の提出を続行する。

（英速録 14891～14910 頁／和速録第 149 号 7 頁～10 頁）

＊（検）法廷証 PX2027【連合国軍報告文書；米国務省特務企画部［Special Projects Division］E・ト

＜1947-1-10＞   2　検察主張立証段階　**387**

ムリン・ベイリー［E. Tomlin Bailey］1946（昭和 21）年 6 月 28 日付け証言録取書；捕虜取扱に
対する日本政府への抗議録】＝検察側文書 PD2407-A　証拠として受理され、朗読される。

【PX2027 朗読概要】

自分は 1942（昭和 17）年 11 月以来、現在に至るまで、国務省の特務企画部の次長として捕虜
課［Prisoners of War Branch］を担当し、捕虜及び民間人抑留者とその国際条約関連事項すべてに
ついて、国務省政策の起案、調整、実施に携わってきた。

以下の陳述は、捕虜課を始めとする国務省の公式文書に基づいたもので、同課の任務遂行上、
自分が知り得もしくは自分の目に留まった事項に関わるものである。

真珠湾攻撃直後に国務省は、日本の管理下にある米国国民を適正に処遇すべきことを日本側に
提起。日本は捕虜に関するジュネーブ条約の締約国ではなかったが、米国捕虜には同条約の条項
を適用し、米国民間人抑留者にも可能な限り適用する旨、スイス政府経由で国務省に通告してき
た。具体的には、在ベルン米国公使館宛 1942（昭和 17）年 2 月 4 日付け書簡で、「ジュネーブ条
約には拘束されないが、日本の管理下にある米国捕虜に対しては同条約の条項を必要な変更を加
えた上で適用する」と述べており、さらに同月 24 日付け書簡によれば、日本外務省は在東京ス
イス公使に「捕虜・民間人抑留者に関するジュネーブ条約は、相互主義の原則の下で適用できる
範囲で適用する」と伝えたこととなっている。

それ以降、国務省は、スイス政府を通じての度重なる抗議と申し入れによって、日本側が上述
の約定を違えていることに日本政府の注意を促した上で、暴虐と残虐行為に関わった日本政府の
関係諸官すべての個人及び組織の責任を追及すること、及び、戦争終結と共に米国捕虜に加えら
れた文明と人道の名に悖る行為に対して、それ相応の処罰が下されることを、疑問の余地のない
言葉で同政府に警告してきた。

これらの抗議、申し入れ及び警告の発信元は捕虜課であり、その多くは自分がこの手で作成し
た。それらの基となったのは、日本及び日本支配地域での米国の権益を代弁していたスイス政府
や国際赤十字の代表、及び帰還者や生還した将兵から得た情報である。

国務省は 1944（昭和 19）年 1 月 27 日にスイス政府を通じて、自分が草した電文 2 通を日本政
府に送り、これまでの日本政府宛の抗議と申し入れを概観した上で、日本の管理下にある米国国
民の処遇を改善するよう要求した。電文の 1 通目では権利侵害、残虐行為、保護責任法規［wanton
neglect］及び虐待という条約違反行為、並びにジュネーブ条約などの中で遵守されなかった条項
を列挙し、2 通目では、それらの具体的事例を提示した。

＊検察官ウールワース大佐、「以下には提出済み PX1479 が収録されているので、その部分は朗
　読を省略する」、と申し立てて、朗読を続行する。

1944（昭和 19）年 1 月 27 日から終戦に至るまで、国務省は日本政府に対し、上述事例と類似
の事案に関して引き続き多くの抗議・申し入れをした。以下はその一部である。

・1944（昭和 19）年 6 月 14 日：捕虜収容所への訪問をめぐってさらなる申し入れ。

・同年 7 月 7 日：上海の米国民間人抑留所に於ける居住施設の不備、及び年配者・病者・弱者への不適切な医療加護に対する抗議。

・同年 8 月 25 日：在支那米国民間人抑留者への食糧・衣服・医療品の支給が不適切であることへのさらなる抗議。

・同 31 日：ニューギニアで米軍航空機搭乗員が拷問・斬首されたことへの抗議。

・同年 9 月 11 日：フィリピンのロス・バノス［Los Banos］抑留所の一部民間人が、マニラ近郊で日本軍が弾薬庫を有しているマッキンレー要塞［Fort Mckinley］に移送されたことへの抗議。

・同 15 日：日本軍がタイ駐留の部隊宛に出した「敵国航空機搭乗員は捕虜として扱わないこと」という趣旨の命令に対する抗議。

・同 26 日：フィリピンのパンパンガ［Pampanga］のアラヤット［Arayat］で前年 9 月 21 日に米軍兵士が拷問・処刑されたことに対する抗議。

・同年 11 月 1 日：米国政府が個々の捕虜の記録を更新するのに必要な情報を日本政府が迅速に提供しなかったことへの抗議。日本兵が米国人を射殺した事案を 1 年半報告しなかったことを挙げて行ったもの。

・1945（昭和 20）年 1 月 23 日：川崎第 2 収容所での捕虜の取扱・収容状況に対する抗議。

・同年 2 月 20 日：「これまでの抗議への日本政府からの回答は納得のいくものではなく、日本政府の責任を引き続き追及する」旨の米国政府通牒の送付。

・同年 3 月 9 日：捕虜収容所を軍事目標の傍に配置し続けていることに対して再び抗議。

・同 10 日：フィリピンのラサン［Lasang］飛行場での米国捕虜の収容状態、及びフィリピンの収容所複数で横行する捕虜への非人道的管理方法に対する抗議。フィリピンのミンダナオ島沖で雷撃によって沈んだ日本貨物船に乗っていた米国捕虜が残虐な態様で扱われたことに対する抗議。

・同年 4 月 6 日：サント・トーマス［Santo Tomas］抑留所に収容されていたカルキンス［Calkins］、グリンネル［Grinnell］、ダグルビー［Duggleby］、ジョンソンの殺害に関する抗議。

・同年 5 月 12 日：第 14 軍司令部及び石橋部隊所属カキ部隊本部［Kaki Forces Headquarters］から発せられた「フィリピンで我軍が捕獲し、もしくは我軍に投降してきた者は、容赦なく殺害すべし」という趣旨の命令に対する抗議。

・同 19 日：前年 12 月 14 日にフィリピン、パラワン島のプエルト・プリンセサ［Puerto Princesa］で捕虜 150 名が虐殺されたことへの抗議。

・同 29 日：品川要塞地区及び東京湾船渠での捕虜への強制労働、及びその際の過酷な取扱に対して強く抗議するようスイス政府に要請。

・同年 6 月 23 日：タイで捕虜収容所を埠頭や鉄道の駅といった軍事上の目標に近接した場所に設置していること、及び、作戦行動に直結した作業に捕虜を労働力として使用していることへの抗議。

　同期間に日本政府が米国政府に申し入れた抗議のほとんどすべては、西海岸地域から退去させ

<1947-1-10>　　　　　　　　　　　　　　　　　　　　　　2　検察主張立証段階　**389**

られた日本人が虐待されているというものであったが、そこで申し立てられていた内容の中で、
米国政府が申し立てた抗議の根拠となった米国民に対する虐待行為の態様に少しでも比肩するよ
うなものはひとつもなかった。1944（昭和19）年1月27日付け電文で、国務省は日本政府に次
のように書き送っている。

　　米国政府が特に強調したいのは以下のことである。即ち、我が国管理下の日本人抑留施設
　を重ねて訪問したスペイン、スウェーデン及び国際赤十字社の代表が、客観的調査を行って
　貴国政府に送った報告から明らかなように、当方で管理している日本人の捕虜・民間人抑留
　者などの取扱に際して、米国政府は、ジュネーブ条約の条項を継続的かつ完璧に適用してい
　る。それら日本人宛の居住施設、食糧、衣服、医療などは水準の高いものであり、加えて、
　米国政府は、収容所などでの生活環境を改善するために日本の権益を代表する国家や国際赤
　十字委員会の代表が寄せてきた提言を忌憚なく前向きに受け取って、その多くを実行したが、
　それらは、既に高水準と見なされた生活環境に鑑み、娯楽、教育及び精神的側面に向けられ
　たものであった。

＊（検）法廷証 PX2028【オーストラリア陸軍報告書；極東に於けるオーストラリア軍捕虜】＝検
　察側文書 PD2702-A　証拠として受理され、抜粋が朗読される。

【PX2028 朗読概要】

　判明している捕虜の数：　　　　　　21726
　その内我軍に復帰した者：　　　　　14314
　捕虜として収容中に死亡した者：　　7412

＊（検）法廷証 PX2029【カナダ軍報告書；カナダ軍捕虜関係報告】＝検察側文書 PD2297-A　証
　拠として受理され、抜粋が朗読される。

【PX2029 朗読概要】

　判明している捕虜の数：　　　　　　1691
　その内我軍に復帰した者：　　　　　1418
　捕虜として収容中に死亡した者：　　273

＊午前12時、裁判長ウェッブ、正午の休廷を宣す。

＊午後1時30分、法廷、再開する。［E:14903］［J:149（8）］

＊（検）法廷証 PX2030【1946（昭和21）年6月付け英連合王国公式統計；同国軍の兵力・死傷
　者数】＝検察側文書 PD2448　証拠として受理され、朗読される。

【PX2030 朗読概要】

独伊に捕らえられた捕虜の総数 14 万 2319、内、収容中に殺害され、もしくは死亡した者 7310。日本に捕らえられた捕虜の総数 5 万 16、内収容中に殺害され、もしくは死亡した者 1 万 2433。

＊被告木戸弁護人ローガン、「比較は公正なものではない。PX2030 は削除すべきである」と、異議を申し立てる。裁判長ウェッブ、却下する。

＊（検）法廷証 PX2031【極東英本国軍・植民地軍の捕虜に関する 1945（昭和 20）年 12 月 31 日付け報告】＝検察側文書 PD1804-A　証拠として受理される。

＊裁判長ウェッブ、「数値にはインド人を含む一方、オーストラリア人は含まれていないのか？」、と質す。検察官ウールワース大佐、「自分が知らされた限りでは、植民地軍［Colonial Forces］の中の現地人部隊［Colonial Forces］と本国人部隊［United Kingdom Forces］を含んだ数値」、と応答する。裁判長ウェッブ、「インド人に関する数値としては不適当な記述内容である」、と付言する。検察官ウールワース大佐、抜粋を朗読する。

【PX2031 朗読概要】

①英本国軍中で捕虜となったことが判明している者の総数 5 万 1103、内収容中に殺害されたり死亡したと報告された者 1 万 873。

②植民地軍中で捕虜となったことが判明している者の総数 3224、内収容中に殺害されたり死亡したと報告された者 190。

③上記①と②の累計、各々、5 万 4327 と 1 万 1063。

＊（検）法廷証 PX2032【日本軍によって捕縛されたニュージーランド人捕虜関連報告表】＝検察側文書 PD1502-A　証拠として受理され、抜粋が朗読される。

【PX2032 朗読概要】

捕虜の総数 121、内解放された者 87、収容中に死亡した者 31、行方不明 3。

抑留された民間人・商船乗組員・志願兵部隊隊員 238、内解放された者 215、収容中に死亡した者 22、行方不明 1。

＊（検）法廷証 PX2033【枢軸国に捕われた米国捕虜数内訳】＝検察側文書 PD2942　証拠として提出される。被告木戸弁護人ローガン、「各作戦地域・捕虜が収容された地域の気候などの条件が示されていないので公正な比較と言うには程遠く、旧敵国からの報告に基づく数値など、正確であることが証明し切れていない数値がある」と異議を申し立てる。裁判長ウェッブ、却下する。証拠として受理され、抜粋が朗読される。

<1947-1-10>　　　　　　　　　　　　　　　　　　　　　　2　検察主張立証段階　391

【PX2033朗読概要】

公式報告による独伊での捕虜総数9万3154、その内の帰還者9万139、死亡者2038、終戦以前に帰還した者975、行方不明2。

公式報告による日本での捕虜総数2万1580、その内の帰還者1万4473、死亡者7107、行方不明1。

公式報告によるバルカン諸国での捕虜総数1270、その内の帰還者1270。

＊裁判長ウェッブ、「提出済みの証拠で提示された英本国軍・植民地軍の捕虜に関する数値にはインド人捕虜の数が含まれていたか」、と質す。検察官ウールワース大佐、「含まれていないと聞かされている」と返答する。裁判長、「太平洋地域に展開されたインド人将兵の数は厖大なものに上っているので、法的認知［judicial notice］も可能な事項である」、「オランダ軍捕虜の数値が提示されていない」として、「それらが欠落している理由は何か？」、と質す。検察官、「それらの数値を得るべく試みたが、できなかった」、と弁じる。

＊検察官ウールワース大佐、「B級戦争犯罪に対する一部被告の個人責任関係証拠」の提出はロビンソン検察官による海上での残虐行為関連証拠の提出並びにフランス代表検察官及びソ連代表検察官によるB級犯罪証拠の提出の後に行う」と、報じる。

2—13・14—10　検察主張立証第XIII・XIV局面「対民間人・戦争捕虜残虐行為」第10部「ウェークその他の諸島・海上におけるB級・C級戦争犯罪」

（英速録14910〜15281頁／和速録第149号10〜152号15頁）

（この内、「英速録15282〜15290頁／和速録第152号14〜15頁」には、検察主張立証第XI局面「米・英・英連邦諸国関係」第5部「ワシントン日米交渉第二段階−1941（昭和16）年7月1日以降東条内閣成立まで」において受理された提出済み（検）法廷証PX1107に関わる証人大野勝己に対する、弁護側反対尋問が記載されている。この部分は、本XIII・XIV局面「対民間人・戦争捕虜残虐行為」第10部「ウェークその他の諸島・海上におけるB級・C級戦争犯罪」には属しないものであるが、便宜上、審理要目（12）としてここに記す）

＊マンスフィールド検察官、続く立証を行う検察官ロビンソン海軍大佐を紹介する。

＊検察官ロビンソン海軍大佐、検察主張立証第XIII・XIV局面「対民間人・戦争捕虜残虐行為」第10部「ウェークその他の諸島・海上でのB級・C級戦争犯罪」の立証を開始する。

(1) 証人米軍海兵隊曹長ジェシー・L・スチュアート［Jesse L. Stewart］−1941（昭和16）年12月、ウェーク島において日本軍の捕虜となった後、1945（昭和20）年9月に敦賀において開放されるまでの間、ウェーク島、四国善通寺、東京多摩川、大阪梅田に

抑留され、証言時、占領軍総司令部に配属中－、検察主張立証第 XIII・XIV 局面「対民間人・戦争捕虜残虐行為」第 10 部「ウェークその他の諸島・海上における B 級・C 級戦争犯罪」の検察側立証として、「戦争捕虜としての自己の経験」について、宣誓供述書によらず本来の口頭方式により証言する。

(英速録 14911〜14967 頁／和速録第 149 号 10〜150 号 6 頁)

＊検察官ロビンソン海軍大佐、直接尋問を行う。

【検察側証人スチュアートに対する検察側直接尋問】(検察官の審問はできるだけまとめて記す)

検察官審問

①ウェーク島での負傷と捕虜になってからの治療については？

証人応答

①当時ウェーク島にいた証人は 1941 (昭和 16) 年 12 月 7 日、頭と肩と腕に負傷し、同 8 日もしくは 9 日に、飛行機の機銃掃射で左脚に裂傷を負った。

12 月 23 日まで治療に当たってくれたのはパンナム航空のシャンク [Shank] 医師であった。

この日、米国民間人 1200 名と米国軍人 400 人余りが捕虜になった。それから最初の 3 日間は何の治療もされず、12 月 26 日に古い兵舎に移されてからシャンク医師は僅かの量の包帯とマーキュロクロームを与えられた。

翌年 1 月中旬になって左脚の傷が化膿し始めたので、シャンク医師はキタジマという名の軍医中尉に手術をするための機材と器具を頼んだ。捕虜の病棟にやって来て自分の傷を見たキタジマは切断手術が必要と言ったが、シャンク医師が求めたものを供給することは拒否した。キタジマ中尉が去った後、通訳のカツミという男は、シャンク医師がキタジマ医師に対して無礼であったとして平手打ちにした。その後もシャンク医師は手術に必要な麻酔や器具を得ようと 2 週間ほど努力したが、2 月初旬に自分の脚は変色して膝から上が腫れてきた。シャンク医師は直ちに手術の必要があるとして、島の病院が爆撃された際に持ち出してきた包帯切り鋏とピンセット 2 本で行うことにした。民間人の看護婦 2 人が、1 人は肩に、いま 1 人は脚の上に乗り、私を押さえ付けて手術は行われ、成功し、足の傷は癒えていった。

当時、島には弾薬庫を急遽病院に転用した場所が 2 カ所あり、降伏後そこにあった器具と薬品は日本側の病院に移されたので、手術に使用できたはずである。2 月中旬に宮崎という医師が島にやって来た際に、手術に必要な物品を供給してくれたので、それで虫垂炎の手術 4 件を含めて、いくつかの手術をこなすことができた。

当時島には自分のように重傷を負って治療を要する米国人が軍民合わせて 40 人ほどいたので、宮崎医師が来るまでシャンク医師は日本側の軍関係者や通訳などに医薬品と医療機器を供給してくれるよう要請していたが、聞き入れられることはなかった。なお、1942 (昭和 17) 年 1 月 12 日に、米国 (民間？) 人抑留者 1235 名が島から移送される際には、シャンク医師も同行できたの

<1947-1-10>   2　検察主張立証段階　**393**

であるが、残っている傷病兵を放っておけないと言って島に留まり、1943（昭和18）年10月7
日に処刑された。

検察官審問
　②捕虜の扱い方については？

証人応答
　②1941（昭和16）年12月25日、通訳のカツミが「詔勅である」として読み上げた内容は、「諸
君らは天皇陛下の仁愛によって生きることを許された者であり、大東亜共栄圏の忠実なる僕であ
ることを行いによって示すまで、捕虜として扱われる」というものであった。
　翌年5月12日に島から移送される捕虜を前に、川崎海軍大佐は、「これから諸君は日本に移送
され、これまで行方不明扱いとされていたのが捕虜となり、日本の収容所に入ったと同時に米国
政府や家族に捕虜となった事実や収容場所などが通知される」と、話した。
　そして、善通寺の収容所に着いた5月18日には、同収容所の所長が同じ内容のことを報じた。
しかし、自分が捕虜になったことを妻が初めて知らされたのは1943（昭和18）年12月15日で、
これは自分が善通寺の収容所で前年の1942（昭和17）年10月に音声吹き込みを行ったものが米
国政府に届いて、それを基に政府が妻に通知したものであった。
　因みに、ウェーク島にいる時から捕虜・民間人抑留者共に家族に手紙を送れるよう日本側に要
請していたが、返ってくる答えはいつも「米国政府と適当な取り決めがなされるまで待つべし」
というものであった。
　ウェーク島で収容された捕虜・抑留者については、名簿が2通作成された。ひとつは、各人に
番号が振られたもので、自分の番号は382。もうひとつは1942（昭和17）年1月15日頃に作成
されたものであり、各人の家族と縁者の名前と住所を入れたもので、我々米国側の担当者に使用
目的を訊いたところ「本国に我々が捕虜になったことを東京経由で米国政府に伝えるためのもの」
との答えであった。

検察官審問
　③島と日本本土との通信・交信については？

証人応答
　③当時、島と日本本土とが常時無線で交信していたことは無線レーダー技師であった自分は良
く知っていたし、1週間に1度の割合で4発の哨戒飛行艇が日本本土から文書と手紙の類を運ん
で来ているのを見た。
　1942（昭和17）年2月24日に島が米国巡洋艦の艦砲射撃を受けた際に、カツミ通訳が防空壕
にやって来て、25〜30人ほどの民間人抑留者に飛行場を修復するよう命じた。
　カツミが言うには、東京に支援を要請したところ双発爆撃機が来ることになったとのことであ
った。その爆撃機は、その日の午後9時30分頃到着した。自分達はウェーク島にいる間にラジ
オ受信機を（秘密裏に？）組み立てて、東京・サンフランシスコ・ホノルルなどからのニュースを
聞いていた。

検察官審問

④捕虜としての処遇に関して、

④-1. 日本側は、証人もしくは米国人捕虜に対してどのような脅迫を行ったか？

④-2. 証人の触れた尋問の内容は？

証人応答

④-1. ウェーク島で「命令に服従しない者は死刑に処す」と言われ、自分は尋問されている最中に、殺されるようなことを何度も言われた。日本の収容所では、1944（昭和19）年11月に空襲が始まって以降は月に1回ほど「米軍が本土に上陸してきた際には捕虜は殺される」と言われ、8月上旬には「特殊爆弾がこれ以上落とされたら処刑する」と言われた。このような脅迫的言辞は、通常収容所長から通訳を通じて伝えられた。

④-2. 無線機やレーダーについて9回尋問された。

検察官審問

④-3. 米国の軍事機密に関することか？

＊被告木戸弁護人ローガン「誘導尋問である」と異議を申し立てる。裁判長ウェッブ、これに同意し、検察官の審問を却下する。

検察官審問

④-4. レーダーに関するどのような事項について質問されたか？

＊裁判長ウェッブ、「証人は日本側の尋問を受けたのか？　そうだとしたら、何についてか問うべきである」、と申し渡す。被告木戸弁護人ローガン、「検察官が証人の返答すべき内容を伝えてしまった。この件でのさらなる質問を禁止されるべきである」、と異議を申し立てる。裁判長ウェッブ、異議を却下する。

証人応答

④-4. 尋問を受けたのは、ウェークでパンナム飛行機の無線機とレーダーについて2回、1942（昭和17）年5月17日に横浜港の浅間丸でレーダーについて1回、善通寺とタナガワ（大阪の多奈川分所か？）で、それぞれ1回ずつ、そして大坂の梅田では合計4回、無線機やレーダーについて訊かれた。そのすべてに於いて「話さなければ殺す」と脅された。

検察官審問

⑤民間人抑留者の扱いについて、

⑤-1. 民間人抑留者がどのような立場に立つか、日本側が何か述べ、もしくは証人が何か耳にしたか？

証人応答

⑤-1. 民間人がどのような立場にあるものとして処遇されたのかは、定かでない。1941（昭和16）年12月24日の時点で、民間人は軍人の捕虜から分離され、翌年1月12日にその大半が島から移送される際に365人が残されて、飛行場と要塞の構築作業に従事することを命ぜられ、「それが終わったら本国に送還される」と告げられた。それを言われた時に何人かは抗議の声を上げ

たが、即座に通訳のカツミに譴責された。

＊午後2時45分、裁判長ウェッブ、15分間の休廷を宣す。

＊午後3時、法廷、再開する。

＊検察官ロビンソン海軍大佐、スチュアート証人に対する直接尋問を続行する。［E: 14926］［149
　(13)］

検察官審問

　⑤-2.（民間人抑留者の扱いについて）（続き）証人が島を去る時に島に残された民間人達はどうな
ったのか？

　⑤-3. 米国人民間人死刑執行の状況は？（途中、裁判長ウェッブも幾度か質問するが、同趣旨の質問で
あるので特別に明示しない）

証人応答

　⑤-2. 362名の民間人が残されたが、1942（昭和17）年9月に約262名がウェーク島を去り、
残りの100名の内、97名が1943（昭和18）年10月7日に軽機関銃で処刑され、1名が同年7月
に、さらにもう1名は同年10月13日に処刑された。

　⑤-3. 1942（昭和17）年5月10日、島に残った民間人の1人のホフマイスター［Hoffmiester
(Hoffmeister が正しい綴りかと思われるが、英速録14927頁のママ)］という者が、最初に処刑された。倉
庫に侵入したという理由で斬首された者で、処刑の場には抑留者の中の20人ほどと非番の日本
兵がいて、日本兵達は喝采を挙げたり手を叩いたりしていた。処刑の後、立ち会わされた民間人
抑留者は、宿舎に戻ったら処刑の模様を他の者に伝えるよう言われた。このことは、その20人
の1人であったシャンク医師から聞いた。ウェーク島でのそれ以降の民間人の処刑は、戦後に自
分がカツミ通訳を尋問した時の尋問並びに（第65警備隊司令）酒井原（繁松）提督（当時大佐、後
に少将）とその他司令部要員の自白によって明らかにされた。カツミによれば、1943（昭和18）
年7月に1人が処刑され、同年10月7日に残った96人が銃殺され、それを逃れた1人が13日
に酒井原の手によって斬首された。カツミ自身は処刑に立ち会っていなかったが、その直前に民
間人に「本国に送還されるから一番良い服を身につけるように」と言ったという。カツミによれ
ば、処刑された理由は米軍の上陸が予想されるからというもので、何等の罪にも問われず、裁判
にもかけられなかった。

＊裁判長ウェッブ、自ら問いを発す。

裁判長審問

　⑤-5. 何等の罪にも問われていないとカツミが言ったのか？

証人応答

　⑤-5. カツミはそうは言わなかった。

検察官審問

　⑥ウェーク島捕虜の船上での処刑については？

証人応答

⑥1942（昭和17）年1月23日、新田丸に於いて捕虜5名が「1941（昭和16）年12月12日のウェーク島第1次攻略作戦を失敗に終わらせた罪」という名目で斬首された。このことは、日本政府の捕虜名簿の中に自分の同僚3人の名前がなかったことについて連合国軍最高司令部法務部のゲティー中尉〔Lieutenant Getty〕と共に調査した結果、判明したのであるが、日本側関係者16人の供述書によっても明らかにされている。

＊（検）法廷証 PX2034【1942（昭和17）年4月20日付け東郷外相発駐東京スイス大使宛通牒；ウェーク島米国人捕虜取扱に対する米国政府抗議への回答】＝検察側文書 PD8431　証拠として受理され、（検察官の最後の質問と前後するが便宜上ここに記す）朗読される。

【PX2034 朗読概要】

ウェーク島の米国人に関する情報を要請してきたあなたからの3月11日付け書簡は受領。関係当局の調査によれば、負傷・疾病のために直ちに移送できない者や、当人達の意思により非軍事的作業に従事している者が同島に相当数残留している。傷病者は我方による手厚い看護を受けており、作業者は我方との合意の下に快適な環境で作業に従事している。それらの米国人の氏名と人数は調査中。以上を米国政府に伝えられたし。

＊検察官ロビンソン海軍大佐、スチュアート証人に対する直接尋問を続行する。[E: 14935]［149（14）］

検察官審問

⑦ PX2034 の内容について、

⑦-1．証人は、1942（昭和17）年4月20日の時点で自らがウェーク島にいたことを確認したが、当時、負傷や疾病により移送できなかった米国人は何人いたか？

＊被告木戸弁護人ローガン、「検察官は該文書の内容の真偽について証人に反対尋問を行っている」、「質問は同島での当時の状況についてのみに限定されるべき」、と異議を申し立てる。裁判長ウェッブ、概ね同意して「該文書に触れられた事実をめぐって証人の証言していない事項があるとするならば、誘導をせずに適正な方法で問い質すべきである」、と申し渡して、検察官の質問を却下する。

検察官審問

⑦-2．当時、同島に、自発意思によって残留していた米国軍人・民間人は何人いたか？

＊被告木戸弁護人ローガン、「同じ理由で」異議を申し立てる。裁判長ウェッブ、異議を却下する。

証人応答

⑦-2．1人もいなかった。

検察官審問

⑦-3．島での労役は非軍事的作業に関わるものであったか、それともすべて軍事関連であった

<1947-1-10>　　　　　　　　　　　　　　　　　　　　　　　　　2　検察主張立証段階　**397**

か？

＊被告木戸弁護人ローガン、再び同じ理由で異議を申し立てる。

＊裁判長ウェッブ、自ら問いを発す。

裁判長審問

　⑦-4.　どのような作業に従事していたか？

証人応答

　⑦-4.　飛行場、塹壕、鉄条網などの建設及び設置、弾帯の製作や弾薬磨き。

検察官審問

　⑦-5.　自発的意思によって働いていたのか？

証人応答

　⑦-5.　そうではなかった。

＊被告木戸弁護人ローガン、スチュアート証人に対する反対尋問に立つ。［E: 14938］［J: 149（15）］

【ローガン弁護人による検察側証人スチュアートに対する反対尋問】

弁護人審問

　①　PX2034 に触れられている「調査」について、

　①-1.　どのような内容であったか？　いつその調査報告が東郷に送られたのか？

証人応答

　①-1.　内容については知らない。

＊検察官ロビンソン海軍大佐、「直接尋問で触れられていない事項である」として異議を申し立
　てる。裁判長ウェッブ、「調査があったか否かは訊いて然るべき質問であるが、ローガン弁護
　人の質問はそのような質問の仕方ではなかった」、と申し渡す。ローガン弁護人、「PX2034 に
　ついての検察官の審問は弁護側の異議が却下された上で行われた」として、自らの質問の正当
　性を申し立てる。裁判長、「弁護人が該文書について質問することは差し支えないが、質問は
　そのような調査があったことを前提としてなされている」、と応答する。ローガン弁護人、「検
　察側の直接尋問はそのような前提の下で行われていた」、と申し立てる。弁護人質問の後段部分、
　却下される。

＊裁判長ウェッブ、自ら問いを発す。

裁判長審問

　①-2.　そのような調査が当時行われていたことを知っているか？

証人応答

　①-2.　知らない。

弁護人審問

　①-3.　証人は調査が行われていたかどうかは知らないのではないか？

＊裁判長ウェッブ、「日本側はその件で証人に接触などしないだろうから、知り得るはずがない」と、弁護人の質問を却下する。

弁護人審問

①-4. 調査が行われたとして、それはいつ頃の状況についてのものであったろうか？

＊裁判長ウェッブ、「その質問への答えは証人の助けを必要とするものではない」と、弁護人の質問を却下する。

弁護人審問

①-5. 証人は、島を離れる1942（昭和17）年5月12日まで入院していたことを確認したが、病院にいた患者の数は如何？

①-6.「4月20日前後に入院していた者はいた」というのは事実か？

①-7. 証人は3月1日頃から松葉杖をついて外を歩けるようになったと、いま述べたが、4月20日前後、軍事に関わらない労役に従事していた者がいた可能性はないか？

証人応答

①-5. 民間人4人と軍人3人。

①-6. 事実である。

①-7. 3人が洗濯場で働いていた他は、皆軍事関連の作業に従事していた。

弁護人審問

②島での医療環境・医薬品供給状況について、

②-1. 証人は5月12日まで治療されていたのではないか？

②-2. 他の患者も4月20日まで治療を受けていたか？

②-3. 2月15日に宮崎医師から薬品などを提供してもらうまで、島には医薬品などがあったか？

②-4. 2月15日に宮崎医師が提供してくれたものは、同医師が持って来たものか？

②-5. 入院中の待遇は良かったのではないか？

②-6. 証人がシャンク医師から受けた手術はどのようなものであったか？

②-7. 2月15日以降は医薬品は十分で、他の手術もできたか？

②-8. ウェーク島病院での食糧事情はどうであったか？

証人応答

②-1. 3月1日以降は包帯を替えただけ。シャンク医師がふたつの包帯の内ひとつを使っている間もうひとつを洗うというやり方で交換してくれていた。

②-2. 受けていた。

②-3. 米軍のものが大量にあり、それらは降伏とともに日本側が接収した。

②-4. 飛行機で来た同医師が何か持って来ることは可能であったろうが、提供されたものは米国製であった。

②-5. シャンク医師ができ得る限りの良い治療を施してくれた。

②-6. 麻酔なしで脚の前部を4インチほど切開して化膿の原因となっていた骨片7つを切除す

\<1947-1-10\>　　　　　　　　　　　　　　　　　　　　2　検察主張立証段階　**399**

るものであった。

　②-7.　シャンク医師が、十分な医療品と医療器具を持っていた。手術もできた。

　②-8.　病院にいる間の食糧事情は良かった。

弁護人審問

　③カツミ通訳について、

　③-1.　詔勅は同通訳が病院にやって来て読み上げたものか？

　③-2.　証人のその前後の居場所は？

　③-3.　カツミが読み上げた文書は「命令」ではなく「詔勅」であったのか？

　③-4.　証人がカツミに最後に会ったのはいつか？

　③-5.　カツミの戦犯としての扱いについては？

証人応答

　③-1.　我々は当時はまだ、飛行場脇の珊瑚地帯［coral strip］で小さな集団に分けられていた。

　③-2.　8日から23日までは病院に急遽転用された弾薬庫におり、病院に移されたのは25日夜
から。

　③-3.　カツミが「詔勅である」と言ったのは確か。

　③-4.　昨年11月1日頃、明治生命ビルのシェーファー少佐［Major Schaefer］の部屋で。

　③-5.　逮捕状が出されているが、まだ逮捕されていない。

弁護人審問

　④戦犯裁判への証人の関わりについて、

　④-1.　証人は、残虐行為に関する他の裁判で証言をしたか？

　④-2.　その判決はどのようなものであったか？

証人応答

　④-1.　横浜法廷の戦犯裁判でも証言した。

　④-2.　裁判は継続中。

弁護人審問

　④-3.　被告は誰か？

＊検察官ロビンソン海軍大佐、「関連性なし」と、異議を申し立てる。裁判長ウェッブ、異議を
　容認し、弁護人の質問を却下する。

弁護人審問

　④-4.　酒井原提督裁判の結果を知っているか？

　④-5.　証人はその裁判で証言したか？

　④-6.　他にウェーク島関連で戦犯に問われている者がいるか？

＊検察官ロビンソン海軍大佐、全質問に対して、「関連性なし」と、異議を申し立てる。裁判長
　ウェッブ、いずれも異議を容認し、弁護人の質問を却下する。

弁護人審問

④-7. 証言で触れた処刑のどれひとつとして証人は実見していないのではないか？

＊裁判長ウェッブ、「直接尋問で既に明らかにされた点である」、と申し渡し、弁護人の質問を却下する。

弁護人審問

④-8. 証人の連合国軍最高司令部との関わりは？

証人応答

④-8. 1946（昭和21）年9月27日以来、同司令部の法務部戦犯調査官及び証人として活動している。

＊被告鈴木・賀屋弁護人マイケル・レビン、スチュアート証人に対する反対尋問に立つ。［E: 14947］［J: 149（16）］

【レビン弁護人による検察側証人スチュアートに対する反対尋問】

弁護人審問

①証人のウェーク島到着時について、

①-1. 証人が同島に到着したのはいつか？

＊検察官ロビンソン海軍大佐、「既に答えは出されている」として異議を申し立てる。裁判長ウェッブ、それに同調する。弁護人、「自分の記憶にはない」、と申し立てる。

＊裁判長ウェッブ、自ら弁護人と同じ問を発す。

証人応答

①-1. 1941（昭和16）年12月1日。

弁護人審問

①-2. 一緒に上陸したのは何人か？

証人応答

①-2. 約45人。

弁護人審問

①-3. 到着後に与えられた任務は？

＊検察官ロビンソン海軍大佐、「関連性なし」と、異議を申し立てる。裁判長ウェッブ、異議を容認する。弁護人、「関連性あり」、と申し立てる。裁判長、質問の目的を質す。検察官ロビンソン海軍大佐、「証人を当法廷に月曜の朝まで留めて置くことではないか？」と、（恐らく皮肉を込めた）釈を付す。裁判長、「それが目的であるならば、その意に沿うようにする」、と応答する。

＊午後4時、裁判長ウェッブ、1月13日月曜日午前9時半までの休廷を宣する。

<1947-1-13>　　　　　　　　　　　　　　　　　　　　　　　　2　検察主張立証段階　**401**

◆ 1947（昭和 22）年 1 月 13 日

（英速録 14949〜15106 頁／和速録第 150 号 1〜27 頁）

＊午前 9 時 30 分、法廷、再開する。

＊裁判長ウェッブ、「被告大川、荒木、星野、松井、武藤、東郷は欠席。大川を除く病欠者については、病欠証明が届けられている」と、報じる。

＊言語裁定官ムーア少佐、提出済み（検）法廷証 PX686-A【総力戦研究所第 1 回総力戦机上演習極秘討論会（1941［昭和 16］年）抄録抜粋】、同 PX14【開戦に関するヘーグ第 III 条約（1907［明治 40］10 月 18 日）】及び同 PX1992【1942（昭和 17）年 7 月 28 日付け陸軍次官発内外地各軍参謀長宛通牒；空襲敵航空機搭乗員取扱】並びに証人田中隆吉及び荻矢頼雄の証言に関わる英文速記録中の訳語の訂正を報告する。

【ムーア言語裁定官の申し立てによる速記録の訂正】

① PX686-A

①-1.　8906 頁 14 行：declare war → open hostilities

①-2.　同 16 行：make → cause; hostilities → enmity

②田中隆吉証言

②-1.　14289 頁 7 行目：Chief of the Security Bureau → Chief of the Intendence（英文速記録 14950 頁のママ）Bureau

②-2.　14290 頁 19 行目：War Minister Tojo → the war minister

③荻矢頼雄証言

③-1.　14619 頁 8 行目：a military tribunal, like other trials, <u>means</u> the judicial independence → a military tribunal, like other trials, <u>maintains</u> the judicial independence

③-2.　同上頁 10〜11 行目：as far as the trials are concerned no interference was made either by … → as far as the trials are concerned there can be no interference either by …

③-3.　同上頁 15 行目：What I am asking was that no interference was made as to the trials, proceedings of the trials, or the delivery of the sentences? → What I am asking is that there can be no interference saying do this or do that in passing judgment?

（「14619 頁の訂正は清瀬弁護人の質問に答えた部分」《言語裁定官の説明》）

④ PX1992

④-1.　14666 頁 16 行目：I request you to take note → by order you are notified

④-2.　同 24 行目：war time capital criminals → having committed major war crimes

＊被告木戸弁護人ローガン、「木戸日記の英訳に関して前年 12 月 1 日に提出した質問 4 問の内の 3 問については検察側が既に回答を用意しているようであるので、この機会にそれを法廷に提

出してもらいたい」、と申し立てる。コミンズ＝カー検察官、「現在進行中の局面が終了した時点でそうしたい」、と応答する。裁判長ウェッブ、「コミンズ・カー検察官の裁量に委ねる」、と申し渡す。ローガン弁護人、「起訴状却下動議に含める部分に関わるものであるので、早急に対応してもらいたい」、さらに「1カ月半もの間法廷に出さないのは不審である」、と申し立てる。裁判長、「内容は既に分かっているはずであるから、それに基づいて動議を作成すればよい」、と申し渡す。コミンズ＝カー検察官、「既に訂正内容は弁護側に渡っている」、と申し立てる。

＊レビン弁護人、「10日金曜日審理終了間際、証人がウェーク島赴任時に与えられた任務について弁護人が問い質した際に、裁判長は質問の目的を弁護人に質問したが、証人の任務が戦争・戦闘準備に関わるものであるならば同島の防衛計画に関わる事項である」、「証人の証言内容と直接の関連性はないかもしれないが反対尋問の許容範囲内である」、と申し立てる。裁判長ウェッブ、「関連性なし」と裁定する。

＊被告鈴木・賀屋弁護人マイケル・レビン、スチュアート証人に対する反対尋問を続行する。〔E: 14955〕〔J: 150（3）〕

【レビン弁護人による検察側証人スチュアートに対する反対尋問】(続き)

弁護人審問

②カツミ通訳について、

②-1. シャンク医師を平手打ちにした理由は？

②-2. カツミは通訳であったのか、それとも兵の1人であったのか？

②-3. 同人は武器を携行していたか？

②-4. 他の民間人や捕虜が平手打ちにされているところを見たことがあるか？

②-5. 否という答えか？

証人応答

②-1. キタジマ医師の脚部切断相当との証人の病状の診断に異議を唱えたことについて「無礼な態度である」と言ってそうした。(直接尋問で答えた内容を繰り返す)

②-2. 自分が知る限り単なる通訳であった。

②-3. 携行していた。

②-4. 病院にいたから、そのような場面に遭遇する機会はなかった。

②-5. その通り。

弁護人審問

③キタジマ医師と宮崎医師について、

③-1. 宮崎医師が来た時にキタジマ医師はまだ島にいたか？

③-2. 2人の医師は一緒に仕事をしていたか？

<1947-1-13>　　　　　　　　　　　　　　　　　　　　　2　検察主張立証段階　**403**

　③-3.　両医師の米国人の取扱が異なっていた理由について思い当たる点は？

証人応答

　③-1.　島にいた。

　③-2.　そうではないと思う。宮崎は航空関係の医師で、キタジマは上陸部隊と行動を共にして
いた医師であった。

　③-3.　ない。

＊被告東条弁護人ブルーエット、スチュアート証人に対する反対尋問に立つ。[E: 14956]［J:
　150（4）］

【ブルーエット弁護人による検察側証人スチュアートに対する反対尋問】

弁護人審問

　①ウェーク島の民間人について、

　①-1.　同島の米海兵もしくは海軍部隊には、誰か軍医がいたか？

　①-2.　なぜその軍医ではなく民間人であるシャンク医師の治療を受けたか？

　①-3.　シャンク医師はその病院内の設備と器具を使用していたのか？

　①-4.　シャンク医師を始めとする 1200 人余りの民間人はいつから島にいたのか？

　①-5.　それら民間人は海軍との契約で来ていた者か？

　①-6.　日本軍が同島占領後に民間人にやらせていた作業は、占領前にしていたそれと同じでは
なかったか？

証人応答

　①-1.　カーンという名の医者がいた。

　①-2.　8 日に島の病院が破壊された後に、弾薬庫ふたつを急設の病院として、ひとつはカーン
軍医、もうひとつはシャンク医師の担当となり、自分は偶々シャンク医師の担当する病院に入れ
られたため。

　①-3.　降伏するまでは。

　①-4.　知らない。島の防御工事が始まった時からいた者もいたし、もっと後に来た者もいた。

　①-5.　大半はそうであるが、パンナムの社員もいた。

　①-6.　飛行場での作業は同じであったが、米軍の下では要塞構築作業はさせられなかった。

弁護人審問

　②ウェーク島の病院施設について、

　②-1.　民間人用の病院はあったのか？

　②-2.　その軍民両用の病院は日本軍に接収されたのか？

　②-3.　証人が負傷してからどこに収容されていたか、よく理解できないが？

証人応答

②-1. 島にあったのは民間人作業員用の病院がひとつだけで、そこに軍人の患者も収用されていた。軍用に病棟が別にあったがそこには医療設備はなかった。

②-2.（証人、直接尋問で証言した内容を繰り返して）その病院は8日に砲撃で破壊され、8日から23日まで弾薬庫ふたつが病院となり、破壊された病院から設備と薬品がそこに移された。そして、島を占領した日本軍が、そこにあったものを自軍の病院に移した。

②-3. 12月7日に負傷して民間人用の病院に収容されたが、翌日同所が砲撃で破壊されてからは弾薬庫を転用した病舎に移され、日本軍が島を占領する23日までそこにいた。それから飛行場脇の珊瑚地帯に移されて、26日からは民間人作業員用宿舎に設けられた病棟に収容された。

弁護人審問

③降伏前後の状況について、

③-1. カーン軍医は今、硫黄島にいるのか？

③-2. 同島駐留の海兵隊員は、降伏前は宿舎に起居していたのか？

③-3. 同軍医はいつウェーク島を離れたか？

③-4. 降伏後シャンク医師はどのような監視状態に置かれていたか？

③-5. 証人が手術を受けた際に助手を務めた看護婦2人は、民間人作業員の一員か？

証人応答

③-1. 知らない。

③-2. 否、テントで生活していた。

③-3. 1942（昭和17）年1月12日。

③-4. 他の捕虜と同様の建物及び敷地内にいた。

③-5. その通り。

弁護人審問

④東郷文書（提出済み（検）法廷証 PX2034【1942（昭和17）年4月20日付け東郷外相発駐東京スイス大使宛通牒：ウェーク島米国人捕虜取扱に対する米国政府抗議への回答】参照）の内容の真偽について、

④-1. 海兵隊員中の傷病者40人はどこにいたのか？

④-2. 3月11日の時点でウェーク島には傷病者がいたのではないか？

④-3. 証人自身も当時まだ全快していなかったのではないか？

④-4. では、1942（昭和17）年4月20日付け東郷外相書簡の内容は正確ではないか？

④-5. 当時まだ治療を受けていたのは事実ではないのか？

証人応答

④-1. 自分が証言したのは、傷病者の総数が40で、その内半数が海兵隊員ということ。皆、他の捕虜と同じ敷地内の同じ建物に入れられていた。

④-2. その通り、いた。

④-3. その通り。島を離れた5月12日の時点でも松葉杖をついていた。

<1947-1-13>　　　　　　　　　　　　　　　　　　　　　　2　検察主張立証段階　**405**

④-4.　当時自力で動けないほどに症状の重い者はいなかった。

④-5.　その通り、包帯を替えてもらっていた。

弁護人審問

⑤その他の事項について、

⑤-1.　戦争捕虜の名簿が東京に送られていたかどうか分かるか？

⑤-2.　抑留されていた民間人が米巡洋艦の砲撃中に飛行場の修復を命じられたという話は誰から聞いたものか？

⑤-3.　それは 12 月 25 日以前のことではないのか？

⑤-4.　その防空壕とは、医療品が置かれていた場所とは別の場所のものか？

⑤-5.　ウェーク島に 1942（昭和 17）年 1 月 12 日及び 5 月 12 日に残っていた捕虜の総数を知っているか？

証人応答

⑤-1.　知らない。東京に送るために作成されたものがあったことはあった。

⑤-2.　防空壕にいた自分自身がカツミ通訳がそう命じたのを聞いた。

⑤-3.　1942（昭和 17）年 2 月 24 日の出来事である。

⑤-4.　その通り。捕虜が収容されていた区画に掘った塹壕である。

⑤-5.　1235 人。20 人（英文速記録 14962 頁原文のママ。直接尋問の際の証言に従えば、前者は民間人抑留者の総数に近く、後者は 5 月 12 日当時残っていた捕虜の総数ではないであろうか？）。

弁護人審問

⑥証人の受けた尋問について、

⑥-1.　ウェーク島で証人を尋問した士官は誰か？

⑥-2.　尋問の際に肉体的暴力は受けたか？

⑥-3.　横浜港での尋問を担当した士官は誰であったか？

⑥-4.　その際に肉体的暴力を受けたか？

証人応答

⑥-1.　名前は知らない。カツミが通訳をしていた。

⑥-2.　受けなかった。

⑥-3.　海軍士官であったが、名前は知らず、階級も分からない。

⑥-4.　いずれの尋問に際してもそのようなことはなかった。

＊検察官ロビンソン海軍大佐、スチュアート証人に対する再直接尋問を行う。[E: 14963]［J: 150（5）]

【検察側証人スチュアートに対する検察側再直接尋問】

検察官審問

　①善通寺収容所での尋問と処遇について、

　①-1．証人は善通寺でも尋問されたか？

証人応答

　①-1．尋問された。

検察官審問

　①-2．その際に肉体的に何かされたか？

＊被告木戸弁護人ローガン、「再直接尋問として適正ではない」と、異議を申し立てる。裁判長ウェッブ、「新出事項であるという理由で適正な再直接尋問ではないが、その質問は許可する。ただし、今のような誘導的質問は控えるべきである」と、裁定する。検察官ロビンソン海軍大佐、「自分は単に直前の反対尋問の内容に基づいて質問しているだけである」、と申し立てる。裁判長、「反対尋問で触れられた2度の尋問とは別な尋問についてではあるが、それについて問うことはできる。ただし、誘導的質問は避けるべきである」、と申し渡す。

検察官審問

　①-3．善通寺収容所で日本側が証人に対して、尋問に絡んで何かしたか？

証人応答

　①-3．自分が「脱走をしない」旨の誓約書に署名を拒否した時に、拒否の理由を訊かれた上で、士官30人と他の下士官11人余りと共に、1942（昭和17）年6月14日から9月23日まで営倉入りとなった。営倉から出されると「署名しないと殺す」と脅されて改めて署名を迫られた。

検察官審問

　②ホフマイスターの処刑について、

　②-1．日本政府がこれを許可したか通知を受けたかについて、証人は何か知っているか？

＊被告木戸弁護人ローガン、「誘導的である」と、異議を申し立てる。裁判長ウェッブ、「誘導的とは思えない。直接尋問の際に訊いておくべき事項ではあるが、通常の厳密な法廷の手続には拘束される必要はないので、質問は許可する」と、弁護人の異議を却下して、証人に返答を促す。

証人応答

　②-1．ホフマイスターが逮捕されたのは1942（昭和17）年5月1日で、処刑されたのは同月10日。シャンク医師はホフマイスターを診察し、その体調を理由として釈放を求めたが、後に他の米国人を通じて伝えられたのは、東京から何かの指示があるまで釈放はされないとのことであった。

検察官審問

　②-2．ホフマイスターの死亡診断書について何か知っていることはあるか？

＜1947-1-13＞   2　検察主張立証段階　**407**

＊被告木戸弁護人ローガン、「ホフマイスターの死については既に直接尋問で触れられている」と、
　異議を申し立てる。裁判長ウェッブ、「通常の法廷でも許容されるべき範囲の質問であり、当
　法廷で許容されない理由はない。弁護側には再反対尋問の機会が与えられる」と、弁護人の異
　議を却下する。

証人応答

　②-2.　ウェーク島を離れるまでに、米国政府に我々のことが通知されていないということは分
かっていた。自分は他の数名と共同で、当時まだウェークに残っていた民間人 362 人の氏名と住
所を記載した名簿を作成したが、日本本土に着いたら自分から妻宛の手紙に添付して送るつもり
であった。その中にはホフマイスターの名前も含まれていた。自分達の心配の種は、ホフマイス
ターが処刑された事実を証人が（妻宛の手紙に）記載することを、日本側は許さないのではないか
ということであった。自分が島を去る直前、1942（昭和 17）年の 5 月 12 日に、日本軍司令部か
ら出てきた米国人コーミア（Cormier）氏が自分に伝えてきた内容は、「心配するな。ホフマイス
ターの死亡診断書は自分が作成した。東京に送られる」というものであった。

検察官審問

　③証人の妻からの最初の通信を日本側が証人に渡したのはいつか？

証人応答

　③1944（昭和 19）年 11 月 11 日。

＊被告木戸弁護人ローガン、スチュアート証人に対する再反対尋問を行う。［E: 14967］［J: 150
　(6)］

弁護人審問

　①東京に送られた死亡診断書の内容を知っているか？

証人応答

　②知らない。

＊検察官ロビンソン海軍大佐、「検察側のスチュアート証人に対する尋問は終了した」と、報じる。

＊被告鈴木弁護人マイケル・レビン、「弁護側はさらなる反対尋問は行わない」と、報じる。裁
　判長ウェッブ、「証人を通例の条件でその任から解く」、と申し渡す。

＊スチュアート証人、退廷する。

(2)　検察官ロビンソン海軍大佐、検察主張立証第 XIII・XIV 局面「対民間人・戦争捕
虜残虐行為」第 10 部「ウェーク島その他諸島・海上での B 級・C 級戦争犯罪」の検察
側立証として、「ウェーク島での残虐行為」関連立証を続行する。

　　　　　　　　　　　　　　　　　　（英速録 14968〜15017 頁／和速録第 150 号 6〜13 頁）

＊（検）法廷証 PX2035【1945（昭和 20）年 10 月 18 日付けロバート・ヒュー・ランカスター
　［Robert Hugh Lancaster］土掘人夫長［excavating foreman］宣誓供述書；ウェーク島捕虜取扱】＝
　検察側文書 PD8036　証拠として受理され、抜粋が朗読される。

【PX2035 朗読概要】（尋問形式となっているが、供述者の返答のみを要約する）

　自分は海軍との請負契約の下で、ウェーク島において 1941（昭和 16）年 8 月 2 日から、工夫として労務に従事。同年 12 月 23 日から 1945（昭和 20）年 9 月 14 日まで日本軍の捕虜であった。

　……ウェーク島で 1942（昭和 17）年 4 月もしくは 5 月に、請負契約で働いていた労務者の 1 人が斬首された。完全な姓名は記憶していないが、「ベーブ」と呼ばれていたサンフランシスコ出身の者であった。ベーブは倉庫から煙草などを窃取したとの容疑で逮捕されたが、それ以前からも態度が横柄で従順でないとして、日本軍監視兵から目をつけられていた。逮捕後、1 週間監禁されていたが、その間監視兵はベーブを休みなく歩かせ、疲れて立ち止まったら段打して歩かせ続けた。そして、その 1 週間が経過した時点で現地の日本軍指揮官が、東京からベーブを処刑する許可もしくは命令を受領したと理解している。墓穴が掘られてその上に板が渡され、目隠しをされて縛られたベーブが、その上に跪かされた。指揮官とその参謀全員、そして多くの兵士達も周囲に集まり、捕虜の中の指導的立場にいる者も処刑の現場に立ち会うことを要求された。自分はその中の最前列にあって、ベーブから 8〜9 フィート離れた場所に立っていた。自分の記憶では、日本軍の担当士官が罪状を読み上げ、通訳がその要旨を伝えた。正確な内容は覚えていないが、「日本人は名誉を重んじる国民であり、倉庫に鍵をかける必要など認めていなかった。然るに、この者はその鍵の掛かっていない倉庫に侵入して物品を窃取するとの罪を犯した」というようなものであった。

　……米国民間人 350 人余りが、ウェーク島に 9 カ月間留め置かれて飛行場を完成させ、島を周回する自動車道路を掘削してその諸所に機関銃座を据え付け、かつ防御陣地を構築する作業に従事させられた。

　……捕虜や抑留者は皆、ほぼ毎日のように段打されていた。ホルソン［Holson］という者はバールで激しく段打されたために脚の靱帯が切れ、それ以来、杖や松葉杖などを使わなければ歩行できなくなっている。それから、チズム［Chisholm］という者も棍棒で激しく殴られたために 4 〜5 日歩けなくなった。

＊（検）法廷証 PX2036【酒井原海軍少将・橘海軍少佐・伊藤海軍大尉に対するウェーク島捕虜
　　事件に関する 1945（昭和 20）年 12 月 21 日付け米国軍事委員会審理記録】＝検察側文書
　　PD8478　識別番号を付される。[E: 14972]［J: 150（7）］

＊（検）法廷証 PX2036-A【同上抜粋；酒井原繁松ウェーク島日本軍司令官宣誓供述書－俘虜銃
　　殺命令】＝検察側文書 PD8439　証拠として受理され、抜粋が朗読される。

【PX2036-A 朗読概要】

　(1)　1943（昭和 18）10 月 7 日
　自分は本部中隊長であった橘大尉（現在、少佐）に、「本部中隊を適宜使用して陣形に影響し

<1947-1-13>　　　　　　　　　　　　　　　　　　　　　　　　　　2　検察主張立証段階　**409**

ないような場所で捕虜すべてを銃殺刑に処すべし」との命令を下した。記憶は定かではないが、日没後1時間ほど経った頃であった。命令発出後1時間半を過ぎた頃、伊藤大尉指揮下の小隊長中村少尉から「捕虜96名処刑、1名逃亡」との報告があったと記憶する。

　(2)〔イ〕1943（昭和18）年7月頃

　この頃、本部中隊食糧倉庫への侵入が相次いでいたが、ある日ジャックという名の者が逮捕された。これに先立って「糧食は島に於いては生死の問題に関わるものなる故、窃取したる者は厳罰に処す」との布告を出していたので、軍紀維持の必要上、野中大尉に羽島（Pearle Island）で斬首させた。処刑に先立って死刑宣告の理由を英訳して当人に読み聞かせた。

　〔ロ〕同年10月15日頃

　10月7日の処刑を逃れた捕虜1名が神社近くの食糧庫で食糧を得ていたところを発見して確保。当時、艦隊から「新たに編成された有力な機動部隊がハワイを出港。マーシャルは第一警戒配置、ウェーク島は攻略部隊に備えよ」との状況報告と命令を受けて警戒中であった。捕獲した捕虜に由来するいかなる危険をも未然に防止するため、止むを得ず同人を羽島で、その日の日没後30分経った頃に処刑。実行した中村少尉以下兵数名が立ち会った。

　(3)　連合国軍によるドイツでの戦犯裁判について伝えるサンフランシスコ放送によれば、命令発出者のみならず受命者までも罪に問われるとのこと。自分の命令に基づく行動が問題となった場合、自分の部下も責任を問われるということである。絶対に従うべきとして自分が出した命令を実行したがために部下が苦境に陥ることほど、指揮官として忍び難いことはない。それ故、自分は部下のすべての責任を一身に負いたいと考えた。

　(4)　他人の意見は問わず自分の独断で関連中隊長などを自分の部屋に集めて、「考えがあるから俺の言う通りにやれ」と言って偽証をすることにした。その内容は自分が予め考えておいたものである。（その会議に宮本兵長らが出席したかは記憶にない）

　(5)　終戦当時、ポツダム宣言の内容を知ることができなかったが、その後日本の無条件降伏（もちろんポツダム宣言の条項によれば「日本国軍隊の無条件降伏」であって、「日本国の無条件降伏」ではない）のことや（英文速記録14976頁の"Japan was about to surrender unconditionally"との訳は誤訳と思われる）、米国の命令にそのまま従うべきことなどが分かった。また終戦の詔書に「信義を連合国（英文速記録14796頁"in the Allied nations"のママ。原本和文書証より採録したであろう和文速記録は「世界」と記す）に失うが如きは朕最も之を戒む」とあるのを見て、事実をそのまま述べるのが至当と考え始めた。

　(6)　好待遇を受けたことに感謝する。

　上記は、自分の知る限り、また記憶する限り真実であり、脅迫・強要なくして自発意思で陳述したものである。

＊午前10時45分、裁判長ウェッブ、15分間の休廷を宣す。

＊午前11時、法廷、再開する。[E: 14977][J: 150（7）]

＊検察官ロビンソン海軍大佐、「ウェーク島での残虐行為」関連立証を続行する。

＊（検）法廷証PX2036-B【PX2036抜粋；橘荘一海軍少佐宣誓供述書－俘虜銃殺命令】＝検察側

文書 PD8440　証拠として受理され、抜粋が朗読される。

【PX2036-B 朗読概要】

　（1943［昭和18］年10月）7日日没直後、指揮所で突然司令から、「本部中隊長は中隊の兵力によって北海岸で捕虜を銃殺刑に処すべし」との命令を受けた。突然のことで驚いたが、自分は司令が思慮深い人で、熟慮した上でなければ決定を下さないことを知っていた（自分が兵学校生徒時代、司令は教官であった）ので、同夜の状況では戦闘上止むを得ないことであると考え、少しの疑問も抱かなかった。

　……伊藤中尉が本部中隊の指揮を執ってから約1時間後、兵士が「北海岸で銃声あり」と報告してきたので様子を見に出かけたが、途中で部隊が戻ってきたので処刑が終了したことを知り、そのまま指揮所に帰った。その後聞いたところでは、中隊長がデング熱による頭痛のために司令に直接報告できなかったとのことであった。

　……20日頃、神社近くの森で青い服を着た白人を見たとの報告があり、一帯を捜索すべしとの命を受けたが発見できなかった。ところが翌日、倉庫のひとつに隠れているのを発見して本部に連行した。

　同日、司令が自ら捕虜を処刑するとの決定を報じ、羽島東端で、指令自らの手で斬首し、自分がそこに行った時には埋葬がほぼ終了していた。5〜6人いたが、月が出ていない真っ暗な夜で、誰だか分からなかった。他に逃亡者がいないかを確かめるために（10月7日に処刑した？）捕虜の埋葬遺体を検分した。

　1945（昭和20）年8月15日夜、ラジオは日本の降伏を告げていたが、東京の軍令部からは何の知らせもなかったので信じなかった。然るに、翌16日に終戦の詔勅に接し、真実を知るところとなった。

　8月18日または19日の午後8時頃、科長以上の士官が集合するよう命ぜられた。その場で司令は、「メルボルンからのラジオ放送によれば、戦犯行為に関わる命令の発出者のみならず実行者も罰せられるとのことだ」と、報じた。その後司令は、俯いて何も言わなかったが、興奮している様子であった。そのまま10分ほどで散会したので「何のための集合であったのだ？」と皆話し合っていた。集合したのは、橘少佐、宮崎少佐、トクダ（英文速記録14980頁 “TOKUDA” のママ、原本和文書証より採録したであろう和文速記録によれば「徳間」）大尉及び小川大尉。

　……8月21日もしくは22日、中隊長以上が集合を命ぜられ、司令が「捕虜の一件は自分の一存で以下のような経緯であったことにする。即ち、1943（昭和18）年10月6日の空襲で捕虜の半数は死亡。残りは翌日脱走し、火器を使って抵抗したので全員射殺」と述べて、さらなる詳細はこの線で付け加えるよう（皆に）指示した。

　……8月22もしくは23日に捕虜の遺体を東海岸に移す。本部中隊が掘り出し、平田少尉（和文速記録では本田少尉）が埋葬の指揮を執り、掘り出しに2日を要した。8月25日もしくは26日（も

<1947-1-13>

しくはそれ以前）に軍務局から捕虜について照会があったので、科長以上が集合を命ぜられて、攻略以降の経過、移送した捕虜の数、日課作業、居住環境、食事などについて2時間ほど調査して軍務局に無電で報告した。

　……9月8日の夜、中隊長以上及び本件関係者が集合を命ぜられ、捏造された話（英文速記録14981頁"fabricated story"のママ）に関してさらに詳細に司令から言われたことを確認させられ、それを部下にも徹底させるよう命ぜられた。途中、宮木、番口、城戸、柴田を呼んで詳細が伝えられた。8時間ほどそれが続いた。詳細は宮木らが既に陳述した通りである。

＊（検）法廷証 PX2036-C【PX2036 抜粋；伊藤寅司海軍大尉宣誓供述書；俘虜銃殺命令】＝検察側文書 PD8441　証拠として受理され、抜粋が朗読される。

【PX2036-C 朗読概要】

　1943（昭和18）年10月7日午後5時半にクェゼリンから飛行機で赴任した自分は、本部中隊長を命ぜられ、橘大尉から捕虜処刑命令の申し継ぎを受ける。

　……北海岸に到着してみると、捕虜は縛られて目隠しをされ、一列横隊で海の方を向いて座らされていた。各捕虜の5〜6メートルほど後方には銃手が立っていた。100人ほどいたようであるが、右端の方は良く見えなかった。小隊長が来て準備が調ったと言ってきたので、命令通りやるように伝えた。

　……小隊長が来て終了したことを伝えたので、「本部に報告した後、直ちに戦闘配置に戻るよう」命令し、自分は午後7時頃指揮所に戻った。

　……ウェーク島での出来事についてこれまで自分が述べたことは真実ではない。降伏の日であったと思うが、中隊長以上の士官に司令の部屋に集合するよう命令が出て、その場で「10月6日の爆撃で捕虜は半数が死亡し、残りは不穏な行動があったので処刑したということにして中央に連絡してあるので、全員その線で口裏を合わせるように」との指示があった。

＊（検）法廷証 PX2037【1947（昭和22）年1月2日付け連合国軍最高司令部法務部調査課長ルディシル［Richard E. Rudisill］中佐宣誓供述書所収ジョン・ハマス［John Hamas］米海兵隊大尉1946（昭和21）年10月1日付け報告書；俘虜の拷問・虐待・致死】＝検察側文書 PD8482　証拠として受理され、朗読される。

【PX2037 朗読概要】

（ハマスの証言部分だけを要約する）

（1）主題

　1942（昭和17）年1月12〜24日間のウェーク島から上海呉淞までの公海上に在った新田丸での不適正な移送方法、殴打、貴重品の強奪、捕虜約1100人の飢餓状態。

（2）　新田丸に乗るや、日本軍の監視兵が自分の背中を重い棍棒で打ち、顔を平手打ちにし、持ち物を検査した。

（3）　殴打・平手打ちの対象となった者には、米海兵隊ウェーク島分遣隊長Ｊ・Ｐ・Ｓ・ダベロー［Davereux］大佐も含まれる。

（4）　海兵・海軍・陸軍の兵卒及び民間人労務者はサイトウ大佐の部下や新田丸船長オガワ・キヨシ配下の船員が居並ぶ中を通る最中に、棍棒や野球のバットで殴られ、蹴られ、平手打ちにされたために、多くが、酷い傷を負ったり病気になったりした。

（5）　捕虜は船倉の中に家畜のように押し込められ、体を伸ばしたり横になったりする余地はなかった。暗く湿気のある船倉の中に２週間閉じ込められて侮辱的扱いを受け、暴力にさらされ、飢餓と喉の渇きに苛まれ、不潔な環境で過ごさざるを得なかった。

（6）　トレファンスキー［Trefansky］海兵隊１等兵は戦闘で重傷を負っていたが、棍棒で激しく叩かれたために背中の縫合が破れてしまい、気を失った。

（7）　その他にも海兵隊員のみならず、民間人の中にも同じように殴打された者は数え切れないほどいる。

（8）　このような悪夢の如き扱いのために、頑健な海兵隊員の中にも結核になってしまい、江湾収容所滞在中に死んでいった者が多数いた。

（9）　新田丸乗船中に重病の者２名が、船倉から「病室」へと連れ出されたが、その後の消息は聞かない。

（10）　その他にも３人、上海の呉淞下船時にいなかった者があり、その３人乃至５人は斬首されて遺体が海に投棄された公算が高い。

（11）　斬首、棍棒による殴打、捕虜の所有物の強奪－強奪物品は時計、指輪、金銭、ペン、鉛筆、化粧品、衣服、証明書、親書、写真にまで及んだ。

（12）　ダベロー大佐は、何度も願い出たにもかかわらず、大佐の家に代々伝わる文書を取り上げられた。一部の回収は可能かもしれない。

（13）　日本の軍医が船上の傷病者を治療することは全くなかった。自分は肩の傷が化膿しているフロイラー［Freuler］大尉の治療を願い出たが断られたので、タオルを裂いてできるだけ傷口をふさいだ。

（14）　体格が良く大声で話す下士官がウェズリー・プラット［Wesley Platt］大尉を棍棒で殴り続け、大尉が恐らく内傷のために昏倒するのを目の当たりにした。

（15）　その他、捕虜、民間人抑留者を問わず、気絶するまで殴られた者は沢山いる。

（16）　航海中、サイトウ大佐とその部下は、士官や他の関係者にミッドウェー、パルミラ、ジョンソン島の軍事施設について尋問を行い、返答が満足のいかないものだと「斬首するぞ」と脅すことが多かった。

（17）　新田丸は1942（昭和17）年１月18日前後に横浜に到着。寒い気候の中で衣服や貴重品などを奪われた捕虜は、みすぼらしい格好で寒気から身を護る術がなく、多くの者が病気になっ

<1947-1-13>   2 検察主張立証段階 413

た。

（18）捕虜はすべての持ち物を奪われ、体罰にさらされた上で、照明のない寒くて湿気の多い船倉に閉じ込められた。そして、飢餓状態に陥れられ、外気を吸い、運動する機会も奪われた。

（19）加えて、軍医は傷病者を治療しようとしなかった。そして、捕虜の移送責任者は、以下のような「捕虜規則」を布告した。

（20）1. 以下の命令に従わざる者は即刻死刑に処す：

イ．命令・指示に背いた者。

ロ．敵意ある行動を見せて反抗の気配をあらわにした者。

ハ．個人主義、利己主義に走り自己の利益のみを追求して規則に服しない者。

ニ．許可なく話をしたり、大声を発したりした者。

ホ．命令なく歩き、動き回った者。

ヘ．不要な荷物を携行して乗船した者。

ト．捕虜同士でいがみ合っている者。

チ．鋼索、電灯、器具、スイッチなど、船の設備に触れた者。

リ．命令なしに梯子を登った者。

ヌ．収容区画や船から逃亡する気配を見せた者。

ル．配給分を超えて食糧を得ようとした者。

ヲ．毛布を2枚以上使った者。

……さらに、その第6条は以下のようになっている。

（21）6. 大日本帝国海軍は諸君をすべて処刑しようとするものではない。すべての規則に従い、海軍の行動と目的に信を置き、世界平和に繋がるべき大東亜新秩序建設のために日本に協力する者は手厚い待遇を受ける。

（22）手紙、食べ物、衣類、小包の類は窃取された。

（23）妻は自分宛に、1箱あたり50ドルのものが入った小包を25個発送したが、どれひとつとして自分には届かなかった。手紙の大部分は日本に留め置かれて、破棄されたものも多かった。日本軍の捕虜となっていた3年9カ月中、自分が受け取ったのは手紙1通、クリスマスカード1枚、終戦時に受け取った電報2通だけであった。この間、妻はまめに手紙と葉書を書いていたが、その多くは「配達不能」扱いとされて送り返されたのであった。

（24）1945（昭和20）年初旬に支那の江湾収容所を発つ直前、背が高くてやせた60歳ほどの皇族の一員が視察に来た。皇族は日本赤十字社総裁とのことであった。我々海兵隊捕虜の先任将校であったW・W・アスハースト［Ashurst］大佐には、言いたいことが沢山あったのであるが、その皇族が話しかけてくることはなかった。先導役の大佐が急かすようにして収容所内を案内していったので、捕虜を一瞥しただけで立ち去ってしまった。

（25）今でも自分の背中には相当大きな瘤があり、頭蓋骨には小さな穴がある。棒で殴られた頭、左耳、左脚は夜になると痛んでくる。また、両脚は栄養失調、脚気、ニコチン酸欠乏症候群（英

文速記録14991頁は"pelagra"とするが"pellagra"と解しておく）という、日本側処遇によって引き起こされた症状のために爛れ、腫れ上がっている。米国の快適な環境で1年間過ごしたにもかかわらずである。

＊（検）法廷証PX2038【小原寧雄「新田丸」捕虜監視員海兵曹長1946（昭和21）年11月19日付け宣誓供述書】＝検察側文書PD8480　証拠として受理され、抜粋が朗読される。

【PX2038朗読概要】

　自分は1929（昭和4）年6月に海軍に入り、開戦時は呉海兵団にあって階級は兵曹長。

　1941（昭和16）年12月25日から翌年1月下旬まで、自分は新田丸で捕虜監視の任務についていた。新田丸は1942（昭和17）年1月13日にウェーク島で米国人捕虜1200名を乗せ、横浜でその内の14人を降ろした後に、支那の上海に同月22日に到着して残る全員を上陸させた。その後新田丸は呉に帰港し、自分は海兵団の任務に戻った。……それは新田丸が横浜を出港してから2日目のことであった。サイトウ大佐が自分を呼び、捕虜の内5人を処刑せよとの命令書を見せ、自分にその内の1人の処刑を命じた。自分は驚愕して2度拒否したが、サイトウ大佐は、「所持する日本刀で処刑せよ」と命令した。自分は狼狽してどう答えて良いのか分からなかったが、上官の命令は天皇陛下の命令であるから従わなければならない、と自分に言い聞かせると同時に、もし従わなければ処刑されるのは自分であるということに思いが至った。自分は、自らの刀で米軍捕虜を処刑せよとのサイトウ大佐の命令に従わざるを得なかったのである。気分が悪くなった自分は船室に戻った。

　暫くして誰かがやって来て「処刑の準備が調った」と伝えて来たので、船室を出て後甲板に行ってみると、捕虜5人は左舷側に並べられていた。捕虜監視兵の多くや船の乗組員が、その周囲や上部甲板に集まっていた。サイトウ大佐が捕虜の側に置かれた小さな台の上に登ると執行命令書を読み上げた。その内容は正確には覚えていない。

　が、まず処刑される5人の名前の後に「諸君らは罪を犯したがためにこの世に生きるに値しない。冥福を祈る。生まれ変わってきた時には、今度は真っ当な人生を歩むように」というような内容の続くものであった。

　サイトウ大佐が台を降りると処刑が開始された。目隠しをされて後手に縛られて莫蓙の上に座らされている1人目の捕虜の横に、吉村准尉が立ち、その首に刀を2度振り下ろしたが、首が胴体から離れず、1人目の捕虜はすぐには死ななかった。

　2番目の高村徳一3等兵曹が同じように処刑をする時には、見ていられなくて眼を閉じていた。目を開けた時には高村兵曹は既に刀を下ろしていて、その傍らには首のない捕虜の体が横たわっていた。

　3番手の自分の名前が呼び出された時、自分は怯えて体が震えていた。3人目の捕虜の側に行って刀を振り上げたが振り下ろすことができず、2度にわたって自分は刀を降ろした。3度目に

<1947-1-13>   2　検察主張立証段階　**415**

自分は天皇陛下の命令を受けているのだと自分に言い聞かせて刀を力一杯振り下ろした。目を開けた時には、捕虜の死体が目の前に横たわっており、その首は胴体から離れていた。

　次の浅川兵曹長がサイトウ大佐に呼ばれて4人目の捕虜の横に立って刀を振り上げた時、自分は目を閉じた。目を開けた時にはその捕虜は既に屍となっており、浅川兵曹長は興奮に打ち震えていた。

　次に竹添兵曹長が5人目の捕虜を処刑するために呼ばれた時、これ以上見ることに堪えられず甲板を後にした。

　後で聞いた話では、竹添兵曹長が5人目を処刑してから、捕虜の遺体は甲板から投棄されたとのことである。遺体がさらに切り刻まれたなどという話は聞いたことがない。

　その翌朝、新田丸は上海に到着して捕虜すべてを上陸させたので、自分の捕虜監視兵としての役割は終わった。

　新田丸が上海から呉に向かう途中、サイトウ大佐は監視兵すべてを自室に呼んで、捕虜から取り上げた指輪や時計を各人に与えた。供述者も、時計と金の指輪をひとつずつ貰った。指輪は呉が戦争中に空襲を受けた際に自宅と共に焼失したが、時計は自分が巣鴨拘置所に出頭する際に妻に渡してきた。

　呉に戻った時、自分の服のポケットの中にサイトウ大佐が読み上げた処刑執行命令書の原文と米国人の写真が入っているのに気が付いた。その米国人はテパスとかティーターとかいう名の民間人で、新田丸座乗の日本人からは「知事」と呼ばれていた者であった。その命令書は呉の自宅に持って帰り、空襲の時に焼けてしまった。サイトウ大佐がその命令書を返すように言って来たことは1度もなかった。そのために、サイトウ大佐は、捕虜5人の処刑について呉海兵団の上官に報告はしなかったと考える。報告していたとしたら、処刑の際の罪状と判決を明らかにするために、執行命令書を必要としたであろうから。目下、これ以上何も申上げることはない。

＊検察官ロビンソン海軍大佐、「米国からスイス政府経由で申し立てられた抗議に関する駐東京
　　スイス公使と日本外務省間1942（昭和17）年5月26日〜1945（昭和20）年7月27日付け交
　　換公文15通（順次、（検）法廷証PX2039〜2053として受理される）及び同15通の出所・真実性証明
　　書1通（PX2054として受理される）を提出する」、と申し立てる。［E: 14999］［J: 150（11）］
＊（検）法廷証PX2039【1942（昭和17）年5月26日付け駐東京スイス公使発東郷外相宛文書；
　　ウェーク島での米軍俘虜と抑留者の氏名及び抑留場所情報の要求】＝検察側文書PD8433　証
　　拠として受理され、朗読される。

【PX2039朗読概要】

　4月21日付け書簡で知らせしたように、在ウェーク島米国人の消息についての4月20日付け（日本側発）書簡は米国政府に転送されるよう、本国政府に送付した。ごく最近受け取った電文によると、米国政府は、日本側が同島から移送した捕虜及び民間人抑留者の名前と移送先、さらに同

島残留米国人の現況を知りたいとのことである。

＊（検）法廷証 PX2040【1942（昭和17）年8月10日付け東郷外相発駐東京スイス公使宛回答文書；取調の上詳細回答】＝検察側文書 PD8432-A　証拠として受理され、朗読される。

【PX2040 朗読概要】

　ウェーク島から移送された米国捕虜と民間人抑留者の氏名と移送先、並びに同島に残留している米国人の現況を米国政府の要請を受けて問い合わせてきた5月26日付けの貴殿発電報を受領したことを報告する。捕虜に関しては、国際赤十字委員会を通じて貴殿に名簿を送ったので、ウェーク島の捕虜の現況についてもそれを参考にされたし。米国民間人抑留者については、できる限りの調査をした上で個々の問い合わせに答える用意があるので、この旨適宜米国政府に伝えるよう取り計らい願いたい。

＊（検）法廷証 PX2041【1942（昭和17）年9月21日付けスイス公使発谷（正之）外相宛文書；日本側回答は不満、米国政府が満足しうる一般抑留者と俘虜の状況に付き照会】＝検察側文書 PD8445　証拠として受理され、抜粋が朗読される。

【PX2041 朗読概要】

　米国民間人抑留者及び捕虜の名簿が以前と同様に国際赤十字委員会に送られたとの日本外務省の声明を、米国政府は満足の行くものとして受理することはできない。日本が捕虜に関する国際協定第77条と赤十字協約第4条を遅滞なく履行することに米国政府が重大な関心を寄せている旨、スイス政府と国際赤十字委員会が日本の関係当局に伝えることを要請する。米国政府がスイス政府と国際赤十字委員会にさらに望みたいのは、以下の事項である。即ち、米国情報局は、抑留・釈放・仮釈放・収監された日本人、捕虜となった者、他の収容所に移送された者の名簿を政府関連部局から遅滞なく送られてくる情報を基に作成して毎週、中央赤十字情報局に送付している旨、日本政府の注意を喚起すること、それから、日本政府の関連部局が同様の手順で中央赤十字情報局に米国人抑留者・捕虜に関する情報を提供することを米国政府が要求するのはジュネーブ協定に基づき米国政府が有している権利である旨、日本政府に伝達することである。これに関連して、中央情報局宛に名簿を送付すべき場合の費用は協定に従って捕虜・抑留者の本国が負担すべきことにつき日本政府に確認を求めて頂きたい。

　米国政府が可及的速やかに知りたいのは、日本の管理下にある米軍捕虜が捕虜に関する国際協定第36条第2項に規定されている捕虜票［capture card］を記入して発送する機会が与えられたか否かである。協定によれば、同票は「捕虜一人一人によって収容所到着後1週間以内に記入され、可能な限り迅速に発送されて、いかなる態様によっても発送が遅らされることがあってはならない」ものとなっている。もし既に記入・発送されていたならば、米国政府は、どのようにし

＜1947-1-13＞   2　検察主張立証段階　**417**

て票が送られているのかにつき早急に情報を得ることを欲する。もし他のルートでも発送されて
いないとするならば、同票並びに捕虜・抑留者の完璧な名簿が共に次の交換船で送られんことを
要請する。

＊（検）法廷証 PX2042【1942（昭和 17）年 10 月 7 日付けスイス公使発日本外相宛文書；8 月 10
　　日付け日本政府回答に対する再照会】＝検察側文書 PD8427　証拠として受理され、朗読される。

【PX2042 朗読概要】

　ウェーク島の米国人捕虜と民間人抑留者についての 8 月 10 日付けの通信につき、米国政府は
日本政府に以下のように伝えるよう貴殿に要請する。

　米国政府は依然としてウェーク島にいた民間人の内 400 名余りについて報告を受けていない。
照会あり次第個々の抑留者についての現況を報告するとの日本政府の申し出は多とするも、米国
は日本政府に対し捕虜の取扱に関するジュネーブ協定第 77 条に従って抑留者すべての氏名を迅
速に赤十字情報局乃至は米国の利益代表国政府に通知してもらいたい。ここで付け加えなければ
ならないことは、前記書簡で東郷外相が語った内容とは裏腹に、ウェーク島で日本軍によって抑
留された民間人に関する情報を当方が何等受領していないと言う事実である。

＊（検）法廷証 PX2043【1943（昭和 18）年 4 月 8 日付けスイス公使発日本外相宛文書；俘虜、
　　一般居留民 400 名に付き至急の通知を希望】＝検察側文書 PD8436　証拠として受理され、抜
　　粋が朗読される。

【PX2043 朗読概要】

　米国政府は、この 400 名に関する報告が直ちに送達されることを強く要望する。同時に、遅延
している理由を知ることを重要事項と考えている。

＊（検）法廷証 PX2044【1943（昭和 18）年 4 月 19 日付け谷外相発駐東京スイス公使宛口頭申し
　　入れ：ウェーク島米人捕虜については回答済み、未回答 400 名の氏名を知らせられたし】＝検
　　察側文書 PD8437　証拠として受理され、抜粋が朗読される。

【PX2044 朗読概要】

　1.　ウェーク島の米国人に関するすべての情報は、1942（昭和 17）年 8 月 10 日付け及び本年 2
月 25 日付けの貴公使館宛口頭申し入れによって、通知済みである。

　2.　上記通知に添付されていた名簿に含まれていないとの約 400 名については、その氏名・住所・
職業などを調査の参考にするため知らせてもらいたい。

＊（検）法廷証 PX2045【1943（昭和 18）年 8 月 21 日付け駐東京スイス公使発外務省宛文書；昭

和 18 年 4 月 19 日付け口頭申し入れについて 423 人の名簿同封】＝検察側文書 PD8433　証拠として受理され、抜粋が朗読される。

【PX2045 朗読概要】

　スイス政府代表部は、日本国外務省に米国人 432 人の名簿を手交する。この 432 人は米国政府が最近得た情報によれば、日本軍によるウェーク島占領時に同島にいたはずであるが、日本政府が国際赤十字委員会に送付した名簿には含まれていなかった者である。

　米国政府は、その者達の安否と現在の所在地を早急に知ることを重大案件と見なしている。米国政府の見解では、この件に関する調査を円滑に進めるために、スイス代表がウイリアム・フェアリー［William Fairey］と接触することが望ましいとのことである。ワシントンの赤十字委員会の見解によれば、フェアリーは極東のどこかで捕虜になっており、また米国務省が言うには、名簿に名があるフェアリーは、やはり名簿に記載のあるレオナード・ウォード［Leonard Ward］などの消息について知っている可能性がある。

＊（検）法廷証 PX2046【1943（昭和 18）年 10 月 8 日付け駐東京スイス公使発外務省宛文書；8 月 21 日付け文書の 423 人名簿について再照会】＝検察側文書 PD8428　証拠として受理され、抜粋が朗読される。

【PX2046 朗読概要】

　8 月 21 日付けの公文で当代表部は日本外務省に米国人 432 人の名簿を手交し、米国政府がそれら人士の現在の安否について知ることを重大案件としていることを伝えた。ワシントンで最近得られた情報によれば、その 432 人は日本軍のウェーク島占領時に同島にいたはずであるが、日本国政府が国際赤十字委員会に送った名簿には含まれていなかった者とのことである。

　この件について今日まで回答がないので、スイス代表部は日本政府に対し、米国政府が可及的速やかに本件に関する情報を得たがっていることを改めて通知する。

＊検察官ロビンソン海軍大佐、「この文書の日付に法廷の注意を喚起したい。提出済み証拠で言及されている事件の日付である 10 月 7 日に近接している」、と申し立てる。

＊（検）法廷証 PX2047【1943（昭和 18）年 12 月 10 日付け駐東京スイス公使発外務省宛覚書；8 月 21 日付け文書に記載以外の米人俘虜に対する詳細の照会】＝検察側文書 PD8430　証拠として受理され、抜粋が朗読される。

【PX2047 朗読概要】

　当代表部は、俘虜情報局からウェーク島で捕虜になった米国人の内、現在、福岡収容所に収容

<1947-1-13>　　　　　　　　　　　　　　　　　　　　　2　検察主張立証段階　**419**

されている 205 人の名簿を受理。その中の 15 人ほどは先頃、日本外務省宛に送られた名簿の中にはない者であるので、米国政府がその安否と所在を確認しようとしている 432 人中 190 人については確認が取れたことになる。当代表部としては、残りの米国人についての所在についての詳細情報をなるべく速やかに伝えられることを望む。

＊（検）法廷証 PX2048【駐東京スイス公使発外務省宛覚書（1944［昭和 19］年 2 月 14 日）；未回答の照会に対する督促】＝検察側文書 PD8429　証拠として受理され、抜粋が朗読される。

【PX2048 朗読概要】

　本件について今日まで回答がないので、当代表部は再び貴国外務省に対しこの件に対する注意を喚起するものである。

＊（検）法廷証 PX2049【1944（昭和 19）年 9 月 25 日付け駐東京スイス公使発外務省宛覚書；未回答の照会に対する督促】＝検察側文書 PD8424　証拠として受理される。検察官ロビンソン海軍大佐、「内容はほぼ前出証拠と同じ」、と申し立てる。朗読なし。

＊（検）法廷証 PX2050【1944（昭和 19）年 11 月 1 日付け駐東京スイス公使発外務省宛覚書；未回答の照会に対する督促】＝検察側文書 PD8423　証拠として受理され、抜粋が朗読される。

【PX2050 朗読概要】

　ウェーク島から移送されて日本の管理下にある米国人について、米国政府は、これまでの日本政府の公文の中で確認されなかった者の名簿を、スイス政府に送付してきた。その名簿は、日本国外務省宛の当公文に添付してある。米国政府は、それら米国人の家族に情報を伝えるために、早急に所在と状況を知ることを切望している。

＊（検）法廷証 PX2051【1945（昭和 20）年 3 月 19 日付け駐東京スイス公使発外務省宛覚書；11 月 1 日付け照会に対する督促】＝検察側文書 PD8426　証拠として受理され、朗読される。

【PX2051 朗読概要】

　昨年 11 月 1 日付けの覚書で、当代表部は、これまで日本政府公文中で名前が確認されなかった米国人についての安否情報を知りたいとの米国政府の意向を、伝達した。今日までこの件について回答がないので、ここに再び注意を喚起するものである。

＊午前 12 時、裁判長ウェッブ、正午の休廷を宣す。

＊午後 1 時 30 分、法廷、再開する。［E: 15015］［J: 150（13）］

＊検察官ロビンソン海軍大佐、検察主張立証第 XIII・XIV 局面「対民間人・戦争捕虜残虐行為」第 10 部「ウェーク島その他諸島・海上での B 級・C 級戦争犯罪」の検察側立証を続行する。

＊（検）法廷証 PX2052【1945（昭和20）年5月15日付け駐東京スイス公使発外務省宛覚書；11月1日及び3月19日付け照会に対する回答の督促】＝検察側文書 PD8425　証拠として受理され、朗読される。（提出されたのは休憩前で、朗読は休憩後であるが、ここに一括して記載する）

【PX2052 朗読概要】

　過去2度にわたって当代表部は、ウェーク島から移送されてその後の安否が日本政府のこれまでの公文の中で明らかにされていない米国人についての情報を得たいとする米国政府の意向を日本国外務省に伝えてきた。その173人の名簿は昨年11月1日付けの覚書に添付されている。本件について今日まで何等回答がないので、ここに当代表部はこの件に貴国政府の注意を喚起するものである。米国政府は、それら米国人の安否・所在情報を米国政府に可及的速やかに伝えることを日本政府に促すようスイス政府に要請してきた。それら米国人の家族を安心させたいとの意向を示している米国政府はさらに、これまで3年間関連情報を求め続けたことを指摘して、直ちに要求が満たされんことを要望している。貴国政府がこの件につき回答することを希望する。

＊（検）法廷証 PX2053【1945（昭和20）年7月27日付け駐東京スイス公使発外務省宛覚書；未回答照会督促】＝検察側文書 PD8422　証拠として受理される。検察官ロビンソン海軍大佐、「前出証拠と内容は基本的に同じ」、と申し立てる。朗読なし。

＊（検）法廷証 PX2054【PX2039〜PX2053（交換公文15通）の出所・真実性証明書】＝検察側文書 PD8483　証拠として受理される。朗読なし。（英文・和文速記録共に本文には表れていないが、英文速記録のこの日の審理分の冒頭索引部分に記載されている書証である）

(3)　検察官ロビンソン海軍大佐、検察主張立証第 XIII・XIV 局面「対民間人・戦争捕虜残虐行為」第10部「ウェークその他の諸島・海上でのB級・C級戦争犯罪」の検察側立証として、「クェゼリン島において日本軍により犯されたB級・C級戦争犯罪」関係書証を提出する。

（英速録 15017〜15031頁／和速録第 150号 13〜15頁）

＊（検）法廷証 PX2055【阿部（孝壮）海軍中将・小原海軍大佐・内貴海軍少佐に対するクェゼリン島捕虜殺害米国マリアナ軍事委員会審理記録】＝検察側文書 PD8467　識別番号を付される。

＊（検）法廷証 PX2055-A【同上抜粋；小原義雄海軍大佐陳述書ほか－俘虜の処刑】＝検察側文書 PD2055-A　証拠として受理され、抜粋が朗読される。

【PX2055-A 朗読概要】

　1.（見出し数値は英文速記録のママ。必ずしも連続していない）1942（昭和17）年9月2日、捕虜9名がマキンから到着。これに先立ち第6根拠地隊から捕虜は、輸送便があり次第東京に送ることが

<1947-1-13>　　　　　　　　　　　　　　　　　　　　　　　　　2　検察主張立証段階　**421**

指示され、自分は捕虜の到着と同時に捕虜を一時的に収容する場所を確保すべしとの命令を受けた。

（和文速記録では、「3.」を見出しとして付す）……10月10日頃、司令が自分に「中央からの指令に従い、マキンから移送されてきた捕虜は本土に送ることなく当地で処刑することとなった。貴官が処刑の指揮を執るように」と言ってきた。

　自分は、「今になって処刑するとは何ということですか？　国際法の規定は兎も角として、あの捕虜達とは40〜50日も一緒に過ごしたのですよ。どうにかならないんですか？」と訊いた。

　これに対して司令は、「中央の意向であるから何ともできない」と答えるのみであった。

　仕方なく、自分はその命令を受けた。

（和文速記録では、「4.」を見出しとして付す）処刑に際しては、主要方法を刀剣による処刑とし、補助手段として拳銃を使用することとした。前線地域での処刑は、斬首が通常の手段であった。日本刀による斬首という手段が執られたのは、処刑される者の苦痛を最小限に留めるものと考えられていたのが主な理由で、他の手段の中で絞首刑は通常行われておらず、また銃殺刑は弾薬の浪費に繋がるとして、前線地帯では忌避されていた。それでも、斬首がうまくいかなかった時の準備として拳銃も用意された。

　……当時捕虜の同地での拘留も40日余りに及び、彼らとは相当親しくなっていた。捕虜達は、身振り手振りで言葉の壁を乗り越えて東京見物をするのを待ち切れないといった様子で、東京の町並み、日本の習慣、日本女性などに深い関心を示していた。このような話題を通じて、我々と捕虜の間柄は相当親密なものとなっていた。自分の部隊の者も捕虜に頻繁に煙草、菓子、乾パンなどを与えていた。

　……このような次第であったから、阿部司令が処刑命令を伝えてきた時の驚きようは理解できるであろう。国際法違反の問題は別として、捕虜を殺す気になどは毛頭なれなかったので、その旨司令に伝えたが、中央からの命令ということで受け入れられなかった。阿部司令の断乎たる決意を変える術はなく、自分は命令に従わざるを得なかった。この苦衷は理解していただけると思う。

　4.　司令の決心を揺るぎないものにした中央からの司令が軍令部の岡田少佐によるものなのか、軍令部の方針であったのかは定かでないが、自分は後者であるとの印象を受けた。

　そのために、自分は必要以上に抗弁しなかったのである。もしも命令が司令独自の発案によるものであったら、自分は何度でも反対意見を述べていたであろう。司令には上級司令部の命には従うという点に於いて揺るぎない決意があり、捕虜の処刑命令にも応じることを決めていた。そのような指揮官の性格を理解している自分としては、それ以上自分の意見に固執することは抗命罪にも問われる故、命令を受けるしかなかった。

＊（検）法廷証 PX2055-B【PX2055 抜粋；同上小原義雄海軍大佐陳述書－阿部司令官からの処刑命令】＝検察側文書 PD8446　証拠として受理される。抜粋が朗読される。［E: 15023］［J: 150 (14)］

【PX2055-B 朗読概要】

1942（昭和17）年9月に自分の部隊で9人の捕虜を預かった時、彼らは自らの任務を果たした尊敬に値する者達で、栄誉を持って遇すべきで、もはや、我々の隣人にして同胞であり、唯一の相違点は不幸にも捕虜となっただけだと考えていた。

……10月中旬に、普段は思慮深い阿部司令から捕虜を処刑せよとの命令を受けた時の驚きの大きさは、想像を絶するものであった。絶対に服従すべき命令であったことを考慮しても、自分の心情レベルでは受け入れ難いことであり、常識から考えてみても、これまで自分の人生の中で捧持してきた正義と人道の信条に悖るこの命令は、理解できないことであった。

しかし、命令は発せられ、その命令は中央からの指令に基づくものであり、発出の背景事情を問うことなどは許されない峻厳なものであった。軍人として命令には絶対服従しなければならないことは銘記していた。

……自分は司令に再考を促し、以前の決定通りに日本に捕虜を送るための措置を取ることを示唆したが、中央の命令があるがために受け入れられず、自分の取るべき道は定まった。命令を実行する他なくなったのである。

＊（検）法廷証 PX2055-C【PX2055 抜粋；阿部孝壮海軍中将（和文速記録は「少将」と記す）尋問録－そのような命令は出していない】＝検察側文書 PD8449　証拠として受理され、抜粋が朗読される。

【PX2055-C 朗読概要】

問

①ウェーク島での処刑について、

①-1. 1943（昭和18）年、ウェーク島の酒井原少将にどのような方式で、米国人96名の処刑命令を下したか？

①-2. 酒井原少将は貴殿の指揮下にあったか？

①-3. 酒井原少将は、ウェーク島の米国人の死について報告を出したか？

答

①-1. そのような命令は出していない。

①-2. 指揮下にあった。

①-3. その報告は受け取った。（和文速記録150（14）-（15）頁によれば、この後、受け取った報告の内容に、酒井原少将による戦後の捏造報告の内容の含まれていることが記されているが、英文速記録には収録されていない。その捏造内容より成る報告を、この時点で阿部が受け取ったとは不審な陳述内容である）

問

②クェゼリンでの滞在期間・指揮系統について、

<1947-1-13>

②-1. 同島に第6根拠地隊司令として着任したのはいつか？

②-2. 同島を離任したのは何時か？

②-3. 直属の部下は？

答

②-1. 1942（昭和17）年2月8日。

②-2. 翌年11月頃。

②-3. 守備隊長の小原大佐。

問

③ 1943（昭和18）年1月のクェゼリンにおける米軍飛行士処刑について、

③-1. 誰が責任者であったか？

③-2. 9人の飛行士が処刑されたことを証言している証人がいるが？

③-3（ここで阿部は宣誓をする《英文速記録15028頁のママ。何故に尋問開始時ではなくここで宣誓がなされたのかは不明》）宣誓の下での尋問に対する返答は法的に重大な意味を持ち、偽りの陳述をした場合には偽証罪に問われるが、分かっているか？

③-4. マーシャル諸島の他の島からクェゼリンに米軍捕虜が送られてこなかったか？

③-5. その捕虜はどうなったか？

③-6. ウェーク島以外のマーシャル諸島やトラック島などで処刑があったことを耳にしなかったか？

③-7. クェゼリンで1943（昭和18）年初旬頃に米軍飛行士9人が殺されたことを証言している証人は、複数いる。貴殿が偽りと思われる陳述内容に固執し続けるならば偽証罪で起訴しなければならない。クェゼリンのような小島で指揮官が知らぬ間に9人もの捕虜が処刑されたなどということは常識上考えられない。真実を述べるか、偽証罪に問われるか、どちらかを選ぶべし。

③-8. 実際には何が起きたか？

③-9. 「海軍の方針に従って」と言ったが、「島にやってきた参謀が伝えた海軍の方針に従って」という意味か？

③-10. その参謀の名前は？

③-11. 処刑は、どこでどのように行われたか？

答

③-1. 処刑などなかった。

③-2. 処刑などなかった。

③-3. 理解している。

③-4. 送られてきた。

③-5. 日本本土に送られた。

③-6. 記憶にない。

③-7. 何のことだかは分かっている。その9人は飛行士ではなかったと思う。

③-8. その米軍捕虜はマキンからクェゼリンに送られてきた者達で、当初は日本本土に送るつもりであった。ところが海軍省が、捕虜を乗せるはずであった駆逐艦を立ち寄らせることができなくなった、と言って来て、さらに軍令部から参謀が１人やって来ると「捕虜は本土に送らずに当地で処分せよ」との指示を下した。その後、海軍の方針に従って捕虜は島で処分した。

③-9. その参謀将校は「捕虜を処刑せよ」との命令を伝えたり、直接命令を下したわけではなく、見解を表明しただけであるが、それを自分は、海軍の方針と解釈して、同意したのである。

③-10. 岡田サダトモ少佐。今から考えてみると、当時岡田少佐が言ったことが本当に海軍の方針であったのかを断定することはできない。しかし、当時はそれが海軍の方針であると信じたために実行したのである。

③-11. 実際の執行は守備隊長の小原大佐に命令を下してやらせた。

＊裁判長ウェッブ、「当該書証はもちろん、脅迫的言辞の下で得られている。しかしそれについての判断は法廷が下す」、と申し渡す。

＊（検）法廷証 PX2055-D【PX2055 抜粋；阿部孝壮陳述書－海軍最高司令部命令に従った】＝検察側文書 PD8444　証拠として受理され、抜粋が朗読される。

【PX2055-D 朗読概要】

日本の軍隊は天皇陛下の統帥大権に基づき天皇陛下から一兵卒に至るまで厳正なる秩序によって動かされるもので、軍人の主要にして至上の義務は、命令には絶対的に服従することである。

自分の長年にわたる海軍での奉職経歴を通じて「命令には服せざるべからず」ということが常に念頭にあり、寸秒たりともこの義務に違背しようとは思わなかった。

米軍捕虜９人については、何とかしてできるだけ早く日本に送りたいとは思ったが、軍令部から現地で処分せよとの命令が出た以上、それに従わざるを得なかった。その時までは処刑するなど少しも考えていなかったが、軍令部で熟慮と討議の結果出された命令に従う以外に、どのような道が自分に残されていたであろうか？

建軍以来、幾百幾千の日本軍人の中で命令に従ってなした行為の故に罪を問われるなどと考えたものが１人でもいたであろうか？　そのようなことで罰せられるなど、日本人の理解し得ないところである。日本人の観点からするならば、自分の命令に従った小原大佐とナイキ少佐には全く責任はなく、２人が行った行為に責任を有するのは自分である。同様に、自分と他の２人がなしたことに全責任を有するのは命令を発した軍令部である。

＊（検）法廷証 PX2055-E【PX2055 抜粋；ウイリアム・P・マホニイ米海軍予備大尉宣誓供述書－PX2055 の出所・真実性証明書】＝検察側文書 PD8448　証拠として受理される。朗読なし。

（この書証は英文・和文速記録共に本文には表れていないが、英文速記録のこの日の審理分の冒頭の索引部分に記載されている）

<1947-1-13>   2　検察主張立証段階　**425**

（4）　検察官ロビンソン海軍大佐、検察主張立証第 XIII・XIV 局面「対民間人・戦争捕虜残虐行為」第 10 部「ウェークその他の諸島・海上での B 級・C 級戦争犯罪」の検察側立証として、「父島において日本軍により犯された B 級・C 級戦争犯罪」関係書証を提出する。

（英速録 15031～15047 頁／和速録第 150 号 15～18 頁）

＊（検）法廷証 PX2056【立花（和文速記録では「橘」と表記）（芳夫）陸軍中将、森（国造）海軍中将、吉井（静雄）海軍大佐、的場（末男）陸軍少佐に対する父島捕虜事件米マリアナ軍事委員会審理記録】＝検察側文書 PD8466　識別番号を付される。

＊（検）法廷証 PX2056-A【同上抜粋；的場末雄少佐の証言録－人肉食】＝検察側文書 PD8463　証拠として受理され、抜粋が朗読される。

【PX2056-A 朗読概要】

問

　最初の人肉食事件について述べよ。

答

　起きたのは 1945（昭和 20）年 2 月 23～25 日。自分は師団司令部に赴き米軍飛行士がスエヨシタイで処刑されることを立花中将に報告。その折に酒を振る舞われ、話題がブーゲンビルやニューギニアの友軍のこと、補給を断たれた部隊が人肉を食していたことなどに及んだ。そこに第 307（英文速記録 15033 頁は 207 とするが、英文速記録の他の部分や和文速記録は 307 とするのでこれを採る）大隊本部から電話があり、加藤大佐が立花中将と自分を宴会に招いた。歩いて加藤大佐の許に行ったが、酒と肴が十分になくて師団長が不機嫌になり、どこで調達したらよいかという話になり、自分に捕虜の処刑のことを尋ねると同時に、肉を得られないかと訊いてきた。そこで自分は自分の隊の本部に電話をかけ、甘藷酒 1 斗（英文速記録では ten sho［十升］）と肉を 307 大隊本部に届けるよう命じた。酒が届けられたかどうか今記憶が確かでないが、肉は届けられた。加藤大佐のところで調理され、そこにいた全員が食したが、「うまい」という者はいなかった。

問

　それが人肉だということを皆知っていたということか？

答

　その通りである。

問

　飛行士を処刑した後、立花中将は「捕虜はすべてこのように処理する」と言ったのか？

答

　その通り。1945（昭和 20）年 2 月の師団司令部での会議で、立花中将は、「食糧が先細りとなり、弾薬が欠乏していく中で、最後には石を以て戦い、戦死した友軍将兵や敵兵の人肉を食わなけれ

ばならないであろう」と言っていた。

問

自分の耳でそれを聞いたのか？

答

聞いた。

問

他にそれを聞いた者は？

答

大隊長は皆聞いた。1～2度ではなく、何度も言っていた。

問

立花中将はその会議の場で、捕虜は全員処刑すると言ったのか？

答

言った。そして、その人肉を食すると言うことも。正確に一語一語覚えているわけではないが、師団長がその会議の場で出席者全員に披瀝した方針の概要は、以前に自分が語った通りである。師団長は「連合国軍の上陸は間近で、多分父島での戦いが本土決戦に先立つ最後の戦いになるであろうから、食糧が尽きようとも、敵味方の人肉を食して戦い抜かねばならぬ」と言った。師団長は米兵を指して（"beastly"を意味する）「鬼畜」という表現を使っていた。これは軍の命令及び布告などで常に使われていた言葉で、立花中将もそれに倣ったのである。

問

演説や大本営の命令などでその言葉が使われているのを聞き、もしくは見たことがあるか？

答

鈴木（貫太郎）首相がラジオ演説で言っていたのを聞いたことがある。これは、命令や演説などで出て来る決まり文句のようなものであった。東条首相も言っていた。海軍についてはよく分からない。立花中将と海軍の森中将は、上級司令部に属するホリエ少佐（小笠原兵団参謀の堀江芳孝のことと思われる）が、捕虜をめぐる用件を済まして上層部からの許可を得次第、米軍飛行士すべてを処刑することで合意しており、実際その通りになった。

問

森中将が捕虜の飛行士をスエヨシタイに引き渡してくれたことに感謝の意を表した時、森中将は肝臓について何か話したか？

答

そうではない。307大隊本部での宴会で人肉を食してからの帰り道、自分は森中将にこのことを話した。その時に、森中将が次に308大隊が飛行士を処刑する時に、その遺体の肝臓を頂きたいと言って来たのである。

問

その話をした時に同席していたのは誰か？

<1947-1-13>

答

　参謀達がいた。

問

　ヨアケ無線局では何回ぐらい処刑が行われたか？

答

　よく分からないが、1〜2回であろう。処刑は士官が刀で行った。この時処刑された飛行士の人肉がスープに入れられて将兵に供されたと聞いた。伝聞であるから、事実のほどは分からない。そこには宮崎参謀がいた。

問

　宮崎参謀がその場にいたと聞いたということか、それとも宮崎参謀がその場にいたのが確かであると断言できるのか？

答

　宮崎参謀が処刑の現場に立ち会ったかどうかは分からないが、その晩士官食堂で人の肝臓が食された宴会に、宮崎参謀が出席していたことは確かである。宮崎参謀が海軍司令部に肝臓の一部を持って帰ったとも自分は聞いており、これは絶対確かである。

問

　捕虜の肝臓を取り出して貴官に渡すよう寺木医師に命令したのは誰か？

答

　自分である。

問

　処刑命令を出したのが貴官でないならば、どのような理由で貴官は寺木医師にその場に立ち会うよう命令したのか？

答

　処刑が終わったことをワダ曹長と佐藤大尉が自分に報告してきた直後に、自分は寺木医師に現場に行って遺体から肝臓を取り出すよう命令したのである。

問

　フルシカ軍曹を知っているか？

答

　知っている。

問

　フルシカ軍曹が処刑を執り行うことになった理由は何か？

答

　処刑をやりたいと言う者がいて、フルシカはその1人であったのだと思う。ホールが308大隊に戻されてきた時、フルシカは自分の刀を研いで出番を待っていた。日本軍の習慣では、処刑は命じるのではなく、志願者を募るという形でなされた。責任は自分にあり、自分は起きたことに

ついて率先して責任を取りたいと思う。処刑の前であろうと後であろうと、自分が遺体から肝臓を取り出すべしとの命令を出したことが証拠上明らかであるならば、自分はそれについて全責任を負う。

問

飛行士の遺体の処置について、貴官は寺木医師に、正確にはどのような命令を下したのか？

答

海軍司令部に持って行きたいから、急ぎ赴いて肝臓を取り出して来るよう命じた。

問

貴官のところに肝臓を持って来たのは誰か？

答

寺木医師が持って来て、私の当番兵の部屋に置いていった。空襲のために海軍司令部に行けなかったので、自分はそれを薄く切って乾燥させた。

問

ホールが処刑された夜、貴官の本部で宴会が開かれなかったか？

答

宴会というほどのものではなかったが、308大隊本部でホールの肝臓を食した。

問

貴官が挙げた人物は実際に肝臓を食したのか？

答

確かに食べていた。食べている最中に森中将は、日支戦争の最中に日本軍では人の肝臓を薬として食していた事実を語った。その薬は征露丸と呼ばれていた。

問

森中将や篠田少佐以下の将校は、捕虜の人肉を食することについてどう思っていたのか？

答

皆、良い胃の薬だと言っていた。

問

他に貴官が関わった人肉食事件はないか？

答

これまで語った307大隊、308大隊と海軍司令部での3件が父島ではすべてである。それ以外では、シンガポールで人の肝臓から作った錠剤を飲んだことがある。

＊（検）法廷証PX2056-B【PX2056抜粋：的場末雄少佐宣誓供述書－人肉食に関する命令】＝検察側文書PD8462　証拠として受理され、抜粋が朗読される。

<1947-1-13>　　　　　　　　　　　　　　　　　　　　2　検察主張立証段階　429

【PX2056-B 朗読概要】

　［米軍飛行士の人肉を食することに関する命令］

　1.　大隊は米軍飛行士ホール中尉の人肉を食せんと欲す。

　2.　冠中尉は配膳を担当すべし。

　3.　坂部見習軍医は処刑の現場に立ち合い、肝臓と胆嚢を遺体より切除すべし。

　大隊長的場末雄少佐、1945（昭和20）年3月9日午前9時、於三日月丘本部

　［発令方法］

　冠中尉と坂部見習軍医を出頭させ、口頭命令を発出。

　［命令遂行後報告すべき部署］

　旅団長立花少将（階級は英文速記録15041頁のママ）、派遣師団本部員堀江少佐、独立歩兵第308大隊。

　上記は自分が、このような内容であると記憶を辿り、自発意思で書き綴ったものである。的場末雄少佐、1946（昭和21）年4月16日

＊（検）法廷証 PX2057【ジョン・D・マーフィー［John D. Murphy］米海軍大佐太平洋方面戦犯部長報告書；太平洋諸島での戦犯及び訴追－戦争法規・慣例違背の虐待、殺人、脅迫、殴打、残虐行為】＝検察側文書 PD8405　証拠として受理され、抜粋が朗読される。［E: 15042］［J: 150 (17)］

【PX2057 朗読概要】

　私、ジョン・D・マーフィーは、1945（昭和20）年10月2日来、太平洋方面戦犯部長の職にあり、同地域戦犯の調査及び訴追に関して太平洋艦隊司令長官及び太平洋地域軍政官を直接代表する者である。

　この任務を果たすにあたり、自分は以下の島嶼について調査を行った。即ち、マリアナ諸島、マーシャル・ギルバート地区、トラック環礁、ペリリュー島、コロール島、バベルスアップ島、アンガウル島、ウェーク島、小笠原諸島（Bonin Islands）、ヤップ島である。

　この調査の結果、以下の地域で戦争犯罪の事実が認められた。即ち、コロール島、パラオ諸島、ウェーク島、クェゼリン環礁、ミリ環礁、アイネマン島、ヤルート環礁、グアム島、マリアナ諸島、ダブロン島、トラック環礁、父島、小笠原諸島、マロエラップ環礁、マーシャル諸島、である。

　確認された戦争犯罪行為の態様は以下の通り。

　（イ）戦時国際法・慣習に違反しての捕虜、現地住民、日本人以外の民間人に対する虐待行為。殺人、暴行、傷害、人肉食を含む。

　（ロ）戦時国際法・慣習に違反しての不作為（捕虜を保護することや、日本軍成員の取り締ま

りを不法に怠ったこと）。

　（ハ）その他の戦時国際法・慣習違反（米兵捕虜の尊厳を以ての埋葬を不法に妨げたこと）。

　正確な数値は不明であるが、太平洋地域で多くの米軍関係者が日本軍の捕虜となったことは事実である。当報告書には同地域で行方不明とされている698人の名簿が含まれている。多くが戦死者であることは疑いないが、日本軍の捕虜となった者も多数いる。ここで注目に値するのは、日本が降伏した時に太平洋地域の島嶼では、名簿に記載された者のみならず、米国を含む連合国軍の捕虜は、1人たりとも生きているのが確認されなかったという事実である。終戦までに何人が日本本土に送られたかは未だ判明していないが、日本本土に移送され、もしくは米国や他連合国に送還された者は比較的少数であると見られる。調査によれば、同地域で抑留されていた米国人の内149人が、日本軍関連当局によって違法に殺害された。

　同地域で日本軍の捕虜となった者に関する日本側の記録は、日本側関係当局が破棄しており、生きて捕虜となったことが判明している者に関する調査はすべて、日本側の意図的な欺瞞・隠蔽工作という障害にぶつかっているのが現状である。従って、個別事案についての経過を明らかにするのは不可能な状態である。そして、真相が明らかになった個別事案では、日本側による不法な殺害が行われたことが判明している。

　以下は、マーシャル・ギルバート方面とマリアナ方面の各司令官の命により審理された各個事案の要点で、被告人の氏名、罪状、犯行場所・日時、検察側証拠、弁護側証拠、関係者の証言、などから成り立っている。（中略）

　下記は、海軍造船局長マニング提督［Admiral Manning］による覚書の一部である。

　　1.　添付の太平洋地域海軍航空基地請負雇員名簿には、各人の住所と職業も記載され、造船局保有記録の写しであることが証明されており、終戦時に消息不明となっている雇員の姓名を記したものである。

　　2.　当該局代表者の調査の結果を基に、マーシャル・ギルバート方面司令官は1945（昭和20）年12月19日付け書簡で、以下のことを明らかにしている。即ち、ウェーク島の日本軍指揮官酒井原少将の命令によって同島に残留していた米国人捕虜98人は計画的に処刑された。その内の96名は1943（昭和18）年10月7日夜に手を縛られ目隠しをされた上で銃殺された者である。これに先立って1名が斬首されているし、10月15日には酒井原自らが最後の1名を斬首している。すべて酒井原の命令によるものである。

　　これを踏まえて当該局は近親者及び、米国雇人補償委員会［U.S. Employee's Compensation Commission］などの関係諸機関に、雇員の安否は98名を除いてすべて確認され、残り98名についてはウェーク島で処刑されたと推定される、と通知した。

　ウェーク島で殺害された民間人名簿の「職業」欄を見れば、大工が27名と目立ち、それ以外ではトラクターやクレーン車などの機械操縦者、さらには建設業に携わる熟練工及び非熟練工がいるが、軍事関連の職業に従事していた者はおらず、中にロートン・E・シャンク［Lawton E. Shank］医師の名前があることに注意を喚起したい。

<1947-1-13>　　　　　　　　　　　　　　　　　　　　　　　　　2　検察主張立証段階　431

　（5）　検察官ロビンソン海軍大佐、検察主張立証第 XIII・XIV 局面「対民間人・戦争捕
　　虜残虐行為」第 10 部「ウェークその他の諸島・海上での B 級・C 級戦争犯罪」の検察
　　側立証として、「病院船中での日本軍の B 級・C 級戦争犯罪」関係書証を提出する。

　　　　　　　　　　　　　　　　　　（英速録 15047〜15088 頁／和速録第 150 号 18〜24 頁）

＊（検）法廷証 PX2058【米国政府を代表しての駐東京スイス公使発重光外相宛 1945（昭和 20）
　年 1 月 29 日付け抗議通牒；日本航空機による米病院船コンフォート［Comfort］（1944［昭和
　19］年 10 月 24 日）及びホープ［Hope］号（同年 12 月 3 日）攻撃】＝検察側文書 PD8435　証
　拠として受理され、朗読される。

【PX2058 朗読概要】

スイス公使館は、米国政府の要請に従って、以下の通牒を日本国外務省に送付する。

　日本国政府は、7 月 6 日付けスイス公使館宛覚書で米国船コンフォート号が病院船として
の指定を受けた旨の通知を受け取ったことを伝えてきた。然るに、現地時間で 1944（昭和
19）年 10 月 24 日、北緯 8 度 50 分東経 128 度 50 分付近の海域で、コンフォート号は日本航
空機 1 機による攻撃を受けた。同船は慣例に従って病院船としての塗装を施されて船全体の
照明が点けられ、甲板に 2 カ所、煙突に 4 カ所、十字章が、照明によって明確に視認できる
ようになっていた。この攻撃では爆弾 3 発が投下され、内 2 発は、船の近辺に落下した。

　同年 7 月 14 日にも日本政府は、米国船ホープ号が病院船としての指定を受けた旨の通知
を受領したことを伝えてきたが、現地時間同年 12 月 3 日午後 4 時、北緯 9 度 36 分東経 128
度 21 分の海域で、同船は日本雷撃機 1 機の攻撃を受けた。この攻撃は白昼、病院船と明白
に識別できるように標識の描かれている船舶に対してなされたものである。攻撃後、同機は
ミンダナオ島へ飛び去った。米国政府は、これら 2 隻の病院船に対する攻撃が、1907（明治
40）年のハーグ第 10 条約及び病院船に関する国際法の諸原則、慣習と慣行とを悪質な形で
踏みにじるものとして、強く抗議する。米国政府は、日本軍による病院船への攻撃が繰り返
されないことと、両船への攻撃に責任を有する関係者が処罰済みであることにつき日本政府
が確約することを求める。

　外務省におかれては、当通牒を受領した旨の通知を当方に送り、かつ米国政府への返電を
当公使館に送られんことを願う。

＊（検）法廷証 PX2059【米国政府を代表しての駐東京スイス公使発東郷外相宛 1945（昭和 20）
　年 4 月 23 日付け抗議通牒；日本航空機による米病院船コンフォート号・ホープ号攻撃事件再
　発防止公式保証要求】＝検察側文書 PD8398　証拠として受理され、朗読される。

【PX2059 朗読概要】

スイス公使館は、1月29日付け覚書で病院船コンフォート号とホープ号への攻撃に対する米国政府の抗議通牒を日本政府に伝達した。米国政府は、事件の責任者が処罰されたこと並びに再発防止につき確約を求めている。今日までこの件につき回答を受理していないので、この点につき外務省の注意を喚起するものである。

＊（検）法廷証 PX2060【1945（昭和20）年5月12日付け東郷外相発駐東京スイス公使経由米政府宛回答通牒；目下調査中】＝検察側文書 PD8399　証拠として受理され、朗読される。

【PX2060 朗読概要】

日本国外務省は、日本機による攻撃を受けた可能性のある米国病院船2隻をめぐる米国政府の抗議通牒を伝達したスイス公使館の1月29日付け覚書を受理したことを伝える。

本件については鋭意調査中であることを貴公使館にお知らせする。

＊（検）法廷証 PX2061【米国政府を代表しての駐東京スイス公使発東郷外相宛 1945（昭和20）年5月23日付け抗議通牒；米病院船コンフォート号への2回目の攻撃（1945［昭和20］年4月28日）】＝検察側文書 PD8421　証拠として受理され、朗読される。

【PX2061 朗読概要】

5月12日付けの覚書で日本国外務省は、米国病院船コンフォート号及びホープ号に対する攻撃に関する調査を開始したことを、スイス公使館に通知した。当公使館はここに、米国政府がスイス政府に、病院船コンフォート号が再び攻撃を受けたことについて日本政府に以下の申し入れをするよう要請してきたことを、貴国外務省に知らせるものである。

現地時間 1945（昭和20）年4月28日午後8時50分、米国病院船コンフォートは、沖縄を離れたが、同じ日に北緯25度30分東経127度30分の海域を、病院船としての適正な手順に従って航行している最中、明らかに日本機と識別される航空機1機による攻撃を受けた。この不法な攻撃の結果、同船では看護婦を含む39人が死亡、33人が重傷を負った。コンフォート号が病院船として指定されていることについては、日本政府は、それを了承した旨の通知を、昨年7月6日に発出している。米国政府は、1907（明治40）年のハーグ第10条約や病院船に関する国際法の諸原則、慣習と慣行を悪質な形で踏みにじるこの行為に対して、強く抗議するものである。米国政府は、日本政府がこの事件の責任者を処罰し再発防止措置を執るよう強く求める。

＊（検）法廷証 PX2062【1945（昭和20）年5月19日付け米太平洋艦隊司令長官発合衆国艦隊司令長官宛書簡；米病院船コンフォートに対する日本航空機2回目の攻撃に関する証拠・日本政府への抗議申し入れ進言】＝検察側文書 PD8470　証拠として受理され、朗読される。［E:

<1947-1-13>　　　　　　　　　　　　　　　　　　　　2　検察主張立証段階　**433**

15055］［J: 150（19）］

【PX2062 朗読概要】

（送受信者や通信情報などは省き、関連部分だけを要約する）

2.（見出し数値は英文速記録による）特に注目すべきことは、攻撃当夜の天候は晴れで視界は良く、コンフォートの照明は完璧に点灯され、病院船としての手順を完全に遵守していたことである。さらに留意すべきは、攻撃機が3度にわたって同船の上空を飛行し、1度はマストの高度を、他の2度は上空500フィートあたりを通過した事実である。これらのことから、搭乗員が同船を病院船であると認識できたことに疑いはない。

3.　同船には一般乗客はおらず、ジュネーブ協定の条項を遵守していた。

4.　当時コンフォートから20マイル以内に遊弋していた海軍艦艇はなく、同船が戦闘艦の護衛もしくは随伴を受けていたかどうかなどは問題とならない。

5.　同封文書（A）の内容は、この種の攻撃が一搭乗員の分別を欠いた行動によるものではなく、日本側の事前の計画に基づくものであることを窺わせるものである。また、同封文書（B）は、同船に体当たりした特攻機の搭乗員が所持していた文書の内容の翻訳で、沖縄近海に病院船があったことを搭乗員が承知していたことを明らかにするものである。

6.　現行条約に違反する、自らを護る術を持たない戦傷者を乗せた船舶への計画的攻撃に対し、可能な限り強硬な抗議を日本政府に申し入れることを勧告する。

同封文書（A）:

1945（昭和20）年4月9日午後3時頃、東京のラジオ放送が「病院船は負傷者を治癒させて前線に送り返すことを任務としているのだから、それに対する攻撃は正当なものである」と報じていた。同時に、自国の "Mercy Ship"（原文のママ。何を意味するのか不明）の航行がずっと許されていないことを言い立てていた。この放送の内容は記憶に基づくもので、一語一語正確ではないかもしれないが、内容は明白であり、当船の乗組員数名が聞いている。……

同封文書（B）: コンフォートに体当たりした特攻機搭乗員が所持していた文書の翻訳

27日午後5時の艦船の状況:

嘉手納沖に戦艦2隻、巡洋艦3隻、駆逐艦15隻、輸送船約40隻、病院船2隻、小型舟艇約80隻……（下線は恐らく訳者が付したものと思われる。以下略）

＊（検）法廷証 PX2063【1945（昭和20）年5月2日付けコンフォート号船長発米陸軍総務局長［adjutant general］宛報告；1945（昭和20）年4月28日のコンフォート号2回目の攻撃－損害・損耗人員】＝検察側文書 PD8469　証拠として受理され、抜粋が朗読される。

【PX2063 朗読概要】

　病院船コンフォート号は、沖縄から患者を乗せてグアムに向かう途中の 1945 (昭和 20) 年 4 月 28 日午後 8 時 42 分、特攻機による体当たりを受けた。位置は沖縄から 70 マイルの海上で、北緯 25 度 28 分東経 127 度 39 分。飛行機は右舷上甲板の外舷隔壁に激突。当時船内では、通常の病院業務が行われていた。

　……添付の表で「戦死」と記載されているのは、遺体の損傷が甚だしく死因を特定できない者で、直接の死因は「爆発による」としか判定できない。

＊検察官ロビンソン海軍大佐、「死者の中に医師 4 名看護婦 6 名が含まれている」と、法廷の注意を喚起する。

＊午後 2 時 46 分、裁判長ウェッブ、15 分間の休廷を宣す。

＊午後 3 時、法廷、再開する。[E: 15062][J: 150 (21)]

＊検察官ロビンソン海軍大佐、「病院船中での日本軍の B 級・C 級戦争犯罪」の検察側立証を続行する。

＊（検）法廷証 PX2064【米国政府を代表しての駐東京スイス公使発東郷外相宛 1945 (昭和 20) 年 6 月 23 日付け抗議文書；コンフォート号攻撃責任者処罰と再発防止の要求】＝検察側文書 PD8434　証拠として受理され、朗読される。

【PX2064 朗読概要】

　日本による米国病院船コンフォートに対する 2 度目の攻撃に触れた 5 月 23 日付けの覚書に続き、スイス公使館は、米国政府の以下の通牒を日本国外務省に伝達する。

　米国病院船コンフォートに対する攻撃に関して、以下の補足情報に日本政府の注意を促す。即ち、以下の通り。

　攻撃のあった夜の天候は晴れで視界は良好、付近 20 マイル以内に遊弋していた海軍艦艇は皆無であった。攻撃してきた航空機はコンフォート上空を 3 度飛行し、1 度はマストの高さあたりで、他の 2 度は高さ（欠落）フィート余りで通過。従って、搭乗員が自爆する前にコンフォートが病院船であることを認識していたことには疑いがない。

　自爆した飛行機の残骸からは搭乗員向けの情報を記した文書が見付かっており、その文書には前日の午後沖縄海域に病院船 2 隻を含む艦船のあることが記されていた。病院船を戦闘艦艇と一緒に記載していたという事実は、日本側が攻撃機の搭乗員に対し病院船を攻撃対象から外すよう指導していなかったことを示している。

　4 月 9 日午後 3 時頃の東京のラジオ放送は、病院船が船舶修理のための工作船として使われ、かつ負傷者を前線に復帰させるために活動しているのであるから、それを攻撃するのは正当な行為であると広言していた。米国政府は、病院船を船舶修理など病院船の使用に関するジュネーブ

<1947-1-13>

条約の規定の厳密な解釈では許容されていないような目的には使用していないことを断言する。米国政府は、日本政府がコンフォートや他の病院船を攻撃した関係者を処罰し、再発防止に向けて前向きに取り組むことを改めて要求するものである。

　当公使館は、外務省が当通牒を受け取り、日本政府の回答を当方に送られんことを願う。

＊（検）法廷証 PX2065【1942（昭和 17）年 2 月 21 日の日本航空機によるオランダ病院船オプ・テン・ノールト［Op ten Noort］号攻撃関係オランダ側公式報告書】＝検察側文書 PD8471-A　証拠として受理され、抜粋が朗読される。

＊（検）法廷証 PX2066【PX2065 出所・真実性証明書】＝検察側文書 PD8471-F　証拠として受理される。朗読なし。

【PX2065 朗読概要】

（主要文節中でしばしば一人称代名詞が用いられている。これが誰を指すか特定することは困難であるが、文脈から判断して、検察側文書 PD8471-A の作成に応じたオプ・テン・ノールト号乗組員と推定できよう）

　オランダの病院船オプ・テン・ノールト号は 1942（昭和 17）年 2 月 12 日に出港。

　船は 1906（明治 39）年のジュネーブ条約の規定に従って病院船の標識をつけていた。

　当時の海軍司令官ヴァン・スタヴレン［van Staveren］少将の口頭通牒によれば、蘭印政府が日本の病院船 3 隻を病院船として承認したように、日本政府も同船を同様に病院船として承認する旨通告があったと聞かされていた。

　にもかかわらず、同船は 2 月 21 日、スラバヤ付近海域において複数の日本機が高度 3000 メートルあたりから行った爆撃により至近弾 3 発を受け、死者 3 人負傷者 20 人以上を出し、船体にも相当の被害があった。

　……10 月 16 日、突如として患者すべてと現地人の衛生兵及び乗組員の大半が退船を命じられた。船長が抗議を申し入れたが、日本人船員が乗り込んできて以下のような布告を読み上げた。

　1.　本船は拿捕されたのではなく、日本当局によって占拠されたものであり、日本に回航される。

　2.　この抑留措置は恒久的なものである。

　3.　日本への回航は海軍の命令によるもので、マカッサルでの未解決問題と関連するものである（何を指すのか不明）。

　4.　船の乗組員及び要員は抑留されるものでもなく捕虜として扱われるものでもない。

　5.　日本は国際条約に基づく義務を常に履行する。

　6.　安全対策上、日本人の船員が乗船し、日本国旗を掲げて航行する必要がある。

　7.　米潜水艦からの違法な攻撃に対処すべく、小銃と機銃で武装した警備分隊が乗船する。

　8.　妨害もしくは反抗的行為には厳罰を以て臨む。

　この布告が正式な文書となったものを見たことはない（原英文は "I never saw a written confirmation of this statement"）。この文書が我々に読んで聞かされた際に、船長は抗議をした。船は、100

名ほどの武装海兵隊員からなる「占領軍（原英文は "occupation force"）」を乗せて11月22日に日本へ向けて出発。フィリピン東岸を航行したが、脱走など問題外であった。12月5日、横浜着。暖房が全くない船内で寒気に苛まれた。多くは熱帯用の衣服しか持っておらず、その服の相当数も、ほとんど服を着ないで乗船した最初の捕虜の一団に提供してしまっていた。

　12月17〜18日に船長が横浜の関係当局に書簡を提出。その内容は不明。12月19日、全員下船。非常に寒い天候の下、重い荷物を自分達だけで運び降ろさなければならなかった。現地人の使用人に手伝わせることは厳禁とされていたのだ。

　24時間余りの汽車の旅の後、広島の75キロ北西にある三次の収容所に到着。そこでオランダ人44人が終戦まで収容されていた。収容中、東京のスイス大使向けのものを含め、何度か抗議書が送られた。収容所を何度か訪ねて来た広島県の代表者であるカメイ氏と待遇改善について話をした。カメイ氏の態度は真摯なもので、我々の待遇改善のために骨を折ってくれていたが、恐らく上層部の意向のために何も実を結ばなかった。1943（昭和18）年6月18日に三次の警察署長宛の手紙をカメイ氏に託したが、何も返事はなかった。

＊（検）法廷証 PX2067【1942（昭和17）年2月22日付けオプ・テン・ノールト号船長発嶋田海相宛抗議書簡；同船乗組員の強制下船・連行】＝検察側文書 PD8471-B　証拠として受理され、朗読される。

【PX2067朗読概要】

　1．以下の点につき閣下に考慮してもらいたく、一筆啓上。

　2．1942（昭和17）年12月19日、オランダ病院船オプ・テン・ノールト号の全員は、横浜で下船させられ、参謀、下士官及び医療関係要員は、居住環境不備な三次の一軒家に抑留され、インドネシア人乗組員の行き先は不明である。

　3．閣下に宛てた12月17〜18日付けの書簡に則し、以下の点を述べておきたい。

　オランダ船オプ・テン・ノールト号は、1906（明治39）年7月6日付けジュネーブ協定の諸原則を海上戦闘に適用するための条約に従って、日本政府が病院船と認定した船舶である。

　同船が日本に回航される際に日本海軍当局は、同船は拿捕されたのではなく、全員が抑留されたのでもなく捕虜となったわけでもないことにつき保証を与えている。

　4．この保証に鑑み、自分は横浜到着以来の自分らの処遇に対し強く抗議を申し入れる。

　5．閣下に以下の事項につき回答を求めるものである。

（イ）日本政府は依然としてオプ・テン・ノールト号を病院船として認定しているのか。（ロ）三次に事実上抑留されている真の理由は何か。

（ハ）現状はいつまで続くのか。

　6．さらに閣下には、同船の全員が再び同船に乗り組んで、同号が同胞のための任務を果たせるよう可能な限りの措置を執っていただくよう要請する。

＜1947-1-13＞   2　検察主張立証段階　**437**

＊（検）法廷証 PX2068【1944（昭和 19）年 2 月 23 日付けオプ・テン・ノールト号船長発東条首
　相宛抗議書簡；同船乗組員に対する強制下船・連行】＝検察側文書 PD8471-C　証拠として受
　理され、朗読される。［E: 15073］［J: 150（22）］

【PX2068 朗読概要】

　1.　昨年 10 月 27 日、オランダ軍病院船オプ・テン・ノールト号の船長として自分は、同船の
乗組員と要員の長期にわたる抑留措置に対して、書面で抗議を申し入れた。このような拘禁と抑
留措置は、海上戦闘に関する 1906（明治 39）年ジュネーブ協定に著しく違反するものであるこ
とに鑑み、自分らが現在置かれている拘禁・抑留状態やここに至るまでの経緯について閣下が知
悉していないものと自分は確信する。
　2.　自分は、これまで下級の関係当局機関に何度か抗議書簡を送付してきたが、何等の回答も
得られて来なかったことに驚きの念を強くしているところである。
　3.　セレベスのマカッサルで自分が実見したように日本の病院船が病院船としての国際的保護
を受けている現状に照らしてみて、ジュネーブ協定を無視することが日本政府の意図であるとは
考えられない。そのような挙に出るのは、責任ある日本海軍当局がマカッサルと横浜で自分にな
し、抗議書簡でも触れた確固たる保証と約束に違背するものである。
　7.　また、閣下におかれては、同船の乗組員と医療要員が現在置かれている忌憚すべき居住環
境につき、中立的立場にある者に調査を命じるようお願いするものである。
＊（検）法廷証 PX2069【オプ・テン・ノールト号乗組員捕虜への広島県知事演説 – 日本は捕虜
　に対して現状での最善を尽くしている】＝検察側文書 PD8471-D　証拠として受理され、抜粋
　が朗読される。

【PX2069 朗読概要】

　本日は特に目新しいニュースはない。当収容所の責任者として自分は、諸君の現状を知るため
に政府代表として当所を定期的に訪れている。……
　諸君は自分達の本国が日本人抑留者を厚遇してきたような口ぶりであるが、それが嘘であるこ
とは君達がよく知っているであろう。日本人は抑留されている同胞の扱いに対して怒り心頭に発
している。諸君らは常に国際法を言い立てるが、その国際法を踏みにじっているのは連合国の代
表格たる米国である。
　我々が君達の立場に置かれたとしたら、どのような「紳士的待遇」を受けることになるのであ
ろうか。
　諸君らの現状を以前の華やかな暮らしぶりと比べるのは無益なことである。我々は現在の状況
下で最善を尽くしていると信じている。

当地での諸君の敵愾心の強さ故に、日本食を与えないことになった（このような意味ではないかと思われるが定かではない。英文速記録15076頁の原文は it is disapproved Japanese food is withdrawn for your nourishment となっており、意味が不分明である。原本和文書証より採録したであろう和文速記録の訳はどうやら原文ではなく、演説の内容を英訳した上記の英文をさらに和訳しなおしたもののようである）。（中略）

脱走を図る者は厳罰に処せられる。諸君が本国及び家族と通信したいとの意向は政府に伝えた。諸君が元気で快適に暮らしていることは家族に伝えられるであろう。……

自分個人の見解であるが、戦争はすぐに終わるだろうから諸君らの抑留生活もそんなに長くはないであろう。繰り返すが、脱走を企図する者は厳罰に処せられる。

＊（検）法廷証 PX2070【1944（昭和19）年6月29日付けオプ・テン・ノールト号軍医長発東条首相宛書簡：不法抑留への抗議】＝検察側文書 PD8471-E　証拠として受理され、朗読される。

【PX2070 朗読概要】

謹んで閣下に一筆啓上し奉る。

昨年10月27日にオランダ軍病院船オプ・テン・ノールト号の船長は、同船の抑留に関して、船上での出来事やその後の乗組員と要員の処遇などをすべて記した抗議書を提出した。我々に加えられている不当な扱いに閣下が終止符を打ってくれると考えたが故である。

しかし、大いに失望させられたことに、その抗議にも今年2月23日の抗議書に対しても、何等回答はなかった。

海軍及び文民当局者が日本政府の指示に従って動いていることが明らかとなった今、我々は自分達の処遇に責任を有するのは日本政府自体であると断ずる。日本は1906（明治39）年のジュネーブ協定に調印したにもかかわらず、日本海軍は我が国の病院船を拿捕し、武装兵力によってそれを制圧した上で、自らの利益のために利用した。日本の関連当局が条約義務を履行し得ていないことに鑑み、日本側のこの行動は、日本政府が信頼を置くに堪えるものではないことを示す証拠であると見なさざるを得ない。開戦まで3カ月を切った時期に日本政府がオプ・テン・ノールト号を病院船として認証していたという事実は、この見方を一層際立たせるものである。一方、日本側は、日本の敵国が協定を遵守しているのを当然のこととして振る舞っている節がある。即ち、日本政府の恥知らずな行いと言うべきことであるが、夜間に照明を点けるなど病院船としての標識を掲げて敵の攻撃を受けないようにされた我々の病院船に、日本軍は病院船に積載すべきでない禁制品、機雷などを積み込み、武装兵力を乗せて無事に日本に回航させたのである。そして、日本の海軍当局は、日本政府の名に於いて「拿捕ではなく単なる抑留である」と宣命した。

同船が既述のような恥ずべき経緯で日本の国旗を掲げて日本人の船長の指揮の下で日本に到着し、船の乗組員と要員が日本の僻遠地に抑留された後も、日本政府は依然としてこの虚偽の声明を正しいものとしている。

日本政府は以下の点に於いて非難されるべきである。

a.関連する当局の高官に誤解を招くような声明を出すよう指示したこと。

b.抗議に対して何等適正な回答を出していないこと。

c.同船の船長に国際赤十字と接触する機会を与えないこと。

d.同船の船長に日本でオランダ政府の利益を代表する第三国代表を通じるなどの手段によって同船の利益を保護する機会を与えなかったこと。

最後に付け加えたいことは、赤十字の活動が戦時の世界で注視されている中、日本政府は何の理由もなく、戦時の必要性からでもなく、正式な手続もなく、我が国の病院船の活動を麻痺させたということである。

＊（検）法廷証 PX2071【オランダ政府を代表しての駐東京スウェーデン公使発東郷外相宛 1942（昭和 17）年 5 月 28 日付け文書：オプ・テン・ノールト号事件に対する抗議】＝検察側文書 PD8476　証拠として受理され、朗読される。

＊（検）法廷証 PX2071〜2075　一旦、一括して提出される。すべて、証拠として受理される。PX2071 が朗読される。

【PX2071 朗読概要】

日本に於けるオランダの利益代表たる者として、日本軍によるオランダ軍病院船オプ・テン・ノールト号の爆撃と拿捕に関する先般の通信に加えて、オランダ政府から受理した以下の情報を伝達する。

2 月 21 日、同船はセンビランガン［Sembilangan］付近を航行中に日本機の爆撃を受け、修理を要するほどの被害を受けた。修理完了後、同船は 3 月 1 日に海戦の生存者を収容すべく出港していったが、その後オランダ軍の偵察機から、同船は日本軍魚雷艇に拿捕されたとの報告が入った。同船は爆撃を受けた際にも拿捕された際にも、国際法で定められた病院船の標識を掲げていた。その後オランダ政府は同船の消息を聞いていない。

これに関連することであるが、オランダ政府は、日本の氷川丸及び高砂丸を病院船として認証していることを指摘しておく。3 月 2 日の覚書で伝えたオプ・テン・ノールト号の爆撃に関しては、日本側が行うとした調査の結果をお伝え願いたい。

さらに、日本が調印し批准した 1907（明治 40）年 10 月 18 日の条約の規定に従って、日本政府が同船を釈放することを改めて要請する。オランダ政府を代表して、この点についての日本政府の意向を承りたい。

＊（検）法廷証 PX2072【1942（昭和 17）年 6 月 9 日付け東郷外相発駐東京スウェーデン公使宛オランダ政府のための回答通牒：①オプ・テン・ノールト号は軍事的に使用された②交戦国の指示に従わなかった③爆撃した事実なく拿捕は国際法違反に基づく】＝検察側文書 PD8473　抜粋が朗読される。［E: 15084］［J: 150（24）］

【PX2072 朗読概要】

オランダ病院船オプ・テン・ノールト号の爆撃と抑留に関する3月2日、4月13日、5月28日付けの書簡を受理したことを伝える。……

同船が軍事目的に使用されていたこと、並びに交戦主体の指示に従わず逃走しようとしたという事実は、海戦に関わるジュネーブ条約の原則適用ための1907（明治40）年10月18日付け条約第4条に違反するものである。……

2月21日に同船に対して日本機が行ったとされる爆撃については、信頼できる関係当局が調査した結果、そのような攻撃が日本機によって敢行されたことは絶対にないということが判明した。日本の陸海軍共に、病院船を攻撃するべからずとの明白な命令を受けていたので、そのようなことは有り得ないというのが日本政府の立場である。

＊（検）法廷証PX2073【オランダ政府を代表しての駐東京スウェーデン公使発外務省宛1942（昭和17）年9月28日付け文書；PX2072に対する反駁・乗組員釈放の要求】＝検察側文書PD8474　証拠として受理され、抜粋が朗読される。

【PX2073 朗読概要】

当公使館が上記覚書の内容を伝えたところ、オランダ政府は、当公使館が5月28日に貴殿に送付した覚書に記した同船の行動の詳細が正確なものであることを主張し、オプ・テン・ノールト号が日本艦隊の動きを探っていたとの推測は何等根拠のないものである、と述べている。

＊（検）法廷証PX2074【オランダ政府を代表しての駐東京スウェーデン公使発外務省宛1945（昭和20）年9月10日付け通牒；オプ・テン・ノールト号の所在情報・返還のための即時的措置の要求】＝検察側文書PD8477　朗読される。

【PX2074 朗読概要】

オランダ国の利益を代表する立場にあるスウェーデン公使館は、日本海軍が1942（昭和17）年12月19日以来抑留している同国の病院船オプ・テン・ノールト号の所在についての情報を求めるものである。さらに、同船がオランダ当局に返還されるよう直ちに手配がなされるよう要請する。

＊（検）法廷証PX2075【1945（昭和20）年10月30日付け駐東京スウェーデン公使発オランダ外相宛書簡；広島県三次収容所に抑留された乗組員・同船の状況に関する情報通知】＝検察側文書PD8476　朗読される。

<1947-1-13>　　　　　　　　　　　　　　　　　　　　　　　　　2　検察主張立証段階　**441**

【PX2075 朗読概要】

　オランダ軍病院船オプ・テン・ノールト号の船長、乗組員、要員及びインドネシア人船員は1942（昭和17）年12月以来日本に抑留されていたが、当公使館の知るところではなかった。終戦後、公使館員が広島県三次の収容所を訪れ、船長から同船拿捕時の模様と抑留状況を綴った報告書を入手した。その写しの内1通は当書簡に添付してあり、もう1通は、公使館より蘭印政府に転送済みである。

　10月上旬の電信で通知した通り、オプ・テン・ノールト号は沈没した模様。日本国外務省は、9月27日付け覚書で当公使館に以下を伝えてきた。

　同船は舞鶴港を9月10日に出港したが、その後の消息を聞かず。機雷に触れて沈没したものと思われる。該船は抑留されていたものであったことに鑑み、日本政府は類似の船舶を以て代替することに同意する。

　上記情報並びに船長の報告書を貴国政府に伝えられんことを願う。（オプ・テン・ノールトは、日本側が拿捕した後に「天応丸」、ついで「第二氷川丸」と命名されて、戦時中海軍が病院船として使用したが、終戦直後の8月19日に、オランダの病院船を自軍の病院船に転用したという事実を秘匿するために、舞鶴沖に沈められた）

（6）検察官ロビンソン海軍大佐、検察主張立証第 XIII・XIV 局面「対民間人・戦争捕虜残虐行為」第 10 部「ウェークその他の諸島・海上での B 級・C 級戦争犯罪」の検察側立証として、「潜水艦戦において被撃沈連合国軍船舶乗員に加えられた残虐行為」関係書証を提出する。

　　　　　　　　　　　　　　　　　（英速録 15088〜15106 頁／和速録第 150 号 24〜27 頁）

＊（検）法廷証 PX2076【米国政府を代表しての駐東京スイス公使発重光外相宛 1944（昭和19）年 6 月 19 日付け抗議書簡；日本潜水艦により撃沈された米汽船リチャード・ホービー［Richard Hovey］号乗組員に対する機銃掃射】＝検察側文書 PD8401　証拠として受理され、抜粋が朗読される。

【PX2076 朗読概要】

　米国汽船リチャード・ホービーは、グリニッジ標準時間 1944（昭和19）年 3 月 29 日 11 時 20 分に北緯 16 度 40 分東経 64 度 30 分の海域で、日本軍潜水艦の魚雷攻撃を受け、同船から脱出した乗員はさらに潜水艦に攻撃された。

　生存者の報告によれば、発射魚雷 3 本の内 2 本が米汽船リチャード・ホービー号に命中した後に浮上した潜水艦は、同船に対して砲門を開くと同時に、救命小艇複数の囲りを周回しつつ 1000 フィート余りの距離から艦首砲によって射撃してきた。生存者は救命小艇から海に飛び込

んで小艇を盾にするようにしていた。潜水艦は第2番救命小艇に艦首から衝突していき、これを転覆させた。その後、他の救命小艇に近づいては写真を撮り、機銃や小銃などを撃ち込んでいた。さらに、第4救命小艇の右舷の方に回ると、大口径砲を撃って吃水線あたりに破孔を生じさせ、漕ぎ座を破砕し、エンジン・カバー、燃料タンク複数と水槽に穴をあけた。そのために水槽の中身の大半が失われた。最後に潜水艦は船長の救命艇から船長と他3人を自艦に乗り移させ、その救命艇を曳航していった。

　米国政府は、雷撃を受けた船舶から脱出して身を護る術を持たない生存者に向かってこのような残虐な攻撃を加える日本の非人道的戦闘様式に、最大限強硬な抗議を申し入れ、文明的行為規範に悖るこのような犯罪行為の再発防止に向けた効果的措置を執ることを、日本政府に要求するものである。同時に、自らの行為の意味を知りつつも、かくも悪質な形で海戦に於ける基本的人道原則を踏みにじった当該事件の責任者を日本政府が処罰することを期待する。

＊（検）法廷証 PX2077【米国政府を代表しての駐東京スイス公使発重光外相宛 1944（昭和19）年9月15日付け書簡；PX2076 に対する回答要求】＝検察側文書 PD8396　証拠として受理され、朗読される。

【PX2077 朗読概要】

　6月19日及び30日付け書簡で、スイス公使は重光外相に、米国船リチャード・ホービーの生存者に加えられた日本の潜水艦攻撃に対して米国政府が行った抗議を伝達した。該抗議に対する日本政府の返答を頂ければ幸いである。

＊（検）法廷証 PX2078【1944（昭和19）年11月28日付け重光外相発駐東京スイス公使宛米国政府のための回答通牒；当方官憲の調査では該当事実なし】＝検察側文書 PD8415　証拠として受理され、朗読される。

【PX2078 朗読概要】

　日本軍潜水艦が米船リチャード・ホービー生存者を攻撃したとの米国政府の抗議を伝達した6月19日及び30日付け書簡を受領。この件については貴殿から米国政府に対して、関係当局による厳密なる調査の結果、それに該当する事実のないことが判明したとお伝え願いたい。

＊（検）法廷証 PX2079【米国政府を代表しての駐東京スイス公使発重光外相宛 1945（昭和20）年2月21日付け通牒；PX2078 回答に対し米政府は全権利を留保する】＝検察側文書 PD8412　証拠として受理され、抜粋が朗読される。

＜1947-1-13＞   2　検察主張立証段階　**443**

【PX2079 朗読概要】

米国政府は、スイス政府に対して、以下の通牒を日本政府に転電するよう要請してきた。

　　雷撃を受けた米船リチャード・ホービーの生存者に加えられた日本軍潜水艦の攻撃に対す
る米国政府の抗議について、日本政府は「徹底的調査の結果、抗議事実に該当する事実なし」
と返答してきた。しかしながら、米国政府の抗議に含まれている証言は事件を目撃した生存
者によるものであり、議論の余地のないほど詳細にわたっている。よって、米国政府はこの
件をめぐるすべての権利を留保する。

＊（検）法廷証 PX2080【米国政府を代表しての駐東京スイス公使発外務省宛 1944（昭和 19）年
12 月 29 日付け抗議書簡；日本潜水艦雷撃による米船ジーン・ニコレット［Jean Nicolet］号の
沈没・避難乗員拷問】＝検察側文書 PD8402　証拠として受理され、抜粋が朗読される。［E:
15095］［J: 150［25］］

【PX2080 朗読概要】

本国政府の指示によりスイス公使館は、以下の米国政府通牒を日本政府に送付するものである。

　　1944（昭和 19）年 7 月 2 日 14 時 7 分頃、東経 3 度 30 分（緯度表示は和英どちらの速記録にも
出ていない）の海上で、米国商船ジーン・ニコレット号は、日本潜水艦の雷撃を受け、翌日（午
前）2 時 20 分頃沈没。同船から退避できた乗組員 95 ～ 100 人余りは、潜水艦の艦長及び乗
組員によって、戦争法規・慣例及び人道上の諸原則に悖る扱いを受け、そのために 75 人が
殺害された。米国政府は、それら乗組員に加えられた犯罪的かつ非人道的扱いに最大限の強
硬抗議を申し入れるものである。その詳細は以下の通り。

　　（1）ジーン・ニコレット号の救命小艇及び筏は、生存者が使えないようにするために機銃
によって掃射され、かつ漂流中の同船乗組員も掃射された。

　　（2）潜水艦上に引き上げられた生存者は、救命帯、書類、貴重品などをすべて奪われた。

　　（3）その上でロープ乃至は針金で縛られ、艦首甲板において艦首から艦尾方向に向かって
数列をなし、頭を垂れた姿勢で艦首方向に向け、座るか跪くかさせられた。

　　（4）そののち生存者は半分に分けられて、一団は 1 人ずつ、銃や銃剣を持った水兵が両側
に並んでいる真中を歩かされ、それらの武器で激しく殴打された挙げ句、縛られたままで艦
尾から海中に突き落とされた。艦が動いている最中であったので、スクリューに巻き込まれ
る公算が大であった。

　　（5）そして、何の前触れもなく潜水艦は潜航し、甲板に取り残されたジーン・ニコレット
号の生存者は海中に放り出されることとなった。同船船長 D・M・ニルソン［Nilsson］及び
クレム・カーリン［Clem Carlin］1 等航海士は、潜水艦内に抑留された。この点、米国政府が
1944（昭和 19）年 6 月 19 日付けで抗議したリチャード・ホービーの船長他 3 人が抑留され

た事件と、経緯は似ている。米国政府は両名の安否と所在地に関する情報を早急に伝えられんことを要求し、雷撃されて沈没した船舶の生存者に加えられた、人道上の及び法上の諸原則に違背する取扱に対して、最大限の強硬な抗議を申し入れ、日本政府による本件の完全かつ徹底的な調査と関係責任者の迅速にして厳重なる処罰及びそれらが行われたことについての通知、並びに再発防止措置に関する確約を求めるものである。

　米国政府がこの件に重大な関心を寄せていることに鑑み、当公使館は外務省が当該通牒を受理した旨返信し、また通牒自体への回答が早急になされることを希望する。

＊（検）法廷証 PX2081【米国政府を代表しての駐東京スイス公使発外務省宛 1944（昭和 19）年
　12 月 28 日付け通牒；ニコレット号乗員ニルソンとカーリン 2 名の状況照会】＝検察側文書
　PD8403　証拠として受理され、朗読される。

【PX2081 朗読概要】

　本国政府は、日本海軍による米船ジーン・ニコレット号雷撃を主題とした米国政府の通牒を、日本政府に渡すべしとの指示と共に送ってきた。事態の重大性に鑑み、米国政府は公使である自分が手ずから通牒を外務省に手交することを望んでいると忖度する。……

　国務省は、被抑留 2 名の安否について、公使である自分自らが知らせてくれるよう要請してきているので、日本側調査の終了を待たずに 2 人の所在地を自分に教えてもらえれば幸いである。

＊（検）法廷証 PX2082【外務省発駐東京スイス公使宛 1945（昭和 20）年 1 月 19 日付け回答通牒；
　PX2081 文書受領証明】＝検察側文書 PD8404　証拠として受理され、抜粋が朗読される。

【PX2082 朗読概要】

　外務省は、通牒の内容を関係当局に伝達した。取り急ぎ、貴公使に連絡する。

＊（検）法廷証 PX2083【米国政府のための駐東京スイス公使館発外務省宛 1945（昭和 20）年 4
　月 19 日付け通牒；ニコレット号乗員関係米政府抗議に対する回答の要求】＝検察側文書
　PD8409　証拠として受理され、朗読される。

【PX2083 朗読概要】

　昨年 12 月 29 日付けで当公使館は、日本軍潜水艦によって昨年 7 月 2 日に撃沈された米船ジーン・ニコレット号の乗組員生存者に加えられたとされる扱いに抗議する米国政府通牒を外務省に送付した。米国政府は、事件の迅速かつ徹底的な調査、関係責任者の厳重なる処罰、再発防止措置についての日本政府の確約、潜水艦に抑留された乗組員 2 人の消息を求めている。

　本年 1 月 19 日、外務省は上記通牒を受領したことを伝達してきた。当公使館としては、該調

<1947-1-13>   2　検察主張立証段階　**445**

査が完了したならば速やかのその結果をお知らせくだされば幸いである。なお、米国政府に於いては、この重大事件に関して日本側の速やかなる回答を求めるのに切なるものがある。

＊（検）法廷証 PX2084【米国政府を代表しての駐東京スイス公使発鈴木公使宛 1945（昭和 20）年 4 月 28 日付け覚書；ニルソン、カーリン 2 名についての消息情報要求の督促・ニコレット号乗員虐待に対する抗議】＝検察側文書 PD8411　証拠として受理され、朗読される。

【PX2084 朗読概要】

　昨年 7 月 2 日に日本軍潜水艦によって撃沈された米船ジーン・ニコレット号の生存者に加えられた扱いに抗議する米国政府通牒の内容については、昨年 12 月 29 日、本年 2 月 20 日及び 4 月 19 日付け当公使館の覚書によりお知らせした通りである。米国政府はさらに潜水艦に抑留された生存者 2 名の消息に関する情報を早急に得たいとしている。

　当公使館は、この重大事案についての日本政府の回答内容に、相当なる重要性を認めるものである。

＊（検）法廷証 PX2085【米国政府を代表しての駐東京スイス公使発東郷外相宛 1945（昭和 20）年 2 月 20 日付け書簡；PX2084 の補足証拠】＝検察側文書 PD8413　証拠として受理される。朗読なし。

＊（検）法廷証 PX2086【東郷外相発駐東京スイス公使宛 1945（昭和 20）年 5 月 15 日付け米国政府のための回答通牒；抗議に該当する事項なし】＝検察側文書 PD8414　証拠として受理され、朗読される。

【PX2086 朗読概要】

　米船ジーン・ニコレット号の生存者に日本の潜水艦が加えたとされる取扱に関する米国政府の抗議を伝達した、スイス公使館発昨年 12 月 29 日付け覚書は、受領。貴公使館に於かれては、本件に関する日本政府の以下の回答を米国政府に伝えられんことを願う。

　関係当局は鋭意調査したが、抗議内容に該当する事実は発見されなかった。このことを米国政府に伝えるにあたって日本政府は、日本のすべての艦艇、船舶、舟艇が交戦法規を厳重に遵守していることを確言する。

＊午後 4 時、裁判長ウェッブ、翌日午前 9 時 30 分までの休廷を宣す。

446　2-13・14-10　検察主張立証第 XIII・XIV 局面「対民間人・戦争捕虜残虐行為」第 10 部「ウェークその他の諸島・海上における B 級・C 級戦争犯罪」

◆ 1947（昭和 22）年 1 月 14 日

（英速録 15107〜15219 頁／和速録第 151 号 1〜20 頁）

＊午前 9 時 30 分、法廷、再開する。

＊裁判長ウェッブ、「被告大川、荒木、星野、松井、東郷は欠席。大川を除く 3 名については、病欠証明が届けられている」と、報じる。

（7）証人米商船隊乗員ジョン・A・マクドゥーガル ［John Alexander McDougall］ －1944（昭和 19）年 7 月、インド洋において日本軍潜水艦の攻撃を受けたジーン・ニコレット号の生存者で、日本軍の捕虜となった－、検察主張立証第 XIII・XIV 局面「対民間人・戦争捕虜残虐行為」第 10 部「ウェークその他の諸島・海上での B 級・C 級戦争犯罪」の検察側立証として、「潜水艦戦において被撃沈連合国軍船舶乗員に加えられた残虐行為」関係の「自己の経験」について、宣誓供述書によらず本来の口頭方式により、証言する。

（英速録 15109〜15139 頁／和速録第 151 号 2〜8 頁）

＊検察官ロビンソン海軍大佐、「次の証人は、検察官コール海軍中佐（Commander Cole）が行う」と、報じる。

＊検察官コール海軍中佐、直接尋問を行う。

【検察側証人マクドゥーガルに対する検察側直接尋問】

（特に断らない限り、検察官の審問を便宜的にまとめて、証人の返答内容を要約する）

検察官審問

　①証人の経歴は？（人定質問）　また、ジーン・ニコレット号が雷撃を受けるまでの経緯は？

証人応答

　①カリフォルニア州バークレー在住。同州オークランドで、印刷工の仕事をしている。年齢は 21 歳。自分が船員として乗っていたジーン・ニコレット号はカリフォルニア州サン・ペドロで貨物を積載し 37 日かけてオーストラリアのフレマントルに到着。それからセイロンを経て最終目的地であるカルカッタに向かう予定であった。同船の乗員・乗客の総数は 100 人丁度。

検察官審問

　②魚雷命中と退船の状況は？

証人応答

　②夜の 7 時頃に食堂に立ち寄ってから船首楼の自分の部屋に入ろうとした 7 時 6 分ぐらいに、1 発目の魚雷が第 2 船倉と第 3 船倉の間あたりに命中。船は左舷の方に傾いだ後、右舷の方に傾き始めた。警報が鳴っていたので、来た通路を引き返して小艇甲板に上がり、自分の担当である

<1947-1-14>　　　　　　　　　　　　　　　　　　　　　　2　検察主張立証段階　**447**

左舷第2番小艇に辿り着いた。1本目の魚雷命中の際に既に火災が発生していたが、さらに2本目の魚雷が右舷の第5船倉に命中し、船長はその時点で総員退船を命じた。

　救命小艇が下ろされて乗員と乗客の全員が避難したが、その過程で陸軍中尉が腕を折ったのが唯一の事故であった。

　その後で甲板上に残っていたのは自分と船長を含めた6人で、自分は若干の衣類とナイフ1本を持って救命胴衣を着けた。

　残っていた第2番救命筏を使用することとして、船長は、船内に誰も残っていないことを確認した上で、筏を海面に出した。

　その後、1人漂流している者を見付けて筏に収容し、さらに1人が乗っている他の筏が視界に入ってきたので、ふたつの筏を繋げた。それから、動力付きの第4救命小艇が1等航海士に指揮されてやって来て、船長がそれに乗り込んだ。船長は、船に灯りが見えたように思えたので誰かがまだ残っていないかを確かめたいと思ったのである。1等航海士は、朝になって合流するまで現在海域に留まるよう筏に残った我々に言い、万が一に備えて一番近い陸地がどの方角なのかを天測によって示した。

検察官審問

　③潜水艦への抑留については？

証人応答

　③船長を乗せた救命小艇が船までの距離の半分ほどまで行ったところで、潜水艦が右舷方向に浮上して、甲板上の備砲を船の方に向けた。第4救命小艇は潜水艦に見付かるのを恐れて動力を切り、我々がいる方に手漕ぎで戻ってきた。小艇が我々と合流して善後策を協議している時に、潜水艦が左舷方向から近づいてきた。

　これを見た1等航海士は、全員に白い帽子とシャツを脱いで身を伏せるよう指示。だが救命小艇の灯りを見つけた潜水艦の乗組員が「どこの船か？」と訊くに及んで、小艇の中で立ち上がった1等航海士は、「米国船ジーン・ニコレット号」と答えていた。潜水艦の乗組員は怒っているような様子で、それが聞こえていたかどうかは定かでなく、小艇を潜水艦に横付けするよう指示し、従わなければ撃つと言っていた。

　筏に乗っていた者は海中に入って筏の陰に身を潜めていた。救命小艇が潜水艦に横付けした時、乗っていた1人が海に飛び込んだが、1等航海士が戻るように言った。それを見ていた潜水艦の乗組員がその飛び込んだ男にまず潜水艦に移るように言い、上がってきたところで後ろ手に縛り、反対側の舷側に連れて行くと後頭部に3発銃弾を撃ち込んだ。

　筏の陰に身を隠していた自分には事の成り行きが分からず、次に耳にしたのは機銃の発射音であった。潜水艦は一端離れていったが、再び近づいてきて筏を照射した。それに反応して自分達が筏の上に乗ると、潜水艦が横付けしてきてロープを投げ、1人ずつ潜水艦に乗ってくるよう指示した。潜水艦は全長250フィートほどで艦首方向に連装の5インチ砲があり、司令塔には20ミリ機銃が2〜3基あった。水上速度は20ノットほどは出るようであった。

検察官審問

④潜水艦上での出来事については？

証人応答

④潜水艦に移ると、救命胴衣を脱ぐよう指示され、紐の結び目が解けないでまごまごしていると、水兵の1人がナイフでそれを切り離した。それから、自分は持っていた腕時計、指輪、ナイフなどを奪われた。指輪を取られる際に、水兵が指から抜き取るのに苦労して、私の指を切るような気配を見せたので、自分から抜き取って渡した。

この時、潜水艦には3人を除いてジーン・ニコレット号の乗員全員が収容されていた。その3人は夜陰に紛れて泳ぎ去っていき、潜水艦の機銃掃射を受けたが命中せず、破壊されていなかった筏に辿り着くことができた。

自分達は、潜水艦の艦首備砲右舷側の方に脚を組んで座らされ、顎を胸に付けるような姿勢になって身動きをしないように言われた。海中の乗組員をすべて収容すると、潜水艦は海上の救命小艇や筏を撃って破壊した。

それから潜水艦は、ジーン・ニコレット号の方に戻り、半マイルほどまで近づくと、士官が出てきて軍刀を振り回しつつ前部備砲の発砲を命じ、3回発射。その間我々にその様子を見るよう命令した。

自分が側にいる他の乗組員と話しをしていると、水兵がパイプで頭を殴ってきて黙るように言った。その後で水兵は、「この戦争はローズベルトが始めたものだ」とか「我軍が片っ端から連合国軍船舶を沈めているインド洋までやって来るとは、愚かだ」などと話し、それを我々は黙って聞いていた。自分が後で聞いた話では、日本側は船の乗員の中で以前日本軍の捕虜になっていた者がいないかを（ジーン・ニコレット号の）船長に質していた。それはアルビン・T・パーカー[Alvin T. Parker] という乗船客であった。（ジーン・ニコレット号の）船長は「当人がその旨申し出てくるだろうから、（ジーン・ニコレット号の）他の船員に関しては配慮をお願いする」と言っていたとのことである。その後、船長と1等、2等及び3等航海士と無線通信士は、潜水艦司令塔の中に連れて行かれ、その後の消息は不明である。それから（日本潜水艦の）水兵達は何度か（ジーン・ニコレット号の）乗組員を拘束している縛めを確かめ、緩くなっていたら、その者を引っ叩いては固く結び直していた。そして、潜水艦の乗組員はジーン・ニコレット号の船員の内60人ほどを艦尾の方に連れていった。その時の様子を密かに覗き見ていた者によると、水兵2人が船員の1人を押さえ付けているところに他の水兵が銃剣で突き、海に落としていたと言う。

検察官審問

⑤潜水艦の潜航から救助までについては？ [E: 15119] [J: 151 (4)]

証人応答

⑤潜水艦に移乗させられてから4時間ほど経った頃、汽笛が鳴り、潜水艦の乗組員達は司令塔の中に入っていった。これの意味するところは明白であった。自分の友人であるヘス [Hess] は、それまでの間にローブを爪で引っ掻いて、何とか縛めを解くことができ、自分と他のもう1人の

<1947-1-14> 2 検察主張立証段階 449

縛めを解きに掛かった。そのもう1人はズボンをふたつ重ねて穿いており、内側のズボンのポケットに入れてあったナイフが（日本側に）見付からず、そのままになっていたので、それによって自分と2〜3人の縛めを切り、その後自分がそのナイフを受け取って何人かのロープを切った。その時までに艦首は水の中に没しつつあり、まだ縛めを解かれていなかった者は体勢を崩して海に落ち、流されていった。自分達は海中に身を躍らし、潜水艦のスクリューに巻き込まれないようにできるだけ離れようとした。潜水艦の司令塔が没し去った時、水平線の彼方にジーン・ニコレット号の炎上しているのが望見できた。自分とヘスは上着を脱ぎ捨ててその方向に泳ぎだした。周囲に他に何人かいたようであるが姿は見えなかったので「船で落ち合おう」と叫んだ。潜水艦が潜航してから約15分後、上空にPBY飛行艇が飛来してきた。翌朝、自分達はジーン・ニコレット号から程遠からぬところまで来ていた。そこに（日本軍）潜水艦が再び浮上して来て、探照灯で周囲を照らしたと思ったら、拳銃の音が鳴り響いた。何を撃ったのかは定かでない。それから15乃至30分ほどで潜水艦は再び潜航していった。その後船に辿り着いたが、一晩中燃えていた船は酷い状態で、備砲等は融けていた。

　それでも、救命浮き輪がひとつあるのを見付けて、それにヘスと2人でしがみ付いていると、ロイド・B・ルース［Lloyd B. Ruth］という者が合流した。

　ルースは船尾楼甲板の方に泳いでいき、そこで小型の筏と水が入っている水筒を発見した。そのあと3人一緒に浮き輪につかまっていた。

　間もなく船は沈没。その際に、雷撃を受けた折にはハンガーに引っ掛かって降ろせなかった、大き目の筏が浮き上がってきたので、我々はそれに乗った。すると、PBY飛行艇が飛来してきて、救命胴衣を3つ投下していった。ふたつを回収したところ、その内のひとつには照明信号用の器具、水とパンが入っており、添付のメッセージには「碇を下ろして現在位置を保て。幸運を祈る。カナダ空軍」と書いてあった。

　暫時後に、ビル・フルーリー［Bill Flury］とハロルド・リー［Harold Lee］という名の2人が我々に合流。リーの頭部は血塗れで、その理由を訊いたところ、リーは艦尾に連れて行かれた1人で、最初に背後から頭を打たれ、その後で両側に並んでいた水兵にパイプやら銃剣やらで襲われそうになったのを辛うじて避けて、海に飛び込んだとのことであった。自分達は次の日の午後、英海軍のホクサ［Hoxa］という艦艇に救助された。

検察官審問
⑥ジーン・ニコレット号の犠牲者・生存者と証人のその後については？

証人応答
⑥生存者は合計24名。ホクサに救助されたのは自分ともう1人で、そのもう1人は潜水艦の艦尾で撃たれたり刺されたりした挙げ句に海に叩き込まれた者で、頭部や顔に酷い傷を負っていた。艦尾に連れて行かれた60人の中で生き残ったのはパイル［Pyle］、バトラー［Butler］、リーの3人だけ。潜水艦の潜航時に甲板に残された約35人の中では21人が生き残った。自分はモルジブ島のアドゥ環礁［Addu Atoll］の病院に収容されたが、すぐに退院し、その翌日か翌々日に、

日本の潜水艦の性能などについてカナダ空軍の担当者から訊かれた。

＊午前10時45分、裁判長ウェッブ、15分間の休廷を宣す。

＊午前11時、法廷、再開する。［E: 15127］［J: 151（6）］

＊検察官コール海軍中佐、マクドゥーガル証人に対する直接尋問を続行する。

検察官審問

⑥ジーン・ニコレット号の犠牲者・生存者と証人のその後については？（続き）

証人応答

⑥（続き）カナダの飛行艇が、ジーン・ニコレット号の沈没した海域を捜索していた最中に、漂流している者を2人見付けたが、直後に1人は頭部を、もう1人は片足を失くしていたとのことであった。恐らく、鮫に食われたのであろう。自分達が海上にいた時も側で鮫が泳いでいたが、常に動いていたためか襲われなかった。

検察官審問

⑦雷撃を受けたその他の英国船の犠牲者・生存者については？

証人応答

⑦飛行艇がジーン・ニコレット号の生存者を捜索している最中に、やはり日本の潜水艦に雷撃されて沈没した英国船の生存者を乗せた救命小艇複数を発見し、英海軍のスナバディ［Sunavadi］が同海域に赴いて収容。生存者の話しによると、オーストラリアのフレマントルに向かっていたその英船には女性が3人乗っていて、その内の1人は乳児1人とよちよち歩きの幼児1人を連れていたという。その子連れの女性ともう1人の女性は救命小艇のひとつに乗り移ったが、浮上した潜水艦が横付けしてきて女性2人を小艇から連れ出し、その際に乳幼児2人は海に放り投げられた。さらに、潜水艦の乗組員は同小艇に乗っていたインド人水夫長を尋問した後に殴りつけ、海に放り投げたが、そのインド人は小艇に泳ぎ着くことができた。

検察官審問

⑧証人のその後については？

証人応答

⑧自分は、その英国船の生存者が乗っていた英国艦スナバディ［Sunavadi］に乗せられてセイロンのコロンボに送られた。そこで、他の生存者全員と共に沿岸警備隊の少佐と海軍情報部の中佐による尋問を2日間にわたり受けた。そこで自分達が見た潜水艦について話したところ、ジーン・ニコレット号を攻撃したのはドイツの潜水艦であるということであった。彼らが言うには、同海域で作戦中の潜水艦の中にはドイツ人艦長もしくは士官と日本人乗組員が乗っているものがあるとのことであった。

＊被告木戸弁護人ローガン、マクドゥーガル証人に対する反対尋問に立つ。［E: 15130］［J: 151（7）］

<1947-1-14>　　　　　　　　　　　　　　　　　　　　　　　　2　検察主張立証段階　**451**

【ローガン弁護人による検察側証人マクドゥーガルに対する反対尋問】

弁護人審問

　①ジーン・ニコレット号の所有・運航主体について、

　①-1.　同船は、戦時海運局［War Shipping Administration］を通じて米国国家が所有し運航していたものであることを証人は知っていたか？

　①-2.　証人は熟練水夫としてアメリカ合衆国政府に雇用されていたのか？

証人応答

　①-1.　知っていた。

　①-2.　オリバー・J・オルセン［Oliver J. Olsen］汽船会社の雇員であった。

弁護人審問

　①-3.　証人の署名した船員規約によれば、証人は米国政府と契約した者であり、汽船会社は単なる運航会社（merely an operating agent）に過ぎないのではないか？

＊裁判長ウェッブ、「それが何の助けになるか？」と、質問の趣意を質す。ローガン弁護人、「船の運営主体が私企業であったのか米国政府であったのかを確かめたい」、と応答する。裁判長、「証人の証言内容が真実であると認定された場合、船の所有者が誰であるかは証言で明らかにされた行為の正当性を左右するものではない」、と弁じる。弁護人、裁判長に対して、「質問は許可されるのか？」、と質す。裁判長ウェッブ、「異議は申し立てられていないが、質問がいかなる意義を持つのかを明らかにしてもらいたい」、と質す。ローガン弁護人、次の質問に移る。

弁護人審問

　②ジーン・ニコレット号に乗船していた人員の構成について、

　②-1.　ジーン・ニコレット号は武装商船であったか？

　②-2.　砲員の数は？

　②-3.　船員と座乗していた戦闘員の数は？

　②-4.　同船は護送船団の内の1隻であったか？

　②-5.　雷撃の際の死者数は？

証人応答

　②-1.　武装商船であった。

　②-2.　砲術長を含め28人。

　②-3.　船員は45人、戦闘員は大尉4人中尉1人を含む10人前後。

　②-4.　そうではなかった。

　②-5.　死者はおらず、退船の際に1人が腕を折っただけ。

弁護人審問

　③最初に拳銃で撃たれたとされる船員について、

　③-1.　撃たれるところを証人は目撃していないのではないか？

③-2.　では、撃たれたというのは証人の推測ではないか？

③-3.　証人は、「銃声を聞いた時、証人や他の者は、海中で小艇の陰に身を隠していた」と、証言しなかったか？

証人応答

③-1.　自分の目で見てはいない。

③-2.　救命小艇に乗っていた者は皆、それを見ており、その中で生き残った者も相当数いる。

③-3.　自分が隠れていたのは救命筏の陰であり、撃たれた男は、1艘目の救命小艇から潜水艦に最初に移乗させられた者であった。

弁護人審問

④証人が潜水艦上で殴られたことについて、

④-1.　潜水艦の甲板に乗せられた船員はすべて手を縛られたのか？

④-2.　水兵が証人を殴った折に使ったパイプの長さと太さは？

④-3.　見てもいないのに、なぜそれがパイプであったとか、その長さがどのくらいであったのかが分かったのか？

④-4.　それで打たれて気を失ったのか？

証人応答

④-1.　その通り。

④-2.　長さは2.5フィート。太さについては、近くで見ていないので良く分からない。

④-3.　水兵が側で座って話しをしている時に膝の上に置いているのを見た。それでも太さは良く分からなかった。

④-4.　気を失いはしなかった。

弁護人審問

⑤艦尾方向に連れ去られた人員について、

⑤-1.　証人は、その人数について「60人」と言ったが正確な数値か？

⑤-2.　その数の人員が艦尾方向に連れ去れさられたこと、そしてその後に起きたことを、証人は実見したのか？

⑤-3.　証人が潜水艦を離れた時間は？　ジーン・ニコレット号に到着した時間は？

⑤-4.　その折に証人達に合流したハロルド・リーは、潜水艦上で艦尾の方に連れて行かれた1人であったか？

⑤-5.　リーは、海に飛び込む時に手を縛られていたのか？

⑤-6.　その後縛めを解いたということか？

⑥潜水艦が潜航した理由について、

⑥-1.　潜水艦が潜航したのは、飛行艇が接近していたことが理由ではないか？

⑥-2.　言葉を変えれば、潜航する必要があったからそうしたのではないか？

<1947-1-14>

証人応答

⑤-1. 約60人であった。

⑤-2. 実見したのではない。

⑤-3. 潜水艦を離れた時間は真夜中頃であり、ニコレット号に到着したのは翌朝7〜8時頃であった。

⑤-4. その通り。

⑤-5. その通り。

⑤-6. 自分で解いたか誰かに解いてもらったのであろう。

⑥-1. その通り。

⑥-2. その通り。

弁護人審問

⑦英国船の生存者に関する情報はすべて伝聞による証言ではないか？

⑧ニコレット号に他の生存者がいた可能性について、

⑧-1. 24人以外に他の船に救助された者がいた可能性は全くないのか？

⑧-2. 生存者に関する最終報告書を見ようと何等かの努力をしたか、あるいは実際にそれを見たか？

証人応答

⑦その通り。

⑧-1. その可能性はあるとは思えない。付近海域は隈なく捜索された。

⑧-2. 見ていない。

弁護人審問

⑨攻撃して来たのがドイツ製潜水艦であった可能性について、

⑨-1. 証人は、いずれかの島に行った時に、ニコレット号を襲ったこの潜水艦がドイツ製であるとの話を聞いたと証言したが？

⑨-2. 彼ら情報将校達の見解によれば、それはドイツ製造の潜水艦であり、そして恐らく艦長としてはドイツ人が乗艦していたと証人に言ったというのは正しいか？

⑨-3. 潜水艦が日本海軍によって所有され運航されていたか、ドイツ海軍によって所有され運航されていたか、証人は自らの知識によっては分からなかったのではないか？

⑨-4. 艦内にドイツ人がいたかどうかは分からなかったのではないか？

証人応答

⑨-1. 米軍の情報将校からコロンボで聞いた。

⑨-2. そうではない。彼らが言ったのは、それはドイツ製潜水艦であったが、その海域にはドイツ人将校とドイツ人艦長によって指揮されている潜水艦が何隻かあったということであった。そして乗組員は日本人で。

⑨-3. 我々はただ、日本人士官1名を認め、また、それ以外の乗組員は皆日本人であった。

⑨-4. 分からなかった。

弁護人審問

　⑨-5. 日本の潜水艦ではなくドイツの潜水艦であった可能性もあるのではないか？

＊裁判長ウェッブ、「それは証人の証言内容を基に法廷が判断を下すべき事項である」、と申し渡すも、質問に返答するよう証人に促す。

証人応答

　⑨-5. 日独いずれの標識も見なかったが、ドイツ人は見ておらず、自分が見たのはすべて日本人であった。

弁護人審問

　⑨-6. 潜水艦の乗組員の数は？

証人応答

　⑨-6. 分からない。

＊ローガン弁護人、弁護側反対尋問の終了を報じる。

＊検察官コール海軍中佐、証人を通例の条件でその任から解くよう要請し、裁判長ウェッブ、退廷を命じる。

＊マクドゥーガル証人、退廷する。

(8) 検察官ロビンソン海軍大佐、検察主張立証第 XIII・XIV 局面「対民間人・戦争捕虜残虐行為」第 10 部「ウェークその他の諸島・海上での B 級・C 級戦争犯罪」の検察側立証として、「潜水艦戦において被撃沈連合国軍船舶乗員に加えられた残虐行為」関係書証の提出を続行する。

(英速録 15140〜15196 頁／和速録第 151 号 8〜17 頁)

＊検察官ロビンソン海軍大佐、書証 5 点を、一挙に、証拠として提出する。

＊（検）法廷証 PX2087 ＝検察側文書 PD8389　証拠として受理される。

＊（検）法廷証 PX2088 ＝検察側文書 PD8390　証拠として受理される。

＊（検）法廷証 PX2089 ＝検察側文書 PD8393　証拠として受理される。

＊（検）法廷証 PX2090 ＝検察側文書 PD8394　証拠として受理される。

＊（検）法廷証 PX2091 ＝検察側文書 PD8485　証拠として受理される。

＊提出済み（検）法廷証 PX2087【ジーン・ニコレット号生存者チャールズ・E・パイル〔Charles E. Pyle〕宣誓供述書：生存乗組員虐待・殺害】＝検察側文書 PD8389　抜粋が朗読される。

【提出済み PX2087 抜粋朗読概要】

　彼（ニコレット号の船長のことであると思われる）が、我々の小艇に乗り移って間もなく、潜水艦が浮上してきて、その乗組員の 1 人が、流暢な英語で船名及び船長と航海士の居所を訊いて来た。

<1947-1-14>　　　　　　　　　　　　　　　　　　　　　　　　　2　検察主張立証段階　**455**

自分が船名を答え、航海士らはまだ船に残っていると言うと、潜水艦の方に乗り移るように言われ、ロープが投げられてきた。全員が乗り移ると、潜水艦の乗組員は救命小艇を機銃で撃って沈め、我々から着衣以外すべてを奪い取った。その上で、ニルソン［Nilsson］船長を始め皆を、後ろ手に縛ったのである。潜水艦上にいる間、士官と思しき者は見なかったが、視界に入ったのはカーキ色の半ズボンを穿き上着の左袖に赤い記章をつけた日本海軍の水兵だけであった。コロンボで尋問を受けた際に他の船員が軍刀を持った士官を見たと言っていたが、階級は分からなかったとのことである。

　ウイリアム・モーサー［William Mauser］という者が何の理由もなく撃たれて海に突き落とされるのを目の当たりにした。……

　深夜頃、自分は立たされて艦尾の方に引き立てられていった。その時、艦首方向の備砲が潜航準備のための措置を施され、その側には 35 人余りがまだ座らせられているのを目にした。艦尾の方では、棒などの鈍器を持った水兵が 2 列に並んでおり、その間を歩かされる間に打たれて海に突き落とされることを悟った。既に、何人もがそのようにされたようであった。自分が立ち止まって様子を窺っていたところ、いきなり後頭部を打たれ、それから 2 列の水兵の間を叩かれながら進まされた。後の医師の診断によれば、その過程で銃剣か刀で斬られた模様である。2 列の間を通り抜けたところで、自分は気泡の立った海の中に落ちていった。

＊検察官ロビンソン海軍大佐、次の証拠の提出に移ろうとする。裁判長ウェッブ、「この証拠の中で反対尋問において触れられた、なぜ手を縛られていたのに助かったかについて述べている箇所を、なぜ朗読しなかったか」、と質す。検察官ロビンソン海軍大佐、「その部分を同時通訳することについて翻訳部との打ち合わせがなされていなかった」と応答して、翻訳部に「今からでも可能か」、と質す。翻訳調整官、「可能」、と応答する。裁判長ウェッブ、「供述者は『足で水を蹴って浮いていることができた』と言っている」と、朗読省略部分から読み上げて、「朗読の必要なし」、と申し渡す。

＊（検）法廷証 PX2088【ジーン・ニコレット号生存者カルビン・バトラー［Calvin Butler］宣誓供述書；生存乗組員虐待・殺害】＝検察側文書 PD8390　抜粋が朗読される。

【提出済み PX2088 抜粋朗読概要】

（供述者がジーン・ニコレット号に乗り組んで同船が沈没する直前までの動静が綴られているが、省略する）

　1944（昭和 19）年 7 月 1 日、誰も乗っていない救命小艇の漂流しているのが望見された。……

　各救命小艇もしくは筏が潜水艦に近づくたびに、日本人が船長に、「船長は誰か？」と問を発していたが、当初、我々の誰もが答えようとしなかった。しかし、後に 1 等航海士が、船長が誰であるかを明らかにしたところ、2 人は艦尾の方に連れて行かれた。2 人のその後の消息は不明。潜水艦の中に連れて行かれたとも考えられるが、自分はそうは思わない。日本側は、士官全員と

無線通信士にも名乗り出るように言い、それに答えて、乗艦していた陸軍士官までもが名乗り出た。その後、彼らがどうなったのかは不明である。自分は誰かが殺される現場を見たわけではない。潜水艦の後部で機銃が発射されている時、自分達は艦首方向を向かされていたので、救命小艇に向かって発砲しているのであろうと考えていた。日本人の乗組員の中には結構流暢な英語を話し、軍刀を吊っている者がいたので、士官であったろうと判断した。1人は、「うまくいった戦闘であった」などと何度も言っていた。我々の1人が「我々をどうするつもりだ？」と問うと、「頭を殴って海に突き落とす」と、なぜそのようなことをするつもりなのかを説明することなく言っていた。……

　その内に、座っている我々を艦尾の方に連れて行き始めた。自分は前の方に座っていたので艦尾で何が行われていたかは分からず、物音も聞こえなかったし、振り返るのが恐ろしかった。その内に自分の番となり、艦尾に連れて行かれると、そこには8～10人ほどの日本人乗組員が、刀剣、棒、パイプなどを持って待ち構えていた。1人が自分を立ち止まらせると腹部を蹴飛ばし、2人目が鉄のパイプで頭を打ち、3人目は刀で目のあたりに斬り付けてきた。次の集団に襲われる前に自分は海に飛び込んだ。自分は気を失うことはなく、潜水艦が離れていくのを見送っていた。他の者が自分と同じ目に遭うのをこの目で見たわけではないが、自分の知っている者3人がそうされたのは確かである。後刻知ったことであるが、潜水艦は40人余りの船員を甲板上に置いたまま潜航したが、その中の何人かは助かったということである。自分はジーン・ニコレット号の方に近づいていったが、潜水艦が再び同船に発砲するのが見えた。見付かったら機銃で撃たれると思って、反対の方向に泳いでいった。

＊（検）法廷証 PX2089【ジョン・A・ジョンソン［John A. Johnson］号生存者チャールズ・H・ローズ［Charles H. Rhodes］宣誓供述書；生存乗組員虐待・殺害】＝検察側文書 PD8393　証拠として受理され、抜粋が朗読される。

【提出済み PX2089 抜粋朗読概要】

　自分の乗ったジョン・A・ジョンソン号は1944（昭和19）年10月25日、サンフランシスコを出港し、10月29日に雷撃を受けた。……

　潜水艦の中心部分が小艇と漂流者の一群のあたりに来た時、その右舷から機銃の発砲を受けた。距離は30フィートほどで、自分は左肩に命中弾を受けて、その治療のために後に入院することとなった。……

　自分は小艇の中で死んだ振りをして横たわっていた。そこに潜水艦が再びやって来て艦首で小艇をかすめ、小艇が潜水艦の真中部分あたりに来た時、小艇は照射された。恐らく、写真を撮るためであったろうと思う。この時には発砲はなかったが、多分小艇を転覆でもさせて生存者をスクリューに巻き込もうとでも思ったのか、潜水艦は急な取り舵を取って（左折して）きた。その時、潜水艦乗組員の相当数は、司令塔あたりで我々が苦しんでいる様を見て揶揄したり笑ったりして

<1947-1-14>　　　　　　　　　　　　　　　　　　　　　　　　　2　検察主張立証段階　**457**

いた。潜水艦の機銃掃射で5人が負傷したのを自分はこの目で見ており、その内の何人かとは、米海軍艦艇アーガス［Argus］に救助されてからその艦上で会った。潜水艦はその後、飛行機が飛来したためか潜航して姿を消した。

＊（検）法廷証 PX2090【ジョン・A・ジョンソン号生存者ジェームズ・ディクソン・ピアソン〔James Dixon Pearson〕宣誓供述書；生存乗組員虐待・殺害】＝検察側文書 PD8394　証拠として受理され、抜粋が朗読される。

【提出済み PX2090 抜粋朗読概要】

　この時、潜水艦が小艇と我々全員を見境なく機銃で撃ち始めた。機銃の他に拳銃でも撃たれたが、拳銃を撃っていた者は、機銃が発射されていたところからはさらに上の場所におり、他の者とは服装が異なって、士官であったろうと思われる。この時、笑い声や「万歳」というような叫び声が聞こえた。……

　少し経って救命小艇に戻ると、中には機銃弾で撃たれた負傷者が5名いた。後で気がついたが、自分自身の体の3カ所にも、機銃弾のかすめた火傷の痕があった。

＊提出済み（検）法廷証 PX2091【前記ジーン・ニコレット号関連書証の出所・真実性証明書】＝検察側文書 PD8485　朗読なし。（証拠として採用されたのは、ジーン・ニコレット号関連の書証が一括して採用された時であるが、便宜上ここにも記す）

＊裁判長ウェッブ、正午の休廷を宣す。

＊午後1時30分、法廷、再開する。［E: 15153］［J: 151（10）］

＊検察官ロビンソン海軍大佐、検察主張立証第XIII・XIV局面「対民間人・戦争捕虜残虐行為」第10部「ウェークその他の諸島・海上でのB級・C級戦争犯罪」の検察側立証としての「潜水艦戦において被撃沈連合国軍船舶乗員に加えられた残虐行為」関係書証の提出を続行する。

＊（検）法廷証 PX2092【英国政府を代表しての駐東京スイス公使発重光外相宛 1944（昭和 19）年6月5日付け抗議文書：汽船デイジー・モラー［Daisy Moller］号、ブリティッシュ・シバルリー［British Chivalry］号、サトリー［Sutley］号、アスコット［Ascot］号、ナンシー・モラー［Nancy Moller］号撃沈時の残虐行為】＝検察側文書 PD8400　証拠として受理され、朗読される。

【PX2092 朗読概要】

　英国政府は、日本政府に以下の通牒を送付するよう要請してきた。

　英国政府が雷撃を受けた商船の乗組員生存者から得た報告によれば、インド洋で作戦中の日本潜水艦の一部が、文明社会が認めるところの国際法と人道上の諸原則を完璧に無視した行動に出ていることは明白である。以下はその実例である。

　デイジー・モラー号は、グリニッジ標準時（以下同じ）1943（昭和 18）年 12 月 13 日午後 9 時、

北緯 16 度 21 分東経 82 度 13 分海域で雷撃を受けて沈没。その生存者を乗せた小艇複数は、日本潜水艦による体当たり攻撃を受け、さらに小艇内及び海上の生存者が機銃掃射を受けた。

　ブリティッシュ・シバルリー号は 1944（昭和 19）年 2 月 22 日午前 5 時 30 分、雷撃を受けて南緯 0 度 58 分東経 68 度の海域で沈没。生存者を乗せた小艇 2 隻と筏 4 艘は日本の潜水艦による機銃掃射を受け、多数が死亡、小艇の内 1 隻は沈没。船長は捕虜にされて潜水艦上から船員が機銃で撃たれるのを見させられた。

　サトリー号は 1944（昭和 19）年 2 月 26 日午後 6 時 35 分、南緯 8 度東経 70 度の海域で雷撃を受けて沈没。筏や浮遊物にしがみ付いている生存者に日本の潜水艦が小火器で発砲した。

　アスコット号は 1944（昭和 19）年 2 月 29 日に、ディエゴ・スアレスから 72 度 800 マイルの海域で雷撃を受けて沈没。日本潜水艦が同船の救命小艇を機銃で撃ち、生存者 52 人中 44 人が死亡。

　ナンシー・モラー号は 1944（昭和 19）年（月は記載なし）18 日、北緯 2 度 14 分東経 78 度 25 分海域で雷撃を受け沈没。日本潜水艦は生存者に対して繰り返し発砲し、多数が死亡した。

　上記事件に関係しているのはすべて英国船であるが、英国政府は他の連合国軍船舶が同様の事件に巻き込まれたという報告も受けている。特に、オランダ船チザラック［Tjisalak］の生存者に対する扱いは暴虐極まりないものであり、日本潜水艦によるこの虐殺行為の被害者には英国民も含まれているので、英国政府はオランダ政府が申し入れた抗議に同調するものである。

　英国政府は、上記事件に関わった日本の潜水艦艦長と乗組員が行った非人道的・犯罪的行為に、最大限度の強硬な抗議を申し入れ、日本政府に対して再発防止措置を直ちに執ることと、責任者を処罰することを要求する。これら諸事件の発生回数並びに発生状況が示しているのは、海戦法規を律する人道上の基本原則を侵している日本潜水艦は複数に及ぶということである。

＊（検）法廷証 PX2093【英国政府を代表しての駐東京スイス公使発重光外相宛 1944（昭和 19）年 7 月 20 日付け抗議覚書；同上 PX2092 と同種抗議】＝検察側文書 PD8397　証拠として受理される。朗読なし。

＊検察官ロビンソン海軍大佐、書証 7 点を、証拠として提出する。すべて、証拠として受理される。［E: 15157］［J: 151（11）］

＊（検）法廷証 PX2094 ＝検察側文書 PD8380

＊（検）法廷証 PX2095 ＝検察側文書 PD8381

＊（検）法廷証 PX2096 ＝検察側文書 PD8382

＊（検）法廷証 PX2097 ＝検察側文書 PD8383

＊（検）法廷証 PX2098 ＝検察側文書 PD8379

＊（検）法廷証 PX2099 ＝検察側文書 PD8388

＊（検）法廷証 PX2100 ＝検察側文書 PD8472

＊提出済み（検）法廷証 PX2094【1943（昭和 18）年 12 月 14 日付けデイジー・モラー号生存船長 R・J・ウィークス［Weeks］宣誓供述書；日本潜水艦による撃沈時の状況】＝検察側文書

<1947-1-14>   2　検察主張立証段階　**459**

　PD8380　朗読される。

【提出済み PX2094 朗読概要】

　1943（昭和 18）年 12 月 14 日午前 4 時 20 分、デイジー・モラーは、右舷第 1 及び第 2 船倉間付近に魚雷を受けた。場所はサクレメント・ショール［Sacrement Shoal］灯台から 195 度 16 マイルの海域。船が船首から沈み始めたので、自分は小艇すべてを降ろすよう命令。船首右舷側小艇がその過程で破壊されたので、船首左舷側小艇に定員の 2 倍を乗せるよう指示。全乗組員の避難を確認して自分が退船した 3 分後に、船は沈没。その沈没したあたりから北方 100 ヤード付近に潜水艦が浮上し、自分の乗っている小艇に向かって曳光弾を撃ちつつ接近。何も交信することなく一端離れていったが、3 分後に 16 ノットほどの速度で衝突してきて、さらに機銃を撃ち掛けてきた。自分は 1.5 マイルほど離れたところにあった筏に泳ぎ着いた。その後、潜水艦は他の 2 隻の小艇にもぶつかっていき、広い範囲の海面を銃撃していた。その時までに自分が到達した筏には 12 人がしがみ付いていた。夜が明けた時、近くに筏 2 艘がありその内のひとつに 1 人が乗っているのが見えたので、我々は筏 3 艘を繋ぎ合わせて 1 艘につき 4 人・4 人・5 人が乗ることにした。その後、西に向かって進み、12 月 17 日深夜にクリシュナ［Krishna］川デルタ地帯に上陸。それからマスリパタム［Masulipatam］を経て、ビザガパタム［Vizagapatam］に 12 月 21 日午後 2 時に到着した。船の乗組員 69 人乗客 2 人の内、生存が確認されている者は 16 人である。

＊提出済み（検）法廷証 PX2095【ブリティッシュ・シバルリー号航海日誌抜粋：日本潜水艦による撃沈時（1944［昭和 19］年 2 月 22 日）の状況】＝検察側文書 PD8381　抜粋が朗読される。

【提出済み PX2095 抜粋朗読概要】

　当船を沈めた潜水艦は軽機関銃で救命小艇 2 隻に発砲。船長の小艇から白旗が揚げられた時、射撃は止んだ。手旗信号による交信をしたところ、潜水艦が接近してきて横付けするよう指示。日本のものだと分かった。船長が潜水艦に乗り移るよう指示され、船長はそれに従った。小艇はそのまま進むよう命ぜられ、潜水艦は離れていった。

　約 5 分後、潜水艦は突如針路を変えて小艇の方に向かってくると、重機関銃で撃ち始めた。ほとんどの者が海に飛び込んだが、中には小艇内で身を伏せている者もいた。機銃掃射は午後 2 時頃まで続き、無線機を載せた小艇が沈み、もう 1 隻も沈没寸前であった。潜水艦は南西方向に去っていった。

　残った生存者達は午後 5 時までに、その小艇を必死の努力で何とか使える状態にした。筏と海上の生存者が集められ、士官達の間で話し合いが持たれた。……

　1944（昭和 19）年 2 月 23 日午後 11 時 30 分、L・モリス［Morris］船員が溺死。モリスは傷のために精神異常を来たし、筏上で暴れるのを他の者が押さえようとしたが、それを振り切って

海に飛び込んでしまい、そのまま行方が分からなくなった。

2月25日、海水をかぶったエンジンが使い物にならなくなって投棄。筏に乗っていた者は小艇に移された。

それから37日間、38名の者が狭い小艇に乗って苦難の漂流を続けた。

＊提出済み（検）法廷証PX2096【サトリー号生存者P・H・リース［Rees］陳述書；日本潜水艦による撃沈時（1944［昭和19］年2月15日）の状況】＝検察側文書PD8382　抜粋が朗読される。

【提出済みPX2096抜粋朗読概要】

当船は1944（昭和19）年2月15日にアデンを出港し、護送船団の1隻として5日間航行した後、船団から離れ、護衛なしで航行を継続。その6日後の2月26日午後6時20分、左舷の第1及び第2船倉の間に魚雷1本を受けた。（中略）

沈没から10分後、潜水艦が浮上してきて、我々がさらに生存者を救助しようとするのを中断させた。潜水艦の乗組員は、「船長はいるか」とか船名、目的地、積荷などを訊いて来た。間違いなく日本の潜水艦で、6インチ砲と対空火器を装備していた。潜水艦は筏にぶつかろうとし、機関銃を撃ってきたが、照準は良くなかった。また、潜水艦の排気装置から火花が出て、夜空にくっきりと艦体を浮かび上がらせていた。速度と機動性は良いようであった。

＊提出済み（検）法廷証PX2097【アスコット号生存者L・A・シーワード［Seward］英海軍参謀少佐沈没関係報告書；日本潜水艦による撃沈時（1944［昭和19］年2月29日）の状況】＝検察側文書PD8383　朗読される。

【提出済みPX2097朗読概要】

アスコット号は、1944（昭和19）年2月19日、ディエゴ・スアレスに向けてコロンボを出港。（2月29日？）12時5分、右舷機関室前部付近に被雷。この時、エンジン及びボイラー室で4人が死亡したと思われるが、他52人は無事退船。

その10分後、船の右舷側2000ヤードあたりに潜水艦が浮上し、船の周囲を回りつつ砲撃を開始して7発ほど発射したが、潜水艦乗組員はアスコットに乗船しようとはしなかった。

そして小艇に近づいてきた潜水艦は、全長300フィート余りで、高い司令塔の前方にはガラス窓が付いていた。6インチ砲と思われる備砲が艦首部に、20ミリ機銃が舷側の風防ガラスに覆われた銃座に、そしてブレン機関銃に似た軽機関銃が司令塔の上に備え付けられていた。塗装は暗灰色で、艦体は錆び付き、藤壺が付いていた。標識は何も描かれていなかったが、生存者に写真やシルエット画像を見せたところ、皆が躊躇なく、日本のイ-121〜124潜水艦を指差した。

生存者によれば、潜水艦甲板上の乗組員は皆、カーキ色の上着とズボンを着用した日本人で日

<1947-1-14>　　　　　　　　　　　　　　　　　　　　　　　　　　　2　検察主張立証段階　**461**

本海軍の戦闘帽を被っていたが、司令塔正面には、金もしくは黄色の記章の西洋海軍のものと思われる帽子を被った西洋人がいたとのことである。

　日本人乗組員の１人が拙い英語で、船長、機関長、無線通信士は名乗り出るようにと呼びかけてきたが、誰も返事をしなかった。しかし、機銃が１度火を噴いた時、船長は自ら名乗り出て、命ぜられるままに潜水艦上に乗り移った。最初に呼びかけた者が、「御前は英語を話さんのか、この英国の豚野郎め［English swine］！」と言って、船長から書類ケースを取り上げると、船長の掌をナイフで切り、海に突き落とした。船長は小艇に拾い上げられた。

　それから、司令塔上の機関銃が発砲を開始したので、小艇や筏に乗っていた者達は海に飛び込んだ。筏の周囲で10人余りが、そして小艇の中でも何人かが殺された。その後、潜水艦は炎上中のアスコットの方に向かい、30発ほど備砲の弾を打ち込んだ。

　その間に生存者は、複数の小艇と筏１艘に乗り込み、筏は小艇のひとつに繋いだ。午後４時頃、潜水艦が戻って来て再び機銃掃射を開始。筏に乗っていた者は、負傷者１名と負傷者を看護していたもう１名を除いて海に飛び込んだ。負傷者を看護していたウォーカーは負傷者をかばうと共に、海中にいる者達に潜水艦の位置を教えて筏の背後に隠れられるように誘導した。小艇の負傷者は銃撃で死亡し、ウォーカー自身も２弾をその身に受けた。潜水艦は海中の生存者を、断続的に日没まで撃ち続けた後、現場を去った。

　それから筏には７人が乗り込み、帆を上げて帆走。その翌々日の３月２日、救命小艇がやって来て筏に合流。小艇に乗っていたのはA・B・ヒューソン［Hughson］で、小艇の破損が激しかったため、小艇内にあった食糧などと共に筏に移った。

　ヒューソンによれば、潜水艦が２回めの銃撃を行った時、潜水艦はもう１隻の小艇に衝突してそれを沈め、さらにヒューソンが乗っていた小艇にもぶつかろうとして向かってきた。船長を含む小艇に乗っていた者達は、ヒューソンを除いて海に飛び込み、そこを機銃で撃たれた。ヒューソンだけは小艇の中で死んだ振りをしていて、そこに潜水艦が横付けしてきて、乗組員が１人乗り込んできたが、何もせず、約10分後に離れていくと、小艇に体当たりをしてその左舷部に損傷を与えた。ヒューソンは一晩じっとした後に、翌朝帆を上げて帆走し、その翌日、筏の面々と合流したのであった。

　生存者は３月３日午後１時25分に、ストラート・スンダ［Straat Soenda］号に救助された。

＊提出済み（検）法廷証 PX2098【ナンシー・モラー号生存者２等運転士S・K・チュ［Chu］陳述書：日本潜水艦による撃沈時（1944［昭和19］年３月18日）の状況】＝検察側文書 PD8379 抜粋が朗読される。

【提出済み PX2098 抜粋朗読概要】

　潜水艦は、フライアーズ［Fryers］、シン［Shing］、ウォン［Wong］とインド人３人が乗っていた筏に近づき、全員に潜水艦に乗り移るよう命じた。フライアーズが尋問のために艦内に連れて

行かれたが、他は艦首方向を向いて跪かされた。シンが拳銃で2回撃たれて海に蹴落とされた。救命胴衣を着けていなかったシンはすぐに溺れてしまった。ウォンも拳銃で1回撃たれたが、救命胴衣を着けていたので何とか生き延び、後に救出された。インド人3人は撃たれず、単に海に投げ込まれただけであったので、後刻全員が救出された。

　それから潜水艦乗組員は、機銃で筏に向けて発砲したが、皆水中に潜って櫓を繋ぐ縄をつかんでいたので、撃たれた者はいなかった。潜水艦は生存者はいないと判断したのか、そのまま去っていった。

　それから、生存者全員が筏4艘に集まり、当初の65人中32人（英4、支2、露1、印25）が生存していることを確認。1人が捕虜となった他、32名が死亡したことになる。

　生存者はその後4日間、筏で漂流した後に、3月22日早朝に救助された。

＊提出済み（検）法廷証PX2099【チザラック号生存者1等運転士F・ド・ジョン［de Jong］陳述書：日本潜水艦による撃沈時（1944［昭和19］年3月26日）の状況】＝検察側文書PD8388抜粋が朗読される。［E: 15168］［J: 151（13）］

【提出済みPX2099抜粋朗読概要】

　1944（昭和19）年3月7日、6640トンの小麦粉で満載状態のチザラック号は、メルボルンを出港してコロンボに向かった。……

　乗っていたのは乗組員76名に1等船客5人、それ以外の乗客が22人で、合計103人であった。1等船客の中には、カルカッタに帰る途中のブリッタン［Brittan］夫人がいた。ブリッタン夫人の夫は、イギリス軍の情報関係で働いていたようである。……

　近づいてきた潜水艦が、船長は名乗り出るよう命じ、2度目に命じられた時に船長が手を上げてそれに答えた。船長は同じ小艇に乗っていた西洋人と共に潜水艦に乗り移るよう言われ、それに従った。他の小艇の中には潜水艦から離れようとしたのもあったが、潜水艦からの警告を受けて自分の小艇も含めてすべて潜水艦に横付けした。西洋人は潜水艦に乗り移るように言われたのでそうしたが、船長の小艇に乗っていた西洋人は既に1人も見当たらなかった。誰かが艦首のハッチの中に入ったのを見ただけであった。乗せられた者は皆、艦首の方を向いて座らされ、後を見ないように言われた。自分はその時点でナイフを奪われたが、幸いにも救命胴衣は取り上げられなかった。自分の身分証明書なども救命胴衣に入っていたが、それもそのままであった。小艇から全員が乗り移ってきたので、前部甲板は満員となった。日本兵2人が1人は拳銃もう1人はロープを持って来て、我々を立たせた。司令塔からは「後を振り向くとためにならないぞ」との警告が常時発せられていた。自分の印象では、日本兵の行動は秩序だっておらず、我々から時計、書類、ナイフなどをせしめるなど好き放題やっている者がいたし、その傍らでは我々を縛り上げようとしたり拳銃をいじくりまわしたりしている者もいた。我々の大部分は「後ろを向くな」との警告を無視していた。自分は、日本兵の神経を逆撫でさせないために、一再ならず前を向いて

<1947-1-14>   2　検察主張立証段階　**463**

いるように言った。終わりが近いことを感得して、皆、意気消沈していた。……潜水艦の甲板に
いる間、誰１人として泣き叫び、命乞いをする者はいなかった。日本人にとって模範となるであ
ろう。背後で何かいざこざが起きていたようであるが、振り返らなかったので何が起きていたの
か正確なことは分からない。待ち時間は長かった。そして潜水艦は東方に向かって時速８ノット
ほどで動き始めた。その時点で海に飛び込もうかとも考えたが、周囲を支那人船員に囲まれてい
たのでうまくいく可能性は低く、機会を待つこととした。これからどうされるのか予想が付かず、
待っているのに耐えられなくなってきたが、そこで事は始まった。自分の側に座ったいた５等機
関士が立たされて艦尾の方に連れて行かれたのである。艦尾の方まで連れて行かれると、そこで
撃たれた。次は自分の番であった。艦尾の方に歩いて行く間、日本人の乗組員が１人自分の背後
にくっ付いて来た。救命胴衣を脱がしたかったのか、海に飛び込ませないようにしていたようで
ある。各所に武器を構えた乗組員が立っていた。その時、救命胴衣を着けたままでは水中に潜る
ことができず、そうなれば浮かんできたところを狙い撃ちにされて長い時間苦しみながら死んで
いくのではないかということで、どうせ死ぬならば一瞬で死にたいと思った。艦尾から５〜６フ
ィートほどのところに拳銃を持った日本兵がいて、そこで撃たれるかと思ったが、さらに艦尾の
方に進むように指示された。突端のスクリューの真上あたりに立たされたところで、銃声と共に
頭部に衝撃を感じ、自分は海面に落ちていった。スクリューの真上でやるとは、なかなか考えた
ものである。自分は少しの間気を失っていたようで、どうやってスクリューに巻き込まれないで
済んだのかは分からない。気が付いた時には海の中で、周囲の海面は血に染まっていた。当初息
をするのに苦労したが、何分かしてやっとまともに呼吸ができるようになると、少し慎重に考え
ることができた。潜水艦は１マイルほど離れていたが、自分がまだ生きていることが分かったら
戻ってくるのではないかと思った。１度処刑されるのさえ大変なのに、もう１度やられるなど真
っ平御免であった。頭の傷を調べてみたが、穴は開いていないようであったので、これならば生
きられると思った。潜水艦の動きを注視していたところ、何度か針路を変えて、２度ほど自分の
間近まで来たので、その度に水中に潜り、溺れそうになった。潜水艦の前部甲板にはまだ何人か
いて、時折銃声が鳴り響いていた。そして、潜水艦は南方に去っていった。……

　日本の潜水艦が沈没船乗組員をこのように虐殺することの再びなきよう、インド洋を航行する
船舶には飛行機などの護衛が必要であろう。

＊提出済み（検）法廷証 PX2100【連合国沈没船舶一覧海図】＝検察側文書 PD8472（和文速記録に
　は明確な記載がない）証拠として受理される。[E: 15175] [J: 151（14）]

＊（検）法廷証 PX2101【英国政府を代表しての駐東京スイス公使発重光外相宛 1944（昭和 19）
　年９月 16 日付け抗議覚書；英国商船生存者に対する日本潜水艦の攻撃】＝検察側文書 PD8395
　証拠として受理され、朗読される。

【PX2101 朗読概要】

　6月5日及び20日付けの書簡で、日本潜水艦により英国商船乗組員に加えられた攻撃に関する英国政府の抗議を、重光葵外相宛に伝達し、7月19日の覚書では同件についての補足情報を送付した。当公使館としては、これらに対する日本政府の回答を頂ければ幸いである。

＊（検）法廷証 PX2102【重光外相発駐東京スイス公使宛 1944（昭和19）年 11月 28日付け英国政府のための回答覚書；日本潜水艦が PX2092・PX2093 に云う残虐行為を行った事実なし】＝検察側文書 PD8416　証拠として受理され、朗読される。

【PX2102 朗読概要】

　インド洋で雷撃により沈んだ英国商船乗組員生存者に日本潜水艦が不法な攻撃を加えたとの英国政府の抗議を伝えた貴公使館よりの6月5日及び20日付け書簡、並びに7月19日付け口頭覚書を受領。指摘された各事件について関係当局が厳密なる調査を行ったが、少なくとも日本の潜水艦がそれらに関わっていなかったことは明らかである。この点、英国政府に伝達されるようお願いする。

＊（検）法廷証 PX2103【英国政府を代表しての駐東京スイス公使発東郷外相宛 1945（昭和20）年 5月 19日付け声明書簡；PX2102 日本側回答に対する抗議】＝検察側文書 PD8410　証拠として受理され、朗読される。

【PX2103 朗読概要】

　日本潜水艦が英国商船乗組員生存者に加えたとされる攻撃についての重光外相（当時）からの回答はスイス本国政府を通じて英国政府に伝達された。今般、英国政府はスイス政府に、以下の通牒を日本政府に伝達するよう要請してきた。

　英国政府としては、この度の日本政府回答は到底、受け入れ難いものである。抗議中で言及した事例すべてに於いて生存者がおり、それら生存者が攻撃してきた潜水艦を日本のものであると証言している上に、その内の1件はイ号潜水艦であると特定している。

　さらに日本政府の注意を喚起したいのは、1943（昭和18）年3月20日に第1潜水艦隊司令長官が発した命令である。その中の一節は、連合国軍船舶の攻撃にあたっては船舶の撃沈に留まることなく、情報獲得に有用な者を除いて船員すべてを処分することを許可する内容となっている。英国政府がその抗議の中で記述した非人道的行為が日本海軍の上層部の公的承認と決定を得た上でのものであることは、この命令が疑う余地のないほどまでに示している。

　英国政府は、日本の潜水艦が海軍上層部の承認の下で英国商船乗組員に対してなした残虐行為に対して、日本政府が重大な問題として直ちに関心を向けることを要求すると同時に、再発防止

<1947-1-14>　　　　　　　　　　　　　　　　　　　　　　　　　　2　検察主張立証段階　**465**

措置を執り、現場及び上層部責任者に対して厳正な処分がなされることを求める。

＊（検）法廷証 PX2104【巡洋艦「利根」副長三井中佐 1946（昭和 21）年 5 月 30 日付け陳述書；
　英国船ビハール［Behar］号撃沈・ビハール号生存者の殺害】＝検察側文書 PD8481　証拠とし
　て受理され、抜粋が朗読される。

【PX2104 抜粋朗読概要】

　自分は 1944（昭和 19）年の初頭、黛（治夫）大佐艦長の重巡利根の副長であった。……

　同年 3 月 9 日、利根は英国船ビハール号を撃沈した。……

　利根がビハール号を沈め、その生存者 115 人を収容したことを報告したところ、重巡青葉から
信号により、2 〜 3 人を除き捕虜全員を処分すべく取り計らうよう指示して来た。自分は艦長に、
そのような措置は非人道的であるとし、生存者の救助を命じてそれが遂行されるべく心を砕いて
きた者として賛成しかねることを述べた。艦長は青葉に「捕虜は目下尋問中」と信号で伝えた。
……

　3 月 18 日夜、黛艦長は自分に捕虜の処刑をその晩に行うことを言ってきたが、自分が拒否し
たため、処刑命令はイシハラ大尉に直接伝達された。

　処刑を実行した一団の氏名は記憶していないが、ほとんどが士官次室（gunroom）の将校であり、
士官室から加わったのはタニ大尉など少数であったと聞かされた。また、後にタナカ中尉やオオ
ツカ中尉が処刑に加わったことを自慢していたと耳にした。自分で見たわけではないので処刑の
模様を正確に記すことはできないが、聞いた話では捕虜は腹部に打撃を見舞われて気を失わされ、
睾丸を蹴られた後に斬首されたとのことである。

＊（検）法廷証 PX2105【1943（昭和 18）年 3 月 20 日付け機密第 1 潜水部隊命令作第 2 号；イン
　ド洋での潜水艦作戦－敵船舶要員もまた徹底的に撃滅せよ】＝検察側文書 PD548　証拠として
　受理され、抜粋が朗読される。

【PX2105 抜粋朗読概要】

　敵船舶及び積荷を沈めることに留まらず、敵船舶要員の徹底的撃滅を実施すると共に、状況の
許す限り要員の一部を確保して敵情獲得に努めること。

＊（検）法廷証 PX2106【連合国軍 1946（昭和 21）年 2 月 1 日実施被告大島浩尋問調書；インド
　洋潜水艦作戦に関する日独協力】＝検察側文書 PD8479　証拠として提出される。［E: 15185］［J:
　151（15）］　被告大島弁護人島内、「①被告大島は、尋問の過程で記憶が曖昧であると述べてお
　り、尋問官ロビンソン海軍大佐もそれを認めている②その記憶の不確かさを補うべく大島の著
　した覚書が先に証拠として提出されるべきである」として、証拠の受理に異議を申し立てる。
　裁判長ウェッブ、「①証拠の証明力の軽重に関わる問題に過ぎない②弁護側立証段階で争われ

るべき事項である」、として異議を却下する。証拠として受理され、抜粋が朗読される。

【PX2106朗読概要】（尋問官は法廷の検察官ロビンソン海軍大佐で、被尋問者は被告大島浩。審問・応答は、必要に応じてまとめる）

尋問官審問

　①大島とリッベントロップとの潜水艦戦争に関する会談について、

　①-1．日独海軍の活動についてリッベントロップと度々話していたか？

　①-2．1943（昭和18）年3月の大島・リッベントロップ会談で何が話し合われたか？

　①-3．実際に独潜水艦2隻が送られてきたのではないか？

被尋問者応答

　①-1．当然のことであるが、多くの事項についてリッベントロップと話した。しかし実際の陸海軍に関わる事項については、各所轄武官の管掌事項である。

　①-2．その会談であったかどうかは定かでないが、ドイツ側が、日本もドイツが行っているような潜水艦戦争を開始すべきことを示唆し、新型の潜水艦を提供することも申し出てきた。

　①-3．確かに。自分が交渉を行った。詳細を詰めたのは海軍。2隻送られた潜水艦の内1隻は日本に着く前に沈められた。

尋問官審問

　②ドイツ海軍の連合国軍商船乗組員に対する方針について、

　②-1．潜水艦戦争で困難とされるのは、通商破壊だけではなく（相手方）船舶乗組員をも対象にしなければならない点であるということを、リッベントロップは話題に上らせなかったか？

　②-2．雷撃対象商船の乗組員を救助すべからずとの、1942（昭和17）年9月のドイツ海軍命令について、リッベントロップは話さなかったか？

　②-3．そして、その命令とは生存者の絶滅・殺害に及ぶものであったことと記憶しているか？

　②-4．それは一般方針であって、潜水艦戦争に的を絞って言ったことではないのではないか？

　このドイツ海軍命令及びリッベントロップ談話の内容が重要性を帯びる理由は、それが一般方針と逸脱して潜水艦の雷撃対象となった乗員・乗客を殺害するという点にあった。このドイツ海軍命令と日本海軍方針との関連は如何？

　②-5．それでも、ドイツ側要請に従って、商船のみならず船員をも攻撃対象にするというドイツ海軍の方針は日本海軍の潜水艦関係当局者に伝えられたのではないか？

被尋問者応答

　②-1．それは確かに覚えている。

　②-2．聞いたのを覚えている。

　②-3．そこまで踏み込んだものではなく、生存者を救出しないという点がその命令の本質であった。

<1947-1-14>　　　　　　　　　　　　　　　　　　　　　　　　　　　2　検察主張立証段階　**467**

②-4.　ドイツ海軍の命令がそこまで及んでいたことは事実であったろう。日本海軍については自分の知るところではないが、そのような命令を出したとは思わない。新聞では自分がそれに賛成していたかのように書かれているが、それは事実ではない。無論、リッベントロップに対して、そのような作戦方針を放擲すべきとは言わなかった。自分が口を出すべき問題ではなかったからだ。しかし、積極的にそれをするよう勧めたこともなかった。このような命令が出されたのは事実であるが、ドイツ内部にも批判的な声はあった。日本側との連絡担当将校となっていたグロス提督［Admiral Gross］は「ドイツ海軍史上の汚点である」として、不同意を表明していた。

②-5.　駐独海軍武官には伝えたが、この件で日本に何か伝わったかどうかについては記憶にない。

尋問官審問

③日本海軍潜水艦部隊の類似方針について、

③-1.　日本がその方針を採ったかどうかをドイツ側が質してきたことはなかったか？

③-2.　その方針が実行されたが故の米国商船乗組員に対する日本側の取扱に対し、米国政府が相当数の抗議を申し入れていたことは知っているであろう。

③-3.　米国商船が日本潜水艦の雷撃を受けて、その乗組員が機銃掃射を受けたということについて何も聞いていないのか？

③-4.　では、1943（昭和18）年3月20日付け極秘作戦命令で「敵船及び積荷の海没に留まることなく船舶乗組員の撃滅をも志向し、敵情を得るために乗組員の一部を活用すべし」とされていることも知らないのか？

③-5.　日独両海軍の命令が内容的に似通っていることは認めるか？

被尋問者応答

③-1.　なかった。貴官は自分よりもよく知っているであろうが、日本がこれに関連して何かをしたとは思わない。

③-2.　捕虜の処遇に関する抗議が沢山あったのは覚えているが、この件をめぐって抗議があったことについては記憶にない。

③-3.　聞いていない。

③-4.　知らない。そのような軍関係の極秘情報が自分のような文官に知らされることは有り得ない。

③-5.　それはその通りであるが、日本の陸軍にも海軍にも外部からの提言を聞き入れる習慣はないので、もし日本海軍がそのような命令を発していたとするならば、独自にそうしたのであろう。仮に、ドイツ側提言を受け入れて始めたとしたならば、自分の方にその旨連絡が来たであろうし、海軍武官を通じてドイツ側にも伝えられたであろう。しかし、自分にそのような連絡が来たことはなかった。

尋問官審問

④潜水艦作戦での日独協調・協力の可能性について、

④-1. 日本には、ドイツ潜水艦2隻と共にドイツ海軍の命令内容が参考として送られてきたかどうか知っているか？

④-2. 日本潜水艦がインド洋で通商破壊作戦を行う必要性をドイツ側は強調しなかったか？

④-3. 1944（昭和19）年7月2日に米国船ジーン・ニコレット号を日本潜水艦が撃沈した際に、例の方針が実行されたことを知っているか？

④-4. リッベントロップ乃至は他のドイツ関係者が、「日本側に伝達した潜水艦戦争方針が効を奏してきた」ようなことを言ってこなかったか？

④-5.「潜水艦戦争の強化」という語句には被雷船舶生存者を始末するとの含意もあるのではないか？

④-6. どう思うかは問題ではない。貴殿はドイツ側提案について陳述しており、また陳述中にはリッベントロップらが、ドイツの潜水艦戦争方針について語った部分も含まれている。それは事実であろう？

④-7. そして、貴殿がそのことを日本の海軍当局に伝えたのは確かであろう。

被尋問者応答

④-1. リッベントロップとの会談後のことはすべて海軍の管掌事項。

④-2. 自分との話しでは話題とならなかったが、ドイツ海軍が野村（直邦）とその件で話していたのは覚えている。

④-3. 何も知らない。

④-4. そのようなことはなかった。それから、日本は潜水艦戦で余りはかばかしい戦果を挙げなかった。

④-5. そうは思わない。自分は海軍戦術に通暁しているわけではないが、そのような戦術が採用されるべきとは思わない。

④-6. リッベントロップが自分にそれを語ったのは事実だ。

④-7. 海軍に対しては、ドイツ側が供与してくれる潜水艦2隻の件及び日本が「潜水艦戦争を強化」すべきだとのドイツ側意向は伝えた。しかし、例の方針について話したかどうかは覚えていないし、また実行すべき命令であると思ったことは1度もなかった。自分がその方針について語ったかどうかについては、野村か横井（忠雄　駐独大使館付海軍武官）に訊いたらよいであろう。

……

このような事項は1941（昭和16）年に設置された日独合同軍事委員会の管掌事項で、自分はこれには関与していなかった。リッベントロップらが自分に何か軍事関連で話を持ちかけてきたとしたら、自分は合同委員会にそれを伝え、委員会が詳細を煮詰めて実行したであろう。日本側委員は、海軍が野村と横井、陸軍が坂西（ばんざい）中将であった。ドイツ側ではカイテル元帥とデーニッツ海軍大将が委員であったと思う。

＊被告大島弁護人島内、「尋問の過程で大島は、商船乗組員を殺害することに反対の意を表明している。自身がドイツ側の提案を日本側に伝えたことはないと発言している」ことに、法廷の

<1947-1-14>　　　　　　　　　　　　　　　　　　　　　　　　　2　検察主張立証段階　**469**

注意を喚起する。裁判長ウェッブ、「大島の発言内容は十分承知しており、弁護人がそれを繰り返す必要はない」、と申し渡す。

(9)　**検察官ロビンソン海軍大佐、検察主張立証第 XIII・XIV 局面「対民間人・戦争捕虜残虐行為」第 10 部「ウェーク島その他諸島・海上での B 級・C 級戦争犯罪」の検察側立証として、「フィリピン・パラワン島プエルト・プリンセサ [Puerto Princesa] での対戦争捕虜 B 級・C 級戦争犯罪」関係について立証する。**

　　　　　　　　　　　　　　　（英速録 15196～15204 頁／和速録第 151 号 17～18 頁）

＊提出済み（検）法廷証 PX1455【PX1355 抜粋；1942～45（昭和 17～20）年におけるパラワン島プエルト・プリンセサでの捕虜虐待】＝検察側文書 PD2869　検察官ロビンソン海軍大佐、引証する。

＊提出済み（検）法廷証 PX1485【米政府発駐東京スイス政府公使経由日本政府宛 1945（昭和 20）年 5 月 19 日付け抗議覚書；パラワン島プエルト・プリンセサでの米人捕虜 150 名の虐殺】検察官ロビンソン海軍大佐、抜粋を朗読する（英文速記録 15197 頁「スウェーデン政府」は「スイス政府」の誤りであることが法廷に諒解されていたと判断する）。

【提出済み PX1485 抜粋朗読概要】

　40 人余りの捕虜が脱走して高さ 50 フィート余りの崖を飛び降り、下の砂浜に落下。湾内哨戒中の上陸用舟艇と海岸を歩哨中の兵が彼らに向けて発砲。苦しみに呻吟している者の多くが生き埋めにされた。海まで逃れた 1 人が捕まり、引き戻されると片足にガソリンをかけられて火を点けられた。その者が「撃ち殺してくれ」と哀願するのを歯牙にもかけず、日本兵はもう片方の足と両手にもガソリンをかけて点火した。そうされて苦しんでいる姿を笑いながら見ていた日本兵は、最後に銃剣でその者が倒れるまで突き、全身にガソリンをかけて火を点けた。

　斯様に野蛮な日本軍の行為は、すべての文明諸国民に対する罪科を構成する。米国政府はこれらの行為を指揮し、もしくは実行した者に対して適正な処罰が下され、その事実が通知されんことと、再発防止措置のなされることを要求する。

＊午後 2 時 45 分、裁判長ウェッブ、15 分間の休廷を宣す。

＊午後 3 時、法廷、再開する。[E: 15200][J: 151 (17)]

＊検察官ロビンソン海軍大佐、「フィリピン・パラワン島プエルト・プリンセサでの対戦争捕虜 B 級・C 級戦争犯罪」の立証を続行する。

＊（検）法廷証 PX2107【米政府発駐東京スイス政府公使経由日本政府宛 1945（昭和 20）年 6 月 5 日付け抗議書簡；パラワン島びプエルト・プリンセサでの米俘虜虐待】＝検察側文書 PD8454　証拠として受理され、抜粋が朗読される。

【PX2107 抜粋朗読概要】

　米国政府からスイス政府経由で当公使館に送られてきたパラワン島プエルト・プリンセサでの米国捕虜に加えられた取扱に関する通牒は、6月3日に公使から東郷外相に手ずから渡された。……

　プエルト・プリンセサでの米国人捕虜150人の虐殺事件に関する5月30日付け覚書に続き、米国政府が以下の通牒を日本政府に伝達するようスイス政府に要請してきたことをお知らせする。

　プエルト・プリンセサでの虐殺事件に加えて、米国政府は日本が米国捕虜の処遇に於いて捕虜の取扱に関するジュネーブ条約に定められた人道的規範を、極めて恥ずべき形で蹂躙したことを非難するものである。捕虜は以下のような虐待行為にさらされた。……

　米国政府は日本政府に対し、米国人捕虜を虐待した者に相応の処罰を下し、捕虜を人道的に遇すべき義務を関係諸官が履行するよう指導し、かつ下された処罰や執られた再発防止措置につき通知してくることを再び要求するものである。

＊（検）法廷証 PX2108【1945（昭和20）年6月7日付け米政府発駐東京スイス政府公使経由鈴木（忠勝？）公使宛抗議覚書；パラワン島プエルト・プリンセサでの米俘虜虐待】＝検察側文書 PD8457　証拠として受理され、朗読される。

【PX2108 朗読概要】

　6月1日に当公使館は、プエルト・プリンセサで米国人捕虜150人が死亡した件に触れた米国政府の通牒を渡したが、今度は同地捕虜収容所での待遇に関する通牒を受領したので、東郷外相と会う機会があった際にそれを手交した。その際に、1通目の通牒について説明しておいた。

＊検察官ロビンソン海軍大佐、「1945（昭和20）年7月5日に外務省がこれらの抗議などに口頭覚書によって『調査が終わり次第返答する』と述べている」が、「現在同文書を証拠として提出する用意が調っていないので、必要とあらば後刻提出する」、と申し立てる。

　（10）証人米軍海兵隊軍曹ダグラス・ウイリアム・ボーグ [Douglas William Bogue] －1942（昭和17）年5月、フィリピン降伏時日本軍の捕虜となった後、1944（昭和19）年12月に逃亡するまでの間、コレヒドール、カバナツアン [Cabanatuan]、プエルト・プリンセサの収容所に抑留される－、検察主張立証第 XIII・XIV 局面「対民間人・戦争捕虜残虐行為」第10部「ウェークその他の諸島・海上でのB級・C級戦争犯罪」の検察側立証として、「戦争捕虜としての日本軍の取扱に関する自身の経験」について、宣誓供述書によらず本来の口頭方式によって、証言する。

（英速録 15204〜15279 頁／和速録第 151 号 18 頁〜第 152 号 13 頁）
＊検察官ロビンソン海軍大佐、直接尋問を行う。（検察官の審問及び証人の応答は、適宜まとめて要約する）

＜1947-1-14＞   2 検察主張立証段階 471

検察官審問

　①証人の捕虜としての経歴は？

証人応答

　① 1942（昭和 17）年 5 月 6 日にコレヒドールで捕虜となり、5 月 29 日にマニラに連れて行かれ、そこからカバナツアンに移送され、同年 6 月 5 日から 7 月末までそこに収容された後にパラワン島プエルト・プリンセサに 8 月 5 日頃到着。そこには 1944（昭和 19）年 12 月 14 日に脱走するまでいた。

検察官審問

　②コレヒドールでの処遇については？

証人応答

　②同島の戦闘により負傷して病院に収容された者は、治療を受けることができた場合には幸運であった。しかし軽傷者は、他の捕虜と一緒に 92 番車庫地区に押し込められ、そこでは、衛生兵などが携行していた少量の医薬品しかなかったので、満足な治療が施されなかった。

　日本軍が保有していた医薬品や日本軍が米軍から鹵獲したものなどが米軍捕虜負傷者に与えられたことはなかった。

　それ故、傷病者の容態は悪化し、良くなった者は自身の治癒力によって良くなっただけであった。降伏から 2 日ほど後に自分も赤痢に罹患して衰弱してきたので、第 92 番車庫に応急の治療所を開設してそこの責任者となっていたウェイド軍医［Dr. Wade］に相談したところ、「重傷者を病院まで運び、そのついでに診てもらえ」と助言された。その通りにして病院に赴き診てもらったところ、アメーバ赤痢と診断されて病院に入ることができた。そこでは、日本兵は時々見回りに来るだけで病院の運営に干渉はしてこなかったが、医薬品、医療品はその時病院にあるものだけしか使えなかった。

　そこの患者は米軍軍医によって手厚く看護されていたが、内部は過密状態で、地下のトンネルにあるために換気が良くなかった。死亡率が高く、降伏後病人に与えられる食糧は僅かな量となっていた。自分が病院に入る前、第 92 番車庫のウェイド軍医が日本側に赤痢の蔓延を防ぐために医薬品を供給してくれるよう何度も要請していたが、聞き入れられなかった。

検察官審問

　③カバナツアン収容所までの移送については？

証人応答

　③自分はマニラでは、ビリビド刑務所には数日しかおらず、その病院施設を見る機会もなかったが、自分と一緒にそこからカバナツアンに汽車で移送された者の中には、マラリアや赤痢の再発に苦しんでいる者がおり、超満員の貨車に 24 時間揺られている間、何も食糧を与えられなかったために、2 ～ 3 人が途中で死亡した。我々が下車した時、それらの遺体が降ろされることはなく、放っておかれたようである。下車後、汚れた米だけの粗末な食事を与えられ、一晩、屋外で雨ざらしにされた後に、カバナツアン第 3 収容所までの道のり 20 キロを歩かされた。自分と

472 2−13・14−10 検察主張立証第 XIII・XIV 局面「対民間人・戦争捕虜残虐行為」第 10 部「ウェークその他の諸島・海上における B 級・C 級戦争犯罪」

行動を共にしていた海兵隊ウッド伍長［Corporal Wood］は、左肩を砲弾の破片で負傷していたが、何の治療も受けられなかったために傷が化膿し腫れ上がっていた。それでも、20 キロを歩かされたのである。

検察官審問

　④パラワン島プエルト・プリンセサでの処遇については？

証人応答

　④同所で支給された医薬品はキニーネと足につける少しばかりの外用水薬（lotions）だけであった。後者は、靴が余りなかったがために足の潰瘍などに苦しむ者が多かったが故で、キニーネを支給した理由として日本側は、「作業人員が必要だから、捕虜を働けるようにしておく必要がある」と言っていた。

　日本軍が使っていた建物のひとつは、病院にされて屋根に赤十字が描かれていたが、利用できたのは日本人だけであった。

　捕虜用には、収容所入口近くの小さな小屋が病棟及び治療所として指定されていた。

　捕虜の治療にあたったのは、当初は 2 人、そして 1944（昭和 19）年 9 月以降は 1 人の米国人医師と衛生兵だけであった。

　同所で課せられた労役は軍用飛行場建設で、鶴嘴とシャベルと斧、それからトラック数台だけで密林を切り拓く作業を、早朝から夜遅くまでやらされた。密林内はマラリアの巣窟で、満足な着衣や靴のない捕虜には危険な場所であった。さらに、樹木が倒れてくることがあり、それも作業を危険なものにした。幸運にも、倒木の下敷きになった者は皆無であった。

　密林を切り拓いた後は、炎天下での作業となり、朝から晩まで働かされている間、監督をする日本人によっては 1 時間毎に 5 分間の休憩が与えられることもあったが、午前と午後に 15 分間の休憩が 1 回だけということもあった。休憩時間以外で休もうとすると、日本兵に激しく殴られた。

　与えられた水は 1 日に水筒 1 本分ほど。食事は米国の飯盒の半分ほどの量の米飯と、薄い緑色の汁だけであった。飛行場が完成した後は、飛行場周辺の防御施設などの構築に駆り出された。

検察官審問

　⑤プエルト・プリンセサでの傷病者の扱いについては？

証人応答

　⑤ 1944（昭和 19）年 10 月 19 日からパラワン島に対する（連合国軍による）空襲が始まったが、空襲の最中でも合間でも作業は続けられ、そんな中で捕虜の中のスティッダム［Stidham］という者が、爆弾の破片もしくは爆風で飛ばされた石を後頭部に受けて裂傷を負い、全身が麻痺してしまった。捕虜側のマンゴー［Mango］医師と日本人の医師が診たが、日本側医師は、「医療・医薬品が足りないので何もできない」と言うばかりであるので、マンゴー医師が、手持ちの器具で毎日少しずつ治療して、スティッダムを回復させていった。この間、麻酔は全く使われなかった。

　これ以前にも、マクドール伍長［Corporal McDole］という者が急性虫垂炎になった際に、日本

<1947-1-15>   2　検察主張立証段階　**473**

側が収容所外部でフィリピン人医師と協同で手術をする許可を与えたことがあった。しかし、い
ざ手術を始めようとして連れて行かれた場所には小さな発電機で灯されている電球がひとつしか
なく、手術器具は長い間使われていなかった古いものが少しだけで、麻酔もなかった。それでも
マクドールとの合意の上で３時間半かけて手術を行い、患部をアバカ繊維［abaca fibre］で縫合し
た。その数日後、マクドール伍長は収容所に戻された。マンゴー医師は、このような手術を３件
こなしている。

検察官審問

　⑥捕虜に対する処罰については？［E: 15217］［J: 151（20）］

証人応答

　⑥カバナツアンである時、米軍捕虜４人が、収容所に通じる路上で、膝の後ろに棒を通されて
縛られ、その棒に交差された両腕も縛り付けられた状態で立たされていた。座ることも横になる
こともできず、しゃがんだ状態で立っていなければならなかった。そのような処罰をされていた
理由は脱走を図ったとのことであったが、その真偽も日本側がそのような罰を科す意図が何なの
かも不明であった。４人の中の誰かが倒れると、監視していた日本兵が、その者が立ち上がるま
で殴り付けていた。

　捕虜中の士官が、どのくらい続けさせるのか、最終的に４人をどうするのかを収容所長に訊い
たが、返って来た答えは、「マニラに最終的処分について問い合わせている」であった。２日の後、
４人は収容所の裏手の方に連れて行かれた。収容所のどこからも良く見える場所であった。そこ
には既に穴が４つ掘られていて、４人はその縁に立たせられると、射殺された。穴が埋められたが、
墓標は立てられなかった。

　パラワンでは、４人が現地人と話しをしたこと及び倉庫から盗んだとされるコンビーフ缶を所
持していた罪を問われて、水も食糧も与えられずに２日間営倉に入れられた。それから、裁判も
開かれることなく、４人は椰子の木を抱いて立つように命ぜられ、背後から長さ３フィートほど
の鋼線で力任せに背中のあたりを打たれた。この打擲は、やっている日本兵が疲れて打てなくな
るまで続けられた。次に、もう１人の日本兵が長さ６フィート直径２〜３インチほどの棒で臀部
を激しく叩き、やはり疲れてできなくなるまで続けた。これは自分が実際に見たものである。

＊午後４時、裁判長ウェッブ、翌日午前９時30分までの休廷を宣す。

◆ 1947（昭和22）年１月15日

　　　　　　　　　　　　　　　（英速録 15220〜15304 頁／和速録第 152 号 1〜17 頁）

＊午前９時30分、法廷、再開する。

＊裁判長ウェッブ、「被告大川、荒木、東郷は欠席。大川を除く病欠者３名については、病欠証
　明が届けられている」と、報じる。

＊検察官ロビンソン海軍大佐、検察主張立証第 XIII・XIV 局面「対民間人・戦争捕虜残虐行為」

第10部「ウェークその他の諸島・海上でのB級・C級戦争犯罪」の検察側立証として、検察側証人ダグラス・ウイリアム・ボーグに対する直接尋問を、続行する。（特に断らない限り、検察官の審問を便宜的にまとめて、証人の返答内容を要約する）

検察官審問

⑦プエルト・プリンセサでの虐殺について、

⑦-1. その概説は？

証人応答

⑦-1. 1944（昭和19）年12月14日当時パラワン島のプエルト・プリンセサ地区に駐屯していた日本軍兵力は2500〜3000人ほど。同地にいた捕虜は米軍捕虜のみで、陸軍100人、海軍15人、海兵隊35人余りの合計150人。

その内141人がこの日、殺害された。内70〜80人は防空壕のあった区域で小銃及び機銃で撃たれ、ダイナマイトや手榴弾で爆殺され、ガソリンをかけて焼き殺された者で、他の30名ほどは収容所の下の浜辺や湾内で殺された。

生存者は自分を含む9人で、自分は最初防空壕のあるあたりにいたが、浜辺に逃れ、そこから湾を泳ぎ渡って逃げ切った。

検察官審問

⑦-2. プエルト・プリンセサでの虐殺の兆候については？

証人応答

⑦-2. 既に1942（昭和17）年頃から日本兵と話をしている最中に、「日本が戦争に勝ったら米軍捕虜は本国に帰れるが、負けるようなことになったら皆殺される」ようなことが言われていた。また、パラワンに到着した当時、収容所長のキノシタ大尉は「何か騒擾があったら、真珠湾の時のように捕虜に襲い掛かる」と言っていた。それから、1944（昭和19）年10月に米軍による最初の空襲があって数日後、日本人の烹炊担当者が、「米軍が上陸してきたら米軍捕虜はすべて殺される」と話していた。捕虜の中の海兵隊伍長も、実際の虐殺が起きる2週間前に同じような話を作業現場の監督にあたっていた日本軍兵士から聞いている。そして、日本軍通信員が日本語や拙い英語や手振りなどで自分と話した時には、捕虜についてマニラから沢山通信を受理していると言っていた。1942（昭和17）年以来、このような話を耳にした捕虜は他にも沢山いる。

検察官審問

⑦-2.（続き）虐殺の準備と思えるようなことを日本軍はしていたか？

証人応答

＊被告木戸弁護人ローガン、「誘導的である」と、異議を申し立てる。裁判長ウェッブ、「質問は誘導尋問に相当するものである。このような形態の質問は避けるべきであるが、この場合には許容されるべきである」と、弁護側異議を却下する。

証人応答

⑦-2.（続き）追い詰められると逃げ場のないような形態の防空壕が掘られたことが準備であっ

たと言える。1944（昭和19）年10月19日に最初の空襲があってから、防空施設の必要性は明らかであった。当初捕虜は、収容所内のひとつの小屋の床下に避難するよう言われたが、もっと良い避難施設が必要であるとして、捕虜の収容されている宿舎の側に、ジグザグに塹壕を掘る案を捕虜士官が提出した。その数日後に日本側が対案として出してきたのが、宿舎の傍の狭い区域に50人を収容できる濠を3つ掘ることで、各々天蓋を設けて出入り口はひとつだけというものであった。捕虜側の士官は、突然の空襲に備えるためと、直撃があった場合に備えて出入り口を増やすべきだと主張し、日本側は妥協して出入り口を2カ所設けることに同意した。

＊（検）法廷証 PX2109【ダグラス・ウイリアム・ボーグ作成プエルト・プリンセサ収容所地図】
　＝検察側文書 PD8487　［E: 15227］［J: 152（4）］　証拠として受理される。

検察官審問

　⑦-3.　プエルト・プリンセサでの虐殺に関わる PX2109 の示す収容所の構造については？

証人応答

　⑦-3.　収容所の周囲は、高さ約7フィートの鉄条網の柵によって二重に囲まれており、ふたつの柵の間隔は約2フィート。収容所の南東はプエルト・プリンセサ湾に面する高さ50～60フィートの急峻な崖。防空壕はいずれも深さ4から4.5フィートほどで、その中には膝を抱えて座らなければ全員が入れず、上部に18インチほどの土盛りがしてあった。入口は狭く、1度に1人しか出入りできなかった。（この証言内容だけでは、防空壕がいくつあったのかは定かでないが、これに続く証言に従えば、計画された ABC 中隊濠の3つだけではなく他にもあり、証人は他の濠にいたようである）

検察官審問

　⑦-4.　プエルト・プリンセサでの虐殺に関わる12月14日の事件は？

証人応答

　⑦-4.　この日、捕虜は昼頃に、飛行場の作業場から収容所に戻され、2時頃まで防空壕のある区画に集められていた。

　2時少し前、小銃や機銃を持った兵士がその区画の傍の柵付近に地歩を占めた。

　そして2時頃、米軍の P-38 戦闘機2機が上空1万から1万2000フィートの高度で飛行しているのが望見された時、収容所長の佐藤大尉と衛兵達は、捕虜全員に防空壕に入るように命令した。日本兵が空襲時に、捕虜に身を隠すよう促すなど初めてのことであった。

　自分達が濠に入って間もなく、鈍い爆発音と叫び声に笑い声、それに小銃と機銃の発射音が絶え間なく聞こえて来た。入口から首を出して見ると、50乃至60人の日本兵が小銃、機銃、手榴弾、それにガソリンの入ったバケツを持って A 中隊濠に攻撃をかけていたところであった。ガソリンを濠の中に投げかけ、火の点いた松明を投げ込み、中から出て来た者を銃で撃ったり銃剣で刺したりしていた。

　攻撃は C 及び B 中隊濠にもかけられ、C 中隊濠の入口の傍では、担架に乗せられていたスティッダムが壕の中に入れないため置き去りにされていたが、そのあたりで日本兵が撃ったり銃剣で刺したりしているのが望見された。

マンゴー医師と思しき者が両手を伸ばしてよろめき出て来たところを軽機関銃で撃ち倒され、崖の上の柵の方に向かおうとした者達も同様に撃たれていた。

喚いている日本兵達は自分達のやっていることを楽しんでいるようであった。佐藤大尉は軍刀を振り回しつつ、部下に命令し、督励していた。

そんな光景を見ている自分のところにも銃弾が飛んできた。自分達のいる濠に襲撃部隊が来るまで自分達を釘付けにしておくための威嚇射撃であった。

自分の濠にいた自分を含む3人は、柵を乗り越えて崖を降り、浜辺に到達しようと考えて飛び出した。自分は右脚を撃たれつつも何とか柵を乗り越えたが、あとの2人は途中で撃ち倒された。

その他にもC中隊濠から何人かが、このような場合に備えて作っておいた脱出口から這い出て、B中隊濠からも1人が出てきて鉄条網の柵を潜っていった。海岸に出た時に目にしたのは、捕虜が2人背後から撃たれて海水の中にうつ伏せに倒れている光景であった。上から日本兵が逃げた捕虜を狙い撃ちにしていたのである。

そこで自分はアイヤーズ［Ayers］とヘイル［Hale］という2人と合流し、海岸を岩場沿いに南西方向に進み、突堤（dock）の付近で上陸して密林の中に逃げようと提案したが、2人は肯んぜず、湾を泳いで渡ることを主張した。しかし、そうしようとしたヘイルは30ヤードほど泳いだところで撃たれて沈んでしまった。

＊午前10時45分、裁判長ウェッブ、15分間の休廷を宣す。
＊午前11時、法廷、再開する。［E: 15239］［J: 152（6）］
＊検察官ロビンソン海軍大佐、ボーグ証人に対する直接尋問を続行する。

検察官審問

⑦-4. プエルト・プリンセサでの虐殺に関わる12月14日の事件は？（続き）

証人応答

⑦-4. 自分は当初の計画に従って岩場を歩いていったが、50〜100ヤードほど行ったところで、突如日本海軍の水兵3人に遭遇した。3人は機銃を据えようとしているところであった。

咄嗟に自分は3人に飛びかかって取っ組み合う内に海中に倒れこみ、やはり海中に落ちた相手を押さえつけている内に機銃を奪い取ることができた。水兵3人が岸へ逃げようとしているところを撃ち倒したが、前方でも機銃が据えられているのを見て、引き返さざるを得なかった。岩場の中に割れ目を見つけ、そこに身を隠すために機銃は捨てた。身を潜めている間に耳をそばだてていると、日本兵の発する喚き声や笑い声と、殺される米軍捕虜の悲鳴は容易に聞き分けることができたし、肉の焼ける臭いやダイナマイトの臭いが漂ってくるのが分かった。

それから少し経って、上陸用舟艇が岩場に近づき、そこまで逃げてきた捕虜を見付け次第撃ち殺していた。舟艇はその日1日中、付近を捜索していた。自分と他4人はその日の午後9時頃に湾を泳ぎ渡り、密林の中をさまよって数日後にフィリピン・ゲリラに救助された。

＊被告木戸弁護人ローガン、ボーグ証人に対する反対尋問に立つ。［E: 15241］［J: 152（6）］

<1947-1-15>　　　　　　　　　　　　　　　　　　　　　　2　検察主張立証段階　**477**

【ローガン弁護人による検察側証人ボーグに対する反対尋問】

弁護人審問

　①コレヒドールでの医療の状況について、

　①-1　証人の降伏時、米軍側の医薬品供給は枯渇していたか？

　①-2．日本側がコレヒドールの病院に医薬品を供給した事実はなかったか？

　①-3．それは、日本軍にもエメチンがなかったということか？

　①-4．コレヒドールの日本軍が薬品を大量に保有していたと誰かから聞いたか？

　①-5．それでも、コレヒドールに証人がいた５月６～29日の間、病院に収容された負傷者は手厚い治療と看護を施されていたのではないか？

　①-6．日本軍も同様の欠乏状態に陥っていたのではないか？

　①-7．病院に収容されず車庫の救護所に入れられていた者は、その状況下で可能な限りの最善の治療を受けていたのではないか？

　①-8．入院するきっかけとなった病気は日本軍の処遇と関係があるか？

証人応答

　①-1．前線では入手困難であったということ以外に、全般的にどれほどの量があったかなどは知らない。

　①-2．ホルスタインという医師が「アメーバ赤痢治療薬のエメチンが不足していて、補充できない」と言っていたこと以外は何も言えない。

　①-3．医師が言ったのはそういうことではない。

　①-4．そのようなことを聞いたことはない。

　①-5．それは、病院ができる範囲での手厚い治療・看護という意味であって、病院の医師と看護婦は医療器具と医薬品の欠乏を常に訴えていたようだ。

　①-6．日本側が米軍側に「自身で保有しているものでまかなえ」言い渡したこと以外、自分は何も知らない。

　①-7．降伏してから２日後には病院に移ったので、確かなことは言えない。

　①-8．否。

弁護人審問

　②コレヒドールでの食糧供給の状況について、

　②-1．米側降伏後の食糧の欠乏については、降伏直前に大量に消費してしまったためではないか？

　②-2．では、食糧不足は当時の混乱状態に起因するもので、日本軍が意図的に食糧を与えなかったわけではないのではないか？

　②-3．証人がいた場所には食糧があったか？

　②-4．捕虜が食糧を得るべく日本側は何か努めたか？

証人応答

②-1. 砲撃で前線に食糧が輸送できない場合があった。

②-2. 場所によった。集積所の近くにいたら手に入った（このあたりまで、議論が噛み合っていなかったようである）。日本軍は我々が食糧を手にできたかどうかには気を配っていなかった。

②-3. 作業を行う時には、米軍のC配給食［ration］が与えられた。

②-4. 最初の2日間はそんなことは何もなかったが、病院では患者にも職員にも沢山食糧が支給されていた。

弁護人審問

③ビリビド刑務所について、

③-1. 病院は患者でいっぱいであったか？

③-2. 刑務所自体はどうであったか？

③-3. カバナツアンに移送されたのは、その過密状態解消のためか？

証人応答

③-1. 病院には入らなかったので、分からない。

③-2. 人でいっぱいであったので、寝る時には重なり合って横にならなければならなかった。

③-3. 自分の知るところによれば、ビリビド刑務所はカバナツアンに移送するための中継地点に過ぎなかったと思う。

弁護人審問

④移送中に死んだ捕虜2人について、

④-1. 2人の死因を知っているか？

④-2. 罹病したのは（米軍が日本軍に）降伏する前か？

証人応答

④-1. マラリアと赤痢のようであった。

④-2. マラリアについてはそうであったろうが、赤痢はどちらとも言えない。

＊裁判長ウェッブ、「いつ罹患していようとも、患者を看護する責務に変わりはない」と、事後の注釈を付す。ローガン弁護人、「日本側がその捕虜に、何か病気になるようなことをしたとしたならば、大きな違いが生じる」、と申し立てる。

弁護人審問

⑤パラワン島での医療の状況について、［E: 15247］［J: 152（7）］

⑤-1. キニーネと軟膏以外に何か医薬品を支給されたか？

⑤-2. 日本側は、捕虜が必要としていた医薬品や医療器具などを持っていたと思うか？

⑤-3. 空襲で負傷したスティッダムという兵士を手術する必要があった際に日本の医師は、「何もしてやれない」と言ったそうであるが、その時日本側には手術に必要な医薬品があったと思うか？

⑤-4. それら薬品がスティッダムの負傷した時にまだ日本側にあったか分かるか？

＜1947-1-15＞　　　　　　　　　　　　　　　　　　　　　　2　検察主張立証段階　**479**

⑤-5.　日本側の医師がマンゴー医師に、「日本軍も医療品、医薬品が不足している」と言った際に、マンゴー医師はそれを確かめようとしたか？

証人応答

⑤-1.　150人宛に包帯と絆創膏が7～10日に1巻ずつ、キニーネや軟膏などと共に倉庫から支給された。人数が多い場合には、少しは多目に貰った。それ以外に医療器具などは全く支給されなかった。

⑤-2.　日本側には日本軍専用の病院があり、また日本の医師が、自分の治療した傷病者についてマンゴー医師と頻繁に話していたことに鑑み、持っていたと判断する。

⑤-3.　スティッダムが負傷する以前に赤十字から救援物資が送られ、その中には医薬・医療品が入ったものが2箱あったはずであるが、日本側が中身の相当部分を抜き取って残った分だけを我々に与えたことが判明している。なぜ分かったかというと、箱に添付してある送り状に内容品目の一覧表があったからである。日本軍には医薬品があったが、それを捕虜に渡す意思は毛頭なかったという決定的証拠である。

⑤-4.　日本軍病院に収容されている者は少数であったから、短期間に使い切ったとは思われない。

⑤-5.　そんなことを確かめる術はなかった。

弁護人審問

⑤-6.　マンゴー医師は、日本側には医薬品、医療品が沢山あると考えていたか？

⑤-7.　スティッダムが負傷するまでに日本側の医薬品が尽きたということはないか？

⑤-8.　スティッダムやマクドールの手術の際に日本側には麻酔薬があったのか？

⑤-9.　マクドールの手術の際に、日本側の医師は手伝ったのか？

⑤-10.　マンゴー医師は日本人を手術したことがあったか？

証人応答

⑤-6.　マンゴー医師がナイト医師及びその他の士官達とそう話していたのを聞いた。自分が寝ていた寝床は士官達の区画と薄い仕切りで隔てられていただけのすぐ隣であった。「食糧が不足していると言いながら、我々の宿舎の床下に110キログラム入りの米袋を2000俵も積み上げている。医療・医薬品の状況も似たようなものだ」と、ナイト医師［Dr. Knight］が言ったのを聞いている。

⑤-7.　分からない。

⑤-8.　分からない。

⑤-9.　見ていただけ。

⑤-10.　否。

弁護人審問

⑥カバナツアンで処刑された捕虜4人について、

⑥-1.　食糧を盗んだという理由で処罰されたとのことであるが、それは事実か？

⑥-2. 裁判は開かれたのか？

⑥-3. その4人が逮捕されてから射殺されるまでの期間はいかほどであったか？

⑥-4. （では）証人の知らない内に裁判にかけられた可能性があるのではないか？

証人応答

⑥-1. 聞いた話では、道端の店で現地人から何か食べ物を買おうとしたところを見付かって連行されたとのことであった。

⑥-2. 1カ所で痛めつけられ続け、その後で直接処刑する場所に連れて行かれたので、裁判などは開かれなかった。

⑥-3. 2〜3日間。

⑥-4. 自分が目を離していた時間は確かにあったが、処刑されるまで誰かが常に4人を見ていた。

弁護人審問

⑦パラワン島における虐殺事件前の状況について、

⑦-1. パラワン島の地理的概況は？

⑦-2. 虐殺事件前の米軍と日本軍の攻防の状況は？

⑦-3. 1942（昭和17）年当時の収容所長キノシタ大尉が、「何か騒擾があったら、真珠湾の時のように捕虜に襲い掛かる」と言ったと、証人は、直接尋問で証言したが、そのように本当に言ったのか？

⑦-4. C中隊用壕に掘られた脱出口について説明して欲しいが？

証人応答

⑦-1. パラワン島の大きさは、長さ200〜300キロメートル、幅5〜80キロメートル。

⑦-2. 初めて米軍による空襲のあったのが1944（昭和19）年10月19日。それから断続的にあったが、事の発生した12月14日直前は毎日のようにあり、時には夜間にも空襲があった。その間、米軍の上陸は自分の知る限りなかった。座礁した日本船舶の乗組員がやって来たことはあった。有刺鉄条網周縁に機関銃が設けられたのは、虐殺のあった当日、1944（昭和19）年12月14日であった。同島にいた日本軍2500人が島内にどのように配置されていたのかは不明。そのうち、収容所で通常の警備に当たっていた日本兵は25人余りであった。

⑦-3. 日本人の通訳がそう訳した。

⑦-4. それまで飛び交っていた噂や諸般の状況から判断しての非常時に備えたもので、壕に天蓋が設けられた後で、日本側に気付かれずに鶴嘴とシャベルを持ち込んで、崖に6〜12インチ余りのところまで掘ったものであった。

＊午前12時、裁判長ウェッブ、正午の休廷を宣す。

＊午後1時30分、法廷、再開する。［E: 15255］［J: 152（9）］

＊被告木戸弁護人ローガン、ボーグ証人に対する反対尋問を続行する。

＜1947-1-15＞　　　　　　　　　　　　　　　　　　　　　　2　検察主張立証段階　**481**

弁護人審問

　⑧虐殺事件時の状況について、

　⑧-1.　排水溝を伝って脱出した者はいなかったか？

　⑧-2.　ファーン・ジョセフ・バルタ［Fern Joseph Barta］を知っているか？

　⑧-3.　事実としては、バルタこそがそうやって脱出した者であるが？

　⑧-4.　事件前に脱走した者がいたか？

　⑧-5.　逃げたがその後捕まった者は？

　⑧-6.　防空壕に入ってから爆発音を聞くまでの時間はどのくらいであったか？

　⑧-7.　爆発が空爆によるものである可能性は？

証人応答

　⑧-1.　知らない。

　⑧-2.　知っている。

　⑧-3.　当人の陳述や当人と話した内容以外に詳しいことを彼が述べたとは思わない。

　⑧-4.　2～3人が逃げおおせた。

　⑧-5.　自分の知る限りいなかった。

　⑧-6.　ほんの数分。

　⑧-7.　あり得ない。

弁護人審問

　⑧-8.　証人は今、防空壕に入ってから爆発音を聞くまで外を見なかったことを確認したが、であるならば、その間に捕虜が排水溝や脱出口を使って脱走を図ったかどうかは分からないのではないか？

　⑧-9.　理由はどうあれ、その時誰かが脱走を図ったかどうか、証人は知らないのではないか？

　⑧-10.　防空壕に入って海岸に逃げ出すまでの時間はどのくらいであったか？

　⑧-11.　証人が海岸に到達した時に既に遺体が2体そこにあったというのは、間違いないか？

証人応答

　⑧-8.　その時、彼らに脱走を図る理由はなかった。

　⑧-9.　脱出口を使って逃げた者達を含む生存者から聞いた限りでは、爆発音を聞くまで脱走など考えていなかったと言っていた。

　⑧-10.　ものの数分。

　⑧-11.　その通り。

＊被告東条弁護人ブルーエット、ボーグ証人に対する反対尋問に立つ。［E:15258］［J:152（9）］

【ブルーエット弁護人による検察側証人ボーグに対する反対尋問】

弁護人審問

①コレヒドールでの降伏時の状況について

①-1. 証人は今、降伏したのは日本陸軍の部隊に対してであったことを確認したが、その降伏条件〔terms of surrender〕は何であったか?

①-2. コレヒドール日本軍捕虜担当士官の中で、最高位の者は誰か?

証人応答

①-1. 自分の守備陣地に日本軍士官1名と兵士数名及び通訳として同行した米軍将校1名がやって来て、フィリピン米比軍の降伏を告げ、「3分以内に降伏しなければ日本軍が攻撃を再開する。降伏すれば捕虜として遇される」と述べた。その時、同所にいた自分を含めた12人余りは、相談して降伏することに決し、手を上げて出ていった。日本軍士官が「指揮官は誰か?」と通訳を通じて訊いてきた。誰も答えないでいたところ、その士官は自分に対して近づいて来るように命じた。自分が近寄っていったところ、上げていた手を下げるように言われ、その後、その士官は腰の刀を鞘ごと振り上げて自分の頭を殴りつけた。この一撃で自分は気を失った。

①-2. 知らない。

弁護人審問

②パラワン島での労役などについて、

②-1. 同島で捕虜の管理にあたっていたのが陸軍であったことを、証人は今確認したが、収容所日本軍最高責任者の階級は何であったか?

②-2. 週に何日働かされていたか?

②-3. 労役に従事させられたのはどのような者か?

②-4. 課せられた労役の種類は?

②-5. 証人に医療の心得はあったのか?

証人応答

②-1. 大尉。

②-2. 天候が極端に悪い場合を除いて週6日、空襲が始まってからは週7日で1日の労働時間は10～11時間。

②-3. 立ち上がれるものは誰でも。

②-4. 鶴嘴・シャベルを使っての飛行場建設作業、樹木伐採及び燃料用の薪作り、飛行場滑走路に敷くための珊瑚の破砕などで、事務的な仕事はしなかった。

②-5. 薬品の見分けなどはできず、戦場での応急処置のみ。

弁護人審問

③虐殺事件直前の状況について、

③-1. 空襲が始まってから12月まで、収容所の病院には赤十字が掲げられていたか?

<1947-1-15>　　　　　　　　　　　　　　　　　　　　　　　2　検察主張立証段階　**483**

③-2.　米軍偵察機が上空に飛来したことはなかったか？

③-3.　証人は今、捕虜達が当日は昼まで働かされた後に2時頃まで防空壕付近に集められていた事実を確認したが、島に米軍が上陸してくるような兆候を証人に感得させるような出来事はなかったか？

証人応答

③-1.　掲げられていた

③-2.　12月14日以前に飛来した米軍機は攻撃目的のみでやって来て、爆弾投下の後は機銃掃射を加えてきたものであるが、14日は上空をP-38戦闘機2機が旋回していた。

③-3.　空襲が頻繁にあったこと、虐殺当日の午前2時頃から収容所近くの兵舎では日本軍が装備などを調えて準備をして早朝に出撃していったこと、午前中に書類などを燃やしていたこと、海岸防御陣地に完全武装の日本軍部隊が行進していったのを、飛行場で作業をしていた捕虜が目撃したこと。

弁護人審問

④その他の事項について、

④-1.　米軍がパラワン島を奪回したのはいつか？

④-2.　佐藤中尉（英文速記録15263頁のママ、収容所長の佐藤大尉を指すものと思われる）は、戦犯裁判などで裁かれたか？

④-3.　収容所に軍高官が視察に訪れたか？

証人応答

④-1.　1945（昭和20）年2月28日であったと思う。

④-2.　知らない。

④-3.　なかった。

＊被告小磯・南・大川弁護人ブルックス大尉、ボーグ証人に対する反対尋問に立つ。

　　［E: 15264］［J: 152（10）］

【ブルックス弁護人による検察側証人ボーグに対する反対尋問】

弁護人審問

①コレヒドール島降伏時の米軍の行動について、

①-1.　1942（昭和17）年5月の日本軍への降伏に先立って、書類を焼却するなどしていたか？

①-2.　降伏した時に破壊したり焼却したりしたものはなかったか？

①-3.　周辺地域で物資や兵器が焼却、破壊されていたか？

証人応答

①-1.　自分が受けていた命令は「現在位置を死守せよ」というものだけであった。

①-2.　日本軍に投降する前に武器を破壊した。

①-3. 分からない。

弁護人審問

②米軍側の捕虜管理組織について、

②-1. カバナツアンへの移送の際に、捕虜は自軍士官の下に統率されていたか？

②-2. マニラ到着時に病棟もしくは病院に収容された者はいたか？

②-3. それでも、病人が病棟や病院に移されたかどうかは知らないのではないか？

②-4. マニラでは米軍側捕虜管理担当士官は任命されなかったのか？

②-5. 証人のいた捕虜集団を担当した日本軍将校中で最先任者の階級は何か？

②-6. ビリビドでは捕虜が収容されていた建物とは別の場所に捕虜を監督するための部局が置かれていなかったか？

②-7. 他から捕虜管理のために派遣されてきた将校がいなかったか？

証人応答

②-1. コレヒドールでは若干の指揮系統が維持されていたが、それ以降は日本兵によって単に4列に並ばされたり、番号を付けられた集団に分けられたりされただけであった。

②-2. 自分が知っているのは、マニラから移送される際に病気で残しておくべき者も連れて行かれたということだけである。

②-3. 知らない。

②-4. 自分の知る限り、そのようなことはなかった。

②-5. ビリビドには数日間しかいなかったので、収容所長の姿を見たことはなかった。マニラからカバナツアンに移送される途中では下士官と下級士官を何人か見た。

②-6. 知らない。

②-7. 知らない。

弁護人審問

②-8. コレヒドールを離れる際に移送する捕虜の選別が行われたか？

②-9. 入院患者は除外されたか？

②-10. では、起き上がれない患者は除かれたということか？

証人応答

②-8. コレヒドールの病院でのみ選別が行われた。

②-9. 日本側が傷の如何に関わらず歩ける者は移送すると言い渡し、92番車庫地域の者についてはすべてが移送対象となった。

②-10. そう言えないことはない。

弁護人審問

②-11. カバナツアンへの移送の最中に死んだのは、コレヒドール病院で「歩行可能」として選別された者か？

②-12. そのような者は、移送対象者名簿から除外されるよう願い出たか？

<1947-1-15>

②-13. コレヒドールでは捕虜を管理する組織はなかったのか？

②-14. 証人の属していた部隊には捕虜としての代表者がいなかったのか？

証人応答

②-11. 分からない。

②-12. 願い出る相手はいなかった。

②-13. その任にあたっていたのは日本軍将兵だけ。

②-14. 自分は降伏後2日目から移送される日まで病院にいた。

弁護人審問

②-15. そのような代表者がいたかどうかを証人は知らなかったと見なしてよいか？

＊裁判長ウェッブ、「捕虜の管理に当たるべきは、捕虜にした側である」と、質問を却下する。被告小磯・南・大川弁護人ブルックス大尉、「捕虜の側にも管理組織があれば、捕虜を取った側にとっても事が容易になる」、と応答する。証人、「弁護人は日本軍が如何様に捕虜を取り扱っていたか知らないようだ」、と弁じる。裁判長ウェッブ、「証人は自ら評言をすることなく、質問に答えるだけにするように」、と申し渡す。

弁護人審問

③コレヒドールからマニラへの移送対象者の選別について、

③-1. 証人が直接尋問で触れたウッド伍長は、コレヒドールからの移送対象者であり、証人と同じ病院に収容されていたか？

③-2. ウッド伍長自身が、移送対象者に含まれることが決定される前に日本側に自らの症状などを訴えたか？

③-3. 証人は今、病院内で移送者を決定する際に米軍軍医も関わっていたことを確認したが、その役割は？

③-4. 選別の際には日本軍将兵も立ち会ったのか？

③-5. では、ウッド伍長には日本側に自分の傷を見てもらう機会はなく、誰を移送対象に加えるかは米軍軍医の決定に委ねられたのではなかったのか？

証人応答

③-1. 収容されていた。

③-2. 訴える相手となるべき日本軍の担当者などいなかった。

③-3. 日本側決定を実行するのがその任務で、移送者名簿の作成は日本軍の監視下で行われた。

③-4. 日本軍将兵の一団が病院内を視察した後、「傷の如何に関わらず歩行可能な者はすべて移送すべし」と命じて立ち去った。

③-5. ウッドのいた病棟では違ったかもしれないが、自分のいた病棟ではそうであった。

弁護人審問

④パラワン島での医療事情について、[E: 15271]［J: 152（12）］

④-1.「作業のために捕虜をある程度健康な状態に保っておくのが日本側方針であった」と証

人は証言したが、これを実行するに際して、日本側医師は捕虜側の医師に何等かの形で援助をしたか？

④-2. 米国人医師2名の他に、捕虜中に医療の心得のある者がいたか？

④-3. 輸送が杜絶、遅延した場合に備えて、日本側には食糧や医薬品などの備蓄があったか？

証人応答

④-1. マラリア対策用のキニーネを支給しただけで、手術に加わるなどということはなかった。

④-2. 軍医の他に衛生兵が3〜4人。加えて、将兵は皆、軍事訓練の過程で応急手当のやり方には習熟していた。

④-3. 自分の知る限りなかった。

弁護人審問

④-4. 証人は自らの証言の中で、日本側が米俵を2000ほど捕虜の宿舎の床下に積み上げていたという話をしたが如何？

＊裁判長ウェッブ、「証人は備蓄用とは言っていない」と、質問を却下する。証人、「米がそこに置かれていた理由は、捕虜がそこにいることを米軍が知っているならば捕虜の宿舎を爆撃しないであろうから、食糧を爆撃から守るには最適の手段だと日本側が判断したから」、と弁じる。

弁護人審問

④-4. そこには食糧以外のものはあったか？

④-5. 鍵は掛かったいたか？

④-6. そこの食糧は毎日、搬出されていたか？

④-7. 時々補充されていたか？

④-8. 他に食糧もしくは医薬品の貯蔵されている大型倉庫が、近辺になかったか？

証人応答

④-4. なかった。

④-5. 掛かったいた。

④-6. 日本軍向けに。

④-7. 補充されていた。

④-8. あったが、正確な位置は分からない。

弁護人審問

④-9. マンゴー医師が行った3件の手術について、日本側の医師が手伝ったり、医療器具もしくは物資を提供したりしたか？

④-10. 手術が行われた場所はどこか？

④-11. では、実際に手術はどのようにして行われたか、またどんなものが提供されたのかを証人は知る機会がなかったのではないか？

④-12. マンゴー医師は日本側から医療器具もしくは医薬品の提供を受けたと言ったか？

＜1947-1-15＞   2 検察主張立証段階 **487**

証人応答

　④-9. 自分の知る限り、そのようなことはなかった。

　④-10. 収容所から 20〜30 キロほど離れたイワキという場所。

　④-11. マンゴー医師や手術を受けた者から聞いたこと以外は知らない。

　④-12. 否。

弁護人審問

　⑤スポーツなど、捕虜の余暇活動について、

　⑤-1. パラワン島でどのようなことが行われていたか？

＊裁判長ウェッブ、「直接尋問で触れられなかった事項である」、「質問が関連性・重要性を有しないというわけではないが、証人の証言中で重要性の低い事項に向けられたものである」、と弁じる。被告小磯・南・大川弁護人ブルックス大尉、「それは、反対尋問がなされなかった諸点に関しても言える理由付けである」、「捕虜の健康状態をある程度良好に保つという日本側方針に関わる質問である」として、証人の返答を許可するよう求める。裁判長ウェッブ、許可する。

証人応答

　⑤-1 当初パラワンで週 6 日働かされていた時期に、休日に宗教行事などがなされないのを見て、日本側の収容所長がスポーツをすることを勧めた。しかし、6 日間の労働で疲れ切っていた捕虜達は、体を動かすよりも休みたがったので、スポーツなどほとんどしなかった。

弁護人審問

　⑤-2. 捕虜の中に牧師・神父などはいたか？

証人応答

　⑤-2. いなかった。

弁護人審問

　⑥捕虜に対する体罰について、

　⑥-1. 膝の後ろに棒を通されてしゃがむようにして立たされていた捕虜 4 人については、その棒は何かに繋がれていたのか、4 人が 1 本の棒に縛られていたのか？

証人応答

　⑥-1. どちらでもない。

弁護人審問

　⑥-2. 椰子の木を抱かされて打擲された捕虜は、木に縛られていたのか？

　⑥-3. その状態で長さ 6 フィート直径 2〜3 インチの棒で臀部を叩かれたのか？

　⑥-4. どのくらい続けられたか？

　⑥-5. 証人は今、実際にその拷問を見たと確認したが、どのくらいの間見ていたか？

　⑥-6. いつ頃行われたか？

証人応答

⑥-2.　木を抱いて両手を組み合わせて立たされていた。

⑥-3.　それで叩かれた時の衝撃は凄まじいもので、3～4回やられたら、抱いていた木を放して倒れ、意識を半分乃至はすべて失ってしまう。そうなったら水をかけられて正気に戻され、再び木を抱かされて打擲が再開された。

⑥-4.　叩く側の体力による。叩いている日本兵が疲れたらそこで終わり。

⑥-5.　営倉に連れ戻されるまで。

⑥-6.　確たることは言えない。

＊裁判長ウェッブ、自ら問いを発す。

裁判長審問

⑥-7.　針金の鞭で引っ叩く拷問も行われたと、証人は証言したが、その鞭はどのようなものであったか？

証人応答

⑥-7.　針金を組み合わせたケーブルのようなもので、柄のようなものが付いていた。

弁護人審問

⑥-8.　その拷問を見る直前に何をしていたか？　行われていたのは午後か午後か？

証人応答

⑥-8.　いずれも記憶にない。

＊裁判長ウェッブ、「そのような質問をしても、証人の信頼性を突き崩すことはできない」、と申し渡す。被告小磯・南・大川弁護人ブルックス大尉、「証人がその場の様子を鮮明に記憶しているようだから、何時頃であったかというような詳細も記憶していると思った」、と応答する。

＊被告賀屋・鈴木弁護人レビン、弁護側反対尋問の終了を報じる。

＊検察官ロビンソン海軍大佐、証人を通例の条件で証人の任から解くことを要請し、裁判長ウェッブ、許可する。

＊ボーグ証人、退廷する。

＊午後2時45分、裁判長ウェッブ、15分間の休廷を宣す。

＊午後3時、法廷、再開する。［E: 15279］［J: 152（13）］

(11)　検察官ロビンソン海軍大佐、検察主張立証第 XIII・XIV 局面「対民間人・戦争捕虜残虐行為」第 10 部「ウェークその他の諸島・海上での B 級・C 級戦争犯罪」の検察側立証として、「フィリピン・パラワン島プエルト・プリンセサでの対戦争捕虜 B 級・C 級戦争犯罪」関係立証を続行する。

（英速録 15279～15281 頁／和速録第 152 号 13～14 頁）

＊（検）法廷証 PX2110【ルーフス［Rufus］・W・スミス 1946（昭和 21）年 9 月 20 日付け宣誓供述書：証人ボーグ軍曹証言の補足】＝検察側文書 PD8350　証拠として受理される。検察官ロ

ビンソン海軍大佐、「ボーグ証人の証言内容を補足するものである」、と申し立てる。朗読なし。

＊（検）法廷証 PX2111【ウイリアム・J・バルカス［William J. Balchus］軍曹、エドウィン・A・ペトリー［Edwin A. Petry］曹長、ユージン・ニールセン［Eugene Nielsen］伍長、アルベルト・パチェコ［Alberto Pacheco］軍曹 4 名の 1945（昭和 20）年 3 月 17 日付け合同宣誓供述書；証人ボーグ軍曹証言の補足】＝検察側文書 PD8258　証拠として受理される。PX2111 と同油の理由により、朗読なし。

＊（検）法廷証 PX2112【ファーン・ジョセフ・バルタ米海軍 1 級無電信兵 1945（昭和 20）年 2 月 13 日付け宣誓供述書】＝検察側文書 PD8260　証拠として受理される。PX2111 と同油の理由で朗読なし。

＊検察官ロビンソン海軍大佐、検察主張立証第 XIII・XIV 局面「対民間人・戦争捕虜残虐行為」第 10 部「ウェークその他の諸島・海上での B 級・C 級戦争犯罪」関係立証を終了する。

（12）証人大野勝巳外務省官吏－戦後作成された「1941（昭和 16）年 7 月 2 日御前会議出席者名簿」即ち提出済み（検）法廷証 PX1107【1941（昭和 16）年御前会議出席者名簿】の事実上の作成者であるとの理由により、弁護側・検察側合意の下に、弁護側反対尋問のために法廷が出廷を命じていた井口氏に替わって召喚される－、「英文速記録 10140 頁の（検）法廷証 PX1107」について、弁護側反対尋問に対峙する。

（英速録 15281〜15290 頁／和速録第 152 号 14〜15 頁）

（本審理要目（12）は、内容上、検察主張立証第 XI 局面「米・英・英連邦諸国関係」第 5 部「ワシントン日米交渉第二段階－1941（昭和 16）年 7 月 1 日以降東条内閣成立まで」に関わるものであり、検察主張立証第 XIII・XIV 局面「対民間人・戦争捕虜残虐行為」に関わるものではないが、審理時系列の便宜上、英・和の速記録に従って、ここに記す）

＊ヒギンズ検察官、証言の趣旨を申し立てる。

＊被告東条弁護人ブルーエット、反対尋問に立つ。

＊被告東条弁護人ブルーエット、「証人は法廷で証言をしておらず、弁護側としては井口証人の供述書の内容に沿って大野証人が証言したと仮定として尋問しなければならないという異様な状況にある。如何様に尋問してよいのか分からない」、と申し立てる。裁判長ウェッブ、「証人は検察側証人ではあるが、弁護側証人であるかのように扱ってよく、誘導しても宜しい」、と申し渡す。

【ブルーエット弁護人による検察側証人大野勝巳に対する反対尋問】

弁護人審問

　①証人の居住地、勤務は？（人定質問）

証人応答

①東京在住、1929（昭和4）年から外務省勤務。

弁護人審問

②名簿作成の経緯・方法について、

②-1.「1941（昭和16）年連絡会議出席者名簿」を作成したか？

②-2. 1941（昭和16）年7月2日の会議の出席者を確定した情報源は何か？

②-3. 証人自ら調査をしたのか？

②-4. 井口報告について知っているか？

②-5. 報告書に4つの会議の出席者名簿が含まれていることを知っているか？

証人応答

②-1. 政府の便宜に供するため作成した。

②-2. 政府省庁における連絡会議と御前会議の担当者及び関係者が残した覚書その他の文書を基にした。

②-3. 上司の命に従って行った。

②-4. 読んではいないが要旨は知っており、終戦連絡中央事務局から出されたことも知っている。

②-5. 知っている。

弁護人審問

③出席した事実を判断した根拠について、

③-1. 内相が7月2日と9月6日の会議には出席したが、11月5日と12月1日の会議には欠席したと断定した根拠は何か？

③-2. 法相、文相、農相、商工相が12月1日の会議に出席していたと断言できるか？

③-3. この名簿は、それら高官が出席するのが慣例となっていることから推測で書かれたものなのか、それとも確かな根拠に基づくものなのか？

③-4. では、名簿に記載されている者すべてが実際にそれら4つの会議に出席していたとは断定できないのではないか？

証人応答

③-1. この時点で、この場で、それについて述べるだけの確かな情報は持ち合わせていない。

③-2. できない。

③-3. 概ね「出席しているであろう」との想定に基づいてはいるが、関係省庁の担当者から得た情報も根拠となっている。

③-4. 関係資料が戦災で喪失したこともあって、資料は不完全なものであり、その分関係省庁担当者の記憶などを参考にした。

＊被告賀屋・鈴木弁護人レビン、大野証人に対する反対尋問に立つ。[E: 15287]［J: 152（14）]

<1947-1-15>   2　検察主張立証段階　**491**

【レビン弁護人による検察側証人大野勝巳に対する反対尋問】

弁護人審問
　　①名簿は文書記録を基にして作成されたものではないと理解して良いか？

証人応答
　　①そう理解していただいて良い。
＊レビン弁護人、弁護側反対尋問の終了を報じる。
＊ヒギンズ検察官、大野証人に対する再直接尋問を行う。［E: 15287］［J: 152（15）］

【検察側証人大野勝巳に対する検察側再直接尋問】

検察官審問
　　①公式記録や関係者の記憶によって出席が確認された者以外で、該名簿において出席したとされている人物の出席の事実が証明された例はあるか？
＊被告賀屋・鈴木弁護人レビン、「質問の仕方が不適切である」、「証拠となっていない事柄を所与のものとして質問している」として、異議を申し立てる。裁判長ウェッブ、「質問は反対尋問の内容に関わるものであり、許容される」と、裁定するも、「名簿の内容とその日付は信頼できるものか？というような質問にすべきである」、と申し渡す。被告木戸弁護人ローガン、「裁判長の申し渡した質問」に異議を申し立てる。裁判長ウェッブ、異議を却下する。

証人応答
　　①信頼できると思う。
＊裁判長ウェッブ、自ら問いを発す。
裁判長審問
　　②その根拠は何であるか？
証人応答
　　②空襲で焼失した資料の欠落部分は、それを補うために関係省庁担当者から集めた情報に依拠するようにして、当時の状況下に於いて公平にして公正な態様で作成されたものであると信ずる。
＊被告賀屋・鈴木弁護人レビン、「証拠能力なし。PX1107を証拠から除外すべきである」、と異議を申し立て、「証人が信頼できる他の文書証拠のある可能性を示唆していることに鑑みれば、当該文書は伝聞の伝聞とも言うべきもので、斯様な重大事項を論ずるために採用すべきものではない」、と弁じる。裁判長ウェッブ、「法廷の全員の見解は、異議を斥け、証拠として採用すべきであるというものである」、「当該証拠はさしたる価値を有しないものである」、と申し渡す。
＊大野証人、通例の条件で証人の任を解かれ、退廷する。

第5巻「あとがき」

　第4巻に続いて第5巻を世に送りだすことが出来た。

　この第5巻に要録として収録したのは、1946（昭和21）年12月20日の第136回公判審理の半ばより、本裁判開始後2年目に当る1947（昭和22）年1月15日の第152回公判審理の中途までである。英文速記録では13476頁より15290頁に、和文速記録では第136号21頁より第152号15頁までに該当する。

　内容は、順に以下の通りである。

(1) 検察主張立証第 XIII・XIV 局面「対民間人・戦争捕虜残虐行為」第6部「蘭領東インドでの残虐行為」の全審理。

(2) 検察主張立証第 XIII・XIV 局面「対民間人・戦争捕虜残虐行為」第7部「太平洋諸島での残虐行為」の全審理。

(3) 検察主張立証第 XIII・XIV 局面「対民間人・戦争捕虜残虐行為」第8部「支那での残虐行為」の審理。

(4) 検察主張立証第 XIII・XIV 局面「対民間人・戦争捕虜残虐行為」第9部「日本内地での残虐行為」の全審理。

(5) 検察主張立証第 XIII・XIV 局面「対民間人・戦争捕虜残行為」第2部「B級・C級戦争犯罪と日本政府の対応」の第2回審理。

(6) 検察主張立証第 XIII・XIV 局面「対民間人・戦争捕虜残虐行為」第10部「ウェークその他の諸島・海上における B級・C級戦争犯罪」の全審理。

　本第5巻は、日本軍による「対民間人・戦争捕虜残虐行為」との名目の下、「B級（戦争の法規・慣例の違反―第 XIV 局面）」という通例の戦争犯罪並びに、「C級（所謂人道に対する犯罪―第 XIII 局面）という、国際法上新たな類型の戦争犯罪」の両者を告発する、検察側の主張と立証であった。その意味で、これも C級と同様に国際法上新たな類型の戦争犯罪として告発され、最も新奇な話題性と問題性を孕んでいた「戦争指導者を侵攻戦争指導の故に裁いた所謂 A級（平和に対する犯罪）」戦争行為を告発するものではなかった。

　上記（1）は、第4巻の「あとがき」で述べた通り、「今次戦争によって、本国をナチス・ドイツに占領され、かつまた本土に数倍する植民地領土であった蘭領東印度（現インドネシア）を、日本軍の侵攻によって失陥するに至ったオランダ」による対日告発であるが、第4巻が、「所謂 A級戦争犯罪「侵攻戦争」についての対日告発であったのに対して、第5巻における告発は、「通例の戦争犯罪」についてのものである。英文速記録13476～14104頁、和文速記録第136号21頁

〜第143号16頁所収の内容である。

　(2) は、「ニューブリテン島」以下、「ソロモン群島・ギルバート・エリス・ナル・オーシャンの諸島」における日本軍の行動を、残虐行為として告発する。英文速記録14104〜14153頁、和文速記録第143号の16〜22頁に所収された内容である。

　(3) は、英文速記録の14156〜14196頁に、和文速記録では第144号の2〜8頁に所収されたものであるが、「支那関連の残虐行為」についての検察側主張立証の構成は、やや錯綜している。即ち、本裁判告発の対象事項としての「支那関連の残虐行為」については、既に検察主張立証第Ｖ局面「中国《編訳者としては、「支那」と修正する》関連残虐行為（通例の戦争犯罪）と阿片麻薬取引」において、6度にわたり審理された《第1巻及び第2巻参照》にもかかわらず、ここでまた検察主張立証第XIII・XIV局面「対民間人・戦争捕虜残虐行為」第8部「支那での残虐行為」として、重ねて審理される。内容上はこの第8部は、「支那において米・英・豪に対して日本軍により冒されたと主張されている残虐行為」と括ってよいであろう。

　(4) は、英文速記録14197〜14261頁、和文速記録144号8〜16頁に所収のものである。日本軍に捉えられ、福岡17号収容所をはじめとする日本本土内各地の収容所に収容された、連合国軍の戦争捕虜と民間人に対する残虐行為を告発する。

　(5) は、残虐行為に対する日本政府の対応を告発するものであるが、第4巻670〜671頁所収の第1回審理の審理要目 (1) に続くものである。英文速記録14261〜14910頁、和文速記録では第144号16頁〜149号10頁に所収された内容である。

　そして最後の (6) は、英文速記録14910〜15281頁、和文速記録第149号10頁〜152号14頁に所収されたものである。「ウェークその他の諸島・海上」における日本軍の残虐行為を告発する。

　尚、この後、英文速記録15282〜15290頁、和文速記録第152号14〜15頁には、検察主張立証第XI局面「米・英・英連邦諸国関係」第5部「ワシントン日米交渉第二段階−1941（昭和16）年7月1日以降東条内閣成立まで」において受理された提出済み（検）法廷証PX1107に関わる、証人大野勝己に対する弁護側反対尋問が記載されている。この部分は、XIII・XIV局面「対民間人・戦争捕虜残虐行為」には属しないものであるが、便宜上、審理要目 (12) としてここに記す。

　さて、第5巻においても松元は、「編・監訳・要訳者」として、任を果たす。第1巻においては「翻訳協力者」として、第2巻及び第3巻では共同要約者として参加した山本昌弘氏は、第4巻に引き続きこの第5巻でも、中心的な要訳者としての任を果たした。

　監修は、国士舘大学法部比較法制研究所である。同大学よりは、経済上の、及び資料使用等各方面での、多大の支援を受けた。

　原書房側では、成瀬雅人社長の直接の指揮の下、第2、第3及び第4巻に続き、中村剛氏が参加された。謝して例を申し上げる。

平成29（2017）年3月8日

松元　直歳

［監修者］
国士舘大学法学部比較法制研究所
　　所長　篠原　敏雄（教授／しのはら・としお）
　　　　　福永　清貴（教授／ふくなが・きよたか）
　　　　　本山　雅弘（教授／もとやま・まさひろ）
　　　　　関　　葉子（教授／せき・ようこ）
　　　　　武田　典浩（准教授／たけだ・のりひろ）
　　　　　矢田　陽一（講師／やだ・よういち）
　　　　　宍倉　悠太（講師／ししくら・ゆうた）
国士舘大学政経学部政治研究所
　　　　　柴田　徳文（教授／しばた・とくぶみ）
　　　　　池田　十吾（教授／いけだ・そうご）

［編・監訳・要訳者］
松元直歳（まつもと・なおとし）
昭和21年福岡県生まれ。久留米大学付設高等学校を経て東京大学法学部卒
業、昭和46年、日本航空（株）入社。平成13年、法学博士（神戸大学大学
院法政策専攻）。27年間の日本航空（株）勤務では、営業各部門のほか、全
日本航空労働組合、日本生産性本部（派遣）、成田整備工場等の労使関係関
連業務に従事。
平成9年より15年、作陽短期大学情報処理学科教授・学科長。
平成15年、くらしき作陽大学教授、一般教養・法律関係係数科目を担当。
平成20年、同大学定年退職。
平成21年、国士舘大学法学部比較法制研究所特別研究員となり、東京裁判
の研究に従事。主な著作『東京裁判審理要目』（雄松堂出版、平成22年）。
日本国際法学会・日本哲学会・アジア太平洋交流学会員。

［要訳者］
山本昌弘（やまもと・まさひろ）
昭和34年北海道生まれ。北海道大学法学部卒。米国アラバマ大学史学部で
平成2年に修士号、平成10年に博士号取得。
米国バージニア州、ワイオミング州などで教鞭を執った後、現在国士舘大学
比較法制研究所特別研究員。
専攻は、軍事史、日本近現代史。著作・論文に、博士論文を基に出版した
Nanking: Anatomy of an Atrocity の他、日中戦争を始めとする軍事史、外
交史関連の論考、書評など。

〈明治百年史叢書〉

第467回／第471巻

極東国際軍事裁判審理要録　第5巻

東京裁判英文公判記録要訳

●

2017 年 3 月 31 日　第 1 刷

監修……………国士舘大学法学部比較法制研究所

編・監訳……………松元直歳

要訳……………山本昌弘・松元直歳

発行者……………成瀬雅人

発行所……………株式会社原書房

〒 160-0022 東京都新宿区新宿 1-25-13

装丁……………佐々木正見

本文印刷……………新灯印刷株式会社

製本……………東京美術紙工協業組合

© Naotoshi Matsumoto et al., 2017, Printed in Japan

ISBN978-4-562-04897-7